Michael Iwanowski

# Botswana

## Okavango & Victoriafälle

IWANOWSKI'S REISEBUCHVERLAG

Im Internet:

**www.iwanowski.de**

Hier finden Sie aktuelle Infos zu allen Titeln, interessante Links – und vieles mehr!

**Einfach anklicken!**

Schreiben Sie uns, wenn sich etwas verändert hat. Wir sind bei der Aktualisierung unserer Bücher auf Ihre Mithilfe angewiesen:
**info@iwanowski.de**

**Botswana**
**2. Auflage 2012**


Salm-Reifferscheidt-Allee 37 • 41540 Dormagen
Telefon 0 21 33/26 03 11 • Fax 0 21 33/26 03 33
E-Mail: info@iwanowski.de
Internet: www.iwanowski.de

Titelfoto: Wilderness Safaris
Alle anderen Farbabbildungen: siehe Bildnachweis Seite 9
Redaktionelles Copyright, Konzeption und deren ständige Überarbeitung:
Michael Iwanowski
Redaktionelle Bearbeitung: Sebastian Sabors
Layout: Monika Golombek, Köln
Karten und Reisekarte: Astrid Fischer-Leitl, München
Titelgestaltung sowie Layout-Konzeption: Studio Schübel, München



Gesamtherstellung: Stürtz GmbH, Würzburg
Printed in Germany

**ISBN: 978-3-86197-039-2**

# EINLEITUNG

# 1. LAND UND LEUTE

### Weiterführende Informationen zu folgenden Themen

## Kartenverzeichnis



Interessantes

## Abbildungsverzeichnis

**Hintere Umschlagklappe**:
Botswana Tourism (Nr. 1), Gunter Hartmann (Nr. 2, 3, 5, 6, 7), Roland Schmidt (Nr. 4).

**Buchrückseite**:
Gunter Hartmann (Auto), Botswana Tourism (Löwe).

**Innenteil**:
Alle Bilder von **Gunter Hartmann**, außer:
African Bush Camps: S. **221**, **222**, **416** (2x); andBeyond: S. **188**, **216**, **232**, **250**; Andy (Fotolia): S. **237**; Biemans, Nick (Fotolia): S. **372**; Botswana Tourism: S. **31**, **36**, **46**, **63**, **65**, **90**, **91**, **108**, **171**, **174**, **177**, **184**, **193**, **196**, **198**, **201**, **204**, **217**, **229**, **234**, **276**, **277**, **279**, **297**, **304**, **305**, **315**, **324**, **329**, **330**, **331**, **333**, **375**, **376**, **379**, **381**, **382**, **383**, **384** (2x), **388**, **389**, **394**; Bush Ways: S. **113**; Desert & Delta: S. **313**; Dombo Farm, Oehl: S. **312**; Huijzer, Arjan (Fotolia): S. **310**; Iwanowski, Michael: S. **16**, **60**, **241**, **249**, **253**, **300**; Iwanowski, Ursula: S. **139**, **359**, **389** (oben); Ker & Downey: S. **182**, **186**, **190**, **202**, **321**; Kwando Safaris: S. **306**, **336**; Livingstone Express: S. **258**; Mader, Sabine: S. **294**, **352**; Mashatu Game Reserve: S. **360** (2x), **362**; Mills, David: S. **339**; Motswiri Lodge: S. **320**; Olga´s Italian Corner: S. **259**; Orient Express Safaris: S. **215**; Poike, Ingrid: S. **145**; Ramsauer, S.: S. **340**; Rani Resorts: S. **242**, **246**; Schmidt, Roland: S. **98**; Selelo Tshegofatso Lesetedi, Veronica: S. **67**, **92**, **156**; Senyati Camp: S. **233**; South African Tourism: S. **150**, **344**, **347**, **351**; Tegas, Pier: S. **387**; Thamalakane River Lodge: S. **162**; Wilderness Safaris: S. **154**, **180**, **189**, **214** (Allen, Dana); **159** (Bell, Colin); **337** (Culbert, Caroline); **185** (Worsley, Brian)

### Legende

| | | |
|---|---|---|
| Höhle | Museum | Information |
| Archäologische Stätte | Post | Grenzübergang |
| Lodge/Camp | Übernachten | Bus/Busbahnhof |
| Camping | Souvenirs | Bibliothek |
| Gate | Tankstelle | Golf |
| Sonstige Sehenswürdigkeit | Polizei | Internationaler Flughafen |
| Denkmal | Fähre | Nationaler Flughafen |

# EINLEITUNG

Noch immer ist Botswana ein Ausnahme-Reiseziel, noch immer klingt es in den Ohren von Reiselustigen nach Abenteuer und Herausforderung. Dieses Land im südlichen Afrika, das keinen Zugang zu den Weltmeeren hat, symbolisiert auch heute noch eine der letzten Wildnisse des afrikanischen Kontinents. Zwischen der Kalahari im Westen und dem Limpopo-Fluss im Osten gelegen, leben auf einer 1 ½-fachen Fläche von Deutschland nur knapp 2 Millionen Menschen. Einige San in den Weiten der Kalahari können ihren tradierten – wenn auch veränderten – Lebensweisen folgen, während der Großteil der Bewohner in den großen Siedlungen des Ostens längst die westliche Zivilisation angenommen hat.

Für den Reisenden ist Botswana vor allem durch seine unendliche Weite, seine Unberührtheit und reiche Tierwelt reizvoll. Die interessantesten Landschaften findet man vor allem im Westen, im Zentrum sowie im Okavango-Delta vor. In Botswana kann man noch immer die größten freilebenden Wildherden Afrikas beobachten, deren Lebensraum sich aus dem Gegensatz von Sand, Savanne und Wasser definiert. Das Okavango-Delta ist noch immer eines der großartigsten Ökosysteme und das größte Binnendelta der Welt. In diesen weiten nicht besiedelten Landesteilen ist die Symbiose von Fauna und Flora noch intakt.

Botswana ist **das** Land für den Naturliebhaber. Eine insgesamt gut ausgebaute touristische Infrastruktur und ein verbessertes Straßennetz sind geeignete Voraussetzungen für Selbstfahrer. Mit Kleinflugzeugen und Motorbooten lassen sich – meistens von Maun aus – einsam gelegene Camps erreichen.

Mitten in der Wildnis bieten gut gelegene Lodges nicht nur Unterkunft und ausgezeichnete Verpflegung, sondern unter sachkundiger Führung von Rangern auch grandiose Naturerlebnisse. Hier lebt man als „Gast in der Welt der Tiere" auf teilweise kleinen Inseln, die vom Land aus nicht erreichbar sind. Es heißt also die Augen offenzuhalten, denn leicht kann es zu überraschenden Begegnungen mit den Tieren kommen… Erfahrene Ranger begleiten die Besucher deshalb mit Booten auf verschlungenen Wasserwegen, in offenen Geländefahrzeugen oder zu Fuß, um das Wild für den Beobachter (sicher!) aufzuspüren. Solche Momente in der Natur lassen oft das Herz oft höher schlagen und sie machen den Reiz der Wildnis aus.

Gerade hier erfüllt sich für viele individuell Reisende ein lang gehegter Traum und fordert Abenteurer heraus: Mit dem Allradfahrzeug und Dachzelt gelangt man in abgelegene Gegenden und ist seinem ganz persönlichen Eindruck von der Natur ein schönes Stück näher.

Dieser Reiseführer legt den Schwerpunkt auf das Okavango-Delta, den Westen und das Zentrum des Landes sowie deren benachbarte Gebiete. Abstecher zu weiteren Highlights in der Region, wie den Victoria Falls in Zambia/Zimbabwe oder dem Caprivi-Streifen im Nordosten Namibias, werden ebenso beschrieben wie die Anfahrtswege aus Windhoek/Namibia und Johannesburg/Südafrika. Wie auch immer, Sie werden als Selbstfahrer oder in einer kleinen geführten Gruppe unvergessliche Erlebnisse abseits der Zivilisation genießen.

*Michael Iwanowski*

# I. LAND UND LEUTE

# Botswana auf einen Blick

**Fläche/Einwohner:** 581.730 km²/ca. 2 Millionen Einwohner (2011)
**Staatssprache:** Setswana, Bantu-Sprachen, Englisch z.T. als Bildungs-, Erziehungs- und Amtssprache
**Flagge:** schwarz-weiß-hellblau gestreift
**Unabhängigkeit:** 30.9.1966 (Nationalfeiertag)
**Staats- und Regierungsform:** unabhängige präsidiale Republik. Das Parlament besteht aus einer Kammer; darin beratend gibt es das „House of Chiefs“: hier sind 15 Mitglieder versammelt, welche die acht großen Stämme vertreten. Es gibt keine Wehrpflicht in Botswana.
**Staatsoberhaupt und Regierungschef:** Ian Khama (Botswana Democratic Party, seit April 2008)
**Städte:** Gaborone (Hauptstadt, ca. 200.000 Einwohner), Francistown (ca. 90.000), Molepolole (ca. 70.000), Selebi-Phikwe (ca. 58.000), Maun (ca. 55.000), Serowe (ca. 55.000), Kanye (ca. 49.000), Mahalapye (ca. 49.000), Mochudi (ca. 47.000), Lobatse (ca. 32.000)
**Klima:** allgemein trocken-warm/heiß. Die Trockenzeit liegt zwischen Mai und September. Der meiste Regen fällt z.T. als heftige Schauer zwischen Oktober und April. Am heißesten ist der Januar, am kühlsten der Juli (Nachttemperaturen oft unter 0 °C), im Oktober ist die Hitze sehr drückend.
**Bevölkerung:** v.a. Tswana, die sich in verschiedene Untergruppen teilen (u.a. Bamangwato, Bakwena) 95 %, San (Basarwa) 2,4 %, Weiße, Inder und Mischlinge 1,3 %
**Jährl. Bevölkerungswachstum:** 1,65 % (2011)
**Religion:** mehrheitlich Anhänger von Naturreligionen; ca. 30 % Christen; Minderheit von Muslimen, Hindus und Animisten
**Analphabetenrate:** ca. 19 %
**Durchschnittliche Lebenserwartung:** 53 Jahre
**Aids/HIV-Rate:** 25 % der Bevölkerung
**Zugang zu sauberem Trinkwasser:** 95 % der Bevölkerung
**Währung:** Pula (ein Pula entspricht 100 thebe)
**Inflation:** ca. 7 %
**Ausfuhr** (2010)**:** Diamanten 68 %, Kupfer und Nickel 13 %, Rest (Textilien, Fleisch, Salz und Sodaasche etc.) 19%
**Handelspartner:** in 2010 vor allem Großbritannien, die Republik Südafrika, Norwegen, Israel
**Landwirtschaft:** in 2010 vor allem Rinderzucht, Maisanbau, Bohnen, Melonen etc.
**Pro Kopf-Einkommen:** ca. 7.000 US$
**BIP:** ca. 14 Mrd. US$ (geschätzt)
**Reserven ausländischer Währungen und Gold:** 7,9 Mrd. US$ (2010, geschätzt)
**Wirtschaftswachstum:** 7,2 % (2010); Schätzung 2011/2012: ca. 6 %
**Wirtschaftszweige** (% des BIP, 2008)**:** Industrie und Bergbau 49,3%, Dienstleistungen 48,8% (v.a. Tourismus, der ca. 12 % des BIP stellt), Landwirtschaft 1,8 %
**Korruptions-Index:** Rang 33 (2010, von 178 Ländern, laut Transparency International)

# Historischer Überblick

## Vorkoloniale Zeit

Die Frühgeschichtsforschung hat ergeben, dass bereits in archäologischen Zeiten Menschen und ihre Vorfahren das südliche Afrika bewohnten. Vor etwa 70.000 Jahren tauchte hier der „Homo sapiens" auf. Seine Werkzeuge, die man ebenfalls in Höhlen fand, zeigen schon Verbesserungen und eine Vielfalt von Anwendungsmöglichkeiten. Felsmalereien an Eingangswänden oder markanten Felsüberhängen stehen teilweise in einem engen Zusammenhang mit den einzelnen Artefakten.

*Verarbeitung von Erzen*

Ältere Schmelzstätten deuten ferner darauf hin, dass bereits am Ende der Jungsteinzeit oberflächennahe Erze verarbeitet wurden, mit denen man bessere Waffen und Werkzeuge herstellen konnte. Man benutzte sie vermutlich nicht nur zum Kampf oder zur Jagd, sondern auch zu einer einfachen Bodenbearbeitung (Getreideanbau) und zur Viehhaltung. Verzierte Töpfe dienten als Vorratsbehälter für Fleisch, Getränke und Früchte. Diese Fundstücke werden der frühen Eisenzeit zugerechnet (200–900 n. Chr.). Besonders viele Funde von altem Steinwerkzeug gab es am Ufer der Makgadikgadi-Pfanne, in prähistorischer Zeit ein See.

Wenn die **San** auch als die älteste heute noch in Botswana und Namibia präsente Bevölkerungsgruppe gelten, gehören sie doch nicht zur Urbevölkerung. Dies konnten die Archäologen aufgrund der erwähnten Funde einwandfrei nachweisen. Vielmehr nehmen sie an, dass die San aus dem östlichen Afrika zunächst in die feuchteren Regionen Südafrikas abgedrängt wurden, als Hirten- und Bauernvölker ihnen den Lebensraum in den ostafrikanischen Savannen nahmen. Den bald nachwandernden **Bantu-Völkern** mussten sie wiederum weichen und sich in die Trockengebiete des Landesinneren (Kalahari) bis in das heutige Staatsgebiet von Botswana und Namibia zurückziehen. Diese Regionen waren unattraktiv für den Ackerbau und die Großviehhaltung sowohl der Bantu als auch der später von Südwesten vorstoßenden weißen Farmer. Es begannen regionale Auseinandersetzungen der Bantu mit den einzelnen San-Gruppen.

*Völkerwanderungen*

Diese historische Entwicklung, insbesondere die Wanderbewegungen der einzelnen Bantu-Völker, der in Kleingruppen lebenden San und der verwandten Nama sowie die spätere Einwanderung der Europäer (ab 1652 von Kapstadt aus), liefert einen ersten Erklärungsansatz für die heutige Bevölkerungsverteilung.

Die San (für weitere Infos s. S. 62) leben schätzungsweise **seit mehr als 15.000 Jahren** im südlichen Afrika. Bevor sie ihrer Lebensräume beraubt wurden, wanderten sie durch fruchtbares Land. Als Jäger und Sammler durchstreiften sie die heutigen Gebiete von Südafrika, Namibia, Zimbabwe, Angola und Botswana. Überall dort finden sich ihre Spuren in den steinzeitlichen Felszeichnungen, so z. B. in den **Tsodilo Hills** (s. S. 68). Die San sind eine Ethnie bisher ungeklärter Herkunft. Manche vermuten einen nordafrikanischen oder auch asiatischen Ursprung.

## Die Wanderung der Bantus

Die Nachfahren der ersten Bewohner Botswanas müssen heute um ihren Lebensraum kämpfen

Bereits ca. 250 n. Chr. begann die Einwanderung der bantusprachigen Völker (s. S. 58) aus dem Nordwesten und Osten des Kontinents in die Gegend des heutigen Botswana. Im Gegensatz zu den Jägern und Sammlern der San kannten sie die Vieh- und Feldwirtschaft und brachten Kenntnisse der Eisenverarbeitung sowie des Töpferns mit.

Später kam das Volk der Zhizo aus dem heutigen Zimbabwe, verdrängt durch ein *Leopard's Kopje* genanntes Volk, bis an den nördlichen Rand der Kalahari, und sie brachten weiteren Fortschritt mit. Etwa 1000 n. Chr. soll dann eine zweite Gruppe eingewandert sein, die man *Toutswe* nennt. Sie herrschten bis ca. 1300 über das größte Reich jener Zeit. Wahrscheinlich durch Überweidung und Dürre löste sich das Reich auf. Weitere Völker, unter anderem die *Shona* aus Zimbabwe, rückten nach. Die meisten assimilierten sich später mit den *Tswana*.

Die *Bakalagadi* aus Südafrika ließen sich im Osten des heutigen Botswana nieder und waren die erste größere *Tswana-Gruppe* Botswanas. In den späteren Jahren kamen weitere Gruppen hinzu. Durch innere Spaltungen breiteten sie sich immer weiter im Land aus.

So glaubt man, dass etwa um 1400 ein Häuptling der Tswana, *Malope*, am Boteti-Fluss regierte. Seine drei Söhne *Kwena*, *Ngwato* und *Ngaketse* waren mit ihren Anhängern abgezogen. Sie sollen durch Neuansiedlung der Gefolgschaft den Grundstein für die drei botswanischen Hauptstämme gelegt haben: Kwena Bakwena in Mochudi, Ngwato Bamangwato in Serowe, Ngwaketse Bangwaketse in Kanye. Als sich beim Bamangwato-Stamm 1795 die Brüder *Khama I.* und *Tawana* um die Häuptlingsnachfolge stritten, entfernte sich letzterer mit seinen Leuten zum Lake Ngami und nach Maun (Batawana in Maun) (s. auch S. 58).

Spaltung der Tswana

Heute sind in der Verfassung **acht Hauptgruppen** der Tswana genannt: Bakgatla, Bakwena, Bamalate, Bangwaketse, Bangwato, Barolong, Barawana und Batloka.

## Die Zulu-Kriege (Difaqane)

Die früheren Wanderungen waren vergleichsweise unbedeutend, bis *Shaka-Zulu* im Jahre 1816 und *Mzilikazi* 1825 an die Macht ihrer Zulu-Stämme kamen. Sie brauchten mehr Platz für die wachsende Bevölkerung und wollten Macht und Reichtum mehren. Das Wort *difaqane* (oder *mfecane* in Zulu) bezeichnet eine Periode der Zerstörung und des Krieges im südlichen Afrika in den Jahren von 1815 bis etwa 1840. Mit organisierten Kampfverbänden drangen *Shaka* und sein General *Mzilikazi*, mit dem er sich später zerstritt, vom Südosten in Natal durch Transvaal bis nach Zimbabwe und Botswana vor. Es sind die gleichen Zulu und Matabele, die den südafrikanischen Buren auf dem „Großen Treck" (1835) den Krieg erklärt haben, um deren ungezügelte Landnahme zu verhindern.

Zulu-Kriege

Die Zulu überrannten die Tswana-Siedlungen, und trotz einigen Widerstandes konnten sich die Bewohner Botswanas erst Jahrzehnte später von diesen Attacken wieder erholen. Die Ethnie der Tswana ging aus der anschließenden Neuorganisation als stärkste Gruppe hervor und bestimmte im Wesentlichen die Geschicke des Landes.

# Kolonialzeit

## Die ersten Missionare

In der Zeit dieser Auseinandersetzungen und Beute-Streifzüge kamen die ersten Weißen ins heutige Botswana. Die **London Missionary Society** (LMS) sandte den Prediger *W. Edwards*. Er erreichte Kanye im Jahre 1808 und endete später als eifriger Elfenbeinhändler und Farmer. Dann kam für die LMS *John Campbell*. 1817 erschienen der bekannte Missionar *Robert Moffat* auf der Bildfläche sowie weitere Jäger und Missionare. Nicht zuletzt kam 1841 der berühmte Missionar, Forscher und Arzt *David Livingstone* im heutigen Botswana an. Frisch aus England besuchte er *Robert Moffat*, heiratete dessen Setswana sprechende Tochter *Mary* und zog mit ihr ins Landesinnere weiter. Seine Expedition führte ihn von Kolobeng zum Lake Ngami, den er als einer der ersten Weißen 1849 sah. Von dort gelangte er zum Chobe-Fluss, folgte dem Zambezi und erreichte die Victoria-Fälle.

*Livingstone, einer der bekanntesten Forscher*

Die Bantu-Bevölkerung war misstrauisch gegenüber Missionaren, denn sie predigten eine Abkehr vom gewohnten Stammesleben. So wollten sie den Brautkauf, das Regenmachen, die Polygamie, die Initiations-Rituale und das Biertrinken abschaffen. Hauptgegner der Missionare waren die Stammeszauberer, sie fürchteten, ihren Einfluss auf die Häuptlinge zu verlieren.

Der wichtigste Beitrag der Missionare zur Landesentwicklung war die Gründung von Schulen. Sie verfolgten vor allem das Ziel, die Bantus zum Christentum zu bekehren. Sie sollten in der Bibel lesen können. *James Read* und später *Moffat* begannen um 1831 mit der **Übersetzung der Bibel** in Setswana. Aber nicht nur die LMS wirkte im Betschuanaland, wie man die Region bis zur Unabhängigkeit nannte (von engl. *Bechuana*, die man heute *Batswana* oder *Tswana* schreibt); es kamen die Methodisten, die Lutheraner, die Niederländisch-Reformierte Kirche und die Hermannsburger als deutsches Kontingent. *Heinrich Schulenburg* lehrte 1860 bei den Bangwato. Unter seinen ersten Schülern waren die Söhne der Häuptlingsfamilie *Khama* in Serowe.

## Karl Mauch – ein unbekannter Forscher

info

Wenn die Antriebsfeder der Missionare ihre christliche Heilsbotschaft war, so waren Abenteurer und Prospektoren auf Edelmetalle, Elfenbein oder Landnahme aus. *Karl Mauch* ist ein typischer Pionier jener Tage. Er wurde am 7. Mai 1837 in Stetten bei Remstal geboren und wuchs zusammen mit vier Geschwistern auf. Während der Schulzeit fiel *Mauch* als sehr begabter Schüler auf. Für ein Universitätsstudium reichten aber die elterlichen Mittel nicht, sodass er Volksschullehrer wurde. Schon früh soll er den Entschluss gefasst haben, das **Goldland Ophir**, die sagenumwobene Heimat der Königin von Saba, zu finden. Als er dann später tatsächlich die Ruinen von Great Zimbabwe sah, wurde ihm die biblische Grundhaltung eher zum Verhängnis, versperrte sie ihm doch eine nüchterne und distanzierte Einordnung seiner Eindrücke.

*Mauch* trat 1858 eine Stelle als Privatlehrer an, was ihm viel Freizeit brachte, die er für seine weitere Ausbildung nutzte. 1863 schrieb er einen Brief an den großen Geografen *Dr. A. Petermann* und versuchte, ihn für sein Vorhaben zu interessieren. Mauch schrieb ihm am 7. August 1863:

*„Im steierischen Marburg benützte ich die Bibliothek, das physikalische und naturhistorische Kabinett des Gymnasiums und besuchte während der Ferienzeit die Sammlung und den Botanischen Garten in Steiermarks Hauptstadt Graz, legte Insektensammlungen, ein Herbarium und eine Mineraliensammlung an. Ärztliche Kenntnisse suchte ich zu bekommen durch den Umgang mit Ärzten und das Studium geeigneter medizinischer Werke. Ihre hochgeschätzten 'Mitteilungen' lieferten mir das beste Material, in geographischer Hinsicht auf dem laufenden zu bleiben. Ich befliß mich der englischen und arabischen Sprache. So glaube ich, in geistiger Hinsicht getan zu haben, was mit meinen geringen Mitteln zustande gebracht werden konnte. Aber auch der Körper erheischt zu solchen Unternehmen seine Vorbereitung. Ich suchte ihn zu stählen durch Fußreisen von sechs Meilen und mehr pro Tag, in jeder Jahreszeit, bei jeder Witterung, in jeder Gegend, öfters ohne Speise und Trank bis zur Rückkunft zum Ausgangspunkt, in derselben warmen Kleidung; dabei vernachlässigte ich das Turnen und die Schießübungen nicht." (zitiert nach H. Offe, Carl Mauch, Leben und Werk des deutschen Afrikaforschers, Stuttgart 1937, S. 8).*

Aber *Petermann* lehnte jede Unterstützung Mauchs ab, da dieser keine akademische Ausbildung vorweisen konnte. Trotzdem verfolgte Mauch sein Ziel beharrlich

info

weiter. 1864 reist er als Matrose nach Südafrika, wo er 1865 in Durban ankam. Er verdiente sich seinen Lebensunterhalt mit verschiedenen Tätigkeiten, und bald gelang es ihm, kürzere Forschungsreisen durch das mittlere und nördliche Südafrika zu unternehmen.

Im Jahre 1866 fand er bei Francistown im Tati-Gebiet das **erste Gold** des südlichen Afrika. Es ist umstritten, ob schon im Altertum die Königin von Saba ihre Goldschätze aus diesen Regionen bezogen hat. Doch immer mehr verdichtete sich bei ihm der Wunsch, das sagenhafte Ophir zu finden, das er zwischen Sambesi und Limpopo vermutete. Erst seine 7. Reise 1871/72 sollte ihn mit der Entdeckung der **Ruinen von Great Zimbabwe** belohnen.

Mauch legte erstmals **brauchbare Landkarten** an, schrieb von 1860 bis 1872 Tagebücher über die Begegnungen mit Bantus und sammelte Mineralien. Seine Goldfunde von Tati waren in seiner Zeit berühmt, jedoch war das Vorkommen zu gering, um bergmännisch genutzt zu werden. Mauchs Verdienst war also der Nachweis, dass es im südlichen Afrika Gold gibt. Heute baut man bei Selebi-Phikwe Kupfer und Nickelmetalle ab. Die **geologischen Resultate** seiner Forschungsreisen gipfelten in der Entdeckung von vier Goldfeldern in Transvaal und im heutigen Zimbabwe. Er fand ebenfalls Eisen- und Kupfererzvorkommen bei Rusten.

Nach seiner Reise zu den Zimbabwe-Ruinen zog er noch weiter nach Norden, erkrankte jedoch an Malaria und musste umkehren. Mit letzter Kraft erreichte er den Hafen Quelimane und fuhr mit einem Segler nach Marseille. In den Folgejahren verdiente er sich Geld mit Vorträgen, hoffte aber heimlich, eine Anstellung an der königlichen Naturaliensammlung zu bekommen. Dies wurde ihm aber wegen mangelnder akademischer Ausbildung verwehrt... Notgedrungen nahm er eine Stelle als Geognost und Betriebsleiter in einer Zementfabrik an. Er war tiefunglücklich in seiner neuen Tätigkeit. Am 26. März 1875 verunglückte Mauch schwer und verstarb am 4. April 1875 im Alter von 38 Jahren.

## Einmarsch der Buren

*Pokern um Betschuanaland*

Um sich von der drückenden **englischen Oberherrschaft** in Südafrika zu befreien, verließen die Buren 1835 die Kap-Kolonie. Sie schlugen auf dem Weg nach Norden die Matabele unter ihrem Führer *Mzilikazi* und begannen, den Stammesführern von Betschuanaland einzureden, dass sie deren Feinde vernichtet hätten und deshalb das Land bis zum Lake Ngami für sich beanspruchen könnten. Diese lehnten die Forderung ab, und die Buren drohten immer wieder mit Überfällen. Die Engländer beschwichtigten die Buren und vereinbarten 1852 am Sand River ein **Stillhalteabkommen**. Dabei erhielten die Buren das Gebiet von Transvaal zugesprochen und die Zusicherung, dass England keine Verbündeten nördlich des Vaal-Flusses unterstützen würde. Ferner wurde abgemacht, dass die Engländer die Waffenkäufe mit dazugehöriger Munition an die Bantus unter Kontrolle halten wollten; dahingegen dürften die Buren davon so viel erwerben, wie sie wollten. Die Engländer hatten sich mit den Buren verbündet, und das Pokern um Betschuanaland ging weiter.

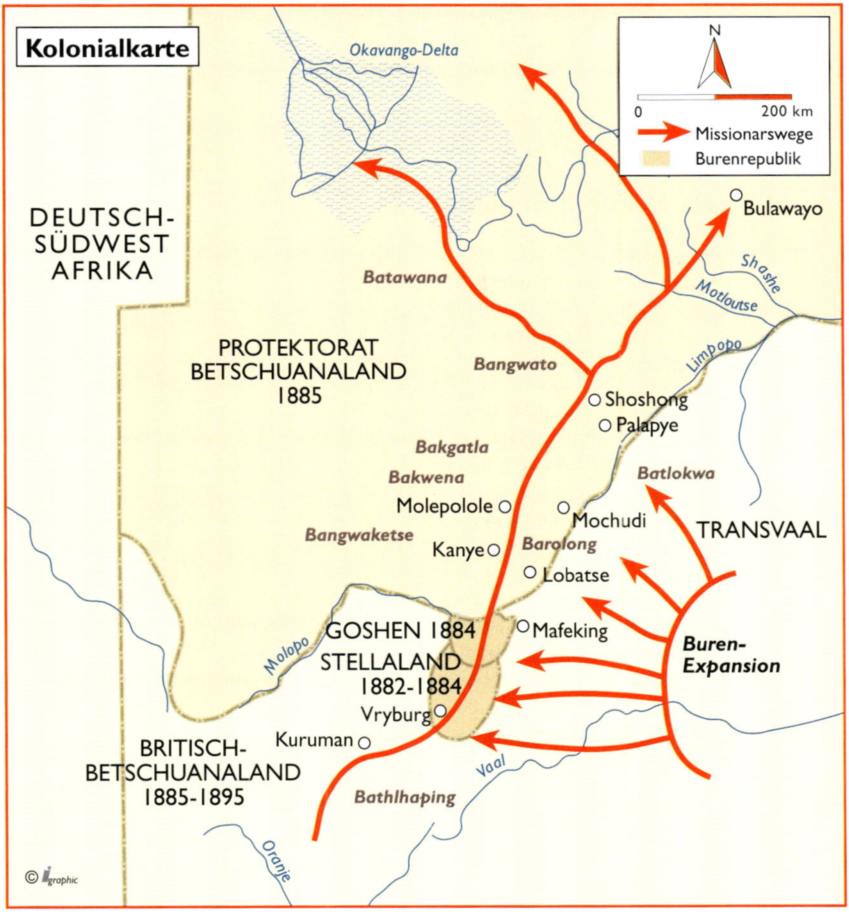


Die Buren riefen eine Versammlung der *Chiefs* ein und behaupteten, dass Betschuanaland nun unter dem Schutz der Buren-Regierung von Transvaal stünde. *Sechele I.* wehrte sich, und die kriegerische Auseinandersetzung fand 1852 bei Dimawe statt. Gleichzeitig bat *Sechele* die Verwaltung der britischen Kap-Kolonie um Schutz gegen die **vordringenden Buren**. Doch England hatte an dem armen Land wenig Interesse und lehnte die Schutzfunktion ab. Die Stämme griffen zur Selbsthilfe und schlossen einen Verteidigungspakt gegen weitere zu erwartende Angriffe der Buren. Es fanden sich unter diesem Druck die Barolong, Bakwena, Bangmaketse, Bangwato und später noch die Bakgatla und Batawana zusammen.

*Verteidigungspakt gegen die Buren*

Als 1870 einige Buren mit der eigenen Transvaal-Regierung nicht einverstanden waren, spannten sie die Ochsen vor die Wagen und überschritten die Grenze zum

Betschuanaland. Häuptling *Khama* ließ die Buren durch sein Land ziehen, verbot ihnen aber zu siedeln. Die meisten Teilnehmer dieses Trecks verdursteten in der **wasserlosen Kalahari**. Die Überlebenden zogen in Richtung Norden nach Angola.

Im Jahre 1876 bat erneut der Chief *Khama III.* der Bangwato den englischen Gouverneur *Sir Henry Barkly* um Schutz. Das Gesuch wurde erneut abgelehnt.

## Schutz durch England

Einen Freund fanden die Tswana im Missionar *John Mackenzie*. Er betrieb die englische Schirmherrschaft, weil er endlich von den Buren ungestört seine Missionsarbeit betreiben wollte. Auch aus wirtschaftlichen Gründen wollte *Mackenzie* die Konkurrenz burischer Händler ausschalten. Er erhoffte sich eine bessere Entwicklung, wenn das Gebiet unter britischen Schutz käme. Nach den Zurückweisungen der vorausgegangenen Jahre erklärte England – für viele überraschend – 1885 das Land zum Protektorat, dem **British Bechuanaland Protectorate (BP)**. Aber die Beweggründe des Missionars *Mackenzie* hatten den Wandel nicht herbeigeführt – das Land im Norden war strategisch und wirtschaftlich wichtig geworden.

*Strategische Bedeutung*

Der europäische Konkurrenzkampf um afrikanische Kolonien zwischen England, Frankreich, Belgien und Deutschland sowie das ständige Drängen der Buren hatte die Gesamtlage verändert. Außerdem waren die Buren durch die Goldfunde bei Johannesburg plötzlich sehr reich geworden. Sie gründeten neue Republiken und griffen immer wieder die Tswana an. Als *Christopher Bethell*, ein Verwandter von General *Sir Charles Warren*, 1884 von Buren im Kampf umgebracht wurde, hatten die Engländer endlich eine Handhabe, den Buren Unruhestiftung und Landraub vorzuwerfen.

## Die Afrika-Konferenz in Berlin

Die vom deutschen Reichskanzler Fürst *Otto von Bismarck* einberufene Afrika- oder Kongo-Konferenz in Berlin im Jahre 1884 ist in diesem Zusammenhang von geschichtlicher Bedeutung. Es ging den europäischen Nationen um die **Verteilung der Länder in Afrika**. Die dort gefundenen oder abgebauten Rohstoffe sowie die gleichzeitig entstehenden Absatzmärkte für fabrikerzeugte Massenprodukte versprachen große Gewinne. Damals fiel auch Südwestafrika (Namibia) an das deutsche **Kaiserreich**. Mit Argwohn sahen die Engländer die Annäherung der Deutschen an die Burenrepublik Transvaal unter ihrem Präsidenten (Ohm) *Paul Kruger*. Man wollte sie von den Deutschen in Südwestafrika getrennt halten, und deshalb wurde die Gegend des heutigen Botswana letztendlich so wichtig für englische Machtinteressen.

*Caprivi-Streifen*

Wie die Deutschen noch unter dem Nachfolger *Bismarcks*, dem Grafen *Caprivi*, die Vorstellung hatten, eine **Landverbindung** von Südwest zur Kolonie Tanganjika (Tansania) in Ostafrika herzustellen, so wollten die Engländer den ganzen Kontinent vom „Kap nach Kairo" regieren. Der sog. Caprivi-Zipfel zeugt noch heute von dem Versuch, einen Schienenweg oder eine Wasserverbindung über Batawana- und Balozi-Land zum Zambezi zu legen. Der merkwürdige 450 km lange Streifen wurde zusammen mit Helgoland gegen Zanzibar getauscht. Aus Sicht der Engländer galt: Wollte man die Deutschen von den Buren trennen und ungestört in die Besitzungen des

Nordens, z.B. Zambia, reisen können, so musste man die „Missionary Road" durch das Betschuanaland offenhalten.

## Auseinandersetzungen zwischen Briten und Buren und Gründung des British Protectorate Bechuanaland

Durch die neugegründeten Burenrepubliken Stella-Land und Goshen hatten sich die Buren genau auf die Straße nach Norden gesetzt, die die Engländer freihalten wollten. *John Mackenzie* bekam als Diplomat den Auftrag, die Farmer von Stella-Land und Goshen wieder in die östliche Transvaal-Republik abzuschieben. Da ihm das nicht gelang, wurde er durch den einflussreichen, harten *Cecil Rhodes* ersetzt. Kurze Zeit später entsandten die Engländer 4.000 erstklassig ausgerüstete Soldaten unter General *Sir Charles Warren*. Die Buren wurden mit Waffengewalt zur Aufgabe der Staatsgründungen gezwungen.

Teilung des Protektorats

Im März 1885 informierten die Engländer die deutsche Regierung, dass sie ihr Schutzgebiet über den Fluss **Molopo** bis zum 22. südlichen Breitengrad ausgeweitet hätten. Das Land der Bakwena, Bangwaketse und Bangwato wäre nun unter dem Namen *British Protectorate Bechuanaland* eingenommen. 1890 und 1894 wurden weiteres Bangwato-Land und auch Ngami-Land einbezogen. England beabsichtigte, das gesamte Protektorat der Kap-Kolonie einzugliedern, scheiterte aber an den Politikern in Kapstadt. Also teilte man am 30. September 1885 das Protektorat in zwei Teile (s. Karte s. 19).

Das fruchtbare Land südlich des Molopo wurde erst eine Kronkolonie mit der Hauptstadt Vryburg und – nach Beruhigung der Lage – 1895 von der Kap-Kolonie übernommen. Das Protektorat nördlich des Molopo erhielt als Hauptstadt und Sitz des *High Commissioner* die Stadt **Mafeking** (das heutige Mafikeng). Dieser Ort lag merkwürdigerweise ca. 25 km weit außerhalb der Landesgrenzen im späteren Südafrika. Es ist auch ein Beispiel für die Willkür der Kolonialherren in jener Zeit. Nach der Unterzeichnung des Schutzvertrages vom 27. Januar 1885 stellte *Khama* Land für britische Farmer zur Verfügung. Sie sollten mit ihrem Eigentum einen Puffer am Limpopo zwischen den Bantus aus Rhodesien und den Buren aus Transvaal bilden. An den Flüssen Shashe und Motloutse sperrte man das Grenzland mit Farmen gegen die Matabele. 1898 erhielten 37 weiße Farmer Land bei Ghanzi, um einen Schutzstreifen gegen die Deutschen in Namibia zu bilden.

Selbstverwaltung der Stämme

Die **Regierungsgeschäfte** wurden in den Stämmen weiter von ihren traditionellen Führern erledigt. Nur die richterliche Gewalt über Weiße behielt sich der *High Commissioner* vor. Im Ergebnis führte die Schutzvereinbarung zu eher positiven Resultaten: Sicherheit des Betschuanalandes vor Buren, Deutschen und Matabele; Frieden im Innern zwischen den Stämmen; Erhalt der Stammesstruktur mit Selbstverwaltung.

## Cecil Rhodes und die British South Africa Company

Schon nach einigen Jahren Ruhe sahen sich die Tswana einer neuen Gefahr ausgesetzt. *Cecil Rhodes*, der seinen Reichtum mit den Diamantenminen in Kimberley erworben hatte, wollte das Betschuanaland als „Suezkanal zum Norden" für seine

*Cecil Rhodes*

eigene **British South Africa Company** (BSAC) übernehmen. Die britische Verwaltung überließ gern starken Privatfirmen die Kolonisation. Mit Recht befürchteten die Stämme Botswanas, entmachtet und übervorteilt zu werden. Diese Erfahrung musste **Lobengula** der Amandebele im benachbarten Rhodesien bereits 1888 machen. Dort wurde nach blutigen Auseinandersetzungen zwischen 1889 und 1893 das Land dieses Stammes kolonisiert. Jenes Schicksal vor Augen, begannen sich die Tswana gegen die Übergabe an die Firma BSAC zu wehren.

*Cecil Rhodes* betrieb den **Eisenbahnbau** vom Kap der Guten Hoffnung nach Bulawayo durch Betschuanaland. Bei den Landeignern stieß er auf geschlossenen Widerstand. Der einzige Weg, diesen zu brechen und gleichzeitig alle Schürfrechte für Rohstoffe zu erhalten, war die Übernahme des Protektorates durch seine Firma. Die größte Schwierigkeit lag in der Umgehung von Rechtsansprüchen auf Suche und Ausbeutung von Bodenschätzen, die bereits früher an andere Firmengruppen vergeben worden waren. Der problemlosere Bau der Bahnlinie wurde einfach ohne Wissen der Tswana im Jahre 1892 beschlossen. Als der *High Commissioner Sir Henry Loch* gegen weitere Willkürmaßnahmen seinen Einspruch erhob, ersetzte man ihn durch einen Freund von *Cecil Rhodes.*

*Reise nach London*

Aber da einigten sich die Häuptlinge und sandten eine Beschwerde an den Minister der Kolonialverwaltung in London, *Joseph Chamberlain.* Wegen der Goldvorkommen im Tati zwischen den Flüssen Shashe und Motloutse hatte es mit *Rhodes* schon Streit gegeben. *Khama* legte auch wegen dieses Streites mit *Cecil Rhodes* **Protest bei seiner Schutzmacht** ein. Als Briefe nichts nutzten, entschlossen sich *Khama III., Bathoen* und *Sebele*, die lange Reise zu Lande und Wasser nach England anzutreten. *Cecil Rhodes* versuchte noch in Kapstadt, den Dolmetscher und Missionar *W. C. Willoughby* zu überreden, mit seinen drei Landesfürsten in die Kalahari zurückzukehren. Das gelang ihm jedoch nicht.

In England 1894 angekommen, legte die Delegation folgende Anträge vor:

- Betschuanaland sollte wie bisher ein Protektorat unter dem **Schutz** der Queen Victoria bleiben.
- Ihre **Unabhängigkeit** von Cecil Rhodes' British South Africa Company sollte zugesichert werden.
- Ihr Land dürfte **nicht verkauft** werden.
- In Betschuanaland sollte das **Alkoholverbot** bestehen bleiben.

*Chamberlain* versuchte, die Häuptlinge zu beschwichtigen, lehnte aber eine Einmischung gegen Rhodes ab. Daraufhin starteten die drei Landesvertreter eine **Protestaktion** in England. Hilfe fanden sie bei der London Missionary Society. Die unterrichtete Öffentlichkeit stellte sich auf die Seite der Gäste aus Afrika. Der mehrmonatige Druck auf die Regierung und die Befürchtungen, wieder in kriegerische Auseinandersetzungen zu geraten, führten am 7. November 1895 in London zu einer Vertragsunterzeichnung: Danach durfte die Eisenbahnlinie von der BSAC auf dem Gelände der verschiedenen Stämme in Richtung Rhodesien gebaut werden und das Protektorat sollte – wie 1885 ins Leben gerufen – bestehen bleiben. Auch die Stammesgebiete unter Eigenverwaltung der Häuptlinge wurden bestätigt.

Die drei Stammesführer in London.
Von links nach rechts: Chief Sebele, Chief Bathoen und Chief Khama III., Rev. W.C. Willoughby

Die Häuptlinge hatten die diplomatische Schlacht gegen die überlegen scheinende englische Kolonialverwaltung durch ihre Reise, den Protest und die Öffentlichkeitsarbeit gewonnen. *Cecil Rhodes* musste seine erste Niederlage einstecken. Doch es kam für ihn noch schlimmer: Als Premier der Kap-Kolonie startete er mit seinem Vertrauten *Dr. Jameson* einen **bewaffneten Überfall** auf die burische Transvaal-Republik. Er wollte unter unzufriedenen Siedlern einen Bürgerkrieg auslösen. Als Folge wurde aus gesamtpolitischen Erwägungen *Cecil Rhodes* das Vertrauen von der Kolonialverwaltung und der Protektoratsadministration entzogen. Ansprüche von ihm wurden bis auf den nützlichen Bau der Eisenbahn und eine Konzession im Tuli-Block ersatzlos gestrichen. Mit dem Überfall, dem sog. „Jameson Raid", dem er seinem Mitstreiter *Jameson* als Alleintäter in die Schuhe schieben wollte, hatte sich *Rhodes* selbst erledigt.

## Burenkrieg und der Anspruch der Südafrikanischen Union auf Botswana

Die Diamantenprofite von Kimberley und die Goldindustrie im Gebiet der Buren ließen britischen Geschäftsleuten – wie *Cecil Rhodes* – keine Ruhe. Die Regierung in Kapstadt schlug den Buren eine Vereinigung der Kap-Kolonie und Natals mit den Republiken Transvaal und Oranje Freistaat vor. Ziel sollte angeblich eine wirtschaftliche/militärische Stärkung gegen die Bantu-Stämme sein. Die Buren wollten ihre Unabhängigkeit jedoch nicht verlieren. Sie zogen gegen die Engländer in den Krieg. Die Kämpfe von 1899 bis 1902 sind als **Burenkriege** in die Geschichte eingegangen.

Krieg zwischen Buren und Engländern

Die Tswana unterstützten die Engländer bei der Befreiung der besetzten Hauptstadt Mafeking im Jahre 1900. Sie hatten unter der britischen Verwaltung größere Freiheiten erlangt, als sie bei einer Dominanz der Buren zukünftig erwarten konnten. Sie wehrten sich gegen Angriffe im Raum von Palapye und Serowe, Gaborone, Lobatse sowie Mochudi. Der Krieg endete mit dem Friedensvertrag von Vereeniging. Nach einer Übergangsregelung von mehreren Jahren bildete sich 1910 die **Union of South Africa** als britische Kolonie. Das hat deshalb einen Einfluss auf die südafrikanischen Protektorate Betschuanaland, Basutuland und Swaziland, weil in den Vertragswerken der Union auch die Einverleibung dieser drei Gebiete – einschließlich Rhodesiens – festgeschrieben war. Allerdings wird in dem Vertrag auch erwähnt, dass eine vorherige Befragung der Einwohner dieser Länder vorgenommen werden sollte.

*Anspruch der Südafrikanischen Union*

Und wieder zog für die *Chiefs* der Tswana die Gefahr des totalen Landverlustes auf. Die Engländer wollten gern das ertraglose Land zur Abrundung an die Südafrikanische Union geben. Das kam den Weißen in Südafrika sehr gelegen, denn sie wollten Farmland gewinnen und die großzügigere Politik der Engländer durch die **burische Apartheid** ersetzen. Es bestand ferner Interesse an billigen Arbeitskräften, die man schon lange in Botswana und Rhodesien für die Minen rekrutierte.

*Khama III.* war inzwischen ein **Experte zur Verhinderung unbefugter Landnahme** geworden. Er legte Protestnoten bei König *Georg V.* in England vor. Die Eingliederungsabsichten blieben dadurch in der Schwebe. Der Druck auf die Kolonialverwaltung wuchs zwischen 1922 und 1924. Die Union forderte die Übergabe von Betschuanaland und Rhodesien an die Union. *Tshekedi Khama* und *Batheon II.* wehrten sich so energisch gegen dieses Vorhaben in London, dass man dort die kriegerische Mobilisierung der Stämme befürchtete.

Die englische Verwaltung regierte schließlich bis zur Unabhängigkeit das Betschuanaland durch die Häuptlinge und deren Gefolgsleute im *kgotla* (dem Versammlungsplatz). Die indirekte Herrschaft war nicht nur intelligent, sondern wegen des geringen Verwaltungsaufwands auch äußerst billig für England. Sie funktionierte mit nicht erwähnenswerten Ausnahmen im Sinne von „Gesetz und Ordnung". Für diese sorgte die kleine berittene „Bechuanaland Border Police" mit Bantu-Soldaten und weißen Offizieren.

## Der Weg in die Unabhängigkeit

*Positive Entwicklung*

In einer friedlichen Volksabstimmung im März 1965 entschieden sich die Bewohner des British Protectorat Bechuanaland zur Verfolgung des Zieles einer unabhängigen **Republik Botswana** mit der neuen Hauptstadt Gaborone. Am 30. September 1966 startete man als eines der 20 ärmsten Länder der Welt einen demokratischen Versuch. Zu diesem Zeitpunkt verfügte Botswana über **5 km Teerstraße** und nur 10 Hochschulabsolventen. Der zukünftige Staat sollte allen Bevölkerungsgruppen unter einem „Recht und Freiheit" zu „Frieden und Wohlstand" führen. Was kein damaliger Beobachter für möglich gehalten hatte, ist Wirklichkeit geworden und gilt heute: Die Demokratie in Botswana funktioniert (mit kleineren Abstrichen). Die Verfassung von 1965 führte zu einer selbstständigen Verwaltung innerer Angelegenheiten. 1966 wurde vom ersten gewählten Präsidenten – *Seretse Khama* – ein Kabinett mit einem Stellvertreter und sechs Ministern bestellt.

Aus den Wahlen war die Botswana Democratic Party (BDP) von Häuptlingssohn *Seretse Khama* mit 28 von 31 Sitzen der **Gesetzgebenden Versammlung** (Parlament, Unterhaus) als Sieger hervorgegangen. Das zweite Haus ist das **House of Chiefs** (Oberhaus) und versammelt die Häuptlinge der acht wichtigsten Stämme des Landes. Hinzu kommen vier weitere Unterhäuptlinge, die von dieser Gruppierung gewählt werden. Das House of Chiefs hat beratende Funktion in Stammesangelegenheiten. Es nimmt Einfluss auf die Gesetzesvorlagen des Parlaments.

## Sir Seretse Khama – erster Präsident der Republik Botswana

info

*Seretse Khama* war Enkel des Königs *Khama III.* und Sohn des Fürsten *Sekgoma*. Nach dem Tod seiner Vaters, der lange im Exil gelebt hatte, übernahm aufgrund des jungen Alters zunächst sein Onkel *Tshekedi Khama* die Regentschaft der Bangwato. Als Häuptlingssohn zur juristischen Ausbildung nach Südafrika und später London und Oxford gesandt, lernte er die junge Engländerin *Ruth Williams* kennen und lieben. Sie lebte nach einer vierjährigen Dienstzeit als Luftwaffenhelferin als Chefsekretärin in London.

Weder Onkel *Tshekedi Khama* als Vertreter der Bangwato noch die Südafrikaner, die gerade die Apartheid einführten und auf Mitspracherecht im benachbarten Protektorat pochten, waren von der jungen Liebe begeistert. Tshekedi war ein Autokrat und führte den Stamm mit straffer Hand. Er stellte sich gegen den Heiratswunsch und versuchte, durch die englische Regierung und die London Missionary Society Druck auf seinen Neffen auszuüben. Seine Bemühungen führten jedoch nur dazu, dass die anglikanische Kirche eine christliche Trauung versagte. Seretse ließ sich daraufhin im September 1948 standesamtlich trauen. Zur Strafe wurde er des Heimatlandes verwiesen. Er lebte in England im Exil, während zu Hause die Frage seiner Häuptlingsnachfolge ausgefochten wurde. Zweifellos übten auch südafri-

*Sir Serethse Khama mit seiner Frau Ruth 1965*

info

kanische Kräfte einen großen Einfluss auf die englische Entscheidung aus, denn sie drohten mit einer Blockade des Protektorates. Nach dieser gemischtrassigen Hochzeit wurde in Südafrika der *„Immorality Act"* geschaffen. Dieser stellte den Geschlechtsverkehr zwischen Weißen und Schwarzen als Verbrechen unter Strafe.

Im *kgotla*, dem Versammlungsplatz der Banhwato, kam es bei den Diskussionen zu Schlägereien, bei denen es sogar Tote und Verletzte gab. In einem Urteil hieß es dann, dass weder *Seretse Khama* noch seine Kinder zukünftig zu Häuptlingen aufsteigen dürften. Die Konservative Partei in London stimmte diesem Stammesbeschluss zu. Nach dem Tod von *Tshekedi* änderten sich die Verhältnisse. Seretse lebte mit seiner Frau, seinen drei Söhnen und einer Tochter in Serowe. Als erfolgreicher Viehzüchter des Landes konnte er sich ohne Stammesverpflichtungen erfolgreich auf die überregionale Politik in der Democratic Party konzentrieren.

Seine Bildung, die Herkunft und die Ehe mit einer weißen Frau machten ihn am 31.4.1965 für alle Bevölkerungsschichten als ersten Präsidenten wählbar. Der englischen Verwaltung und den weißen Farmern war seine Kandidatur genehm. Viele Gesprächspartner betonten in diesen Tagen vor der Wahl: *„Seretse ist ein feiner Kerl, und mit seiner Frau wird er uns bei Rassengleichheit auf lange Sicht den nötigen Fortschritt bringen."*

Bis zu *Seretses* Tod im Jahre 1980 hat dieses Ehepaar den Wunsch der Wähler erfüllt. Während der Regierungszeit von *Khama* war Botswana dank der Diamantenfunde das am schnellsten wachsende Land der Welt und gilt bis heute als Musterland der Demokratie im sub-saharischen Afrika. Auch das ist ein Verdienst von *Seretse Khama.*

## Nach 1966: Demokratie und Diamanten

Botswana ist nach der Unabhängigkeit der erfolgreiche Übergang in eine friedliche Demokratie gelungen, die seit 1965 bis heute als durchaus stabil zu bezeichnen ist, was nur wenige, vor allem nur wenige rohstoffreiche afrikanische Länder nach der Unabhängigkeit geschafft haben. Es hat nie einen Militärputsch gegeben, keine politischen Gefangenen und regelmäßige Wahlen. Die Entwicklung der stabilen Demokratie wurde dabei nicht unwesentlich durch das rasante Wirtschaftswachstum gestützt, das allerdings nicht allen Bewohnern zugute kam und kommt.

*Keine formelle Kolonie*

Diese **positive Entwicklung** mag verschiedene Gründe haben. Zum einen war Botswana nie formelle Kolonie Englands, sondern ein Protektorat, das mit einem Minimum an Aufwand verwaltet wurde (s. S. 20, 24). Dadurch konnten sich die internen, traditionellen Strukturen der Tswana weitgehend erhalten. Zudem brach durch den Wegfall der Fremdherrschaft keine alte Feindschaft mit benachbarten Staaten auf oder ein Bürgerkrieg im Land aus, was auch auf die dominante Stellung der Tswana im Verhältnis zu den anderen Ethnien zurückzuführen ist. Zudem wurde das Land in die Unabhängigkeit unter *Seretse Khama* von einem Stammeshäuptling geführt, der bereits vorher das Vertrauen und die Unterstützung der Bevölkerung besessen hatte. Es war nicht, wie z.B. in Namibia mit der SWAPO, eine radikalisierte Befreiungsorganisation im Spiel, es gab weder revolutionäre Ideologien noch Hasstiraden oder gewaltsame Auseinandersetzungen oder Anschläge gegen die Engländer. Ein weiterer Vorteil war sicher, dass die großen Diamantenvorkommen erst nach der Unabhängigkeit entdeckt wurden und sich somit keine externen Kräfte mehr in den Verteilungsprozess einmischen konnten. Zudem war nun genug Geld vorhanden, den Modernisierungsprozess des Landes voran zu treiben.

*Keine Revolution*

Der erste Präsident wusste die günstigen Voraussetzungen zu nutzen und bemühte sich um die Modernisierung seines Landes, ohne die Traditionen außer Acht zu lassen. So band er z.B. die traditionellen Ratsversammlungen der Dörfer (*kgotla*) in manche von der Regierung getroffenen Entscheidungen mit ein bzw. fragte um Rat. Diese Versammlungen, bei denen jeder seine Meinung sagen durfte, ließen sich gut mit dem westlichen Demokratieverständnis verbinden.

Schon kurz nach der Unabhängigkeit gab die De Beers Botswana Company **reiche Diamantenfunde** bei Orapa und später noch bei Letlhakane sowie Jwaneng bekannt (s. S. 40). An den Gewinnen ist der Staat mit 50 % beteiligt. Die Gewinnung von Kupfer, Kobalt und Nickelkonzentraten entwickelte sich in Selebi-Phikwe bei Francistown. Der Kohleabbau wurde bei Morupule von der Anglo American Company aufgenommen. Die Soda-Herstellung aus natürlichen Salzen der Sua-Pan arbeitete auf der Grundlage eines Firmenverbunds zwischen der British Petroleum (BP) und der Botswana-Regierung. Staatliche Zusammenarbeit mit Firmen, die das Know-how haben, war ein Geheimnis des wirtschaftlichen Aufschwungs.

*Rohstoffreich*

## Aktuelle Entwicklungen

Anfang der 1990er-Jahre geriet Präsident *Masire*, 1980 zum Nachfolger von *Seretse Khama* gewählt, zunehmend unter Druck. Unmut kam auf, als sich die Regierung anschickte, trotz fehlender Außen-Bedrohung Leopard-Panzer zu erwerben. Als es dann 1994 zu Wahlen kam, erlitt die **Botswana Democratic Party** – im Kontext einer Wirtschaftskrise – Wahlverluste zugunsten der Botswana National Front, der einzigen nennenswerten Opposition. Die Kritik an Dr. Masire gipfelte im April 1998 in dessen Rückzug aus der Politik. Nachfolger wurde *Festus Mogae*, in dessen Amtszeit weitere zehn politisch stabile Jahre und Wirtschaftswachstum zu beobachten waren. Im Oktober 2008 wurde dem „Vorzeigedemokrat" von *Kofi Annan*, ehemals Generalsekretär der UNO, der Mo-Ibrahim-Preis im Wert von fünf Millionen Dollar verliehen, der höchstdotierte individuelle Preis der Welt. Die Auszeichnung ist benannt nach ihrem Sponsor, einem sudanesisch-britischen Mobilfunk-Unternehmer, der einen Beitrag zur Befreiung Afrikas von korrupten Herrschern, die sich an die Macht klammern, leisten möchte. Damit sollte die erfolgreiche Regierungszeit als Beispiel für *good governance* gewürdigt werden, zudem sein Kampf gegen Aids. Botswana ist eines der ersten Länder, in denen antiretrovirale Medikamente landesweit frei erhältlich sind.

*Erfolgreiche Regierungsführung*

Nach *Mogaes* verfassungsgemäßem Rücktritt nach zehn Jahren im Amt im April 2008 übernahm *Ian Khama*, Militär-Pilot, ehem. Generalleutnant, Vize-Präsident und Sohn

*Auch im stabilsten Land Afrikas schaut der Nachwuchs in eine unsichere Zukunft*

von *Seretse Khama*, das Amt. Damit ist er auch Chief des Bamangwato-Volkes, des größten Tswana-Stammes. Der Amtswechsel sorgte innenpolitisch für Aufruhr, auch weil *Khama* einige Militärs in hochrangige Regierungspositionen beförderte, in dem friedlichen Land eine weithin kritisierte Entscheidung. Zudem wurde der autokratische Führungsstil des neuen Präsidenten bemängelt.

*Khama* kündigte eine Kontinuität der Politik *Mogaes* an und betonte sein Bekenntnis zur Demokratie. Außenpolitisch nahm er offener Stellung als andere afrikanische Präsidenten, besonders im Hinblick auf die Situation in Zimbabwe. Unter anderem erklärte er, er erkenne *Mugabe* nicht als Präsidenten an, forderte Neuwahlen und befürwortete einen Boykott der Lieferungen von Benzin und Strom ins Nachbarland.

*Sieg für die Botswana Democratic Party*

Im **Oktober 2009** fanden Wahlen statt, die *Khama* trotz der Diamantenkrise und innerparteilichen Querelen 52 % der Stimmen und (durch das Mehrheitswahlrecht) eine 2/3-Mehrheit der BDP im Parlament brachte. Die Opposition, bestehend aus der *Botswana National Front* (sechs Sitze) und der *Botswana Congress Party* (fünf Sitze) sowie Parteilosen (ein Sitz), erhielten für insgesamt 46 % der Stimmen nur zwölf Sitze. Etwa 700.000 der 1,9 Millionen Menschen waren zur Wahl aufgerufen, die Wahlbeteiligung lag bei 68 %. Insgesamt standen 177 Kandidaten zur Wahl, von denen nur zehn Frauen waren. Zwei von ihnen wurden gewählt.

Die BDP regiert Botswana somit seit der Unabhängigkeit von Großbritannien 1966. Ihr ist es gelungen, vor allem die Stimmen der ländlichen Bevölkerung sowie von Stammesführern langfristig für sich zu gewinnen. Zudem ist die Opposition, die es nur in den Städten auf einen nennenswerten Stimmenanteil brachte, schwach und zerstritten. Die Erwartungen der Bevölkerung an die neue Regierung sind jedoch hoch, und die Herausforderungen sind es auch: *Khama* muss den weltgrößten Diamantenproduzenten aus der globalen Wirtschaftskrise herausführen, die kontinuierlich hohe Arbeitslosigkeit von 20 % senken, die HIV/Aids-Pandemie bekämpfen sowie die stark von Diamanten abhängige Wirtschaft diversifizieren.

## Das Wappen als Symbol des Staates

Das Staatswappen gibt einige Schlüsselinformationen über das Land. Die drei Wellen im Schild deuten die Notwendigkeit von Wasser an. Drei Zahnräder sind ein Zeichen für die Industrie, die man aufzubauen versucht. Der Ochsenkopf steht für Rinderzucht und Fleischproduktion. Ein flankierendes Zebra hält einen Elefantenzahn, um auf den Wildreichtum aufmerksam zu machen, und das zweite Zebra hat vor sich eine Hirseähre als Symbol des Ackerbaus.

Pula als geschriebenes Motto im unterlegten Spruchband bedeutet Regen. Dieses Wort ist neben der Bezeichnung der Landeswährung im übertragenen Sinn auch ein Grußwort zwischen den Menschen, nämlich „Willkommen mit Regen"!

### Zeittafel der wichtigsten geschichtlichen und politischen Ereignisse

(alle Daten n. Chr.)

**250** Siedler der frühen Eisenzeit in Transvaal
**400** Siedler der Eisenzeit am Shashe- und Limpopo-Fluss
**700** Siedler der frühen Eisenzeit in Südost-Botswana; Vorfahren der Tswana siedeln in Transvaal.
**750** Siedler der Eisenzeit am Toutswemogala, Boteti, bei Tsodilo, Kasane und Lobatse
**1400** Kgalagadi siedeln in Botswana.
**1500** Rolong siedeln bei Molopo.
**1550** Kwena stoßen auf Kgwatlheng, die am Molepolole siedeln.
**1813** *John Campbell*, erster Missionar der Londoner Missionsgesellschaft, besucht die Tswana.
**1817** Gründung der Kuruman Missionsstation
**1835** Der Große Treck gelangt nach Transvaal; *Khama III.* der Ngwato vermutlich geboren.
**1837** Die Ndebele ziehen nördlich von Mosega.
**1841** *Livingstone* erreicht die Tswana.
**1871** Kgatla ziehen von Transvaal nach Mochudi.
**1872** *Khama III.* wird Häuptling der Ngwato.

**1885** Verkündigung des Protektorates, das sich von der nördlichen Grenze der Kap-Kolonie bis zum 22. Grad südlicher Breite ausdehnt.
**1895** Besuch der drei Häuptlinge in England, um bei Königin Victoria gegen die Übernahme der Verwaltung des Protektorates durch die British South Africa Company zu protestieren. Der Teil des Protektorates südlich des Molopo-Flusses wird der Kap-Kolonie einverleibt.
**1897** Vollendung der Mafeking-Bulawayo-Eisenbahnlinie
**1921** *Seretse Khama* wird in Serowe geboren.
**1923** Am 21. Februar stirbt *Khama III.*
**1936** Das System der lokalen Regierungen wird legalisiert.
**1938** Stammes-Schatzhäuser werden errichtet.
**1950** Errichtung eines gemeinsamen Beratungsgremiums mit schwarzen und weißen Mitgliedern
**1961** Das Protektorat erhält eine neue Verfassung mit Exekutive und Legislative.
**1965** Im Februar Verlegung des Hauptquartiers des Protektorates von Mafeking nach Gaborone; am 1. März finden allgemeine Wahlen statt; die interne Selbstverwaltung beginnt.
**1966** Am 30. September Proklamation der unabhängigen Republik von Botswana; Sir *Seretse Khama* wird erster Präsident.
**1967** Entdeckung der zweitgrößten Diamantenvorkommen der Welt bei Orapa
**1971** Die Orapa-Mine nimmt ihre industrielle Produktion auf.
**1975** Botswana führt die eigene Währung, den „Pula", ein.
**1980** Am 13. Juli stirbt Botswanas erster Präsident Sir *Seretse Khama*; am 18. Juli wird Dr. *Quett Masire* Präsident der Republik Botswana.
**1982** Das Land wird von der schlimmsten Trockenheit seit 20 Jahren bedroht. Bis zu 75 % der Mais- und Hirseernte werden durch die Dürre vernichtet.
**1984** Bei den Parlamentswahlen vom 8. September erringt die regierende Democratic Party von Präsident Dr. Quett Masire einen überragenden Sieg (28 von 34 Sitzen); auf die linksorientierte Botswana National Front entfallen 4 und auf die Botswana People's Party 2 Mandate.
**1985** Kommandoeinheiten der südafrikanischen Armee überfallen und zerstören am 14. Juni in der Hauptstadt Gaborone angebliche Stützpunkte der militanten „Anti-Apartheidsorganisation" ANC (African National Congress). Mindestens 11 Menschen kommen ums Leben. Die Kommandoaktion, die von der botswanischen Regierung aufs Schärfste verurteilt wird, ist der erste derartige Überfall auf Botswana. Am 22. Juni verurteilt der UNO-Sicherheitsrat einstimmig die Militäraktion.
**1986** Am 30. September feiert Botswana den 20. Jahrestag seiner Unabhängigkeit.
**1989** Die BDP gewinnt die Parlamentswahlen und Dr. Masire bleibt im Amt (auch noch 1994).
**1991** Dr. Masire wird von der britischen Königin in den Adelsstand erhoben.
**1994** Die Botswana Democratic Party gewinnt zum 6. Mal die Wahlen.
**1998** *Festus Mogae* löst Dr. *Masire* als Prädident ab.
**1999** Am 16. Oktober stehen wieder Wahlen an, aus denen erwartungsgemäß die BDP als Sieger hervorgeht.
**2004** Bei den Wahlen geht wieder die BDP als Sieger hervor, Präsident *Mogae* bleibt im Amt

**2008** *Mogae* gibt das Amt des Präsidenten nach erfolgreicher zehnjähriger Amtszeit an seinen Nachfolger *Ian Khama* ab.

**2009** Die schwere Wirtschaftskrise stürzt Botswanas Diamantenindustrie in ein Tief, zeitweise werden alle Minen stillgelegt und Tausende Arbeiter entlassen. Im November wird *Khama* bei den Wahlen trotz Wirtschaftskrise im Amt bestätigt.

**2011** Im Parlament wurde eine Debatte über die Zeitgemäßheit der Verfassung angestoßen, weil sie stark präsidial geprägt ist. Eine Verfassungsänderung in der Legislaturperiode bis 2014 ist jedoch noch nicht abzusehen.

*Einst war das Delta mit den Salzpfannen verbunden*

# Geografischer Überblick

## Großlandschaften und geologische Entwicklung

(i) s. auch Karte S. 39

Botswana bedeckt 581.730 km$^2$ (Deutschland 357.042 km$^2$). Die nächste Entfernung zum Meer (Indischer Ozean) beträgt 500 km Luftlinie. ⅔ der Landesgrenzen werden von Flüssen gebildet, wovon jedoch nur ein Teil zur Regenzeit fließt. Das Land ist im Wesentlichen eine flache, zu ⅔ sandbedeckte Fläche mit einer durchschnittlichen Höhe von 1.000 m über NN. Zum Osten hin wird dieses Becken von niedrigen Gebirgsketten umsäumt. Die gesamte Fläche ist mit der Makgadikgadi-Pfanne verbunden, die den tiefsten Teil der Gesamtlandschaft ausmacht. Das Land steigt Richtung Westen, also nach Namibia hin, langsam an.

*Binnenland*

*Der Bergrücken der Aha Hills und über Drotzky's Caves besteht aus Kalk- und Dolomitgestein*

⅔ der Fläche werden von Kalahari-Sanden bedeckt. Die **Kalahari** besteht aus weiten, aufgewehten Sandfeldern, die von einer Trockensavannen-Vegetation festgehalten werden. Übriggebliebene Inselberge gehören dabei zu den markanten landschaftlichen Erscheinungen.

*Verzweigtes Flusssystem*

Der Okavango, der dem angolanischen Bergland entstammt, ist der drittgrößte Fluss im südlichen Afrika (neben Oranje und Zambezi). Ebenfalls aus Angola fließt der Kwando ein. Sobald diese Flüsse Botswana erreichen, fächern sie sich auf und bilden Sumpfsysteme, die von Seen und Kanälen beherrscht werden. Der Norden des Landes ist von ihnen gekennzeichnet. Der Kwando, der südwärts fließt, bildet in seinem Endverlauf ein dem Okavango-System zugehöriges Delta. An den Popa-Stromschnellen bildet der Okavango einen „Pfannenstiel", bevor er sich zu seinem Delta ausbreitet, das insgesamt 15.000 $km^2$ bedeckt. Nach Osten hin ist dieses System mit den Makgadikgadi Pans durch den **Boteti** verbunden.

Etwa 95 % des Okavango-Wassers verdunsten. Einst dürfte das Makgadikgadi-Okavango-System einen großen See gebildet haben. Das war vor vielleicht ca. 20.000 Jahren der Fall, als die Pluvialzeiten (Regenzeiten, als Gegenstück zu den europäischen Eiszeiten) für viel Wasser sorgten. Das Delta selbst dürfte eine Verlängerung des östlichen und zentralen afrikanischen Grabensystems darstellen. Es handelt sich hierbei um tiefe Risse im afrikanischen Festlandsockel. Ein Beweis für die früher größeren Wassermassen dürften alte Uferlinien im Makgadikgadi-System sein. Man vermutet,

dass die Wassertiefe bis zu 25 m betragen hat. Doch Klimaschwankungen sowie tektonische Bewegungen haben den See zum Austrocknen gebracht.
Der größte Teil Botswanas ist von **Kalahari-Sanden** verweht, die Landesmitte ist flach. Unter dem Sand begraben liegen ältere Gesteinsformationen, besonders entlang der östlichen Landesgrenze. Vereinzelt herausragende Berge („Inselberge") kommen im Westen und Nordwesten vor. Das Grundgebirge des östlichen Botswana besteht aus gefalteten und metamorphisierten Gesteinen (also Gesteinen, die durch Hitze und Druck gebildet wurden). Darauf liegen jüngere Sedimentgesteine. Auffallend sind die Felsen der Ghanzi-Gebirgskette. Diese bestehen aus Sandstein. In der Gegend der Aha-Hügel gibt es Dolomit und Quarzit, darüber sind Granitgesteine gelagert. Das Alter dieser Formationen dürfte 450 Millionen Jahre betragen. Unter den Kalahari-Sanden liegen Karoo-Sedimente und Lava unbekannter Mächtigkeit. Die Kalahari-Sande sind die jüngsten geologischen Sedimente und erreichen eine Mächtigkeit von 5–200 m Dicke.

*Gesteinsformation*

# Klima

Das Klima Botswanas wird verallgemeinernd als „arid" bezeichnet, was bedeutet, dass der Niederschlag geringer als die Verdunstung ist. Deshalb ist das Land trocken und verfügt über keine eigenen Dauerflüsse. Die nach Botswana einfließenden Gewässer entspringen stets in Regionen, die wesentlich niederschlagsreicher sind (z.B. der aus dem angolanischen Bergland stammende Okavango). Neben den Niederschlagsmengen spielt aber eine wesentliche Rolle der Unsicherheitsfaktor, mit denen die Niederschläge tatsächlich eintreffen.

Natürlich kennt Botswana auch **Jahreszeiten**, die aber als „Winter" und „Sommer" deklariert eine andere Bedeutung haben als in Europa. Die Jahreszeiten sind auf der Südhalbkugel vertauscht. Verallgemeinernd bedeutet Winter hier Trockenzeit, während die Sommermonate als Regenzeit bezeichnet werden. Die Trockenzeit beginnt im Ende April/Anfang Mai und dauert bis Ende August an. In dieser Periode fällt in der Regel kein Regen, der Himmel ist strahlend blau. Die Temperaturen können je nach Region nachts unter null Grad fallen, während es tagsüber angenehm warm wird.

*Regen- und Trockenzeit*

Der Sommer kündigt sich mit steigenden Temperaturen und ersten Regenfällen im September an. Die intensivsten Regenfälle sind zwischen Dezember und März zu beobachten, oft von heftigen Gewittern begleitet. Nicht selten fallen dann innerhalb weniger Stunden 10–20 mm Niederschlag. Über 60 % des Niederschlags fallen in kurzen, heftigen Schauern. Von Ende November/Dezember an ist die Vegetation grün, ab April trocknen das Land und die Pflanzenwelt allmählich aus. Ab Juni ist Botswanas Vegetation gelb, im September fallen die Blätter von den Bäumen, sodass der Schatten spärlich wird und die Sonne unbarmherzig brennt. Nach den ersten Regenfällen sprießt sofort die junge Vegetation, das Land ergrünt, und der beschriebene Jahreszyklus setzt sich fort.

Die Niederschlagsmenge und -sicherheit nimmt von Norden nach Süden ab. Eine kleine Tabelle gibt hier die Übersicht:

| Region | Durchschnittlicher Niederschlag/Jahr | Niederschlags-sicherheit |
|---|---|---|
| **Nord-Botswana** | 650 mm | +- 25 % |
| **Ost-Botswana** | 500 mm | +- 30 % |
| **Südwest-Botswana** | 250 mm | +- 80 % |

Seit etwa 50 Jahren findet in Botswana eine **regelmäßige Wettermessung** statt, seit etwa 100 Jahren in der angrenzenden nördlichen Kapprovinz von Südafrika. Deshalb konnte man Klimaveränderungen nachweisen. Man registrierte, dass in vielen Gebieten aufgrund von Überweidung die Durchschnittstemperatur um ein Grad angestiegen ist. Parallel dazu sanken die Tiefsttemperaturen. Für die Vegetation ergibt sich daraus die Schwierigkeit, sich an eine größere Mittagshitze sowie Nachtkälte anzupassen. Dort, wo die Grasnarbe durch Überweidung stark zerstört wurde und offene Sandflächen entstanden sind, haben sich die Differenztemperaturen zwischen Tag und Nacht um 7 Grad erhöht. Und mit dem Verschwinden einer schützenden Vegetationsdecke kommt es dazu, dass Regen kaum mehr versickert, sondern vermehrt schnell abfließt.

*Problem der Überweidung*

**Beste Reisezeit** für einen Besuch Botswanas ist die Zeit vom Mai bis zum späten September. In dieser Zeit ist das Wild auf permanente Wasserstellen konzentriert. Kühle Nachttemperaturen, erträgliche Wärme tagsüber sowie wenig Regen machen das Klima angenehm. Ab Oktober sind auch die Nächte warm, die Tage heiß und drü-

*Während der Trockenzeit gut zu befahrende Pisten können sich im Regen in schlammige Wege mit Wasserdurchfahrten verwandeln (Piste bei Tsao)*

ckend (viel trinken!). In dieser Zeit kann man auch gute Wildbeobachtungen machen, denn große Herden konzentrieren sich auf die Dauerflüsse. Während der Regenzeit dagegen sind große Herden nur in entlegenen Gebieten zu beobachten.

**Fischen** ist nur im Norden möglich (im Osten befinden sich Fischgründe in Privathand). Am Chobe kann das ganze Jahr über gefischt werden (Tigerfisch, Brassen, Barben). Die günstigste Zeit zum Fischen liegt zwischen August und Februar.

*Angelparadies am Chobe*

Ein **Besuch der Kalahari** ist besonders im Winter/Frühling (Mai bis früher September) anzuraten. Kühle Nächte, sonnige Tage und angenehme Mittagstemperaturen ermöglichen einen angenehmen Aufenthalt.

Insgesamt betrachtet, kann man also hinsichtlich der **optimalen Reisezeit** feststellen:

- **Beste Reisezeit** sind die Monate zwischen **Mai und September**.
- Von **Dezember** an wird durch **große Regengüsse** das Fahren schwierig, da sich die Wege oft in unüberwindbare Schlammpisten verwandeln.
- In der **Vegetationszeit** (September–April) kann dann das **hohe Gras**, das auf abseitigen Wegen sprießt, den **Kühler blockieren**.

# Gewässer und Wasserwirtschaft

Botswana verfügt über nur sehr wenig **Oberflächenwasser**. Außer den aus Angola einfließenden Fremdlingsflüssen (Okavango, Kwando) verfügt das Land über keine eigenen Dauerflüsse oder -seen. So stammen 95 % des Wassers aus Angola. Nur wenig Wasser wird zzt. aufgestaut. Dämme gibt es bei Lobatse, Gaborone, Shashe und Mopipi (dieser Stausee versorgt die Diamantenminen bei Orapa). Das Wasser des Okavango verteilt sich im Delta, steht aber zur Nutzung kaum zur Verfügung, da der meiste Teil verdunstet. Die Menge des aus dem Delta ausfließenden Wassers beträgt nur 5 % der einfließenden Wassermenge – 95 % verdunsten also.

*Keine Dauerflüsse oder Seen*

**Grundwasser** kommt in geologischen Verwerfungen und unterirdischen Becken vor. Da Oberflächenwasser so gut wie nicht zur Verfügung steht, sind diese Grundwasserreserven von großer Wichtigkeit. Es wird geschätzt, dass etwa 60 % der Menschen und Haustiere von dieser Versorgung abhängig sind. Das meiste Wasser dieser Art ist fossil, d.h., es stammt aus alten Erdperioden, die besonders regenreich waren. Man schätzt das Alter dieser Vorräte auf bis zu 33.000 Jahre. Heute entnimmt man weit mehr Wasser aus der Erde, als derzeit nachsickern kann: Nur ein Prozent der entnommenen Menge dürfte durch natürliche Versickerung wieder aufgefüllt werden. Im Bereich der Kalahari enthält das Wasser z.T. so viele gelöste Substanzen, dass es für Mensch und Tier nicht genießbar ist.

## Wasserversorgung und Ökologie

*Gute Wasserversorgung*

Die Wasserversorgung in Botswana ist im afrikanischen Vergleich als hervorragend zu bezeichnen, über 90 % der Bevölkerung haben Zugang zu Trinkwasserquellen.

*Im Delta ist das Wasser bislang noch für die Tiere – und Touristen*

Dennoch hat das semi-aride Land ohne Zugang zum Meer mit zu wenig Niederschlag zu kämpfen. Etwas 60 % des verbrauchten Wassers werden aus Grundwasser abgepumpt, dessen Ressourcen aber auch begrenzt sind. Deshalb soll in den nächsten Jahren viel in die Wasserversorgung investiert werden.

*Pläne und Investitionen für die Wasserversorgung*

Immer wieder gibt es Pläne, die wenigen Dauerflüsse anzuzapfen, die nach Botswana hineinfließen. So wurde z.B. vorgeschlagen, den Hauptwasserzufluss des Okavango-Deltas zu stauen, um damit Wasser ganzjährig in den Boteti zu leiten. Ebenso gibt es Vorstellungen, den Linyanti/Chobe anzuzapfen, um das Wasser über eine Höhendifferenz von etwa 150 m auf das Niveau des Kalahari-Beckens zu pumpen, um danach das kostbare Nass den Verbrauchern zur Verfügung zu stellen. Allen diesen Plänen ist gemein, dass damit ein enormer Eingriff in das Ökosystem verbunden wäre. Ebenso würde die „touristische Qualität" Botswanas leiden, und damit wäre auch ein großer Teil der Deviseneinkommen gefährdet. Nur Maun wird derzeit mit Wasser aus dem Delta versorgt.

Auch das „Chobe-Zambezi Water Transfer Scheme" liegt noch in weiter Ferne: In Zukunft möchte Botswana Millionen Liter Wasser jährlich aus dem Zambezi entnehmen, zu dem es in der Nähe von Kasane Zugang hat. Allerdings müssten hierzu auch die Nachbarstaaten zustimmen.

In den nächsten Jahren plant die Regierung große Investitionen im Bereich der Wasserwirtschaft. Besonders im Osten des Landes, in dem ein Großteil der Bevölkerung lebt und die Urbanisierung schnell voranschreitet, müssen ehemalige Dörfer, in wenigen Jahren zu Kleinstädten angewachsen, dringend an das Wassernetz angeschlossen werden. Eines der größeren Projekte ist der Bau einer zweiten **Nord-Süd-Versorgungspipeline**, dem „North-South-Carrier 2". Die Kapazität der bereits bestehenden Pipeline reicht Schätzungen zufolge nur noch bis 2012/13. Zudem sollen mehrere neue Dämme gebaut werden: Dikgatlhong am Lower Shashe-Fluss, Thune, Lotsane und Mosetse. Bei Dikgatlhong baut der chinesische Konzern Sinohydro einen Damm (Kosten: ca. 2 Mrd. Pula), der 2012 fertig sein soll.

*Neue Pipeline*

Es gibt **vier Haupt-Wasserverbraucher**:

- **Vieh**: Besonders hoher Verbrauch im dicht genutzten Osten.
- **Bewässerungswirtschaft**: Vor allem im Tuli-Block leitet man Wasser aus dem Limpopo auf Felder ab und baut Zitrusfrüchte, Gemüse, Weizen und Baumwolle an.
- **Hausverbrauch**: Etwa die Hälfte der Landbevölkerung wird durch heraufgepumptes Wasser versorgt. Pro Jahr steigt hier der Verbrauch um 8 %.
- **Industrieverbrauch**: Besonders der Bergbau ist wassergierig. Die Diamantenminen von Orapa erhielten bis Ende der 1980er-Jahre ihr Wasser aus dem Boteti, der im Mopipi-Staudamm aufgestaut wird. Wegen Austrocknung des Flusses ist dies nun lange Zeit nicht mehr möglich. Deshalb erfolgt der Ersatz durch das Anzapfen von Grundwasser-Vorkommen. Die Kupfer-Nickelmine von Selebi-Phikwe erhält ihr Wasser vom Shashe, dessen Wasser in einen 70 km entfernten Damm gepumpt wird. Die Diamantenmine von Jwaneng wird durch Untergrundwasser aus Bohrungen 70 km weiter nördlich versorgt.

# Wirtschaftlicher Überblick

„Afrikanische Ausnahmeerscheinung", „Musterland des sub-saharischen Afrika", „Erfolgsgeschichte" – in Berichten über die politische Situation in Botswana wie bei den Wahlen im Oktober 2009 überschlagen sich die Medien mit Lob für den kleinen Binnenstaat. Zwar gilt Botswana auch heute noch als Entwicklungsland und hat vor allem mit einer hohen Aids-Rate zu kämpfen, doch im Vergleich zu anderen, vor allem den rohstoffreichen, afrikanischen Staaten steht es sowohl wirtschaftlich als auch demokratisch glänzend da. Von einem der ärmsten Länder der Welt in den 1970er-Jahren hat es sich zu einem *middle income country* vorgearbeitet. Es verfügt über eine weitgehend liberalisierte Marktwirtschaft, das Pro-Kopf-Einkommen wächst seit der Unabhängigkeit, und die verhältnismäßig wenig korrupte Regierung des Landes ist um die Entwicklung des Landes bemüht. Im Korruptionsindex von Transparency International landete Botswana 2010 auf Rang 33 von 178 Ländern – das ist zwar das beste Resultat Afrikas und rangiert noch vor EU-Mitgliedern wie Polen (Rang 41) und Italien (Rang 67), macht aber auch noch Handlungsbedarf deutlich.

*Afrikanische Vorzeige-Demokratie*

Problematisch ist allerdings die **fehlende Diversifizierung** der Wirtschaft, die sich weiterhin stark auf Diamanten stützt. Diese sollen sich in schätzungsweise 20 Jahren dem Ende zuneigen. Zudem gibt es in den Bereichen der Bekämpfung von Armut und

*Trotz aller positiven Entwicklungen leben Bewohner des Landes in Armut*

Ungleichheit noch erhebliche Defizite. Rund 20 % der Bevölkerung gelten trotz Entwicklungserfolgen als „absolut arm", d.h. sie müssen von weniger als einem Dollar pro Tag leben.

## Aktuelle Wirtschaftsdaten

Nach langen Jahren des Wachstums hatte sich die Situation 2009 wegen der **Finanzkrise** deutlich abgekühlt, in 2010 hingegen konnte das Land mit einer realen Steigerungsrate des BIP von 7,2 % eines der besten Resultate seiner Geschichte einfahren. Das BIP belief sich 2010 auf knapp 14 Mrd. US$, was einem Pro-Kopf-Einkommen von rund 7.000 US$ entspricht. Vor der Krise hatte das Land Währungsreserven in Höhe von 9,5 Mrd. US$, heute noch von 7,9 Mrd. Für die Jahre 2011 und 2012 wird ein überdurchschnittliches Wachstum von knapp 6 % erwartet.

*Zukünftige Herausforderungen*

Während der Finanzkrise ging die weltweite Nachfrage nach Diamanten drastisch zurück, außerdem gab es Probleme bei der Stromversorgung. Wichtigstes Ziel ist langfristig die Diversifizierung der Wirtschaft, um weniger von der Diamantenproduktion und dem Bergbau abhängig zu sein, die Entwicklung verläuft allerdings nur langsam. Ein Dämpfer wurde der Hoffnung auf eine breiter aufgestellte Wirtschaft verpasst, als ausländische Investitionen in Milliardenhöhe für den Bau einer Nickel-Raffinerie und eines Kohlekraftwerkes vorerst auf Eis gelegt wurden (s. S. 42).

Vegetationszonen und Wirtschaftsstruktur
ANGOLA
NAMIBIA
ZIMBABWE
SÜDAFRIKA
Kasane
Shakawe
Gumare
Okavango-Delta
Maun
Sehithwa
Gweta
Nata
Makgadikgadi Pan
Orapa
Francistown
Ghanzi
Selibe-Phikwe
Serowe
Tshootsha
Mamuno
Ncojane
Trans-Kalahari-Highway
Mahalapye
Kang
Tshane
Molepolole
Mochudi
Sekoma
Jwaneng
Gaborone
Kanye
Lobatse
Tshabong
Cu
Ni
Au
Sa
Mn
Ky
Ab
© graphic
Waldgebiete
Baumsavanne
Dornbuschsavanne
Baumsavanne mit Mopane
Grassavanne
Trockener Laubwald
Feuchtgebiete
Bodenschätze
Steinkohle
Diamanten
Ab Asbest
Au Gold
Cu Kupfer
Mn Mangan
Ni Nickel
Sa Salz (Soda)
Ky Kyanit (Sillimanil)
N
0
200 km

## Diamanten

*Wirtschaftswachstum dank Diamanten*

Das nahezu kontinuierliche Wirtschaftswachstum Botswanas in den letzten 25 Jahren ist nahezu ausschließlich den bedeutenden Diamantenfunden Ende der 1960er Jahre zu verdanken. Dank des Zeitpunkts der Entdeckung der Funde (nach der Unabhängigkeit) konnte das Land einen für sich günstigen Vertrag (50/50) über den Abbau der Diamanten mit dem weltweit größten Diamantenhändler und Bergbau-Unternehmen De Beers abschließen, der zur Gründung der De Beers Botswana Mining Company führte, ein Joint Venture zwischen De Beers und der Regierung Botswanas (später in Debswana umbenannt). Der Exportüberschuss durch Diamanten wurde in Infrastruktur, Bildung und Bekämpfung der Armut investiert.

Die ersten großen Diamantenvorkommen Botswanas entdeckte man bei **Orapa**. Der Ausbau der Mine begann 1971, die Kosten hierfür betrugen 25 Millionen Pula. Die hier geförderten Diamanten liegen zu 15 % in der Qualität von Schmuck- und zu 85 % in der Qualität von Industriediamanten vor. Eine zweite, sehr lohnende Diamantenmine befindet sich 40 km südöstlich von **Letlhakane** (2009: 1,07 Millionen Karat). Der Anteil an Schmuckdiamanten ist in dieser Mine höher.

*Folgen der Wirtschaftskrise*

Eine dritte und die heute vom Wert her erfolgreichste Diamantenmine befindet sich bei **Jwaneng**, 160 km südwestlich von Gaborone. Hier musste man 30–50 m mächtigen Kalahari-Sand abtragen, bis man an die diamantenträchtigen Schichten gelangte. Seit 1982 werden hier Diamanten gefördert, bereits im ersten Jahr erreichte die Produktion 3 Millionen Karat. Die Mine soll die mit den reichsten Diamantenvorkommen der Welt sein. Sie stellt 60–70 % des Wertes der Diamantenproduktion Botswanas. 2008 förderte man **13,7 Millionen Karat** zutage, im Krisenjahr 2009 nur noch 9,04 Millionen Karat. Während der Wirtschaftskrise musste die Diamantenproduktion teilweise stillgelegt werden, zudem gingen aufgrund der gesunkenen Nachfrage 4.000 Arbeitsplätze verloren. Bis dahin war Debswana nach dem Staat der größte Arbeitsgeber des Landes. Damit lagen die Einkommen 2009 deutlich unter denen der Vorjahre, in denen ein Rekordergebnis nach dem anderen eingefahren wurde. So soll die Produktion 2009 bei rund 15 Millionen Karat gelegen haben, im Vorjahr waren es noch 33,6 Millionen Karat (ca. 20 % der weltweiten Produktion im Wert von 3,2 Mrd. Dollar), informierte Debswana. Das machte 2008 ca. 80 % des Exportvolumens aus, 45 % der Staatseinnahmen und ca. 35 % des BIP. Nach Angaben von Finanzminister Kenneth Matambo ist das Landeseinkommen 2009 durch die zeitweilige Schließung der Minen um 11,5 % gesunken, und das Land musste erstmalig in Südafrika und China finanzielle Unterstützung aufnehmen. Nach einer Erholungsphase investiert Debswana heute im Rahmen eines Projektes namens „Cut 8" bis 2025 rund 3 Mrd. US$ in den Ausbau der Jwaneng-Mine, davon werden allein 500 Mio. US$ für neue Maschinen und für Ausrüstung ausgegeben.

*Neue Investitionen*

Ein weiteres Thema für die Diamantenindustrie ist die **Weiterverarbeitung vor Ort**, um die Erträge zu maximieren. Bislang wurden alle weltweit gefundenen Diamanten von der Diamond Trading Company (DTC), die zu De Beers gehört, in London vermarktet. Botswana ist es gelungen, mit der Gründung eines einheimischen Ablegers (DTC Botswana, dem Nachfolger der Botswana Diamond Valuing Corporation) Arbeitsplätze im Land zu schaffen. 2008 wurde das neue Gebäude am Stadtrand eröffnet. Durch den Einbruch der Nachfrage nach Diamanten in den reichen Ländern im Rahmen der Wirtschaftskrise war das Projekt bis dahin nicht allzu erfolgreich. Nebenan entstand 2009 der „Diamond Technology Park", in dem die Ware von Diamantenschneidern verarbeitet wird. Im September 2011 wurde bekannt, dass De Beers Teile seines Geschäftes von London zu Debswana nach Gaborone verlegt. Ab Ende 2013 werden die im Land geförderten Rohdiamanten, die der Konzern jährlich im Wert von 550 Mio. US$ weltweit verkauft, auch dort sortiert, bearbeitet und vermarktet, der Vertrag läuft vorerst 10 Jahre.

## Informationen über Diamanten

info

Diamanten bestehen aus reinem Kohlenstoff. Unter hohem Druck und großer Hitze sind sie im Erdinneren zu harmonisch geordneten Körpern kristallisiert, die von regelmäßigen Flächen begrenzt sind:

- meistens Oktaeder (8 Flächen),
- seltener Dodekaeder (12 Flächen)
- sowie Würfel (6 Flächen).

Nach dem Ersten Weltkrieg gab es viele Diamantenfunde; entsprechend sank der Weltmarktpreis, besonders beim Börsenzusammenbruch 1929. *Ernst Oppenheimer* schlug deshalb eine radikale Produktionseinschränkung vor, um den Preisverfall zu stoppen. Als Chef der De Beers-Gruppe, die den Markt beherrschte, legte er die meisten Minen still. So wurde der Nachschub von Rohdiamanten gestoppt und ein weiterer Preisverfall aufgehalten. 1930 erfolgte die Gründung der Diamond Corporation: Durch knappe Zuweisungen an den Handel und sorgsam ausgewählte Großhändler kontrollierte sie von nun an den Markt. Die besten Stücke werden nur wenigen Branchenriesen vorgelegt, die Marktware mehreren hundert Händlern. In London finden allmonatlich „sights" statt: Jeder Einkäufer erhält ein Sortiment Rohdiamanten, auf dem der Gesamtpreis vermerkt ist (10.000 bis 20.000 Pfund). In einer Koje prüft er die Ware, entscheidet, ob er sie kauft oder nicht. Einzelne Steine gibt es nicht, auch keine Preisverhandlungen. Dieses Syndikat berechnet den Bedarf ein Jahr im Voraus und teilt dann den Produzenten eine bestimmte Quote zu. Bei einem höheren Bedarf kann man auf Vorräte zurückgreifen. So wird der Markt kontrolliert und Diamanten werden somit zu einer langfristigen guten Geldanlage gemacht. Ca. 90 % der Diamanten werden durch das Syndikat vertrieben.

Seit 1953 werden auch künstliche (Industrie-) Diamanten hergestellt, und zwar mit 110.000 atü Druck und bei Temperaturen von 3.000 °C.

## Weitere Bodenschätze

Mit der Geschichte der Entdeckung der großen **Goldvorkommen** ist der Name *Karl Mauch* verbunden (s. S. 17f). In der Tati-Gegend (östlich von Francistown) setzte daraufhin ein Goldrausch ein. *David Francis* (nach dem Francistown benannt wurde) leitete die Northern Light Gold and Mining Gesellschaft, die Vorläuferin der

Tati-Gesellschaft. In den Jahren 1869–1905 wurde hier Gold abgebaut. Weitere Explorationsunternehmen folgten. Damit begann die systematische Suche nach Bodenschätzen auf großer Ebene. Der Erfolg blieb nicht aus: Im Zentraldistrikt fand man neben Diamanten große Reserven an Kupfer und Nickel. **Zukunftschancen** rechnet sich Botswana zudem im Uranbergbau aus. Derzeit laufen Untersuchungen nahe Sorule.

## Kupfer und Nickel

Das bisherige Zentrum des Abbaus bei Selebi-Phikwe wird voraussichtlich in wenigen Jahren ausgebeutet sein. Neue Funde gab es in den Minen Selkirk und Phoenix. 2009 wurden insgesamt rund 27.905 t Nickel und 23.057 t Kupfer gewonnen.

*Geplanter Raffinerie-Bau*

Betrieben werden die Minen von Tati Nickel, das zu 85 % zu dem russischen Konzern *Norilsk Nickel* gehört, der Rest ist in der Hand der Regierung Botswanas. Einen Rückschlag erlitten die Bemühungen, sich neben den Diamanten weitere wirtschaftliche Standbeine zu verschaffen, als Norilsk 2008 die Pläne zum Bau einer Raffinerie nahe der Phoenix-Mine auf Eis legte. Diese hätte rund 500 Mio. US$ kosten sollen, und durch neue Technologien wäre eine Schmelze nicht mehr nötig gewesen. Bislang wird das Nickel-Konzentrat in die Schmelze nach Selebi-Phikwe gebracht und von dort über den südafrikanischen Hafen Durban in europäische Raffinerien verschifft. Ende 2010 gab Tati Nickel bekannt, dass das Ministerium für Mineralien, Energie und Wasser drei neue Lizenzen für Abbaugebiete erteilt hat.

Daneben besitzt die Firma African Copper Botswanas einzige ausschließliche Kupfermine Mowana etwa 100 km westlich von Francistown. Die Firma hat eine Abbaulizenz für 25 Jahre, die Miene soll über Vorkommen von rund 18 Mio. t verfügen.

## Steinkohle

Steinkohle wird in Morupule Colliery westlich von Palapye abgebaut. Die Mine ist seit 1973 in Betrieb (Untertagebau). Die meiste Kohle wird nach Selebi-Phikwe transportiert, wo sie zu 40 % zum Schmelzen und zu 48 % im Kraftwerk gebraucht wird. Der Rest wird im Kraftwerk von Gaborone benötigt. Seit 1983 ist ein weiteres Kohlekraftwerk in Morupule in Betrieb. Die Gesamt-Vorkommen werden auf rund 20 Mrd. Tonnen geschätzt.

*Große Kohlefelder*

Weitere große Kohlevorkommen liegen bei Mmamabula, südwestlich von Francistown. Auch hier gab es 2008 einen Rückschlag. Die kanadische Firma CIC wollte ursprünglich das Kohlefeld ausbeuten und ein Kraftwerk bauen, was Investitionen in Höhe von 3 Mrd. US$ erfordert hätte. Das Kraftwerk sollte die Stromversorgung im eigenen Land sicherstellen, zudem sollte in größerem Umfang Strom nach Südafrika exportiert werden. Seitdem gibt es aber Finanzierungs- und Lizenzierungsprobleme, deshalb ist die Zukunft des riesigen Kohlefeldes weiter offen.

## Sodaasche

Große Vorkommen an Sodaasche wurden in den 1960er-Jahren nördlich der Sowa Pan ausgemacht. Sodaasche ist für die Flaschenherstellung von Bedeutung. In diesem Zusammenhang werden auch andere Mineralien gewonnen, so z.B. Natriumsulfat und Pottasche. Man hofft, in Zukunft große Mengen exportieren zu können.

# Landwirtschaft

Obgleich die Landwirtschaft vom Wirtschaftsertrag wertmäßig nur noch marginal am BIP beteiligt ist, bildet sie dennoch das Rückgrat der Nation: 4/5 aller ländlichen Haushalte basieren auf landwirtschaftlicher Tätigkeit. Da z.T. wegen klimatischer Gegebenheiten nur sehr extensiv gewirtschaftet werden kann, bleiben viele Menschen sehr arm. Das Land verfügt leider über ungeeignete Bodenqualitäten und ein sehr niederschlagsarmes Klima.

*Arides Klima*

In Botswana gibt es **drei grundsätzliche agrarische Wirtschaftsweisen**:
- das traditionelle Farmen auf dem Stammesland;
- das Farmen auf eigenem Grundbesitz;
- das Jagen und Sammeln, das praktisch überall möglich ist.

Notwendig ist die Weiterentwicklung des traditionellen Farmens. Die kleinen Landstücke müssen produktiver und im Ertrag verlässlicher werden. Das *Botswana Agricultural Marketing Board* (www.bamb.co.bw) garantiert jährliche Mindestpreise für Getreide. Mais und Sorghum sind die Hauptgetreidearten. Als **Sorghum** bezeichnet man eine Gräsergattung mit 25 Arten in den Subtropen und Tropen, darunter einige Getreidepflanzen in Afrika und Indien: Hirse, Mohrenhirse, Durrha und Kauliang. Sorghum ist besonders resistent gegen Trockenheit, was in einem so niederschlagsarmen Land wie Botswana wichtig ist. Es ist landesweit verbreitet und dient nicht nur als Grundlage für die Nahrungsmittelherstellung, sondern auch zum Bierbrauen.

*Botswanas arides Klima eignet sich nur bedingt zur landwirtschaftlichen Nutzung*

Über 80 % der bäuerlichen Betriebe sind extrem klein, nur knapp 10 % verfügen über die für ein sinnvolles Wirtschaften notwendigen 10 ha Fläche. Deshalb sind die Familien auf zusätzliche Einkünfte angewiesen. Die wirtschaftlichsten Farmen liegen im Osten. Hier ist der Anbau u.a. von Mais, Erdnüssen, Kürbissen, Melonen und Hirse möglich. Im Gebiet des Tuli-Blocks gibt es auch Baumwollfelder und Zitrusfrüchte-Anbau.

## Viehzucht

*Export von Rindfleisch*

Von den natürlichen Voraussetzungen her eignet sich Botswana vor allem zur **Viehhaltung**. Vieh kann in fast allen Landesteilen gehalten werden, vorausgesetzt, dass es genügend Wasser gibt. Über 80 % der gesamten landwirtschaftlichen Produktion werden durch Viehhaltung erzielt. Rindfleisch wird in nennenswertem Umfang vor allem nach Großbritannien, Dänemark, nach Deutschland, Frankreich, Spanien, Zambia, Japan sowie nach Südafrika exportiert. 1/3 des Gesamt-Exporterlöses erbringt allein die Ausfuhr des hochwertigen Rindfleisches. Für die in der Mehrzahl existierenden Selbstversorgungs„farmen" sind Ziegen, Schafe und Hühner besonders wichtig. In jüngster Zeit spezialisieren sich auch einige Farmen auf die Straußenzucht.

### Problem der Überweidung

Durch die unwahrscheinlich starke Ausweitung der Viehwirtschaft tritt das Problem der Überweidung überall auf und insbesondere in der Umgebung der Siedlungen. Bereits heute gelten annähernd 25 % der Weidenutzflächen als langfristig vernichtet. Rinder und Ziegen haben alle nahrhaften Gräser abgefressen. Dementsprechend verbreiten sich Pflanzen und Büsche, die kaum als Tiernahrung zur Verfügung stehen, sodass die Landschaft „verbuscht". Die Regierung sieht sich gezwungen, immer wieder neues Weideland zu genehmigen – und das geht natürlich auf Kosten der Naturschutzgebiete. Gebiete, die kein Oberflächenwasser aufweisen, können durch Anlage von Tiefenbrunnen nun genutzt werden. Für die Vegetation bedeutet dies, dass man hier besonders empfindliche Pflanzenressourcen nutzt und gleichzeitig fossile Wasservorräte anzapft, die nicht so schnell nachgefüllt werden können, wie man sie nutzt.

*Hinweis auf den nächsten Kontrollpunkt*

Die Viehhaltung birgt Gefahren für das Land. Das Problem der Überweidung der Böden, die zum größten Teil sandigen Untergrund haben, ist leider landesweit bei Weitem nicht unter Kontrolle. Noch weit verbreitet ist die Vorstellung, dass die Menge an Rindern das eigene Ansehen erhöht. Der Reichtum an Vieh ist im unabhängigen Botswana noch sehr unterschiedlich verteilt:

- 5 % der Bevölkerung besitzen über 50 % des gesamten Viehbestandes,
- 45 % der Menschen haben überhaupt kein eigenes Vieh.

Größte Aufmerksamkeit wird der Situation vom staatlichen Veterinärdienst der Seuchenbekämpfung gewidmet. Wenn Krankheiten (v.a. **Maul- und Klauenseuche**) ausbrechen, können die bevorzugten Exportmärkte in Europa nicht mehr bedient werden. Die Ausbreitung der Seuchen sollen vor allem landesweit angelegte Zäune (3.000 km!) – sogenannte Veterinärzäune – verhindern.

### Zum Problem der Veterinärzäune

info

Während der Reise ist man immer wieder mit Veterinärzäunen und Stopps an deren Gates konfrontiert. Diese „Veterinary Cordon Fences" durchziehen geradlinig das Land in einer Länge von über 3.000 km. Diese Zäune sollen ein Übergreifen der Maul- und Klauenseuche von Wildherden auf Rinder verhindern. Wissenschaftlich ist diese Übertragung nicht 100 % bewiesen, aber doch wahrscheinlich. Da die Rinderzucht immer mehr Land beansprucht – man nimmt an, dass Botswana über 4 Millionen Rinder hat –, hat man durch die Errichtung dieser Zäune viel Geld in den Schutz der Herden gesteckt. Diese Zäune schützen zwar die Rinder vor Seuchen, behindern aber die Wildherden in Trockenzeiten bei der Wassersuche. In den vergangenen Jahrzehnten passierte es im Verlaufe von Dürren immer wieder, dass diese Zäune das Wild – vorwiegend riesige Gnu-Herden – stoppten und die Tiere elend entlang der Zäune umkamen. So verhinderte z.B. der Kuke Fence ihren Zug zum wasserreichen Delta.

Gelegentlich ist aber regierungsseitig ein Umdenken festzustellen. 1998 beschloss die Regierung, ein 30 km langes Teilstück des 190 km langen Zaunes im Nordwesten Botswanas niederzureißen, um den freien Zug von Wildherden zwischen Botswana und dem namibischen Caprivistreifen zuzulassen. Dieser Zaun wurde erst 1997 errichtet, um die Ausbreitung einer Lungenkrankheit zu unterbinden. Damals mussten 318.000 Rinder im Wert von 150 Millionen US$ notgeschlachtet werden. Man sieht: Das Herz der botswanischen Regierung schlägt auf der Seite der Rinderfarmer, aber zunehmend auch auf der Seite der Ökologen!

## Ackerbau

Zum Ackerbau ist Botswana nur in den niederschlagsreichen Gebieten, vor allem im Osten, geeignet (z.B. Tuli-Block). Hier gedeiht, wenn man bewässert, sogar Baumwolle. Doch auch Zitrusfrüchte und diverse Gemüsearten können angebaut werden. Trotzdem ist Botswana in hohem Maße auf den Getreideimport angewiesen. Ob das langfristige Ziel der **Selbstversorgung** erreicht werden kann, ist unsicher, denn ein großer Teil der Böden ist nährstoffarm, und die hohen Temperaturen sowie geringe Niederschläge schränken die Möglichkeiten stark ein.

Ackerbau in Botswana ist traditionell Frauenarbeit. Aufgrund der begrenzten Arbeitskraft (viele Männer arbeiten außerhalb der Dörfer), des Mangels an sachgerechter Lagerung des Getreides und nicht vorhandenen Kapitals wird bestenfalls die Selbstversorgung erreicht. Fazit ist, dass nur ein Drittel der benötigten Nahrung in Botswana erzeugt werden kann, und selbst in besonders guten Jahren muss man noch 50 % einführen.

## Tourismus

*Tourismus als Arbeitgeber*

Die Einnahmen aus dem Tourismus stehen an 2. Stelle hinter den Einnahmen aus dem Bergbau. Etwa 20 % des Landes sind zu Naturschutzgebieten deklariert. Damit will Botswana für die „Nach-Rohstoffzeit" vorsorgen. Zumeist die Kurzbesucher des Okavango-Deltas (Durchschnittsaufenthalt: 6 Tage) spülen Devisen in die Kassen. Abgerechnet wird in den teuren Lodges in US$. Mittlerweile sind mehr als 50 Safari-Veranstalter registriert, die 40 % aller Arbeitsplätze im nördlichen Landesteil stellen.

Begrenzend wirken die hohen Preise – da setzt Botswana auf einen hochpreisigen Tourismus, was sich in den vergangenen Jahren auch auf die Eintrittspreise in die Nationalparks und die Campinggebühren niedergeschlagen hat (s. S. 80f). Die Devise ist „low volume and high cost policy" (geringes touristisches Aufkommen bei höherem Preis). In der Vergangenheit nutzten viele Südafrikaner Botswana als preiswer-

*Besonders die Tierwelt des Nordens zieht Touristen an*

tes Safariland. In ihren Allradfahrzeugen brachten sie praktisch alles mit – das Land profitierte davon nicht. Deshalb wurden 1996 die Parkeintrittsgebühren drastisch erhöht. Der Staat selbst investierte (leider) kaum etwas in die touristische Infrastruktur, dafür aber sehr viele Konzessionäre, die zumeist aus Südafrika oder gar Amerika kommen. Die Luxuslodges wie Nxabega oder die Savute Lodge sprechen die Sprache der „Designerlodges" – mit entsprechend hohen Preisen. Naturnahe Camps – wie die von Wilderness Safaris – verfolgen das Konzept der Integrierung der Bevölkerung in ihre Projekte und schaffen damit Arbeitsplätze. Man fokussiert für die Zukunft allerdings zudem neue regionale Schwerpunkte: Die Besucher sollen sich nicht nur für die Okavango-nahen Destinationen interessieren, sondern auch für Gebiete wie beispielsweise den Makgadikgadi Pans National Park, das Central Kalahari Game Reserve oder den botswanischen Teil des Kgalagadi Transfrontier National Park. Hier sollen in Zukunft neben eingerichteten Zeltübernachtungs-Möglichkeiten auch einfache Lodges angeboten werden.

Hochpreis-Tourismus

## Safari anno 1907 – Afrika-Durchquerung von Paul Graetz

info

*(von Wolf von Bila)*

Der Oberleutnant *Paul Graetz* diente in der Kaiserlichen Schutztruppe im früheren Deutsch-Ostafrika (heute Tansania). Er fasste den Entschluss, von Daressalam mit dem Auto quer durch den Kontinent nach Swakopmund (heute Namibia) zu fahren. Vor ihm lagen 11.000 km Weg ohne Befestigung, Brücken, Tankstellen, Reifen oder gar Ersatzteile. 23 Jahre nach Konstruktion des ersten Autos hielten seine Offizierskameraden die Durchquerung der Kalahari im Jahre 1909 für „wahnwitzig". Er schrieb dazu später selbst: *„Solche Besserwisser hat es immer gegeben, wenn ein Mann aus eigenem Entschluss etwas Neues und Großes durchführen will."* Graetz plante die Fahrt gewissenhaft, um möglichst viele Risiken vorher auszuschalten. Nach gemeinsam erarbeiteten Konstruktionen übernahm das Fahrzeugwerk Gaggenau (heute Daimler Benz AG) den Auftrag, für 15.000 Mark ein Lastwagenfahrgestell mit einer Karosse und einem 50-PS-Motor zu versehen. Graetz half beim Zusammenbau des Fahrzeuges, um in Notfällen sein Auto reparieren zu können. Auf der geplanten Strecke von Daressalam bis Swakopmund wurden insgesamt 24 Depots von beauftragten Handelsfirmen angelegt. Mit Ochsengespannen brachten Farmer Benzinkanister, Öl und Ersatzreifen an 7 verabredete Stellen, um die 1.200 km durch die Kalahari zu überbrücken.

Der zweite, interessante Abschnitt seiner Reise verlief von Bulawayo (heute Zimbabwe) nach Francistown. Dort angekommen, berichtete er: *„Dieser Ort liegt im Mittelpunkt einer Anzahl außerordentlich ertragreicher Goldminen. Die tiefsandigen Flussbetten des Tati werden von uns auf Wellblechstreifen überfahren. Wenn die Platten hinter dem Wagen wieder frei werden, legt man sie wieder unter die Vorderräder usw."* Dann erreichte Graetz Palapye. Die Eisenbahn brachte eine Ration Benzin und Öl mit. Später erwähnte er die kleine Polizeistation Gaborone. Vorbei ging es an den grünen Niederungen von Lobatse – *„wo einst Leander Jameson seine 800 Getreuen versammelte, um den Einfall in die Burenrepublik*

info

*Transvaal vorzutragen.*" Von Palapye begann der Ernst der Durchquerung der Kalahari am 10. Januar 1909. Graetz und sein Mechaniker Gould traten mit einem landeskundigen Führer zum schwersten Teil der Reise an.

Auch wenn es schon fast 100 Jahre her ist, hat sich an der **Grundausrüstung** für eine solche Safari (abgesehen von der Menge) nicht viel geändert. 800 l Benzin an Bord, 100 l Öl, Ersatzreifen und Verschleißteile, Werkzeug, Schaufeln, Wasserkanister, zwei Beile, eine Flinte, eine Kugelbüchse, Küchengeräte, Feldbetten, Schlafsäcke, Moskitonetze, Decken, Fotoausrüstung, Karten, Toilettenpapier; an Lebensmitteln Mehl, Zucker, Fett, Tabak, Tee, Salz, Backpulver, Branntwein für den Sundowner, eine kleine Apotheke und natürlich Streichhölzer. Und auch damals blieb man stecken: *„In dieser Gegend haben wir den schlimmsten Sand zu bestehen, der wohl jedem dieses Weges Ziehenden in Erinnerung bleibt. Immer wieder muss der Rückwärtsgang den Wagen in die Reifenspur zurückziehen, dann geht es mit höchster Kraftanstrengung wieder ein Stück vorwärts – wieder zurück, wieder vorwärts!"*

Graetz schwärmt von der Fahrt durch die Kalahari im Frühling: *„Wohin das Auge schaut, frisches, saftiges Grün, blütenübersäte große Sträucher, überragt von einzelnen Laubbäumen mit dichtem Blätterwerk. Die breite, gelbe Pad, der tiefe, schwere Sand, der sich hemmend in die Speichen des Autos legt, läßt uns nur langsam vorankommen. Mehrere 14- bis 18-spännige Ochsenwagen werden überholt. In Serowe mache ich Seiner Majestät König Khama meine Aufwartung. Khama ist trotz seiner 80 Lebensjahre ein junger Mann. Tagelang im Sattel, legt er noch sehr weite Strecken in seinem Lande zurück. Er wurde von Königin Victoria in London mit fürstlichen Ehren empfangen."*

Graetz findet von seinen vergrabenen Benzinvorräten noch fünf. Er erreicht den fast wasserlosen Lake Ngami. Der Treibstoff geht zur Neige. Die Bewohner bringen Ochsen, die man vor das Auto spannt. Vier Stundenkilometer beträgt jetzt die Reisegeschwindigkeit. Drei Stunden Abschleppdienst, drei Stunden Rast – und das Tag und Nacht. So durchzog man das ganze Ghanzi-Farmland und erreichte am Nachmittag des 13. März 1909 die Grenze zum früheren Deutsch-Südwestafrika bei Rietfontein-Nord. Die Fahrt von Daressalam am Indischen Ozean nach Swakopmund am Atlantischen Ozean dauerte insgesamt 630 Tage. Kaiser *Wilhelm II.* schrieb ein Glückwunschtelegramm: „Gut gemacht, mein lieber Graetz!" Der englische König *Eduard VII.* gratulierte dem mutigen Mann zu seiner sportlichen Leistung.

## Beschäftigung

*Hohe Arbeitslosigkeit*

Nach wie vor ist die hohe Arbeitslosigkeit (17,5 % als letzte offizielle Zahl, Dunkelziffer bis zu 40 %) ein großes Problem, ebenso trifft der Mangel an ausgebildeten Arbeitskräften den Ausbau der Wirtschaft. Über 50 % der Erwerbstätigen arbeiten noch immer in der Landwirtschaft, etwa 30 % sind im Dienstleistungssektor (Touristik) beschäftigt, dagegen 10 % in der Industrie sowie knapp 5 % im Bergbau. Minen-

*Frisörladen auf Botswanisch*

arbeiter sind am besten bezahlt, am schlechtesten die Arbeitnehmer in der Landwirtschaft. Südafrika kommt als Arbeitgeber immer weniger in Frage, da man für die eigenen Leute Beschäftigung braucht. So ist auch die Zahl der aus Botswana stammenden Wanderarbeiter rückläufig – und damit auch deren individuelle Einkünfte.

Für den Arbeitsmarkt stehen teilweise bereits Schulabgänger ab 12 Jahren zur Verfügung. Daneben müssen alte Arbeitnehmer so lange es geht einer Beschäftigung nachgehen, da es praktisch keine Alterssicherung gibt.

## Die Southern African Development Community (SADC)

*Schwierige Zusammenarbeit*

Die Southern African Development Community (SADC, www.sadc.int) mit Sitz in Gaborone feierte am 1. April 2010 ihr dreißigjähriges Bestehen. *Sir Seretse Khama*, der erste Präsident Botswanas, regte 1979 auf der Gründungskonferenz (damals Southern Africa Development Coordinating Conference gennant) in Arusha (Tansania) die Zusammenarbeit an. Die ersten Mitglieder waren Angola, Botswana, Moçambique, Tansania und Zambia. Es folgten später noch Lesotho, Malawi und Zimbabwe. Die Repräsentanten der Gruppe beschlossen damals folgende Ziele:

- **Verbesserung der Infrastruktur der SADC**-Mitgliedsländer;
- **Mobilisierung von Ressourcen** zur Durchführung regionaler Politikförderung;
- **Durchführung von abgestimmten Maßnahmen** zur Sicherstellung der internationalen Zusammenarbeit;
- **Verbesserung der sozialen Integration**.

Doch das Hauptziel, – das politische und wirtschaftliche Zusammenwachsen der Region – gestaltet sich schwierig. Von einem schon für 2008 vorgesehenen gemeinsamen Markt sind die Mitgliedsstaaten noch weit entfernt. Auch die interne Koordination wird von Machtkämpfen behindert.

## Probleme und Zukunftsaussichten

Jahrelang war Botswana in der Lage, mit dem **Budgetüberschuss** dank des Diamantenhandels in Infrastruktur, Gesundheitswesen und Ausbildung zu investieren. Doch in ca. 20 Jahren sollen die Vorkommen erschöpft sein, und die Fortschritte hin zu einer breiter aufgestellten Wirtschaft kommen nur langsam voran.

*Kampf gegen HIV*

Neben der mangelnden Diversifizierung der Wirtschaft ist die Bekämpfung der hohen **HIV/Aids-Infektionsrate** (schätzungsweise 25 %) eine der größten Herausforderungen der Zukunft. Bei den jungen Erwachsenen (15–39 Jahre) liegt die Infektionsrate mit bis zu 50 % noch deutlich höher, besonders Studenten und Lehrer sind betroffen. Zwar bemüht sich die Regierung seit längerem, die Ausbreitung in den Griff zu bekommen. Der ehem. Präsident Mogae startete umfangreiche Aufklärungskampagnen, und Botswana ist das erste Land Afrikas, in dem antiretrovirale Medikamente für einen Großteil der Bevölkerung kostenlos oder stark verbilligt bereitstehen. Dennoch droht in den nächsten Jahren neben den fehlenden Arbeitskräften eine soziale Katastrophe, auch weil laut Studien in der Bevölkerung kaum Verhaltensänderungen festzustellen sind. Laut einer Publikation der Friedrich-Ebert-Stiftung in Gaborone ist mit dem Verlust mindestens einer halben Generation zu rechnen. Zudem werden die Kosten des Gesundheitssystems weiter steigen.

Erschwerend für die weitere Entwicklung ist zudem die Tatsache, dass nur der östliche Teil des Landes infrastrukturell gut erschlossen ist. Botswana verfügt zzt. noch über zu wenige ausgebildete Arbeitskräfte. Da der Binnenmarkt aufgrund der nur ca. 2 Millionen Einwohner sehr klein ist, sind auch hier der weiteren wirtschaftlichen Entwicklung enge Grenzen gesetzt. Bedeutsam für den Außenhandel ist daher die Mitgliedschaft in der Zollunion des südlichen Afrikas (**Southern African Customs Union**, SACU), die eine enge Anbindung des Landes an die regionale Vormacht Südafrikas gewährleistet.

Wirtschaftsfördernd dagegen ist die politische Stabilität des Landes. Botswana ist eines der wenigen Länder Afrikas, in denen ein demokratisches System funktioniert. Die Wirtschaftspolitik ist liberal, das Steuersystem ausgewogen, und ein Katalog von Fördermaßnahmen soll ausländische Investoren anlocken. Doch im Vergleich zur Republik Südafrika konnte Botswana seine Attraktivität als Industriestandort noch nicht durchsetzen.

*Abhängigkeit von Südafrika*

Ein weiteres Problem ist, dass Botswana von Stromlieferungen aus Südafrika abhängig ist. Dessen Stromversorger Eskom kann aber kaum die Nachfrage im eigenen Land bedienen. Abhilfe soll das neue Kohlekraftwerk schaffen (s. S. 42), so es denn gebaut wird.

Immer größeren wirtschaftlichen Einfluss haben die **Chinesen**. Den neuen Terminal am Flughafen in Gaborone hat das Unternehmen Sinohydro gebaut und hofft auf die Wirkung des Vorzeigeprojekts und Folgeaufträge im südlichen Afrika. Zudem hat das Unternehmen den Zuschlag für einen neuen Staudamm bekommen, und die *China National Electric Equipment Corporation* soll über eine halbe Milliarde US$ in den Ausbau des Elektrizitätswerks Morupule stecken. In Botswana, wie in vielen anderen Ländern Afrikas auch, stößt man an Baustellen allenthalben auf chinesische Schriftzeichen. Während sich die Chinesen mit der mitunter „langsameren Gangart" als gewohnt auseinandersetzen, beschweren sich die Botswaner über die billigen Arbeitskräfte, die selbst die Einheimischen unterbieten, sowie die vielen Läden mit „billigen chinesischen Produkten".

*Wirtschaftlicher Einfluss der Chinesen*

12.000 Chinesen leben mittlerweile im Land, von denen längst nicht alle im Bau tätig sind. Vor allem in Gaborone gibt es zahlreiche kleine Läden, Restaurants und Werkstätten, die von Chinesen betrieben werden. Dabei sind sie durchaus um ein gutes Zusammenleben bemüht: Ende 2009 bot die chinesische Gemeinde an, gratis ein neues Hauptquartier für die Polizei von Gaborone zu errichten und diese damit bei der Bekämpfung der Kriminalität zu unterstützen.

# Gesellschaftlicher und kultureller Überblick

*Text von Eileen Kose*

## Die Bevölkerung Botswanas: Struktur

Botswana gehört mit ca. 2 Mio. Einwohnern auf einer Gesamtfläche von 582.000 km$^2$ zu den am dünnsten besiedelten Staaten der Erde. Die meisten Bewohner leben in den klimatisch günstigeren Regionen des Nordens, Ostens und Südostens. Dort findet man auch die größten Städte des Landes wie die Hauptstadt Gaborone mit über 200.000 Einwohnern, Francistown, Molepolole, Selibe-Phikwe und Maun, die alle zwischen 50.000 und 90.000 Einwohner aufweisen. Der zentrale und westliche Teil des Landes erstreckt sich in weiten Teilen über die Kalahari-Wüste. Dort leben nur etwa 10 % der Gesamtbevölkerung. Die größte Ansiedlung ist Ghanzi, auch „Hauptstadt der Kalahari" genannt, mit nur etwa 10.000 Einwohnern. Die Bevölkerungsdichte Botswanas hängt auch mit den jährlichen Niederschlagswerten zusammen, die im Osten und Norden deutlich höher sind als in der lebensfeindlichen zentralen Kalahari.

*Dicht besiedelter Osten*

Seit der Unabhängigkeit im Jahr 1966 ist Botswana eine **parlamentarische Demokratie**. Die wichtigste Partei ist die konservative *Botswana Democratic Party* (BDP), welche auch den derzeitigen Präsidenten *Ian Khama* stellt. Das Parlament ist das gesetzgebende Organ mit 61 Sitzen. Wahlen finden alle fünf Jahre statt. Eine weitere Kammer ist das House of Chiefs, in welchem 15 traditionelle Vertreter, sprich Könige und sonstige Führer der wichtigsten Völker des Landes vertreten sind. Der **Altersaufbau** Botswanas liegt bei ca. 34 % der Jahre 0–14, 62 % der Jahre 15–64, und 4 % der Jahre über 65. Mit fast 65 Jahren lag die durchschnittliche Lebenser-

*Hirte bei Tsao im Nordwesten Botswanas*

wartung in den 1990er-Jahren für ein afrikanisches Land sehr hoch. Inzwischen ist sie durch die AIDS-Krise auf etwa 53 Jahre gesunken.

Insgesamt leben mehr als 25 verschiedene Ethnien in Botswana. Die größten Gruppen zählen zu den **bantusprachigen Völkern** und bilden etwa 80 % der Gesamtbevölkerung. Die bantusprachigen Völker haben eine relativ junge Geschichte in Botswana. Die ersten Gruppen kamen vor ca. 1.600 Jahren in das Gebiet der heutigen Republik und viele der heute dort ansässigen Völker wanderten erst im 15. bis 19. Jahrhundert ein. Die ältesten Wurzeln im Gebiet der Republik Botswana haben die San- und Khoi-Völker (in Botswana auch Basarwa genannt, auch veraltet Buschmänner und abwertend „Hottentotten" genannt). Sie gelten als die Ureinwohner des gesamten südlichen Afrikas, machen heute in Botswana aber nur noch 6–7 % der Gesamtbevölkerung aus. Außerdem findet man im Land eine kleine europäisch- und asiatisch-stämmige Minderheit. Durch die anhaltende Krisensituation im benachbarten Zimbabwe sind in der jüngsten Vergangenheit zahlreiche Menschen nach Botswana abgewandert. Sie leben dort meist illegal und ihre Anzahl liegt nach Schätzungen von Hilfsorganisationen zwischen 250.000 im Jahr 2006 und 800.000 im Jahr 2008. Der jüngste starke Zuzug an Zimbabwern ist vor allem auf die fremdenfeindlichen Ausschreitungen in Südafrika zurückzuführen, vor denen viele Einwanderer in die sicheren Nachbarländer flohen.

Ureinwohner des südlichen Afrikas

Mit seiner ethnischen Vielfalt gilt Botswana als Vorbild eines **friedlichen Zusammenlebens**. Offiziell gelten die Tswana mit einem Anteil von etwa 75 % an der Gesamtbevölkerung als die stärkste ethnische Gruppe im Land, obwohl kritischere Quellen ihren Anteil wesentlich niedriger schätzen. Dennoch treten sie verfassungsrechtlich verankert als die dominante Kultur auf. Die Sprachpolitik, mit Setswana neben Englisch als einziger indigener offizieller Landessprache, bringt den anderen Völkern deutliche Nachteile und setzt sie einem ständigen Assimilationsdruck aus.

# Sprachpolitik

Viele afrikanische Staaten haben Schwierigkeiten, mit der sprachlichen Vielfalt ihrer Länder umzugehen. Häufig wird die offizielle Anerkennung der einzelnen Sprachgruppen als potenzielle Gefahr gesehen, separatistische Bestrebungen der einzelnen Völker zu fördern. Daher entschied sich die Mehrzahl der afrikanischen Staaten nach ihrer Unabhängigkeit dafür, die Sprache der europäischen Kolonisatoren als offizielle Staats- und Landessprache beizubehalten. Nur wenige Nationen erklärten eine einheimische Sprache zur offiziellen Sprache, wie z. B. Äthiopien mit Amharisch, Tansania mit Swahili und Botswana mit dem Setswana. In Äthiopien trug diese Entscheidung zu dem dreißigjährigen Bürgerkrieg bei, welcher erst 1993 endete. In Tanzania und Botswana trug sie, aller Kritik zum Trotz, zu einer Stabilisierung der Nation bei.

*Setswana offizielle Sprache*

## Bantusprachen

Die Bantusprachen sind eine große Sprachfamilie, die in Zentral-, Ost- und Südafrika verbreitet ist. Die bedeutendste Bantusprache ist das entlang der ostafrikanischen Küste gesprochene **Swahili**. Die Sprachen sind sprachgeschichtlich relativ eng miteinander verwandt. Sie zeichnen sich dadurch aus, dass einem Wortstamm eine bestimmte Silbe vorangestellt wird, die bei Verben Tempus und Modi sowie die Person bestimmen, bei Nomina Singular, Plural und semantische Veränderungen bewirken. Aus dem Wortstamm *-tswana* kann man beispielsweise *mo-tswana* ‚ein Tswana' bilden, *ba-tswana* ‚mehrere Tswana' und *se-tswana* ‚die Tswana-Sprache', *bo-tswana*, ‚das Land der Tswana'.

Viele Bantusprachen sind Tonsprachen. Dieses bedeutet, dass nicht nur die Vokal-/Konsonantenfolge über die Bedeutung eines Wortes entscheidet, sondern auch die Melodie (Tonhöhe), mit der es ausgesprochen wird. Die Sprachfamilie wird, basierend auf ihrer linguistischen Geschichte, in Ostbantu- und Westbantusprachen unterteilt.

## Khoisansprachen

Die Khoisansprachen umfassen heute **45 bekannte Sprachen** der San und Khoi, die in Botswana, Namibia, Südafrika, Angola, Zambia und Tanzania gesprochen werden. Ursprünglich waren die Khoisansprachen bis nach Kenia verbreitet. Die bedeutendste Sprache ist heute das Nama. Die Sprachen unterscheiden sich untereinander viel stärker als die Bantusprachen. Dieses bedeutet sprachgeschichtlich, dass die Völker sich vor langer Zeit schon voneinander getrennt und eigene Entwicklungen verfolgt haben. Manche Forscher behaupten sogar, dass nicht alle Sprachen genetisch verwandt seien und eventuell Reste eigener Sprachfamilien darstellt. Dadurch, dass einzelne Sprachen nur von wenigen Menschen verwendet werden, sind sie vom Aussterben bedroht. Obwohl die einzelnen Sprachen recht unterschiedlich sein können,

*Unterschiedliche Sprachentwicklung*

haben alle die auffallenden **Schnalzlaute** gemeinsam. Die Grammatik der einzelnen Sprachen ist sehr unterschiedlich und komplex.

## Religion

*Christentum und Naturreligion*

Botswana hat keine offizielle Staatsreligion. Es gibt etwa 250 eingetragene religiöse Vereinigungen. Die wohl erfolgreichsten Kirchen sind derzeit die Katholische Kirche und die aus Südafrika stammende *Zionist Christian Church*. Daneben sind u. a. Lutheraner, Anglikaner, Methodisten und unabhängige afrikanische Kirchen aktiv. Letztere sind zionistisch-christlich geprägt und wurden hauptsächlich durch Wanderarbeiter ins Land gebracht. Sie konzentrieren sich häufig auf rituelle Krankheitsheilung und sind stark an traditionellen Gesellschaftsmodellen orientiert. Daneben leben einige Muslime, Bahai und Hindu im Land. Viele Bewohner Botswanas praktizieren trotz der Christianisierung ihre Jahrhunderte alten religiösen Traditionen, wie z. B. die wichtigen Regenzeremonien.

Religion beeinflusst in großem Maße die Art und Weise, wie die modernen Menschen in Botswana ihre Umwelt wahrnehmen, ihre sozialen Beziehungen gestalten und die Ereignisse des alltäglichen Lebens erklären. Alle Gegebenheiten im Leben eines Menschen haben eine **spirituelle Dimension**, sei es Glück oder Unglück, Gesundheit oder Krankheit, Reichtum oder Armut. Es gilt als selbstverständlich, dass

*Am Fuß des Male Hill (Tsodilo Hills), glauben die San, kniete der erste Gott nieder und betete, nachdem er die Welt erschaffen hatte*

die Ahnen unter den Lebenden sind und das Schicksal einer Person, eines Klans oder auch eines Staates mitgestalten. Auch Geister und Dämonen greifen in den Lebensweg eines Individuums ein und Hexerei ist ein fester Bestandteil der Gesellschaft. Jedes Individuum ist starken sozialen Verpflichtungen, Kontrollen und Reglementierungen ausgesetzt, denn das persönliche Fehlverhalten kann die ganze Gemeinschaft betreffen. Viele versuchen auch, durch Magie persönlichen Erfolg, Reichtum oder Liebesglück positiv zu beeinflussen. Das Individuum wird häufig mit der Eifersucht und schlechten Wünschen von Nachbarn und Neidern konfrontiert, die gezielt mit Hilfe eines Magiers versuchen, ihre Rivalen zu schwächen. Viele Verhaltensweisen und Tabus, die uns in unserer westlichen Welt unlogisch und unpraktisch erscheinen, beruhen auf diesen althergebrachten kosmologischen Vorstellungen und können von Außenstehenden nur langsam erschlossen werden.

*Bedeutung der Magie*

### Regenmachen

info

Regen spielt im Überleben der Menschen in ariden Gebieten eine besondere Rolle. Daran hat sich auch heute trotz moderner Bewässerungssysteme nichts geändert. In allen traditionellen Gesellschaften in der und um die Kalahari war die wichtigste politische Macht die spirituelle Fähigkeit, Regen zu machen. Dieses konnten nur Könige und spezielle Regenmacher. Im Nordwesten des Landes und im angrenzenden Namibia genossen die Könige der Mbukushu weit über die Grenzen ihres Reiches den Ruf, besonders gute Regenmacher zu sein. Dieses findet auch in zahlreichen Mythen und Märchen seinen Ausdruck, in welchen der König die Wasservorkommen seines Landes kontrolliert und bei Bedarf Quellen und Flüsse austrocknen lassen kann. Die Fähigkeit des Regenmachens ist bei den Mbukushu an einen **Regenfetisch** geknüpft, der im Besitz des herrschenden Clans sein muss. Verliert ein Clan den Regenfetisch, verliert er auch die politische Macht.

Durch den Einfluss der Europäer auf die einheimischen Kulturen ergaben sich Konflikte zwischen Christentum und traditionellem Königtum, da der König für den Regen und das Wohlergehen seines Volkes verantwortlich war, dieser Brauch aber als heidnisch galt. Da Regen aber so wichtig war, hielten viele Einheimische auch nach ihrer Konvertierung zum Christentum an den Regenzeremonien fest. Einige machten auch die Christen und die Kirchen im Lande für die Dürrezeiten verantwortlich, da sie den Herrschern die Regenrituale verbieten wollten. Die Bedeutung des Regens wird auch in der Währung *Pula* sichtbar, was übersetzt Regen heißt, die kleinere Einheit *Thebe* bedeutet Hoffnung.

## Bildungswesen

Die britische Kolonialverwaltung hielt die einheimische Bevölkerung von Bildungseinrichtungen fern. Daher wurde Bildungspolitik nach der Unabhängigkeit ein Schwerpunkt der neuen botswanischen Regierung. Primäres Ziel war es dabei, allen Botswanern eine **schulische Grundausbildung** zu ermöglichen. Das Schulsystem wurde nach britischem Vorbild entwickelt mit dem *Cambridge O'Level* als dem höchsten Abschluss. Es besteht Schulpflicht für die ersten sieben Jahre Schule und *Primary Schools* waren bis 2007 kostenlos. Danach wurden Schulgebühren eingeführt, die etwa 50 Euro pro Kind und Jahr ausmachen. Alle weiterführenden Schulen waren schon immer gebührenpflichtig. Neben staatlichen Schulen bestehen auch einige wenige private Einrichtungen.

*Sprachproblem*

Setswana ist die erste, Englisch die zweite **offizielle Sprache**, in denen der Unterricht abgehalten wird. Das bedeutet indirekt eine Diskriminierung der anderen Sprachgruppen des Landes und erschwert die Ausbildung vor allem in den ländlichen Gebieten. Es gibt aber Bemühungen die Nachteile für diejenigen zu verringern, deren Muttersprache keine der beiden Hauptsprachen ist.

Heute haben 90 % der Kinder Zugang zu den Grundschulen und 63 % besuchen weiterführende Schulen. Die Analphabetenrate mit ca. 19 % ist recht niedrig. Seit 1982 existiert in Gaborone die Universität von Botswana, die ca. 25.000 Studenten auf das Niveau von Bachelor- und Diplom-Abschlüssen ausbildet. Viele Studenten genießen staatliche Stipendien, um im Ausland weiterführende Studien zu machen.

Rund 15 % des Staatshaushaltes entfallen auf den Bildungssektor, allerdings entspricht die Qualität der Lehre nicht immer dem finanziellen Aufwand. Ein weiteres Problem ist die im ohnehin schon hohen Landesdurchschnitt hohe HIV/Aids-Infektionsrate der Lehrer und Studenten, die die Zukunftsaussichten des Bildungssystems gefährdet.

## Medien

Seit der Unabhängigkeit 1966 gilt in Botswana Pressefreiheit, die in den letzten Jahren allerdings leichte Rückschläge erlitten hat. Die wichtigste Regierungszeitung ist die *Daily News*, die über Politik, Wirtschaft, Kultur und Sport informiert. Andere bekannte private Tageszeitungen sind der *Mmegi*, der *Guardian*, *Mopheme* und *The Voice*. Es gibt zwei staatliche Rundfunksender, *Radio Botswana 1* und 2 und einige private Stationen wie *Ya Rona FM* und *Gabz FM*. Seit dem Jahr 2000 besitzt Botswana seine eigene Fernsehsendestation mit zwei Sendeanstalten, der *Gaborone Broadcasting Company (GBC)* und *Botswana Television (BTV)*. Ein kritischer Aspekt der botswanischen Medienpolitik besteht darin, dass, anders als im Nachbarland Südafrika, keine Sendungen und Zeitungen in den Sprachen der Minderheiten operieren.

## Gesundheit

*Gutes Gesundheitssystem*

Zur Kolonialzeit war die medizinische Versorgung in den Händen der Missionare und der traditionellen Heiler. Nach der Unabhängigkeit entwickelte Botswana ein eigenes Gesundheitsprogramm, welches heute gut entwickelt ist. Auf der untersten Ebene findet man zahlreiche von gut ausgebildeten Krankenpflegern geleitete Versorgungsstationen, sog. *Clinics* und *Mobile Clinics*, die alle Bewohner des Landes erreichen. Den

Vor einer Bar in Gumare – mit Kondomwerbung. Nur langsam setzt ein Bewusstseinswandel im Land ein

*Clinics* übergeordnet sind etwa 250 ländliche Gesundheitszentren, sog. *Health Centres*, und 17 Krankenhäuser. Kinder bis elf Jahre werden umsonst behandelt. Ältere Personen zahlen nur eine geringe Gebühr für ihre Behandlung. Durch die AIDS-Krise hat sich die medizinische Infrastruktur in den ländlichen Gebieten weiter verbessert durch neue Krankenhäuser und zahlreiche Aufklärungs- und Gesundheitsprogramme. Heute kommen auf etwa 3.300 Einwohner ein Arzt und 420 Bewohner auf einen Krankenpfleger.

Durch die **hohe Infektionsrate** der Bevölkerung mit dem HIV Virus (ca. 25 %) und die damit verbundene Immunschwäche hat sich die Tuberkulose im Land wieder stark ausgebreitet. Im Norden des Landes leidet ein Großteil der Bevölkerung an Bilharziose. Ein hoher Anteil der Bevölkerung trägt auch den Hepatitis-B-Virus. Als weitere Volkskrankheit gilt Bluthochdruck, was auf stark salzhaltiges Trinkwasser zurückzuführen ist. In der Bekämpfung der AIDS-Pandemie stehen allen Betroffenen staatlich subventionierte stark verbilligte oder kostenlose antiretrovirale Medikamente zur Verfügung. Auch startete ein großer Arzneimittelhersteller 2002 ein sehr erfolgreiches privates Präventions- und Behandlungsprogramm, das den Bevölkerungsverlust an Menschen in einem Alter zwischen 20 und 40 Jahren verhindern soll. Erfolgreich war auch die Abgabe von Medikamenten an Schwangere: Im Jahr 2000 steckten 40 % aller infizierten Schwangeren ihre Ungeborenen an, 2008 waren es „nur" noch ca. 4 %.

Traditionelle Heilmethoden

In Botswana praktizieren zahlreiche **traditionelle Heiler**, die man *dingaka* nennt. Sie behandeln Krankheiten und soziale Probleme nach althergebrachten Methoden mit pflanzlichen und tierischen Wirkstoffen sowie spirituellen Handlungen. Viele Heiler können ihr Wissen sowohl im Guten als auch im Bösen anwenden. Ihnen wird damit in der Gemeinde eine ambivalente, aber bedeutende Rolle zuteil. Durch die heimkehrenden Wanderarbeiter aus Südafrika etabliert sich mehr und mehr ein zweiter Typ Heiler und Wahrsager, der *sangoma*. Ein *sangoma* verbindet traditionelles medizinisches Wissen und Hellseherei mit christlichen Einflüssen. Anders als der traditionelle Beruf des *dingaka*, der nur von Männern ausgeführt wird, können auch Frauen, Weiße und Asiaten als *sangoma* praktizieren.

Auch das medizinische Wissen der San und ihre spirituellen Fähigkeiten werden von den Bantuvölkern hoch angesehen. Neben ihrem reichhaltigen Wissen über pflanzliche Wirkstoffe werden bei den San soziale und medizinische Probleme mit Medizintänzen behandelt. Daher fanden auch rituelle Tänze der San Eingang in die Kultur der Tswana. Heute sind die traditionellen Medizintänze zum Teil kommerzialisiert und professionelle Trancetänzer bieten ihre Dienste gegen Geld an. Es gibt inzwischen auch Bemühungen, die traditionellen Ansätze der AIDS-Heilung oder Behandlung in die staatlichen Gesundheitsprogramme zu integrieren.

# Die wichtigsten Völker Botswanas

## Die Ostbantu sprechenden Völker

Die bedeutendsten Völker Botswanas sind mit ungefähr 75 % der Gesamtbevölkerung die **Tswana**-Gruppen und mit etwa 11 % die **Kalanga**.

*Einwanderung der Tswana*

Die Tswana-Gruppen wanderten relativ spät vor etwa 500 Jahren in ihr heutiges Siedlungsgebiet. Dabei siedelt nur ein kleiner Teil im heutigen Botswana, die meisten von ihnen leben durch die willkürliche koloniale Grenzziehung in Südafrika. Die Tswana sprechen **Setswana**, das eng mit dem Sotho verwandt ist. Sie teilen sich in acht Untergruppen auf, von denen die wichtigsten die Bangwato um Serowe, die Bakwena um Molepolole und die Bangwaketse um Kanye sind. Sie stammen von einem gemeinsamen Gründerkönig, Malope, ab, der im 14. Jahrhundert gelebt hat (s. S. 15).

*Familien- und Stammesstruktur*

Die traditionellen Dörfer und Städte der Tswana sind um einen zentralen Gerichts- und Versammlungsplatz hierarchisch aufgebaut. Der König oder die Dorfvorsteher sind die wichtigsten Männer einer Siedlung und leben im Zentrum der Ortschaft. Um ihre Anwesen herum wurden in konzentrischen Kreisen die Gehöfte der einzelnen Familien errichtet und hierarchisch in Ortsteile bzw. Verwaltungsbezirke eingeteilt. Manche Städte der Tswana hatten bis zu 20.000 Einwohner. Der Status einer Person bzw. einer Familie drückt sich in seiner räumlichen Nähe zum König oder Siedlungsvorsteher aus. Eine Tswana-Familie besitzt in der Regel neben ihrem Anwesen in der Hauptsiedlung ein Gehöft auf dem Land, das von der Familie bewirtschaftet wird, und abgelegene Viehposten, in denen sich Hirten um das Vieh der Familie kümmern. Die Tswana sind traditionell Rinderzüchter. Ursprünglich gehörten alle Rinder dem König, der sie an seine Günstlinge verlieh und ihnen damit Status und Ansehen brachte. Daher drückt sich der Wohlstand einer Person in der Größe ihres Viehbestandes aus. Der Kraal (die kreisförmige Umzäunung, in welcher nachts die Rinder und anderes Nutzvieh in Sicherheit gebracht werden) im Zentrum eines Gehöfts ist die Domäne der Männer und der Ahnengeister. Männer werden in ihrem Kraal begraben, sodass sie bei ihren Besitztümern bleiben. Das Gehöft hingegen ist die Domäne der Frauen, deren Namen sie auch tragen. Bis auf einige schwere Arbeiten ist auch der Hausbau Sache der Frauen.

Die wichtigste Person ist der König (*kosi*), der sowohl spirituelle Fähigkeiten als auch weltliche Macht besitzt. Politische Macht und das Recht zu herrschen ist gekoppelt an die Fähigkeit, Regen zu machen und das Land mit Nahrung zu versorgen. Könige gelten als Stellvertreter Gottes und erhalten ihre Macht durch die mächtigen königlichen Ahnen, die das Schicksal eines Volkes lenken. Obwohl der König absolute Macht hat, stützt er sich auf einen Ältestenrat und auf ihm ergebene Siedlungs- und Dorfvorsteher. Daneben überwacht ein Staatspriester das Einhalten der religiösen Vorschriften. In der traditionellen Tswana-Gesellschaft gibt es keinen individuellen

Landbesitz in unserem Sinne. Felder und Weidegründe werden vom König zur Nutzung zugeteilt und damit auch das Recht, im Reich der Tswana zu siedeln und zu leben.

Der höchste allmächtige Gott der Tswana ist *Modimo*. Er beherrscht alle wichtigen Bereiche des Lebens und veranlasst, dass Überschreitungen der religiösen Tabus mit Dürren, Unwettern und schwerer Krankheit bestraft werden. Eine wichtige Rolle spielen die Ahnengeister *badimo*, vor allem diejenige, die als die ersten Menschen auf der Erde angesehen werden. In der traditionellen Tswana-Gesellschaft werden Streitigkeiten und Rechtsbrüche auf dem Gerichtsplatz *kgotla* geregelt. Eine wichtige Rolle spielt dabei die Identifizierung von Hexern und Übeltätern durch den König oder einen Wahrsager. In der Vergangenheit wurden die der Hexerei beschuldigten in Höhlen geworfen, von denen zwei noch heute überliefert sind: die Kgwakgwe-Höhle in Kanye und die Kobokwe-Höhle (Livingstone's Cave) in Molepolole.

*Allmächtiger Gott Modimo*

Die **Kalanga** gehören zu den Shona-Gruppen und leben im Nordosten des Landes in der Gegend um Francistown. Ihre heutige Gesellschaft geht auf ältere Kulturen zurück, die ab dem 14. Jahrhundert zahlreiche steinumwehrte zentrale Orte schufen, ähnlich der Great-Zimbabwe-Kultur. Die Kalanga sind hauptsächlich Bauern und halten, anders als die Tswana, nur wenige Rinder und Ziegen. Wie die Tswana haben auch sie eine Erbfolge über die väterliche Linie, und der älteste Sohn beerbt seinen Vater. Ende des 17. Jahrhunderts verloren die Kalanga ihre Autonomie an die benachbarten Rozvi, die noch heute den Herrscher der Kalanga ernennen oder seines Amtes entheben. Auch müssen sie den Gott der Rozvi *Mwari* als den höchsten Gott anerkennen. Durch die Fremdbestimmung haben die Kalanga keine ausgeprägte Staatskultur. Status und Ansehen einer Person werden meist auf kommunaler Ebene durch einen möglichst großen Landbesitz erworben.

Die Kalanga haben ein ähnliches Weltbild wie die Tswana. Allerdings stellen sich die Menschen vor, dass ihre Ahnen in einer Unterwelt leben, von wo aus sie die Lebenden beobachten. Fühlen sich die Ahnen gekränkt, so senden sie Krankheiten, Dürren und anderes Elend. Gott und die Ahnengeister sprechen zu den Lebenden durch spirituelle Medien an heiligen Orten oder Höhlen. Dort werden Kerzen angezündet und Geldopfer oder andere Gaben niedergelegt. Viele religiöse Gemeinden der Kalanga berufen sich sowohl auf den traditionellen Gott *Mwari* als auch auf den christlichen Gott. Sie glauben, dass Gebete im Heilungsprozess wichtiger sind als Medikamente. Daher verweigerten sich viele Angehörige dieser Gruppen den nationalen Gesundheitskampagnen.

*Ahnengeister*

## Die Westbantu sprechenden Völker

Die **Herero**, **Yeyi**, **Mbukushu** und **Subiya** leben im Nordwesten und Norden Botswanas. Die jüngsten Einwanderer dieser Völker sind die Herero und ihre Verwandten Mbanderu. Sie sind traditionell Viehzüchter und ihr ganzes Weltbild ist auf Rinder ausgerichtet. Sie lebten in der Vergangenheit hauptsächlich von Milchprodukten, gesammelten Wildpflanzen und erlegtem Wild. Rinder wurden nur zu Opferzeremonien geschlachtet. Arme Familien, die kein Vieh besaßen, lebten als Jäger und Sammler.

*Prächtige Kleider sind ein Markenzeichen der Herero*

Die Mbanderu kamen vermutlich im 17. Jahrhundert aus dem Nordwesten in das Gebiet des heutigen Botswana und erhielten von den Tswana das Recht, ihre Rinderherden zu weiden. Da sie in Namibia und auch in Botswana mit den Khoi-Völkern um Weidegründe konkurrierten, wanderten kleinere Gruppen weiter nach Süden und nach Osten. Die zweite Einwanderungswelle der Herero erfolgte im Zuge der Hereroaufstände in Namibia gegen die deutsche Kolonialmacht. Nach der Niederlage der Herero bei der **Schlacht am Waterberg** im Jahre 1904 floh ein Großteil der Bevölkerung in den Osten nach British Bechuanaland, wo ihnen Asyl garantiert wurde. Nur wenige überlebten die Flucht durch die Wüste, da die Deutschen sie von den spärlichen Wasservorkommen vertrieben. Die Überlebenden konnten sich nur langsam in ihrer neuen Heimat wieder als Viehzüchter etablieren. Heute haben viele Herero die traditionelle Viehzucht aufgegeben und arbeiten in modernen Berufen.

*Flucht der Herero nach Botswana*

Das Volk der **Herero** ist unterteilt in ca. 20 verschiedene religiöse Klans, deren Zugehörigkeit über die väterliche Linie vererbt wird. Jedem Klan steht ein Führer oder Priester vor. Der Anführer eines Klans ist sehr wohlhabend und konnte in der Vergangenheit bis zu 1.000 Rinder und Schafe besitzen. Außerdem verwaltet er eine Viehherde, die im Besitz des gesamten Klans ist. Beim Tod eines Anführers werden mehrere hundert Rinder geschlachtet und ihre Schädel pyramidenförmig über dem Grab aufgerichtet. Jede Person gehört zusätzlich noch einem der sechs über die Mutterlinie vererbten sozialen Klans an. Auch bei den Herero spielt die Welt der Ahnen eine wichtige Rolle, da man von ihnen die Rinder ererbt hat. Obwohl die Herero einen höchsten, *Ndjambi,* verehren, richten sich die meisten Gebete um Rat und Hilfe an die Ahnen, die für das Schicksal der Menschen als unmittelbar verantwortlich angesehen werden. Die Herero betreiben eine intensive Grabpflege und nehmen die Schädel ihrer Verstorbenen mit, wenn sie ihren Wohnplatz längerfristig wechseln. Ursprünglich waren die Herero mit Lederhäuten bekleidet. Durch Missionare lernten die Frauen, prächtige Kleider zu nähen, die heute eine Hauptattraktion der Herero sind.

*Matrilineare Gesellschaft*

Die Geschichte der Mbukushu, Yeyi und Subiya im Norden und Nordwesten des Landes ist stark von der Entwicklung des **Königreichs der Lozi** in Zambia beeinflusst. Die Dominanz der Lozi im 17. bis 19. Jahrhundert, die die gesamte Chobe/Zambezi-Region kontrollierten, veranlasste diese Völker, sich ihrem Einflussbereich und damit der Tributpflicht zu entziehen. Sie wanderten in Gebiete ab, die viele Jahrhunderte nur von Khoi und San bewohnt waren. Allen drei Völkern ist gemein, dass sie matrilinear organisiert sind. Dies bedeutet, dass die Klanzugehörigkeit von der Mutter geerbt wird. Die Brüder der Mutter sind für die Erziehung der Kinder ihrer Schwestern zuständig und vererben ihre Titel an die Söhne ihrer Schwestern. Da die Ehefrauen materiell von ihren Ehemännern nicht so abhängig sind wie in patrilinearen Gesellschaften, sind Scheidungen häufiger und gehen von beiden Seiten aus.

Sprachlich gesehen sind die **Yeyi** nur entfernt mit ihren Bantu-Nachbarn verwandt. Ihre Sprache weist als Besonderheit zahlreiche grammatikalische und lautliche Elemente der Khoisansprachen auf. Dieses deutet auf einen langen Kontakt und kulturellen Austausch zwischen beiden Völkern hin, die gemeinsam im Okavango-Delta, aber auch am Boteti-Fluss und Ngami-See lebten. Die Yeyi sind hauptsächlich Fischer und Jäger, die in den Auen des Deltas einige Felder unterhalten. Sie sind vor allem für ihre prestigeträchtige Flusspferdjagd bekannt. Politisch sind sie in viele kleine Gruppen unterteilt, die relativ unabhängig voneinander leben. Ihre traditionellen Häuser sind aus Riedmatten gebaut, die sich leicht transportieren lassen und ihre Dörfer werden je nach Jagd- und Fischsaison verlegt. Eine derartige Leichtbauweise hat man ursprünglich bei allen Völkern entlang des Kavango angetroffen.

*Flussbewohner*

Die **Mbukushu** versuchten anfangs westlich der Lozi am Kwando eine neue Heimat zu finden. Letztendlich zogen sie jedoch weiter an den Kavango in die Gegend um Andara im heutigen Namibia. Einige Gruppen folgten dem Flusslauf stromabwärts und leben heute entlang des Panhandle in Botswana. Bis ins 20. Jahrhundert hinein waren die Mbukushu reine Flussbewohner. Sie jagten und fischten und unterhielten kleine Felder an den Ufern des Flusses. Der Kavango war eine wichtige Handelsroute von der angolanischen Küste ins afrikanische Hinterland. Viele europäische und einheimische Güter wie Gewehre, Tabak, Glasperlen wurden gegen Elfenbein, Straußenfedern und Sklaven eingetauscht. Die Mbukushu verkauften dabei ihre eigenen Leute an die Händler aus Angola. Sie entledigten sich so sozial unangepasster Leute, die die Harmonie ihrer Gemeinden und Familienklans störten. Obwohl in der Gesellschaft der Mbukushu die Geschlechter gleichgestellt sind, sind die Zuständigkeitsbereiche streng getrennt. Männern obliegt beispielsweise das Mitwirken in politischen Entscheidungen, wohingegen Frauen die alleinigen Besitzerinnen der Ernte sind. Anders als bei den Tswana ist hier der Hausbau reine Männersache.

## Khoi und San

Die Khoi- und Sanvölker sind die ältesten Bewohner Botswanas. Sie werden von den Tswana auch *Basarwa* genannt. Die **Khoi-Völker** umfassen die Buga und //Ani im Okavango-Delta, die Nama im südlichen Grenzgebiet zu Namibia und einige kleinere Gruppen (Denessana, Deti und Hietsware), die entlang des Boteti River siedeln.

*Jäger und Sammler*

Unter den Khoi-Völkern gibt es einige Gruppen, die traditionell als Jäger, Fischer und Sammler lebten wie beispielsweise die Völker des Deltas und entlang des Boteti River. Andere lebten seit mindestens 2.000 Jahren als nomadisierende Viehzüchter, die den Jahreszeiten entsprechend mit ihren Kleinviehherden wanderten. Einige Khoi-Gruppen beherrschten das Kupfer- und das Eisenschmelzen und spielten eine bedeutende Rolle im transkontinentalen Küsten- und Binnenhandel des südlichen Afrikas. Viele Khoi-Gruppen (und auch San-Gruppen) vermischten sich stark mit ihren bantusprachigen Nachbarn, sodass entlang der Grenzen der Kalahari zahlreiche Völker entstanden, die Elemente aus den verschiedenen Kulturen in sich vereinten.

*Scheingräber*

Die Khoi verehren den **Schöpfergott** und Ahnengott *Tsui-//goab,* der die Erde und die Menschen erschuf. Er wird bei den jährlichen Regenzeremonien angerufen, die abgehalten werden, wenn das Siebengestirn am Himmel erscheint. Der göttliche Gegenspieler von *Tsui-//goab* ist *//Gâuab*, der rächende Gott der Krankheit, Dürre und des Todes. Nach dem Glauben der Khoi teilt sich nach dem Tod die menschliche Seele in zwei Geister, einen Totengeist und einen Ahnengeist. Die Totengeister werden als bösartige Widergänger gesehen. Deswegen werden Gräber doppelt verschlossen und mit großen Steinhaufen beschwert. Ahnengeister hingegen werden verehrt, da sie als den Lebenden wohlwollend gelten. Analog zu dem guten und dem bösen Gott, finden sich in der Mythologie der Khoi die Heroen *Heiseb* und *≠Gama-≠gorib. Heiseb* war dem Mythos nach ein weiser und beschützender großer König mit einer großen Herde, der aus dem Osten gekommen war. Daher richten die Nama auch heute noch ihre Häuser und ihre Gräber nach Osten aus. Sein Widersacher *≠Gama-≠gorib* bekämpfte *Heisebs* Leute, bis Letzterer getötet wurde. Daraufhin errichteten *Heisebs* Söhne ihm zu Ehren ein Grab aus weichen Steinen, aus welchem er wiederauferstehen konnte, um seine Leute zu beschützen. Die Khoi legen zu seiner Ehre überall Scheingräber an, auf welche die Vorbeigehenden Steine, Kleidung oder Zweige legen, um Schutz für ihren Weg zu erbitten. Diese Sitte ist in vielen Teilen Botswanas als auch bei den benachbarten Völkern verbreitet.

*Gleichberechtigung*

Die größten **San-Gruppen** Botswanas sind die im Nordwesten des Landes lebenden *Zhu/hoasi* sowie */Gwi* und *//Gana* im Central Kalahari Game Reserve. Die San leben traditionell als wandernde Jäger und Sammler, deren Existenz von den saisonalen Wanderschaften der großen Tierherden bestimmt ist. Sie leben in einer egalitären Gesellschaft, die sich selbst regiert durch gemeinsame Entscheidungen. Einige Individuen können durch besondere Fähigkeiten, z.B. im Jagen oder im Heilen, aber auch durch ihr fortgeschrittenes Alter und vorbildliches Sozialverhalten eine führende Position erlangen. Frauen und Männer sind gleichgestellt und die Trennung der Aufgabenbereiche ist nicht so streng wie bei ihren bantusprachigen Nachbarn. Die Frauen gelten als die Ernährerinnen der Familie, da sie durch das Sammeln verlässlicher Nahrung beschaffen, als es den Männern durch Jagd möglich ist.

Bei den San-Gruppen gelten die Frauen als Ernährerin der Familie

Die San werden häufig von ihren Nachbarn als „arm" bezeichnet, da es ihnen verboten ist, materielle Güter anzusammeln und so im Sinne vieler Kulturen „reich" zu werden. Der Reichtum der San manifestiert sich anders. Um in ihrem schwierigen Umfeld überleben zu können, haben sie einen **sozialen Zwang zum Teilen** entwickelt, der ein Mitglied einer Gemeinde veranlasst, seinen Besitz innerhalb der Familie und der Gemeinde aufzuteilen. Je mehr eine Person gibt, umso höher wird ihr Ansehen. Jedes Individuum hat außerdem in seinem Leben eine bestimmte Anzahl an festen Partnern, mit denen es regelmäßig Geschenke austauscht. Dieses Tauschsystem wird *hxaro* genannt und dient dazu, in Zeiten persönlicher Not materiell von seinen Tauschpartnern abgesichert zu werden. Der Reichtum einer Person manifestiert sich daher auch in seiner Anzahl an Tauschpartnern. Um erfolgreich tauschen zu können, waren in der Vergangenheit exotische Waren sehr begehrt. Viele San besuchten regelmäßig Gemeinden ihrer Bantu-Nachbarn, um von ihnen Töpfe, Tonpfeifen oder Eisengeräte einzutauschen. Im Gegenzug dazu brachten sie Honig, Wildfleisch, Straußeneiperlen oder Pfeilgift. Teilzwang und Tauschfreundschaften finden sich auch in vielen anderen afrikanischen Gesellschaften, insbesondere bei den Khoi. Hier ist das Ansammeln bestimmter Prestigegüter nur dann geduldet, wenn sich die betreffende Person gleichzeitig als großzügiger Spender zeigt.

Keine materiellen Güter

## Streit ums Land: die San im Central Kalahari Game Reserve

info

Die Kolonialmächte hinterließen im Falle der San und ihres schwindenden Lebensraums ungeregelte Verhältnisse. Die Engländer interessierte diese wirtschaftlich unbedeutende Frage überhaupt nicht. Im *British Protectorate Bechuanaland* ernannte man lediglich 1958 einen *Bushman Survey Officer*. 1961, noch vor der Unabhängigkeit Botswanas, wurde das **Central Kalahari Game Reserve** (CKGR) auf Anraten des Anthropologen *Silberbauers* eingerichtet, um den verbleibenden San-Gruppen die Möglichkeit zu geben, ihre traditionelle Lebensweise fortzusetzten. Das Central Kalahari Game Reserve war damals für Touristen nicht zugänglich.

Kurz nach der Unabhängigkeit 1966 wurden in der Nähe des Reservats umfangreiche **Diamantenvorkommen** entdeckt, die heute der wichtigste Wirtschaftsfaktor des Landes sind. In Zuge weiterer geologischer Prospektionen in den 1980er-Jahren bis heute stellte sich heraus, dass unter dem CKGR die größten Diamantenvorkommen der Welt liegen. Den Gewinn teilt sich die botswanische

info

Regierung mit dem südafrikanischen Diamantenmonopolisten De Beers. In den 1980er-Jahren wurden erste Versuche seitens der Regierung unternommen, die San, aber auch die benachbarten Kgalagadi aus den wirtschaftlich interessanten Gebieten **umzusiedeln**.

*Ein Teil der San- und Khoi-Gruppen lebt noch sehr traditionell*

Offizielles Ziel war es, die San in neuen Siedlungen am allgemeinen Fortschritt des Landes teilhaben zu lassen. Da die betroffenen Menschen nicht bereit waren, ihre Heimat so leichtfertig aufzugeben, kriminalisierte die Regierung sie, indem sie offizielle Jagdlizenzen einforderte, diese den San, die den formal richtigen Weg gingen, aber nicht erteilte. Auch wurde die Aufgabe des CKGR, nämlich den San ihre traditionelle Lebensweise zu ermöglichen, umdefiniert in einen reinen Wildpark. Mit den Jahren entstand eine Zweiteilung des Reservats: Der Norden wurde häufiger von Touristen besucht. Insbesondere das Deception Valley, berühmt geworden durch das Forscherehepaar *Mark* und *Delia Owens* („Cry of the Kalahari") lockt immer mehr Reisende und Safarigruppen an. Im nördlichen Teil ist aufgrund dessen allmählich ein System von Wegen entstanden. Der Süden blieb dagegen weiterhin Domäne der San. Doch Naturschutz und Safari-Tourismus sowie der Abbau von Diamanten auf „Buschmann"-Land haben sich als Einnahmequellen erwiesen, auf die Botswana inzwischen um keinen Preis verzichten will. Und nun störten die San selbst im unwirtlichsten aller Lebensräume des südlichen Afrika, der ihnen bislang von niemandem streitig gemacht wurde.

1991 wurde die Organisation **First People of the Kalahari** gegründet, die sich für die Rechte der San einsetzte. Ihr bedeutendster Aktivist war der traditionelle Heiler *Roy Sesana*. Ende 1997 vertrieb die Regierung mehr als 1.000 San gewaltsam aus diesem Gebiet und verfrachtete sie in Umsiedlungslager. Auf diese Weise wurde die gesamte Siedlung Xade aus dem Reservat entfernt. Viele San kamen mit ihrem neuen Lebensumfeld nicht zurecht, zahlreiche soziale Konflikte entstanden und einige kehrten in das Reservat zurück. In einer zweiten „Säuberungskampagne" im Jahr 2002 versuchten Regierungseinheiten, den verbleibenden knapp 1.000 Menschen die Wasserversorgung zu entziehen. Offiziell wurde von Regierungsseite immer bestritten, dass die Umsiedlungen aus dem CKGR mit dem Diamantenvorkommen in Zusammenhang stünden. Erst 2003 begründeten die Anwälte der Regierung die Umsiedlung damit, dass Bürger Platz für Entwicklungen nationaler Bedeutung machen müssten.

info

2002 strengte *Roy Sesana* zusammen mit 248 seiner Mitstreiter ein Gerichtsverfahren an, welches Ende 2006 gewonnen wurde und weltweit Schlagzeilen machte. Die San konnten wieder auf ihr altes Siedlungsgebiet zurück. Laut Gerichtsurteil war das von der Regierung verhängte Jagdverbot ein „Urteil zum Hungertod" für die San und damit unrechtmäßig. Ein Jahr vorher bekam *Sesana* für seine Verdienste den **Alternativen Nobelpreis** verliehen. Doch trotz des Sieges verweigert die Regierung weiterhin die Jagdlizenzen für die Bewohner des CKGR. Inzwischen wurde der Bau einer Diamantenmine genehmigt, den Betreibern aber angeblich untersagt, die San mit Wasser zu versorgen. Präsident *Khama* bezeichnete die Lebensweise der San in einer Rede an die Nation nach seinem Amtsantritt 2008 gar als „archaische Fantasie". Bezeichnenderweise wurde Ende 2009 eine Südafrikanerin an der botswanischen Grenze kurzzeitig verhaftet, nachdem sie ein Porträt von *Khama* mit den Worten „er sähe einem Buschmann ähnlich" kommentiert haben soll.

Der Sieg der San wird weltweit neue Richtlinien im Umgang mit indigenen Minderheiten schaffen. Das Problem der Integration der San-Gruppen in eine kapitalistische Gesellschaft ist damit jedoch nicht gelöst. Auch wurde Kritik an Menschenrechtsorganisationen laut, die ein zu einseitiges Bild einer naturverbundenen, jagenden und sammelnden Minderheit zeichneten. Viele von ihnen lebten schon vor der Ankunft der Europäer in Abhängigkeit ihrer feudalen Nachbarn. Durch das langsame Besiedeln der Kalahari durch sesshafte Gruppen hatte sich das Leben der San schon lange vor der Einrichtung des CKRG geändert. Viele von ihnen bilden heute Botswanas verarmte Unterschicht und verdienen ihren Unterhalt als Landarbeiter und Tagelöhner.

Die Regierung hat weiterhin die schwierige Aufgabe, die Konflikte zwischen einem Wildschutzgebiet, den Ansprüchen der Urbevölkerung und wirtschaftlichen Interessen zu lösen.

*Streitpunkt: das Central Kalahari Game Reserve*

## Die europäisch-stämmigen Botswaner

*Landrecht für Europäer*

Dadurch, dass Botswana wenig gutes Farmland hat, war es für europäische Siedler in der kolonialen Ära nur von geringem Interesse. Im Zuge des Großen Trecks der Buren in Südafrika Mitte des 19. Jahrhunderts versuchten einige Gruppen weit in den Norden nach Angola zu ziehen. Dabei mussten sie die Kalahari queren, wobei ihr Vieh verloren ging und viele ums Leben kamen. Einige der Überlebenden bekamen bei den Tswana Landrecht und siedeln heute im Gebiet um Molepolole, Kanye und Serowe. Ende des 19. Jahrhunderts vergaben die Briten einige Farmen entlang des Limpopo im Grenzgebiet zu Südafrika (der sog. Tuli-Block). Sie sollten eine Pufferzone gegen die expandierenden südafrikanischen Buren-Farmer sein. Aus ähnlichen Gründen siedelten die Briten weiße Farmer in der Gegend um Ghanzi im Grenzgebiet zum damaligen Deutsch-Südwestafrika an.

## Frauen in Botswana

In den traditionellen Gesellschaften Botswanas variiert die Stellung der Frau stark von Volk zu Volk. Allgemein sind die Lebens- und Zuständigkeitsbereiche der Männer und Frauen stärker getrennt als in unserer Gesellschaft. Dieses muss nicht zwangsläufig eine Abwertung oder Diskriminierung der Frauen bedeuten. Unter den bantusprachigen Völkern sind die Geschlechterrollen wesentlich stärker ausgeprägt als unter den Khoi und San.

*Unterschiedliche Gesellschaftsstrukturen*

In der **patriarchalen Gesellschaft** der Tswana nehmen Frauen eine deutlich untergeordnete Position ein und sind von politischen Entscheidungen ausgeschlossen. Sie sind ihr ganzes Leben von einem männlichen Fürsprecher abhängig. Bei den matrilinear organisierten Mbukushu hingegen haben die Frauen deutlich mehr Einfluss und die Mutter des Königs ist die mächtigste Frau im Land.

In den meisten Gesellschaften existieren zahlreiche Essvorschriften und Tabus für Frauen im gebärfähigen Alter aus Angst vor Totgeburten und missgebildeten Kindern. Ein Teil dieser Tabus gilt auch für die Ehemänner, deren Fehlverhalten ebenfalls die Entwicklung eines Kindes beeinflussen kann. Nach der Menopause fallen für die Frauen die einschränkenden Vorschriften weg. Frauen werden häufiger der Hexerei bezichtigt als Männer. Dieses liegt daran, dass sie in der traditionellen Vorstellung als emotional unkontrolliert und als moralisch nicht standfest genug gelten.

Obwohl heute in höheren Bildungseinrichtungen Frauen stärker vertreten sind als Männer, sind Haushalte, die von Frauen alleine geführt werden, immer noch stärker von Armut betroffen als diejenigen mit einem männlichen Vorstand. Dieses gilt vor allem für die ländlichen Gebiete, in welchen die Frauen häufig keine moderne Ausbildung genossen haben. Durchschnittlich haben Frauen eine geringere berufliche Qualifikation als Männer und verdienen entsprechend weniger. Botswanas gesamte Wirtschaft ist stark auf den Export von Mineralien und Fleisch ausgerichtet. Beide Sektoren sind laut bevölkerungsstatistischen Untersuchungen eindeutig von Män-

*Meist müssen die Frauen die schweren Lasten tragen*

nern dominiert. Den höchsten Frauenanteil hingegen findet man im informellen Sektor, also im Bereich der Kleingewerbe. Obwohl mehr als 50 % der Gesamtbevölkerung Frauen sind, sind sie nur zu etwa 20 % von ihnen in der Regierung vertreten. Noch niedriger ist der weibliche Anteil in Führungspositionen des privaten Sektors. Die geringe Beteiligung der Frauen im **politischen Raum** ist auf traditionelle Rollenmodelle der führenden Ethnien zurückzuführen. Nur zehn Frauen standen bei den Wahlen im Oktober 2009 zur Wahl.

*Wenig Frauen in Politik und Wirtschaft*

# Kunst und Kultur

## Felsmalereien

In fast allen felsigen Gegenden Botswanas findet man Jahrtausende alte Felsmalereien und Gravierungen. Die meisten von ihnen werden den Vorfahren der Khoi und San zugeordnet. Auch heute gelten Felsbilder als heilig. Eine viel besuchte Stelle ist **Mochudi**, etwa 25 km nördlich von Gaborone. Man findet hier Fußspuren in den Fels graviert, die in der Mythologie die ersten Tswana hinterließen, als sie der Unterwelt entstiegen. Im ganzen Land findet man vor allem an Quellen in den Fels gravierte Fußspuren von Tieren und Menschen. Diese Quellheiligtümer sind schwer zu datieren und obwohl sie heute von den bantusprachigen Völkern verehrt werden, sehen Archäologen sie als älter an. Eine weitere wichtige Fundstelle mit figürlichen Mensch- und Tierdarstellungen findet man im Manyana Rock Shelter, ca. 30 km westlich von Gaborone.

*Fußspuren der ersten Tswana*

Die wohl berühmtesten Felsmalereien befinden sich in den heiligen Bergen der Tsodilo Hills im Nordwesten Botswanas. In der traditionellen Glaubenswelt der San wohnten die Götter in den Höhlen und Felsüberhängen der Berge und regierten von dort aus die Welt. Ein besonderes Heiligtum befindet sich am Fuß des Male Hill. Hier glauben die San, dass der **erste Gott** niederkniete und betete, nachdem er die Welt erschaffen hatte. Noch heute soll man die Knieabdrücke sehen. Die Berge werden auch von den später eingewanderten Bantuvölkern verehrt.

*Welterbe Tsodilo Hills*

In den Tsodilo Hills wurden auf über 4.500 Zeichnungen Menschen, Tiere und geometrische Muster abgebildet. Unter den Tieren findet man überwiegend Darstellungen von Eland-Antilopen, Giraffen, Zebras, Rhinozerossen und Elefanten. Es ist schwierig, die Felszeichnungen zeitlich einzuordnen, da schon vor 70.000 Jahren Menschen ihre Werkzeuge in den Höhlen der Berge hinterließen. Die dargestellten Tiere legen jedoch nahe, dass die ersten Zeichnungen nicht älter als 24.000 Jahre alt sind. Im gleichen Zeitraum entwickelte sich durch die Hämatitvorkommen der Berge ein sehr weitreichender Handel mit Ocker, der in den Ritualen der alten Kulturen eine wichtige Rolle spielte.

Im Jahr 2001 wurden die Tsodilo Hills in die Liste der **UNESCO-Weltkulturerbe** aufgenommen.

## Kunsthandwerk

Die **Korb- und Mattenflechterei** gehört zu Botswanas bekanntesten Kunsthandwerken. Die heute typische Art der Korbflechterei wurde von den Mbukushu und Yeyi in das Land gebracht. Körbe werden als Kornspeicher (bis zu 3 m im Durchmesser) und Siebe verwendet, als Teller, Transport- und Aufbewahrungskörbe, als Fischreusen und vieles mehr. Flechtarbeiten werden traditionell aus den Blättern der *mokola*-Palme (*Hyphaene petersiana*) und aus Ried gefertigt, welche im Okavango-Delta wachsen. Sie werden mit Pflanzenfarben und anderen Naturstoffen gefärbt.

*Beliebte Souvenirs*

**Töpferei** hat eine 2.000 Jahre alte Tradition in Botswana, ist jedoch heute ein aussterbendes Handwerk. Obwohl in den ländlichen Gegenden traditionelle Keramik noch verwendet wird, führen nur wenige Töpfereizentren im Lande die alte Tradition weiter. Die bekanntesten Keramikhersteller sind heute der Thamaga Pottery Shop in Thamaga und der Pelegano Pottery Shop in Gabane. Die traditionelle **Holzschnitzerei** beschränkte sich auf Gefäße, Geräte und Möbel. Erst durch die Nachfrage auf dem Tourismusmarkt werden Tierfiguren, Masken und andere moderne Gegenstände in Holz gearbeitet. Vor allem die Mbukushu fertigen heute noch handgeschmiedete Messer, Dolche, Äxte und Instrumente. Die San-Völker stellen heute für den Tourismusmarkt ihren berühmten traditionellen **Straußeneischmuck** her, der schon in der Vergangenheit ein begehrter Tauschartikel war. Eine lohnende Sammlung an traditioneller und moderner Kunst ist im Nationalmuseum in Gaborone zu besichtigen.

## Literatur

Botswana besitzt einen reichhaltigen Schatz an **oraler Literatur**: Lieder, Mythen und Märchen. Ein wichtiger politischer Bestandteil sind die mündlich überlieferten Genealogien der Königshäuser und die Ursprungsmythen, die die Herkunft und Entstehung eines Volkes beschreiben. Ein Großteil der oralen Literatur sind Loblieder und Lobgedichte auf Könige, wichtige Personen, Krieger und Jäger. Jeder Tswana-Junge muss für seine Initiation ein Loblied auf sich selbst dichten, welches ihn ein Leben lang begleitet. Daneben werden Haustiere und Wildtiere besungen, die den Menschen Wohlstand und ein festliches Mahl bringen. Zahlreiche Loblieder auf Tiere haben auch einen stark spirituellen Charakter und werden bei den wichtigsten Volksriten und Geistheilungen gesungen. Daneben gibt es auch Spottlieder auf Herrscher, in denen sich die Unzufriedenheit des Volkes manifestiert. Obwohl die heutige jüngere Generation wenig Interesse zeigt, ihr reiches kulturelles Erbe weiter zu tragen, wird in der Erziehung nach wie vor sehr viel Wert auf Sprachkultur gelegt.

*Loblieder*

Mit der kolonialen Ära begannen die schriftlichen Aufzeichnungen über das Land. Den wohl bekanntesten Reisebericht verfasste *David Livingstone* mit seinem Buch „Missionsreise und Forschung in Südafrika", welches 1958 erschien. Auch die jüngere schriftliche Literatur ist meistens in Englisch verfasst und stammt überwiegend von Besuchern des Landes oder Immigranten. Die bekanntesten Autoren sind *Bessie Head* (1937–1986) und *Alexander McCall Smith* (*1948). *Head* war Kind eines schwarzen Vaters und einer weißen Mutter im Apartheid-Südafrika, ihre Werke sind stark sozialkritisch geprägt und beleuchten den harten Alltag von Frauen in Afrika.
Bekannter, leichter und humorvoller beschreibt der zimbabwisch-englische Professor *McCall Smith* die botswanische Gesellschaft in seinen zwölf bekannten Romanen der **Detektivin Mma Ramotswe**. Die Bücher wurden als britisch-amerikanische Co-Produktion u.a. von der BBC zur ersten überhaupt in Botswana spielenden Fernsehserie umgearbeitet, wenn auch ausschließlich mit britischen und amerikanischen Schauspielern besetzt. Es wurde auch vor Ort gedreht. Die beide 2008 verstorbenen Oscar-Preisträger *Sydney Pollack* und *Anthony Minghella* waren an der Entwicklung beteiligt. Die erste Staffel wurde in Deutschland unter dem Titel „Eine Detektivin für Botswana" auf Arte ausgestrahlt. Nach enttäuschenden Einschaltquoten im englischsprachigen Raum wurde auf die Produktion einer zweiten Staffel verzichtet.

## Musik

Die große Varietät der einheimischen Musik Botswanas resultiert aus der Vielfalt der Völker im Land. Der bedeutendste musikalische Ausdruck sind Gesang und Tanz, der zu profanen und zu religiösen Zwecken gleichermaßen ausgeführt wird und heute stark die Kirchenmusik Botswanas prägt. Klassischerweise gehören Trommeln, Tanzschellen, Pfeifen und Flöten, Bogenharfen und Musikbogen, Fingerklaviere, Hörner und Trompeten zum musikalischen Repertoire. Einer der bekanntesten Vertreter des modernen nationalen *Folk* ist *Ndingo Johwa*, der sich auf sein Kalanga-Erbe beruft. Großer Popularität erfreut sich der Musikstil *Kwaito* aus den Townships Südafrikas, der im House, Hip Hop und in südafrikanischer Akkordeonmusik verwurzelt ist. Einer der populärsten Musiker dieser Stilrichtung ist *Odirile Sento*.

*Einfluss aus Südafrika und dem Kongo*

Seit den 1980ern prägten populäre Musikstile aus der Demokratischen Republik Kongo wie beispielsweise *Soukous* und *Kwasa Kwasa* mit sehr eigenen Rhythmen und Gitarrenläufen, aber auch mit einem speziellen Kleidungsstil, die Musikszene. Viele kleinere Lokalgruppen der Reggaeszene orientierten sich an dem verstorbenen südafrikanischen Reggaestar *Lucky Dube*. Unter den europäisch-stämmigen Botswanern sind vor allem in der jüngeren Generation Techno und elektronische Musik sehr populär.

# 2. BOTSWANA ALS REISELAND

# Allgemeine Reisetipps von A bis Z

## Hinweis

In den **Allgemeinen Reisetipps** von A bis Z finden sich reisepraktische Hinweise für die Vorbereitung einer Reise nach Botswana.
**Regionale Reisetipps** – Infostellen, Sehenswürdigkeiten, Unterkünfte, Campingplätze, Restaurants etc. – finden sich im Reiseteil bei den jeweiligen Städten, Ortschaften und Regionen.
Alle Angaben über Preise, Telefonnummern, Websites, Öffnungszeiten etc. waren zum Zeitpunkt der Drucklegung gültig, sind aber konstant Änderungen unterworfen.

## Inhalt

*Willkommen in Botswana*

## Anreise

**mit dem Flugzeug**
In Botswana haben Gaborone (Sir Seretse Khama Airport), Maun und Kasane internationale Flughäfen, die u.a. von Air Botswana, Air Namibia und South African Airways ab Windhoek/ Johannesburg angeflogen werden. Verbindungen ab Europa in das südliche Afrika s. S. 90f.

**mit dem Auto**
Viele Selbstfahrer fliegen nach Namibia oder Südafrika, nehmen dort ihren Mietwagen in Empfang und reisen über einen der zahlreichen Grenzposten (s. S. 99) nach Botswana ein. Zur Route s. ab S. 133f. Vorteil: Die Flug- und Mietwagenpreise sind dort günstiger.

**Hinweis**

Zur Anreise mit öffentlichen Verkehrmitteln s. Stichpunkt Bus. Eine Eisenbahn verkehrt derzeit nicht.

**Johannesburg als Beginn einer Botswana-Safari**
**Vorteil**: Von Johannesburg gibt es sowohl nach Maun als auch nach Victoria Falls eine tägliche Flugverbindung. Die dort beginnenden Safaris können also bequem erreicht werden. Oder man kann eine Botswana-Kurzsafari an einen Besuch Südafrikas anschließen. Zudem gibt es in Südafrika gute Mietwagen (Camper mit Dachzelten).
**Nachteil**: Wenn man in den Norden Botswanas möchte, hat man mit dem Wagen eine relativ lange Anfahrt.

### Windhoek als Beginn einer Botswana-Safari

**Vorteil**: Für **Selbstfahrer** ist Windhoek nach wie vor der beste Startpunkt für eine Safari. Hier steht eine Flotte erstklassiger Allradfahrzeuge zur Verfügung, die Straßenverhältnisse sind gut, man ist über den Caprivi-Streifen schnell im Norden Botswanas. Zudem kann man sich problemlos mit allen Vorräten für die Reise eindecken. Es gibt eine Flugverbindung nach Maun mit Air Namibia.

### Maun als Beginn einer Botswana-Safari

**Vorteil**: Man ist direkt „am Ort des Geschehens", hat keine lange Anreise zu bewältigen.
**Nachteil**: Der Flug ist teurer, es gibt aufgrund der geringeren Kapazitäten weniger Sonderangebote. Bei vielen Mietwagenfirmen muss man eine Gebühr dafür zahlen, dass der Wagen nach Maun geliefert wird (*one way fee*), zudem ist auch der Grundpreis mitunter teurer. Mittlerweile gibt es aber auch in Maun ansässige Firmen, deren Reichweite aber nicht immer landesweit ist. Bleibt man im Norden Botswanas, ist das aber eine mögliche Alternative.

## Ärztliche Versorgung

Eine funktionierende ärztliche Versorgung gibt es nur in den größeren Städten (Gaborone, Francistown). In den kleinen Regionalorten existieren *Health Centres*, die helfen können. Die Behandlung bei Ärzten sowie die verordneten Medikamente werden sofort abgerechnet, die Rechnung kann man dann bei der heimischen Versicherung einreichen. Auf jeden Fall sollten Sie deshalb eine **Auslandskrankenversicherung** abschließen. Darin sollte unbedingt ein kostenloser Rückholservice eingeschlossen sein, der neben dem Transport in das Heimatland auch das Ausfliegen aus der Wildnis z.B. mit einem Helikopter oder Kleinflugzeug einschließt.
**Hinweis**: Empfehlenswert ist der Abschluss einer Versicherung bei **Medical Rescue International Botswana** (MRI), die ihre eigenen Krankenwagen und Flugzeuge haben und im ganzen Land tätig sind. Den Flugrettungsdienst erreicht man unter ☏ (+267) 390-1601 oder 992 – diese Nummer gilt überall in Botswana. Infos unter E-Mail: enquiries@mri.co.bw, www.mri.co.bw, ☏ (+267) 390-3066, 🖷 (+267) 316-4728.
Alle wichtigen Medikamente sollte man von zu Hause aus mitnehmen. Ins Reisegepäck gehört auf jeden Fall eine **Notapotheke**. Folgende Medikamente sollten außerdem mitgenommen werden: Schnupfenmittel, Magentropfen, verdauungsfördernde Mittel, Mittel gegen Durchfall, Schmerztabletten, Desinfektionsmittel, Brandsalbe, evtl. ein sulfonamidhaltiges Mittel gegen Entzündungen (s. auch Stichwort Reiseapotheke).

## Autofahren

s. a. Stichwörter **Benzin** und **Mietwagen**

Schließt man sich keiner geführten Tour an, mietet man sich in der Regel einen **Allrad-Wagen**. Einige Strecken der Nationalparks im Norden können theoretisch auch mit einem normalen Pkw erreicht werden, aber man ist in seiner Bewegungsfreiheit doch ziemlich eingeschränkt und muss im Zweifel auf die von den Lodges angebotenen Touren und Pirschfahrten zurückgreifen.

**Führerschein**: Bei der Anmietung von Fahrzeugen in Botswana, Südafrika und Namibia sind ein nationaler und ein internationaler Führerschein notwendig.

## Wichtige Fahrhinweise

So schön eine Selbstfahrer-Tour auch ist, so sehr muss man sich auf die spezifischen Verhältnisse in den afrikanischen Ländern einstellen. Hier einige Tipps und Hinweise:

In Botswana herrscht **Linksverkehr**; es besteht Anschnallpflicht!

**Geschwindigkeitsbegrenzungen**: außerhalb von Ortschaften: 120 km/h, innerhalb von Ortschaften: 60 km/h.

**Straßenverhältnisse**

Generell kann man das Straßensystem Botswanas als weitmaschig bezeichnen. Lediglich um die Hauptstadt Gaborone im Südosten des Landes verdichtet sich das Straßennetz. Die großen Städte sind durch passable **Asphaltstraßen** verbunden, wobei an der Strecke von Nata über Pandamatenga nach Kasane zzt. gebaut wird, die Strecke muss teilweise auf einem Bypass bewältigt werden, sie ist außerdem voller Schlaglöcher und kann nur sehr langsam befahren werden.

Die Hauptstrecke von Johannesburg nach Gaborone, Gaborone – Francistown – Kasane, Palapye – Orapa und Francistown – Orapa, Nata und Maun ist asphaltiert, ebenso die Strecke am Westrand des Okavango-Deltas Shakawe – Sehithwa sowie die Strecken Lobatse – Jwaneng und Gaborone – Letlhakeng. Seit vielen Jahren ist auch der asphaltierte Trans-Kalahari-Highway, der Südafrika über Lobatse und Kang/Ghanzi mit Namibia verbindet, fertig, seit Herbst 2010 ebenfalls der Trans-Molopo-Highway zwischen Tshabong und Bokspitz.

Es gibt in Botswana aber noch viele Strecken, die nicht asphaltiert (**Sand- und Kieswege bzw. Pisten**) und oft in schlechtem Zustand sind. Je nach Jahreszeit (wobei die Regenzeit problematisch ist) sind nur geringe Durchschnittsgeschwindigkeiten erreichbar (20–30 km/h). Fahren Sie also stets vorsichtig und überstrapazieren Sie Ihr Fahrzeug nicht. Achten Sie insbesondere auf Schlaglöcher oder zu überfahrende Hindernisse. Schnell kann man einen Achsen- oder Federbruch erleiden. Umfahren Sie ebenso größere Steine (Ölwannenbeschädigung, Riss des Kupplungsseiles, Benzintank-Riss).

## Hinweis

Fahren bei **Dunkelheit** sollte aufgrund umherlaufender Tiere (Esel, Rinder) und mitunter schlechter Straßenverhältnisse auf jeden Fall vermieden werden. In den Nationalparks sind Nachtfahrten für Selbstfahrer ohnehin verboten.

**Reifenpannen**

Reifenpannen auf Schotterpisten oder steinigen Straßen sind relativ häufig. Spitze Steine, warmgelaufene Reifen aufgrund des erhöhten Rollwiderstandes, extrem spitze Dornen oder Überladung des Fahrzeugs sind die maßgebenden Faktoren. Man sollte deshalb nicht nur einen zweiten Reservereifen mit sich führen, sondern vor allem daran denken, dass man plötzlich einen „Platten" bekommt und das Fahrzeugverhalten sich von einem zum nächsten Augenblick schlagartig ändert. Bevor Sie einen Wagen mieten, sollten Sie die Fahrzeugreifen genau inspizieren und im Zweifelsfall wechseln lassen. Doch auch hier gilt: Angepasste Geschwindigkeit ist alles, und ein platter Reifen bei 60 oder 70 km/h hat nicht die fatalen Folgen wie bei 100 km/h und darüber! Prüfen Sie laufend den Reifendruck und halten Sie sich an die Empfehlungen des Vermieters.

### Reparaturwerkstätten/Ersatzteile

Man kann nicht damit rechnen, dass bei Fahrzeugproblemen unterwegs sofort qualifizierte Hilfe erreichbar ist. Deshalb ist ein wenig Ahnung von grundsätzlichen Reparaturen unbedingt anzuraten.

### Tanken

Die Tankmöglichkeiten sind begrenzt, doch auf den Hauptstrecken mittlerweile als gut zu bezeichnen. Man muss berücksichtigen, dass auf sandigen Wegen der **Verbrauch** bis auf das Doppelte hochschnellen kann. Deshalb ist ein entsprechend der Strecke berechneter Vorrat an Reservebenzin zu empfehlen, z.T. für über 1.000 km (Zentral-Kalahari). Auf der Strecke zwischen Maun und Kasane gibt es noch keine Tankmöglichkeit. Entsprechend muss man hier über gute Vorräte verfügen, zumal die Erkundung von Moremi und Savuti aufgrund der Sandstrecken viel Treibstoff erfordert.

### Tiere

In Botswana muss man stets auf Tiere achten, welche die Straße überqueren. Das gilt sowohl für domestizierte (wie z.B. Rinder oder Ziegen), vor allem aber für wild lebende Tiere. Immer sollte man darauf bedacht sein, nicht in eine Herde zu geraten oder sich Tieren (vor allem Elefanten) zu nähern, welche Jungtiere mit sich führen. Fahrten in der Dunkelheit sind deshalb auf jeden Fall zu vermeiden.

### Fahren durch Wasser

Umfahren Sie – wenn möglich – wassergefüllte Senken. Oftmals kann man an den Spuren anderer Autos eine Umgehung entdecken oder entgegenkommende Fahrer fragen. Wenn Sie nicht ausweichen können, prüfen Sie vor jeder Durchquerung sowohl die Tiefe als auch die Festigkeit des Untergrunds. Fahren Sie im niedrigsten Gang durch – nichts ist schlimmer, als im Falle eines Absinkens noch zurückschalten zu müssen! Schalten Sie aber vorher 4WD sowie die Zusatzuntersetzung LR (Low Range) ein. Langsameres Fahren verhindert auch Spritzwasser, welches die Elektrik lahmlegen kann. Ebenso sollte man vermeiden, dass der Auspuff ins Wasser taucht. Plant man von vornherein, durch die Einsamkeit zu fahren, kann man sich auch ein Auto mit Schnorchel mieten.

Schlammige Stellen können selbst bei 4WD problematisch werden. Wenn möglich, legen Sie quer zur Fahrspur dünne Äste, die u. U. enorm helfen.

### Fahren durch Savannengras

Halten Sie dabei die Kühlwasser-Temperatur im Auge. Wenn man z.B. einen Weg befährt, der in der Mitte grasbewachsen ist, so können die Grassamen die Kühlerporen verstopfen und so die Motorkühlung stark behindern. Deshalb: Mit einem Handbesen öfters den Kühler abkehren. Ebenso empfiehlt sich eine laufende Inspektion in der Umgebung des Auspuffrohres: Hier können sich Grasbüschel festsetzen und entzünden!

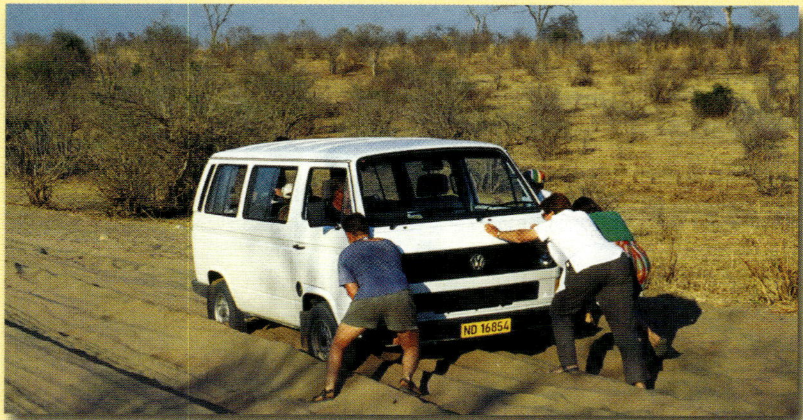


*Bei sandiger Piste ist mitunter tatkräftige Unterstützung gefordert*

### Reifendruck

In der Regel kommt man durch hohen Sand besser hindurch, wenn der Reifendruck gesenkt wird und die Reifen so eine breitere Auflagefläche haben. Wie stark der Reifendruck gesenkt wird, hängt vom Fahrzeugtyp und der Beladung ab. Wenn Sie wieder gutes Terrain erreichen, sollten Sie nicht vergessen, den Reifendruck wieder zu erhöhen.

Weiterhin sollte man folgende Aspekte beherzigen:
**Keine ruckartigen Lenkbewegungen**: Besonders beim Fahren mit hochbeinigen Allradfahrzeugen ist dringend anzuraten, nur gemächliche Ausweichmanöver durchzuführen. Der hohe Schwerpunkt dieser Fahrzeuge kann leicht zum Überschlagen führen. Im Falle einer plötzlichen Reifenpanne ist es besser, in die seitliche Landschaft hineinzufahren und ggf. einen Farmzaun umzulegen, als zu versuchen, den Wagen zurück auf die Straße zu lenken: In diesem Falle ist ein Überschlag mit all seinen Folgen vorprogrammiert!
**Bodenhaftung der Reifen**: Die Bodenhaftung auf Schottermaterial ist extrem niedrig, weil die Auflagefläche der Reifen gering ist. Mikroskopisch vorgestellt: Sie fahren auf den Kuppen der kleinen Schottersteinchen, die auf einer wiederum lockeren Unterlage liegen. Die Konsequenzen: Kurven, eine plötzliche Reifenpanne, das Ausweichen vor einem zu spät gesehenen Schlagloch führen zu einem unerwarteten und unkontrollierbaren Fahrverhalten Ihres Wagens.
**Wellblechpisten:** Ein typisches Merkmal sind Wellblech-mäßig ausgefahrene Pisten. Das Wellblechmuster kommt auf Schotterpisten deshalb zustande, weil ein Fahrzeug beim Anfahren/Beschleunigen nach oben federt, um dann wieder Richtung Boden zurückzufedern. Bei diesem Zurückfedern wird der Untergrund verdichtet. Wenn man auf eine solche Rappelstrecke gerät, gibt es nur 2 Alternativen: Entweder extrem langsam fahren, um sich der Wellblechstruktur anzupassen, oder man fährt schneller (mindestens 50–60 km/h), um sozusagen über die Wellen„berge" hinwegzufliegen. Nur aufgepasst: Die Bodenhaftung des Fahrzeugs ist dann katastrophal. Wer einen Allradwagen mit großen Rädern fährt, ist hier im Vorteil, da die Räder zumeist nicht in das Wellblech„tal" passen – man merkt also kaum etwas!
**Staub**: Wenn es z.B. in der Kalahari sehr staubt, fahren Sie auch tagsüber mit Licht. Sie sollten im Falle starken Sandflugs dann am besten stehen bleiben und warten, bis sich der Wind

gelegt hat. Anderenfalls riskieren Sie, dass aufgrund der Schmirgelwirkung des Sandes die Scheiben und Lampengläser milchig werden oder der Lack des Fahrzeugs im Frontbereich lädiert wird. In solchen Fällen haften Sie gegenüber dem Autovermieter.
**Plötzliche Hindernisse**: Ebenso müssen Sie damit rechnen, dass unerwartete Hindernisse auftauchen, vor denen nicht durch besondere Schilder gewarnt wird: Tiere können Ihren Weg nicht nur bei Dämmerung und in der Nacht, sondern auch am Tag kreuzen. Die Kollision mit einem afrikanischen Kudu kommt einem Unfall mit einem anderen Fahrzeug gleich! Auch Schlaglöcher können plötzlich auftreten und sind vor allem bei steil stehender Sonne kaum zu erkennen. Und hier kann es nicht nur Achsenbrüche geben, sondern man kann sich sogar mit dem Wagen überschlagen.
**Überholmanöver:** Auf nicht befestigten Straßen gehören solche Vorhaben zur Kategorie „Wahnsinn". Wen der aufgewirbelte Staub eines etwas langsamer fahrenden Fahrzeuges stört, sollte einfach eine Pause von 10–15 Minuten einlegen. Denn beim Überholen droht Ihnen nicht nur Steinschlag, sondern Ihre Sicht ist (zumindest bei Windstille oder Gegenwind) getrübt. Außerdem geraten Sie auf der Gegenfahrbahn durch extremes Ausweichen nach rechts eventuell auf besonders lockeren Straßenbelag oder in tückische Schlaglöcher, die von der Gegenrichtung plattgefahren sind, in Ihrer Fahrtrichtung aber ein steiles Loch bedeuten, das verheerende Folgen haben kann.
**Anhöhen:** In offener Landschaft gibt es selten Fahrtrichtungshinweise. Auf einer Anhöhe erkennt man manchmal erst im letzten Moment, in welche Richtung die Straße weitergeht, also lieber langsam darauf zufahren.
**Müdigkeit:** Stundenlanges Konzentrieren auf die Straße, um allen Eventualitäten zu entgehen, kann sehr ermüdend sein. Lieber öfter mal eine Pause einlegen.

### Wagenzubehör

Hier könnte man eine lange Liste aufführen, doch schließlich ist es unmöglich, ein komplettes Ersatzteillager mitzuführen. Trotzdem ist die Mitnahme folgender Dinge zu empfehlen, wenn man sich auf sehr abgelegene Strecken begibt:

- 1 Satz Zündkerzen
- doppelter Vorrat an Motoröl (also bei 4 l Ölwanneninhalt 8 l mitnehmen)
- Keilriemen
- 2 Ersatzreifen, auf Felgen aufgezogen
- Wagenheber
- Luftpumpe, Luftdruckmesser
- Zündkontakte, Verteilerfinger
- Reifenflickzeug
- Gummi, aus dem man notfalls Dichtungen schneiden kann
- 2-Komponentenkleber für Metall und Glas
- selbstklebendes, breites Textilband
- isoliertes Kabel
- Draht
- Kühler-Reparatur-Set
- 2 Bohlen (um den Wagen im Falle des Festfahrens im Sand auf eine „abfahrgeeignete" Grundlage zu stellen, Sandmatten eignen sich kaum)
- einen gut sortierten Werkzeugkasten
- einen Spaten
- eine Eisenstange (notfalls zur Vergrößerung der Hebelkraft beim Losdrehen festgesetzter Schrauben)

### Verstaubtes Gepäck? Kleiner, aber wichtiger Hinweis am Rande

Selbst im angeblich dicht geschlossenen Kofferraum wird das Gepäck auf unbefestigten Pisten stets total verstaubt sein. Abhilfe: Breiten Sie über Koffer und sonstige Gepäckstücke **Plastik-Müllsäcke!** Manche Geländewagen verfügen über eine Überdruckklappe, die das Eindringen von Staub in den Gepäckraum unmöglich macht. Und öffnen Sie in einem Wagen mit Canopy oder einem größeren Wagen, wo das Gepäck im hinteren Teil des Wagens verstaut ist, ein hinteres Fenster – durch den „Luftstau" dringt kein Staub ein.

## Banken

s. auch Stichpunkt Geld

Die großen Banken in Botswana sind die Barclays Bank of Botswana, Standard Chartered Bank of Botswana, Stanbic Bank und First National Bank. Es gibt Bankniederlassungen in Francistown, Gaborone, Jwaneng, Kanye, Lobatse, Mahalapye, Maun, Palapye und Selebi-Phikwe. Barclays Bank hat ebenso Niederlassungen in Mochudi, Molepolole und Serowe. Die Standard Bank hat eine Filiale in Orapa. **Öffnungszeiten** sind in der Regel Montag bis Freitag 9–14.30 Uhr, Mittwoch u. Samstag 8–12 Uhr.
Außer den o.a. Bankfilialen gibt es noch weitere in kleineren Orten, die jedoch nur an bestimmten Tagen für kurze Zeit geöffnet haben.

## Begrüßung

Die Begrüßung geschieht durch ein dreimaliges Händedrücken, dabei wird die linke Hand an den rechten Ellenbogen gelegt.

## Benzin

Die **Benzinversorgung** entlang der Fernstraßen ist ausreichend. Bei Fahrten ins Landesinnere und in die Nationalparks sollte man aber unbedingt volltanken und evtl., je nach Strecke, noch Reservekanister mitnehmen. Tankstellen liegen manchmal Hunderte von Kilometern voneinander entfernt und haben in kleinen Orten u.U. manchmal kein Benzin verfügbar, da die Nachlieferung z.B. wegen der sehr schlechten Wegverhältnisse (Regenzeit) nicht immer pünktlich erfolgt. Man sollte sich zudem bei der Mietwagenfirma über den Benzinverbrauch und die Reichweite des Autos informieren und bedenken, dass bei schwierigem Gelände (z.B. Sand) der Benzinverbrauch drastisch ansteigen kann.
Die **Benzinpreise** liegen bei etwa 8 Pula/Liter (Diesel). Sie steigen, je abgelegener eine Ortschaft liegt. Am günstigsten gibt es Benzin in Gaborone. Benzin und Diesel kosten etwa das gleiche. Man kann an den meisten Tankstellen nicht mit Kreditkarte zahlen! In der Regel haben die Tankstellen zwischen 7 und 18 Uhr geöffnet.

## Betteln

In Botswana wurde außer in den Großstädten bislang kaum gebettelt. Allerdings nimmt das Betteln in der letzten Zeit an den Stellen zu, wo sich viele Touristen aufhalten. Ob Sie etwas geben, hängt von Ihrer persönlichen Einstellung ab. Generell sollte man z.B. Kindern kein Geld geben, da sie Touristen als Einnahmequelle entdeckt haben, anstatt in die Schule zu gehen. Möchte man helfen, sollte man sich besser an die Lehrer oder Eltern wenden und z.B. Stifte oder Blöcke spenden.

## Botschaften / Diplomatische Vertretungen

### in Europa

**Embassy of Botswana**, Av. de Tervuren, 169, B 1150 Brussels, **Belgien**, ☏ (+32) 2-7352070, 🖷 (+32) 2-7356318, E-Mail: botswana@brutele.be, Öffnungszeiten Mo–Fr 9–13 u. 14.15–17 Uhr (auch für Deutschland, Österreich und die Schweiz zuständig).
**Botswana Permanent Mission to the UN**, Genf, 80 Rue de Lausanne 1202 Geneva, Schweiz, E-Mail: Botgen@bluewin.ch, ☏ (+41) 22-9061060, 🖷 (+41) 22-9061061.

Es gibt in Deutschland zwei **Honorarkonsulate** von Botswana:
**Hamburg**: Paul Eckler (jr.), Honorarkonsul, Steinhöft 5–7, 20459 Hamburg, ☏ 040-7326191, 🖷 040-7328506, Öffnungszeiten Di und Do 11–13 Uhr. Konsularbezirk: Hamburg, Bremen, Mecklenburg-Vorpommern, Niedersachsen und Schleswig-Holstein.
**München**: Thilo Schotte, Honorarkonsul, Theresienhöhe 12, 80339 München, ☏ 089-839307292323, E-Mail: botswana-munich@web.de, Öffnungszeiten Mo und Do 10–12 Uhr. Konsularbezirk: Bayern.

### Vertretungen in Botswana

**Deutschland**
**Botschaft der Bundesrepublik Deutschland**, Broadhurst Mall/Professional House, Segodithsane Way, Gaborone; Postadresse: P.O. Box 315, Gaborone, ☏ (+267) 395-3143, 🖷 (+267) 395-3038, E-Mail: info@gaborone.diplo.de; www.gaborone.diplo.de, Öffnungszeiten Mo–Fr 9–12 Uhr oder nach Vereinbarung.
**Maun**: Honorarkonsul der Bundesrepublik Deutschland: Karl-Heinz Gimpel, Crocodile Safaris, Plot No. 4, Moremi Road, Matlapaneng, ☏ (+267) 686-0265, 🖷 (+267) 686-0793, E-Mail: maun@hk-diplo.de. Konsularbezirk: Ngamiland, Chobe District, Ghanzi District. Übergeordnete Auslandsvertretung: Botschaft Gaborone.

**Schweiz**
**Consulate of Switzerland**, Specialist Services, Plot 5268, Village, Gaborone; Postadresse: P.O. Box 45607, Riverwalk, Gaborone, w/l (+267) 395-6462, E-Mail: gaborone@honrep.ch.
**Botschaft:** Im Konsularbezirk der Botschaft in Pretoria/Südafrika:
**Embassy of Switzerland**, 225 Veale Street, Parc Nouveau, New Muckleneuk 0181, South Africa; Postadresse: P.O. Box 2508, Brooklyn Square 0075, South Africa, ☏ (+27) 12 452 0660, (+27) 12 452 0661 (Konsularabteilung), 🖷 (+27) 12 346 6605, E-Mail: pre.vertretung@eda.admin.ch; www.eda.admin.ch/pretoria.

**Österreich**
**Honorarkonsulat** (ohne Passbefugnis, ohne Sichtvermerksbefugnis): Plot 50667, Block B3, Fairground Holdings Park, Gaborone; Postadresse: P.O. Box 335, Gaborone, ☏ (+267) 395-1514, (+267) 395-2638, 🖷 (+267) 395-3876, E-Mail: dkhama@info.bw.
**Botschaft**: Im Konsularbezirk der Botschaft in Pretoria/Südafrika:

**Austrian Embassy**, 1109 Duncan Street, Brooklyn, Pretoria 0181; Postadresse: P.O. Box 95572, Waterkloof 0145, ☏ (+27) 12 452 9155 (Amt), 🖷 (+27) 12 460 1151, E-Mail: pretoria-ob@bmeia.gv.at; www.aussenministerium.at/pretoria. Amtsbereich: Botswana, Lesotho, Madagaskar, Mauritius, Namibia, Swasiland, Südafrika.

## Busse

Botswana ist ein klassisches Selbstfahrerziel. Zu den meisten Naturschönheiten kommt man mit öffentlichen Verkehrsmitteln nicht hin, in die Nationalparks ohne Auto gar nicht rein.

Zwischen den großen Städten, vor allem ab Gaborone, sowie den Hauptorten Botswanas und nach Johannesburg gibt es allerdings reguläre Langstreckenverbindungen. Zuverlässige Buspläne existieren kaum. Die meisten Verbindungen gibt es im bevölkerungsreicheren östlichen Teil Botswanas. Die großen Unternehmen haben zumindest theoretisch einen Fahrplan, Minibusse verkehren nach Bedarf: Wenn sie voll sind, wird losgefahren! Das ist sicherlich nur etwas für Traveller mit genügend Zeit. Die Hauptstrecken verkehren zwischen Francistown und Bulawayo (Zimbabwe), Serule und Selebi-Phikwe, Palapaye – Serowe und Orapa und Kasane – Francistown – Nata. Es existieren keine Busverbindungen zwischen Maun und Kasane. Hier fährt lediglich einen Minibus, der von Kasane über Nata (Umstieg) nach Maun fährt. Diese Strecke ist sehr zeitaufwändig, da die Busse oft voll bzw. nicht verlässlich sind.

Einer der größeren Busanbieter ist: **Seabolo**, Plot 17998, Kamushongo Road, Gaborone West Industrial Site, Gaborone, Botswana, ☏ 395-7078, 🖷 395-7077, E-Mail: kenneth@seabelo.bw; www.seabelo.bw.

## Camping

### Wichtiger Hinweis

Seit 2009 wurden die meisten **Campsites in den Nationalparks privatisiert** und die Preise sind rasant in die Höhe gestiegen. Hintergrund ist, dass die Regierung die Selbstfahrer in Botswana durch die Preise abschrecken will – denn die Selbstversorger und Camper lassen außer den Parkeintrittsgebühren kaum Geld im Land. Zudem kann jeder in die Nationalparks fahren – das hinterlässt auch in der Landschaft Spuren. Sie möchten das Geschäft in die Hände von einheimischen Safariveranstaltern und das Geld damit in die Taschen der botswanischen Bevölkerung leiten.

Die Politik der Privatisierung hat zur Folge, dass sich Camper zur Reservierung und Vorab-Bezahlung an verschiedene Stellen wenden müssen. **Gebühren für Parkeintritt** (*Park Entry Fees*) und **Fahrzeuge** (*Vehicle Fees*) müssen weiterhin an das **DWNP** (**Department of Wildlife and National Parks**) entrichtet werden, neuerdings ist dies wieder an den Gates der Parks möglich. Es wird allerdings empfohlen, die Gebühren vorher in den Büros („Pay Points") des DWNP zu zahlen (ausführlichere Informationen dazu s. Stichwort Nationalparks/Naturschutzgebiete). Einige Campingplätze werden noch vom DWNP verwaltet, diese müssen dort reserviert und alle Gebühren vorab bezahlt werden. Die privaten Anbieter und deren Plätze sowie die des DWNP sind folgend aufgeführt. Auf den privaten Sites gibt es Beschränkungen für die Personen- und Fahrzeuganzahl auf den einzelnen Stellplätzen. Wenn durch Ihre Buchung das Maximum nicht erreicht ist, kann es erfahrungsgemäß sein, dass Sie den Platz teilen müssen.

### Wichtiger Hinweis

Für 2012 ist mit einer drastischen Erhöhung aller DWNP-Gebühren zu rechnen. Zur Zeit (Stand Okt. 2011) belaufen sich die **Park Entry Fees** auf P 120 für Erwachsene/Tag, P 60 für Kinder von 8–17 Jahren/Tag (darunter frei). **Vehicle Fees**: Ein leichtes Auto (bis 350 kg) kostet P 50/Tag, wenn es in einem anderen Land registriert ist, P 10/Tag kostet ein botswanischer Wagen.
**Achtung**: Preise und Öffnungszeiten für den Kgalagadi Transfrontier Park inkl. Mabuasehube weichen ab.
Eine genaue Preisliste und ausführliche Informationen unter http://www.mewt.gov.bw/DWNP/index.php.

| Betreiber | Kontaktdaten/Reservierung | Camps | Preis | Weitere Infos |
|---|---|---|---|---|
| **Department of Wildlife (DWNP)** | **Maun: Parks and Reserves Reservation Office** P.O. Box 20364, Maun, ☏ (+ 267) 686-1265, 🖷 (+267) 686-1264 o. -0053 **Gaborone: OR Parks and Reserves Reservation Office,** P.O. Box 131, Gaborone ☏ (+267) 318-0774 o. 397-1405, 🖷 (+267) 318-0775, E-Mail: dwnp.parrogabs@gov.bw, dwnp@gov.bw; www.mewt.gov.bw/DWNP/index.php | alle Campingplätze im botswanischen Teil des Kgalagadi Transfrontier Park inkl. Mabuasehube-Sektion; alle Plätze im Central Kalahari Game Reserve, die nicht von Bigfoot verwaltet werden | P 30 p. P. | **Reservierung** über Tel./Fax (beide) und E-Mail/Website (nur Gaborone) möglich. Bezahlung erfolgt über Kreditkarte/vorherige Auslandsüberweisung **Öffnungszeiten**: Mo-Fr 7.30–16.30 Uhr (Mittagspause 12.45–13.45 Uhr); Maun auch Sa 7.30–12 Uhr **Achtung:** Leser berichten, dass Antworten auf Reservierungen per Fax und vor allem per E-Mail meist lange auf sich warten lassen. Bringen Sie sich öfter in Erinnerung und bitten Sie um Bestätigung. |
| **Bigfoot Safaris** | P.O. Box 45324, Riverwalk, Gaborone, ☏ (+267) 395-3360 oder mobil 73-5555-73, E-Mail: bigfoot@gbs.co.bw; www.bigfoottours.co.bw | alle Plätze im Khutse Game Reserve, Lekhubu, Letiahau, Piper Pan, Sunday Pan, Passarge Valley und Motopi (Central Kalahari Game Reserve) | P 150 p. P., ab 1. April 2012 P 200 | Maximal sechs Personen und drei Fahrzeuge pro Stellplatz |
| **SKL Group of Camps** (vormals Mapula Lodge) | P.O. Box 1860, Maun, ☏ (+267) 686-5365/6, 🖷 (+267) 686-5367, E-Mail: reservations@sklcamps.co.bw, sklcamps@botsnet.bw; www.sklcamps.com | Savuti, Linyanti (Chobe National Park – in Savuti sind All-inclusive-Zelte buchbar), Khwai/Northgate (Moremi Game Reserve), Khumaga, Njuca Hills (letzterer zzt. geschlossen, beide Makgadikgadi Pans National Park) | US$ 50 p. P. (Chobe, Moremi), P 200/US$ 30 p. P. (Makgadikgadi) | Maximal drei Fahrzeuge pro Stellplatz |

| Betreiber | Kontaktdaten/Reservierung | Camps | Preis | Weitere Infos |
|---|---|---|---|---|
| **Xomae Group** | P.O. Box 20975, Maun, ☏ (+267) 686-2221 o. -2970, 🖷 (+267) 686-2262; E-Mail: xomaesites@botsnet.bw; www.xomaesites.com | Third Bridge, Wilderness Islands (Moremi Game Reserve); South Camp, Baines Baobab (Nxai Pan National Park) | P 226 p. P (Third Bridge, South Camp, Baines Baobab), P 410 p. P. (Wilderness Islands) | Maximal acht Personen und drei Fahrzeuge pro Stellplatz. Sichere Kreditkartenzahlung über Website möglich |
| **Kwalate Safaris** | P.O. Box 2280, Gaborone, ☏/🖷 (+267) 686-1448, E-Mail: kwalatesafaris@gmail.com | South Gate, Xakanaxa (Moremi Wildlife Resort); Ihaha (Chobe National Park) | P 230 p. P. | |

**Die wichtigsten Campinghinweise:**

- Schlafen Sie stets in einem **geschlossenen Zelt** oder **geschlossenen Wagen**.
- Lassen Sie **nie Lebensmittel** (insbesondere Orangen und stark riechendes Obst) im Zelt oder im Wagen.
- Verlassen Sie Ihren Campingplatz stets **ohne Abfall**. Vergraben Sie Abfall auf keinen Fall, da er von manchen Tieren ausgebuddelt wird.
- Campieren Sie **nie auf einem Tierpfad**, besonders nie auf einem Flusspferd- oder Elefanten-Pfad.
- Schwimmen Sie **nie in einem Fluss oder sonstigen Gewässern**! Im Okavango-Gebiet leben unzählige Krokodile.

### Übernachtung im Busch

Wenn man nicht im Dachzelt schläft, sind leicht aufbaubare Kuppelzelte eine Alternative. Isoliermatten für den Zeltboden sowie ein warmer Schlafsack (die Temperaturen können in der Trockenzeit nachts weit unter 0 °C sinken) sind erforderlich. Auch hier könnte man eine ganze Seite mit möglichem Campingzubehör füllen. Deshalb in Kürze das Wichtigste:

- ein Grillrost
- ein gusseiserner Topf (zum Brotbacken)
- ein gusseiserner kleinen Kessel mit Dreifuß (gibt es fast überall zu kaufen)
- genügend Streichhölzer
- ein starkes Buschmesser
- mindestens 2 robuste Taschenlampen

**Hinweis**

Bei den meisten Autovermietern kann man die komplette Campingausrüstung gleich mitmieten.

### Campingplätze

In der Regel wird man, vor allem in den ausgewiesenen Naturschutzgebieten, auf den dafür vorgesehenen Campingplätzen übernachten. **Wildes Campen** ist hier verboten. Sollte man

*Buschcamping bei Dqae-Qare (bei Ghanzi)*

unterwegs einmal wild campen, was prinzipiell möglich ist: Achten Sie darauf, dass es in der Umgebung genug Holz zum Feuermachen gibt. In der Nähe von Dörfern oder Hütten sollte man nach der Erlaubnis und geeigneten Plätzen beim Dorfchef nachfragen. Natürlich sollte man daran denken, dass man sich in der Wildnis befindet. Auf keinen Fall sollte man ohne Zelt – lediglich im Schlafsack – ungeschützt übernachten.

Wenn man im **geschlossenen Zelt** übernachtet, kann man sich vor wilden Tieren sicher fühlen. Löwen, Hyänen und Elefanten nähern sich zwar Zelten, greifen diese aber in der Regel nicht an, da sie etwas Naturfremdes sind. Auf keinen Fall sollten Sie im Zelt Wasser, Obst, Fleisch und andere Nahrungsmittel aufbewahren: Das könnte u.U. die Angst hungriger Tiere besiegen.

Ein erfahrener Safarileiter berichtete einmal, dass man ein Lager vor ungebetenen Gästen sichern könne, indem man in einem gewissen Umkreis benzin- und ölgetränkte Lappen aufhängt. Der widerliche und fremde Geruch würde jede Wildannährung abwehren. Eine Feuerstelle bedeutet nicht unbedingt Schutz. Feuer ist vielen Tieren als Buschbrand bekannt. Man hat schon beobachtet, dass in der kalten Trockenzeit Löwenrudel oder Hyänen durch die Wärme angelockt wurden und sich um das Feuer versammelten.

Wenn man also das Lager sicher anlegen und ruhig schlafen möchte, sollte man folgende Hinweise beachten:
- Stellen Sie Ihr Zelt möglichst dicht an Dornbüsche, sodass Sie von 2–3 Seiten geschützt sind.
- An die „offene“ Seite stellen Sie Ihre Benzinkanister oder Bohlen als „Stolperschwellen“ hin. Sollte sich ein Tier versehentlich nähern, weil es nicht wittern konnte oder schlecht sieht (z.B. Elefanten), dann ist es gewarnt und wird sicherlich einen anderen Weg einschlagen.
- Hängen Sie benzin- oder ölgetränkte Lappen in die nähere Umgebung.

Beim **Anlegen einer Feuerstelle** sollte man Folgendes beachten:

- Legen Sie das Feuer in einer kleinen Mulde an, wobei Sie mit dem Spaten das trockene Gras entfernen sollten, damit die Flammen nicht übergreifen können. Ein Steinkranz ist ein besonders guter Schutz.
- Denken Sie an einen Sicherheitsabstand zu Zelt, Wagen und Busch. Beachten Sie dabei unbedingt die Windrichtung!
- Wenn Sie schlafen gehen, schütten Sie das Feuer oder die Glut mit Sand zu. Bei plötzlich auftretendem Wind brauchen Sie dann keine Angst zu haben, dass der Busch um Sie herum Feuer fängt.
- Ein Feuer kann man gut entfachen, indem man über Papier dünnes Geäst und darüber stärkere Zweige pyramidenförmig zusammenstellt.

Wenn Sie Ihre Lagerstätte verlassen, dann sollten Sie auf jeden Fall die **unverderblichen Reste** Ihres Lagerdaseins (leere Dosen, Flaschen etc.) wieder mitnehmen. Selbst wenn Sie Blech oder Glas vergraben, können sich Tiere, die danach wühlen, böse verletzen. Ganz abgesehen davon können Glasscherben, die am Boden liegenbleiben, als Brennglas wirken und einen Buschbrand hervorrufen.

### Campingplätze in den Naturschutzgebieten

Sie sind nicht abgezäunt, da sie in der herrlichen Wildnis liegen. Nachts sollte man am besten im Zelt bleiben, da die Umgebung ja der Lebensraum der Tiere ist. Im geschlossenen Zelt sind Sie sicher – das wird von den Tieren respektiert. Vorsicht ist stets vor Meerkatzen und Pavianen geboten, die sich an Touristen und deren Essensvorräte gewöhnt haben – auf keinen Fall diese Tiere füttern!

info

## Buschrezepte

Bei einer Tour durch den Busch ist eine gute Vorratshaltung notwendig. An Lebensmitteln empfiehlt sich neben den üblichen Konserven wie fertigen Dosengerichten, Suppen, Würstchen, Pilzen, Obst, Tomaten etc. die Mitnahme von einem Multivitaminpräparat zur Deckung des täglichen Vitaminbedarfs. An frischen Lebensmitteln eignen sich für die Vorratshaltung – selbstverständlich nur für begrenzte Zeit – Äpfel, Apfelsinen, Nusskerne, Rosinen, Möhren, Zwiebeln und vor allem Weißkohl, der lange haltbar und vielseitig verwendbar ist: z.B. als frische Gemüsebeilage oder Salat. Selbstverständlich benötigt man auch einen Vorrat an Nudeln, Reis, Mehl, Salz, Zucker etc. (weitere Einzelheiten entnehmen Sie bitte der nachfolgenden Liste). Da es im Busch natürlich keine Bäckerei gibt, empfiehlt es sich, „Buschbrot" selbst herzustellen (s. Rezepte).

**Liste – Lebensmittel**
Mehl, Nudeln, Reis, Haferflocken, Tomatenmark, Ketchup, Salz, Zucker, Speisestärke, Dosenmilch, evtl. Milchpulver, Trockenhefe, Konserven (nach eigenem Geschmack), Essig, Öl, Gewürze, Kräuter (getrocknet), Rosinen, Instant-Brühe, haltbare Brotsorten (z.B. Knäckebrot, Zwieback), Puddingpulver, Multivitaminpräparat, Dauerwurst (Salami)

**Liste – Haushaltswaren**
Geschirrtücher, Spülmittel, Spültücher, Küchenpapierrolle, Toilettenpapier, Streichhölzer, Servietten

Hier eine Auswahl sehr schnell und einfach zuzubereitender Gerichte aus den Vorräten:

**Kräuterreis**
*Reis, Öl, getrocknete Kräuter, Instant-Brühe*
Reis in etwas Öl anbraten, mit getrockneten Kräutern nach eigenem Geschmack würzen, Instant-Brühe dazugeben, mit Wasser auffüllen und ca. 20–30 Minuten ausquellen lassen.

**Buschbrot bzw. Buschbrötchen**
*1 EL Trockenhefe, 1 EL Zucker, 1 Tasse lauwarmes Wasser, Salz, ca. 750 g Mehl*
Hefe, Zucker und lauwarmes Wasser glatt verrühren und 10 Minuten an einem warmen Ort zugedeckt gehen lassen. Mehl und Salz vermengen, gusseisernen Topf fetten. Die Hefemischung zum Mehl schütten, alles sehr gut durchkneten und oft übereinanderschlagen. Den Teigkloß in den gefetteten Topf geben und erneut ca. 20 Minuten an einem warmen Ort zugedeckt gehen lassen. Den Topf auf weiße Glut setzen (sie darf nicht mehr rot glühen, weil sonst das Brot unten verbrennt), um den Topf herum und auch auf den Deckel Glut geben, evtl. Glut am Deckel nach 20 Minuten erneuern. Backzeit: ca. 45 Minuten.

**Süßes Brot bzw. süße Brötchen**
Zutaten wie Buschbrot, außerdem:
*Rosinen, 2 EL Zucker (nach Geschmack mehr)*; Zubereitung siehe Buschbrot.

**Spaghetti in Tomatensauce (mit Dauerwurst)**
*Spaghetti, Salz, Öl, Dosentomaten, Dauerwurst (Landjäger, Salami etc.), Kräuter und Gewürze nach Geschmack, wenn vorhanden: Zwiebel*
Spaghetti in kochendem Salzwasser ca. 10–15 Minuten garen. Dauerwurst klein schneiden und ausbraten (wenn vorhanden, Zwiebeln im Fett mit anbraten), Dosentomaten mit Flüssigkeit dazugeben, mit Kräutern und Gewürzen abschmecken.

**Wurstgulasch**
*Dosenwürstchen, Öl, Tomatenmark, getrockneten Oregano, Thymian, Basilikum, wenn vorhanden: saure Gurken und Zwiebel*
Dosenwürstchen in Scheiben schneiden und in Öl anbraten (wenn vorhanden, kleingeschnittene Zwiebeln dazugeben). Mit Tomatenmark und Wasser auffüllen und mit den getrockneten Kräutern abschmecken (gewürfelte Gurken dazugeben).

**Pilzgulasch**
*Dosenpilze, getrocknete Pilze, Öl, Gewürze, wenn vorhanden: Zwiebel*
Getrocknete Pilze in wenig Wasser einweichen. Dosenpilze (Zwiebel) in Öl anbraten, mit dem Einweichwasser ablöschen, die eingeweichten Pilze dazugeben, evtl. mit Wasser auffüllen und mit Gewürzen nach eigenem Geschmack abrunden. Sauce evtl. mit in etwas Wasser angerührter Speisestärke binden.

**Obstgrütze**
*Dosenobst nach Geschmack, Bindemittel, z.B. Speisestärke, Wein oder sonstige alkoholische Beigabe*
Speisestärke mit etwas Wasser verrühren. Die Obstflüssigkeit erhitzen, die Speisestärke unterrühren und kurz aufkochen lassen. Obst und Wein etc. unterziehen.

**Krautsalat**
*Weißkohl, Salz, Zucker, Pfeffer, Essig, Öl, wenn vorhanden: Zwiebel, Möhren, Äpfel*
Weißkohl kleinschneiden, mit dem Salz vermengen und ca. ½ Stunde ziehen lassen. Nun den Kohl mürbe klopfen. Aus 1 TL Zucker, Pfeffer, Essig und Öl eine Marinade mischen (Zwiebel dazugeben). Wenn vorhanden: kleingeschnittene Möhren und Äpfel unterrühren. Evtl. mit getrockneten Kräutern den Geschmack abrunden.

## Einreisebestimmungen

Bürger der Bundesrepublik Deutschland, der Schweiz und Österreichs benötigen kein Visum bzw. dieses wird bei der Einreise ohne Probleme an der Grenze ausgestellt. Bei der Einreise muss man allerdings im Besitz eines Passes sein, der nach Beendigung des Aufenthaltes noch mindestens **sechs Monate** Gültigkeit hat. In Südafrika müssen bei der Einreise noch mind. zwei leere Seiten im Pass sein. Reisende müssen damit rechnen, ausreichende finanzielle Reserven für einen Aufenthalt nachzuweisen sowie ein Rückflugticket vorzulegen.

Zur Einreise mit dem Mietwagen s. S. 104

**Aktuelle Informationen für Deutschland** unter www.auswaertiges-amt.de (Reise- und Sicherheitshinweise, nach Ländern sortiert)

## Eisenbahn

Im April 2009 wurden alle Passagierzüge aus wirtschaftlichen und sicherheitstechnischen Gründen eingestellt, zzt. fahren nur Güterzüge. Die Eisenbahnlinie verläuft zwischen Ramokgwebana (Zimbabwe-Grenze) und Ramatlhabama (Südafrika-Grenze). Aktuelle Infos bei **Botswana Railways**, www.botswanarailways.co.bw.

## Elektrizität

Die Spannung beträgt 220 Volt. In den Camps und Lodges sorgen meist Generatoren stundenweise für Elektrizität. Unbedingt sollte man Taschenlampen mitnehmen. Steckdosen: dreipolige englische Stecker – ein (Universal-)Adapter ist also notwendig.

## Essen & Trinken

### Selbstversorger

Die Lebensmittelversorgung ist in Botswana im Prinzip kein Problem. In allen größeren Orten, allen voran den touristischen Zentren wie Maun, haben die Supermärkte wie Spar und Shoprite ein umfangreiches Angebot, das eigentlich keine Wünsche offen lässt. Allerdings liegen die Preise über denen der Nachbarländer. Reist man z.B. aus Windhoek mit dem Auto an, empfiehlt es sich, dort schon einmal die Grundausstattung einzukaufen (bis auf frische Lebensmittel, die nicht eingeführt werden dürfen). Nur in den kleineren und abgelegeneren Orten findet man in den Regalen meist ein eher überschaubares Angebot, z.B. ohne frische Ware.

### Restaurants

Botswanas Restaurants sind meist keine kulinarische Offenbarung, etwas Abwechslung mit internationaler Küche gibt es eigentlich nur in Gaborone (die Luxus-Lodges und teuren Hotels ausgenommen, die in der Regel sehr gutes Essen anbieten). Auch in den touristischen Orten wie Maun und Kasane ist das Angebot noch relativ gut, wobei sich die Auswahl meist auf Fleisch- bzw. Hühnchengerichte mit verschiedenen Beilagen beschränkt. Abgesehen von den Unterkünften gibt es auf dem Land nur noch sehr einfache Restaurants bzw. Garküchen.

*In Städten wie Ghanzi sollte man sich im Supermarkt mit Vorräten eindecken*

## Feiertage

| | |
|---|---|
| **1. und 2. Januar** | Neujahrstage |
| **beweglich** | Karfreitag |
| **beweglich** | Ostermontag |
| **1. Mai** | Tag der Arbeit |
| **beweglich** | Himmelfahrtstag |
| **1. Juli** | Sir Seretse Khama Day |
| **3. Dienstag im Juli** | Presidents Day |
| **30. September** | Botswana-Tag (Nationalfeiertag) |
| **25. Dezember** | 1. Weihnachtstag |
| **26. Dezember** | Boxing Day |
| **27. Dezember** | Tag nach dem Boxing Day |

## Flüge

Von Europa gibt es verschiedene Möglichkeiten nach Botswana zu reisen, die meisten beinhalten einen Stopp in Südafrika oder Namibia. Für einen Überblick über die Preise s. Grüne Seiten.

**Gaborone** ist direkt von Europa nicht zu erreichen, bietet sich als Ausgangspunkt einer Selbstfahrertour in den Norden Botswanas aber ohnehin nur bedingt an. Sehr viele Überlandsafaris starten in Johannesburg bzw. in Windhoek. Zudem sind die Mietwagen in Botswana meist teurer als

> **Hinweis**
>
> Alle Flüge und Flugverbindungen stets zu optimalen Preisbedingungen bei Iwanowski's Individuelles Reisen, Informationen und Direktbuchungen ☏ 02133/2603-0 und www.afrika.de

in den Nachbarländern (s. S. 105f) oder man muss eine Überführungsgebühr zahlen (*one way fee*), da der Wagen von Namibia oder Windhoek an die gewünschte Stelle, z.B. Maun, gebracht wird.

**Maun** erreicht man mit einer Zwischenlandung in Windhoek oder Johannesburg, u.a. mit **South African Airways** (www.flysaa.com), **Air Namibia** (www.airnamibia.com) und **Air Botswana** (www.airbotswana.com.bw).

**Johannesburg**: Die SAA (Mitglied der Star Alliance) fliegt tgl. nonstop ab München und Frankfurt, Lufthansa tgl. ab Frankfurt (www.lufthansa.com), **Swiss** ab Zürich (www.swiss.com). Zudem gibt es Umsteigeverbindungen u.a. mit **British Airways** tgl. über London (www.ba.com), mit **Air France** über Paris (www.airfrance.com) und **KLM** über Amsterdam (www.klm.com).
**Windhoek**: **Air Namibia** fliegt sechsmal pro Woche (im Sommer siebenmal) von Frankfurt nach Windhoek und bietet dreimal pro Woche (im Sommer viermal) Anschlussflüge nach Maun und Victoria Falls, **Air Berlin** fliegt zzt. zweimal pro Woche nonstop ab München (www.airberlin.com).

### Ausgeruht nach Botswana – Tipps für den Langstreckenflug

- Nehmen Sie **dicke Socken** mit, damit Sie die Schuhe ausziehen können (gut für die Durchblutung).
- Empfehlenswert ist eine **legere Kleidung** für die Nacht. Ideal sind eine Gymnastikhose bzw. eine Sporthose sowie ein Baumwoll-Oberteil.
- **Oropax** schützt vor dem unvermeidlichen Fluglärm.
- Eine **Nasencreme** verhindert das Austrocknen der Nase aufgrund der trockenen Luft.
- Eine **Hautcreme** schützt die Haut vor zu starker Austrocknung.
- Eine **Augenklappe** erleichtert das Einschlafen.
- Trinken Sie nur **mäßig Alkohol**.
- Evtl. **Aspirin** zur Thrombose-Prophylaxe

### Inlandsflüge

**Air Botswana** (www.airbotswana.com.bw) bedient Strecken von Gaborone nach Maun, Kasane, Francistown, Harare und Johannesburg sowie eine Verbindung Maun–Johannesburg.

**Telefonnummern von Air Botswana in Botswana**
**Zentrale Fluginformation:** ☏ (+267) 368-0-903 o. -916
**Gaborone:** ☏ (+267) 368-0-900
**Maun:** ☏ (+267) 6860391
**Francistown:** ☏ (+267) 2412393
**Kasane:** ☏ (+267) 6250161
In Deutschland wird Air Botswana vertreten durch **Aviareps Airline Management Group**, Kaiserstr. 77, 60329 Frankfurt/Main, ☏ 069-770 673 010, 🖷 069-770 673 235.

**Hinweis**

Wer angesichts des Langstreckenfluges sein grünes Gewissen beruhigen möchte, der kann je nach $CO_2$-Ausstoß seines Fluges diesen durch eine Spende kompensieren, die in Projekte zum Naturschutz investiert wird. Mehr Infos unter www.atmosfair.com.

## Fotografieren

### Fotoausrüstung

- Eine möglichst robuste, staubsichere **Spiegelreflexkamera** mit auswechselbaren Objektiven ist ein geeigneter Kameratyp, um gute Aufnahmen zu machen.
- Hitze und Staub können die Fotoausrüstung beschädigen – verstauen Sie ihre Geräte also sorgfältig.
- Wenn Sie außer Landschaftsaufnahmen auch Tieraufnahmen machen wollen, dann kann ein **135 mm** langes **Teleobjektiv** Ihnen schon gute Dienste leisten. Ein **200 mm** oder noch besser ein **400 mm** langes Tele erhöht Ihre Erfolgschancen, um auch scheuere und kleinere Tiere auf den Film zu bannen. Mit einer **600** oder **800 mm** langen „Kanone" zu operieren ist schon etwas für Profis mit entsprechender Erfahrung. Der Bildausschnitt und der Schärfebereich sind sehr klein. Vorteilhaft sind auch **Zoom-Objektive**. In der Kombination von einem **35–70 mm** Zoom und einem weiteren von **80–200 mm** Zoom kann man mit nur 2 Objektiven vom Weitwinkel- bis zum Telebereich fotografieren.
- **Sonnenblenden** verhindern den direkten Einfall des Sonnenlichtes auf die Frontlinse und schränken die nicht immer gewünschten Lichtreflexe ein. Sie gehören zum unbedingt notwendigen Fotozubehör.
- Genauso wichtig ist der Gebrauch von **UV-Filtern**. Sie schirmen die fotoschädlichen UV-Strahlen ab und haben die günstige Nebenwirkung, dass sie die Frontlinse vor Staub, Regen, Zerkratzen und Beschädigung schützen.
- **Ersatzbatterien** für Kamera und Blitzlichtgerät in ausreichender Zahl mitzunehmen ist sinnvoll.
- Für die Wildbeobachtung sollten Sie auf jeden Fall auch ein gutes Fernglas mitnehmen!

### Digitalkamera

Wer mit einer Digitalkamera fotografiert, sollte an eine große Speicherkarte, einen **Ersatzakku** sowie an einen Stromadapter denken. Speicherkarten für Digitalkameras sind in Botswana in den Städten und größeren Dörfern zu bekommen, in Internetcafés kann man sich die Bilder auf CD brennen lassen.
Allgemein: Bitte fragen Sie stets um Erlaubnis, wenn Sie Menschen fotografieren wollen. Es ist verboten, Regierungsgebäude, Militärposten und Militärfahrzeuge zu fotografieren.

### Tipps zum Fotografieren

info

Eine erfolgreiche Tier- und Pflanzenbeobachtung beginnt mit der **Reiseplanung**: Wer viele Tiere sehen möchte, reist am besten in den Trockenzeiten, denn dann halten sie sich an den wenigen Wasserstellen auf. Wer dagegen überwiegend Pflanzen und Blumen sehen möchte, der sollte die feuchteren Jahreszeiten bevorzugen.

Eine angemessene Taktik im Gelände verbessert außerdem die Chancen auf großartige Naturerlebnisse, also: langsam fahren und bei jeder sich bietenden Gelegenheit wandern! Ebenso gilt, dass die beste Zeit zur Tierbeobachtung und

Tierfotografie früh nach Sonnenaufgang (oder spätnachmittags) ist. Zu diesen Zeiten hat man auch das schönste Fotolicht. Dieses nutzt man am besten, wenn

info

man morgens nach Westen oder Süden und am Nachmittag nach Osten oder Norden fährt (Licht im Rücken des Beobachters). Vor dem Start lohnt ein Blick in das Gästebuch des Camps oder der Lodge, denn oft schreiben Besucher ihre Beobachtungen hier hinein. Unterwegs kann man sich mit Gleichgesinnten austauschen.

**Vor allem braucht man Geduld**: An einem Wasserloch wartet man einige Zeit (30–60 Min.) auch dann, wenn gerade keine Tiere zu sehen sind. Innerhalb von Minuten kann aus einer öden Szenerie ein buntes Getümmel werden. Meistens wird man nach einem erlebnisreichen Tag feststellen, dass nicht derjenige, der am meisten gefahren ist, die meisten Tiere gesehen hat, sondern derjenige, der die Geduld hatte. Dies gilt insbesondere für Arten, die extrem scheu sind, denn sie nähern sich erst, wenn einige Zeit Ruhe herrschte. Die Beobachtungs- und Fahrtaktik sollte im Sommer etwas anders sein als im Winter, weil die Tiere sich im Sommer viel seltener an den Wasserlöchern treffen. Grob gesagt gilt als Faustregel: im Winter eher sitzen und warten, im Sommer eher fahren.

**Kenntnisse über Lebensraum und Verhalten der Arten** helfen ebenso weiter: In der Mittagshitze liegt fast alles im Schatten unter Bäumen versteckt – die am wenigsten lohnende Beobachtungszeit!

*Meist braucht es nur ein wenig Geduld – dann spaziert ein Löwe vorbei*

Leoparden leben vor allem im locker bewaldeten felsigen Gebiet, Geparde dage- gen im offeneren, flachen Gelände. Hier können sie ihre Geschwindigkeit voll entfalten, auch leben hier ihre bevorzugten Beutetiere wie z. B. Springböcke. Kudus, Kuhantilopen und Elandantilopen trinken vor allem morgens, nachmittags wird man sie kaum an den Wasserstellen finden. Dann kann man dagegen Warzenschwein, Oryx und Zebra sehen. Mit der Dämmerung kommen dann auch die Elefanten, Löwen und Nashörner. Besonders wichtig sind Kenntnisse über die Lebensgewohnheiten der einzelnen Tiere, wenn man jahreszeitlich wandernde Tiere – im Extremfall Zugvögel – beobachten will.

Aber auch indirekte Zeichen weisen auf etwas Interessantes hin: Wo andere Fahrzeuge halten, gibt es oft etwas Besonderes zu sehen. Langsam heranfahren, den anderen nicht die Sicht versperren! Damit sind wir bei einer Art **Safari-Knigge**: Nicht zu nah an ein anderes Fahrzeug heranfahren und dort parken, denn im Notfall muss jeder zügig wegfahren können. In der Nähe eines Wasserlochs leise sprechen, den Motor nicht unnötig starten, nicht hupen! Insbesondere auf Aussichtsplattformen muss absolute Ruhe herrschen, denn viele Tiere sind an der Wasserstelle sehr nervös und fliehen bei der kleinsten Störung! Andere wissen, dass sie „Herr im Hause" sind: Elefanten verfolgen seit Jahrhunderten die gleichen Pfade, nur Lebensmüde parken hier.

*In der Trockenzeit gibt es an den Wasserlöchern fast eine Tiergarantie*

**Tierfotografie** ist übrigens nichts für Freunde bequemer Lehnstühle: Die Bilder werden viel besser, wenn man auf gleicher Höhe wie das Motiv oder sogar tiefer ist.

Ein weiterer häufiger Fehler, insbesondere wenn es bei der Tierfotografie schnell gehen muss: Der Horizont steht schief. Bei strukturierten Landschaften fällt das manchmal kaum auf, aber immer wenn Wasser auf dem Bild zu sehen ist, wirkt es störend. Außerdem sollte man darauf achten, dass immer noch etwas Boden am unteren Bildrand zu sehen ist. Bei (Tier-)Portraits wird dagegen bewusst ein Teil des Körpers weggeschnitten. Hier kommt es sehr darauf an, dass in Blickrichtung des Motivs Platz ist! Wenn ein Tier oder eine Person zur Seite schaut, sollte nicht der Kopf in der Bildmitte liegen oder gar die Nase am Bildrand anstoßen. Besser positioniert man den Kopf leicht außerhalb der Mitte auf die der Blickrichtung entgegengesetzte Seite. Besonders eindrucksvolle Tierportraits entstehen oft, wenn man Ausschnitte des Gesichtes – Augen, Nase, Mund – aufnimmt. Das allerdings erfordert viel Geduld und etwas Glück.

## Fremdenverkehrsämter/Informationen

**Botswana Tourism Board**, Deutsche Repräsentanz, Karl-Marx-Allee 91A, 10243 Berlin, Deutschland, ☏ (030) 4202 8464, 🖷 (030) 4225 6286, E-Mail: info@botswanatourism.de, www.botswanatourism.de.
**Botswana Tourism Board**, Private Bag 00275, Plot 50676, Fairgrounds Office Park, Gaborone, ☏ (+267) 391-3111, 🖷 (+267) 395-9220, E-Mail: board@botswanatourism.co.bw; www.botswanatourism.co.bw.
**DWNP – Parks and Reserves Reservation Office** (einfache Broschüren, Gebührenordnungen für Nationalparks und Game Reserves sowie Buchung einzelner Campsites, P.O. Box 20364, Boseja, Maun, ☏ (+267) 686-1265, 🖷 (+267) 686-1264, **Gaborone:** P.O. Box

131, ☏ (+267) 318-0774 / 397-1405, 🖷 (+267) 318-0775, E-Mail (beide): dwnp@gov.bw, dwnp@gov.bw; www.mewt.gov.bw.
Informationen zur Buchung der Campingplätze in den Nationalparks s. Stichworte Camping und Nationalparks/Naturschutzgebiete.

**Hospitality & Tourism Association of Botswana** (Hatab), Private Bag 00423, Gaborone, ☏ (+267) 395-7144, 🖷 (+267) 3390-3201, E-Mail: hatab@hatab.bw, www.this-is-botswana.com. Der Verband der privaten Tourismusindustrie stellt auf der Homepage seine Mitglieder, Unterkunfts- und Safarianbieter, vor.

## Geld

### Währung

Die **botswanische Währung** ist der Pula (P); Pula bedeutet „Regen". Es gibt Pula-Banknoten im Wert von 10 P, 20 P, 50 P, 100 P und 200 P. 1 Pula ist 100 Thebe (t) wert. Münzen gibt es als 1 t, 2 t, 5 t, 10 t, 25 t, 50 t, 1 P, 2 P und 5 P. Derzeit entspricht (Stand Okt. 2011)
1 Pula = 0,14 US$
1 US$ = 7,2 Pula
1 Pula = 0,1 €
1 € = 10 Pula.

### Hinweise

– Im August 2009 wurden **neue Banknoten** eingeführt. Die alten werden noch bis 2014 bei der Bank of Botswana in Gaborone und Francistown eingetauscht, können aber seit Januar 2010 nicht mehr als Zahlungsmittel verwendet werden.
– Alle Überweisungen nach Botswana finden in der Regel in Südafrikanischen Rand, US$, Euro oder Britischem Pfund statt. Im Vergleich zum Südafrikanischen Rand handelt es sich um eine relativ stabile Währung.
– In diesem Reiseführer sind die Kosten für Hotel- bzw. Lodge- und Campingunterkünfte in Botswana in US$ oder in Pula (P) angegeben. Die Preise unterliegen den wechselkursüblichen Schwankungen. Unterkünfte in Namibia sind mit dem Namibischen Dollar (N$) ausgezeichnet (der paritätisch an den Rand gekoppelt ist).

*Neuer 100-Pula-Schein*

### Vor Ort

Die Landeswährung Pula kann unbegrenzt eingeführt werden, die Obergrenze der Ausfuhr beträgt P 10.000. Fremdwährungen unterliegen bei der Einreise keiner Begrenzung. Für die ersten Tage sollte man ein paar Dollar in bar mitnehmen und z.B. am Flughafen tauschen. Pula kann man z.B. schon in Windhoek oder Johannesburg erwerben. Generell wird, außer in (größeren) Hotels und bei Reiseveranstaltern, in Pula bezahlt, wobei mitunter auch die Währungen der Nachbarländer oder Dollar akzeptiert werden. Für z.B. Tankstellen braucht man aber Pula.

Dollarnoten in kleinerer Stückelung sind empfehlenswert für das Trinkgeld z.B. der Guides.

### Geldumtausch

In den großen Hotels (meist schlechtere Kurse) sowie Banken und Wechselstuben (letztere bieten mitunter einen besseren Kurs) kann man ausländische Währungen eintauschen. In den kleinen Dörfern und den einsameren Gegenden des Landes muss man in bar bezahlen, an den Grenzen kann man in Rand oder Pula zahlen.
In Maun und Kasane kann man Pula gegen Vorlage der Tauschbestätigung wieder in Euro/Dollar tauschen. Man sollte nur zur Sicherheit alle Umtauschbelege aufheben, um eventuell bei der Ausreise entsprechende Nachweise erbringen zu können.

### Kredit- und EC-Karten

Kreditkarten werden in vielen Geschäften der Städte akzeptiert, ebenso in Hotels und bekannten Lodges mit internationalem Publikum. An einigen großen Tankstellen kann man auch mit Karte bezahlen, sollte aber sicherheitshalber immer Bargeld dabei haben. An den meisten Geldautomaten (ATM) kann man Bargeld mit Kreditkarte abheben (bis 2.000 Pula pro Auszahlung), vor allem **VISA** ist verbreitet. Die **EC-Karte** ist kaum noch nutzbar, zumal die ab 2011 ausgestellten Karten nur noch im europäischen SEPA-Raum einsetzbar sind.

### Notfall-Nummern bei Kreditkartenproblemen

**VISA**: 001 410 581 3836
**Diners**: 0049 180 507 07 10
**MasterCard**: 001 636 722 7111
**AMEX**: 0049 69 9797 2000

## Gepäck

Die meisten Fluglinien gestatten in der Economy Class 20 kg Freigepäck. Falls Sie eine Flugsafari planen: In den Kleinflugzeugen darf man oft nur 10–15 kg Gepäck mitnehmen (Air Botswana erlaubt 20 kg inkl. Handgepäck und Kamera, vorher erkundigen). Meist sind ausschließlich Soft Bags (Sporttaschen, Rucksäcke – Achtung, es gibt Größenvorgaben) erlaubt, Koffer mit Rollen, harter Schale etc. verboten. Selbstfahrer müssen bedenken, dass u.U. das Gepäck stark einstaubt. Deshalb ist es ratsam, Gepäckstücke mit einem Müllbeutel vor eindringendem Staub zu schützen.

## Gesundheit

Generell ist Botswana in gesundheitlicher Hinsicht ein eher unproblematisches Land. Mit dem Essen in (größeren) Restaurants sollte man keine Probleme haben, einzig bei Leitungs-

wasser und frischen Salaten etc. sollte man ein wenig vorsichtig sein. Früchte im Zweifel schälen und Wasser abkochen bzw. mit Tabletten trinkbar machen.
Apropos Wasser: In den heißen Monaten sollten Sie unbedingt auf eine ausreichende Wasserzufuhr (mind. 3 Liter/Tag) achten, sonst droht Dehydratation.

### Malaria

Die einzig anzuratende landesbezogene, ganzjährige Vorsorge (neben Hepatitis A) ist eine **Malaria-Prophylaxe**, insbesondere für Reisen in das Okavango- und das Chobe-Gebiet. Das Risiko ist besonders zwischen November und Juni hoch. Man sollte sich nach den geeigneten Medikamenten unbedingt vor Abreise beim Arzt erkundigen. Die Malaria-Prophylaxe ist vor allem bei Reisen in die **feuchteren nördlichen und nordöstlichen Gebiete** wichtig, ebenso für z.B. Abstecher **zu den Victoria-Wasserfällen** in Zimbabwe. Mit der Einnahme entsprechender Medikamente kann man aber auch erst in Botswana beginnen. In den meisten Fällen braucht man die Medikamente nur 24 Stunden vor Einreise in ein Malaria-gefährdetes Gebiet einzunehmen und sollte sich dann an die Anweisungen halten (meistens müssen Sie die Medikamente noch 6 Wochen nach Verlassen des Malaria-Gebiets einnehmen). Eine nicht-medizinische Malaria-Prophylaxe ist vor allem das Tragen langer Hosen und langärmliger Hemden sowie das Vermeiden des Aufenthalts am Wasser und bei Dämmerung im Freien. Auch entsprechende Mücken-Sprays helfen.

Generell sind Malaria-Prophylaxen immer mit besonderen Belastungen für den Körper verbunden. Mittel wie Lariam werden oft schlecht vertragen. Auf dem Markt in Europa gibt es zudem Malarone. Dieses Mittel soll außerordentlich gut verträglich sein.

Weitere Infos unter www.auswaertiges-amt.de, www.tropenmedizin.de/info/botswana.htm oder www.gesundes-reisen.de (Tropenmedizinisches Institut, Hamburg).

### Mückenschutz

Ein konsequenter Mückenschutz in den Abend- und Nachtstunden verringert das Malariarisiko erheblich (Expositionsprophylaxe). Die wichtigsten Maßnahmen sind:

- In der Dämmerung und nachts Aufenthalt in mückengeschützten Räumen (Räume mit Aircondition, Mücken fliegen nicht vom Warmen ins Kalte).
- Beim Aufenthalt im Freien in Malariagebieten abends und nachts weitgehend körperbedeckende Kleidung (lange Ärmel, lange Hosen).
- Anwendung von insektenabwehrenden Mitteln an unbedeckten Hautstellen (Wade, Handgelenke, Nacken). Wirkungsdauer ca. 2–4 Std.
- Im Wohnbereich Anwendung von insektenabtötenden Mitteln in Form von Aerosolen, Verdampfern, Kerzen, Räucherspiralen.
- Schlafen unter dem Moskitonetz (vor allem in Hochrisikogebieten).

Ergänzend ist die Einnahme von Anti-Malaria-Medikamenten (Chemoprophylaxe) zu empfehlen (s.o.). Zu Art und Dauer der Chemoprophylaxe fragen Sie Ihren Arzt oder Apotheker bzw. informieren Sie sich in einer qualifizierten reisemedizinischen Beratungsstelle. Malariamittel sind verschreibungspflichtig.

### Bilharziose

Besucher werden davor gewarnt, in Flüssen, Seen oder mit Wasser gefüllten Senken zu schwimmen, da die Gefahr besteht, an Bilharziose zu erkranken.

### Schlafkrankheit
Die Tsetse-Fliege ist heute kaum noch im Okavango-Delta anzutreffen; trotzdem besteht die seltene Gefahr, an Schlafkrankheit zu erkranken.

### Allergie
Für Reisende mit Stauballergien ist Botswana nicht das rechte Land, da das Reisen im Busch stets mit Staubaufwirbeln verbunden ist.

### Sonneneinstrahlung
Man muss bedenken, dass Botswana im Durchschnitt 1.000 m über dem Meer liegt. Dementsprechend stark ist die Sonneneinstrahlung. Zu empfehlen sind deshalb Sonnenschutzmittel und eine Kopfbedeckung.

### Medikamente
Reisende, die spezielle Medikamente ständig benötigen, sollten diese von zu Hause mitbringen, da es nur wenige Apotheken im Lande gibt.

### Schlangen/Skorpione
Skorpione verkriechen sich gerne in Schuhen und Kleidungsstücken, also vor dem Anziehen gut ausschütteln! Für weitere Tipps s. Stichwort Schlangen.

### Gelbfieber
Bei Einreise aus Gelbfiebergebieten muss ein Impfzeugnis vorliegen.

### Empfohlene Impfungen
Tetanus/Diphtherie, Polio, Hepatitis A und B, Typhus (für Jagdtouristen ggf. auch Impfschutz gegen Tollwut).

## GPS (Global Positioning System)

Botswana, mit seinen gewaltigen Naturschönheiten, ist ein großartiges, aber auch wildes Reiseland. Riesige Salzpfannen, das Okavango-Delta und die Central Kalahari sind nur einige Beispiele.

Selbstverständlich ist gerade Botswana eine echte Herausforderung an die Navigation. Die Entfernungen sind unerwartet groß und werden gerne unterschätzt. Ständig ändert sich der Zustand der Wege und Straßen. Schnell ist ein gestern noch erkennbarer Pfad heute ein ausgewaschenes Flussbett, umgefallene Bäume oder Überflutungen versperren die Richtung und machen eine weiträumige Umfahrung notwendig. Wie beruhigend kann da ein Blick auf ein Navigationsgerät sein, das Position und Richtung anzeigt. Erst mit einem solchen Gerät hat man absolute Sicherheit über Standort, Ziel und eingeschlagene Richtung. Zum eigenen Schutz sollte man darauf nicht verzichten.

### Die GPS-Navigationsausrüstung – eine Entscheidungshilfe
Heutige handelsübliche GPS-Geräte beginnen bei einfachen Handgeräten ohne Kartennavigation und enden bei routingfähigen Straßengeräten, die man möglicherweise von der Navigation daheim kennt.

Die Vor- und Nachteile der einzelnen Geräteklassen sollen hier kurz beleuchtet werden:

**Hand-Navigationsgeräte ohne Hintergrundkarte**

Hier handelt es sich um einen besseren Kompassersatz. Man kann zwar in einer Linie auf einen Punkt navigieren, erkennt aber im Bedarfsfalle nicht, wo die nächste Straße verläuft bzw. wo man sich hinwenden muss. Einzig eine kurze Trackaufzeichnung ist je nach Gerät möglich und damit meist eine Rückwegfunktion integriert. Die Anzahl der speicherbaren Wegpunkte ist sehr begrenzt. Natürlich sind solche Geräte preisgünstig. Wir raten ab, sich mit einem solchen Gerät auszurüsten, auch wenn oft der Preis dazu verleitet. Diese Geräte eignen sich aber durchaus als Zweitgerät. Für eine komplexe Tour oder auch zur Straßennavigation im Auto sind sie ungeeignet.

### Hand-Navigationsgeräte mit Hintergrundkarte

Bereits bei diesen Geräten wird die Navigation wesentlich erleichtert, vorausgesetzt das Gerät ist mit einer **passenden** Hintergrundkarte bestückt. Dabei ist es weniger von Bedeutung, ob die Hintergrundkarte /das Gerät nun autoroutingfähig ist oder nicht. Maßgebend ist hier, dass man seine Position treffend erkennt und damit abschätzen kann, welche Richtung einzuschlagen ist und wo sich die nächste Straße befindet oder welchem Straßenverlauf man folgen muss. Diese Geräteklasse eignet sich für Fußgänger und für die Straßennavigation.
Beim Kauf sollte man darauf achten, ein möglichst großes, auch in der Sonne ablesbares Display, eine Rückwegfunktion (*Trace Back*) und natürlich genügend Speicherplatz für Wegpunkte, Tracks und Hintergrundkarten zu haben. Die meisten der heute angebotenen Geräte erfüllen diese Voraussetzungen. Wenn man ein solches Gerät erwirbt, sollte man an eine Autofensterhalterung und ein 12-V-Anschlusskabel denken. Zudem muss man meist neben dem Gerät auch noch eine ladbare Hintergrundkarte des Geräteherstellers für die besuchten Länder erwerben.

### Standard-Europa-Straßennavigationsgeräte

Diese Geräte sind heute schon fast jedermanns Hilfsmittel. Daher verwundert die meistgestellte Frage nicht: „Kann ich mein GPS-Gerät in Afrika verwenden?" Die Antwort ist durchaus vielschichtig und die Verwendung macht nur Sinn, wenn nachfolgende Fragen beantwortet werden können:

- Kann das Gerät mit Kartenmaterial bestückt werden?
- Gibt es überhaupt Karten für dieses Gerät / Botswana?
- Welche Abdeckung haben die Karten und wie hoch ist der Digitalisierungsgrad? Es werden nicht nur gelegentlich auf solchen Karten nur die Hauptstraßen (Durchgangsstraßen) angezeigt. Daher gilt es hier genau zu prüfen, um später vor Ort überhaupt etwas mit der Karte anfangen zu können.

Prüfen Sie den Kartenpreis, oftmals sind die Karten so teuer wie das Gerät selbst! Leider sind diese Geräte in der Regel nicht in der Lage, einen gefahrenen Weg zurück zu verfolgen. Daneben ist es oftmals auch nicht möglich, ein Routing außerhalb einer Straße zu starten. Manche Geräte reagieren hier mit unerwarteten Fehlermeldungen, andere weisen aber zumindest zur nächsten Straße, egal, ob dieses Sinn macht oder nicht. Immerhin erlauben diese Geräte meist die Verwendung von Wegpunkten. Diese lassen sich per Kabel übertragen oder vor Ort am Gerät selbst erstellen.

### Eigenes Gerät verwenden

Soweit man sein von zuhause mitgebrachtes Navigationsgerät mit einer passenden Hintergrundkarte bestückt hat, steht dessen Verwendung in Botswana nichts im Wege. Leider ist die Bestückung der Geräte mit fremden Karten oft ein problembehaftetes Unterfangen.

### Mieten

Will man allen Schwierigkeiten aus dem Wege gehen oder ist mit den Geräten nicht besonders gut vertraut, dann ist ein Mietgerät die beste Alternative. Dies gilt besonders bei einem einmaligen Besuch. Hier fällt dann in der Regel die Kosten-Nutzenrechnung deutlich zugunsten des Mietens aus anstelle eines Kaufs.

**Tipp**

Wenn Sie mit einem GPS-Gerät in Botswana navigieren, müssen Sie sich mit der Wegpunktfunktion vertraut gemacht haben. Sobald Sie an einer Stelle von der Straßenkarte, die auf dem Gerät angezeigt wird, abweichen, erstellen Sie einen Wegpunkt und in der Folge gleichfalls an jeder groben Richtungsänderung. So ist es Ihnen später möglich, anhand dieser Punkte zumindest visuell den (Rück-) Weg zu erkennen und zu Ihrem Ausgangspunkt zurückzukehren. Achten Sie beim Gerätekauf auf die Möglichkeit, das Gerät auch mit Luftlinienfunktion benutzen zu können (unter den Routenfunktionen wird dann auch „Luftlinie" angeboten).

Mieten Sie aber beim Fachmann! Ansonsten laufen Sie durchaus Gefahr, hier eine sehr dürftig digitalisierte Karte auf dem Gerät vorzufinden.

**Hinweis**

Mieten kann man GPS-Geräte, die bereits mit der Karte des entsprechenden Landes bestückt sind, bzw. die CD mit den Daten kann auch separat bestellt werden bei **Navi-Mieten Weltweit**, ☏ (7844) 47697, E-Mail: navi.mieten.world@gmail.com, www.navi-mieten-world.de.

### Navigieren

Die eigentliche Navigation selbst unterscheidet sich nur unwesentlich von der gewohnten Anwendung daheim. So muss man in Botswana überwiegend auf die gewohnte Funktion „Adressensuche" verzichten. Dafür sucht man sich auf dem Navigationsgerät einen passenden „Point of Interest" (interessanter Punkt oder „Wegpunkt") und navigiert (mit „GoTo") dorthin. Wählen Sie zum nächsten Ziel keine allzu große Entfernung, da die Fehlerquellen mit der Entfernung zunehmen. Zudem bleibt Ihnen bei kurzen, übersichtlichen Entfernungen die visuelle Kontrolle auf dem Gerätebildschirm.

*In den Salzpfannen Botswanas, wie hier in der Ntwetwe Pan, sind oft nicht einmal die Spuren anderer Fahrzeuge klar erkennbar oder führen in alle Himmelsrichtungen.*

**Einige Begriffsdefinitionen:**
Autorouting = automatisch dem Straßenverlauf folgend
Point of Interest, Wegpunkt = Positionspunkt
Routen = Abfolge von Wegpunkten, denen man folgt
Tracks = aufgezeichnete Kurse

*Text: Roland Schmidt (www.dt800.de)*

## Grenzübergangsstellen von/nach Botswana

Grenzübergänge gibt es zu allen Nachbarstaaten, die Öffnungszeiten variieren beträchtlich. Wenn Flüsse, die internationale Grenzen bilden, überschwemmt sind, bleiben einige Grenzübergänge geschlossen.
Die **Visa- und weitere Gebühren** können sich schnell ändern und sollen daher **hier nur als Anhaltspunkte** dienen. Auf jeden Fall sollte man sich vor Abreise über den aktuellen Stand der Dinge informieren, auch, in welchen Währungen die Gebühren vor Ort zahlbar sind (meist Rand, Dollar und Pula, mitunter auch Euro).

Die wichtigsten Grenzübergänge sind:

### Zambia
**Kazungula (Fähre)**. Das Übersetzen mit der Fähre kann ein mitunter langwieriges Unterfangen sein, daher genug Zeit mitbringen. Öffnungszeiten: 6–18 Uhr, Visagebühren: Visum US$ 50, hinzu kommen bei Einreise mit dem Auto weitere Gebühren (u.a. Straßennutzungsgebühr (Road Permit) US$ 30, Border Cross Fee ca. US$ 4, Carbon tax (nach Hubraum) ca. US$ 30, Versicherungspolice (Third Party Insurance) ca. US$ 70–100). Es sind ein Feuerlöscher und zwei rote Warndreiecke mitzuführen, außerdem muss das Auto mit dem LH-Aufkleber („Left Hand Car") gekennzeichnet sein. Die Fähre kostet für PKWs US$ 21, größere Fahrzeuge sind entsprechend teurer.

### Zimbabwe
**Kazungula (Straße)**, Öffnungszeiten: 6–18 Uhr. Visagebühren: Visum US$ 30, für zwei Einreisen US$ 45 (muss auch erworben werden, wenn man nur einen Tag auf die zambische Seite der Vic Falls möchte), meist auch in Rand oder Pula zahlbar. Dazu kommen Carbon Tax (nach Hubraum, US$ 15), Straßennutzungsgebühr (US$ 10), Haftpflichtversicherung (Third Party Insurance, US$ 30).
**Achtung:** Eine Leserin berichtet, dass sie an der Grenze eine „Kaution" von US$ 100 zahlen musste, angeblich würde sie das Geld bei Vorlage der Quittung beim Autovermieter zurück bekommen, was nicht geschah. Diese Abzocke ist anscheinend kein Einzelfall.
**Ramokgwebana/Plumtree**, Öffnungszeiten: 8–18 Uhr. Visagebühren: s.o.
**Pandamatenga**, Öffnungszeiten: 8–16 Uhr. Visagebühren: s.o.

### Namibia
**Mamuno/Buitepos** (Hauptübergang), Öffnungszeiten: 8–22 Uhr
**Mohembo/Shakawe**, Öffnungszeiten: 8–18 Uhr
**Ngoma Bridge**, Öffnungszeiten: 6–18 Uhr
**Dobe – Tsumkwe** (Allradpiste) Öffnungszeiten: 8–16 Uhr

**Südafrika**

**Pont Drift/Limpopo River – Mashatu**, Öffnungszeiten: 8–16 Uhr
**Platjan Bridge/Limpopo River**, Öffnungszeiten: 6–18 Uhr
**Zanzibar/Limpopo River**, Öffnungszeiten: 8–18 Uhr
**Martin's Drift (Grobler's Bridge) – Limpopo**, Öffnungszeiten: 6–22 Uhr
**Parr's Halt (Stockpoort) – Limpopo**, Öffnungszeiten: 6–18 Uhr
**Sikwane (Derdepoort) – Mochudi**, Öffnungszeiten: 7–19 Uhr
**Tlokweng (Kopfontein Gate)/Gaborone**, Öffnungszeiten: 7–22 Uhr
**Ramotswa (Swartkopfontein Gate)**, Öffnungszeiten: 7–19 Uhr
**Pioneer Gate (Skilpadshek)/Zeerust**, Öffnungszeiten: 6–24 Uhr
**Ramatlabama/Mmabatho**, Öffnungszeiten: 6–22 Uhr
**Phitsane/Molopo River**, Öffnungszeiten: 7.30–16.30 Uhr
**Bray/Molopo**, Öffnungszeiten: 8–16 Uhr
**Makopong/Molopo**, Öffnungszeiten: 8–16 Uhr
**McCarthy's Rest/Tshabong**, Öffnungszeiten: 7–16 Uhr
**Middlepits**, Öffnungszeiten: 7.30–16 Uhr

*Meist nicht viel los: Grenzübergang Dobe – Tsumkwe zwischen Namibia und Botswana*

Für die Öffnungszeiten der Grenzen Südafrikas s. auch: www.borders.sars.gov.za.

Erfahrungen mit den Grenzübergängen: Die Grenzkontrollen von Südafrika oder Namibia bei der Einreise auf der Botswana-Seite sind „normal". Ein **Letter of Authorization** des Vermieters sowie eine Kopie des Kraftfahrzeugbriefs sind vorzulegen. Die Straßennutzungsgebühren werden direkt an der Grenze bezahlt (ca. P 80).
Die zimbabwischen Kontrollen sind erheblich strenger. Ein **Temporary Import Permit** ist notwendig (am Grenzübergang erhältlich). Geben Sie einen ausreichend langen Aufenthalt an, damit Sie keinen Ärger bekommen. Ohne ein solches Permit kann der Wagen beschlagnahmt werden. Die Grenzübergänge sind u. U. in der Mittagszeit (12.30–13.45 Uhr) geschlossen.

**Hinweis**

S. auch Stichpunkt Mietwagen/Grenzüberquerung für genauere Informationen

## Internet-Adressen

**www.gov.bw**: offizielle Seite der Regierung
**www.botswanatourism.co.bw**: offizielle Seite des Botswana Tourism Board
**www.botswanatourism.de**: Seite der dt. Vertretung von Botswana Tourism
**www.namibia-forum.ch**: äußerst aktives Forum mit hilfreichen Informationen zum südlichen Afrika
**www.4x4community.co.za/forum/**: Forum aus Südafrika, ebenfalls mit vielen aktuellen Infos zu Routen, Straßenverhältnissen und Unterkünften
**http://maunselfdrive4x4.webs.com**: aktuelle Infos zu Campingplätzen, Vermietung von Allrad-Wagen, News aus Maun
**www.wunderground.com**: Seite mit aktuellen Wetterinformationen weltweit
**www.redindex.com**: Verzeichnis unterschiedlicher Firmen/Unternehmen im südlichen Afrika, mit Telefon-/Faxnummern, nach Bereichen geordnet, bei der Recherche muss man aber mit einigen „Umwegen" rechnen, da die Gruppierungen nicht immer übersichtlich sind.

## Jagd

Botswana hat strenge und detaillierte Jagdgesetze. Jagdlizenzen müssen für alle Tierarten erworben werden. Touristen sollten sich mit Jagdsafari-Unternehmen in Verbindung setzen. Diese Unternehmen organisieren die Transportmittel, die Unterkunft und Verpflegung. Ebenso werden über sie die Jagdlizenzen erworben, und schließlich organisieren sie die Ausfuhr der Trophäen. Die Jagdsaison liegt zwischen Mitte März und Mitte November.

## Karten

Unabdingbar für jede Reise durch Botswana ist gutes Kartenmaterial. Eine **Übersicht** mit den wichtigsten Straßen und Orten in Botswana gibt die diesem Buch beigefügte herausnehmbare Reisekarte.
Die **beste Karte** weit und breit ist **The Shell Tourist Map of Botswana** von *Veronica Roodt*. Diese Karte stellt im Maßstab 1:750.000 ganz Botswana dar. Zusätzlich enthält das Werk Detailkarten aller Nationalparks sowie Game Reserves. Nützlich sind die über 300 GPS-Angaben. Zusätzlich zur Karte gibt es einen sehr informativen englischen Reiseführer. Aus der Shell-Kollektion gibt es zudem Detailkarten zu den touristischen Regionen wie Moremi Game Reserve, Chobe National Park, Okavango-Delta.
Diese und weitere Karten (s. auch Literaturverzeichnis S. 400) gibt es in Deutschland über das **Namibiana Buchdepot**, Ulrich Ender, Bismarckplatz 2, 27749 Delmenhorst, zu beziehen. ☏ 04221-1230240, 🖷 04221-1230241, www.namibiana.de.
Gute Adressen in **Botswana** zum Erwerb spezieller sowie topografischer Karten: **Department of Surveys and Mapping** (☏ (+267) 395-3251, E-Mail: botdsm@info.bw; atlas@gov.bw), Ecke Station/Old Lobatse Road. **B & T Directories** (☏ (+267) 397-1444, 🖷 (+267) 397-3462, E-Mail: directory@bt.bw), P.O. Box 1549, Gaborone, bietet ein Botswana Map Pack an, das eine Landeskarte sowie Straßenkarten der wichtigsten Orte beinhaltet.

## Kinder

Botswana ist zwar kein ausgesprochenes Familienreiseziel, aber mit der richtigen Planung ist Eltern und (nicht mehr zu kleinen) Kindern ein unvergesslicher Urlaub sicher. Die

Begegnung mit einer noch weitgehend intakten Natur und vor allem mit Tieren, die man sonst nur aus Bilderbüchern oder den Medien kennt, lässt auch bei den Kleinen die Herzen höher schlagen. Wichtig ist, dass die Fahrstrecken nicht zu lang werden und nicht zu oft die Unterkunft gewechselt wird, also statt zwei Übernachtungen ruhig drei bis vier an einer Stelle.
Die **Lodges im Okavango-Delta** in Botswana heißen meist erst Kinder und Jugendliche ab zwölf Jahren willkommen. Zum einen ist ein Aufenthalt in der Wildnis zu gefährlich – die Unterkünfte sind nicht umzäunt und die Tiere können frei durchs Camp laufen. Zum anderen möchte man aber wohl auch das übrige, viel Geld zahlende Publikum vor möglichem „Lärm" bewahren. Kindern unter zwölf Jahren wird deshalb oft ein eigener Guide zur Seite gestellt. Informieren Sie sich im Vorhinein bei Ihren Buchungspartnern, falls Sie mit Kindern reisen möchten.

Für die Erkundung Botswanas mit Kindern empfiehlt sich die Anmietung eines Allradwagens mit Dachzelt, am besten ab Windhoek. Diese Reiseart entspricht einem Familienurlaub besser, denn man kann den Reiserhythmus stets aufs Neue bestimmen. Und außerdem ist das Erlebnis, mitten in der Natur zu schlafen, Lagerfeuer zu machen und zu kochen, besonders eindrucksvoll. Für Bewegung ist auch gesorgt: Allein schon das Klettern ins Dachzelt macht Spaß.

Bedenken sollte man allerdings, dass die notwendige **Malaria-Prophylaxe** für kleine Kinder eine große Belastung ist. Von der Jahreszeit her ist sicherlich die Trockenzeit die beste Reisezeit mit Kindern, da das Klima nicht so belastend ist.

Evtl. ist eine Kombination mit **Namibia** empfehlenswert: Dort sind nicht nur die Preise mitunter geringer, es sind insbesondere die privaten, familiär gestalteten Gästefarmen zu empfehlen, da es hier viel Familienanschluss gibt. Der Etosha National Park ist für Kinder wegen der vielen Tiere besonders interessant, außerdem gibt es eine Reihe von Picknickplätzen, an denen man aussteigen kann.

## Kleidung

Wenn man in der Trockenzeit reist, muss man sich morgens warm anziehen (mehrere „Schichten"), und im Verlauf des Tages zieht man dann Schicht um Schicht aus („Zwiebelprinzip"). Warme Kleidung darf also in dieser Jahreszeit nicht fehlen. Wenn man im Busch reist, muss die Kleidung praktisch und strapazierfähig sein. Zu empfehlen sind reißfeste Stoffe (es gibt viele Dornenbüsche) in Naturfarben. Festes, die Knöchel bedeckendes Schuhwerk ist bei Buschwanderungen ratsam (Schlangengefahr!).

Vergessen Sie auf keinen Fall Sonnenbrille, Sonnencreme, Lippen-Schutzcreme, eine Kopfbedeckung sowie eine Taschenlampe für die Camps in der Wildnis.

## Krankenversicherung

Dringend zu empfehlen sind eine **Auslandskrankenversicherung** und eine Reiserückholversicherung (s. S. 121)

## Kreditkarten

s. Stichpunkt Geld

## Literatur

Eine große Auswahl Botswana-relevanter Literatur führt das **Namibiana Buchdepot**, Ulrich Ender, Bismarckplatz 2, 27749 Delmenhorst, ☏ 04221-1230240, 🖷 04221-1230241, www.namibiana.de.
S. auch Literaturverzeichnis S. 400

## Mietwagen

### Normale Pkw

Mit normalen Pkw kann man die herausragenden Naturlandschaften Botswanas (insbesondere die Gebiete am Okavango-Delta, Savuti, Linyanti oder weite Teile des Chobe-Parks) nur sehr bedingt besuchen. Generell kommt für Selbstfahrer eigentlich nur ein Allrad-Fahrzeug infrage.

### Allrad-Fahrzeuge

Am Besten erkundet man als Selbstfahrer Botswanas Natur mit einem Allrad-Fahrzeug. Besonders empfehlenswert ist es, Wagen mit Dachzelten und der gesamten Campingausrüstung zu mieten. Benötigt man Ersatzkanister für Benzin, sollte dies direkt bei der Buchung angemeldet werden. Die beste Mietmöglichkeit für solche Fahrzeuge stellt mit Abstand Windhoek dar, da vor allem von hier aus die schönste und interessanteste Botswana-Route mit Einschluss der Victoria Falls sowie des Caprivi-Streifens gefahren werden kann. Permits sind für alle Länder des südlichen Afrika möglich (also Botswana, Südafrika und Zimbabwe). Alternativ kann man auch solche Fahrzeuge ab Johannesburg mieten, doch ist dann die Anfahrt bis zu den interessanten Landschaften sehr lang.
Besonders bewährt haben sich der Toyota Landcruiser, Geländewagen von Nissan oder der Toyota Hilux (4WD). Auf keinen Fall sollte man riskieren, mit einem normalen Pkw die vorgeschlagenen Routen zu befahren, da sofort beim Verlassen der asphaltierten Strecken Probleme auftauchen und man leicht steckenbleibt!

### Anmieten des Wagens

Bedingung: internationaler (Informationen beim Straßenverkehrsamt) und nationaler Führerschein.

Bevor man bei der Vermietstation einen Wagen annimmt und durch Unterschrift bescheinigt, dass er in Ordnung ist, sollte man vor allem folgende Dinge **prüfen**:
**Fahrzeugpapiere** (insbesondere für Grenzübergänge)
**Öl-, Kühlwasser-, Scheibenwasser-, Bremsflüssigkeit- und Hydrauliköl-Stände**
**Reifenqualität** (Profil? Karkassen? Alles gleich große Reifen? Bestimmte Marke?)
**Klimaanlage/Gebläse**
**Wagenheber** (Funktion überprüfen!)
**Ersatzreifen** (Luftdruck prüfen, ebenso zeigen lassen, wo er ist bzw. wie man ihn herunterbekommt/Kurbel?) – am besten ausprobieren! In diesem Fall zwei Reservereifen mitnehmen
**Bremsen und Lichtanlage**
**Gebrauchsanweisung**
**Äußere Beschädigungen** (Beulen, Kratzer, Windschutzscheibe ohne Makel?)

### Werkzeug

**Für Fahrten in abgelegene Gebiete sowie für eine Campingtour** abseits der Touristenpfade sollten Sie an folgende **Ausrüstungsgegenstände** zusätzlich denken und unbedingt entsprechend das Funktionieren überprüfen:

- Abschleppseil
- Luftpumpe
- Axt
- Mückenschutz (Mittel gegen Mücken/Mückenstiche)
- Campingklapptisch und Campingstühle
- Bettwäsche/Handtücher/Schlafsäcke
- Kühlschrank
- Schaufel/Spaten
- Gasbrenner und -leuchte
- Geschirr, Kochtöpfe, Pfannen, Besteck, Taschenlampe und -messer
- Grillrost, Wasserkanister, ggf. auch Leinen
- Hitzeresistentes Klebeband für allerlei Probleme, Isolierband
- Komponentenkleber für Ölwannenlöcher
- Dichtungsmittel für Kühler
- Wassersack für Trinkwasser
- Sicherungen/Sicherungskasten
- Dachzelt: Aufbau zeigen lassen, Zustand Reißverschlüsse und Mückenschutzgaze
- Eine kurze Probefahrt einlegen!

### Grenzüberquerung

Es ist möglich, mit in Südafrika oder in Namibia gemieteten Fahrzeugen nach Botswana hineinzufahren. Allerdings benötigt man von der entsprechenden Mietstation ein **Letter of Authorization**. Die Einreise nach Botswana gestaltet sich in der Regel problemlos. Sie kostet für ein Auto 80 Pula für ein *Short Term Permit* und 20 Pula für eine *Road Safety Levy Fee*. Mit der Erlaubnis bzw. Versicherung durch den Vermieter dürfen Mietfahrzeuge aus Namibia auch nach Zimbabwe gefahren werden. Bei der Einreise von Botswana nach Zimbabwe benötigt man für das Auto eine Haftpflichtversicherung (*Third Party Insurance)*, die man an der Grenze abschließen muss. Die Versicherung ist unabhängig von der Super-cover-Versicherung und dem Permit für Zimbabwe, muss also von allen extra gezahlt werden. Weitere Infos zu Zimbabwe s. S. 247.

**Achtung**: In jedem Fall sollte man die geplanten Grenzüberquerungen vorher beim Vermieter anmelden und nach den nötigen Unterlagen, Kosten und mitzuführenden Gegenständen fragen. S. auch Stichwort Grenzübergangsstellen von/nach Botswana.

### Mietwagenanbieter in Botswana

Alle u. g. Anbieter haben auch Verleihstationen in Südafrika und Windhoek. Generell liegt das Preisniveau dort ca. 25 % unter den botswanischen Preisen. Alternativ kann man das Auto bereits in Europa bei einem Reiseveranstalter buchen. Diese haben mitunter günstige Sonderangebote, zudem hat man im Schadens-/Reklamationsfall einen Ansprechpartner im Heimatland.

**Budget** (www.budget.co.za)
**Gaborone Airport**, First Floor, Unit 4, Broadhurst Industrial, Kuba Road, Gaborone, ☏ (+267) 390-2030, 🖷 (+267) 390-2028, E-Mail: brendal@budget.co.za, Mo–Fr 6- 22 Uhr, Sa 7–13 Uhr, So geschlossen. Außerdem Büros in Gaborone Downtown.

**Francistown Airport**, (+267) 244-0083/4, (+267) 241-8292, E-Mail: brendal@budget.co.za, Mo, Mi u.Fr 7–20 Uhr, Di u. Do 8–18 Uhr, Sa 8–12 Uhr, So geschlossen.
**Maun Airport**, Natlee Center, Mathiba Road, (+267) 686-3728, (+267) 686-3563, E-Mail: brendal@budget.co.za, Mo–Fr 8–18 Uhr, Sa 8–12 Uhr, So geschlossen.

**Avis** (www.avis.co.za)
**Francistown Airport (FRW)**, (+267) 241-3901, (+267) 241-2867, Mo–Fr 7.30–17 Uhr, Sa/So geschlossen.
**Gaborone Airport (GBE)**, (+267) 391-3093, (+267) 390-0445, Mo–Fr 6.30–20.30, Sa/So ab 7 Uhr.
**Kasane Airport (LO1)**, (+267) 625-0144, (+267) 625-0145, Mo–Fr 8–13 u. 14–17 Uhr, Sa/So geschlossen.
**Maun Airport (MUB)**, (+267) 686-0039, (+267) 686-1596, Mo–Fr 8–13 u. 14–17 Uhr, Sa/So geschlossen.

**Europcar/Imperial Car** (www.europcar.co.za)
**Gaborone Airport**, (+267) 390-2280, (+267) 390-9404, tgl. 7–20 Uhr, Sa/So 9–20 Uhr.

**Hinweis**

Alle für Botswana tauglichen Fahrzeuge können zu attraktiven Bedingungen gebucht werden bei dem deutschen Veranstalter Iwanowski's Individuelles Reisen, 02133/2603-0 und www.afrika.de.

### Mietwagenanbieter in Namibia

Anbei eine Auswahl bewährter Anbieter, die in keinem Fall als vollständig betrachtet werden sollte. Infos zu weiteren vertrauenswürdigen Mietwagenanbietern gibt es auch bei der *Car Rental Association of Namibia* (www.caran.org).
**Asco Car Hire**, 195 Mandume Ndemufayo Ave, P.O. Box 40214, Windhoek, (+264) 61-377200, (+264) 61-377203, E-Mail: info@ascocarhire.com; www.ascocarhire.com. Spezialisiert auf die Vermietung von 4x4-Fahrzeugen mit Campingausrüstung (Dachzelte). Zu Asco gehört noch eine Tochterfirma, die sich **Value Car Rental** nennt. Deren Fahrzeuge sind zwar älter, aber günstiger (www.carhirenamibia.com).
**Avis**, Aviation Road (Safari Hotel), Windhoek Downtown (auch am Flughafen sowie in weiteren Städten vertreten), (+264) 61-233166, (+264) 61-223072, www.avis.co.za.
**Budget Rent a Car**, Windhoek Airport (auch Niederlassung in der Stadt), (+264) 62-540150, (+264) 61-228720, E-Mail: stevennd@budget.co.za, reservations@budget.co.za; www.budget.co.za.
**Europcar**, Windhoek Airport (+264) 62-540040, (+264) 62-540381; Windhoek Downtown: 24 Bismarck Street, (+264) 61-385 100/2, (+264) 61-385101, www.europcar.co.za.
**KEA Camper,** 286 Cnr Sam Nujoma and Stein Sts, Windhoek, (+264) 61-252298, (+264) 61-256261, Mobil (+264) 81-2497253, E-Mail: reservations@keacampers.com.na; http://sa.keacampers.com. 4x4 mit und ohne Campingausrüstung (Dachzelte) sowie Campmobile.
**Thrifty**, Windhoek Airport (+264) 62-540004, Downtown (+264) 61-220738, (+264) 61-256261, E-Mail: hlg@dollarthrifty.com.na; www.thrifty.com.na.

### Mietwagenanbieter in Südafrika

Alle Anbieter haben zahlreiche Niederlassungen im ganzen Land:

**Avis**, Tambo Int. Airport Johannesburg, ☏ (+27) 11-3945433, 🖷 (+27) 11-3945473, www.avis.co.za.

**Budget Rent a Car**, Tambo Int. Airport Johannesburg, Tel: (+27) 11-2301200, E-Mail: dwayned@budget.co.za; www.budget.co.za, alle Autotypen, vom Kleinwagen bis zum 4x4-Camper.

**Europcar**, Tambo Int. Airport Johannesburg, ☏ (+27) 11-3903909, 🖷 (+27) 86-6736171, www.europcar.co.za.

**KEA Camper**, 17 Sim Road, Pomona, Kempton Park, Gauteng, ☏ (+27) 11-2305200, 🖷 (+27) 11-2305166, E-Mail: reservationssa@keacampers.co.za; http://sa.keacampers.com. 4x4 mit und ohne Campingausrüstung (Dachzelte) sowie Campmobile.

**Thrifty**, Tambo Int. Airport Johannesburg, ☏ (+27) 11-3903454, 🖷 (+27) 11-3902872, E-Mail: cbotha@thrifty.co.za; www.thrifty.co.za.

## Motorrad fahren

In Botswana gibt es keine Motorradvermieter. Aufgrund der schlechten Pisten abseits der asphaltierten Straßen ist Botswana sicherlich kein Motorrad-Land. In den Nationalparks und Game Reserves sind Motorräder nicht zugelassen. Zum Fahrverbot in diesen Naturschutzgebieten kommen noch erschwerend die sommerliche Hitze sowie die enormen Entfernungen hinzu. Ebenfalls muss man davon ausgehen, dass man kaum geeignete Werkstätten findet.

## Nationalparks/Naturschutzgebiete

Die Naturschutzgebiete Botswanas unterteilen sich in Nationalparks (höchste Schutzstufe) und Game Reserves (z.T. Nutzung der Bewohner, z.B. Jagen erlaubt). Sie sind ganzjährig geöffnet und machen 17 % der Staatsfläche Botswanas aus. In den meisten Parks gibt es Campingmöglichkeiten und meist luxuriöse Lodges als Unterkünfte zur Auswahl.

### ☞ Sehr wichtig für Individualreisende

Alle Reservierungen beim DWNP sind bis 11 Monate im Voraus möglich (im Februar für den Januar des Folgejahres). Hauptreisezeiten sind: Mai–Oktober und Dezember–Mitte Januar (südafrikanische Sommerferien). Spontane Buchungen an den Gates sollen derzeit wieder möglich sein: Die privaten Betreiber der Campingplätze in den Parks haben tw. Mitarbeiter dort postiert, um Gäste ohne Buchung einlassen zu können. Verlassen Sie sich aber nicht darauf und **buchen Sie Campsites bei allen Anbietern im Voraus**! Die **Gepflogenheiten können sich schnell ändern**. Für die Buchungsadressen s. Stichwort Camping.

**Überblick (von Norden nach Süden)** – *s. auch Karte in der vorderen Umschlagklappe*

### CHOBE NATIONAL PARK

**Größe**: 10.566 km²

**Tiere**: Tausende von Büffeln, Elefanten, Elands, Giraffen, Impalas, Kudus, Zebras, auch Löwen und Leoparden sowie Hippos und Krokodile, viele Vögel, u. a. Schreiseeadler

**Besonderheit**: Im Park lebt die größte Elefantenpopulation im südlichen Afrika – über 10.000 Tiere. In der Regenzeit kommen Tausende von Zebras und Antilopen aus der Lin-yanti-

Region. Ornithologen, Fotografen und Liebhaber exklusiver Unterkünfte sind hier richtig.
**Campingplätze**: Ihaha, Savuti, Linyanti (s. S. 215, 219, 232)

## CENTRAL KALAHARI GAME RESERVE

**Größe**: 51.800 km²
**Tiere**: u. a. Giraffe, braune Hyäne, Wildschwein, Leopard, Löwe, Elenantilope, Oryx, Kudu und schwarzmähniger Kalahari-Löwe.
**Besonderheit**: Eine faszinierende, einsame Landschaft mit weiten Flächen, Salzpfannen und ausgetrockneten Flussbetten, einst Heimat der San, der ersten Bewohner des südlichen Afrika, nur Camping, alles (auch Wasser) muss mitgeführt werden. Eher für erfahrene Afrika-Reisende zu empfehlen.
**Campingplätze:** Deception Valley, Kori, Lekhubu, Lengau (Leopard Pan), Letiahau, Motopi, Passarge Valley, Piper Pan, Sunday Pan, Xade (s. S. 336/337)

## KGALAGADI TRANSFRONTIER NATIONAL PARK

**Größe**: ca. 38.000 km²
**Besonderheit**: Der Drei-Länder-Park bietet eine faszinierende Landschaft aus roten Dünen und weiten, mit Kameldornbäumen bestandenen Flächen, durch die Oryx, Elenantilopen, Giraffen und Gnus ziehen. Mit etwas Glück kann man den schwarzhaarigen Kalahari-Löwen oder Leoparden aufspüren.
**Campingplätze:** Bosobogolo Pan, Kaa, Khiding Pan, Lesholoago Pan, Mabuasehube (Pan), Monamodi Pans, Mpaathutlwa Pan, Polentswa, Rooiputs, Two Rivers (s. S. 348/349). Weitere Unterkunftsmöglichkeiten auf südafrikanischer Seite, Infos und Buchung unter **www.sanparks.org**

## MAKGADIKGADI PANS / NXAI PANS NATIONAL PARK

**Größe**: 3.900 km² / 1.578 km² (Nxai)
**Besonderheit**: Im und um den Park befinden sich die größten Salzpfannen der Welt, in der Regenzeit (Nov.–März) kommen Flamingos und Hunderte anderer Wasservögel zum Brüten, außerdem kann man die Migration von Gnus und Zebras beobachten.
**Campingplätze**: Khumaga, Njuca Hills (Makgadikgadi, s. S. 314); Baines Baobabs, South Camp (Nxai Pans, s. S. 305/306).

## MOREMI GAME RESERVE

**Größe**: 4.871 km²
**Tiere**: Büffel, Elefanten, Elands, Giraffen, Impalas, Lechwe, Kudus, Zebras, Löwen, Leoparden, Hippos und Krokodile, viele Vögel.
**Besonderheit**: Der Park liegt inmitten des ca. ca. 15.000 km² **Okavango-Deltas** (ca. 1/3 der Fläche) und ist bekannt für seinen großen Löwenbestand, außergewöhnliches Wildreichtum und die abwechslungsreiche Vegetation aus Mopane- und Akazienwäldern, Lagunen und Sümpfen. Möglichkeit verschiedenster Aktivitäten: Kanusafaris, Buschwanderungen, Einbaumfahrten.
**Campingplätze**: North Gate, South Gate, Third Bridge, Xakanaxa (s. S. 199f).

## KHUTSE GAME RESERVE

**Größe**: 2.500 km²
**Tiere**: Elands, Giraffen, Impalas, Kudus, Gnus, Löwen, Leoparden, Hyänen, Wildhunde

**Besonderheit**: Trockene Kalahari-Busch-savanne, in der Regenzeit kommen die Tiere zum Trinken an die Salzpfannen, in denen sich mineralreiches Wasser sammelt. Hier werden keine großen Tierherden gesichtet werden können, aber die Einsamkeit der Kalahari macht einen Besuch dennoch zu einem besonderen Erlebnis.
**Campingplätze**: Khankhe, Khutse Pan, Mahurushele, Molose Waterhole, Moreswe Pan, Sekusuwe (s. S. 342).

## TULI BLOCK/MASHATU GAME RESERVE

**Größe:** 350 km langer Streifen an der südöstlichen Grenze Botswanas
**Tiere**: u. a. Elefant, Kudu, Impala, Gnu, Giraffe, Löwe, Zebra, Leopard, ca. 350 Vogelarten
**Besonderheit**: Neben seiner Tiervielfalt (große Leopardenpopulation) ist Tuli Block für seine ungewöhnliche Topografie bekannt: Solomon's Wall z. B. sind 30 m hohe Basaltklippen. Die vielen Affenbrotbäume (Baobabs) trugen der Gegend den Beinamen „Land of the Giants" ein. Für Aktivurlauber: z.T. sind Mountainbiketouren und mehrtägige Reitsafaris möglich.

Weitere, kleinere Game Reserves**:** Gaborone Game Reserve, Maun Game Reserve, Mokolodi Nature Reserve, Manyelanong Game Reserve.

Die **Eintrittspreise** wurden über Jahre erhöht. Der Grund für die Erhöhung: Sehr viele Touristen – vor allem aus Südafrika – genossen zwar die unberührte Natur Botswanas, brachten aber sozusagen alles von „zu Hause" mit (von Lebensmitteln bis zum Bier). Für das Land bedeutete dies, dass zwar der Individualtourismus blühte und z.T. wahre Scharen südafrikanischer Fahrzeuge die Naturreservate besuchten, aber der Staat Botswana ging leer aus, weil praktisch kein Geld ins Land gebracht wurde. Ganz im Gegenteil: Die als unberührt geltenden Schutzgebiete mussten mit Massenanstürmen fertig werden. Da half nichts anderes als eine drastische Erhöhung der Eintrittsgebühren (bis zu 1.000 %) durch den Minister of Commerce and Industry. Die Erhöhungen treffen insbesondere die Individualreisenden. Ende 2009 kam es mit der Privatisierung der ehemals staatlichen Campingplätze zu einem weiteren Preissprung.

*Besonders die Parks im Norden Botswanas beeindrucken durch Tiervielfalt*

Für die **Eintrittspreise derzeit** s. Stichwort Camping bzw. Tabelle in den Grünen Seiten. Der DWNP wird die Preise **ab 2012** wohl wieder **drastisch erhöhen**.

Gerüchten zufolge sollen selbstfahrende Touristen dann P 350/Tag statt derzeit P 120 zahlen, ein im Ausland registriertes Auto würde dann mit P 150/Tag statt P 50 zu Buche schlagen. Die Preise für die im Besitz des Departments verbliebenen Campingplätze sollen ebenfalls in die Höhe schnellen: P 200 auf den Plätzen in den nördlichen und P 100 auf den Plätzen in den südlichen Parks – statt derzeit P 30!

### Hinweis

Das DWNP-Büro Maun ist für die Reservierungen in den nördlichen Parks zuständig, das in Gaborone für die in der Kalahari.

Seit 2011 ist es wieder möglich, die **Eintrittsgelder** für Personen und Autos an den Gates der Parks zu bezahlen. Es wird aber empfohlen, die Fees **vor Einfahrt in den Park** in einem der Büros zu entrichten und so ein Permit zu erwerben. Buchung und Zahlung (evtl. inkl. der DWNP-Campsites) sollte man frühzeitig von zuhause aus erledigen. Müssen Sie vor Ort jedoch die Büros des Wildlife Service (**Pay-Points**) aufsuchen, hier sind sie zu finden:
**Gaborone:** Kgale Millenium Park, gegenüber der Game City Hall
**Ghanzi:** aus Richtung Kang in Richtung der Shell-Tankstelle, vorbei an der Polizei und den Veterinär-Büros, auf der linken Seite
**Kang:** aus Ghanzi kommend links hinter der Puma-Tankstelle einbiegen, 1,5 km folgen, auf der linken Seite neben der Klinik
**Kgalagadi Transfrontier National Park/Two Rivers Gate**
**Kasane:** aus Richtung Nata auf dem Kazungula-Highway in Richting Airport Road, an der T-Kreuzung rechts (siehe Schild), in dieser Straße neben Thebe River Safaris
**Sedudu Gate (Chobe):** aus Richtung Kasane auf der Ngoma Road
**Maun:** von auf der Hauptstraße kommend, an der Polizei rechts abbiegen, hinter der Station der Ordnungshüter liegt das Büro
**Letlhakane:** im Komplex des Rural Administration Center (RAC), gegenüber des Spar-Supermarktes
**Tsabong:** nach der Ortseinfahrt rechts, geradeaus Richtung der Regierungsbüros, neben der einzigen Post
**Francistown:** im Stadtzentrum, im Ntshe House Complex, gegenüber des Shopwrite-Supermarktes

**Permits und Gültigkeit:** Wenn man außerhalb der Parks übernachtet bzw. nur als Transit nur durchfahren möchte, kann man sich am besten vorher (oder an den genannten Gates) ein *day permit* besorgen. Bezahlte Campingplätze müssen bis 17.30 Uhr belegt sein – sonst verfällt der Anspruch ohne Rückerstattung des Geldes. Am nächsten Tag bzw. letzten Tag des Aufenthalts muss der Park bis 11 Uhr verlassen werden.

**Öffnungszeiten der Gates** (Stand Okt. 2011):

| | |
|---|---|
| 1. April bis 30. September | 6–18.30 Uhr |
| 1. Oktober bis 31. März | 5.30–19 Uhr |

Autofahren außerhalb dieser Zeiten ist in allen Naturschutzgebieten verboten!

> **Hinweis**
>
> Der grenzübergreifende **Kgalagadi Transfrontier Park inkl. Mabuasehube-Section** hat gesonderte Preise und Öffnungszeiten, angepasst an den südafrikanischen Teil.
> Derzeitige Preise: Erwachsener über 15 Jahre P 20/Tag, Auto/Tag P 4, Campingpreise s. Stichwort Camping, Öffnungszeiten s. www.mewt.gov. bw/DWNP/index.php

**Generelle Vorschriften und Bestimmungen**

Das **Verlassen des Fahrzeugs** ist nicht zulässig.
Man muss stets auf den ausgefahrenen Pisten und Wegen bleiben, **Off-Road-Fahren ist verboten**, verboten sind auch Nachtfahrten sowie das Befahren von Salzpfannen.
**Höchstgeschwindigkeit**: 40 km/h.
**Schwimmen** ist absolut verboten (Krokodile; Bilharziose-Gefahr).
**Wildes Zelten** ist ebenfalls strengstens untersagt, ebenso Schlafen unter freiem Himmel einfach auf dem Boden (Gefahr durch Tiere).
**Nahrungsmittel**: Alles muss gut verpackt sein und ins Auto gelegt werden, auf keinen Fall offen auf einem Tisch liegen lassen! Lebensmittel, v.a. Fleisch und Obst, nie ins Zelt legen!

## Notfall/Notrufnummern

**Polizei:** Allgemeiner Notruf ☏ (+267) 999, Gaborone ☏ (+267) 35-1161, Ghanzi ☏ (+267) 659-6958, Kasane ☏ (+267) 625-2444, Maun ☏ (+267) 686-0223

**Erste Hilfe**

**Medical Rescue International** ☏ (+267) 911, ☏ (+267) 390-1601, **Krankenwagen** ☏ (+267) 997

**Krankenhäuser**

**Gaborone:** Life Private Hospital ☏ (+267) 368-5600 od. 390-5765, Bokamoso Private Hospital ☏ (+267) 369-4000, Princess Marina Hospital (+267) 395-3221
**Ghanzi:** Primary Hospital (+267) 659-6333
**Kasane:** Chobe Medical Centre ☏ (+267) 625-0888, Chobe Private Clinic ☏ (+267) 625-1555
**Maun:** Delta Medical Centre ☏ (+267) 686-1411 (Empfehlung), Letsolathebe II Memorial Hospital ☏ (+267) 686-0444

## Öffnungszeiten

Normalerweise sind die **Geschäfte** wochentags von 8.30–13 und von 14–17 Uhr geöffnet, am Samstag von 8–13 Uhr.

**Banken** sind geöffnet wochentags ca. 8.15–14 Uhr und Samstag 8.30–13 Uhr, wobei die Zeiten bei den kleineren Filialen abweichen können. Es gibt kein „Ladenschlussgesetz" – deshalb haben manche Lebensmittel- und Souvenirgeschäfte sonntags geöffnet. Große Supermärkte sind wochentags z.T. bis 21 Uhr geöffnet, ebenso Samstagnachmittag.

## Post

Die botswanische Post gilt als zuverlässig, die Gebühren sind sehr gering. Nach Europa dauert Luftpost etwa eine Woche bei Aufgabe in den Städten. Öffnungszeiten: wochentags 08.15–12.45 und 14–16 Uhr, Samstag 08.30–11.30 Uhr (nur in größeren Orten).

## Reiseapotheke

Die Reiseapotheke ist ein unter Fachleuten heftig diskutiertes Thema, das oft mehr von Emotionen als von Fakten geleitet wird. Die folgende Tabelle ermöglicht es, bei einem überschaubaren Sortiment alle häufigen, unterwegs möglichen Probleme in den Griff zu bekommen – vorausgesetzt, man hat das nötige Know-how. Alle Dauermedikationen, die man wegen irgendwelcher Erkrankungen zu Hause auch nimmt, werden wie gewohnt weiter eingenommen (genügend Vorrat für die Aufenthaltsdauer mitnehmen!). Dies gilt auch für Diabetiker, die mangels Zeitverschiebung weder Diät noch Medikation anpassen müssen.

### Inhalt der Reiseapotheke

**Grundausstattung**

| | |
|---|---|
| 2 | Verbandpäckchen, steril |
| 1 | Dreiecktuch |
| 1 Rolle | Heftpflaster |
| 0,5 m | Pflasterschnellverband |
| 1 | Folienrettungsdecke |
| 1 | Schere (entfällt ggf., wenn Taschenmesser vorhanden) |
| 1 | kleine Splitterpinzette |
| 10 Tabletten | Schmerz-/Fiebermittel bzw. Entzündungshemmer (z.B. Ibuprofen®, Novalgin®, Paracetamol®) |
| 6 Tabletten | Magen/Darm/Übelkeit (z.B. MCP ratiopharm®) bzw. Entzündungshemmer |
| 10 Tabletten | Durchfall (z.B. Imodium®) |
| 1 Fläschchen | Wunddesinfektionsmittel (z.B. Kodan®, Betaisodonna®) |
| 1 | Sonnenschutz (Lippen!) mit hohem Lichtschutzfaktor (z.B. Anthélios®) |
| 1 | SamSplint® (Schiene) |
| 2 | Schutzhandschuhe (Vinyl oder Latex) |
| 1 | Elastische Binde, 8 cm breit |
| 1 Tube | Augensalbe (Bepanthen-Augensalbe®) |
| 1 Tube | Universalheilsalbe (z.B. Bepanthen®, Panthenol®) |
| 1 Päckchen | Second Skin® oder Compeed® (Druckstellen/Blasen an Füßen) |

## Reiseart

s. Safaris

## Reise- und Safariveranstalter

Die überwältigende Natur mit ihren Weiten und ihrer Ursprünglichkeit ist in Botswana, obwohl sich die Situation in den letzten Jahren verändert hat und neue Straßen gebaut werden, in vielen Gegenden noch immer eine Herausforderung für Selbstfahrer. Wer sich eine Selbstfahrertour nicht zutraut, findet ein reichhaltiges Safari-Angebot.

Immer mehr Unternehmen spezialisieren sich auf den Touristik-Markt Botswana. Es gibt mittlerweile über 200 registrierte Botswana-Veranstalter. Auf den ersten Blick erscheinen die Preise für Safaris hoch. Wenn man aber bedenkt, dass z.B. Lebensmittel, Getränke, Benzin, Ersatzteile etc. von weither transportiert werden müssen und zum größten Teil auch noch importiert sind, so ist das Preisniveau absolut angemessen. Man muss auch bedenken, dass der Materialverschleiß an Fahrzeugen und Kleinflugzeugen (Landung auf Gras- und Buschpisten), hohe Wartungs- und Versicherungskosten und extrem hoher Benzinverbrauch auf schwierigen Pisten nicht gerade preismindernde Wirkungen haben. Und gute Safarileiter, die den größten Teil des Jahres in der Wildnis leben, kosten auch ihr Geld. Zusammenfassend bestimmen **folgende Kriterien** den Preis von Botswana-Safaris:

- Safari-Dauer,
- Routenführung und Routenlänge,
- Qualität der Safari-Fahrzeuge (Aussichtsplattform, Alter der Fahrzeuge),
- Teilnehmerzahl,
- Unterkunftsart,
- Aufenthalt am Rande oder im Zentrum des Okavango-Deltas,
  Aufenthalt in eigenen riesigen Konzessionsgebieten,
- Einsatz von Kleinflugzeugen, Motorbooten oder Mekoro,
- Qualität des Verpflegungsangebots,
- Qualität der Safari-Leitung.

Grundsätzlich gibt es folgende Safari-Strukturen:
**eher preiswert**: Überland-Safaris, entweder von Windhoek (Namibia), Johannesburg (Südafrika), Victoria Falls (Zimbabwe) oder Maun aus. Solche Safaris werden z.B. von **Nomad Adventure Tours** (am preiswertesten), **Drifters** sowie **Southern Cross Safaris** (ab/bis Windhoek) angeboten.
**mittel bis teuer**: Vororganisierte Touren in Kleingruppen als Fly-in-Safaris. Man fliegt bzw. fährt Teilstrecken in Botswana von Lodge/Camp zu Lodge/Camp und nimmt jeweils sternförmig an Safaris teil. Empfehlenswerte **geführte Campingsafaris** bietet **Bush Ways** an (www.bushways.com).
**teuer**: Speziell für Reisende zusammengestellte Fly-in-Safaris mit völlig individuellem Safariplan und erstklassiger Rundum-Betreuung (d.h. freie Auswahl der Termine, der gewünschten Camps sowie der Aufenthaltsdauer). Auf diese Form von Safaris sind Ker & Downey Safaris (KDS), &Beyond, Wilderness Safaris, Orient Express und Gametrackers spezialisiert. **Geführte Lodge-** sowie **Fly-In Safaris** bieten zudem **Safari Destinations** mit Sitz in Maun an (www.safaridestinations.de).

### Safariunternehmen

Im Folgenden sollen einige bewährte Safari-Unternehmen kurz vorgestellt werden, deren Preis-Leistungs-Verhältnis stimmt. Alle genannten Unternehmen können durch deutsche Veranstalter gebucht werden. Weitere Anbieter in **Maun** s. S. 167f.

**Nomad Adventure Tours** – *preiswert*: Dieses Unternehmen bietet die preiswertesten Safaris an. Die Safaris sind vor allem für budgetorientierte Reisende ideal – für weniger Geld bekommt man nirgendwo mehr zu sehen. Man reist in großen geländegängigen Wagen und übernachtet in Zelten. Beim Auf- und Abbau sowie bei der Essenszubereitung muss jeder mit anpacken. Die Fahrten starten z.B. in Kapstadt und führen durch Namibia und zum Okavango-Delta. Abschluss bildet der Aufenthalt in Victoria Falls (www.nomadtours.co.za).

*Bei den günstigen Safaris ist tatkräftige Mithilfe gefragt*

**Hinweis**

Alle Safaris können bei europäischen Veranstaltern gebucht werden, z.B. Iwanowski's Individuelles Reisen, ☏ 02133/2603-0, www.afrika.de.

**Drifters** – *preiswert*: Drifters ist etwas teurer als Nomad Adventure Tours und startet z.B. eine 16-tägige Tour in Johannesburg. Diese Rundfahrt – über Victoria Falls – bietet im Gegensatz zu Nomad „mehr Botswana", da die Aufenthalte am Okavango-Delta und in Savuti/Chobe länger sind. Es wird in guten, sehr bequemen Geländebussen gereist, man übernachtet in Zelten. Und wie bei Nomad ist Mithilfe beim Zeltaufbau und bei der Essenszubereitung ein Muss (www.drifters.co.za).

**Southern Cross Safaris** – *mittlere Preise*: Dieses Unternehmen bietet ab/bis Windhoek unter anderem eine 17tägige Safari an, die zum Südrand des Okavango-Deltas und dann weiter über Savuti und Chobe zu den Victoria-Fällen führt. Zurück geht es über den Caprivistreifen, die Popa-Wasserfälle (Okavango) und den Waterberg nach Windhoek. Die Tour ist deutschsprachig) www.southern-cross-safaris.com).

**Bush Ways**: Das Unternehmen bietet rustikale, aber sehr empfehlenswerte geführte Camping-Safaris an (auch Lodge-Safaris). Die Touren gehen durch ganz Botswana, unter anderem gibt es eine Kalahari-Tour mit Besuch bei den San (7 Tage) und eine 15-tägige Tour durch den Norden Namibias und Botswanas mit einem Abstecher zu den Victoria Falls (www.bushways.com).

**&Beyond** – *teuer bis sehr teuer*: Dieses Unternehmen bietet in den oberen und obersten Preisklassen und Qualitätskategorien Botswana-Safaris an. Eine Fülle von Abfahrtsterminen und Routen steht zur Verfügung. (www.andbeyondafrica.com).

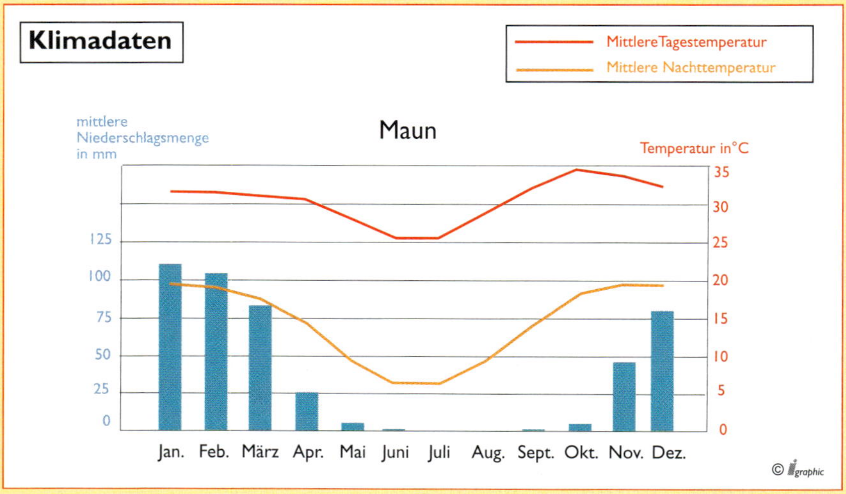


**Ker & Downey Safaris –** *hochpreisig*: Dieses Unternehmen hat von Ostafrika schon einen legendären Ruf nach Botswana mitgebracht. Dem relativ hohen Preis stehen außergewöhnliche Safarierlebnisse in eigenen Camps entgegen. Alle Aktivitäten werden auf die individuellen Wünsche abgestimmt. Die Safaris finden mit Landrovern, Booten und zu Fuß statt. Selbstverständlich sind die Camps sehr gut ausgestattet und die Verpflegung ist exzellent. Diese Safaris sind englischsprachig (www.kerdowney.com).
**Wilderness Safaris –** *sehr hochpreisig*: Wilderness verfügt über die meisten Camps in Botswana. Allen Camps gemeinsam ist eine tolle, exklusive Lage in zum Teil unglaublich großen Konzessions-Gebieten. Die Luxuszelte sind mit allem Komfort eingerichtet, die Ranger erstklassig (www.wilderness-safaris.com).

## Reisezeit

Botswana kann prinzipiell zu allen Reisezeiten besucht werden. Man unterscheidet die winterliche Trockenzeit sowie die sommerliche Regenzeit.

Die **Trockenzeit** beginnt Ende April und dauert bis Ende August. Am Tage sind die Temperaturen sehr angenehm (20–25°C), nachts kann es sich – vor allem in vegetationsarmen Gebieten – sehr stark abkühlen. Teilweise können die Temperaturen in der Kalahari unter null sinken. Je weiter die Trockenzeit fortgeschritten ist, desto mehr Wasser bringt der Okavango in den südlichen Delta-Teil. Für Tierbeobachtungen ist dies eine gute Zeit, da das Wild Wasserstellen aufsucht. Ebenso wird mit zunehmender Trockenheit die Vegetation lichter, sodass die Tiere leichter zu sehen sind.

Ab September wird es nicht nur immer trockener, sondern auch heißer. Dies ist ebenfalls eine wunderbare Zeit für Tierbeobachtungen. Allerdings sollte man die Gebiete der Zentralkalahari meiden, da es windig und staubig sowie die Landschaft sehr trocken ist. Die Trockenzeit klingt allmählich gegen Ende November aus.

Von Ende November bis Mitte April ist **Regenzeit**: Es wird sehr heiß und sehr schwül. Doch gerade jetzt wird die Landschaft schön: Das frische Grün der Vegetation erfreut das Auge, Wildblumen blühen und es gibt tolle Wolkenformationen in der Kalahari. Am Okavango-Delta allerdings lassen die Tierbeobachtungsmöglichkeiten nach und viele Camps sind geschlossen. Dies ist die beste Zeit, die Schönheit der Kalahari-Parks zu erfahren. Allerdings können sich manche Pisten in wahre Schlammgruben verwandeln.

Weitere Informationen siehe unter **Klima**, S. 33.

## Reservierungen

Vor allem in der Hochsaison (Osterzeit, die trockenen Monate Juni–Oktober, Weihnachtszeit) sollten Sie **überall frühzeitig reservieren!**
Die Campingplätze in den Nationalparks sollten auf jeden Fall vorab reserviert werden. Die Buchung gestaltet sich seit Beginn der Privatisierungen Ende 2009 gar nicht mehr so einfach, da es nun sechs Buchungsadressen gibt, wobei die Parkeintritte weiterhin beim Department of Wildlife and National Parks (DWNP) zu entrichten sind, s. Stichwort Camping.
Frühes Reservieren gilt auch für die privaten Safari Camps und Lodges. Ebenso ist in der Hochsaison die längerfristige Buchung von Fahrzeugen oder Safaris dringend anzuraten, da die Kapazitäten stark begrenzt sind.

## Safaris

Generell kann man zwischen einer privaten, individuellen Safari mit einem Mietwagen oder einer organisierten Tour unterscheiden. Beides hat Vor- und Nachteile und sollte in jedem Fall den Wünschen jedes einzelnen angepasst sein.

Bei einer **Selbstfahrertour** liegen die Vorteile auf der Hand: Man ist unabhängiger in seiner Reiseplanung, entscheidet spontan über die Länge der einzelnen Etappen und die Zeit, die man sich für Beobachtungen nimmt. Legt man sich schon vorab auf eine bestimmte Strecke fest, kann man auch die ersten Unterkünfte im Voraus buchen, was ohnehin in der Hauptsaison sehr zu empfehlen ist. Ob man campen, in einfachen Gästefarmen am Familienleben teilnehmen oder in Hotels oder luxuriösen Lodges übernachten möchte, kann frei entschieden werden.

### Tipp: 4x4 Fahrtraining

In Namibia gibt es verschiedene Anbieter, die ein **Fahrtraining für Offroad-Wagen** anbieten, empfehlenswert sind z.B. Karasburg 4x4 (www.karas4x4.iway.na) und Be Local (www.be-local.com). Wer schon mal in Deutschland üben möchte, der kann sich z.B. an Abenteuer & Fahren wenden (www.abenteuerundfahren.de). Weitere Hinweise für Selbstfahrer s. Stichwort Autofahren.

Eine gewisse Portion **Abenteuerlust** darf aber hier nicht fehlen: Autopannen, sich selber mit der Karte oder dem GPS-Gerät in einem fremden Land zurechtfinden, auf mehr oder weniger gut ausgestatteten Campingplätzen übernachten – und vor allem die Bereitschaft, sich auf Land und Leute einzulassen und sich in ungewohnten Situationen zurechtzufinden sind hier gefragt. „Einsteigerländer" für Selbstfahrer sind z. B. Südafrika und Namibia. Viele, zumeist gut ausgebaute Strecken kann man mit einem normalen Pkw befahren, die touristische Infrastruktur ist exzellent. Aber auch Botswana ist in großen Teilen als Selbstfahrer machbar – es muss beim ersten Besuch ja nicht direkt die einsamste und anspruchvollste Strecke gewählt werden. Eine **gute Planung** und vor allem realistische Einschätzung seiner (Fahr-)Fähigkeiten ist unbedingt vonnöten. Im Auge behalten sollte man folgende Punkte:

**Zeitfaktor**
Eine individuelle Safari lässt sich nicht immer innerhalb eines festen Zeitrasters realisieren. Man denke nur an mögliche Wagenpannen, die u. U. den gesamten Reiseplan durcheinanderwerfen. Zeitangaben für spezielle Streckenabschnitte in diesem Buch beziehen sich denn auch auf Etappen ohne Pannen und Steckenbleiben.

*Einkaufsmöglichkeiten unterwegs sollte man nutzen (Bäckerei in Gumare)*

**Lebensmittelversorgung**
Es ist notwendig, eine Grundausstattung an Lebensmitteln (s. S. 86) mitzunehmen, da es unterwegs oft über weite Strecken keine Einkaufsmöglichkeiten gibt.

**Gefahren**
Da man in der Wildnis übernachtet, muss man damit rechnen, das Nachtlager mit wilden Tieren zu teilen. So kann es durchaus passieren, dass Elefanten, Löwen oder Hyänen um das Zelt herumstreichen (so z.B. in Moremi oder Savuti).

In den privaten Wildschutzgebieten mit z. T. sehr luxuriösen Unterkünften ist man in jeglicher Hinsicht bestens versorgt – das allerdings schlägt sich auch im Preis nieder. In offenen Geländewagen und mit ausgebildeten Rangern wird auf die Pirsch gefahren. Diese Art der Reisegestaltung ist eine ideale Kombination aus den Elementen „selbstbestimmt" und „organisiert" und entspricht somit einer „organisierten Selbstfahrertour".

**Organisierte Safaris** in unterschiedlich großen Gruppen sind in der Regel etwas preisgünstiger und man braucht sich um die Organisation keine Sorgen zu machen. Zudem werden einem mitunter Gebiete zugänglich gemacht, die man alleine nicht erreichen kann oder nur zu einem wesentlich höheren Preis, wie z. B. mit einem kleinen Charterflugzeug. Allerdings können unterschiedliche Interessen hier durchaus zu Spannungen führen. Wer es sich leisten kann, kann eine private Chauffeurtour für sich und seine Mitreisenden buchen.

Reine **Flugsafaris** (sog. Fly-In-Safaris) sind die Variante für Menschen mit wenig Zeit, aber viel Geld. Hier wird man mit dem Kleinflugzeug von Lodge zu Lodge geflogen (allesamt luxuriös). Zu vielen Camps, z. B. im Okavango-Delta, gelangt man sogar nur mit dem Flugzeug. In den Parks selber gibt es noch weitere Möglichkeiten, die afrikanische Wildnis zu entdecken: Walkingsafaris oder einfache Campingsafaris für den Naturliebhaber, Safaris mit Pferden oder Elefanten für diejenigen mit einem Hang zu ausgefallenen Vergnügungen, mit dem Heißluftballon für die Romantiker oder mit dem Einbaum (Mokoro) für die stillen Entdecker – für jeden Geschmack ist etwas dabei.

## Schlangen

Es gibt zwar viele und auch einige giftige Schlangen, jedoch wird man selten welche sehen. Die meisten flüchten lange, bevor man sie entdeckt hat. Insgesamt sind zwar über 70 verschiedene Giftschlangen im südlichen Afrika beschrieben, jedoch sind unter Touristen Unfälle extrem selten. Andererseits beißt eine Giftschlange zu, wenn man sie überrascht oder darauf tritt. Das heißt allerdings nicht, dass sie auch Gift injiziert! Die Schlangengefahr ist also eine mehr mystisch-psychische Gefahr. Die meisten Unfälle ereignen sich übrigens mit Züchtern und Schlangenliebhabern! Problematisch erscheint allenfalls die Puffotter, die mit ihrer extrem guten Tarnfarbe im Sand liegen bleibt und sehr giftig ist.

Also **Augen auf** und knöchelhohe Schuhe im Gelände tragen! Sollte es trotzdem zu einem **Schlangenunfall** kommen, so gilt vor allem eines: **Ruhe bewahren** und die **Schlange in Ruhe lassen**! Empfehlungen wie „Schlange fangen und mit zum Arzt bringen" sind nicht nur mit dem Naturschutz dieser seltenen Tiere unvereinbar, sie sind für therapeutische Entscheidungen völlig überflüssig, und der Jäger riskiert mit hoher Wahrscheinlichkeit weitere Bisse. Sicherer ist es, wenn man sich das Aussehen der Schlange so gut wie möglich merkt. Der gebissene Körperteil wird ruhig gehalten, evtl. mit dem SamSplint **geschient** (s. Stichwort Reiseapotheke) und **gestaut**. Hierzu wickelt man eine Mullbinde (so als ob man einen Verband anlegen wollte, nur fester) um den Körperteil zwischen Bisswunde und Körperstamm so fest wie möglich (keine Gewaltanwendung). Die Venen sollten nach dem Stauen auf dem Fuß- oder Handrücken prall gefüllt aussehen, der Puls sollte am Handgelenk bzw. Fußrücken noch tastbar sein. Kühlen der Bisswunde verzögert die Giftaufnahme etwas.

Wenn überhaupt, kann man in den allerersten Minuten nach dem Biss durch das Absaugen die Giftmenge vermindern. Passiv zum nächsten **Arzt** (wenn möglich in ein Krankenhaus) transportieren, bereits auf dem Weg dorthin bei der nächsten sich bietenden Gelegenheit telefonisch das Problem ankündigen. In schweren Fällen gilt zwar prinzipiell, dass möglichst der Arzt zum Patienten kommt und nicht umgekehrt, eine Forderung, die in den meisten Gebieten Botswanas aber eher theoretischer Natur sein dürfte. **Vorsicht** bei Unfällen mit den selteneren Speikobras: Ihr Gift muss sofort aus den Augen gewaschen werden!

## Sicherheit

Botswana ist ein **sicheres Reiseland**. Zwar ist auch hier die Kriminalität in den letzten Jahren gestiegen, doch wenn man die elementaren Sicherheitsmaßnahmen beachtet, braucht man nichts zu fürchten. Nachts sollte man in den Städten aber nicht zu Fuß gehen. Probleme gab es vor wenigen Jahren auf den **Campingplätzen in Maun**. Obwohl der letzte bekannte Diebstahl schon länger zurückliegt, sollte man dort (wie überall) keine Wertsachen oder Geld im Zelt lassen.

*Handwerkskunst in Ghanzi*

## Souvenirs

Besonders beliebte Souvenirs sind Flechtwaren, Ledererzeugnisse und Tierfelle. In der Gegend um Maun/Ngamiland sowie in Ghanzi bieten Einheimische **Korbwaren** an den Wegen an. Die Ghanzi Cooperative verkauft Sanprodukte wie verzierte Straußeneier, Leder- und Holzwaren (http://www.kuru.co.bw/gantsi_craft.html). Auch in **Etsha** gibt es sehr dekorative Korbwaren. Die Leatherworks in Pilane (nahe Mochudi) verkaufen gute Lederschuhe, Taschen, Gürtel und Geldbörsen. In Odi (zwischen Pilane und Gaborone gelegen) kann man wunderschöne Wandteppiche erstehen. In der Umgebung von Gaborone gibt es einige Töpfereien, z.B. in Thamaga die Thamaga Pottery.

## Sprache

Englisch ist die Umgangssprache in den Städten sowie größeren Orten und wird auch als Amts- und Handelssprache genutzt. SeTswana wird neben zahlreichen anderen Sprachen (s. S. 53) auf dem Lande gesprochen, doch gibt es auch in den abgelegenen Siedlungen zumeist jemanden, der etwas Englisch versteht. Zeitungen erscheinen in Englisch, ebenso sind die meisten Nachrichtensendungen englischsprachig. Niemand wird vom Reisenden die Beherrschung der SeTswana-Sprache erwarten, doch kommt es gut an, wenn man zumindest ein paar Höflichkeiten ausdrücken kann:

| | |
|---|---|
| Pula | Regen, ebenso Währungsname; wird aber auch als Begrüßung verwendet |
| kea itumela | danke |
| dumela | hallo |
| kae | wo |
| eng | was |
| mang | wer |
| jang | wie |
| go same | toll, prima, alles in Ordnung |

Wer sich für die Landessprache interessiert, kann sich im Internetbuchhandel folgendes Wörterbuch bestellen: Websters Tswana – English Thesaurus Dictionary.

## Taxi

Taxis gibt es nur in den Städten wie Gaborone, Francistown, Lobatse und Selebi Phikwe. Der Fahrpreis sollte vorher vereinbart werden, da es keine Taxiuhren gibt. Taxis erkennt man an blauen Nummernschildern.

## Telefonieren

**Vorwahl von Botswana**: 00267 – dahinter die 7-stellige Zahl, von der die ersten drei Ziffern die Telefonregion kennzeichnen (öffentliche Stellen haben oft aber auch die älteren 6-stelligen Nummern beibehalten).
**Vorwahl nach Deutschland**: 0049, in die Schweiz 0041, nach Österreich 0043
**In den abgelegenen Wildnis-Gebieten** wie z. B. dem Central Kalahari Game Reserve oder dem Kgalagadi Tranfrontier NP ist eine Kommunikation nur mit **Satelliten-Telefonen** möglich. Leihgeräte sind u. a. unter www.satfon.de möglich.

Telefonieren über **Handy** ist in größeren Städten, zentralen Orten sowie entlang der Hauptstrecken möglich. Die botswanischen Betreiber heißen Mascom Wireless (www.mascom.bw) und Orange Botswana (www.orange.co.bw). Mit einer Telefonkarte (erhältlich in Hotels, Tankstellen und manchen Geschäften) kann man einfach lostelefonieren.

## Trinkgeld

In Restaurants sowie Hotels sollte man etwa 10 % geben (manchmal schon im Preis berechnet ist). Ebenso erwarten Safari-Guides, Mokoro-Fahrer sowie das Personal in Camps ein Trinkgeld. Als Trinkgeld sollte man pro Person pro Tag 5 US$ für das gesamte Camp-Personal (hierfür gibt es in den meisten Camps eine sog. „General Tip Box") und pro Aktivität 5 US$ für den Guide einplanen.

## Trinkwasser

Leitungswasser ist oft sehr chlorhaltig. Unterwegs ist es am besten, nur Grundwasser aus Bohrlöchern zu trinken. Wenn man nicht sicher ist, sollte man das Wasser abkochen oder mit Spezialfiltern reinigen. Mit Hilfe der sog. „Katadyn-Pumpe" kann man mühelos Wasser entkeimen, ebenso durch Zugabe von Micropur-Tabletten.

## Unterkunft

**Campingplätze:** s. Stichwort Camping

**Hotels**

In den größeren (und touristischen) Orten wie Gaborone, Francistown, Maun und Kasane gibt es akzeptable Hotels, in denen neben Touristen auch Geschäftsreisende übernachten. Diese sind von der Qualität her meist in Ordnung, aber lassen natürlich das „afrikanische Flair" der Lodges oder Campingplätze vermissen.

**Lodges**

Lodges stellen besonders hochwertige Unterkünfte inmitten privater Wildschutzgebiete dar. Die Unterkünfte sind in der Regel architektonisch besonders kreativ und schön. Ein Hauch von mehr oder weniger Luxus umgibt da so manche Lodge, auf ausgezeichnetes Essen und eine entsprechende Präsentation wird großer Wert gelegt. Je nach Lodge gibt es eine Vielzahl von Aktivitäten, vor allem aber Wildbeobachtungsfahrten mit Rangern, mit denen man auch beim Essen zusammensitzt. Sundownerfahrten, Überraschungs-Frühstück in der Natur und gute Erklärungen zu Fauna und Flora gehören dazu ebenso wie Afrikatypische offene Landrover. Grundsätzlich gehören solche Lodges zu den teuersten Unterkünften im Lande.

Viele Lodges bieten auch Luxuszelte auf Holzplattformen als Unterkünfte an. Dies sind riesige Zelte mit Bad und Toilette, sehr oft ganz toll afrikanisch eingerichtet, mit eigener Veranda und manchmal sogar noch einem kleinen privaten Pool.

info

## Community Based Tourism

Im Zuge des expandierenden Tourismus in Botswana wird mehr und mehr versucht, nicht nur die großen Safarianbieter, sondern auch die Bevölkerung vor Ort davon profitieren zu lassen. Zumeist in sehr ländlichen Gebieten ist es das Ziel, die Lebensbedingungen der ländlichen Gemeinden zu verbessern, indem Hilfen gegeben werden, touristische Projekte zu entwickeln und dadurch Arbeitsplätze zu schaffen.

Der im Lande reisende Tourist soll dadurch die Möglichkeit erhalten, verstärkt mit der einheimischen schwarzen Bevölkerung in Kontakt zu treten, indem er die eingerichteten Kunsthandwerkstätten, traditionelle Dörfer, Campingplätze, Restcamps, Museen besucht bzw. sich der einheimischen Fremdenführer bedient. Immer steht die Einbeziehung der lokalen Bevölkerung im Vordergrund: Sie soll in erster Linie vom Tourismus als Einnahmequelle profitieren. So handelt es sich bei den Community Camps grundsätzlich um einfache, aber saubere Lager. Für den kleinen Komfortverzicht aber wird man mit einem guten Einblick in die afrikanische Lebens- und Denkweise belohnt. Weitere Informationen unter www.cbnrm.bw

**Einige Community Projects in Botswana**:
**Okavango Polers Trust**, Seronga: Im Norden des Okavango-Deltas wird ein kleiner Campingplatz betrieben und es werden Mokoro-Safaris angeboten. Anreise über Shakawe mit dem Boot. Infos und Buchung: ☏/🖷 (267) 687-6861, www.okavangodelta.co.bw

info

**Ju/'hoansi San**, Hambukushu, nahe Tsodilo Hills: Der Campingplatz steht unter Verwaltung der San, die auch die Touren zu den Felszeichnungen vornehmen. Zudem gibt es ein Museum und Souvenirs zu kaufen. Infos und Buchung: ☏ (267) 687-508-4 o. -5, E-Mail: k.rousset@botsnet.bw.

**Bayei**, Sankuyo Village, South Gate, Moremi: Die Lodge ist das Vorzeigebeispiel eines „community based project". Betrieben wird sie von Bewohnern des Sankuyo Village. Ihnen wurde auch das Konzessionsgebiet der Region übertragen, in dem unter anderem die seltenen Wildhunde leben. Zudem gibt es einen Campingplatz. Infos und Buchung: ☏ 680-0664, 🖷 680-0665.

**Nata Bird Sanctuary**, Nata: Camping und Vogelbeobachtung nahe den Makgadikgadi Pans für Reisende, die nach/von Maun oder Kasane kommen. Das Gelände wird von den vier umliegenden Gemeinden betrieben, die hier auch Workshops veranstalten. Infos und Buchung: ☏ (267) 71612762, 🖷 (267) 6211227.

## Versicherungen

Es ist zu empfehlen, eine **Auslands-Krankenversicherung** abzuschließen. Ebenfalls sind eine Reiserücktritts- und Reiseausfall-Versicherung anzuraten (hohe Stornokosten der Reiseveranstalter) sowie eine Gepäckversicherung.

## Veterinärkontrollen

Generell dürfen keine frischen Lebensmittel nach Botswana eingeführt werden, das betrifft vor allem rohes Fleisch, aber auch Obst und Gemüse. Damit soll ein Ausbruch der Maul- und Klauenseuche verhindert werden. Die Intensität der Kontrollen an den Grenzübergängen und Veterinärzäunen hat in ganz Botswana in 2011 zugenommen. Im schlimmsten Fall geht es für Sie mit Schuhen und Auto durch eine Desinfektionsflüssigkeit und die Frischware, falls

*Der Check am Veterinary Fence beinhaltet mitunter auch einen Blick in den Kühlschrank*

man welche dabeihat, kann einem abgenommen werden. Kontrolliert wird in jedem Fall immer dann, wenn man ein Gebiet mit Maul- und Klauenseuche verlässt.

Da die Auswahl an Lebensmitteln **in Windhoek bzw. Johannesburg** größer ist, sollte man sich nach der Ankunft dort schon einmal eine **Grundversorgung einkaufen** und diese dann in Ghanzi bzw. der ersten größeren Stadt Botswanas ergänzen.

## Zeit

Während unserer Sommerzeit gibt es keinen Zeitunterschied. In der übrigen Zeit muss man die Uhr eine Stunde vorstellen.

## Zeitungen

**Daily News:** Offizielle Regierungszeitung mit nationalen und internationalen Nachrichten – erscheint täglich, www.dailynews.gov.bw.
**The Monitor/Mmegi:** „Mmegi“ bedeutet „Reporter“ – einziges unabhängiges landesweites Tageszeitungshaus neben der regierungstreuen Daily News, www.mmegi.bw.
**Ngami Times:** Zeitung des Ngami-Landes (Nordbotswana), www.ngamitimes.com.
**Gazette**: unabhängig, nur Donnerstag, www.gazettebw.com.
**Botswana Guardian**: unabhängig, nur Freitag, www.botswanaguardian.co.bw.

An internationalen Zeitungen sind in einigen Hotels z.B. The International Herald Tribune erhältlich, ebenso die Times und Newsweek.

## Zoll

Botswana gehört seit 1969 zur Zollunion (Southern African Common Customs Area), zu der zudem Lesotho, Swaziland, Namibia und Südafrika gehören. Alle Güter, die man aus diesen Ländern mitbringt, sowie Produkte für den persönlichen Bedarf sind zollfrei. Weitere mitgeführte Waren dürfen im Gesamtwert nicht mehr als ZAR 10.000 (South African Rand) pro Person betragen, oder sie sind entsprechend zu verzollen.

Reist man von außerhalb der Zollunion direkt nach Botswana, so gibt es folgende Einfuhrbeschränkungen: 2 Liter Wein, 1 Liter Bier und Spirituosen, 400 Zigaretten, 50 Zigarren, 250 g Tabak, 50 ml Parfum, 250 ml Eau de Toilette, 1 kg Seife.

Die Einfuhr von **Fleisch und Milchprodukten** ist derzeit verboten (s. auch Veterinärkontrollen).

# Entfernungstabelle

| | Bokspits | Francistown | Gaborone | Ghanzi | Jwaneng | Kang | Kanye | Kasane | Lobatse | Mahalapye | Maun | Nata | Orapa | Palapye | Ramatlabama | Selebi-Phikwe | Serowe | Serule | Tshabong | Werda |
|---|---|---|---|---|---|---|---|---|---|---|---|---|---|---|---|---|---|---|---|---|
| **Bokspits** | — | 1156 | m874 | m724 | k591 | 591 | 645 | d1755 | 649 | 921 | c1151 | d1455 | 1397 | 1000 | f697 | i1134 | 1046 | 1046 | 246 | 381 |
| **Francistown** | 1156 | — | 433 | g778 | 629 | f871 | 547 | 488 | 508 | 235 | 492 | 188 | 240 | 163 | 556 | 151 | 210 | 84 | 910 | 777 |
| **Gaborone** | m874 | 433 | — | e712 | 202 | f438 | 120 | a909 | 75 | 198 | 915 | a621 | 673 | 270 | 123 | 402 | 315 | 342 | 478 | 350 |
| **Ghanzi** | m724 | g778 | e712 | — | 519 | 274 | 592 | d933 | 637 | g1013 | 286 | h590 | a1010 | g941 | f685 | g929 | g988 | g869 | 619 | 491 |
| **Jwaneng** | k591 | 629 | 202 | 519 | — | 240 | 82 | a1122 | 127 | 400 | c801 | 817 | 864 | 471 | 175 | 605 | 517 | 545 | k333 | 198 |
| **Kang** | 591 | f871 | f438 | 274 | 240 | — | 319 | d1152 | 363 | 636 | c560 | d865 | f1110 | f708 | 411 | 840 | f747 | f780 | 345 | 217 |
| **Kanye** | 645 | 547 | 120 | 592 | 82 | 319 | — | a1029 | 45 | 318 | a1035 | a741 | 792 | 390 | 93 | 522 | 429 | 462 | 399 | 283 |
| **Kasane** | d1755 | 488 | a909 | d933 | a1122 | d1152 | a1029 | — | 1008 | 735 | h616 | 312 | a732 | 663 | 1056 | 651 | 709 | 585 | 1411 | 1283 |
| **Kazungula** | d1747 | 480 | a921 | d920 | a1109 | d1245 | b1041 | 12 | 996 | 723 | h604 | 300 | a720 | 651 | 1044 | 639 | 697 | 572 | 1399 | 1271 |
| **Lobatse** | 649 | 508 | 75 | 637 | 127 | 363 | 45 | 1008 | — | 273 | a990 | a690 | 748 | 345 | 48 | 477 | 384 | 417 | 410 | 275 |
| **Mahalapye** | 921 | 235 | 198 | g1013 | 400 | 636 | 318 | 735 | 273 | — | 717 | 417 | 475 | 72 | 321 | 204 | 111 | 144 | 676 | 548 |
| **Maun** | c1151 | 492 | 915 | 286 | c801 | c560 | a1035 | h616 | a990 | 717 | — | d304 | a724 | 655 | a1048 | 643 | 702 | 583 | c905 | 777 |
| **Nata** | d1455 | 188 | a621 | g590 | 817 | d865 | a741 | 312 | a690 | 417 | d304 | — | a420 | 351 | 744 | 339 | 398 | 279 | 1099 | 965 |
| **Orapa** | 1397 | 240 | 673 | a1010 | 864 | f1110 | 792 | a732 | 748 | 475 | a724 | a420 | — | 403 | 796 | 391 | 450 | 324 | 1151 | 1017 |
| **Palapye** | 1000 | 163 | 270 | g941 | 471 | f708 | 390 | 663 | 345 | 72 | 655 | 351 | 403 | — | 393 | 132 | 47 | 72 | 748 | 620 |
| **Ramatlabama** | f697 | 556 | 123 | f685 | 175 | 411 | 93 | 1056 | 48 | 321 | a1048 | 744 | 796 | 393 | — | 525 | 432 | 465 | 451 | 323 |
| **Ramokgwebama** | 1239 | 82 | 515 | g860 | 711 | 953 | 635 | 582 | 590 | 317 | 574 | 270 | 322 | 380 | 638 | 233 | 292 | 164 | 993 | 865 |
| **Selebi-Phikwe** | i1134 | 151 | 402 | g929 | 605 | 840 | 522 | 651 | 477 | 204 | 643 | 339 | 391 | 132 | 525 | — | 179 | 60 | 888 | 754 |
| **Serowe** | 1046 | 210 | 315 | g988 | 517 | f747 | 429 | 709 | 384 | 111 | 702 | 398 | 450 | 47 | 432 | 179 | — | 119 | 800 | 666 |
| **Serule** | 1046 | 84 | 342 | g869 | 545 | f780 | 462 | 585 | 417 | 144 | 583 | 279 | 324 | 72 | 465 | 60 | 119 | — | 828 | 693 |
| **Tshabong** | 246 | 910 | 478 | 619 | k333 | 345 | 399 | 1411 | 410 | 676 | c905 | 1099 | 1151 | 748 | 451 | 888 | 800 | 828 | — | 693 |
| **Werda** | 381 | 777 | 350 | 491 | 198 | 217 | 283 | 1283 | 275 | 548 | 777 | 965 | 1017 | 620 | 323 | 754 | 666 | 693 | 128 | — |

Die Strecken führen über: a Francistown b Gerta c Ghanzi d Gweta e Kang f Lobatse g Maun h Nata i Palapye k Sekoma m Werda

# Das kostet Sie Botswana

*– Stand: Oktober 2011 –*

Die „Grünen Seiten" sollen ein Preisbeispiel für den Urlaub in Botswana geben, damit man sich ein realistisches Bild über die Kosten einer Reise und eines Aufenthaltes machen kann. Natürlich sollte man die Preise nur als vage **Richtschnur** auffassen. Bei einigen Produkten/Leistungen ist eine Preis-Spannbreite angegeben.

Im April 2010 gab es eine Mehrwertsteuererhöhung von 2 % (auf 12 %), Reisen nach Botswana sind dementsprechend teurer geworden.

**Hinweis**

In diesem Buch werden Regionen verschiedener Länder beschrieben, weshalb neben US$-Angaben auch die jeweiligen Landeswährungen angegeben sind. Die Unterkünfte-Klassifizierungen sollen Anhaltspunkte bieten, um welche Preiskategorie es sich im jeweiligen Land bzw. in der jeweiligen Region handelt. Daneben sind immer noch die konkreten Preise angegeben (in Pula, US$, Rand oder Namibia-Dollar)

| **Aktuelle Kurse** | | |
|---|---|---|
| 1 US$ | | 0,72 € |
| 10 Pula | (Botswana) | 0,97 € |
| 10 Pula | | 1,35 US$ |
| 10 ZAR | (Südafrika) | 0,91 € |
| 10 ZAR | | 1,27 US$ |
| 10 N$ | (Namibia) | 0,91 € |
| 10 N$ | | 1,27 US$ |

Der Namibia-Dollar ist paritätisch an den Südafrikanischen Rand gekoppelt.
**Aktuelle Wechselkurse** unter www.oanda.com

## Flugpreise

Die Preise variieren – je nach Zielflughafen und Saison – stark.

**Gaborone** ist direkt von Europa nicht anzufliegen, man erreicht es mit einer Zwischenlandung in Johannesburg, ab April 2012 plant **Air Namibia**, eine Verbindung ab Windhoek aufzunehmen. **Air Botswana** (www.airbotswana.com.bw) verbindet Gaborone mit Maun, Kasane, Francistown, Harare und Johannesburg (zwischen € 190 und € 270 für Hin- und Rückflug).

**South African Airways** (www.flysaa.com)
Die **SAA** (Mitglied der Star Alliance) fliegt tgl. nonstop ab München und Frankfurt nach Johannesburg. Es ist möglich, von jedem deutschen Flughafen (Zubringerflug: Lufthansa) in

das südliche Afrika zu fliegen und dabei u.a. folgende Ziele als Anflug- oder Abflughafen zu nutzen: Johannesburg, Windhoek, Victoria Falls, Maun. Die Preise bewegen sich inkl. Rail & Fly zwischen € 770 und 1.020.

**Lufthansa** (www.lufthansa.com)
Lufthansa bietet Flüge ab allen deutschen Flughäfen über Frankfurt nach Johannesburg (tgl.) an. Preise: zwischen € 780 und € 1.030.

**Air Namibia** (www.airnamibia.com)
Air Namibia bietet sehr günstige Verbindungen an. Preise: Frankfurt – Windhoek – Frankfurt ab € 940; Frankfurt – Windhoek – Maun – Windhoek – Frankfurt: ab € 1.060; Frankfurt – Windhoek – Victoria Falls – Windhoek – Frankfurt ebenfalls ab € 1.060; alle Preise inkl. Rail & Fly.

**Air Berlin** (www.airberlin.com)
Die Airline bietet Nonstop-Flüge von München nach Windhoek ab € 900.

Zudem gibt es günstige Verbindungen mit **British Airways** über London (nach Johannesburg ab € 700, www.ba.com), mit **Swiss** ab Zürich (nach Johannesburg ab € 839, www.swiss.com), **KLM/Air France** über Amsterdam bzw. Paris (nach Johannesburg ab € 730, www.klm.com, www.airfrance.com).

## Mietwagen

**Hinweis**

Zu den im Folgenden genannten Preisen, die sich auf Namibia beziehen, muss man eine Einwegmiete von ca. N$ 4.000–5.000 rechnen, wenn man das Fahrzeug in Botswana übernimmt. Zum Teil muss auch das Permit bezahlt werden, mit dem man nach Zimbabwe einreisen kann (allerdings nur bis Harare).

### Nicht-ausgestattete Allradfahrzeuge
Nissan double cabin z.B. von Budget, Mietzeit mehr als 14 Tage: ca. € 93 pro Tag inklusive aller km (Vollkasko). Einwegmieten zwischen Namibia und Botswana sind möglich. Einweggebühren zwischen den Budget-Stationen: Namibia – Botswana N$ 4.000; Einweg Zimbabwe: auf Anfrage.

### Ausgestattete Allradfahrzeuge
Vollausgestatteter Nissan double cabin von Safe!Cars operated by Budget mit Klimaanlage, 2 Dachzelten, Kühlschrank, sämtlichem Campingzubehör und Bettzeug kostet bei einer Mietzeit von mehr als 16 Tagen € 93 pro Tag (Vollkasko), alle km eingeschlossen.

### Ausgestattete Allrad-Camperfahrzeuge
Unter anderem bietet die Firma Kea 4x4 STXE für 2 Personen an. Diese Fahrzeuge haben einen Dieselmotor. Die Komplettausstattung umfasst Kühlschrank, Campingausrüstung usw. Kosten bei einer Miete von über 21 Tagen: ca. € 96–132 bei einem Selbstbehalt im Schadensfall von N$ 45.000. Mit Vollversicherung kostet der Wagen € 127–164.

## Eintrittspreise Nationalparks

| Art der Gebühr | Personengruppe | Preis pro Tag (in Pula) |
|---|---|---|
| **Eintrittsgebühr** | 18 Jahre und älter | P 120 |
| | zwischen 8 und 17 Jahren | P 60 |
| | 7 Jahre und jünger | frei |
| **Auto** (mit ausländischem Kennzeichen) | | P 50 |
| **Campinggebühr** | 16 Jahre und älter | zwischen P 30 und US$ 50 |

## Übernachtungspreise

Aktuelle Übernachtungspreise entnehmen Sie bitte den Reisepraktischen Informationen dieses Buchs. Generell sind die Übernachtungspreise in den „schönen" abgelegenen Lodges Botswanas extrem teuer, da die Versorgungslogistik sehr kompliziert ist (ab US$ 600/Nacht aufwärts). Aber auch die Tarife für die Campingplätze haben kräftig angezogen (bis zu US$ 50 pro Nacht). Generell ist Botswana, auch bei Sparmöglichkeiten z.B. durch Selbstversorgung, kein günstiges Reiseziel.

Die in diesem Buch verwendeten Preiskategorien entsprechen in etwa folgenden Preisen. Die Kategorien sollen nur als Anhaltspunkte dienen, konkrete Preise sind immer angegeben. In Botswana sind die Preise der Unterkünfte außerhalb der Städte meistens entweder sehr teuer (Luxus-Lodges) oder Campingmöglichkeiten. „Normale" Hotels gibt es nur in den größeren Orten. Teure Unterkünfte werden meist in US-Dollar abgerechnet.

| | | |
|---|---|---|
| **Botswana** Preis p.P. im DZ | $ | bis ca. 150 Pula |
| | $$ | bis ca. 500 Pula |
| | $$$ | bis ca. 1.000 Pula |
| | $$$$ | bis ca. 2.000 Pula |
| | $$$$$ | ab 2.000 Pula, nach oben offen |
| **Namibia** Preis p.P. im DZ | $ | bis ca. 350 N$ |
| | $$ | bis ca. 600 N$ |
| | $$$ | bis ca. 950 N$ |
| | $$$$ | bis ca. 1.300 N$ |
| | $$$$$ | ab 1.300 N$ |

| | | |
|---|---|---|
| **Südafrika**<br>Preis pro DZ | $<br>$$<br>$$$<br>$$$$<br>$$$$$ | bis ca. 400 ZAR<br>bis ca. 600 ZAR<br>bis ca. 1.000 ZAR<br>bis ca. 2.000 ZAR<br>ab 2.000 ZAR |

## Benzin

Ein Liter Normalbenzin bzw. Diesel kostet ca. P 8, wobei die Preise starken Schwankungen unterworfen sind. Im Schnitt ist ein Liter nur gut halb so teuer wie in Deutschland.

## Safaris

### Preiswerte Safaris für junge und junggebliebene Reisende

Preiswerte Overland-Safari (Camping-Safari) z.B. mit Drifters South Africa (über Nomad Adventures) ab Johannesburg über Nata, Makgadikgadi Pans, Maun, Okavango-Delta, Moremi Game Reserve, Victoria Falls und zurück nach Johannesburg kostet ca. € 1.625 pro Person (16 Tage).

### Lodge-Safari

Eine **Fly-in-Lodge-Safari** (mind. 2 Personen, 11 Tage) zu den Höhepunkten in Botswanas Norden (Abstecher zu den Victoria Falls, Chobe National Park, Moremi Game Reserve, Okavango-Delta, Maun) mit Unterbringung in komfortablen Lodges kostet ca. € 3.500–5.500 p. P. im Doppelzimmer.
Eine **Lodge-Safari** mit ähnlichem Verlauf in rustikaleren Unterkünften kostet je nach Saison € 2.900–3.900 p. P. im DZ.

### Selbstfahrertour ab/bis Windhoek

Eine 20-tägige **Selbstfahrertour** inkl. Mietwagen (4x4) z.B. von Windhoek über Grootfontein, Popa Falls, Chobe National Park, Makgadikgadi, Maun, Moremi Game Reserve, Okavango und über Ghanzi zurück nach Windhoek kostet ca. € 4.500–5.500 p. P. im DZ.

### Fly-In-Safari

Ker & Downey bietet eine 4 Nächte-Kombination zwischen den eigenen Camps Shinde, Kanana und Okuti an. Preisbeispiel: In der Hauptsaison (01.07.–31.10.) ab/bis Maun inkl. Vollverpflegung und aller Safari-Aktivitäten: ca. US$ 3.700 p. P. im DZ. In der Nebensaison (März und Dezember) ca. US$ 2.200.

# 3. ROUTENVORSCHLÄGE UND ANREISEMÖGLICHKEITEN

# Übersicht

Im Folgenden sollen einige Routenführungen nach und in Botswana vorgestellt werden. Die in den Routenvorschlägen dargestellten Einzelstrecken und Ziele werden ab Kapitel 4 ausführlich beschrieben.

s. Karte in der vorderen Umschlagklappe

## Routenvorschläge

**(Programme für 3–6 Wochen)**

| **Klassische Botswana-Namibia-Tour** |
| --- |
| Windhoek – Maun – Moremi – Savute/Chobe National Park – Victoria Falls – Caprivi-Streifen – Abstecher Shakawe und Tsodilo Hills – Rundu – Waterberg Plateau Park – Windhoek<br>(ca. 3.100 km) |
| **Erweiterungsvorschlag** |
| ab Shakawe dem Westrand des Okavango-Deltas folgend (Möglichkeit des Besuchs der abgelegenen Aha Hills sowie der Drotsky's Caves) zurück über Ghanzi und Buitepos nach Windhoek<br>(ca. 3.250 km mit Abstecher Aha Hills/Drotsky's Caves) |
| **Tour mit Kalahari** |
| Windhoek – Maun – Moremi – Savute/Chobe National Park – Victoria Falls – Nxai Pan National Park – Orapa – Gaborone – Kgalagadi Transfrontier Park – Windhoek<br>(ca. 5.000 km) |
| **Ab Johannesburg mit Botswanas Osten** |
| Johannesburg – Gaborone – Tuli Block – Nata – Nxai Pan National Park – Maun – Moremi – Savute/Chobe National Park – Victoria Falls – Francistown – Gaborone – Johannesburg<br>(ca. 5.500 km) |

*Empfehlenswert: Abstecher zu den Tsodilo Hills*

### Hinweis: GPS-Daten

Die in den Karten eingetragenen GPS-Daten sollen als Anhaltspunkte dienen. **Alle Angaben ohne Haftung und Gewähr**. In jedem Fall empfehlenswert ist der Kauf eines bewährten Datensatzes mit GPS-Daten – als CD oder zum Download – der auf das Navigationssystem aufgespielt werden kann. Unter anderem ist ein solcher unter **www.dt800.de** oder **www.tracks4africa.com** erhältlich. Mit ihm kann man auch ungefähre Fahrtzeiten bestimmen.

Im Folgenden einige Informationen zu den meistbefahrenen Routen, vor allem im Norden des Landes. Straßenzustände und Zeitempfehlungen sollen nur als Anhaltspunkte dienen.

| Streckenabschnitt | Tage (empf.) | ab Seite | km | Streckenqualität | Zeit (ca.) |
|---|---|---|---|---|---|
| **Windhoek – Buitepos (Grenze)** | 1 | 133 | 318 | Gute Asphaltstraße | ca. 3,5–4 h |
| **Buitepos – Ghanzi** | 0,5 | 135, 317 | 210 | Gute Asphaltstraße | ca. 2 h |
| **Ghanzi – Maun** | 2 | | 288 | Asphaltstraße | ca. 4–4,5 h |
| **Maun – Moremi (Xakanaxa)** | 3-5 | 155 | 145 | bis Shorobe (47 km) geteert, danach Kies- und Sandpiste, relativ gut | ca. 4 h |
| Unterabschnitte: | | | | | |
| Maun – Shorobe | | | 47 | asphaltiert | |
| Shorobe – South Gate Moremi | | | 98 | Kies- und Sandpiste | |
| South Gate Moremi – Abzweigung nach Xakanaxa über Hippo's Pond | | | 29 | Kies- und Sandpiste | |
| Abzweigung (s.o.) – Xakanaxa | | | 50 | Kies- und Sandpiste | |
| **Moremi – Savute** | 2-3 | 194, 211 | 162 | sandige, z.T. schmale Piste, im Verlauf d. Sand Ridge ca. 2 km tiefer Sand; im Bereich d. Chobe N.P. gute Fahrmöglichkeit | 5 h |
| Unterabschnitte: | | | | | |
| Xakanaxa Camp – North Gate | | | 48 | gute Spur; max. 20-30 km/h | |
| North Gate – Abzweig Savute | | | 3 | Sand- und Kiespiste | |

| | | | | | |
|---|---|---|---|---|---|
| Abzweig Savute – Mababe (Chobe Gate) | | | 47 | z.T. tiefer Sand (Sandridge); Vierrad | |
| Mababe – Savute Camp | | | 64 | sandig | |
| Abstecher von Savute zum Linyanti | | 217 | 43 | sehr, sehr tiefer Sand, Vierrad | 1:50 h |
| **Savute – Kasane bzw. Ihaha Campsite** | 1-2 | 222 | 170 | zum Großteil Asphaltstraße (ab Kachikau), die ersten 80 km Sand- und Kiespiste sind allerdings recht schwer zu befahren Ab Ngoma Gate asphaltiert. | 4-5 h |
| Unterabschnitte: | | | | | |
| Savute – Kachikau | | | 77 | z.T. tiefer Sand, Vierrad | |
| Kachikau – Kavimba | | | 13 | Asphaltstraße | |
| Kavimba – Ngoma Bridge | | | 23 | Asphaltstraße | |
| Ngoma Bridge – Abzweig (links) Ihaha | | | 26 | Asphaltstraße | |
| Alternative: Savute über Nogatsaa nach Ihaha | | 224 | 197 | sandige Wegstrecke, Vierrad erforderlich | ca. 7 h |
| **Kasane – Victoria Falls** | 1-2 | 239 | 70 | von Kasane bis Kazungula und weiter bis Victoria Falls gute Asphaltstraße | 2 h |
| Victoria Falls – Katima Mulilo | 1 | | 123 | gute Kiespiste | 2-3 h |
| Katima Mulilo – Shakawe | 2-4 | | 239 | gute Asphaltstraße | 6 h |
| Abstecher: Shakawe – Tsodilo Hills – Shakawe | | 271 | 106 | z.T. sandiger Weg, schmale Piste, max. 20 km/h | |
| Shakawe – Gumare – Sehithwa – Ghanzi – Windhoek | 2 | | 1.006 | komplett Asphaltstraße | 2-3 Tage |

| | | | | | |
|---|---|---|---|---|---|
| Shakawe – Bagani – Rundu – Grootfontein – Waterberg Plateau Park – Windhoek | 2-4 | | 950 | Rundu – Bagani – Grootfontein asphaltiert, sonst gute Schotterstraßen; unbefestigte Wege in den Reservaten; Rundu – Abzweig Waterberg Plateau Park Asphaltstraße; Pad 2612/2512 gute Schotterpiste; ab Waterberg Plateau Park (C22) Asphaltstraße | 2 Tage |
| Kasane – Nxai Pan National Park | 2 | 297 | 554 | Von Kasane bis Nata und Richtung Maun Asphaltstrecke. Bis Nata z. T. große Schlaglöcher, ab Nata Richtung Maun gute Asphaltstraße, ab der Abzweigung zum Nxai Park einspuriger, gut zu befahrener Weg | 10 h |
| Johannesburg – Gaborone | 6 | 147 | 425 | Asphaltstraße | 5 h |
| **Gaborone – Kgalagadi Transfrontier Park – Windhoek** | 3-6 | 243 | 1.733 | gut zu befahrene Straßen | 3-4 Tage |

*Die Christuskirche in Windhoek*

# Anreise über Windhoek/Namibia

Viele Selbstfahrer reisen über Namibia nach Botswana, das sich aufgrund der sehr guten touristischen Infrastruktur als Ausgangspunkt anbietet. Drei Alternativstrecken stehen zur Wahl, auf denen es, wenn man genug Zeit hat, durchaus einiges zu sehen und erleben gibt.

## Windhoek

Windhoek, die Hauptstadt Namibias, erinnert in vielerlei Hinsicht eher an ein deutsches Provinzstädtchen als an eine afrikanische Metropole. In den letzten Jahren allerdings findet ein deutlicher Wandel statt: Es entsteht kontinuierlich ein interessanter Mix aus europäisch-afrikanischen Einflüssen. Wer Zeit zu einem kleinen Stadtrundgang hat: Die meisten Sehenswürdigkeiten (Christuskirche, Alte Feste, Transnamib Museum, Tintenpalast, Meteoritenbrunnen) sind gut zu Fuß zu erreichen.

*Stadtspaziergang*

Zentralachse der Innenstadt ist die **Independence Avenue**. An dieser Straße reihen sich Geschäfte und Lokale aneinander. Eine Übernachtung nach der Ankunft bzw. vor dem Abflug bietet sich an, wenn man am Reisetag keine weiten Strecken mehr mit dem Auto zurücklegen möchte, wenn man sich akklimatisieren will oder in aller Ruhe den Einkauf des Proviants für die Campingtour nach Botswana erledigen möchte. Daher sind hier einige wenige Unterkünfte vorgestellt. Ausführliche Informationen zu Windhoek und ganz Namibia in Iwanowski's **Reiseführer Namibia**, 26. Auflage 2012, ISBN 978-3-86197-047-7.

## Reisepraktische Informationen Windhoek

**Zu An- und Einreise** s. S. 90, 99
**Vorwahl Namibia**: 00264
**Währung**: Namibia-Dollar
**Aktueller Kurs**: 1 € = ca. 10,9 N$

### Unterkünfte (Auswahl)

**Hotel-Pension Moni $$$**, *Rieks van der Walt Str. 7, Windhoek, ☎ 061/228350, www.monihotel.com. 725 N$/Doppelzimmer mit Frühstück. In einem ruhigen Wohngebiet gelegen. 12 praktische, freundlich eingerichtete Zimmer sowie ein netter Frühstücksraum und Pool. Persönliche Ansprache sowie Betreuung der Gäste durch die Inhaberfamilie. Parkmöglichkeiten. Gutes Preis-Leistungs-Verhältnis.*
**The Elegant Bed & Breakfast** $$$$, *Jörn und Birke Dedig, Ecke von-Eckenbrecher- und Ziegler Straße, Klein Windhoek, ☎ 061/301934, www.the-elegant-collection.com. 1.250 N$ p.P im DZ mit Frühstück. In einer ruhigen Wohngegend in Klein Windhoek, nicht weit vom Zentrum entfernt. Das B&B bietet 6 luxuriös eingerichtete Doppelzimmer. Ebenfalls gibt es ein üppiges Frühstücksbuffet, ein angenehmes Wohnzimmer mit Fernseher und einer kleinen Bibliothek. Im schönen Garten mit Swimmingpool, Sitzecke und vielen Zitronenbäumen kann man nach der Stadtbesichtigung entspannen.*
**Villa Verdi** $$$$, *4 Verdi Street, ☎ 061/221994, http://www.leadinglodges.com/namibia/villa_verdi_guesthouse.html. Ab 940 N$ p.P. In einem ruhigen Wohngebiet Windhoeks gelegen. 10 Zimmer, in afrikanischem Ambiente eingerichtete Gästelodge mit Schwimmbad.*

***Umgebung von Windhoek***
**Gästefarm Elisenheim** $$, *☎/📠 061/264429, www.natron.net/tour/elisenheim. 700 N$ im DZ inkl. Frühstück. Anfahrt: Richtung Okahandja, dann rechts (Abzweigung: Brakwater) in die D 1473 einbiegen, von da an folgen Sie der Ausschilderung (8 km). Die gemütliche Gästefarm liegt 15 km nördlich von Windhoek in den Eros-Bergen, Swimmingpool vorhanden. Angeboten werden 9 Zimmer, eine Berghütte für Selbstversorger sowie schattige Campingplätze. Aktivitäten: Wandermöglichkeiten und Farmrundfahrten. Geeignet für alle, die relativ preiswert in der Nähe der Stadt in der Natur wohnen möchten.*
**Etango Ranch** $$$$$, *☎ 062/540451, www.etangoranch.com. Ca. 1.350 N$ p.P. im DZ mit Abendessen und Frühstück. Lage: gegenüber dem Internationalen Flughafen. Die Farm bietet sich als Übernachtungsstation vor dem Abflug an und verfügt über 6 geschmackvoll eingerichtete Zimmer in 3 Bungalows und 6 einfachere Rondavels. Mahlzeiten müssen vorher bestellt werden. Es werden Panoramafahrten, Wanderungen und Stadttransfers angeboten. Nette Gastgeber.*
**Gästefarm Hohewarte** $$$, *☎/📠 081/4261893, www.batzcomposites.com. 680 N$ im DZ p.P. inkl. Frühstück. Ca. 45 km südöstlich von Windhoek. Anfahrt: von Windhoek auf der B 6 in Richtung Flughafen. Nach ca. 28 km biegt man rechts in die C 23 ein. Nach etwa 15 km geht es links nach Hohewarte ab. Das Farmhaus war einst Polizeistation der*

*Deutschen Schutztruppe. Die etwa 10.000 ha große Farm liegt am Fuß der bis 2.300 m hohen Bismarckberge und umfasst eine hügelige, typische Savannenlandschaft. Wanderungen und Farmrundfahrten werden angeboten. Es stehen insgesamt 5 geräumige Zimmer zur Verfügung. Ein Schwimmbad sowie ein schöner Sundowner-Platz laden zum Verweilen ein.*
**Gästefarm Ondekaremba** $$$, ☏ *062/540424, www.ondekaremba.de. Ab 600 N$ p.P. im DZ inkl. Frühstück sowie Kaffee und Kuchen. Anfahrt: Die Farm liegt an der B 6, 36 km östlich von Windhoek. Sie fahren vom Internationalen Flughafen ca. 7 km Richtung Windhoek, danach geht's – hinter einer Kuppe – nach rechts (Schild). Nach weiteren 4 km erreichen Sie das Farmhaus. Von Windhoek: Auf der B 6 37 km nach Osten fahren, danach links (Ausschilderung) in die Farmpad einbiegen. Sehr angenehm eingerichtete Gästefarm, äußerst nette Gastgeber, schöner Swimmingpool – gleich nach dem Flug oder am Ende der Reise fühlt man sich hier wohl – mitten in einer ruhigen namibischen Landschaft! Es stehen 8 geräumige, freundliche Zimmer zur Verfügung. Sehr gutes Essen, freundliche persönliche Betreuung. Aktivitäten: Reiten, Wandern, Farmrundfahrten, Wildbeobachtung. Auch Camping ist möglich, es gibt drei Stellplätze in der Nähe des Haupthauses, Grillplatz, Wasser und Strom mit eigenen sanitären Anlagen vorhanden, 120 N$/Person.*

### Einkaufen

**Campingbedarf: Cymot**, *15 Newcastle Street/Northern Industrial Area,* ☏ *061/2956000, www.greensport.com.na.*
**Camping-Zubehör-Verleih: Camping Hire Namibia**, *78 Mosè Tjitendero Street, Olympia,* ☏/🖷 *061/252995, E-Mail: camping@iafrica.com.na, www.natron.net/tour/camping/hired.html. Hier können Sie zu guten Preisen alles leihen, was für einen Outdoor-Urlaub notwendig ist.*

## Über Gobabis und Buitepos

Die schnellste Strecke von Windhoek nach Botswana geht über Gobabis und Buitepos. Man kann – bedingt durch die guten Straßenverhältnisse – die Etappe von Windhoek bis Ghanzi auf durchgängig geteerter Strecke an einem Tag gut schaffen (insgesamt knapp 530 km, bequeme Fahrzeit 6–7 Stunden).

### Übernachtungstipp

**Okambara Elephant Lodge** $$$$, *Info und Buchung:* ☏ *062/682070, www.okambara.de. 75 €/DZ mit Halbpension. Anfahrt: ca. auf halber Strecke zwischen Windhoek und Gobabis gelegen. Von Windhoek auf der B 6 ca. 100 km Richtung Gobabis, dann rechts in die Pad 1808 Richtung Nina einbiegen, nach ca. 15 km links auf Pad 1800 Richtung Witvlei. Nach 6 km rechter Hand das Farmtor. Man folgt den Telefonleitungen, nach 8 km ist man am Farmhaus. Die sehr schön angelegte Jagd- und Gästefarm bietet viele Aktivitäten und unterschiedliche Unterbringungsmöglichkeiten: Für Familien ist z.B. das alte Farmhaus mit mehreren Zimmern oder das Familienapartment in der Lodge ideal. Schwimmbad vorhanden. Auf 15.000 ha privatem Wildschutzgebiet leben ca. 2.500 Antilopen, aber auch Elefanten, Giraffen und Nashörner können auf den Games Drives entdeckt werden. Außerdem gibt es hier eine Raubkatzenpflegestation. Die Gegend ist z.T. bergig. Die Gastfamilie Schmitt ist gut auf Individualreisende eingestellt. Sehr kinderfreundlich!*

*Ideal für Familien*

*Am Trans-Kalahari Border Post*

## Gobabis – Grenzposten im Osten

Auf der Strecke nach Gobabis bleibt die Landschaft relativ gleichmäßig. Es geht durch Busch- und Grassavanne, wobei das Niveau der Hochebene allmählich von ca. 1.600 m auf 1.100 m in Windhoek abfällt. Links und rechts der asphaltierten Strecke (B 6) nach Gobabis liegen große Rinderfarmen. Ab Gobabis bis zur Grenze kommen Ihnen kaum Fahrzeuge entgegen.

Zentraler Versorgungsort

Gobabis ist auf diesem Streckenabschnitt der größte Ort (11.000 Einwohner). Der Name entstammt der Nama-Sprache und bedeutet „Der Ort, an dem sich die Menschen stritten". Das Städtchen ist heute zentraler Versorgungsort für ein großes Umland, das bis zur Grenze Botswanas reicht. 1856 wurde hier unter *Amraal Lambert* eine Missionsstation der Rheinischen Mission gegründet.

Den Grenzübergang **Buitepos/Mamuno** (tgl. 8–22 Uhr) erreicht man nach ca. 113 km. Am Grenzübergang gibt es die East Gate Service Station und das Rest Camp (namibische Seite), wo man tanken und campieren oder in 3-Bett-Bungalows übernachten kann. Von hier fahren auch Busse nach Maun und Ghanzi.

## Der Trans-Kalahari-Highway

info

Der vollständig geteerte Trans-Kalahari-Highway (1998 eröffnet) verbindet Buitepos und Johannesburg über eine Distanz von etwa 1.100 km. Die sehr eintönige Strecke wird vor allem von Lkw benutzt. Tankmöglichkeiten sind: Charles Hill bei Mamuno und dann erst 387 km später Kang. Weitere Tankstellen folgen in Sekoma, Jwaneng und Kanye. Allerdings muss man sehr aufpassen, es gibt intensiven Wildwechsel auch frei weidender „domestizierter" Tiere (Kühe, Schafe...) entlang der Straße. Nachts sollte man deshalb auf keinen Fall fahren. Touristisch ist die Strecke fast bedeutungslos, es sei denn, man möchte den Kgalagadi Transfrontier National Park besuchen. Die besondere Bedeutung dieses Highways liegt im kommerziellen Bereich: Der Güteraustausch zwischen Namibia, Botswana und Südafrika wurde dadurch wesentlich erleichtert. Der Transport von Gütern ist nun schneller und damit billiger geworden. Und sicherlich profitiert auch Gobabis als Zwischenstation.

## Reisepraktische Informationen Gobabis und Umgebung

### Unterkunft (Auswahl)

**Big 5 Central Hotel** $$, *Heros Lane, ☏ 062/562094, www.big5namibia.com. 500 N$/DZ inkl. Frühstück, Camping möglich. Im Ort gelegen. Einfaches Landhotel mit 14 Zimmern, Restaurant und einer beliebten Bar.*

**Xain Quaz Camp** $$, *P.O. Box 1282, Gobabis, ☏ 062/562688, / 062/562824, E-Mail: xainquaz@iway.na. DZ 410 N$ p.P. inkl. Frühstück, Hütte/Zelt 110 N$ p.P., Camping 70 N$ p.P. Anfahrt über B 6 nach Westen, ca. 10 km westlich von Gobabis, dann Ausschilderung. Unterkunft in strohgedeckten Hütten. Camping möglich, Restaurant. Allrad-Camper sind willkommen, Schwimmbad, sehr freundliche Atmosphäre.*

**Goba Goba Lodge** $$, *Elim Street, ☏ 062/564499, www.gobalodge.com. Ca. 435 N$ p. P. im DZ, Rest Camp 240 N$ p.P., beides inkl. Frühstück. Campsite mit einer Person 90 N$. 800 m vom Ortszentrum entfernt. Gemütliche Lodge inmitten eines schönen Gartens mit Schwimmbad, sehr persönlich geführt. 10 geschmackvoll eingerichtete Zimmer mit privatem Bad sowie zwei Chalets für Familien. Benachbart ist das Rest Camp mit schönen Campingplätzen und einfachen Zimmern, nur 200 m von der Lodge entfernt. Die Rest Camp dining area ist mit Tischen, Sitzgelegenheiten und eingerichteter Küche sowie Grill ausgestattet.*

***Außerhalb Gobabis Richtung botswanische Grenze***

**East Gate Rest Camp** $$, *P.O. Box 422, Gobabis, ☏ 062/560405, www.eastgate-namibia.com. 4-Bett-Bungalow 700 N$ (für 2 P. 400 N$, Luxusbungalow 900 N$ mit 2 Schlafzimmern und Küche), Cabins 110 N$ p.P., Campingplatz 55 N$ p.P. Direkt an der Tankstelle in Buitepos. Einfache Anlage mit Bungalows, an der Tankstelle, Schwimmbad, Bar, Laden, Wurstwarenverkauf.*

**Kalahari Bush Breaks** $$, *P.O. Box 1367, Gobabis, ☏ 062/568936, www.kalaharibushbreaks.com. 609 N$ p.P. im DZ/Frühstück, Camping 85 N$ p.P. (Grill, Feuerplatz, Licht), wer es rustikaler mag: es gibt auch Eco Camping (65 N$ p.P.). Anfahrt: 85 km östlich Gobabis an der B 6, 26 km vor der Botswana-Grenze. Im Gästehaus gibt es 7 Doppelzimmer,* *die sehr komfortabel eingerichtet sind. Schöner Garten, beleuchtete Wasserstelle, die Wild und Vögel anlockt. Frühstück und Abendessen können im Gästehaus eingenommen werden (gilt auch für Camper). Gute sanitäre Einrichtungen. Der Campingplatz liegt um einen offenen Waschplatz, Camper können Fleisch, Grillholz und Hausmacherwurst kaufen.*

**Zelda Guest Farm** $$, *P.O. Box 75, ☏ 062/560427, www.zeldaguestfarm.com. 550 N$ p.P. inkl. Frühstück. Anfahrt: von Gobabis 90 km auf der B 6 Richtung Botswana, dann nach links – etwa 20 km vor der botswanischen Grenze gelegen. Komfortable Zimmer mit z.T. eigener Toilette/Dusche (5 mit, 2 ohne), Swimmingpool, Wanderwege. Landschaft mit typisch roten Kalahari-Dünen. Auch Campingplätze mit sehr guten sanitären Anlagen und grünem Rasen (60 N$ p.P.).*

☞ Infos zu Ghanzi und Umgebung s. S. 317ff

# Durch Namibias Nordosten

Wer etwas mehr Zeit mitgebracht hat, dem bietet sich auch die Strecke durch Namibias Nordosten an, mit einem evtl. Zwischenstopp am Waterberg und im Khaudom Game Reserve, oder die Fahrt durch den Caprivi-Streifen. Dabei verlässt man Windhoek Richtung Norden auf der B1 Richtung Otjiwarongo.

*Geparden-Gebiet*

**Otjiwarongo**, heute etwa 22.000 Einwohner zählend, liegt zwischen dem Otavi-Dreieck (Otavi–Tsumeb–Grootfontein) und Windhoek. Das umliegende Gebiet ist gutes Rinder-Farmland, südöstlich der Stadt liegt das Waterberg-Massiv, ebenso ein touristischer Magnet wie die Cheetahs (Geparde), die man auf umliegenden Farmen in natürlicher Umgebung beobachten kann (deshalb der Beiname „Cheetah Capital of the World"). Im Ort gibt es nahezu alle wichtigen Versorgungsmöglichkeiten.

Das **Tourist Rendezvous** liegt am südlichen Eingang von Otjiwarongo. Hier gibt es ein kleines Freilichtmuseum mit Gegenständen aus der alten Farmerszeit, einen Andenkenladen, einen „tea room" sowie ein Internet-Café, zudem kann man übernachten. Das Ganze wird von der freundlichen Familie de Wet bewirtschaftet (www.touristrendezvous.com).

## Abstecher zum Waterberg Plateau

Dieser freistehende Berg (1.900 m über dem Meer gelegen) erstreckt sich auf etwa 48 km Länge und bildet oben ein Plateau von 8–16 km Breite. Durch seine herausragende Lage inmitten einer sonst flachen Savannenlandschaft fängt er in der Regenzeit die Niederschläge ab. Deshalb ist er vegetationsreicher als die Umgebung. Auch hier gibt es Felsgravuren und Malereien zu sehen. Das Waterberg Plateau ist eher von landschaftlichem Reiz, die Tiere sind sehr scheu und flüchten schon von weitem. Die Naturschutzbehörde will die Flora und Fauna des Waterberg Plateau Parks so gut es geht schützen. Deshalb kann man hier nicht „auf eigene Faust" herumfahren, sondern muss sich mehrmals täglich stattfindenden Touren in Allradfahrzeugen, von

*Ragt aus der Ebene: der Waterberg Plateau Park*

erfahrenen Rangern begleitet, anschließen. Die Gründung des Parks hatte vor allem das Ziel, die einmalige Tierwelt dieses Gebiets zu schützen bzw. sogar neue Tierarten anzusiedeln. So gelang es, hier Pferde-Antilopen aus dem Kavango-Gebiet, Rappen-Antilopen aus dem Caprivi-Streifen, Elen-Antilopen und Giraffen „sesshaft" zu machen. Die hier anzutreffenden Breitmaulnashörner stammen ursprünglich aus Südafrika, einige Spitzmaulnashörner brachte man aus Etosha hierher. Einmalig in Namibia ist eine hier heimische Büffelherde.

Eine traurige historische Bedeutung erlangte der Waterberg dadurch, dass hier die größte Schlacht zwischen den Herero und der deutschen Schutztruppe stattfand (11. August 1904), in der die Herero eine vernichtende Niederlage erlitten. Historische Bedeutung

## Unterkunft

**Waterberg Rest Camp** $$, *Central Reservations Office: ☎ 061/285 7200, www.nwr.com.na. 500 N$ p.P. im Bush Chalet. Anfahrt: Einfahrt in den Park von Otjiwarongo/Okahandja über B 1, dann auf die C 22, dann weiter über D 2512. Übernachtet werden kann in komfortablen und gut ausgestatteten Bush-Chalets mit Zwei- und Vier-Bett-Zimmern, Familienapartments und Doppelzimmern. Das Camp bietet Restaurant, Bar und Kiosk, die im historischen „Rasthaus" untergebracht sind, das 1808 erbaut wurde und damals als Polizeistation diente. Außerdem gibt es einen Souvenirshop, einen Swimmingpool mit Pool-Bar und einen Campingplatz. Es werden geführte Safaris zu Fuß und mit dem Auto (morgens und abends) angeboten, bei denen man seltene und geschützte Tierarten wie das Schwarze und Weiße Nashorn, Büffel und die Rappenantilope zu Gesicht bekommen kann. Problem: die vielen Paviane – halten Sie Fenster und Türen immer gut geschlossen!*

*Zudem gibt es eine ganze Reihe von Gästefarmen und Lodges in der Umgebung.*

## Weiterreisemöglichkeiten

*Direkt nach Botswana oder durch den Caprivi*

Bei Otavi verlässt man die B1 und folgt der B8 ostwärts Richtung **Grootfontein**. Hinter Grootfontein gibt es zwei Möglichkeiten: Entweder biegt man nach Osten ab und reist über die Grenze bei **Dobe** nach Botswana ein (evtl. mit einem Abstecher ins Khaudom Game Reserve), oder man fährt bis Rundu und von dort in den Caprivi-Streifen. Nach Botswana gelangt man entweder am Anfang des Caprivi-Zipfels durch das Mahango Game Reserve oder bei Ngoma Bridge in der Nähe des Chobe National Park. Die Varianten durch den Caprivi sind fahrtechnisch (alles asphaltiert) in jedem Fall leichter zu bewältigen.

### Übernachtungsmöglichkeit unterwegs

**Roy´s Rest Camp**, *P.O.Box 755, Grootfontein, ☎ 067/240302, http://roysrestcamp.com. Camping 90 N$ p.P., im Bungalow 495 N$ p.P. inkl. Frühstück. Praktisch gelegen: 55 km nördlich von Grootfontein direkt an der B8. Saubere Bungalows und Campingmöglichkeit mit Grillstellen und ordentlichen sanitären Anlagen.*

## Variante 1: Von Grootfontein über Tsumkwe nach Dobe (Grenzübergang)

Von Grootfontein geht es auf der Teerstraße B 8 nach Nordosten. Nach ca. 60 km biegt man nach rechts in die Pad C 44 Richtung Tsumkwe ein. Nach ca. 100 km erreicht man den Veterinärzaun und Kontrollpunkt. Nach knapp 220 km ist Tsumkwe erreicht.

### Tipp: Ein Besuch im Grashoek Historic Living Village

*Kultur der San*

Ein besonders Erlebnis ist ein Besuch des Dorfes der Ju/'hoan San: Hier wird man in den Busch geführt, die Bedeutung verschiedener Pflanzen wird erläutert, außerdem kann man lernen, mit zwei Stöckchen Feuer zu machen oder mit dem Bogen zu schießen. Die Einrichtung wird allein von den San betrieben, ihnen kommen alle Einnahmen zugute. Etwa 50 Erwachsene und 100 Kinder leben hier. Auch Camping wird angeboten. Schöne Lage, allerdings keinerlei Ausstattung. Anfahrt: ca. 75 km hinter dem Abzweig von der B8 auf die C44, kurz hinter dem Veterinärzaun, dann noch etwa 7 km. An der C44 steht ein Schild. Infos über Aktivitäten und Campingplatz auch unter www.lcfn.info.

### Tsumkwe

Dieser Ort ist ein Überbleibsel der Apartheidpolitik der südafrikanischen Administrationszeit. Von hier aus verwaltete man das damalige „Buschmannland". Dieser Nordost-Teil Namibias ist heute das Gemeindeland der Otjozondjupa-Region, in deren südlichem Teil Herero wohnen. Verwaltungszentrum ist der Ort Okakarara. Im nördlichen Gebiet dieser Region dagegen leben die San heute z. T. als sesshafte Farmer, aber manche auch noch als Jäger und Sammler. Vom Tourismus erhofft man sich, dass einige der alten Traditionen bewahrt bleiben können. An den Stellen der Nyae Nyae Conservancy und im Omatako Valley kann man diese Vorhaben als Reisender aktiv unterstützen.

*Hinter Dobe ist ein Allradwagen auf den sandigen Pisten ein Muss*

Touristisch spielt Tsumkwe eine Rolle als Ausgangsort zum Khaudom Game Reserve, zur südlich gelegenen Nyae-Nyae-Pfanne oder zum östlich gelegenen Grenzposten nach Botswana. Hier gibt es Polizei und eine **Tankstelle**, auf deren Benzinvorrat allerdings kein Verlass ist.

### Grenzübergang nach Botswana

Von Tsumkwe sind es bis zum Grenzübergang **Dobe** ca. 55 km gute Naturpiste. Nach dem Grenzübergang (geöffnet täglich 8–16 Uhr) geht die Pad in eine etwa 10 km lange, aber mit dem Allradwagen gut zu befahrende Piste über. Nächste „Ortschaft" ist Gcangwa. Bis **Nokaneng** sind es 125 km, teils sandig, teils fester Untergrund. In Nokaneng stößt man auf die Asphaltpiste, die in Richtung Süden über Sehithwa nach Maun und in Richtung Norden nach Shakawe (170 km) führt (s. S. 261ff).

Allrad nötig

## Reisepraktische Informationen Tsumkwe

### Unterkunft

**Tsumkwe Country Lodge** $$$, *P.O. Box 1899, Tsumkwe, Buchung und Informationen über ☏ 061/374750, www.namibialodges.com. Ca. 400 N$ p.P. im DZ mit Frühstück. Lage: 1 km südlich von Tsumkwe. Den Gästen stehen große Holz-Bungalows mit Steinböden zur Verfügung. Einfache, doch sehr saubere und zweckmäßige Unterkünfte. Restaurant und Swimmingpool vorhanden. Camping ist möglich, Grillbereich, sanitäre Anlagen und Stromanschluss vorhanden. Von hier können auch Touren zu den Nyae Nyae Safari Camps gebucht werden.*

**Nhoma Safari Camp/Namibia Adventure Safaris & Tours**, *P.O. Box 1899, Tsumeb, ☏ 081/2734606, www.tsumkwel.iway.na. 4.400 N$ p. P. für zwei Tage im DZ inkl. Vollpension und Aktivitäten. Vorherige Buchung unbedingt notwendig. Lage: 80 km von Tsumkwe. Etwa 40 km vor Tsumkwe biegt man Richtung Norden nach Nhoma/Aasvoelnes ab, dann sind es noch ca. 40 km. Kleines Luxuscamp mit 10 Zelten und 180°-Blick auf die Umgebung. In der Nähe liegt das San-Dorf //nhoq'ma (s.u.). Die Besitzer Arno und Estelle Oosthuysen sind sehr mit der Geschichte und Kultur der San vertraut. Der Khaudom National Park liegt nur 60 km entfernt – allerdings braucht man für die Strecke mind. 1,5 Std. mit einem Allradwagen. Besuche können organisiert werden. Interessante Tour auch zu alten Baobab-Bäumen. Touren bitte vorher anmelden! Keine Elektrizität.*

## Nyae Nyae Pans

Diese Salzpfannen erinnern an die Etosha-Pfanne, sind aber wesentlich kleiner. Das Schutzgebiet liegt südlich der C 44 und bedeckt eine Fläche von 30x35 km. In guten Regenzeiten ist die Pfanne überflutet und wird u. a. auch von Flamingos bevölkert. Wie im Khaudom Game Reserve muss man alles selbst mitbringen. Natur pur und Blick auf uralte riesige Baobabs sind hier angesagt!

*Spurenlesen lernen*

Die Ju/'hoan-San haben auf Eigeninitiative das erste ländliche Schutzgebiet gegründet. Sie versuchen, vom langsam aufkeimenden Tourismus zu leben und bieten folgende Aktivitäten an:
- traditionelle Jagd mit Ju/'hoan-Jägern
- „Kurse" im Spurenlesen
- Sammeln und Kochen von Früchten vom „Veld"
- musikalische und tänzerische Darstellungen

Ebenso betreiben sie zwei einfache **Campingplätze**, Djokhoe und Makuri, beide mit Grillplätzen und Toiletten ausgestattet, aber ohne Wasser! Sie unterliegen der Kontrolle der hier lebenden San. Zwischen den Camps steht der gigantische Homasi-Baobab, der einen Umfang von über 30 m aufweist. Campingplätze sind zu buchen im Büro der Nyae Nyae Conservancy in Tsumkwe, sonst im Dorf fragen. Lage: im Nordosten des Schutzgebiets, westlich der D 3003 (nur mit Allrad erreichbar).

## Abstecher in das Khaudom Game Reserve

Von Tsumkwe geht es über die Pad 3303 nach Norden, nach ca. 62 km erreicht man die Parkgrenze (Achtung: Man kann nur mit mindestens 2 Autos in den Park fahren!) und wenig später (7 km) das südliche Camp des Khaudom Reserve, Sikereti. Den Park verlässt man entweder an derselben Stelle, an der man ihn betreten hat, oder im Norden, indem man vom Khaudom Camp nach Westen fährt, um später die Pad nach Norden zu nehmen. Vom Camp Khaudom bis nach Katere/B 8 sind es nur knapp 80 km, doch diese Strecke ist sehr tiefsandig und nimmt 5–6 Stunden Fahrzeit in Anspruch. In Katere erreicht man (ziemlich genau 200 km ab Tsumkwe) dann die Pad B 8, wo man nach rechts Richtung Divundu/Popa Falls/Katima Mulilo abbiegt. In Divundu (weitere 80 km) kann man tanken.

### Streckenzustand

Von Tsumkwe aus geht es zunächst auf relativ guter Pad, die zunehmend sandig wird, in nordöstliche Richtung (D 3301). Man kommt an dem kleinen Dorf Xaxoba vorbei. Etwa 35 km von Tsumkwe aus geht es dann zu einem Baobab (Dorslandtrekker-Baobab). Nach diesem Schlenker, der zunächst in südöstliche Richtung führt, zweigt die Piste wieder nach Norden ab und führt zum Camp Sikereti (ca. 70 km, etwa 4 Stunden Fahrzeit mit Fotostopps). Für abenteuerlustige Offroad-Fahrer ist der Khaudom Game Park eine besondere Herausforderung. Dieses Gebiet ist nur für erfahrene 4x4-Fahrer geeignet und erfordert sorgfältige Planung und Vorbereitung.

*Nur für geübte 4x4-Fahrer*

Das 3.842 km² große (nicht eingezäunte) Wildreservat ist der einzige Teil Namibias, in dem das **Kalahari Sandveld** unter absolutem Naturschutz steht. Hier kann man Giraffen, Elefanten, verschiedene Antilopenarten (Oryx, Springböcke, Pferdeantilopen, Kudus, Steinböckchen), Hyänen, Schakale, Leoparden und Löwen beobachten, aber auch für Ornithologen ist das Gebiet hochinteressant. Wichtig zu wissen ist, dass der Park nicht wie Etosha oder der Kruger Park eingezäunt ist. So können die Tiere ihren eigenen Migrationsrouten ungehindert folgen.

Der Park wurde im März 1986 eröffnet und gilt in Namibia als der wildeste und am wenigsten besuchte. Die Vegetation besteht aus Trockenwäldern. Das Gebiet erhält im Sommer meistens so viel Regen, dass das Gras sehr hoch wächst und die Tierbeobachtungen erschwert werden. Da der Park nur von wenigen Touristen besucht wird, ist das Wild sehr scheu. Durch das Parkgebiet ziehen vereinzelte San-Familien. Der Khaudom ist sehr natürlich, die Wege sind sehr tiefsandig, sodass man nur langsam vorankommt. Allradfahrkunst und Vorsicht (langsam fahren, in den Spuren bleiben, ohne viel zu lenken) sind hier gefragt. Für die Strecke Sikereti – Khaudom Camp benötigt man etwa 3–4 Stunden Fahrzeit.

Beste **Reisezeit** sind die Trockenmonate zwischen Mai und Ende August. September und November sind sehr heiß und trocken, die Regenfälle verteilen sich auf Ende November bis April. In der Regenzeit ist der Khaudom Wildpark praktisch unpassierbar. Großwildbeobachtung ist von Juni bis Oktober optimal.

*In der Regenzeit nicht passierbar*

## Reisepraktische Informationen Khaudom Game Reserve

### Unterkunft

*Im südlichen Parkteil liegt das Camp Sikereti, im nördlichen Teil des Parks liegt das (schönere und wildreichere) Camp Khaudom. Gehen Sie in den Camps von relativ häufigen Elefantenbesuchen aus – vor allem nachts. Beide Camps sind nicht eingezäunt – hätte auch bei Elefanten keinen Zweck. Und da die Dickhäuter scharf auf Obst und Gemüse sind, sollten Sie nichts davon im Zelt oder Wagen verstaut haben.*
*Die Campingplätze werden nicht mehr gepflegt, man muss sich in jedem Fall selbst versorgen. Kein Strom, keine Fazilitäten, auch Wasser ist nicht immer verfügbar.*

Es ist in Planung, neue Unterkünfte zu bauen. Aktuelle Infos unter www.namibialodges.com

### Lebensmittelversorgung

*in Tsumeb, Grootfontein, Rundu und Bagani möglich. Man muss selber genügend Wasser für mindestens 3 Tage mitnehmen.*

### Benzin und Fahrhinweise

*Benzin gibt es nur in Grootfontein, Divundu, Rundu, Mukwe und Bagani (in Tsumkwe nur sporadisch). Der Besuch des Khaudom Wildparks ist nur mit Begleitfahrzeug gestattet, d. h. es müssen stets 2 Fahrzeuge für den Besuch angemeldet werden.*

## Variante 2: Von Grootfontein nach Rundu und durch den Caprivi

Von Grootfontein bis Rundu fährt man auf ausgezeichneter Teerpad über die flache Buschsavannenlandschaft. Ca. 50 km hinter Grootfontein erreicht man eine Veterinär-Kontrollstation. Ab hier wird es zunehmend „afrikanisch": Man kommt an Siedlerhütten vorbei, man sieht die typischen Sandschlitten, die von Ochsen gezogen werden. Das quirlige Leben nimmt einen schnell gefangen.

### Rundu

*Vorräte auffrischen*

Dieser Ort, heute **Sitz der Regierungsverwaltung** der Kavango-Region, war während des Befreiungskampfes ein wichtiger militärischer Stützpunkt. Vor Durchquerung des Caprivi-Streifens empfiehlt es sich, hier eine Rast einzulegen, um alle Vorräte (Benzin, Lebensmittel) aufzufrischen. Der Ort verfügt über ein gutes Krankenhaus, Schulen und Läden (Supermärkte, Fleischerei). Besonders schön ist das Okavango-Ufer, von dem aus herrliche Sonnenuntergänge beobachtet werden können.

Ab Rundu führt die B 8 wenige Kilometer südlich des Okavango-Ufers entlang. Hier findet man typisch afrikanische Dörfer, die durch eine ufernahe Schotterstraße, die früher einzige Ost-Westverkehrsader, verbunden sind. Die neue Trasse war in der Zeit des Bürgerkrieges sicherer und wurde deshalb vom Militär favorisiert.

## Reisepraktische Informationen Rundu

### Unterkunft (Auswahl)

**Tambuti Lodge** $$, *P.O. Box 1826, Rundu, ☏ 066/255711, www.tambuti.com.na. Bungalow inkl. Frühstück ab 510 N$. Lage: am Ortsrand von Rundu. 9 schöne, klimatisierte Bungalows, Pool mit Poolbar, schöner schattiger Garten, familiäre Atmosphäre, tolle Aussicht auf den Kavango River.*

**Kavango River Lodge** $$, *P.O. Box 634, Rundu, ☏ 066/255244, www.natron.net/kavango-river-lodge. 570 N$ p.P. im DZ inkl. Frühstück. Am Ortsrand von Rundu gelegen; 14 klimatisierte Bungalows mit kleiner Küche und Grillmöglichkeit, sehr gutes Restaurant, toller Ausblick auf den Okavango, Bootstouren sind vor Ort buchbar, auch Kanus, Tennisplatz. Alles, was man zum Frühstück braucht, ist bereits im Zimmer-Kühlschrank. Zum Abendessen kann man alles zum Grillen vor Ort einkaufen. Ein Restaurant bietet aber auch ein gutes Buffet.*

**N'Kwazi Lodge** $$$, *P.O. Box 1623, Rundu, ☏ 81-242 4897, www.nkwazilodge.com. Ca. 700 N$ p.P. mit Frühstück und Dinner. Anfahrt: ca. 18 km östlich von Rundu, zuerst ca. 14 km die D 3402 entlangfahren, dann weitere 4 km auf der Zufahrt. 14 im afrikanischen Stil ausgestattete Grasdachbungalows bieten einen atemberaubenden Blick auf den Kavango. Großer Pool, sehr gute, schmackhafte Küche, große Lapa mit Bar. Campingplätze vorhanden. Die Lodgebesitzer Valerie und Wynand Peypers engagieren sich für zahlreiche Sozialprojekte in der Umgebung, so z. B. Schulen und Waisenhäuser, und informieren bei Interesse gerne darüber.*

**Sarasungu River Lodge** $$$$, *P.O. Box 414, Rundu, ☏ 066/255161, www.sarasunguriverlodge.com. Ca. 820 N$ DZ. Anfahrt: Abzweig in Rundu von der B8 (von Windhoek aus kommend nach links), dann 2. Querstraße rechts (Beschilderung), 1 km östlich des Ortskerns. Die Lodge liegt am Okavango-Ufer von Rundu. Unterkunft in riedgedeckten Bungalows mit eigenen sanitären Anlagen (Fenster mit Mückenschutz-Screen), Restaurant, Swimmingpool, Campingmöglichkeiten vorhanden. Kanutouren und Sunset Cruises werden ebenfalls angeboten.*

### Einkaufen

*In Rundu gibt es jede Menge gut ausgestatteter Supermärkte.*

*Kindergarten der N'Kwazi Lodge*

Weiterreisemöglichkeiten

Von Rundu geht es dann weiter nach Osten auf der B8 Richung Caprivi, den man entweder komplett durchfährt bis **Katima Mulilo** und dann bei Ngoma Bridge (s. S. 223) nach Botswana einreist, oder man zweigt bei **Bagani** Richtung Mahango Game Reserve ab und betritt Botswana am **Mohembo-Grenzübergang** (geöffnet täglich 8–18 Uhr). Der nächste größere Ort ist Shakawe, die direkte Strecke bis Maun ist asphaltiert.

Zur Route durch den Caprivi-Streifen s. S. 279ff.
Zur Strecke ab Dobe s. S. 263.
Zur Strecke ab Mohembo s. S. 275

# Über Mata Mata/ Kgalagadi Transfrontier National Park

Die Tour durch den unbekannteren Osten Namibias lohnt sich: Herrliche rote Dünenlandschaften, im Sommer mit hellgrünen Gräsern und bunten Blumen besetzt, lassen das Herz von Natur-Begeisterten höher schlagen. Weite, Einsamkeit und Stille sind hier die Highlights. Unterwegs gibt es immer wieder typische namibische Unterkünfte: Lodges, Gästefarmen, Campingplätze.

## Streckenhinweise zum Kgalagadi Transfrontier National Park

Von **Windhoek** bietet sich nach der Wiedereröffnung des Grenzüberganges bei **Mata Mata** (geöffnet täglich 8–16.30 Uhr) folgende Strecke **über Dordabis** an.

Besuch der Weberei

Streckenabschnitt nach Dordabis (60 km vom Abzweig B 6, Asphalt):
Östlich von Windhoek zweigt von der B 6 die C 23 nach Dordabis ab. In Dordabis ist ein interessanter Besuch der Ibenstein Weberei möglich, auf gleichnamiger Farm kann man auch übernachten.

**Anfahrt von Keetmanshoop aus**: Sie fahren die C 16 über Aroab nach Rietfontein (Grenzübergang), dann die R 31, danach weiter auf der R 360 nach Twee Rivieren zum Camp Twee Rivieren. Die Gesamtstrecke von Keetmanshoop bis zum Eingang Twee Rivieren beträgt 360 km.

## Reisepraktische Informationen Namibias Osten

### Unterkunft (Auswahl)

***Zwischen Uhlenhorst und Stampriet***

**Lapa-Lange** $$, ☏ *063/241801, 1088/614881, www.lapalange.com. DZ p. P. 570 N$ inkl. Frühstück, Camping möglich. Anfahrt: von Mariental an der M 29 gelegen (35 km) bzw. von Gochas nach Witbooisvlei, dann 39 km auf der M 29. Weitläufige Anlage, mit viel Engagement vom Ehepaar Lange betrieben. Die Chalets/Selbstversorgung liegen um ein Wasserloch, Bar und Restaurant vorhanden. Dünenexkursionen oder Dünen-Dinner werden angeboten.*

***Zwischen Stampriet und Gochas***
**Auob Lodge** $$, *Buchung unter ☏ 061/374750, www.namibialodges.com. Ca. 450 N$ p.P. im DZ inkl. Frühstück. Campingplätze mit sanitären Anlagen und Kochmöglichkeit vorhanden, ca. 72 N$ p.P. Lage: an der C 15 3 km nördlich von Gochas gelegen. 20 Zimmer, Restaurant und Swimmingpool, gepflegtes, aber einfaches Ambiente, 800 ha großes Gelände mit Antilopen und Giraffen. Nachmittags werden Fahrten in die rote Dünenwelt (Sundowner) angeboten, die im Kontrast zum weißen Kalkgestein des Auob-Tals steht.*
**Awa/Howab Red Dune Camping Site**, *☏ 063/250164, www.reddunecamp.com. Anfahrt: ca. 35 km südlich von Gochas an der C 15. Im Farmhaus werden 2 Gästezimmer/gemeinsames Bad angeboten. Camping: am Farmhaus 75 N$ p.P. (inkl. Frühstück möglich), besonders spektakulär auf den roten Dünen mit 360°-Grad-Rundumblick, auch Luxury Desert Tent mit Betten in den Dünen ab 400 N$ p.P. Allrad notwendig, weil man auf die Düne hinauf muss (Reifendruck ablassen). Sehr persönlich vom Ehepaar Liebenberg geführtes Camp, ein (fast) Geheimtipp für Camper, die es romantisch mögen und sich am atemberaubenden Blick in die Kalahari erfreuen können.*

***Zwischen Gochas und Mata Mata***
**Terra Rouge Lodge** $$, *E-Mail: terrarouge@iway.na. Ca. 400 N$ p.P. (Vollpension), es gibt auch ein Familienchalet (4 Personen) und ein kleines Chalet für 2 Personen. Beides Selbstversorgung. Lage: 45 km vor Mata Mata an der C 15. Ansprechender Campingplatz (120 N$/Platz, 25 N$ p.P.). Saubere Anlage an einer Dünenlandschaft, Zimmer mit Klimaanlage. Die normalen Zimmer haben Wasserkocher (Kaffee), die Zimmer für Selbstversorger Mikrowelle und Kühlschrank.*

# Anreise über Johannesburg/Südafrika

In Johannesburg kommen die meisten Direktflüge aus Europa in das südliche Afrika an. Neben Windhoek dient diese südafrikanische Metropole durchaus als Startpunkt einer Botswana-Safari.

## Johannesburg

Johannesburg, abgekürzt oft „Joburg" genannt, wird in den Bantu-Sprachen als „Egoli" bezeichnet, was so viel wie **„Stadt des Goldes"** heißt. Es ist die größte Stadt im südlichen Afrika. Und wenn wir schon bei den Superlativen sind: Johannesburg ist die größte binnenländische Stadt der Welt, die an keinem Meer, Fluss oder See liegt. Und es ist diejenige menschliche Ansiedlung, in deren Umfeld man die reichsten Goldvorkommen der Erde findet. Der Flughafen selbst liegt im Gebiet der Gemeinde Kempton Park.

*Goldvorkommen*

Kein Besucher Johannesburgs sollte es versäumen, die auf dem Gelände des früheren Gold Mine Museums entstandene **Gold Reef City** zu besuchen – obwohl ein Touch von Disney World über dem Ganzen liegt (*www.goldreefcity.co.za*). Weiterhin sehenswert ist das **Apartheid Museum**. Es zeigt auf 6.000 m² in beeindruckender und aufwühlender Weise Szenen der Apartheid: auf Fotos und Bildschirmen, durch aufgezeichnete Erfahrungsberichte und alte, die Ethnie kennzeichnende Ausweise. Schon die Eintrittskarten für das Museum machen deutlich, auf welch emotionale Reise sich der Besucher einlässt: Auf den Plastikkarten steht entweder „Non-white" oder „White". Die neue Nach-Apartheid-Verfassung Südafrikas ist ebenfalls ausgestellt – in einem Raum mit Kieselsteinen auf dem Boden. Als Zeichen der Solidarität mit den Opfern der Apartheid kann jeder Besucher selber einen Kieselstein auf einen Haufen legen. Zum Durchatmen nach diesen Eindrücken im Museum lädt die Umgebung des Museumsgebäudes ein: Buschlandschaft, Parkwege und ein kleiner See (*www.apartheidmuseum.org*).

*Sehenswert!*

info

## Vorsichtsmaßnahmen für Johannesburg

In der Innenstadt sollten auf jeden Fall die Fahrzeugtüren verschlossen gehalten und die Fenster hochgekurbelt werden. Bei Ampelstopps ist eine Wagenlänge „Fluchtabstand" zum Vordermann einzuhalten.
Die Stadtteile Hillbrow, Berea und Yeoville gelten als unsicher und es ist nicht zu empfehlen, sich hier ohne einen Ortskundigen zu bewegen. Über die aktuelle Lage informieren Sie sich am besten in Ihrem Hotel. Ab Freitagnachmittag bis einschließlich Sonntag sollte man die Innenstadt ganz meiden.
Nach Auskunft von Einheimischen sollten Touristen, die Johannesburg für längere Zeit besuchen möchten, in den nördlichen Vororten wie Sandton, Hyde Park, Rosebank, Parkview oder Houghton wohnen.

## Reisepraktische Informationen Johannesburg

**Zu Einreise und Mietwagen** s. S. 86 und 105ff
**Vorwahl Südafrika**: 0027
**Währung**: Südafrikanischer Rand
**Aktueller Kurs**: 1 € = ca. 11 ZAR

### Unterkunft

**A Room with a View** $$, *1 Tolip Street, ☏ 011/482-5435, www.aroomwithaview.co.za. Das kleine toskanisch angehauchte Gästehaus ist etwas für den Individualisten, der Herzlichkeit und Gemütlichkeit schätzt.*
**Protea Hotel Balalaika** $$$, *20 Maude Street, ☏: 011/322-5000, www.proteahotels.com. Landhausatmosphäre mit schönem Garten, Restaurant, Swimmingpool und Shopping-Center.*
**Michelangelo Towers** $$$$$, *8 Maude Street, Sandton, ☏ 011/245-4000, www.michelangelo.co.za. Wunderschönes Stadthotel mit Anschluss an die Shopping Mall in Sandton.*

***Außerhalb***
**Heia Safari Ranch** $$$, *Muldersdrift Road, ☏: 011/919-5000, www.heia-safari.co.za. Eine „Institution" des deutschstämmigen Herrn Richter, inmitten einer typischen Highveld-*

*Landschaft. Die Heia Safari Rondavels (riedgedeckt) sind sehr luxuriös eingerichtet und sehr geräumig. Herrlich: Afrikanische Tiere wie Zebras und Giraffen laufen frei herum und schauen vielleicht ins Fenster. Swimmingpool vorhanden; in unmittelbarer Nähe findet auch der Sonntagsbraai mit den sehenswerten Eingeborenen-Tänzen statt.*

# Durch die North West Province nach Gaborone

Von Johannesburg fährt man am einfachsten zunächst über die N 1 nach Pretoria; von hier aus auf der **N4** nach Zeerust (286 km), danach ca. 60 km weiter geradeaus, um bei **Lobatse** einzureisen (Lobatse Border Post, tgl. von 6–22 Uhr geöffnet).

Auf dem Wege gibt es folgende Alternative:

*Anfahrt*

- Hinter **Rustenburg** der Straße 565 folgen und Sun City/Pilanesberg National Park besuchen.
- Bei **Zeerust** auf die R 47 Richtung Norden abbiegen, weitere 122 km der Straße nach Norden folgen und das Madikwe Game Reserve besuchen, bevor man bei **Tlokweng/Kopfontein Gate** (von 7–22 Uhr geöffnet) die Grenze überquert. Von hier sind es nur noch ca. 50 km bis Gaborone.

## Variante 1: Abstecher nach Sun City und zum Pilanesberg National Park

**Sun City** (ca. 170 km von Johannesburg) ist ein riesiger **Vergnügungskomplex** in der Savannenlandschaft und die zweitwichtigste Einnahmequelle der North West Province. Da im calvinistisch geprägten Südafrika früher Glücksspiele und Nacktrevuen verboten waren, kamen viele Südafrikaner hierher. Oft wird Sun City deshalb im Volksmund als „Sin City" (Sündenstadt) bezeichnet. Bis zu 40.000 Besucher kommen täglich hierher und bringen pro Jahr mehr als 500 Millionen Rand. Doch auch viele sportbegeisterte Südafrikaner kommen, weil im Stadion von Mmabatho und im Vergnügungszentrum Sun City Fußballspiele und Weltmeisterschaften im Profiboxen ausgetragen werden.

*Spielerparadies im Busch*

Sun City liegt wie eine grüne Oase im Busch und ist sicherlich nicht jedermanns Geschmack. Das „Las Vegas des südlichen Afrika" bietet neben 4 Luxushotels das zweitgrößte Spielkasino der Welt (Roulette, Black Jack, Punto Banca, Spielautomaten). Daneben gibt es Kinos, Diskotheken, ein großes Schwimmbad und einen ausgezeichneten Golfplatz. Alle Besucher mit einem Pkw fahren mit einem **„Skytrain"** (Einschienenbahn) zum Hotelkomplex. Ein großer, selbstverständlich künstlich angelegter See dient verschiedenen Wassersportarten, für Kinder steht ein Abenteuer-Spielplatz zur Verfügung. Zusammenfassend kann man Sun City durchaus als eine gelungene Mischung aus Natur, Sporterlebnis und „Glitzerwelt" der Kasinoszene bezeichnen.

### Unterkunft

*Alle Hotels können gebucht werden über:* **Sun International Reservations**, *☏ 011/7807800, www.suncity.co.za, z.B.* **The Cascades $$$$**, *☏ 5575840. Luxus-Palast. Das Hotel verfügt über 234 Zimmer und 11 Apartments. Sehr schöne Anlage mit tropischen Wasserfällen, Grotten, Lagunen, üppigem Pflanzenwuchs und vielen Vögeln. Restaurant Peninsula: schöner Blick auf die Gartenanlagen und Wasserfälle. Internationale Speisekarte.*

*Erloschener Vulkan*

Der etwa 550 km² große **Pilanesberg National Park** liegt in einem erloschenen alkalischen Vulkankrater; davon gibt es nur drei auf der ganzen Welt. Das Zentrum dieses Kraters ist von drei konzentrischen Hügelketten umgeben. Der Pilanesberg ist mit 1.687 m die höchste Erhebung der North West Province. Bis in die Mitte der 70er-Jahre des 20. Jh. war diese Region Farmland. Als die Regierung beschloss, hier einen Nationalpark zu errichten, mussten die Farmer auf neue Siedlungsgebiete ausweichen. Danach wurde ein hoher Wildschutz-Zaun errichtet und in der nachfolgenden „Operation Genesis" wurden hier durch die Southern African Nature Foundation Tiere „angesiedelt":

- aus Namibia stammen die Elenantilopen;
- aus dem ehemaligen Transvaal die Zebras und Wasserböcke;
- aus KwaZulu/Natal Breit- und Spitzmaulnashörner;
- vom Addo Elephant Park bei Port Elizabeth Elefanten und Büffel.

*Im Pilanesberg National Park*

### Streckenbeschreibung

Direkt nördlich an den Sun-City-Komplex anschließend. Der Pilanesberg National Park hat 3 Eingänge. Am beliebtesten ist die Einfahrt am Bakubung Gate (bei Sun City). Das Bakgatla Gate erreicht man über die Straße, die von Northam und Thabazimbi kommt. Das Manyane Gate liegt bei Mogwase und ist von der Hauptstraße zwischen Rustenburg und Thabazimbi zu erreichen.

## Reisepraktische Informationen Pilanesberg National Park

### Buchung und Information

**Pilanesberg Game Reserve**, ☎ *014/555-1600, www.pilanesberg-game-reserve.co.za.*

Öffnungszeiten: *März/April/Oktober 6–18.30, Mai–September 6.30–18, November–Februar 5.30–19 Uhr*

### Unterkunftsmöglichkeiten im Nationalpark

**Bosele Camp** $$, *das Camp befindet sich innerhalb des Mayane Resort und ist mit warmem Wasser und Speiseraum ausgestattet. Bar, Laden und Restaurant befinden sich im Camp.*

**Manyane Caravan Park** $$, *voll ausgestattete Safarizelte und Stellplätze für Camper. Gute sanitäre Anlagen sowie Grillplätze; Laden, Pool und Restaurant sind vorhanden. Gute Tier- und Vogelbeobachtungen möglich.*

*Buchung jeweils über* **Golden Leopard Resorts** *in Rustenberg,* ☎ *014/555-1000, www.goldenleopardresorts.co.za.*

**Kwa Maritane Resort** $$$$, ☎ *014/552-5100, www.kwamaritane.co.za. 50 Apartments, 28 Cabanas (Apartments mit Küche) und 22 Chalets. Wildbeobachtungsfahrten, Barbecues, Restaurant mit Wildgerichten, Schwimmbad, Tennis.*

## Variante 2: Auf der R49 über das Madikwe Game Reserve nach Gaborone

Nah an der botswanischen Grenze liegt das Madikwe Game Reserve *(www.madikwe-game-reserve.co.za)*. Die Grenzen des 75.000 ha großen Gebietes, das aus Gras- und Buschebenen und einzelnen Inselbergen besteht, bilden im Osten der Marico River und im Süden die Dwarsberg Mountains. Hier leben Elefanten, Breitmaul- und Spitzmaulnashörner, Büffel, Giraffen, Zebras, Geparde und Antilopen – insgesamt etwa 12.000 Tiere, zusätzlich etwa 350 Vogelarten. Damit ist Madikwe das viertgrößte Wildreservat in Südafrika und besitzt die zweitgrößte Population an Elefanten.

*Tierreiches Wildreservat*

Nördlich von Zeerust erreicht man nach etwa 85 km Asphaltstraße das Abjarterskop Gate. Eine andere Möglichkeit das Madikwe Game Reserve zu erreichen, ist das Derdepoort Gate. Allerdings ist dies nur bei trockenem Wetter zu empfehlen, da hierher eine Schotterstraße führt, die nordwestlich von Sun City beginnt. Ein Vierradantrieb ist empfehlenswert.

## Reisepraktische Informationen

### Unterkunft

**Madikwe Bush House** $$, ☏ *07/694-0505, www.bushhouse.co.za. Das Bush House war früher ein Farmhaus, das renoviert und umgebaut wurde. Die komfortablen Zimmer sind ausgestattet mit Badezimmer (Bad/Dusche), Klimaanlage und Heizung für kalte Winterabende. Die Lodge hat einen Gesellschaftsraum, ein Restaurant, eine Bar, eine Veranda und einen Swimmingpool, von dem aus das Wasserloch zu sehen ist, das von verschiedenen Tierarten aufgesucht wird.*

**Impodimo Game Lodge** $$$, ☏ *018/350-9400, www.impodimo.com. Die 8 luxuriösen Chalets liegen direkt an einem Hügel – mit herrlichem Blick auf die Landschaft. Swimmingpool, Bibliothek, kleiner Souvenir-Shop, Weinkeller. Die Chalets sind mit Badezimmer, Außendusche, Klimaanlage, Kamin und Veranda ausgestattet. Außerdem sind in den Suiten jeweils eine Mini-Bar und ein Kühlschrank.*

**Madikwe Safari Lodge** $$$$, *Reservierung unter* ☏ *011/809-4314, www.andbeyondafrica.com. Die Madikwe Safari Lodge besteht aus 3 Camps:* **East Camp** *(7 Suiten),* **North Camp** *(5 Suiten) und* **West Camp** *(4 Suiten). Alle Suiten mit Wohnzimmer, Schlafzimmer, Feuerplätzen, Bar sowie Innen- und Außendusche. Die Zimmer haben ein Holzsonnendeck, das zum Pool führt. Im Preis eingeschlossen sind alle Mahlzeiten, Pirschfahrten und Fußpirschen.*

# Durch die Limpopo Province über Pretoria-Polokwane-Mapungubwe (Vhembe Dongola) National Park nach Tuli Block

Eine weitere Möglichkeit ist die Anfahrt durch die Limpopo Province, wobei man entweder bei Martin´s Drift einreist (bei Mokopane auf die N 11 nach Norden Richtung Palapye und Serowe) oder beim **Pont Drift Border Post** nach Tuli Block.

Dazu geht es von Johannesburg auf der N1 bis Polokwane, hier zweigt man auf die R 251 über Mogwadi und Alldays nach Pont Drift ab.

## Polokwane

*Austragungsort der WM 2010*

**Polokwane** (*www.golimpopo.com*) ist die Hauptstadt der Limpopo Province. Bekannt wurde die Stadt in Europa als Spielort der Fußball-WM 2010, im Peter-Mokaba-Stadion fanden vier Gruppenspiele statt. Neben vielen Jacarandabäumen gibt es wunderschöne Parkanlagen und historische Gebäude zu bewundern. Sehenswert ist das Freiluft-Museum Bakone Malapa, in dem es neben Wandmalereien alte Handwerksarbeiten zu sehen gibt: Korbflechten, Töpfern oder Bierbrauen. Nur 5 km südlich befindet sich mit dem Union Park das größte städtische Naturschutzgebiet des Landes: Es ist 2.500 ha groß – u. a. Nashörner, Zebras und Giraffen leben hier.

**Unterkunft**

**Plumtree Lodge** $$, *138 Marshall Str., ☏ 295-6153. Nette Lodge in der Nähe des Ortszentrums mit schönem Garten und Pool. Freundliche Gastgeber!*

## Mapungubwe (Vhembe Dongola) National Park

Dieser Park liegt im äußersten Nordosten der Limpopo Province, Zufahrt 60 km westlich von Musina (Messina). Er ist ein Teil des geplanten **Vhembe/Dongola and Limpopo Transfrontier Park**, an dem Südafrika, Zimbabwe und Botswana ihren Anteil an den insgesamt 4.900 km² Fläche haben werden.

Der Park birgt vor allem archäologische Funde einer vergangenen San-Kultur. 1932 entdeckte man hier alte Begräbnisstätten auf dem Mapungubwe Hill („Ort der Schakale"). Die berühmte Grabbeilage des „Golden Rhino" war ein Symbol für die Macht des Königs des Mapungubwe-Stamms, der vor etwa 1.000 Jahren das Gebiet am Limpopo River im Zusammenfluss des Sashi River bewohnte. Dieser Stamm lebte u. a. davon, dass er alte Handelswege zwischen dem Indischen Ozean und der Ostküste kontrollierte. Sehenswert ist das **Mapungubwe Museum** *(www.mapungubwe.com/cultural.htm)*.

*Archäologische Funde*

## Reisepraktische Informationen

**Informationen**

**South African National Parks**, *☏ 012/428-9111, www.sanparks.org.*

**Unterkunft**

**Tshugulu Lodge**, *mit 12 Betten, Kochmöglichkeit, Klimaanlage, Pool in der Nähe. Buchung über Mapungubwe National Park, P.O.Box 383, Musina (Messina) 0900, ☏ 015/534-7923 o. -24, mapungubwe@sanparks.org.*

**Tumelo Game Lodge** $$$$, *Informationen und Buchung:* **The Nature Workshop**, *19 Seventh Avenue, Parktown North, ☏ 011/537-4600, www.natureworkshop.com, Anfahrt: N 1 nach Polokwane (Pietersburg), R 521 über Dendron/ Alldays zum Grenzübergang* **Pont Drift**. *Hinter dem Grenzübergang nach Botswana wird man als gebuchter Gast abgeholt. Die Lodge liegt im Tuli Block. Fahrzeit von Johannesburg: ca. 4½–5 Stunden. Die sehr gediegene Lodge-Anlage liegt an den Ufern des Limpopo-Flusses. Es werden interessante Gamedrives und Fußsafaris angeboten. Gute „Buschküche" und viel Afrika-Romantik.*

Zu weiteren Informationen und Unterkünften zum Tuli Block-Gebiet s. S. 359ff

# 4. DAS OKAVANGO-DELTA MIT MOREMI GAME RESERVE

# Maun

Maun ist die „**Safari-Hauptstadt**" Botswanas und Eingangstor in das Okavango-Delta. Der Flughafen ermöglicht die schnelle Verbindung in die Hauptstadt Gaborone bzw. nach Johannesburg oder Windhoek und dient als Drehkreuz für die kleinen Fluglinien, die Maun mit den abgelegenen Camps im Delta verbinden. Aus diesem Grunde haben die meisten Safariunternehmen Maun zum Ausgangspunkt ihrer Touren gemacht und den kleinen Flughafen zu einem der meistfrequentierten Ziele im südlichen Afrika. Zudem kann man die Stadt von Ghanzi, Nata, Francistown und Shakawe und von dort die Fernstraßen nach Namibia und Südafrika auf recht guten Asphaltstraßen erreichen (zur Anreise ab Johannesburg bzw. Windhoek s. S. 133ff). Übrigens: Der Name „Maun" leitet sich aus dem San-Wort „maung" ab, was „Platz des kurzen Rieds" bedeutet.

Teilnehmer an Fly-In-Safaris nutzen Maun als Startpunkt ihrer Reise in die privaten Camps des Deltas, Selbstfahrer ins Moremi Game Reserve oder in den Chobe National Park versorgen sich hier mit Proviant, denn auf der Strecke bis Kasane kann man nirgendwo „nachbunkern". Maun ist ein **zentraler Versorgungsort** am Rande des Deltas – keineswegs schön, aber umso nützlicher.

*Nicht schön, aber nützlich*

Wenn man nach Maun gelangt, Zentrum des Ngami-Landes und Heimat des Tswana-Stammes, so wird man nach der Reise durch die einsame Buschlandschaft nicht gerade die höchsten Ansprüche an das „Zentrum" des südlichen Okavango-Deltas stellen. Maun selbst ist eine **Streusiedlung**; alles in der Umgebung ist durch Überweidung hoffnungslos kahlgefressen, und in der Trockenzeit ist es extrem staubig. Mit dem **Touristenboom**, an dem die in den letzten 20 Jahren deutlich verbesserte Infrastruktur nicht unschuldig ist, kamen die entsprechenden Dienstleister: Es gibt hier eine Reihe von (Souvenir-) Geschäften, Supermärkten, Post, Hotels, Tankstellen, Reparaturwerkstätten und besonders auf dem Weg zum Flughafen unzählige Safarianbieter – kurz: eine Infrastruktur, die Maun zum wichtigsten zentralen Ort am Rande des Okavango-Deltas werden lässt und wo man sich gut versorgen kann, um eine Safari zu beginnen oder fortzusetzen.

Maun liegt am **Thamalakane River**, der als Südabfluss des Okavango-Deltas seinen höchsten Wasserstand zwischen Juni und Oktober aufweist. In diesen Monaten,

## Redaktionstipps

- **Wichtig:** Campingplätze im Moremi Game Reserve weit im Voraus buchen – ohne Buchungsbestätigung kommt man in den Park je nachdem nicht hinein, S. 80f
- Die Safari-Hauptstadt Maun ist das Versorgungszentrum Nordbotswanas – hier alles besorgen, was man auf einer Tour durch Moremi oder den Chobe National Park braucht, S. 155
- Typisch für die Erkundung des Deltas: eine Fahrt mit dem Mokoro, S. 158
- Auf dem Campingplatz Third Bridge im Moremi Game Reserve übernachten – aber Vorsicht vor den Pavianen, S. 197, 200
- Eine gute Alternative außerhalb des Parks ist die Kaziikini Campsite eines Community Project, S. 201
- Bei einem Rundflug über das Delta erschließt sich einem das grandiose Naturerlebnis am besten – das Geld ist die Investition in jedem Fall wert, S. 167

besonders August und September, kommen aufgrund des sonnigen, aber doch von den Temperaturen her angenehmen Klimas die meisten Besucher. Der Thamalakane fließt ruhig dahin, sein Wasser ist klar, und er wirkt in dieser sonst so trockenen Landschaft wie ein Fremdkörper. Westlich von Maun teilt sich der Fluss: Ein Arm zweigt südwestlich als Nxhabe zum Lake Ngami ab, ein anderer nach Osten als Boteti River, der die Makghadikgadi-Pfannen speist. Der Thamalakane ist reich an Fischen, jedoch findet sich der begehrte Tigerfisch weiter nördlich am Okavango selbst.

Maun ist der traditionelle Hauptort der Tswana, die diesen nach dem Sieg über den Ndebele-König *Lobengula* 1915 als Hauptstadt gründeten. Mit der Ankunft des Jägers *Harry Riley*, Namensgeber u.a. von Riley's Hotel und Werkstatt im Zentrum, in den 1920er Jahren startete der „Tourismus", der sich lange auf die Jagd konzentrierte. Damals waren es gute 35 Stunden von Francistown bis nach Maun. Diesen Weg legten vor allem professionelle Jäger zurück, die sich bei ihrer Ankunft nichts sehnlicher wünschten als ein kaltes Bier – und so eröffnete *Riley* ein kleine Bar, Schauplatz legendärer Partys. Maun erlangte einen Ruf als raue „Wild West"-Stadt, Zentrum von Viehzucht und Jagd. Mit dem Beginn des Touristenbooms in den 1990er Jahren folgte die oben erwähnte Entwicklung. Heute leben etwa 30.000 Menschen hier. Der Ort ist Verwaltungssitz des Ngami-Landes. Heute sieht man im Straßenbild viele Herero-Nachkommen der Flüchtlinge, die während der deutschen Schutztruppen-Zeit nach Botswana flohen.

*Beliebtes Souvenir: Körbe*

## Sehenswertes

### Nhabe Museum

Das Nhabe Museum (Mukwa Leaf Gardens in der Nähe des Sedia-Hotels) ist eines der wenigen kulturellen Zentren im Nordwesten des Landes. Es wurde 1994 von der Tshomarelo Conservation Society ins Leben gerufen, die ihre Aktivitäten für den Umweltschutz auch auf die Erhaltung der kulturellen Identität

*Savanne bei Maun*

ausdehnen wollte. Hier gibt es Exponate zur Kultur und Geschichte der Bewohner dieses Gebietes sowie zur Naturgeschichte. Die Ausstellung ist in einem alten Gebäude untergebracht, das 1939 von den Briten erbaut wurde und im 2. Weltkrieg als Überwachungsstelle gegen die deutsche Präsenz in Namibia diente. Nebenan werden im kleinen Arts Centre durchaus authentische Souvenirs, v.a. Körbe, verkauft (*geöffnet Mo–Sa 9–16.30 Uhr, ☏ 686-1346, E-Mail: museum@botsnet.bw*).

Schöne Souvenirs

**Maun Educational Park/Maun Game Reserve**

Das Maun Game Reserve ist 8 km² groß und liegt direkt am Thamalakane, gegenüber dem Zentrum. Das Reserve bietet eine Reihe kleiner Wanderwege. Unter anderem leben hier Baboons, Giraffen, Impalas, Zebras, Warzenschweine und viele Vogelarten (*geöffnet täglich von 8–18 Uhr, Eintritt frei*).

**Matlapaneng Bridge**

Die alte Matlapaneng Bridge wurde aus Mopane-Holz gebaut und führt über den Thamalakane. Die Brücke ist mittlerweile ein „National Mounument".

**Okavango Swamps Crocodile Farm**

Etwa 400 Krokodile kann man in ziemlich natürlicher Umgebung bei einer Führung bewundern. Die Farm liegt neben dem Gelände des Sitatunga Camps (s. S. 164), etwa 11 km südlich von Maun (Richtung Ghanzi) an der Sehitwa Road (*geöffnet tgl. ca. 10–16 Uhr, mehrmals tgl. Führungen, P 30*).

## info

## Eine Fahrt oder Safari mit dem Mokoro

Mekoro sind Einbäume am Okavango, die auch heute noch als bevorzugtes Transportmittel dienen. Diese „Taxis" befördern Schilf, Kleintiere, Haushaltswaren, dienen als Fischerboote oder befördern Menschen. Auch Rinderhirten, die Kühe durch Wasserarme treiben, benutzen die Mekoro.

Für einen Mokoro benötigt man Hartholzbäume, die 100–500 Jahre alt werden müssen, bevor sie die richtige Größe erreicht haben. Bevorzugt wird eine Art Ebenholz, Mokutshumo genannt. Obwohl es 2–3 Wochen dauert, bis aus einem Baumstamm mit Hilfe einer Krummaxt ein Mokoro entsteht, beträgt die Lebensdauer eines solchen Gefährts nicht mehr als ca. 5 Jahre. Fast alle Mekoro sind etwas undicht.

*Beliebt: Touren mit dem Einbaum, auch mehrtägig möglich (Xigera Mokoro Trail)*

Mittlerweile ist der Bedarf an Mokoro sehr gestiegen, schließlich braucht nicht nur die einheimische Bevölkerung solche Gefährte, sondern auch die Safarigesellschaften und die Lodges im Delta. In Maun und Umgebung sowie in vielen Camps im Delta werden Mekoro an Touristen verliehen. Überall im zentralen Deltabereich kann man deshalb Baumstümpfe sehen... Viele Camps benutzen daher (sehr umweltfreundlich) Fiberglas-Mekoro. Mit Hilfe einer langen Stange stakt der „Poler" auf dem ruhig dahin fließenden Thamalakane bei Maun (falls genügend Wasser vorhanden ist). Im Delta selbst sind solche Fahrten oft ganzjährig möglich.

Mekoro sind für Touristen zu einer Attraktion geworden, und so gut wie alle der Camps in Botswana mit Zugang zum Wasser haben solche Einbaum-Fahrten fest in ihrem Programm.

Viele Lodges in Maun offerieren Mokoro-Fahrten mit „Freelancern", d.h. mit Polern, die keine Regierungslizenz und keine entsprechenden Kurse (Naturkunde, Geografie des Deltas etc.) belegt haben. Vorsicht also bei der Auswahl des richtigen „mokoro polers". Sind die Touren zu günstig, sind die angebotenen Mokoro-Führer meist kaum erfahren – denn sobald sie sich richtig eingearbeitet haben, heuern sie bei den Lodges an, die besser bezahlen. Man sollte zudem berücksichtigen, dass bei den preiswerten Mokoro-Trips kein Essen und keine Getränke inbegriffen sind. Vorsicht ist also geboten, denn viele Mokoro-Führer geben vor, alles gut zu kennen und zu wissen – die Erfahrung lehrt dann leider etwas anderes. Mit US$ 50 pro Stunde sollte man bei einem guten Poler rechnen.

Hat man etwas Zeit mitgebracht, ist es empfehlenswert, sich bei anderen Touristen über ihre Erfahrungen zu erkundigen. Wichtig: Man darf sich nicht sehr auf diesem Boot bewegen, da es sehr schnell (weil ohne Kiel) kentern kann.

## Reisepraktische Informationen Maun

### Information

*__Department of Wildlife and National Parks__, P.O. Box 20364, Boseja, Maun, ☏ 686-1265, 🖷 686-1264 o. -0053, E-Mail: dwnp@gov.bw, www.mewt.gov.bw/DWNP/index.php. In der Nähe der Polizei gelegen. Hier ist die Reservierungsstelle für die __Eintrittstickets__ in die Nationalparks (P 120 Park Fee p. P./Tag und P 50 pro leichtes Auto). Für die Campingplätze __South Gate__ und __Xakanaxa__ ist __Kwalate Safaris__ zuständig. Vor allem in den Hauptreisemonaten Juli–September sind kurzfristig keine Campinglätze zu bekommen – also bitte __lange im Voraus buchen__! Für die beliebten Parks heißt das, bis zu elf Monate vorher. Zur Reservierung der Campsites in den National Parks s. Stichwort Camping in den Gelben Seiten.*

### Privatisierung von Campingplätzen

Seit 2009 wurden alle Campingplätze im Bereich Moremi privatisiert. Für **South Gate** und **Xakanaxa** (beide P 230 p. P.) sind nun **Kwalate Safaris** die Ansprechpartner, **Khwai/Northgate** (US$ 50 p. P.) wird von der **SKL Group** gemanagt und **Third Bridge** (P 226 p. P.) sowie die **Wilderness Islands** (P 410 p. P.) von der **Xomae** Group. Für mehr Infos s. Stichwort Camping in den Gelben Seiten.
Buchungsadressen: **Kwalate Safaris**, P.O. Box 2280, Gaborone, ☏/🖷 (+267) 686-1448, kwalatesafaris@gmail.com.
**SKL Group of Camps**, Appollo House, Plot Nr. 246, Office Nr. 6, Along Maun Airport Road, ☏ (+267) 686-5365/6, 🖷 (+267) 686-5367, E-Mail: reservations @sklcamps.co.bw, sklcamps@botsnet.bw; www.sklcamps.com.
**Xomae Group**, P.O. Box 20975, Maun, ☏ (+267) 686-2221 o. -2970, 🖷 (+267) 686-2262, E-Mail: xomaesites@botsnet.bw; www.xomaesites.com.

### Unterkunft

Die Preise der Unterkünfte sind, außer bei den teuren Camps im Okavango-Delta, die in US$ abrechnen, in Pula (P) angegeben, mit Ausnahme solcher, die auch in US$ bezahlt werden. Für den aktuellen Wechselkurs siehe die Grünen Seiten oder www.oanda.com.

#### *In der Stadt*

**Cresta Riley's Hotel $$$$**, *Riverside, ☏ 686-0204, 🖷 686-0580, E-Mail: resrileys @cresta.co.bw, reservations@crestahotels.com, www.crestahosp.co.za. Ca. P 1220/DZ (Standard) inkl. Frühstück.* **Lage**: *Ortsmitte, an der Hauptdurchgangsstraße, neben Tankstelle und Werkstatt.* **Beschreibung**: *Das beste Hotel des Ortes mit 50 Zimmern liegt direkt am Flussbett des Thamalakane und ist komfortabel eingerichtet (Klimaanlage, TV). Restaurant und schöner Swimmingpool vorhanden. Das Hotel blickt auf eine lange Vergangenheit zurück: Charles „Harry" de Beauvoir Riley kam in den 1920er-Jahren hierher. Damals benötigte man für die Strecke Maun – Francistown mehr als 36 Stunden. Die meisten Besucher jener Zeit waren raubeinige Jäger, die sich nach der Strapaze auf ein kühles Bier sowie ein Bett freuten.*

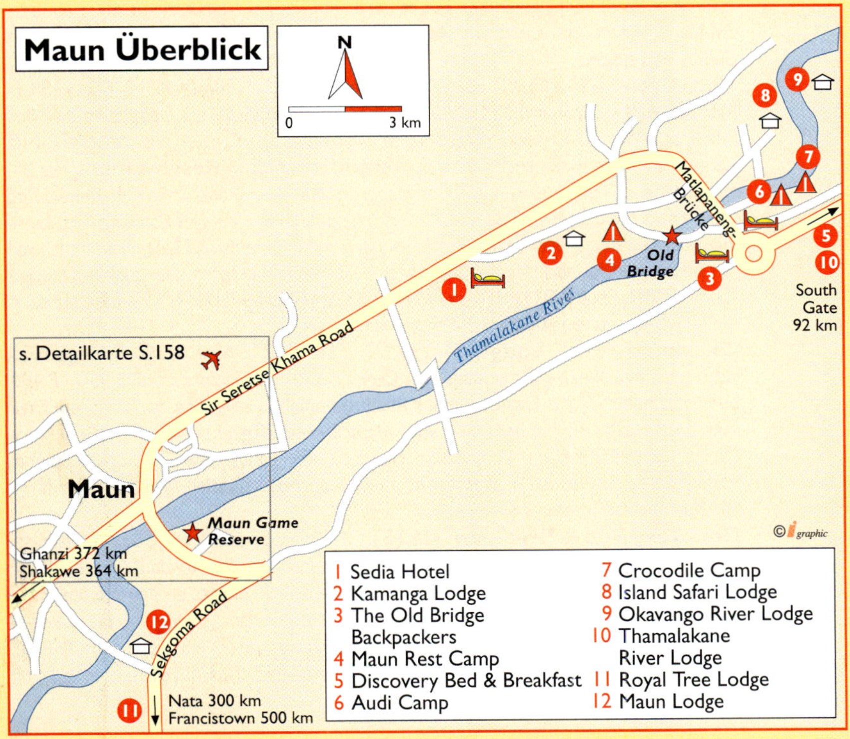


### *Entlang dem Thamalakane River Richtung Moremi Game Reserve (Shorobe Road)*

## Unterkunft und Camping

Vor wenigen Jahren hat es auf einigen Campingplätzen Probleme mit Diebstählen, z.T. sogar Überfällen gegeben, der letzte bekannte Fall ist allerdings länger her. Trotzdem auf keinen Fall Wertsachen im Zelt lassen und bei Ankunft erkundigen, ob es Sicherheits-Personal gibt.

**Maun Rest Camp** $ **(4)**, ☏ *686-3472, 686-2623. Ca. P 70. Campingplatz in der Nähe der alten Brücke, mit sauberen sanitären Anlagen, aber ohne Pool und Bar – dafür eher ruhig.*

**The Old Bridge Backpackers** $$ **(3)**, ☏ *686-2406, E-Mail: info@maun-backpackers.com, www.maun-backpackers.com. Camping P 50 p.P., Zimmer P 145 p.P., Zelt (DZ) P 164 p.P. (Gemeinschaftsbad), mit eigenem Bad und Dusche P 485, Cottage P 750 (für 2 P., inkl. Frühstück und Sunset-Tour).* **Lage**: *10 km außerhalb von Maun.* **Beschreibung**: *Campingplatz (allerdings kein besonders schöner), fünf kleine Zimmer und fest installierte*

*Zelte, Pool, Restaurant. Neuerdings gibt es auch ein Cottage (1 km entfernt, mit 3 en-suite-Zimmern, einzeln oder das ganze Haus buchbar). Zahlreiche Ausflüge werden angeboten. Günstig und rustikal.*

**Audi Camp** $$$ **(6)**, *P.O. Box 21439 Boseja, Maun, ☏ 686-0599, 🖷 686-5388, E-Mail: info@okavangocamp.com, www.okavangocamp.com. Zelte mit Doppelbett und Bad P 580, ohne Bad P 360 (inkl. Frühstück), Campingplatz P 55 p.P., Transfer in die Stadt P 140.* **Lage**: *12 km von Maun entfernt, am Ostufer des Thamalakane.* **Beschreibung**: *Als Unterkunft stehen sehr saubere, auf festen Holzplattformen errichtete Zelte mit eigenem Bad und kleinere Meru-Zelte (mit Betten) zur Auswahl, zudem ein schattiger Campingplatz. Swimmingpool, Bar, sehr beliebt bei Rucksackreisenden und Overland-Trucks, denn es werden von hier preiswerte Trips nach Moremi sowie nach Tsodilo Hills angeboten, aber auch mehrtägige Touren in den Chobe, Okavango und Central Kalahari Game Reserve. Eine Lesermeinung: Mittlerweile etwas renovierungsbedürftig, teils laut.*

**Okavango River Lodge** $$ **(9)**, *☏ 686-3707, E-Mail: info@okavango-river-lodge.com, www.okavango-river-lodge.com. Chalet P 330, Familienzimmer (3–5 Pers.) P 400, Campingplatz P 75 p. P.* **Lage**: *Shorobe Road Richtung Moremi, nach ca. 10 km am Kreis links, dann nach 3 km auf der linken Seite.* **Beschreibung**: *eher einfache, aber saubere Chalets mit eigenem Bad und Ventilator, schattige Campingplätze mit Grillmöglichkeit. Pool, Restaurant, Bar vorhanden. Aktivitäten wie Mokoro- oder Bootsfahrten, Reitsafaris, Rundflüge und Korbflechten werden angeboten.*

**Discovery Bed & Breakfast** $$$ **(5)**, *☏ 680-0627 oder 716-15853 (Mobilfunk), E-Mail: discoverybnb@info.bw, www.discoverybedandbreakfast.com. Standard-Chalet US$ 71, Luxus-Chalet (mit eigener Dusche) US$ 88, inkl. Frühstück.* **Lage**: *an der Shorobe Road Richtung Moremi (ca. 20 min.), ein gelbes Schild weist auf den Abzweig hin.* **Beschreibung**: *von einem Paar aus den Niederlanden betriebene Unterkunft, bezahlbare Alternative in Maun, acht Chalets (alle mit eigener Toilette und Waschbecken, aber z.T. mit*

*Thamalakane River Lodge*

*Gemeinschafts-Dusche). Bootstouren, Rundflüge und verschiedene Aktivitäten wie ein Korbflecht-Workshop können arrangiert werden. Insgesamt sehr rustikal, aber gutes Preis-Leistungsverhältnis.*

**Island Safari Lodge $$$ (8)**, *P.O. Box 116, ☏ 686-0300, 🖷 686-2932, E-Mail: enquire@africansecrets.net, www.islandsafarilodge.com. P 415 p. P. im Chalet, P 195 im DZ, inkl. Frühstück. Camping P 50.* **Lage**: *12 km nördlich von Maun am westlichen Ufer des Thamalakane. Von Maun die Shorobe Road nehmen, ca. 10 km Richtung Moremi, am Island-Safari-Lodge-Schild links auf eine Schotterpiste, ca. 2 km bis zur Lodge.* **Beschreibung**: *sehr beliebte Lodge, schöne Lage der gepflegten Chalets am Flussufer (Klimaanlage, TV), Swimmingpool. Es werden u.a. Bird Walks angeboten, Boots- und Mokoro-Trips sowie Safaris organisiert. Der Ausritt auf einem Pferd ist eine besonders schöne Abwechslung. Auch Campingmöglichkeit.*

**Crocodile Camp $$$ (7)**, *P.O. Box 46, ☏ 680-0222, 🖷 680-1256, E-Mail: sales@crocodilecamp.com, www.crocodilecamp.com. DZ P 345 p.P. Standardversion, Deluxe P 400, Camping möglich. Auf Wunsch auch im Meru-Zelt (fest installiert).* **Lage**: *12 km von Maun Richtung Moremi Game Reserve, am Ufer des Thamalakane River, ca. 1 km hinter dem Audi Camp.* **Beschreibung**: *Hier werden Campingmöglichkeiten angeboten, ebenso stehen recht nette Chalets (Standard oder Deluxe Version) zur Verfügung. Pool. Das Camp organisiert zudem auf Wunsch Mokoro-Fahrten, Flüge über das Delta und Reitsafaris. Auch gibt es 2–3-tägige Safaris ins Delta oder Moremi Game Reserve. Vorausbuchungen nötig.*

**The Sedia Riverside Hotel $$$ (1)**, *P.O. Box 58, ☏/🖷 686-0177, E-Mail: sedia@info.bw, www.sedia-hotel.com. P 875/DZ, Cottage ab P 1.050. Es stehen auch Campingmöglichkeiten zur Verfügung.* **Lage**: *5 km vom Zentrum entfernt.* **Beschreibung**: *sauber, mit Swimmingpool und eigenem Restaurant. 24 Zimmer und 10 Cottages (mit Küchenecke). Am Wochenende Disco – also entsprechend laut.*

**Kamanga Lodge & Tours $$$ (2)**, *P.O. Box 20950, Maun, ☏ 686-4121/2, 🖷 686-4123, E-Mail: lodge@kamangaonline.com, www.kamangaonline.com. Ca. P 600.* **Lage**: *ca. 8 km nördlich von Maun.* **Beschreibung**: *alle en-suite-Zimmer sauber und komfortabel, aber auch nichts Besonderes. Ca. 1,5 km von der Lodge gibt es Selbstversorger-Apartments. Auch Safariveranstalter.*

**Thamalakane River Lodge $$$$ (10)**, *P.O. Box 888, Sexaxa Ward, Reservierung unter ☏ 021/7825337, Rezeption 680-0217, E-Mail: reservations@thamalakane.com, www.thamalakane.com. Chalets ca. P 1.200–1.500.* **Lage**: *19 km von Maun Richtung Moremi.* **Beschreibung**: *schön ruhig gelegen, 10 riedgedeckte Stein-Cottages, alle mit Blick auf den Fluss. Eine Familien-Suite mit 2 Schlafzimmern und Küche. Kleiner Pool, Bar und gutes Outdoor-Restaurant (s.u.).*

### *Richtung Süden*

**Sitatunga Campsite $$**, *Büro ☏ 680-0380, 🖷 680-0381, E-Mail: info@deltarain.com, www.deltarain.com. Chalet mit Bad P 430, Doppel-Cabin P 160, Camping P 45.* **Lage**: *10 km von Maun, an der Straße nach Ghanzi.* **Beschreibung**: *Das Camp gehört zu Delta Rains Safaris, die Safaris und Touren durch Botswana anbieten (auch Tagesausflüge, Rundflüge etc.). Schattiger Campingplatz mit Grillmöglichkeit, Pool, Bar und Restaurant. Zudem gibt es einfache Cabins und ein paar Chalets mit Bad und Bettwäsche. Auf dem Gelände liegt auch die Crocodile Farm, die man stdl. von 10–17 Uhr besuchen kann (P 30). Viele Overland-Trucks.*

**Maun Lodge (12) $$$$**, *Plot No 459, Boseja, Maun, P.O. Box 376, Maun, ☏ 686/3939, 🖷 686-3969, E-Mail: maun.lodge@info.bw, www.maunlodge.com. DZ P 1145,*

*Chalet ab P 855, Familienchalet ab P 1070.* **Lage**: *ca. 3 km vom Zentrum Mauns.* **Beschreibung**: *26 ordentliche DZ und 4 Familienzimmer, alle mit Bad und Klimaanlage, viele Geschäftsleute. Außerdem gibt es 12 einfache Chalets mit 4–6 Betten (Bad, Klimaanlage), Pool, à la Carte Restaurant und Boma. Die Lodge organisiert auch Safaris.*
**Royal Tree Lodge (11)** $$$$$, *Tsanokona Ward, P.O. Box 250088, Maun, ☏ 680-0757, 🖷 680-0757, E-Mail: treelodge@botsnet.bw, www.royaltreelodge.com. Je nach Saison ab US$ 280 inkl. Vollpension, Wein zum Abendessen, Transfer von/zum Flughafen Maun, Kinder unter 5 frei, bis 11 Jahre ca. 50%.* **Lage**: *ca. 10 km südlich von Maun am Fluss.* **Beschreibung**: *sieben luxuriöse Zelte mit Bad und Außendusche, zwei Honeymoon Chalets, schöner Pool. Gemütliche Bar, Restaurant und Lounge vorhanden. Auf drei angelegten Walking Trails (30–90 min.) kann man die Umgebung der Lodge erkunden. Zudem werden (gegen Aufpreis) Rundflüge über das Delta, Reitsafaris, eine Cultural Village Tour und Vogelbeobachtungsspaziergänge angeboten.*

## Camping

*Die meisten Unterkünfte bieten auch Campingmöglichkeiten, empfehlenswert ist u.a. das* **Audi Camp** *(s.o.).*

## Restaurants

**Riley's Grill Restaurant**, *im Riley's Hotel gelegen, hier kann man gut essen (Mittagsbuffet, abends à la carte).*
**Sports Bar and Restaurant** *(☏ 686-2676, beim Sedia-Hotel), gutes Essen – beliebt bei Touristen sowie Einheimischen, günstig.*
**French Connection**, *ca. 10 min. vom Flughafen links gelegen, man kann im schattigen Garten essen. Französisch angehauchtes Essen, netter Service, empfehlenswert.*
**Wimpy** *(☏ 686 5272, www.wimpy.co.za), im Engen Shopping Center gegenüber dem Ngami Centre), Filiale der englischen Kette, typisches Fast Food: Hamburger, Pommes etc.*
**Thamalakane River Lodge (11)** *(☏ 680-0217, außerhalb Mauns, s.o.), laut in Maun lebender Deutscher derzeit das beste Restaurant der Stadt. In idyllischer Lage am Fluss kann man u.a. die vorzügliche Pizza genießen.*
**Bon Arrivée** *(☏ 680-0330, gegenüber dem Flughafen), hier mischen sich An- und Abreisende mit Einheimischen, es geht um sehen und gesehen werden. An der eleganten Bar wurde schon internationale Prominenz auf dem Sprung zur exklusiven Safari gesichtet.*
**Arts Café** *(links neben der Bühne im Motsana, s.u. unter Einkaufen), gut zum Lunch (Paninis, Salate) und für einen Drink zwischendurch, auch Frühstück.*

## Internetcafés

*Wireless im Old Bridge Backpackers möglich, im Wimpy und bei Motsana ebenfalls. Das Sedia Hotel hat ein kleines Internetcafé, zudem gibt es PostNet im Maun Shopping Center. Auch am Flughafen gibt es Internet.*

## Einkaufen

*In Maun gibt es alle wichtigen Versorgungseinrichtungen (Lebensmittelgeschäfte, Banken, Reparaturwerkstätten). Es existiert ein* **SPAR-Markt** *(Ngami-Centre Maun Shopping Center) an der Hauptstraße in nördlicher Richtung. Sonst Frischwaren (Gemüse beim* **Shoprite-Supermarket**) *sowie Fleischwaren in der Mall. Backwaren gibt es sowohl bei SPAR als auch in der At the Top Bakery (Old Mall). Andenken gibt´s in den meisten Lodges,*

*in dem Shop im Museum (s.o.), bei* **General Trading Company** *gegenüber der Mall und bei* **Bushman Craft Shop** *am Flughafen.*
**Korbwaren**, *schöne Körbe gibt es 6 km von Maun, Richtung Matlapaneng Bridge.*
**Bücher**: **Botswana Book Centre** *(☎ 686-0853), Old Shopping Mall; Buchladen im* **Motsana** *(s.u.)*
**Campingzubehör: Kalahari Kanvas** *(☎ 686-0568, 🖷 686-0035, E-Mail: kalkanvas @info.bw), am Flughafen gelegen, neben Avis: Hier gibt es fast alles zum Kaufen oder Ausleihen für den Outdoor-Urlaub, u.a. Gas-Kartuschen und Basis-Campingzubehör.*
**Motsana** *(☎ 72241444, www.motsana.com, Richtung Moremi, kurz vor dem Audi Camp), das „kleine Dorf" (Name in Setswana) bietet neben dem Arts Café tolle kleine Shops (Textures, Mowa). Für Mitbringsel.*

## Banken und Geld wechseln

*Mit einer VISA- oder (seltener) Mastercard-Kreditkarte kann man am Geldautomaten (ATM) Geld abheben. Es gibt einen am Flughafen, einen an der FNB (First National Bank) und einen Barclays im Stadtzentrum. Man kann max. 2.000 Pula auf einmal abheben.*

**First National Bank**, *Shop 1 and 2, Ngami Centre, Private Bag 231, ☎ 686-0919, www.fnbbotswana.co.bw. Über der Bank befindet sich eine Wechselstube, die mitunter bessere Kurse hat als die Banken.*
**Standard Chartered Bank Maun**, *Mokoro Complex, ☎ 686-0209 🖷 686-0331.*
**Stanbic Bank**, *Plot 92, Natlee Centre, Mathiba Road, Maun, ☎ 686-2132, 🖷 686-2135, www.stanbicbank.co.bw. Gegenüber dem Flughafen. An deren Automaten soll man sogar Geld mit der EC-Karte bekommen.*

## Medizinische Versorgung

**Delta Medical Center**, *Plot 720/721, Tshekotseko Rd, Old Mall, Maun, ☎ 686-1411, 🖷 686-1410, www.deltamedicalcentre.org. Privatkrankenhaus mit 21 Betten. Empfehlung!*
**Letsolathebe II Memorial Hospital**, *Disaneng, Maun, ☎ 686-0444, 🖷 686-0445. 2009 fertiggestelltes Krankenhaus, das das Maun General Hospital ablöst. Leider zu wenig Personal trotz moderner Geräte.*
**Zahnmedizin**: *Delta Dental Clinic, ☎ 686-1023.*
**Okavango Pharmacy**, *☎ 686-2049, Old Mall (nahe dem Delta Medical Center) und an der Hauptstraße nahe dem Ngami Center, täglich 8.30–17.30 Uhr geöffnet.*
**Notfall**: *Medical Rescue International, den Flugrettungsdienst erreicht man unter ☎ (+267) 3901601 o. 992 (s. S. 73).*

## Telefon/Telefonkarten

*In der Niederlassung der* **Botswana Telecommunications Corporation (BTC)**, *☎ 686-0234, www.btc.bw. Neben der Post gibt es Telefonkarten und Kartentelefone (die es in Maun rel. häufig gibt), auch an Tankstellen (z.B. Shop der Riley´s Garage) kann man Telefonkarten erstehen.*

## Autoreparatur

**Riley´s Garage and Service Station** *beim Riley´s Hotel, ☎ 686-0203, gilt als die beste Werkstatt der Stadt, nebenan gibt es auch eine Nissan-Niederlassung.*

*Einzigartig: das Okavango-Delta aus der Luft*

**Ngami Toyota**, *große Niederlassung an der Hauptstraße nach Ghanzi (☏ 686-0252). Auch* **Landrover** *betreibt eine Vertretung (☏ 686-0203).*
*Hilfe, wenn man im Busch steckengeblieben ist, bietet* **Mechto Ltd**, *betrieben von Mac und Brenda MacKenzie, ☏ 686-3919, Mobilfunk 716-97209, E-Mail bmac@info.bw, auch Autovermietung (4x4) zu wettbewerbsfähigen Preisen.*
**Reifen** *gibt es zudem bei Tyre Max, Reggie Varkesvisser, ☏ 686-4040, Mobilfunk 072 337008.*

### Postamt

*In der Nähe der Old Mall an der Teerstraße gelegen. Öffnungszeiten: wochentags 08.15–12.45 und 14–16 Uhr, samstags von 8.30–11.30 Uhr.*

### Mokoro-Ausflüge

*Solche Ausflüge werden praktisch in jedem Hotel und Camp, abhängig von den Jahreszeiten, angeboten. Kostenpunkt: etwa US$ 25 pro Person/Stunde. Ebenso kann man Tagesausflüge ins Delta unternehmen – Preise sehr unterschiedlich (ab ca. US$ 150/Person/Tag). Die Unterkünfte in Matlapaneng bieten Mokorofahrten während der Wasserführung des Thamalakane-Flusses von Juli–Anfang November an* *(s. auch S. 158f)*

### Rundflüge/Ausflüge per Flugzeug

*Ein unvergessliches Erlebnis ist ein* **Flug über das Delta**. *Nur so kann man sich einen bleibenden Eindruck über das „Land im Meer“ verschaffen: Man sieht Kanäle, Flüsse,*

*Seen, Landschaften, Inseln – und Tiere. Wenn man nicht zu einer Lodge im Delta fliegt, kann man einen Rundflug am Flughafen in Maun buchen oder über die entsprechenden Hotels und Lodges. Kostenpunkt: ca. US$ 300–400 pro Maschine/Stunde. Darauf achten, dass die Piloten eine Berufslizenz haben.*
*Empfehlenswert, falls man nicht vorhat ohnehin dorthin zu fahren, ist ebenfalls ein* **Flug zu den Buschmannzeichnungen an den Tsodilo Hills** *im Nordwesten des Delta-Gebiets* *(s. S. 271)**. Kompetente Ansprechfirmen vor Ort sind die Chartergesellschaften, s.u. Pro Strecke dauert der Flug ca. eine Stunde.*

### Chartergesellschaften/Scenic Flights

**Delta Air**, *Mathiba I Rd, Büro gegenüber dem Flughafen, ☏ 686-0044, 🖷 686-1682, E-Mail: synergy@info.bw, www.okavango.bw/air.html.*
**Kavango Air**, *First Floor im Flughafen Maun, ☏ 6860-323, 🖷 686-0191, E-Mail: marks@kavangoair.com, www.kavangoair.com.*
**Mack Air**, *Mathiba I Rd, ☏ 686-0675, 🖷 686-0036, E-Mail: reservations@mackair.co.bw, www.mackair.co.bw. Neben Rundflügen ebenso Charter nach Kasane, Windhoek, Livingstone, Francistown und Gaborone.*
**Moremi Air**, *☏ 1st Floor, Maun Airport Building, 686-3632, 🖷 686-2078. Gehört nun zu Kwando Safaris: www.kwando.com. Neben mehreren Flugzeugen in Maun hat Moremi Air auch eines in Kasane stationiert und bietet Flüge innerhalb Botswanas sowie nach Südafrika, Zambia und Namibia. Auch Rundflüge (ca. 1 Stunde) über das Delta.*
**Okavango Helicopters**, *☏ 686-5797, 🖷 686-5798, E-Mail: okavangoheli@dyna byte.bw. Statt mit Kleinflugzeugen fliegt man hier mit Helikoptern über das Delta – etwas teurer.*
**Wilderness Air** (vorher **Sefofane**), *Mathiba I Rd, nahe des Flughafens, ☏ 686-0778, 🖷 686-1649, www.sefofane.com. Einer der größten Anbieter, seit 2011 Teil der Wilderness-Gruppe, zu deren Camps sie u.a. fliegt. Hier kann man auch fliegen lernen – im Flight Training Centre, E-Mail: sftc@wildernessair.bw.*

### Safari-Veranstalter und Buchungsbüros für Safaris und Lodges vor Ort, z.T. auch Rundflüge, Mokoro-Trips etc.

*Die meisten Agenturen bieten auch sichere Parkmöglichkeiten in Maun an, während man im Delta unterwegs ist. Allerdings hat sich die Sicherheitslage in Maun generell etwas verschlechtert, also auf keinen Fall Wertgegenstände im Wagen lassen.*

**Afro Trek**, *im Sedia Hotel, ☏ 686-2574 o. 686-5110, E-Mail: sedia@info.bw, www.afro trek.com. Das Unternehmen bietet in Zusammenarbeit mit dem Sedia Hotel (Safaris starten und enden hier) Tagesausflüge in das Moremi Game Reserve sowie mehrtägige Safaris, Mokoro-Trips und Rundflüge.*

#### Hinweis

Aufenthalte in den Camps im Okavango-Gebiet sollten v.a. in der Hochsaison bereits vorab gebucht werden, ebenso mehrtägige Safaris mit dem Mokoro oder in andere Regionen des Landes. In den Büros in Maun kann man aber fragen, ob es kurzfristig z.B. Absagen gegeben hat. Tagesaktivitäten kann man i.d.R. auch vor Ort organisieren.

**Audi Camp**, *P.O. Box 21439 Boseja, Maun, ☏ 686-0599, 🖷 686-5388, E-Mail: info@okavangocamp.com, www.okavangocamp.com. Angeboten werden u.a. mehrtägige Mokoro-Safaris, Fly-in-Touren ins Delta, außerdem diverse Trips im Großraum Okavango/Chobe, auch nach Tsodilo Hills sowie in die Kalahari.*
**Bush Camp Safaris**, *Office No. 8 „The Pumpkin Patch", Sir Seretse Khama Drive, Newtown, ☏ 686-1391, 🖷 686-1395, www.bushcampsafaris.com. Safaris in die Delta-Regionen und ganz Botswana.*
**Bush Ways**, *286 Hospital Road, Maun, ☏ 686-3685, 🖷 680-0937, E-Mail: reservations @bushways.com, www.bushways.com. Es werden 1–3-wöchige Abenteuersafaris in Gruppen ins ganze Land angeboten, auch individuelle Zusammenstellung. Aktivitäten wie einen Rundflug übers Delta oder Rafting an den Victoria-Fällen können ebenfalls hier gebucht werden.*
**Crocodile Camp**, *P.O. Box 46, ☏ 680-0222, 🖷 680-1256, E-Mail: sales@crocodile camp.com, www.crocodilecamp.com. Das Camp organisiert auf Wunsch Mokoro-Fahrten, Flüge über das Delta und Reitsafaris. Auch gibt es 2–3-tägige Safaris ins Delta oder Moremi Game Reserve.*
**Delta Rain**, *Sitatunga Camp, ☏ 680-0380, 🖷 680-0381, E-Mail: info@deltarain.com, www.deltarain.com. Mokoro-Safaris, Tagesausflüge sowie Camping-Safaris durch ganz Botswana, Namibia und Zambia.*
**Desert and Delta Safaris**, *Desert & Delta Safaris Complex, Sir Seretse Khama Road, Maun, ☏ 686-1243, 🖷 686-1791, E-Mail: info@desertdelta.com, www.desertdelta.com, und Desert & Delta Safaris' Office, cnr Airport Avenue and Mathiba Road, Maun, ☏/🖷 686-1559, E-Mail und Website gleich. Hier kann man u.a. die Camps Moremi, Okavango und Xugana Island Lodge buchen.*
**Orient Express Safaris**, *P.O. Box 100, Maun, ☏ (Südafrika): (+27) 21 483-1600, www.orient-express-safaris.co.za. Buchung der Camps Eagle Island Camp/Xaxaba, Khwai River Lodge und Savute Elephant Camp.*
**Kalahari Kavango Safaris**, *P.O. Box 053, Maun, ☏ 686-0981, 🖷 686-1631, E-Mail: kkreservations@ngami.net, www.menoakwena.com. Unterschiedliche Safaris in den nördlichen und westlichen Teil Botswanas sowie in die Zentral-Kalahari.*
**Ker & Downey Botswana**, *Office, Airport Road, Maun, P.O. Box 27, Maun, ☏ 686-1226, 🖷 686-1282, E-Mail: info@kerdowney.bw, www.kerdowneybotswana.com.*
**Okavango Tours & Safaris**, *P.O. Box 39, Maun, ☏ 686-0220, 🖷 686-0589, E-Mail: info@okavangotours.com, www.okavangotours.com, www.okavango.com. Buchung praktisch aller Lodges im Delta-Gebiet, insbesondere Oddball's Camp sowie Delta und Xakanaxa-Camp.*
**Travel Wild**, *Cnr Airport and Mathiba II Road, Maun, direkt gegenüber dem Flughafen gelegen, P.O. Box 236, ☏ 686-0822/3, 🖷 686-0493, E-Mail: office@botswanaholidays.com, www.botswanaholidays.com. Gute Beratung und Buchung aller Safaris/Lodges im Delta-Gebiet, zudem Organisation von Selbstfahrer-Safaris.*

### Tipp: Mit dem Pferd durch die Wildnis

Wem eine „normale" Safari noch nicht genug Nervenkitzel ist, der kann Elefanten- und Büffelherden auch vom Rücken der Pferde aus beobachten. Infos und Buchung unter www.okavangohorse.com und www.africanhorse back.com.

### Verkehrsmittel

**Anreise mit dem Auto**

*Die Fahrt nach Maun mit dem Mietwagen ist von Windhoek oder Johannesburg kein Problem. Die Route über den Grenzposten Mamuno/Buitepos (Namibia) und Ghanzi sowie über den Caprivi-Streifen und Shakawe ist durchgehend asphaltiert, ebenso die Route ab Francistown oder Gaborone. Nach Kasane durch Savute und den Chobe National Park geht es nur über Allrad-Pisten (s. S. 211ff), alternativ kann man über Nata fahren, dann ist die Strecke asphaltiert. Allerdings gibt es auf dieser Strecke nicht allzu viel zu sehen, und z.T. gibt es viele Schlaglöcher.*

### Mietwagen

*s. S. 104f*

### Flugverbindungen

*Zwischen Maun und Windhoek/Namibia: viermal wöchentlich mit* **Air Namibia** *(www.airnamibia.com) sowie zwischen Maun und Kasane dreimal wöchentlich mit* **Air Botswana***. Täglich Flüge gibt es nach Gaborone und Johannesburg/Südafrika mit* **Air Botswana** *(www.airbotswana.co.bw, ☏ 686-0391 (Reservierungsbüro Maun), 686-0762 (Flughafen Maun). Zahlreiche* **Chartergesellschaften** *(s.o.) bedienen u.a. Kasane, Windhoek und Gaborone.*

### Busverbindungen

*Der Bus-Terminal liegt zentral in der Nähe des Riley´s Hotel. Täglich fährt ein Bus nach Shakawe, Nata (von hier Verbindungen nach Kasane) und Francistown, zudem gibt es Verbindungen nach Ghanzi und weitere nach Mamuno/Namibia-Grenze.*

# Okavango-Delta

## Überblick

Das Okavango-Delta gilt als eine der beeindruckendsten Landschaften der Welt. Der Okavango, drittgrößter Fluss im südlichen Afrika, entspringt im westlichen Bergland von Angola. Teilweise bildet er die Grenze zwischen Namibia und Angola. Er schwillt zu einem mächtigen Strom an, doch er findet nicht den Weg zum Meer. Stattdessen „mündet" er nach 1.600 km im Sandmeer der nördlichen Kalahari, wo er sich auf einer Fläche von annähernd **16.000 km²** in unzählige Arme, Kanäle, Seen und Teiche auffächert.

*Okavango mündet in der Wüste*

Bei Mohembo tritt der Okavango nach Botswana ein. Hier oben im Norden fließt er zunächst zwischen klar definierten Ufern, erst im weiteren Verlauf bildet er sein trichterförmiges Delta. Im Spätsommer und Herbst spült eine große Flutwelle in das Delta-Gebiet, gespeist von dem sommerlichen Regen in Angola. Diese Wassermassen erreichen den südlichen Teil des Deltas in den Monaten Juni bis August. Danach sinkt hier der Wasserstand allmählich wieder ab.

*Je nach Jahreszeit wechselt die Farbe*

*Wasser aus dem Benguela-Hochland*

„Schuld" an dem jahreszeitlich nicht ganz so verständlichen Wasserzyklus des Okavango im Bereich seines Deltas sind die geografisch weit entfernten Gebiete im Benguela-Hochland von Angola, wo der meiste Regen zwischen Dezember und März fällt. Das Flutwasser nimmt hier seinen Ursprung und braucht auf seinem Wege bis zum Südteil des Okavango-Deltas volle sechs Monate. Alleine von dort bis zur botswanischen Grenze sind es von der Quelle aus gemessen 1.280 km, seine Gesamtlänge beträgt 1.600 km. Das Hochwasser trifft genau dann ein, wenn hier im Süden die „winterliche" Trockenzeit herrscht – und es ist hier paradoxerweise fast trocken, wenn hier die sommerliche Regenzeit angesagt ist.

95 % des **gesamten Oberflächenwassers** Botswanas verteilen sich über das Okavango-Delta. Aufgrund des ariden Klimas (die Verdunstung ist höher als der Niederschlag) verdunsten 95 % des Oberflächenwassers, etwa 2 % versickern – und nur 2 % füllen zeitweise den Thamalakane River. Ein paar interessante Fakten zum Fluss:

- Über 650.000 Tonnen Sedimente schleppt der Okavango an und lädt sie ab.
- 5.000 $km^2$ des Okavango-Gebiets sind ständig unter Wasser, 10.000–17.000 $km^2$ sind saisonal überflutet, knapp 1.900 $km^2$ sind trockenes Land (so z.B. die großen Sandinseln wie Chief's Island).

Umgeben ist das gesamte Okavango-Delta von der nördlichen Kalahari, wo auch „Pfannen" (Senken) liegen. Während feuchter Zeiten sind die Pfannen mit Wasser gefüllt. Dann ist auch hier Lebensraum für Tiere gegeben: Gemsböcke, Elefanten und Säbelantilopen. Erstaunlicherweise gibt es im Okavango-Delta nur wenige Fische. Das einfließende Wasser ist arm an Nährstoffen.

## Tier- und Pflanzenwelt

s. Tierlexikon S. 373ff

Die **Tierwelt** des Okavango-Deltas ist faszinierend. An den Ufern liegen oft Krokodile, die eine Gefahr für die domestizierten Tiere bedeuten. Allenthalben entdeckt man Flusspferde. Ornithologen-Herzen erfreut die reiche Vogelwelt: Ibisse, Rosapelikane, Löffler, Reiher, Schreiseeadler, Nimmersatte, Marabus, Lilientreter und Zwerggänse repräsentieren nur einen Teil der Vogelwelt. Sitatunga-Antilopen leben auf Papyrus-Inseln; Lechwe-Antilopen fühlen sich in ihrer Heimat der seichten Gewässer und Inseln wohl. In den südlichen Uferregionen leben Elefanten, Hyänen, Impalas, Zebras, Löwen und Büffel. Kurzum: Die **Tiervielfalt** des Okavango-Gebietes sucht ihresgleichen.

*Reiche Tierwelt*

Auch die **Pflanzenwelt** ist einzigartig. Wasserlilien bedecken die Flächen der engen Kanäle. Ihre langen, schmalen Stiele verraten die Flussrichtung. Mit steigender Sonne öffnen Wasserlilien ihre Kelche, die sie bei anbrechender Dunkelheit wieder schließen. An der Oberseite sind ihre Blätter grün, an der Unterseite tief rot. Die tieferen Kanäle werden oft von Papyrus-Galerien begrenzt, Schilf und Ried rauschen im sanften Wind.

*Beeindruckende Tierwelt*

info

## Papyrus – das malerische Schilf vom Okavango

Am Rande der tieferen Kanäle des Okavango-Deltas ist die Papyrusstaude heimisch – eine sehr alte Nutzpflanze aus der Gattung der 600 Arten umfassenden Zypergräser. Sie wächst ausschließlich im Flachland an Flussläufen und auf Marschland in tropischen und subtropischen Gebieten.

Unter ihnen ist die Papyrusstaude mit ihrem Ursprungsgebiet im tropischen Zentralafrika die bekannteste Art. Von dort gelangte sie durch den siedelnden Menschen nach Ägypten, Syrien, Kleinasien, Sizilien und Kalabrien.

Bei der Papyrusstaude handelt es sich um eine Pflanze mit kräftigem, im Schlamm kriechendem Wurzelstock, an dem abgerundet dreieckige Sprosse entspringen. Sie werden 4–5 m hoch, haben einen Durchmesser von mehr als 10 cm und enden mit einem Schopf feiner, langer, hängender Blätter sowie einer Blütendolde, deren Hülle achtblättrig ist. In der Dolde stehen jeweils drei Ährchen beisammen.

Aus dem lockeren Mark der Sprosse wurde im Altertum Papier hergestellt. Hierzu wurde es in breite Streifen geschnitten und diese etwas überlappend nebeneinandergelegt; zwei dieser Schichten wurden dann kreuzweise übereinandergelegt und gepresst, sodass der auslaufende Saft als Kleber diente.

Die griechische Bezeichnung für das Streifenmaterial lautete *gyblos*, ein Wort, das sich in *biblion* (Buch) erhalten hat. Bereits 2.400 Jahre v. Chr. wurde Papyrus zur Papierherstellung verwendet. Die stärkehaltigen Wurzelstöcke der Pflanze wurden gegessen, die Rinde diente zur Herstellung von Matten, Stricken, Netzen und Körben. Wandgemälde aus dem 4. Jahrhundert v. Chr. zeigen schon die Papyrus-Ernte.

## Geschichte und Bevölkerung

*Relativ dünn besiedelt*

Man vermutet, dass seit mindestens 100.000 Jahren Menschen an den Wasserarmen des Okavango leben. Doch erst in den vergangenen 200 Jahren wurde das Okavango-Gebiet in Botswana durch verschiedene Stämme besiedelt. Vorher dürften hier lediglich vereinzelte Sippen der baNoka, einer Untergruppe der San, auf den unzähligen Wasserarmen des Okavango-Deltas gelebt haben. Heute schätzt man die Gesamteinwohnerzahl am Rande des Okavango-Deltas auf ca. 60.000.

Folgende Stämme wanderten in das Gebiet ein:
die **baYei**
Sie kamen um 1750 aus dem Gebiet der Caprivi-Sümpfe. Für sie war die neue Heimat ihrem alten Lebensraum sehr ähnlich. *Livingstone* berichtete, dass in ihren Booten stets ein Feuer gebrannt habe. Die Nächte verbrachten sie im Kanu, da sie sich

hier vor Schlangen, Hyänen und Löwen sicher wähnten.

die **haMbukushu**
(aus dem Nordosten, Sambesi-Region)
Sie flohen aus ihrer Heimat vor Krieg und Sklaverei und landeten mit ihren Kanus nur an sicheren Stellen, errichteten dann Hütten mit riedgedeckten Wänden und umgaben ihren Besitz mit Palisadenzäunen. Aus ihrer Heimat brachten sie Eisen für ihre Speere mit und besaßen Hacken.
Ebenso führten sie Samen für Hirse, Melonen, Bohnen und verschiedene Kürbisarten ein. Mit den baNoka traten sie in einen produktiven Handel: Von ihnen erhielten sie Fleisch und Fisch, was sie gegen Getreide und Eisen tauschten. Bald unternahmen die haMbukushu weite Fahrten in ihre alte Heimat, um Eisen zu beschaffen. Und so begann die Entwicklung eines Handels zwischen dem Sambesi und dem Okavango-Delta.

die **baTawana** (aus dem Südosten)

die **baKalahari** (aus dem Süden)

die **Ova-Herero** (aus Namibia)

*Die Nachfahren der baYei haben heute kein leichtes Leben*

Alle diese Völker verfügten über die Fähigkeiten, in diesem Raum zwischen Wüste und Wasser Techniken zu entwickeln, die ein Überleben sicherstellten.

*David Livingstone* war einer der ersten Weißen, die an den Lake Ngami und an das südliche Okavango-Delta kamen. Er hörte von Einheimischen, dass es weit hinter der Wüste einen großen See gebe. Und so zog er mit Gleichgesinnten im Jahre 1849 mit Ochsenwagen durch die Kalahari, um an das Naturwunder des Binnendeltas zu gelangen.

*Jagd nach dem weißen Gold*

Mit *Livingstone* begann ein **großer Wandel im Delta-Gebiet**. Seine Begleiter erfreuten sich weniger der landschaftlichen Schönheit, sondern sie berichteten vom Viehreichtum – und von Unmengen an Elfenbein. Die baTawana waren sich zunächst des Wertes der Stoßzähne nicht bewusst, für sie waren es einfach Knochen, die man nach dem Zerlegen von Elefanten gemeinsam mit den anderen Skeletteilen verrotten ließ. Doch diese für die Händler paradiesischen Zeiten hielten nicht lange an. Bereits zwei Jahre später waren sich die baTawana des wahren Wertes des Elfenbeins voll bewusst. 1867, so schätzt man, wurden von Händlern ca. 12.000 Elefanten-Stoßzähne aufgekauft. Der **Elfenbeinhandel** brachte ihnen Geld, sodass sie Waffen kau-

*Heute zahlreich vorhanden: Elefanten im Okavango-Delta*

fen konnten. So jagten sie u.a. nach Flusspferden, die hier bald ausgerottet waren. Die Büffelherden verzogen sich nach Norden, und der Elefanten-Bestand sank so sehr, dass man ihre Zahl auf nur etwa 2.000 im gesamten Okavango-Gebiet schätzte.

Berüchtigte Jäger

1911 gelangte Hauptmann *Streitwolf* an den Rand des Okavango-Deltas. Er vermerkte damals in seinen Tagebüchern: „Bisher ist es noch keinem gelungen, das Okavango-Delta zu durchqueren." 1923 war das Gebiet jedoch bereits kartographiert. Dann durchstreiften professionelle Jäger das Gebiet. Berüchtigt wurde die Beute-Dynastie der *Wilmots*. Bis in die 1960er Jahre jagten sie. In einer Zeitspanne von nur elf Jahren wurden durch sie etwa 30.000 Krokodile erlegt. *Bob Wilmot* soll alleine in einer Nacht 34 Tiere getötet haben. Er starb durch den Biss einer Schwarzen Mamba.

Problem der Arbeitslosigkeit

Heute schätzt man die Gesamteinwohnerzahl am Rande des Okavango-Deltas auf ca. 60.000. Etwa zwei Drittel der Bevölkerung verdienten kein Geld. Viele junge Männer ließen sich lange Jahre deshalb als Bergarbeiter für südafrikanische Minen anheuern. Die Agentur Witwatersrand Mine Labours Association warb botswanische Arbeitskräfte an. Die Löhne waren verlockend: Ein Arbeiter verdiente in einem Jahr in Südafrikas Minen so viel, dass er und seine Familie zwei Jahre von dem Ersparten leben konnten. Die Rekrutierungsagentur verfügte in Botswana und im ganzen südlichen Afrika über zahlreiche Büros. „Im Delta feiert man den ersten Aufbruch der jungen Männer in die Halbsklaverei der Minen fast so wie ein Initiationsfest", schrieb damals *John Rader* (Geo). Heute versucht man, die Bevölkerung an den Einnahmen durch den Tourismus teilhaben zu lassen, u.a. durch die *community projects* (s. S. 120f), bei denen eine Gemeinde einen Campingplatz betreibt und Touren, z.B. zu den Tsodilo Hills, anbietet.

## Tourismus

Seit den 1990er Jahren ist das Okavango-Delta zum Hauptziel des Tourismus in Botswana geworden, der mittlerweile nach dem Bergbau (v.a. Diamanten) mit 5–9 % des BIP der zweitwichtigste Wirtschaftsfaktor des Landes geworden ist. Rund 120.000 Touristen kommen jährlich, insgesamt über 100 Camps und Lodges bieten Unterkunft. Der allergrößte Teil des Deltas ist heute dem Safari-Tourismus gewidmet. Dabei ist das Moremi Game Reserve das „Herzstück" des Schutzgebietes, daneben gibt es zahlreiche Wildlife Management Areas, die wiederum in Konzessionsgebiete für die privaten Safari-Anbieter und (einige wenige) Camps der einheimischen Gemeinden aufgeteilt sind. Die meisten Touristen gehen auf Foto-Safari, daneben gibt es aber auch Anbieter von Jagd-Safaris.

*Wichtiger Wirtschaftsfaktor*

In letzter Zeit immer mehr wird auch der kulturelle Aspekt einer Reise nach Botswana gefördert: Die meist in ihren Luxus-Camps abgeschotteten Besucher sollen sich auch mit der Kultur und Lebensweise der Bewohner des Deltas auseinandersetzen, nicht nur mit der Tierwelt. Dazu gehören Aktivitäten wie Besuche in *Cultural Villages* oder Workshops zum Korbflechten.

Ein Problem: Die meisten Lodges im Delta gehören zu ausländischen Unternehmen, die die einheimische Bevölkerung häufig zu geringen Löhnen in den unteren Positionen in den Camps (Köche, Zimmermädchen etc.) beschäftigen. Zudem führte der wachsende Tourismus zu vermehrtem Aufeinandertreffen von „reichen Touristen" und „armen Einheimischen", was z.B. in Maun, wenngleich Botswana noch immer ein sehr sicheres Reiseland ist, zu einem signifikanten Anstieg der Kriminalitätsrate geführt hat (Aufbruch von Autos, Diebstahl auf Campingplätzen etc.). Der 2007 von der Regierung verabschiedete Plan zur *Community-Based Natural Resource Management Policy* zielt darauf ab, durch Förderung und Weiterbildung auch die Bewohner des Deltas aktiv mit einzubinden und vom Tourismus profitieren zu lassen. Ein erfolgreiches Projekt ist z.B. die Kaziikini Campsite (s. S. 201, 202, mehr Infos über *Community based projects* s. S. 120f).

*Einbeziehung der lokalen Bevölkerung*

## Geologie

Das Okavango-Delta zeigt eine trichterförmige Figur. Über lange Zeiträume hinweg wurde es geformt; über zwei Millionen Tonnen Sand und andere Ablagerungen, die aus Angola transportiert wurden, bilden heute den „Boden".

Dort, wo heute das Okavango-Delta liegt, befand sich einst ein großer Graben, ein **Einbruch in der Erdoberfläche**. Wahrscheinlich handelt es sich hierbei um eine Fortsetzung des **Great Rift Valley**. Vom Toten Meer bis nach Zentralafrika erstreckt sich dieses System. In seinen Vertiefungen findet man u.a. den Tanganyika-See und den Nyasa-See. Den Einbruch in Botswana, der vermutlich eine Tiefe von 300 m gehabt haben dürfte, haben die angewehten Kalahari-Sande sowie die Okavango-Sedimente allmählich gefüllt. Nach Südosten hin liegen zwei Querverwerfungen. Durch die erste werden die Fluten zunächst aufgehalten, doch gelangen sie durch schmale Kanäle an die zweite Querverwerfung. Hier wird der Weiterfluss blockiert. Die Gewässer des Okavango-Deltas fließen nun südwestwärts, bis sie in den Boteti River gelangen oder den Nxhabe zum Lake Ngami hinunterfließen.

*Einbruch durch Kalahari-Sand gefüllt*

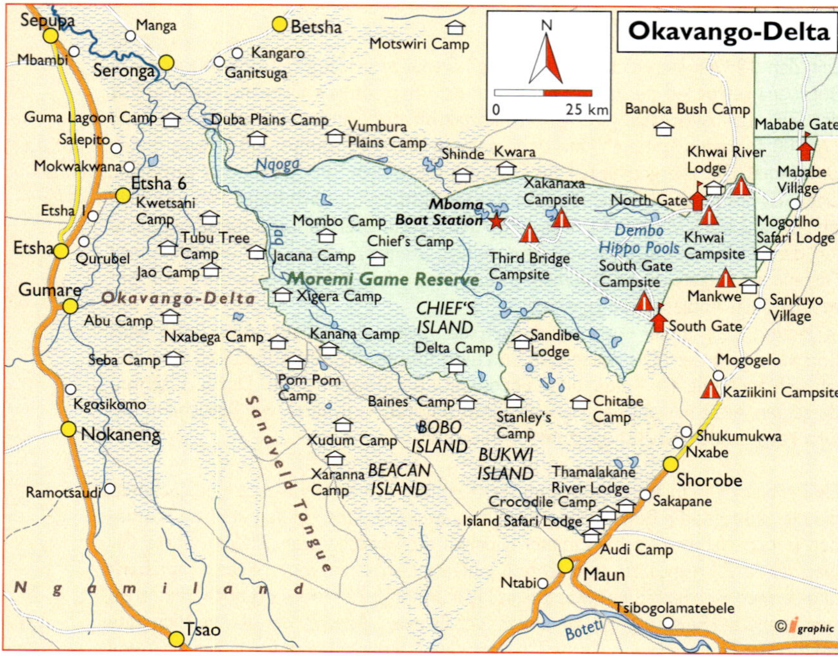


Weniger als 3 % des in das Delta hineinfließenden Wassers kommen am südlichen Ende an. Die geologische Instabilität der Region wird dadurch deutlich, dass es durchschnittlich **drei Erdbeben pro Jahr** gibt. Ein Beweis dafür, dass das Grabensystem tektonisch weiter aktiv ist.

*Idealer Lebensraum*

Erst seit 100 Jahren findet am Rande des Deltas **landwirtschaftliche Nutzung** statt. Mündliche Überlieferungen und Beschreibungen der ersten weißen Reisenden berichten vom unglaublichen Wildreichtum in der Mitte des 19. Jahrhunderts. Der auch heute noch anzutreffende Wildreichtum kommt deshalb zustande, da hier Trockenland- und Feuchtlandvegetation zusammentreffen: Savannen-, Sumpfland- sowie Wassertiere finden hier einen idealen Lebensraum.

## Delta-Regionen

Das Okavango-Delta lässt sich in drei Gebiete aufteilen:

### Norden

Hier befinden sich permanente Sümpfe, dauernd fließende Kanäle, halbmondförmige Seen. Insgesamt ist die Region sehr unzugänglich. Auf einigen größeren Inseln, die nicht mit dichtem Busch bewachsen sind, leben Büffelherden. Rieddickichte bieten den Sitatunga Heimat. In den Seen leben Flusspferde, Krokodile und Otter.

*Büffelherde*

### Gebiete, die regelmäßig überflutet werden
Hier gibt es ein Netzwerk von feuchten Kanälen und Flussläufen, die größere Inseln umgeben. Es kann vorkommen, dass diese Regionen nicht überflutet werden, wenn der Regen nicht so ergiebig war. In diesem Teil des Deltas ist der größte Artenreichtum der Tierwelt anzutreffen. Hier liegt auch die Heimat der großen Büffelherden. Wenn die Fluten zurückweichen, wächst junges Gras auf den Flutflächen: eine Delikatesse für die grasfressenden Tiere.

### Sandgebiete
Die Moremi-Landzunge, Chief Island (reicht bis in die Dauersümpfe hinein) und die Matsebi Ridge gehören dazu.

Umgeben ist das gesamte Okavango-Delta von der nördlichen Kalahari, wo auch „Pfannen" (Senken) liegen. Während feuchter Zeiten sind die Pfannen mit Wasser gefüllt. Dann ist auch hier Lebensraum für Tiere gegeben: Gemsböcke, Elefanten und Säbelantilopen. Erstaunlicherweise gibt es im Okavango-Delta nur wenige Fische. Das einfließende Wasser ist arm an Nährstoffen. Durch die Filterwirkung der Schilfmassen wird es sogar im Verlauf nach Süden noch nährstoffärmer. Insgesamt gibt es ca. 80 Fischarten, aber nur wenige machen die Masse aus. Der am meisten verbreitete Fisch ist der „bream" (eine Weißfischart), der 60 % aller Fische stellt. Der Tigerfisch ist vor allem im Okavango selbst und in den Dauerwasser-Gebieten im zentralen und nördlichen Delta anzutreffen.

*Wenige Fische im Delta*

## Klima und Reisezeit

Von Mai bis Oktober herrscht die winterliche Trockenzeit, in der kaum Niederschlag fällt. Fast immer ist der Himmel klar, die Tage sind angenehm sonnig, wobei während

*Nachts kann es kalt werden*

der Nacht und am Morgen die Temperaturen nahe dem Gefrierpunkt liegen können. Der meiste Regen fällt in der sommerlichen Regenzeit von Dezember bis Februar. In den Monaten November bis April wird es sehr heiß, z.T. auch schwül, wenn Regenfälle (zumeist als Gewitterschauer) niederkommen.

## Ökologische Probleme

### Tsetsefliege

Einst war die Tsetsefliege im südlichen Teil des Deltas verbreitet. Sie stellte in doppelter Hinsicht eine Gefahr dar:

- Der Biss einer ihrer Arten konnte **tödlich für das Zuchtvieh** sein.
- Der Mensch war durch sie gefährdet, da sie **Überträgerin der Schlafkrankheit** ist.

*Ausweitung der Weidegründe*

In den 1970er Jahren begann ein großangelegtes **Sprühprogramm**. Die Insektizide Endosulphan und Deltamethrin wurden per Flugzeug großflächig versprüht. Bald stellte sich jedoch heraus, dass Endosulphan die Fischbrut zumindest für eine Saison empfindlich störte. Das freilebende Wild ist gegen den Biss der Tsetsefliege immun. Nach Ausrottung der Stechfliege im südlichen Delta-Teil wurden die Weidegründe für das Zuchtvieh (vor allem für Rinder) erheblich erweitert. Als Folge sind die meisten Gebiete in Wassernähe hoffnungslos überweidet. Irreparable Vegetationsschäden entstanden.

So sorgte die Tsetsefliege in der Vergangenheit dafür, dass nicht riesige Rinderherden das Naturparadies vernichteten. Noch heute folgen grasende Herden von Wildtieren den Jahreszeiten mit dem Steigen und Fallen des Wassers im Delta. Da das Wild ständig wandert, gefährdet es nie die Vielfalt der Grasarten. Wenn seine Weidegründe überflutet sind, haben die Pflanzen Zeit, sich zu erholen. Die Ausweitung der Viehzucht am Rande des Deltas hat nicht nur zur Folge, dass eine Überweidung der wassernahen Gebiete erfolgt, sondern auch das Wild wird vertrieben. Und gerade Botswanas Wildreichtum sicherte bislang eine wichtige Einnahmequelle: den Tourismus.

info

### Wie gefährlich ist die Tsetsefliege für Menschen?

Obwohl die Tsetsefliege heute in großen Teilen Botswanas ausgerottet ist, kommt sie im Ngamiland und hier insbesondere im Moremi-Gebiet vor. Ähnlich wie Mücken schwirrt sie insbesondere in der feuchten Regenzeit herum, allerdings während des Tages. Menschen können sich am besten durch helle, dickauftragende Kleidung schützen, ebenso durch Rauch. Ein Tsetse-Biss fällt auf durch eine große Schwellung und später durch Grippesymptome wie Kopfschmerzen und Fieber. Auf jeden Fall sollte man zum Arzt, der mittels Bluttest eine mögliche Infektion aufdecken und behandeln kann.

## Wasserentnahme

Auch der Wasserreichtum des Okavango-Deltas könnte eines Tages die ökologische Existenz der gesamten Region bedrohen. Denn in den südlichen Regionen wird Wasser als „Rohstoff" für industrielle Projekte gebraucht: für Botswanas Diamanten-Minen in Orapa bzw. Jwaneng und die Industrieansiedlungen am Witwatersrand. Doch auch hier bemüht man sich mittlerweile um den Umweltschutz. Bis heute zumindest können die Wasser fast ungenutzt verdunsten. Verteidiger der Umwelt warnen: Schon der Abfluss von 5–6 % der natürlichen Zulaufmenge wäre sehr bedenklich, da der Wasserhaushalt des Okavango-Systems von der Verdunstung abhängig ist.

*Sensibles Ökosystem*

## Tourismus

Auch der Tourismus bleibt nicht ohne Auswirkungen auf das Delta. Noch halten sich, verglichen mit den großen Parks in Namibia und Südafrika, nur relativ wenige Reisende am Rande des Okavango-Deltas auf. Der Safari-Tourismus wird dank der drastisch erhöhten Park- und Campinggebühren (s. S. 80f) keinen ungeheuren Umfang erreichen, sodass man negative Rückwirkungen auf die Umwelt – vorerst – nicht befürchten müsste.

Probleme bereitet dennoch die Abwasserentsorgung der zahlreichen Camps im Delta. Trotz strenger Vorschriften haben die Zunahme von Camps und Touristen (im Durchschnitt verbraucht ein Tourist 200 l Wasser pro Tag) sowie ein Anstieg der einheimischen Bevölkerung zu einer Verunreinigung des Wassers geführt. Derzeit wird über Vorschriften zu modernerer Abwasserentsorgung beraten.

Am Rande des Okavango-Deltas – so z.B. in Moremi – ist es untersagt, feste Gebäude zu errichten. Die Safari-Unternehmen übernachten deshalb mit ihren Teilnehmern in Zelten. Beispielhaft sind saisonale Camps. Obwohl die Zelte, Feldküche, Vorratslager etc. die Reisezeit über aufgebaut bleiben, entdeckt man nach dem Abbruch des Lagers keine bleibenden Schäden: Alles „Unnatürliche" wird sorgfältig eingesammelt und wieder mitgenommen.

*Keine festen Gebäude*

Doch man muss bezweifeln, ob die Bewohner des Okavango-Gebietes tatsächlich vom Tourismus profitieren können. Erfahrungsgemäß gießt diese Einnahmequelle ihren Segen nur über wenige Privilegierte aus. Für die Regierung ist er allerdings als Devisenquelle nützlich.

Der **Jagd-Tourismus** wurde zu einer wichtigen Einnahmequelle der Regierung. Wie in Südafrika und Namibia plant die Regierung, Wildtiere zu züchten: game farming wäre demnach eine an die natürlichen Bedingungen des Lebensraumes angepasste Wirtschaftsweise. Doch es fehlt zzt. an Geld, eine Kühlkette zu etablieren, die eine Vermarktung im großen Stil ermöglichen würde.

## Wilderei

Die organisierte Wilderei ist verbreitet, allerdings weit weniger als früher. Doch die 15 Polizeiwachen im Delta können eine effektive Kontrolle nicht gewährleisten. Es ist gewiss, dass große Mengen an Fleisch, Fellen, Federn, Elfenbein und Trophäen umgesetzt werden. Die Bewohner des Deltas sind z.T. auf die Jagd angewiesen, da sie eine notwendige Ergänzung ihres Einkommens darstellt.

*Naturschutz vs. wirtschaftliche Interessen*

info

## Private Safari-Lodges

Der große (Preis-)Schock kommt, wenn man im Internet oder in Reiseprospekten liest und sieht, wie teuer die privaten Safari-Lodges sind. Generell muss man in der Nebensaison mit Tages-Preisen von US$ 400–500 pro Person im Doppelzimmer rechnen, in der Hauptsaison entsprechend mehr – aber es geht natürlich auch noch viel viel teurer.

Was man dafür bekommt, ist aber nicht nur eine tolle naturnahe Unterkunft mit maximal 10–16 Personen, sondern ein Afrika-Erlebnis, wie es sonst kaum möglich ist. Die hohen Preise haben durchaus ihren Grund: Tolle, völlig abseits von Versorgungswegen etablierte Camp-Lagen, professionelles Personal (Safariführer, Köche, Bedienung), Safari-Logistik mit Geländefahrzeugen, Booten, Flugzeugen, Abenteuer- und Erholungsprogramm „von morgens bis abends". In einem Camp sollte man nach Möglichkeit mindestens zweimal übernachten, um in den Genuss aller Angebote zu kommen.
Maun dient als Drehscheibe für die Besucher. Alle Camps sind mehr oder weniger luxuriös bis komfortabel, in den hohen Preisen ist alles enthalten, und zwar von Unterkunft über Verpflegung bis zu allen professionell geleiteten Safaris (per Geländewagen, zu Fuß oder per Boot). Die Verpflegung ist fast immer ausgezeichnet.

**Der Tagesablauf**: In allen Safari-Lodges ist das Tagesprogramm ähnlich. Man wird in der Früh gegen 6 Uhr (sanft) geweckt und trinkt in seiner Unterkunft eine Tasse Kaffee oder Tee. Im Anschluss gibt es ein leichtes Frühstück. Danach geht es per Geländewagen, zu Fuß oder per Boot auf Safari. Der professionelle Guide wird dabei nicht nur die „Großtiere" zeigen, sondern den Gästen auch die Augen für die kleinen Naturwunder öffnen und alles entsprechend erklären. Nach der Rückkehr wird gefrühstückt. Gegen 13 Uhr gibt es Mittagessen, danach folgt bis

*Feudal: Übernachten im Luxus-Camp, z.B. Tubu Tree*

ca. 16 Uhr eine Siesta (auch die Tiere sind in dieser Zeit träge – man versäumt also nichts). Entweder ruht man in seiner Unterkunft oder aalt sich am oft vorhandenen Swimmingpool oder auf einer Liegewiese. Nach einem Nachmittags-Tee geht es dann wieder auf Safari bis zum Sonnenuntergang, und beim „Sundowner" (oft noch unterwegs eingenommen) lässt man den Tag Revue passieren. Etwa um 20 Uhr gibt es Abendessen, das zumeist von hervorragender Qualität ist. Die Getränkeauswahl lässt keine Wünsche offen. Natürlich kann der Tagesablauf je nach Tiererlebnissen variieren.

**In Notfällen** verfügen die Lodges über modernen Funkkontakt zur Außenwelt, sodass medizinische Hilfe herbeigeholt werden kann. Auch Sie sind in Notfällen erreichbar.

Was man berücksichtigen sollte:

- Eine **Kleiderordnung** gibt es selbst in den teuersten Camps nicht. Angemessen ist vernünftige Safarikleidung.
- Einige Camps nehmen **keine Kinder** auf – bitte vorher erkundigen.
- Zwischen Mitte Dezember und März herrscht **Nebensaison**. Dann sind die Preise oft erheblich niedriger – dafür ist aber auch das Wetter nicht optimal (Regenzeit, Schwüle, niedrige Wasserstände). Einige private Lodges haben dann auch geschlossen.

**Die Hauptanbieter im generellen Vergleich**

Viele Camps gehören den Firmen Wilderness Safaris, Desert&Delta Safaris, andBeyond sowie Ker & Downey Safaris. Allen Betreibern ist gemein, dass den Reisegästen hervorragende Guides zur Verfügung stehen und ein hoher Qualitätsstandard in allen Safari-Bereichen gewährleistet wird.

**Desert and Delta Safaris** hat seine Camps sehr luxuriös eingerichtet und folgt dem südafrikanischen Vorbild der Designer-Lodges. Wer also Luxus pur sucht, ist in den Camps Moremi, Okavango und Xugana Island Lodge sehr gut aufgehoben. Vor allem der Bootstransfer zwischen den Camps Moremi und Okavango ist sehr reizvoll (drei weitere Camps in der Chobe-Region s. S. 231).

**Kontakt**: Desert & Delta Safaris Complex, Sir Seretse Khama Road, Maun, ☏ 686-1243, I 686-1791, E-Mail: info@desertdelta.com, www.desert delta.com, und Desert & Delta Safaris' Office, cnr Airport Avenue and Mathiba Road, Maun, ☏/🖷 686-1559, E-Mail und Website gleich.

**Ker & Downey Safaris** folgt eher der Tradition des früheren ostafrikanischen Jagdtourismus und verzichtet bewusst auf auffälligen Luxus. Man übernachtet in Camps, die sich in die Natur einfügen. Auf aufwendige Außenanlagen wird verzichtet, trotzdem wird dem Gast alles geboten, was eine Safari zu einem stilvollen Erlebnis macht. Man möchte dem Besucher den Eindruck vermitteln, zu Gast im Reich der Tiere zu sein – und nicht umgekehrt. Ker Downey Safaris gehören die Camps Shinde, Okuti, Kanana und Footsteps across the Delta.

**Kontakt**: Ker & Downey Botswana, Airport Road, Maun, P.O. Box 27, ☏ 686-1226, 🖷 686-1282, E-Mail: info@kerdowney.bw, www.kerdowneybots wana.com.

info

*Mit dem Kleinflugzeug in die Camps (Kanana Airstrip)*

**Wilderness Safaris** verfügt über die meisten Camps im Delta. Die Lagen sind einzigartig schön und die Konzessionsgebiete durch Zusammenarbeit mit den entsprechenden einheimischen Gemeinden z.T. riesig. Die Camps sind ähnlich denen von Ker & Downey Safaris – wenn auch ein Stückchen komfortabler. Wilderness Safaris wurde 1983 gegründet, und zwar von Idealisten, die sich zum Ziel setzten, dem Safarigast unvergessliche Naturerlebnisse zu vermitteln. Wilderness ist eine absolut perfekt organisierte Gesellschaft, wo „alles stimmt". Der Transfer von Camp zu Camp erfolgt per Flugzeug. Zu Wilderness Safaris gehören die Camps Abu, Banoka Bush, Chitabe, Duba Plains, Jacana, Jao, Kwetsani, Little Mombo, Mombo, Little Vumbura, Vumbura Plains, Seba, Tubu Tree, Okavango und Xigera.
**Kontakt**: Wilderness Safaris, 373 Rivonia Boulevard, P. O. Box 5219, Rivonia, 2128, South Africa, ☏ (+27) 11 807 1800, 🖷 (+27) 860 5060 482, E-Mail: enquiry @wilderness.co.za, www.wilderness-sa faris.com.

**AndBeyond**: hierzu zählen u.a. die ebenfalls luxuriösen Lodges Sandibe, Xudum, Okavango-Delta Lodge, Xaranna, Okavango-Delta Camp und Nxabega Okavango Tented Camp.
**Kontakt**: AndBeyond, Private Bag X 27, Benmore, Johannesburg, 2010, South Africa, ☏ (+27) 11 809 4300, 🖷 (+27) 11 809 4400, E-Mail: safaris@andbeyond.com, www.andbeyondafrica.com.

Von der praktischen Seite her empfiehlt es sich, bei der Safari-Planung darauf zu achten, dass alle Unterkünfte in der Hand eines dieser Hauptanbieter sind, da auf diese Weise die gesamte Reiselogistik reibungslos verläuft und in einem noch akzeptablen Preisrahmen bleibt.

## Unterkünfte Okavango-Delta

Zu Informationen über geführte Safaris und Flüge ins Delta s. Reisepraktische Informationen Maun, S. 160ff.

### NÖRDLICHER TEIL (DAUERFLUTGEBIET)

Dieser Bereich ist für individuelle (d.h. mit dem eigenen Mietwagen anreisende) Gäste nicht erreichbar. Fast die gesamte Savannen- und Wassertierwelt des südlichen Afrika ist hier zu beobachten, denn das Zusammentreffen von Land (zumeist in Form von Inseln) sowie dauerhaft vorhandenem Wasser schafft ideale Lebensbedingungen. Dieses Gebiet ist sehr wenig besiedelt, dafür buchstäblich wild: Unzählige Wasserarme, Kanäle, Inseln, weite Sumpflandschaften, Palmeninseln und traumhafte Lagunen machen diese Landschaft zu einem Paradies.

#### Hinweis

Alle Preise beziehen sich, soweit nicht anders angegeben, auf **pro Person** im **Doppelzimmer** mit allen Mahlzeiten und Aktivitäten inklusive. Der Flug in die entsprechenden Camps kostet extra. Die Preisspanne bezieht sich auf Haupt- und Nebensaison. Es sind keine $-Zeichen als Richtlinie angegeben, da sich alle Camps im hochpreisigen Bereich bewegen.

s. Karte S. 176 und Karte in der hinteren Umschlagklappe

### NÖRDLICH DES MOREMI GAME RESERVE

**Kwara Camp**: *Im äußersten Norden des Deltas gelegen, im Kwara-Konzessionsgebiet, US$ 515–918.* **Beschreibung**: *„Kwara" bedeutet in der Sprache der Einheimischen „Der Ort, an dem die Pelikane fressen". Die tiefen Wasserbecken, die sich in der Regenzeit füllen, verdunsten während der Trockenzeit wesentlich langsamer als die seichten Lagunen der Umgebung – dies ist der Zeitpunkt, an dem die Fischkonzentration die Pelikane anlockt. Auf dem Festland, aber in unmittelbarer Nähe (ca. 11 km) zum Shinde Island Camp gelegen, hat man hier vor allem Gelegenheit, Säbelantilopen, Büffel, Geparde und Wasserböcke zu sehen. Angeboten werden Geländewagen- und Bootssafaris, Fahrten mit dem Mokoro sowie Buschwanderungen. Es gibt acht sehr komfortabel eingerichtete Zelte (mit WC/Dusche) und einen Pool. Buchung: Kwando Safaris, P.O. Box 550, Maun, ☎ 686-1449, 🖷 686-1457, E-Mail: info@kwando.co.za, reservations@kwando.co.za, www.kwando.co.za.*

**Shinde**: *Nordöstlich von Chief's Island/nordwestlich von Moremi, US$ 495–950.* **Beschreibung**: *Edles Camp in Insellage direkt an der Shinde Lagune, umgeben von klaren Gewässern, die über gelben Sand fließen. Es gibt hier acht Luxuszelte mit WC mit Spülung/Dusche (warmes und kaltes Wasser), von der Terrasse hat man eine tolle Aussicht. Zudem gibt es eine in die Bäume integrierte Lounge- und Dining-Area. Tolle Tierbeobachtungsmöglichkeiten und herrliche papyrusgesäumte Flussläufe – ein Traum für Tierliebhaber und Fotografen. Hier gibt es auch die seltenen Lechwe-Antilopen. Buchung: Ker & Downey Botswana, www.kerdowneybotswana.com (s.o.).*

**Xugana Island Lodge**: *Nordöstlich von Chief's Island/nordwestlich von Moremi – nur per Flugzeug erreichbar, US$ 454–800.* **Beschreibung**: *Acht riedgedeckte, gut einge-*

*Selten: Lechwe-Antilope*

*richtete Hütten stehen zur Verfügung, jede mit WC/Dusche. Swimmingpool vorhanden. Es werden alle Safariaktivitäten angeboten. Die Lage direkt an der Lagune ist toll. Buchung: Desert & Delta Safaris, www.desertdelta.com (s.o.).*

**Camp Okavango**: *Nordwestlich von Xakanaxa/Moremi und nordöstlich von Chief's Island, auf Nxaragha Island gelegen. Erreichbar per Flugzeug von Maun/Kasane und Victoria Falls sowie per Motorboot ab Camp Moremi, Preise wie Xugana (s.o.).* **Beschreibung**: *Höchst komfortable Lodge, bestehend aus zwölf geräumigen Doppelzelten, stets mit WC und Dusche versehen, Möbel aus „Rhodesian Teak". Wem das nicht genug ist: In der Okavango Suite, einem rietgedeckten Cottage, geht es noch eine Spur exklusiver zu. Restaurant und Cocktail-Bar liegen unter einem riedgedeckten Dach, Plunge Pool und Posten für Vogelbeobachtungen vorhanden. Alles ist „vom Feinsten": Es gibt Designer-Geschirr und Tafelsilber. Angeboten werden u.a. Motorboot- und Mokorofahrten, Wanderungen. Super für Vogel- und Sitatunga-Beobachtungen. Bootstransfer durch die Lagunen zu den anderen Camps des Unternehmens. Geschlossen zumeist von Anfang bis Ende Januar. Buchung: Desert & Delta Safaris, www.desertdelta.com (s.o.).*

**Duba Plains Camp**: *Im nordöstlichen Teil des Okavango-Deltas gelegen, etwa zwischen den Camps Jedibe und Guma Lagoon, nur per Flugzeug erreichbar, US$ 940–1.040.* **Beschreibung**: *Dieses sehr einsam gelegene Camp nimmt nur insgesamt zwölf Gäste auf. Alle geräumigen Zelte verfügen über WC und Dusche – und von jeder Zeltveranda schaut man auf die Schwemmlandebene, es gibt auch einen kleinen Swimmingpool. Das Camp liegt auf einer Insel, auf der große Ebenholzbäume Schatten spenden. Es werden Geländewagen-, Mokoro- und Fußsafaris angeboten. Man kann hier Büffel- und Säbelantilopenherden beobachten, ebenfalls Löwen. Elefanten sind auf den großen Inseln heimisch. Flusspferde leben in den tieferen Wasserkanälen, fast überall streifen auch Leoparden durch den Busch. In die Bewirtschaftung des Camps sollen die hier lebenden Menschen aktiv ein-*

Schon die Ankunft kann ein Erlebnis sein: Löwenfamilie am Airstrip

*gebunden sein, und ein „community participation plan" soll dafür sorgen, dass auch die heimischen Gemeinden vom Tourismus profitieren. Flugtransfers ab Maun und Kasane. Buchung: Wilderness Safaris, www.wilderness-safaris.com (s.o.).*

**Mapula Lodge**: *40 min. Flug von Maun, im nordwestlichen Okavango-Delta (seasonal floodplain), US$ 415–720, Flugpreis ab Maun auf Anfrage.* **Beschreibung**: *Zehn komfortable Chalets auf Plattformen, mit eigenem Bad und Balkon. Buchung: Value Safaris, ☏ (Südafrika) (+27) 157933913, www.valuesafaris.com.*

**Vumbura Plains Camp**: *Südöstlich der Duba Plains gelegen, US$ 1.149–1.799.* **Beschreibung**: *Absolutes Luxus-Camp, bestehend aus zwei Camps unter Bäumen mit je sieben „Zimmern", eigenem Restaurant und Bar. Jedes Zimmer besteht aus Schlafzimmer, Lounge und komplettem Badezimmer, hat einen Plunge Pool und Aussicht auf die Ebene. Auf einer Plattform zum Sternegucken kann man es sich auf den Kissen gemütlich machen und den afrikanischen Sternenhimmel bewundern. Die sehr geschmackvolle Einrichtung vermittelt den Eindruck, wirklich „out of Africa" zu sein. Angeboten werden Fußpirschgänge und Fahrten im offenen Geländewagen sowie Exkursionen mit Booten und dem Mokoro. Die Tierwelt ist typisch für eine Sumpf- und Savannenlandschaft: Wasserböcke, Lechwe-Antilopen, Wasserböcke, Krokodile, aber auch Büffel- und Elefantenherden sowie Löwen, Leoparden, Geparde und Wildhunde. Wenige Kilometer vom Hauptcamp liegt das kleinere, mit sechs Doppelzelten ausgestattete Schwestercamp* **Little Vumbura** *(US$ 868–1.209). Buchung: Wilderness Safaris, www.wilderness-safaris.com (s.o.).*

**Footsteps Across the Delta**: *Diese Unterkunft wechselt saisonbedingt innerhalb des Deltas ihre Lage, US$ 495–630.* **Beschreibung**: *Das Camp verfügt über drei eher einfache Zelte mit Doppelbetten und eigener, etwas abseits vom Zelt befindlicher Dusche und „Bush-WC". Zudem stehen eine Sitzecke und ein überdachtes Esszelt im Freien zur Verfügung. Die Atmosphäre ist persönlich und naturnah, mit freundlichem Personal und guter Küche. Kin-*

*Bushwalk vom Footsteps Camp*

*der sind willkommen und werden speziell betreut. Besonders empfehlenswert ist diese Unterkunft für Zeltsafari-Fans. Der Schwerpunkt liegt auf geführten Wanderungen, bei denen der Guide über Fauna und Flora informiert. Je nach Jahreszeit auch Mokoro-Fahrten und Angeln. Von Anfang Dezember bis Ende Februar ist das Camp geschlossen. Buchung: Ker & Downey Botswana, www.kerdowneybotswana.com (s.o.)*

## NORDWESTLICH DES MOREMI GAME RESERVE

**Kwetsani Camp**: *im Jao-Konzessionsgebiet, US$ 683–1.099.* **Beschreibung**: *Kwetsani Island ist dicht bewaldet (Palmen, Feigenbäume). Die Überflutungsebenen sind ein Eldorado für Tiere, vor allem für Löwen, Leoparden, Wildhunde, Tsetsebe und Lechwe-Antilopen. Es werden Landsafaris, aber auch Bootstouren angeboten, bei denen man – in den tieferen Lagunen – natürlich Flusspferde und Krokodile beobachten kann. Das Camp besteht aus fünf Baumhaus-Chalets mit eigenem Bad – von überall genießt man einen tollen Ausblick. Es gibt einen kleinen Pool und eine riedgedeckte Lounge- und Dining-Area. Buchung: Wilderness Safaris, www.wilderness-safaris.com (s.o.).*

**Tubu Tree Camp**: *auf Hunda Island gelegen, der größten ständig trockenen Insel in dieser Region des Deltas, US$ 683–1.099.* **Beschreibung**: *Fünf in traditionellem Stil erbaute Zelte ermöglichen von der privaten Veranda den Blick in die Ebene. Bad und Außendusche, ein „Pub" liegt unter einem großen Marula-Baum. Buchung: Wilderness Safaris, www.wilderness-safaris.com (s.o.).*

**Jao Camp**: *Im Herzen des Deltas gelegen, US$ 1.149–1.799.* **Beschreibung**: *Jao liegt in einem privaten Konzessionsgebiet, das an das Moremi Game Reserve grenzt. Es werden Safaris zu Lande und zu Wasser angeboten. Besonders gut kann man hier Löwen beobachten (höchste Konzentration in Botswana!), aber auch Leoparden, Tsetsebe, Lechwe-Antilopen, Krokodile und Flusspferde. Die Landschaft besteht aus ruhigen Lagunen, Dauerflussläufen und offenen Überflutungsebenen. Das Camp besteht aus neun luxuriös eingerichteten Zelten mit WC/Dusche und einer Lounge für die Nachmittags-Siesta. Es gibt einen kleinen Pool und einen idyllischen Essensplatz (Boma). Es werden auch Massagen angeboten. Buchung: Wilderness Safaris, www.wilderness-safaris.com (s.o.).*

**Jacana Camp**: *Am Rande des Moremi Game Reserve, auf einer Insel inmitten der saisonal gefluteten Ebenen, US$ 683–1.099.* **Beschreibung**: *Das Camp besteht aus fünf Meru-Zelten auf Plattformen mit Aussicht, Bad mit Außendusche. Das Restaurant liegt idyllisch unter Maulbeer-Feigen und wilden Dattel-Palmen. Bar und Lounge mit Feuerstelle, zudem ein Plunge Pool zum Abkühlen. Mokoro-Fahrten und Wanderungen, Game Drives im Winter, wenn das Wasser zurückgeht. Buchung: Wilderness Safaris, www.wilderness-safaris.com (s.o.).*

## IM MOREMI GAME RESERVE

Unterkünfte, die nur mit dem Flugzeug oder Boot zu erreichen sind. Für die mit dem eigenen **Auto erreichbaren** Unterkünfte innerhalb des Moremi Game Reserve s. S. 199.

**Xigera Camp**: *Das Camp liegt auf Paradise Island innerhalb des Moremi Game Reserve, direkt an dessen westlicher Grenze, nur per Flug erreichbar, US$ 683–1.099.* **Beschreibung**: *Das Gebiet verfügt über permanentes Wasser, auf den großen Inseln haben dagegen die Landtiere genügend Lebensraum. Xigera – seit Mitte der 1980er-Jahre existierend – bietet ideale Erkundungsmöglichkeiten zu Land und zu Wasser. Das Camp hat eine Einzellage und bietet ein wunderbares Naturerlebnis. An Wild sieht man u.a. Löwen, Elefanten, Büffel, Lechwe-Antilopen und sogar Leoparden. Im Camp gibt es zehn sehr komfortable Zweimann-Zelte mit WC/Dusche, alle mit Blick in die Ebene. Alles liegt unter schattigen Bäumen. Kleiner Plunge Pool. Charterflüge nach Maun oder Kasane. Buchung: Wilderness Safaris, www.wilderness-safaris.com (s.o.).*

**Mombo Camp**: *Im Nordwesten von Chief's Island auf Mombo Island gelegen, bereits außerhalb des Moremi Game Reserve, US$ 1.643–2.199.* **Beschreibung**: *Das Camp liegt unter schattigen Bäumen, leider aber nicht am Wasser. Entsprechend werden Geländewagensafaris und Pirschgänge angeboten. Es gibt hier neun komfortabel ausgestattete Zelte mit WC, Innen- und Außendusche – alles auf einer Holzplattform montiert, die auf Stelzen steht. Sehr schön ist der weite Blick vom Restaurant-Deck über die Savanne und die Schwemmlandebenen.* **Little Mombo**, *ein zweites kleineres Camp, verfügt über nur drei Zelte und ist über einen Steg mit dem Hauptcamp verbunden. Die Anreise erfolgt per Kleinflugzeug. Es gibt eine Boma, ein Wasserloch sowie einen Plunge Pool. Buchung: Wilderness Safaris, www.wilderness-safaris.com (s.o.).*

**Chief's Camp**: *Im Mombo-Konzessionsgebiet auf Chief's Island, Teil des Moremi Game Reserve, US$ 995–1.795.* **Beschreibung**: *Zwölf Luxuschalets, alle sind ausgestattet mit Bad, Außenduschen, Veranda. Der Airstrip liegt ca. 2 km entfernt, der Flug dauert 25 min. von Maun und 1 h 30 min. von Kasane. Buchung: Sanctuary Retreats, ☏ (+27) 11 438 4650, 🖷 (+27) 86 218 1482, E-Mail: southernafrica@sanctuaryretreats.com, www.sanctuaryretreats.com/lodges.*

**Moremi Crossing Camp**: *Das noch recht neue Camp liegt auf einer palmenbestandenen Insel mitten im Moremi Game Reserve, US$ 315–445, Game Drives US$ 60 pro Tag.* **Beschreibung**: *16 geräumige Zelte auf Holzplattformen, jedes mit eigenem Bad und Veranda. Vom Hauptgebäude hat man einen tollen Blick auf den Boro River und Chief's Island. Gemütliche Lounge und Restaurant, Pool. Bei der Erbauung wurde auf die ökologische Verträglichkeit geachtet, es gibt u.a. Solarstrom und moderne Müllentsorgung. Anreise mit dem Boot (von Maun 4 Stunden) oder mit dem Flugzeug (von Maun 20 min.). Buchung: Moremi Crossing, Private Bag 033, Maun, ☏ 686-0023, 🖷 686-0040, E-Mail: reservations@moremicrossing.com, www.moremicrossing.com.*

## SAISONALES FLUTGEBIET IM SÜDLICHEN DELTA

Dieses Gebiet kennzeichnet jenes Deltagebiet, das nur zeitweise im Jahr überflutet ist. Die Flut erreicht die nördlichen Teile etwa Mitte April, ab Ende Juni bis mindestens September erreicht die Flut die südlichsten Gebiete. Je nach nachfließender Wassermenge und Südlage dauert die Überflutung bis Ende September/Ende November. Die großen Landgebiete wie Chief's Island, das Moremi-Gebiet sowie die Metsebi-Ridge bleiben trocken. Allmählich trocknen die überfluteten Ebenen aus.

*So viel Luxus hat seinen Preis: Abendessen im Nxabega Camp*

Dieses „Wechselgebiet" ist besonders artenreich. Vögel werden durch die Flut angelockt, da sie Fische bringt. Die Großtiere – vor allem Büffel und Zebras – fressen gerne das frische, besonders nahrhafte Gras.

**Nxabega Okavango Tented Camp**: *In einem 8.000 Hektar großen, privaten Konzessionsgebiet gelegen, südöstlich des Moremi Wildschutzgebiets, nur per Flugzeug ab Maun (25 min.) oder Kasane (rund 1 Stunde) zu erreichen, US$ 495–1.090.* **Beschreibung**: *Hier gibt es neun Luxuszelte mit eigener Dusche/WC – jedes hat ein kleines Aussichtsdeck. Der Name bedeutet „Ort der Giraffe". Das riedgedeckte Hauptgebäude hat einen Speisesaal, eine Bar sowie eine Bibliothek. Kleines Schwimmbad vorhanden. Safaris werden per Geländewagen und Mokoro unternommen. Je nach Wasserstand auch Motorbootfahrten. Buchung: andBeyond, www.andbeyond.com (s.o.).*
**Xaranna Okavango-Delta Camp**: *Innerhalb eines 25.000 Hektar großen privaten Konzessionsgebiets gelegen. US$ 650–1.550.* **Beschreibung**: *Das Camp bietet neun Luxuszelte mit Blick aufs Wasser, Bad, Plunge Pool. Buchung: andBeyond, www.andbeyond .com (s.o.).*
**Abu Camp**: *Östlich von Chief Island gelegen, am Rande einer Lagune, US$ 1.939 pro Tag (Sie haben richtig gelesen).* **Beschreibung**: *Das Einmalige an diesem Camp sind die angebotenen Safaris auf dem Rücken von Elefanten, die ihr Trainer Randall Moore ausgebildet hat. Er brachte Zirkus-erfahrene Elefanten nach Afrika und dokumentierte seine Erlebnisse im Buch „Back to Africa". Jeder Elefant trägt neben dem Führer zwei Gäste. Die Sättel sind weich und bequem, jede Safari dauert etwa 2–3 Stunden, wobei die Elefanten etwa 6–8 km pro Stunde zurücklegen. Die Tiere sind von der „Wildumgebung" akzeptiert, und man kommt mit diesen Weggefährten so richtig unter die anderen Tiere. Die Elefantenherde besteht aus etwa zehn Tieren. Mittlerweile gibt es 14 Elefanten, darunter neun Jungtiere. Und die „Youngsters" sind zumeist mit bei der Safari – die erwachsenen Elefanten dienen als ihre großen Vorbilder. Im Camp können maximal zwölf Gäste unterkommen, die Unterkünfte*

Für Mutige: Safari auf dem Elefantenrücken

*in den sehr großen Safarizelten sind komfortabel, z.T. mit antiken Möbeln eingerichtet, das Essen ist exzellent, die Bar gut ausgestattet. Es gilt eine Mindestaufenthaltsdauer. Neben Elefantensafaris ist man auch per Geländewagen und Mokoro unterwegs. Flugtransfer ab Maun – der Flug zum Camp alleine ist ein Highlight für sich! Buchung: Wilderness Safaris, www.wilderness-safaris.com (s.o.).*

**Seba Camp**: *südwestlich der Grenze des Moremi Game Reserve, US$ 683–1.099.* **Beschreibung**: *Acht geräumige Zelte (Bad und Veranda) mit Blick auf eine Lagune, Heimat zahlreicher Vogelarten (über 380 in der Gegend) und Hippos. Jedes Zelt erinnert mit seiner Dekoration an eine andere Bevölkerungsgruppe Botswanas. Zwei Familiensuiten (fünf Personen), für Kinder gibt es zudem ein Baumhaus, einen kleinen Pool und Sandkasten. Bar, Lounge, Restaurant und Pool vorhanden. In der Regenzeit liegt das Camp am Wasser und die Aktivitäten konzentrieren sich auf Mokoro- und Bootstouren, auch Angeln ist möglich. Wilderness Safaris, www.wilderness-safaris.com (s.o.).*

**Kanana Camp**: *Wunderschön im Südwesten des Deltas an der Xudum-Lagune gelegen, US$ 495–820.* **Beschreibung**: *Das Camp verfügt über acht afrikanisch eingerichtete Luxus-Zelte auf Teak-Plattformen, mit eigener Dusche/WC, alle mit Blick auf die Lagune bzw. ins Schilf mit eigener Veranda. Davon sieben Zelte mit twin beds und ein Zelt mit double beds (Zelt Nr. 8 = „Honeymoon-Tent"). Sehr schöner überdachter Aufenthalts- und Essbereich im Freien, ausgezeichnete Küche, gemütliche Feuerstelle direkt am Wasser. Die Atmosphäre ist ausgesprochen persönlich und das Personal sehr freundlich, insgesamt also sehr empfehlenswert. Zur Regenzeit in das Camp mitunter vom Wasser umgeben. Folgende Aktivitäten werden, je nach Jahreszeit, angeboten: Safaris mit Jeep, Buschwanderungen mit Guide, Mokoro-Fahrten (auch mehrtägig, erkundigen Sie sich nach dem Kanana Mokoro Trail), Bootstouren, Angeln; 2 Aktivitäten pro Tag sind im Preis enthalten. Tierbeobachtung: vor allem Vögel und Red Lechwe, aber auch Elefanten und Hippos. Buchung: Ker & Downey Botswana, www.kerdowneybotswana.com (s.o.).*

*Zelten mit Stil: bei der Mokoro-Safari braucht man nicht auf die Dusche zu verzichten*

**Pom Pom Camp**: *Westlich von Chief Island (an der westlichen Grenze des Moremi Game Reserve) in einer der einsamsten Okavango-Regionen liegend, auf Pom Pom Island, ca. US$ 430–760.* **Beschreibung**: *Das Camp bietet neun Luxus-Zelte (WC/Dusche). Die Umgebung ist vor allem für Vogelbeobachtungen optimal. Angeboten werden Safaris im offenen Geländewagen sowie im Mokoro und Angeltrips. Tolle Szenerie für Fotografen (u.a. palmengesäumte Inseln). Buchung: Pom Pom, ☏ 686-4436, 🖷 686-0040, E-Mail: reservations@pompomcamp.com, www.pompomcamp.com.*

**Xudum Camp**: *Im Südwesten des Deltas, etwa zwischen Abu´s Camp und Pom Pom am Xudum River gelegen, Transfer per Flugzeug (von Maun oder Kasane), US$ 650-1.550.* **Beschreibung**: *Xudum (wird „Kudum" ausgesprochen) liegt auf einer sandigen Landzunge, die an drei Seiten von tiefen Wasserläufen begrenzt wird. Den Gästen stehen sieben „Safari-Suiten" zur Verfügung, alle mit eigenem WC sowie Dusche, Plunge Pool und toller Aussicht. Auch von der Dining- und Lounge-Area genießt man einen wunderschönen Blick auf die Wasserlandschaft. An der Spitze der Landzunge wurde ein Lagerfeuer-Sitzplatz errichtet. In der unmittelbaren Umgebung kann man vor allem Flusspferde, Zebras, Krokodile und Lechwe-Antilopen beobachten. Es werden Nacht-Pirschfahrten angeboten, ebenso Mokoro-Safaris (wenn der Wasserstand es zulässt, meist zwischen Juni und September) sowie Wanderungen. Buchung: andBeyond, www.andbeyondafrica.com (s.o.).*

**Eagle Island Camp Xaxaba**: *An einer Lagune im Südwesten von Chiefs Island gelegen, ab ca. US$ 805–1.215.* **Beschreibung**: *Der Name des Camps bedeutet „Insel der hohen Bäume". Dieses Luxuscamp bietet Zelte mit eigenem WC/Dusche, Minibar und Himmelbett. Swimmingpool vorhanden, das Abendessen kann man unter freiem Himmel einnehmen und sich anschließend am Lagerfeuer entspannen. Besonders gut geeignet für Vogelbeobachtungen und für Safaris per Motorboot und Mokoro. Buchung: Orient Express Safaris, ☏ (Südafrika): (+27) 21 483-1600, www.orient-express-safaris.co.za.*

**Delta Camp**: *Am Südwest-Ende von Chief's Island gelegen, ab ca. US$ 415–720.* **Beschreibung**: *Es stehen gepflegte, riedgedeckte Chalets zur Verfügung mit Bad. Angenehm ist, dass hier in einem der ersten Konzessionsgebiete Motorboote verbannt wurden, um die Stille der Natur zu erhalten. Buschwanderungen sowie Mokoro-Fahrten (2 bis 8 Tage) werden angeboten. Flugtransfer ab Maun. Buchung: Lodges of Botswana, P.O. Box 39, Maun, ☏ 686-1154, 🖷 686-0589, E-Mail: info@lodgesofbotswana.com, www.lodgesofbotswana.com.*

**Oddball´s Palm Island Lodge**: *Auf Noga Island, südwestlich von Chief's Island, nahe Delta-Camp gelegen, US$ 240–340.* **Beschreibung**: *Nicht mehr ganz so günstig, wie es einmal war – aber immer noch die bezahlbarste Alternative im Delta. Die 2-Mann-Zelte mit Betten sind auf Plattformen aus Holz errichtet, die Sanitäranlagen werden gemeinschaftlich genutzt. Möglichkeiten zu mehrtägigen Mokoro-Safaris, Bar und Lounge. Oddball's erfreut sich bei Weltenbummlern eines gewissen Kultcharakters. Erreichbar von Maun (20 min.) oder Kasane mit dem Flugzeug. Zwei Nächte Mindestaufenthalt. Die gleichen Betreiber bieten auch Unterkunft im* **Oddballs Enclave** *(US$ 316–381), einem kleinen Camp mit sechs Zelten. Von hier werden Mokoro-Trips, Wanderungen und Pirschfahrten unternommen. Der Strom wird aus Solaranlagen gewonnen. Buchung: Lodges of Botswana, P.O. Box 39, Maun, ☏ 686-1154, 🖷 686-0589, E-Mail: info@lodgesof botswana.com, www.lodgesofbotswana.com.*

**Gunn´s Camp**: *Südspitze Chief's Island, am Boro-Fluss gelegen, auf der Insel Ntswi Island, am Rande des Moremi Game Reserve, Luxuszelte inklusive Vollverpflegung US$ 350–550.* **Beschreibung**: *Das Main Camp besteht aus sieben schönen Meru-Zelten mit Teak-Möbeln, Bad und Veranda, zudem sind Bar, Lounge, Boma und Pool vorhanden. Preisgünstiger gibt es noch zwei etwas einfachere Camps: (Antelope Accommodation mit acht kleinen Meru-Zelten (mit festen Betten) und gemeinsamen Sanitäranlagen und Buffalo Accommodation mit 15 Zelten (Matratzen und Bettzeug). Es wird auch* **Island Camping** *angeboten: Im Mokoro werden Zeltausrüstung und Essen verstaut, und auf geht's in die Wildnis auf die Suche nach einem geeigneten Zeltplatz (mit Guide). Abends am Lagerfeuer kann man sich dann wie ein Entdecker fühlen… Man kann Motorboote und Mekoro mieten oder zu Fußpirschgängen aufbrechen. Der Transfer ist ab Maun entweder per Flugzeug oder per Boot möglich. Buchung: Gunn´s Camp Reservations Office, Plot 244, Airport Road, Maun, ☏ 686-0023 🖷 686-0040, E-Mail: reservations@gunns-camp.com, www.gunns-camp.com.*

**Baines' Camp**: *An der Grenze zum Moremi Game Reserve, 15 Min. Flug von Maun, dann ca. 60 Min. mit dem Auto zum Camp, US$ 675–1.205.* **Beschreibung**: *Das kleinste und exklusivste Camp von Sanctuary Retreats mit nur fünf Suiten mit Himmelbett, das auf Wunsch auf die Veranda gerollt werden kann für eine Nacht unter dem Sternenhimmel. Pool, Aussichtsterrasse, von der man das Wildleben der Umgebung beobachten kann. Buchung: Sanctuary Retreats, ☏ (+27) 11 438 4650, 🖷 (+27) 86 218 1482, E-Mail: southernafrica@sanctuaryretreats.com, www.sanctuaryretreats.com/lodges.*

**Stanleys Camp**: *Im Süden des Moremi Game Reserve, US$ 565–960.* **Beschreibung**: *Die acht Zelte sind elegant im Kolonialstil eingerichtet und rund um einen großen Baum angeordnet, der Blick schweift über die Schwemmlandebene. Die Umgebung ändert sich mit den Jahreszeiten von sattem Grün in der Regenzeit bis zum Gelb der trockenen Savanne. Am Pool kann man es sich bequem machen und in der Ebene auch mal eine Giraffe vorbeiwandern sehen. Häufig gibt es hier riesige Büffelherden zu sehen mit bis zu 2.000 Tieren. Buchung: Sanctuary Retreats, ☏ (Südafrika) (+27) 11 438 4650, 🖷 (+27) 86 218 1482, E-Mail: southernafrica@sanctuaryretreats.com, www.sanctuaryretreats.com/lodges.*

**Sandibe Safari Lodge**: *Auf Chief's Island in einem 8.000 Hektar großen privaten Konzessionsgebiet an der südöstlichen Grenze des Moremi Game Reserve gelegen, US$ 495–1.090.* **Beschreibung**: *Acht riedgedeckte Cottages mit großen Fenstern, in Naturtönen gehalten und mit allen Annehmlichkeiten. Aktivitäten sind z.B. Tages- und Nachtpirschfahrten, Bush Walks und Mokoro-Fahrten. Buchung: andBeyond, www.andbeyond.com (s.o.).*
**Chitabe Camp**: *Im Südosten des Okavango-Deltas gelegen, auf einer Insel. Die Lodge grenzt nach Norden und Osten hin an das Moremi Game Reserve, US$ 683–1.099.* **Beschreibung**: *Acht geräumige Meru-Zelte auf Holz-Plattformen unter schattenspendenden Bäumen, mit Bad (Außen- und Innendusche). Pool, Bar, Lounge und Restaurant vorhanden, von dem man einen Ausblick auf die Schwemmlandschaft genießt. Chitabe's Grenze nach Osten hin bilden der Gomoti Channel, nach Westen hin der Santantadibe River. Im Gebiet gibt es sowohl Dauerflüsse als auch Marschgebiet, trockenes Akazienwaldgebiet, Grasebenen und saisonal überflutete Gebiete. Pirschfahrten morgens und nachts sowie Wanderungen gehören zum Angebot. An Wild kann man Elefanten, Büffel, Löwen, Leoparden, Geparde und Wildhunde beobachten. Chitabe liegt übrigens inmitten eines Studiengebiets über Raubtiere mit Schwerpunkt Wildhunde. Ein Teil des Übernachtungsgeldes geht in den Botswana Predator Conservation Trust (ehemals Wild Dog Conservation Fund, www.bpctrust.org). Buchung: Wilderness Safaris, www.wilderness-safaris.com (s.o.).*
**Sankuyo Bush Camp**: *An der südlichen Grenze des Moremi Game Reserve gelegen, US$ 300–445.* **Beschreibung**: *Das noch recht neue Camp bietet Unterkunft für max. 12 Gäste, die rustikalen Zelte haben Bad, Außendusche vorhanden. In dem privaten Konzessionsgebiet wird das „Botswana Predator Conservation Project" betrieben, sodass man gute Chancen hat, Löwen, Hyänen, Geparde und Leoparden zu beobachten. Buchung: Footsteps in Africa, P.O. Box 1416, Hoedspruit, 1380, Südafrika, ☏ (+) 27 82 355 6910, E-Mail: anthony@footsteps-in-africa.com, www. footsteps-in-africa.com.*

## Moremi Game Reserve

Das Moremi-Gebiet eignet sich in hervorragender Weise für Tierbeobachtungen. Das Zusammentreffen von ganzjährigen Wasserläufen, saisonal überfluteten Gebieten sowie trockenen Landzungen sorgt für großartige Abwechslungen in der Vegetation und sichert damit eine artenreiche Tierwelt. Land- und Wasseraktivitäten (Mokoro- und Bootsfahrten) machen Safaris in diesem Gebiet zu einem außerordentlichen Erlebnis. Sehenswert sind Bodumatu, Third Bridge, Mboma Island, Xakanaxa Lediba, Paradise Pools und Hippo Pools – letzteres ist besonders schön bei Sonnenuntergang.

*Schwere Straßenverhältnisse in der Regenzeit*

Beste Reisezeit ist generell die Trockenzeit von Mai bis September. Aber auch in der regenreicheren Zeit von Oktober bis April sind gute Tierbeobachtungen möglich. In und um Moremi gibt es für Selbstfahrer einfache, urige Zeltplätze. Safari-Teilnehmer werden in sehr guten (und entsprechend teuren) Lodges verwöhnt. Für Individualisten empfiehlt sich in besonderer Weise ein „Mix", da die entlegeneren Okavango-Gebiete nicht mit dem eigenen Mietfahrzeug besucht werden können. In diesem Falle reist man mit dem eigenen Fahrzeug nach Maun und fliegt von hier aus (Vorreser-

*Elefantenherde*

vierung dringend notwendig!) einige Tage (je nach Geldbeutel) in eines der Camps ins zentrale Delta. Danach fährt man auf eigene Faust von Maun aus auf dem Landwege nach Moremi und Savute/Chobe. Diese Kombination mixt das Safarierlebnis mit dem Abenteuer, auf eigene Faust durch einen „wilden" Teil Afrikas zu reisen. Während des Höhepunkts der Regenzeit – Januar/Februar – sollte man allerdings beachten, dass man nur Teile von Moremi besuchen kann, da viele Wege überflutet sind.

## Überblick

Das 4.871 km² große Wildschutzgebiet wurde 1963 durch den Stamm der BaTawana gegründet Es handelt sich hierbei um eine echte Wildnis mit lilienbedeckten Lagunen, palmenbestandenen Inseln und einer sehr artenreichen Tierwelt. Die Wege durch das Wildschutzgebiet sind schmal, führen manchmal (je nach Jahreszeit) durch Wasser und erlauben daher nur geringe Geschwindigkeiten. In der Regenzeit von Dezember bis April sind viele Abschnitte nicht passierbar. Im Moremi-Gebiet ist es erlaubt, den Wagen zu verlassen, um auf Fußpirsch zu gehen.

*Extrem artenreich*

Heute gilt das Moremi Game Reserve als eine der besuchenswertesten Naturlandschaften Afrikas. In der Vergangenheit war es aber anders: Ende des 19. Jahrhunderts raffte eine Rinderpest fast alle Tiere hin. Die Maul- und Klauenseuche, von der Tsetse-Fliege übertragen, führte dazu, dass sich die Rinderfarmer aus diesem Gebiet zurückzogen. Bis in die 60er Jahre sorgten Jäger dafür, dass sich die Wildbestände nicht erholen konnten.

Auf Initiative der Witwe des Chiefs *Moremi III.* wurde – mit Hilfe der Naturschützer *Robert* und *June Kays* –1963 ein Naturschutzgebiet deklariert, das nach dem Chief *Moremi III.* benannt wurde. Damals wurde das Gebiet zwischen den Flüssen Khwai und Mogogelo zur Schutzzone erklärt. In den frühen 1970er-Jahren wurde das Gebiet um Chief's Island erweitert und umfasste eine Fläche von 3.825 km². 1991 wurde ein weiteres Gebiet zwischen den Flüssen Jao und Nqoga im Nordosten hinzugefügt.

Schreiseeadler

## Geografie

Der Park ist durch das Zusammentreffen von großen Land- und Sumpfflächen charakterisiert: Man erlebt Mopane-Wälder (die 80 % der Landfläche einnehmen), Dorn- und Buschsavanne, dann wieder Flussläufe und idyllische Lagunen und Inseln in einsamen Wasserflächen. Die beiden größten Landmassen sind Chief's Island (tief ins innere Delta reichend) und die Moremi-Landzunge (im Nordosten des Reserve gelegen); beide Gebiete sind ideale Safari-Landschaften.

*Land- und Sumpfflächen*

Während Chief´s Island bevorzugt per Mokoro erreicht wird bzw. die Camps und Lodges per Flugzeug angeflogen werden, ist die Moremi-Landzunge per **Allradfahrzeug** erreichbar. Dies ist auch das bevorzugte Gebiet für alle Selbstfahrer bzw. für Safariteilnehmer, die per Fahrzeug mit einer Gruppe unterwegs sind.

## Zur Strecke: Maun – Moremi Game Reserve: Third Bridge – Xakanaxa – North Gate

**km**: ca. 150 km (bis Xakanaxa)
**Tankstellen**: Nur in Maun und Kasane (+/-370 km). Bitte bedenken, dass der Benzinverbrauch in schwerem Gelände bis auf das Doppelte ansteigen kann. Ebenso muss Benzin für die Gamedrives einkalkuliert werden. Sicherheitshalber sollte man von einem Benzinverbrauch für mindestens 750 km ausgehen.

Die ersten 47 km der Strecke ab Maun (bis Shorobe) sind asphaltiert. Anschließend geht es etwa 10 km über eine gute Schotterpiste. Unterwegs passiert man einige Dörfer, deren Bewohner schöne Flechtwaren anbieten. Etwa 24 km nach Shorobe zweigt

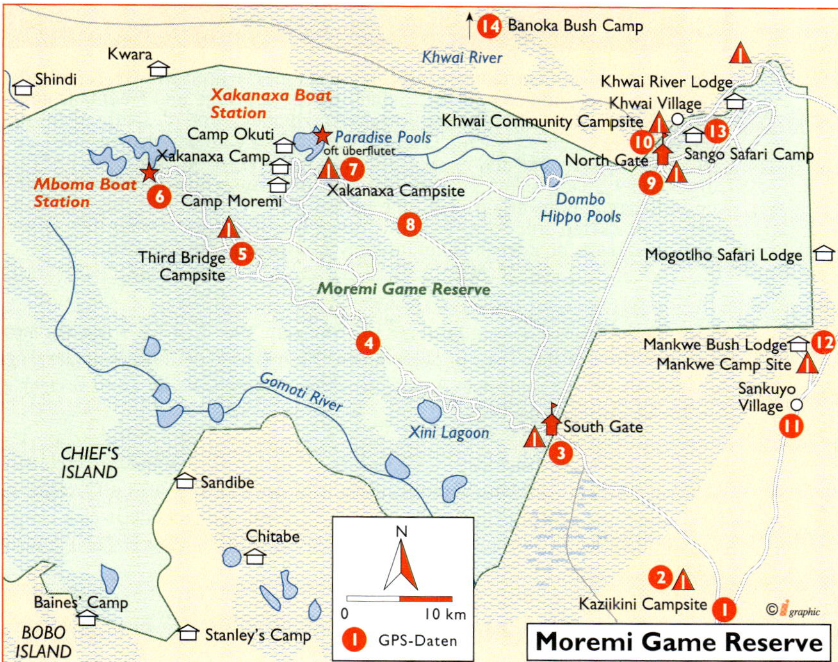


1 Abzweig zum South Gate S 19°34'59 E 23°48'68
2 Kaziikini Campsite S 19°35'39 E 23°48'14
3 South Gate S 19°25'32 E 23°38'45
4 Abzweig Third Bridge S 19°19'06 E 23°26'48
5 Third Bridge Campsite S 19°14'24 E 23°21'25
6 Mboma Boat Station S 19°11'68 E 23°16'30
7 Xakanaxa Campsite S 19°10'57 E 23°24'57
8 Abzweig North Gate/South Gate S 19°14' 34 E 23°31'14
9 North Gate S 19°10'17 E 23°45'05
10 Khwai Village S 19°09'987 E 23°45'012
11 Sankuyo Village S 19°25'01 E 23°52'40
12 Mankwe Bush Lodge S 19°22'03 E 23°53'51
13 Sango Safari Camp S 19°09'805 E 23°45'782
14 Banoka Bush Camp S 19°7'39,57 E 23°39'39,26

man links ab (Richtung Kaziinki Campsite), geradeaus geht es weiter zum Mababe Gate des Chobe National Park. Über zunehmend sandige Pisten geht es bis zum South Gate (**Makwee Gate**) des Moremi Game Reserve. Bitte daran denken, dass man den Eintritt und eine Reservierung für die Campinglätze bereits vorher bezahlt haben muss.

Vom Gate bis Xakanaxa sind es noch ungefähr 50 km, wobei man für die Zeitplanung aber das mitunter schwierige Gelände (in der Regenzeit) im Auge behalten muss. Die direkte Strecke von South Gate nach Xakanaxa führt durch einen Mopane-Wald und

> **Hinweis**
>
> Für alle Strecken innerhalb des Moremi Game Reserve braucht man ein Allrad-Fahrzeug. Am sandigsten ist das Gebiet um Third Bridge und Mboma Island. Diese Sandflächen sind in der Regenzeit kompakt und deshalb nicht so schwierig zu befahren wie die Lehmflächen im Bereich der Mopanewälder, wo sich das Wasser staut und es sehr glitschig wird. **Tipp:** Am Gate den Reifendruck auf 1,5 Bar senken und Allrad zuschalten. Ausschilderungen sind nun im weiteren Routenverlauf eher eine Rarität. Hilfreich zur Orientierung sind die Shell-Karten für das Moremi- und Chobe-Gebiet (erhältlich über www.namibiana.de oder in Maun im Riley's Hotel) und ein GPS-Gerät.

ist zur Tierbeobachtung nicht ideal (ca. 1–2 Stunden). Wer Zeit hat sollte die interessantere Strecke über Third Bridge nehmen. Diese kann in der Regenzeit allerdings durchaus bis zu vier Stunden in Anspruch nehmen (South Gate bis Third Bridge), in der Trockenzeit etwa die Hälfte.

Von Xakanaxa bis Khwai/North Gate sind es ca. 45 km (2–3 Stunden). Nach dem Verlassen des Parks wird die Vegetation lichter. In den Monaten Juli bis Oktober ist der Khwai River ein Paradies für Ornithologen. Derzeit wird allerdings eine Umgebungsstraße gebaut, für Selbstfahrer soll die Fahrt am Fluss entlang in Zukunft nicht mehr erlaubt sein.

## Pirschfahrten in Moremi

*Auf der Pirsch: Tüpfelhyäne*

### South Gate

Von Maun kommend, reist man über das South Gate (Makwee Entrance) ein, etwa 85 km nordöstlich von Maun. Gleich hinter dem Parkeingang liegt der Campingplatz, der sich vor allem für „Spätankömmlinge" eignet, denn bis in den Norden der Landzunge – etwa nach 50 km – braucht man noch gut und gerne zwei Stunden Fahrzeit. Hier bekommt man aber eben wegen dieser „Unbeliebtheit" noch am ehesten einen Platz. Der South Gate Campingplatz bietet Toiletten und Duschmöglichkeit.

Pirschfahrten in der Umgebung von South Gate sind nicht so gut wie bei Third Bridge. In der Trockenzeit sollte es aber kein Problem sein, morgens bis in die Umgebung von Third Bridge oder sogar Dead Tree Island (Xakanaxa Region) zu fahren und am Nachmittag wieder zurück zum Camp.

## Bodumatu

Landschaftlich sehr schön, doch während der Regenzeit praktisch nicht passierbar. Viele Büffel leben in dieser Gegend.

Können auch ganz friedlich tun: Paviane

## Third Bridge

Dieses sicherlich schönste Camp für Selbstfahrer liegt knapp 50 km hinter dem South Gate-Eingang. Tatsächlich gibt es vor der Third Bridge eine First und Second Bridge. Dieser Campingplatz liegt sehr urig – es gibt hier große schattenspendende Bäume – direkt am Sekiri River, über den die „Third Bridge" führt. Über diese Brücke wandern oft auch Löwen... Im Fluss – der aufgrund seines klaren Wassers zum Baden einlädt – leben Krokodile – das entsprechende Badeverbot sollte man unbedingt beachten. Wie an vielen anderen Campingplätzen auch sind die Baboons eine **Plage**: Diese Paviane sind einfach frech, stehlen gerne und können sehr unangenehm werden. Lassen Sie auf keinen Fall Lebensmittel herumliegen – weder offen noch im Zelt: Dies ist eine direkte Einladung zum Angriff.

Für Pirschfahrten ist die Gegend eine Herausforderung, aber die Mühe lohnt. Eine Möglichkeit ist eine Fahrt zur **Mboma Boat Station** (s.u.), für die man ca. 3 Stunden veranschlagen sollte. Hier kann man eine Fahrt mit dem Mokoro unternehmen oder (buchbar bei der Mankwe Lodge und nicht ganz billig, s. S. 202) mit einem Motorboot auf eine mehrtägige Safari in mobilen Camps starten. *Bootsausflug*

## Mboma Island

Diese von der Moremi-Landzunge nach Nordwesten auslaufende Halbinsel ist etwa 100 $km^2$ groß. Das nördliche Gebiet hier ist sehr sandig, das südlichere geht in Lehm über. Man zweigt etwa zwei km westlich der Third Bridge auf einen Rundweg ein, kann aber (falls Zeit), von Süden kommend, bereits bei der Second Bridge nach Westen auf die Rundstraße einbiegen.

## Xakanaxa Lediba

Hier ist etwas mehr los, denn hier liegen die meisten privaten Luxus-Lodges und Camps, so zum Beispiel Xakanaxa Camp, Camp Moremi und Camp Okuti (s. S. 200f). *Luxus-Lodges* Für Selbstfahrer: An der Xakanaxa-Lagune liegt ein großer Campingplatz. Es gibt Toiletten, Wasser und Duschen. Hier übernachten auch einige Safari-Veranstalter. Vorsicht nachts: Es gibt hier viele Hyänen – und der Weg zu den WCs sowie zu den Duschen kann manchmal weit sein...

In diesem Gebiet gibt es tolle Tierbeobachtungsmöglichkeiten, zumal man direkt am Wasser ist. Besonders interessant ist diese Gegend für Ornithologen (u.a. Ibisse, Marabus, Störche). Besonders reizvoll: Alle Gebiete sind Überschwemmungsgebiete,

Schlangenhalsvogel

vor allem der Bereich um die Magwexhlana Pools sowie die Nyamdambesi Loop.

Weitere interessante Zwischenpunkte auf der Reise ostwärts zum North Gate sind die **Paradise Pools** (allerdings war die Strecke direkt entlang des Flusses in den letzten Jahren meist überflutet („Paradise Pools Road"), am besten bei anderen Touristen erkundigen, die bereits dort waren) und die **Dombo Hippo Pools** (Beobachtungsstand) – besonders schön zum Sonnenuntergang. Auch die Zufahrt zu den Hippo Pools steht mitunter unter Wasser, also Vorsicht.

Im **Bereich des Khwai River** gibt es vor allem große Elefantenherden zu beobachten. Die Monate Juli–Oktober entlang des Khwai River sind ein Muss für Ornithologen! Am North Gate gibt es dann einen weiteren Campingplatz für Selbstfahrer sowie die privaten Camps Tsaro Lodge (zzt. geschlossen) und Khwai River Lodge (s S. 203).

## Reisepraktische Informationen Moremi Game Reserve

### Informationen

**Buchungen und Eintritt**: *Die Eintrittsgebühren (P 120 p.P. und P 50 für das leichte Auto) müssen bereits in Maun bezahlt werden und am Gate zusammen mit der Buchungsbescheinigung des Campingplatzes vorgelegt werden (s. S. 160).*
**DWNP Parks and Reserves Reservation Office**, *Boseja, Maun (nahe der Polizeistation), ☏ 686-1265, 🖷 686-686-1264 o. 0053.*

### Gesundheit

*Malaria-Prophylaxe – vor allem während der sommerlichen Regenzeit – dringend empfohlen (Tablettenprophylaxe). Ebenso gibt es in dieser Zeit manchmal Tsetse-Fliegen (Insektensprays, lange Socken und Hosen sowie langärmeliges Hemd – alles in hellen Farben – schützen schon sehr vor Bissen!).*

### Karte

**Shell Tourist Map of the Moremi Game Reserve**, 2008: *An den größeren Shell-Tankstellen Botswanas erhältlich (mit GPS-Daten).*

### Lebensmittel

*Nur in Maun, sonst nur Basisproviant im kleinen Laden bei Xakanaxa. Kleinere Läden mit oft unzulänglicher Versorgung auch im Khwai Village (North Gate, außerhalb des Parkgebiets). Deshalb ist eine Bevorratung für die Gesamtstrecke Maun – Kasane anzuraten.*

### Öffnungszeiten

*Es wird kurz vor Sonnenaufgang erlaubt, auf Pirschfahrt zu gehen, ebenso darf man bis kurz nach Sonnenuntergang (innerhalb der ersten Stunde) ins Camp zurückkehren. Das ermöglicht Campern, eine nahegelegene Stelle zum Sonnenuntergang aufzusuchen.*

### Reisezeit

*Am besten zwischen Juni/Juli und Oktober/November. Für Ornithologen sind September und Oktober die besten Monate, da eine Reihe von Wasservögeln in dieser Zeit brüten. Ab November sind Regenfälle möglich – entsprechend wird die Vegetation dichter und das Wild verteilt sich auf große Flächen. Dezember ist ungeeignet, da erstens viele Einheimische hier wegen der Schulferien hinkommen und zweitens das Klima sehr heiß und schwül ist. Am wenigsten Besucher trifft man zwischen Mitte Januar und Ende März an: In dieser Zeit schließen einige Camps, viele Wege sind unpassierbar. Die Landschaft bleibt bis etwa Juni grün, dann wird die Vegetation gelb-braun.*

### Straßen- und Wegequalität

*Ein Allradfahrzeug ist Bedingung. Viele Stellen – insbesondere im Gebiet der Third Bridge und der nordwestlichen Landzunge Mboma Island – sind sehr sandig. In der Regenzeit kommen noch schlammige Stellen hinzu!*

### Tanken

*Nirgends möglich – nur in Maun und Kasane.*

### Unterkunft innerhalb des Parks

**Wichtig für Camper**: *Feuerholz mitbringen*

#### CAMPINGMÖGLICHKEITEN FÜR SELBSTFAHRER

*Seit 2009 wurden alle Campingplätze im Bereich Moremi privatisiert. Für* **South Gate** *und* **Xakanaxa** *(beide P 230 p. P.) sind nun Kwalate Safaris die Ansprechpartner,* **Khwai/Northgate** *(US$ 50 p. P.) wird von der der SKL Group gemanagt und* **Third Bridge** *(P 226 p. P.) sowie die Wilderness Islands (P 410 p. P.) von der Xomae Group. Für mehr Infos s. Stichwort Camping in den Gelben Seiten.*

*Buchungsadressen:*

**Kwalate Safaris**, *P.O. Box 2280, Gaborone, ☏/🖷 (+267) 686-1448, E-Mail: kwalate-safaris@gmail.com.*

**SKL Group of Camps**, *Appollo House, Plot Nr. 246, Office Nr. 6, Along Maun Airport Road, ☏ (+267) 686-5365/6, 🖷 (+267) 686-5367, E-Mail: reservations @sklcamps.co.bw, sklcamps@botsnet.bw; www.sklcamps.com.*

**Xomae Group**, *P.O. Box 20975, Maun, ☏ (+267) 686-2221 o. -2970, 🖷 (+267) 686-2262, E-Mail: xomaesites@botsnet.bw; www.xomaesites.com.*

#### GEBIET SOUTH GATE

*Dieses Gebiet besteht aus einer trockenen Savanne, es gibt hier wenig Wasser und entsprechend nicht so gute Wildbeobachtungsmöglichkeiten. Oft wird man hier allerdings Wildhunde sehen können.*

**South Gate Campsite**: *Am South Gate (Makwee Gate, ca. 90 km von Maun entfernt) liegt in der relativ dichten Mopane-Savanne – gerade innerhalb des Moremi Game Reserve (hinter der Einfahrt) – dieser einfache Campingplatz mit Toiletten und* *mit Duschen. Der Zustand der Sanitäranlagen, obwohl 2008 erneuert, variiert. Dieses Camp ist vor allem für „Spät-Ankömmlinge“ geeignet, relativ weit entfernt von den attraktiven Parkteilen.*

**Third Bridge Campsite**: *Dieser Campingplatz liegt sehr urig – es gibt hier große schattenspendende Bäume – direkt am Sekiri River, über den die „Third Bridge“ führt. Tatsächlich ist dies die dritte Brücke 50 km vom South Gate entfernt. Über diese Brücke wandern oft auch Löwen... Im Fluss – der aufgrund seines klaren Wassers zum Baden einlädt – leben Krokodile – das entsprechende Badeverbot sollte man daher beachten. Wie an vielen anderen Campingplätzen auch sind die Baboons eine Plage: Diese Paviane sind einfach frech, stehlen gerne und können sehr unangenehm werden. Auf keinen Fall Lebensmittel herumliegen lassen – weder offen noch im Zelt: Dies ist eine direkte Einladung zum „Angriff“. Tipp: Abbau des Zeltes während eines Ausflugs – sonst Einbruch durch Paviane.*

### GEBIET XAKANAXA

*Dieses Gebiet ist sehr wildreich, es gibt abwechslungsreiche Vegetation (dichterer Busch – offenere Flächen) sowie genügend Wasser. Deshalb sind auch Großtiere, wie z.B. Elefanten, hier heimisch. Zwischen Juli und Oktober gibt es hier eine Menge von Störchen zu beobachten.*

**Xakanaxa Campsite**: *An der Xakanaxa-Lagune liegt ein schattiger, großer Campingplatz. Es gibt Toiletten, Wasser und kalte Duschen (können aber beheizt werden), Grillstellen vorhanden. Hier übernachten auch einige Safari-Veranstalter. Vorsicht nachts: Es gibt hier viele Hyänen – und der Weg zu den WCs sowie zu den Duschen kann manchmal weit sein... Sanitäre Anlagen o.k.*

### GEBIET: NORTH GATE

*Dieser Bereich bietet ausgezeichnete Wildbeobachtungsmöglichkeiten, vor allem von Büffeln, Elefanten, Löwen und Zebras. Ebenso gibt es hier zahlreiche Antilopenarten, Giraffen sowie eine buntgefiederte Vogelwelt zu beobachten. Der Khwai River ist die bevorzugte Wasserstelle für die Großtiere.*

**North Gate/Khwai Campsite**: *Etwa 50 km von Xakanaxa entfernt. Dieses Camp ist schattig und wird von Reisenden angefahren, die zumeist aus der Richtung des Chobe National Parks kommen. Es gibt hier Toiletten und Duschen, aber nicht immer in gutem Zustand. Achtung: Hier trifft man auf viele freche Baboons, die sehr dreist sind. Auf jeden Fall auch die Autos abschließen. Die Affen wissen, wie man die Türen der Wagen öffnet. In der Hochsaison ist dieser Campingplatz sehr rege besucht. Besonders schön ist die Fahrt von hier nach Xakanaxa (45 km): tolle Ausblicke vor allem am Hippo-Pool sowie an den Paradise Pools!*

### Lodges im Park

**Camp Moremi** $$$$$: *An der Xakanaxa-Lagune gelegen, zwischen Third Bridge und der Tsaro-Lodge, ca. US$ 454–800.* **Beschreibung**: *Die Unterkunft besteht aus absolut luxuriösen Doppelzelten, die alle mit Möbeln aus „Rhodesian Teak“ ausgestattet und unter Ebenholzbäumen eingebettet sind. Jedes Zelt verfügt über eigenes WC/Dusche. Im riedgedeckten Haupthaus wird gegessen, hier gibt es auch eine Bar und Bibliothek. Kleines Schwimmbad vorhanden. Super Küche! Ausflüge mit offenen Geländewagen und Motorbooten. Geschlossen zwischen Mitte Januar und Mitte Februar. Buchung: Desert & Delta Safaris, www.desertdelta.com* *(s. S. 181)*.

Originelle Architektur: Camp Okuti

**Xakanaxa Camp** $$$$$: *Das Camp liegt in der Nähe der Third Bridge direkt am Wasser. Per Kleinflugzeug oder über die Moremi-Pisten erreichbar, US$ 505–847.* **Beschreibung**: *Es gibt hier zwölf Doppelzelte, die auf einer Holzplattform stehen, jedes hat eigene Dusche und WC in einem eigenen schilfumwandeten Raum. Es gibt einen riedgrasgedeckten Essensraum und eine Bar. Aktivitäten: Pirschfahrten im offenen Geländewagen und Ausflüge mit dem Motorboot ins Delta. Sehr schön sind die großen, alten Bäume auf dem Gelände. Buchung: Xakanaxa Camp, P.O. Box 2757, Cramerview, 2060, Johannesburg, South Africa, ☏ (+27) 11 463 3999, 🖷 (+27) 11 463 3564, E-Mail: info@moremi-safaris.com, www.xakanaxa-camp.com.*

**Camp Okuti** $$$$$: *Unweit des Xakanaxa-Camps gelegen, ca. US$ 495–820.* **Beschreibung**: *schicke Unterkünfte, 2008 im Stil eines afrikanischen Dorfes erbaut, mit toller Aussicht auf die Xakanaxa-Lagune (super zum Sonnenuntergang)! Alles ist top-angelegt und gepflegt. Safaris auf offenen Geländewagen und mit Motorbooten. Buchung: Ker & Downey Safaris, www.kerdowneybotswana.com (s. S. 181).*

## Unterkünfte außerhalb des Parks

➤ NÄHE SOUTH GATE

### Camping

**Kaziikini Campsite**, *☏ 680-0664, 🖷 680-0665, E-Mail: santawanistmt@botsnet.bw, www.kaziikinicampsite.com. Das Camp wird ausschließlich vom Sankuyo Tshwaragano Management Trust betrieben, der ebenfalls an der Santawani Lodge beteiligt ist. Das Camp liegt ca. 30 km von South Gate entfernt, wofür man max. eine Stunde rechnen muss (ca. 65 km von Maun). Camping US$ 17 p.P., Rondavel US$ 50 (für 2 Personen).* **Beschreibung**: *Es gibt ein Restaurant und eine Bar, saubere Sanitäranlagen. Die zwölf Campingplätze haben Wasseranschluss und Grillmöglichkeiten. Zudem werden vier traditionelle*

*Giraffe am Wasserloch*

*Rondavels angeboten, einfache, aber saubere Hütten mit Betten. Von hier aus kann man Pirschfahrten innerhalb des Konzessionsgebiets sowie Tagesausflüge in das Moremi Game Reserve unternehmen. Schon auf der Fahrt dorthin kann man auf viele Tiere stoßen. Zu dem Projekt gehört weiterhin das* **Shandereka Cultural Village**, *in das eine 2-Std.-Tour angeboten wird. Dabei gibt es einen kleinen Vortrag über Traditionen und Kultur der baYei, Vorführung von Werkzeugen sowie ein Theaterstück und einen kurze Nature Walk (US$ 11 p.P., mind. 4 Teilnehmer.*

## Lodges

**Mankwe Bush Lodge** $$$$, *zwischen North und South Gate in der Nähe des Sankuyo Village gelegen, ca. US$ 420 mit VP und Aktivitäten, Transfer von und nach Maun gegen Aufpreis möglich.* **Beschreibung**: *auf Plattformen errichtete, geräumige Safarizelte mit Bad, zudem Bar, Restaurant und Swimmingpool vorhanden. Zu den angebotenen Aktivitäten zählen Pirschfahrten und Wanderungen durch den Busch, gegen Aufpreis sind auch Ausflüge nach Moremi und Savute organisierbar. Auch Campingmöglichkeit (einfach, P 150). Die Betreiber Asante Sana Safaris betreiben auch die* **Mboma Boat Station** *im Moremi Game Reserve mit zwei Motorbooten für je neun Personen und acht Mokoro-Booten. Bei Touren mit Übernachtung werden mobile Camps errichtet – ein tolles Erlebnis in der afrikanischen Natur. Eine Overnight-Tour inkl. Vollverpflegung und allen Gebühren für US$ 745. Buchung und Infos: Mankwe Bush Lodge, ☏ 686-5788, 🖷 686-5787, E-Mail: mankwe@info.bw, www.mankwe.com, Buchungsbüro in Maun im Pharmacy House, New Mall Koro Road.*

**Mogotlho Safari Lodge** $$$$$, *25 km von Mankwe am Khwai River gelegen, Unterkunft in zehn komfortablen Zelten, ca. US$ 535 mit VP und Game Drives, Transfer von und nach Maun gegen Aufpreis möglich.* **Beschreibung**: *empfehlenswertes Schwestercamp der Mankwe Lodge (Kontakt s.o.), gute Tierbeobachtungsmöglichkeiten.*

## NÄHE NORTH GATE

**Hinweis**

Das Fahren auf der neuen Verbindungsstraße vom North Gate zum Mababe Gate entlang des Khwai River (Konzessionsgebiet NG19) ist offiziell nur noch eingetragenen Safari-Unternehmern und Besuchern der Lodges und Camps gestattet. Diese Regel bestand schon vor Fertigstellung der Straße, allerdings wurde und wird sie bis heute meist ignoriert. Selbstfahrer sollten sich vor Ort über den aktuellen Stand der Dinge und eventuelle Kontrollen informieren.

### Camping

**Khwai Community Campsites**: *Man fährt zum Khwai Village, direkt außerhalb des North Gate gelegen (GPS-Koordinaten: S 19.09.987 E 23.45.012) und macht am Khwai Wildlife Office (an der Hauptstraße, hat eine Satellitenschüssel an der Wand, aber meistens kein Schild) das Check-In bzw. zahlt seinen Platz. Hier bekommt man die Beschreibung zum Campingplatz – der eigentlich nur aus einem Baum besteht. Die Plätze sind am besten per Telefon zu buchen und dann mit einem Fax zu bestätigen. Auch wenn es für das Angebotene recht teuer ist, ist das Ganze mit P 140 p.P. noch deutlich billiger als im Moremi Game Reserve, und beim „Austreten" kann man aus der Ferne schon mal Wildhunde und Hippos sehen. Kontakt: ☏ 680-1211 oder 686-2362 / 686-2385 / 686-2361, 🖷 680-1210, E-Mail: khwai@botsnet.bw. Es gibt drei Campsites (Magotho, Sable Alley und Matswere), wobei letztere zzt. nur für geführte Touren angeboten wird. In Magotho sollen demnächst einfache Sanitäranlagen errichtet werden.*

### Lodges

**Khwai River Lodge** $$$$$, *nördlich des Nordeingangs zum Moremi-Parkgebiet gelegen, direkt am Fluss, US$ 545–1.215.* **Beschreibung**: *schön am Rande eines Waldes gelegen mit Blick auf den Khwai River, die komfortablen Zelte mit eigener Terrasse (mit Hängematte) ermöglichen ungestörte Tierbeobachtungen. Zimmer mit Klimaanlage und Heizung, Bad, Minibar und Himmelbett. Pool und Feuerstelle vorhanden. Buchung: Orient Express Safaris, P.O. Box 100, Maun, ☏ (Südafrika): (+27) 21 483 1600, www.orient-express-safaris.co.za.*

**Sango Safari Camp** $$$$, *außerhalb des Parks am Khwai River, südöstlich der Straße zum North Gate, US$ 275–475. Fünf Meru-Zelte (en-suite) für max. zehn Gäste bieten rustikal-luxuriösen Komfort. Teilhaber des Camps ist die namensgebende Familie Sango, die als erste Bewohnergruppe der Khwai-Gegend gilt. Pirschfahrten, Wildniswanderungen und Nachtfahrten möglich – die Wildbeobachtung ist durch die Lage besonders erfolgreich. Kontakt und Buchung: reservations@sangosafaricamp.com, www.sangosafaricamp.com.*

**Banoka Bush Camp** $$$$, *etwas außerhalb des Khwai Village im Mopane Woodland, ca. 1,5 km vom Khwai Airstrip entfernt Richtung Nordwesten, US$ 489–592. 10 Zelte mit en-suite-Bädern sowie eine Lounge und eine Speisebereich mit wunderbarem Ausblick als kommunikativer Mittelpunkt. Geführte Wildbeobachtungfahrten und Mokoro-Ausflüge durch die Kanäle des Khwai River – eine klassisches Erleben des Deltas. Buchung: Wilderness Safaris, www.wilderness-safaris.com.*

# 5. CHOBE NATIONAL PARK UND KASANE

# Überblick

Der Chobe National Park bedeckt eine Fläche von 11.170 km². Benannt wurde er nach seinem nördlichen Grenzfluss, dem Chobe. Bereits in den 1930er-Jahren schlug Sir *Charles Rey* vor, dieses Gebiet in einen Wildschutzpark zu verwandeln. Doch erst 1960 wurde ein kleiner Teil zum Naturschutzgebiet erklärt. Nach der Unabhängigkeit Botswanas wurde schließlich 1968 nach massivem Raubbau an der Natur der Nationalpark offiziell gegründet.

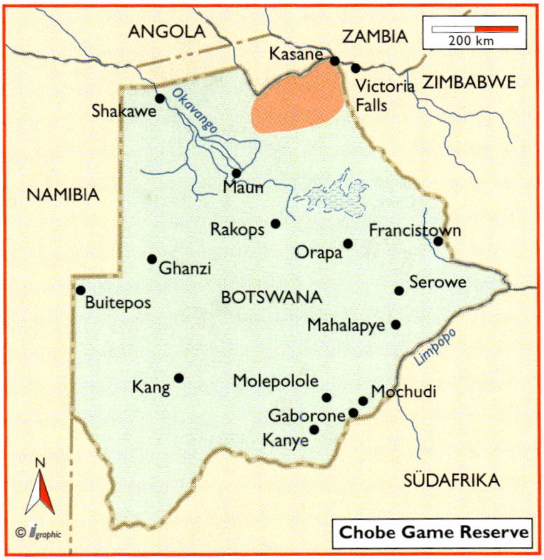


Der **Chobe**, nachdem der Park benannt wurde, ist ein Fluss mit fünf Namen. Er nimmt seinen Lauf im Bergland von Südangola (etwas nordöstlich des Ortes Samucumbi). Hier heißt der Fluss **Cuando**, der durch den Zustrom vom Quembo eine Verstärkung erhält. Unter diesem Namen fließt er weiter bis zur namibischen Grenze, um hier den Namen **Kwando** anzunehmen, allerdings nur im Bereich des Caprivi-Streifens. Danach mutiert er zum **Mashi River**, ab dessen radikaler Wende nach Nordosten heißt er schließlich **Linyanti** – doch nur kurze Zeit, und zwar bis zum Liambezi Lake, an dessen östlichem Ende er endlich zum **Chobe River** wird.

## Gebiete des Chobe National Park

Der Chobe National Park gliedert sich in drei Gebiete:

### Chobe Riverfront (Hauptgebiet, westlich von Kasane)

ⓘ s. Karte S. 224/225

Wie der Name vermuten lässt: Das ganzjährig offene Gebiet liegt direkt am Fluss und ist einer der beliebtesten (und auch besten) Orte Botswanas, um Tiere zu beobachten, zudem lebt hier die größte Elefantenpopulation der Erde. Auf relativ guten Naturstraßen kann man auch ohne vierradangetriebene Fahrzeuge zu guten Beobachtungsplätzen gelangen.

*Riesige Elefantenherden*

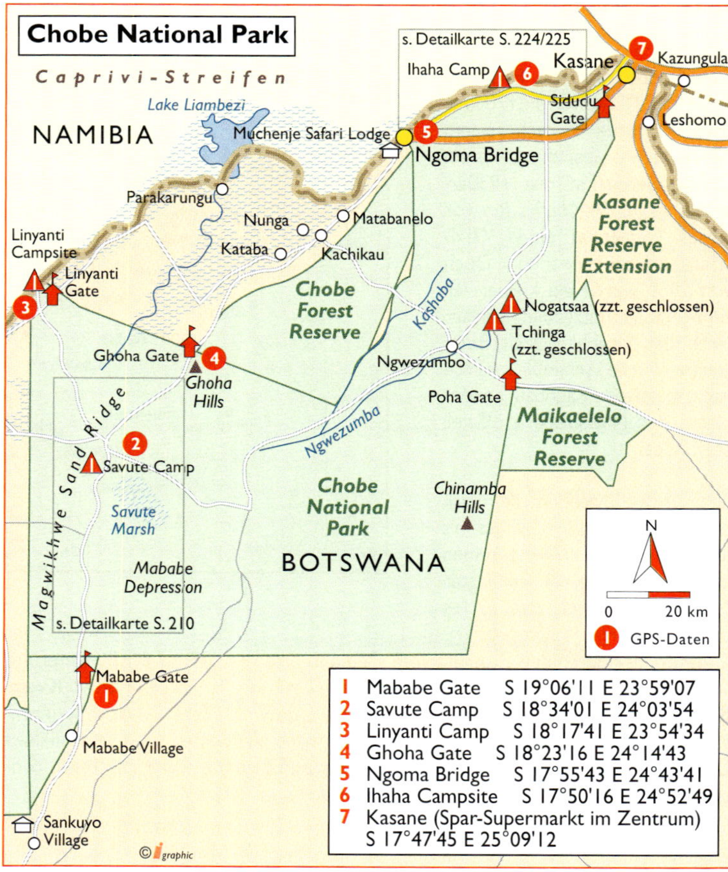


Den Chobe begleiten weite Überflutungsebenen und Pfannen. Am Südufer liegen Mopane-Wälder, durchsetzt von kleinen Pfannen. Durch das ganzjährig vorhandene Wasser gibt es hier die größten Wildkonzentrationen.

In diesem Teil kann man Kudus, Buschböcke, Tsessebes, Wasserböcke, Rappenantilopen, Giraffen, Löwen, Warzenschweine, Krokodile, Flusspferde, Affen, Eland etc. beobachten. Besonders erlebnisreich sind die großen Elefantenherden, die nachmittags Richtung Flussufer ziehen, um ihren Tagesdurst zu löschen und um zu baden. Die Landschaft am Chobe ist sehr idyllisch, es gibt hier gute Vogelbeobachtungsmöglichkeiten. Zum Fischen benötigt man ein Permit.

*Elefantengarantie im Chobe National Park*

## Elefanten in Überzahl

info

In Botswana lebt die größte Elefantenpopulation der Welt – insgesamt sind es geschätzte 140.000 Tiere, laut Untersuchungen bereits viel mehr, als die Natur verträgt. Im nördlichen Teil des Chobe-Parks leben allein über 60.000 Elefanten, obwohl dieser Raum nur für etwa 25.000–30.000 Dickhäuter geeignet ist. Die Vegetation wird deshalb extrem strapaziert, da sich die Elefanten die Nahrung zudem mit einer Unzahl von Büffeln und den verschiedenen Antilopenarten teilen müssen.

Die Elefanten haben sich gerade in Botswana deshalb so vermehrt, weil jede Jagd auf sie untersagt ist. Kurioserweise fressen sie sich selbst um ihre Nahrungsgrundlagen, sodass man erwägte, sie teilweise zu töten. Da aber Elefanten sehr sozial eingestellte Tiere sind und in festen Verbänden leben, kann man ihnen nicht einzeln nachstellen, sondern man muss sie familienweise töten. So geschehen 2008 im Kruger National Park in Südafrika, was besonders bei Tierschützern und in der Tourismusbranche für Empörung sorgte. Doch langfristig kann keine Landschaft eine Überpopulation verkraften.

Im Rahmen der im August 2011 ausgerufenen **Kavango-Zambezi Transfrontier Conservation Area** (**KaZa**, Infos unter www.kavango zambezi.org), die sich über fünf Länder und rund 300.000 km² (andere Quellen sagen bis zu 450.000 km²) erstreckt, ist der Chobe mit anderen Schutzgebieten der Nachbarländer verbunden. Dies soll zu einer Entspannung im Chobe-Gebiet beitragen. Im Rahmen dieses neuen, riesigen Parks ist begonnen worden, Touristenattraktionen wie die Kalahari,

info

das Okavango-Delta und die Victoriafälle in einem großen Schutzgebiet gemeinsam zu vermarkten.

Der Plan geht bezüglich der Erhaltung der Elefanten auf: Heute verteilen sich die überzähligen Tiere auf Nationalparks in Angola und Zimbabwe. Zudem sollen im Norden Angolas vermehrt Landminen geräumt werden, damit die Elefanten wieder auf ihren traditionellen Wanderwegen umherziehen können. Zur Zeit sind um die 250.000 Dickhäuter im KaZa-Gebiet unterwegs. So wird die Situation im Chobe zwar nachhaltiger, das Problem verschiebt sich jedoch nur. Die Populationsexplosion zeigt sich im Zustand der Vegetation nicht nur im botswanischen Teil, das ganze Areal ist durch die Tiere an vielen Stellen sehr mitgenommen.

Mehr Fläche und weniger menschliche Siedlungen sind nötig – aus den angestammten Gebieten wegzuziehen ist für die Einwohner aber keine Alternative. Den Park wollen sie nur, wenn sie auch von ihm profitieren. Aber die neu gegründeten Community-Projekte lohnen nur dann, wenn auch Safari-Touristen kommen, und die kommen wiederum nur, wenn es Wildtiere zu sehen gibt. Die Einwohner müssen sich jedoch vor zu vielen Wildtieren schützen ... Ein Dilemma, was nur in enger Abstimmung der Verantwortlichen mit den lokalen Gemeinschaften zu lösen sein wird.

## Redaktionstipps

- Eine Bootsfahrt auf dem Zambezi bei Sonnenuntergang gehört einfach dazu, s. Veranstalter S. 236f.
- Neben dem Ihaha Camp ist auch das Senyati Safari Camp eine sehr empfehlenswerte Variante für Camper, dazu gibt´s einen Blick auf das rege frequentierte Wasserloch, S. 232.
- Legendär, obwohl die Elefanten mittlerweile ausgesperrt sind: der Campingplatz bei Savute (S. 215). Meist früh ausgebucht. Wer es noch einsamer mag: Auf einem Abstecher zur Linyanti Campsite gibt es zwar weniger Gelegenheit zu Pirschfahrten, dafür aber Ruhe und Natur pur, S. 219.
- Die Chobe Riverfront ist eines der tierreichsten Gebiete der Erde. Wer die Zeit hat, sollte mindestens zwei Tage bleiben. S. 205.

## Gebiet südlich des Chobe

Etwa 75 km südlich der Ihaha Campsite am Chobe liegt ein Savannengebiet, das Gras- und Baumlandschaften aufweist und viele „Pfannen" hat, die sich in der Regenzeit mit Wasser füllen. Hierhin gelangt man nur mit einem Allrad-Fahrzeug. Diese Pfannen bleiben bis in die Trockenzeit teilweise gefüllt und locken Wild an. Entsprechend gut sind die Tierbeobachtungsmöglichkeiten. Insbesondere von August bis Oktober gibt es hier große Elefantenherden in der Nähe des Wassers zu sehen, die das Gebiet als Aufzuchtstätte für den Nachwuchs nutzen. Ebenso ist die Gegend sehr gut für Beobachtungen der Elenantilopen, und natürlich lieben auch Büffelherden das Grasland.

Übernachtungsmöglichkeit gibt es derzeit keine, die beiden Campsites Tjinga und Nogatsaa sind schon seit längerem nicht funktionstüchtig (s. S. 224ff), Pläne zur Errichtung von festen Unterkünften haben sich bislang nicht erfüllt.

Löwe im Chobe

## Westteil bei Savute

Dieser Teil ist der nördliche Abschnitt der **Mababe Depression**. Das Gebiet gehörte einst zum riesigen Makgadikgadi-See. Dieser See breitete sich vor 25.000 Jahren über das riesige Gebiet des heutigen-Ngami Sees, der Makgadikgadi-Pfannen sowie Teilen des südlichen Okavango-Deltas aus.
Die Mababe Depression selbst ist von der **Magwikwe Sandridge** begrenzt, die in einem Halbkreis von etwa 100 km von Norden nach Westen die Savute Marsh eingrenzt. Die Sandridge ist knapp 200 m breit und erreicht eine Höhe von 20 m. Sie bildete einst das westliche Ufer des oben beschriebenen Super-Sees. In dieses Gebiet ziehen während der Regenzeit große Zebra-, Büffel- und Antilopenherden, von Linyanti aus kommend, denn sie finden dann hier sehr gute Weiden vor. Selbstverständlich schleichen auch Löwen herum, denn Beute gibt es reichlich.

Die **Savute Marsh** (s. S. 212) ist das am niedrigsten gelegene Gebiet der Mababe Depression. Der Savute hat sich durch die Sandridge einen Weg geschaffen, um im Falle der Wasserführung in das Marschgebiet zu fließen.

*Kunst der San*

Nordwestlich der Savute Marsch liegen die **Gubatsa Hills**, aus sieben Kuppen bestehend, die bis zu 90 m hochsteigen und die Mündung des Savute Channel überblicken. Die nordöstlichen Abhänge der Berge wurden durch Wellenschlag des ehemaligen Sees zu steilen Klippen herausgebildet. In den Bergen findet man etwa 3.000 Jahre alte Buschmannzeichnungen, insgesamt wurden 20 Stellen identifiziert. Am Bushman Hill kann man (was man sonst nicht darf) aussteigen, um zu den Buschmannzeichnungen zu gelangen.

## Savute-Region (Chobe National Park)

Das Savute-Gebiet ist ein Stück (fast) unberührtes Afrika. Im Vergleich zur Chobe-Region direkt am Chobe River ist die Landschaft sehr trocken und karg. Schatten ist

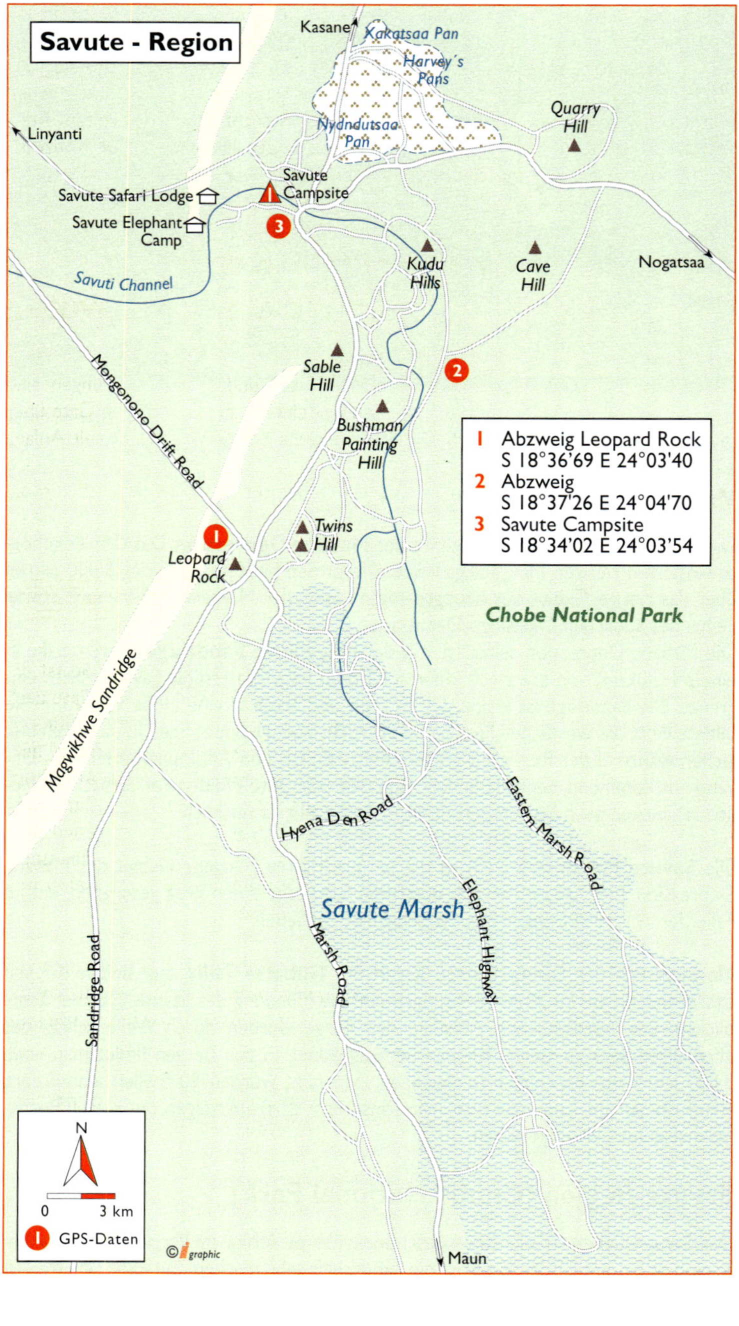
Savute - Region
Kasane
Kakatsaa Pan
Harvey´s Pans
Nydndutsaa Pan
Quarry Hill
Linyanti
Savute Campsite
Savute Safari Lodge
Savute Elephant Camp
Savuti Channel
Kudu Hills
Cave Hill
Nogatsaa
Sable Hill
Mongonono Drift Road
Bushman Painting Hill
1 Abzweig Leopard Rock
S 18°36'69 E 24°03'40
2 Abzweig
S 18°37'26 E 24°04'70
3 Savute Campsite
S 18°34'02 E 24°03'54
Twins Hill
Leopard Rock
Chobe National Park
Magwikhwe Sandridge
Hyena Den Road
Eastern Marsh Road
Savute Marsh
Elephant Highway
Marsh Road
Sandridge Road
N
0
3 km
GPS-Daten
© graphic
Maun

eine Rarität, ebenso Wasser, weshalb sich die Tiere an den wenigen Wasserstellen drängen. Ein rustikaler Campingplatz sowie mehrere miteinander konkurrierende Luxus-Lodges bieten Unterkunft. Weiter nördlich – nur ca. 40 km entfernt – liegt die Linyanti-Region, über eine sehr sandige Strecke zu erreichen. Am schilfbestandenen Ufer des Linyanti bieten sich hervorragende Tierbeobachtungsmöglichkeiten. Auch in dieser Region gibt es ausgezeichnete private Lodges inmitten großer Konzessionsgebiete sowie ein einfaches Camp für Selbstfahrer.

*Beliebter Campingplatz*

## Zur Strecke: Vom Khwai/North Gate (Moremi) über das Mababe Gate nach Savute

**Tages-km**: 115 km Khwai – Savute: Ist mit Pausen und Tierbeobachtungen eine schöne Tagesetappe (ca. 7 Stunden). Ab Maun ist eine Fahrt zum Mababe Gate über recht gute Schotterpiste möglich. Die Stahlbrücke am Khwai Village ist seit Anfang 2010 befahrbar.
**Tankstellen**: keine. Wichtig: an genügend Trinkwasser und Benzin, auch für die Pirschfahrten, denken.

### Bautätigkeit im Chobe-Gebiet

info

Seit Längerem herrscht eine rege Bautätigkeit im Norden Botswanas. So ist die schöne Fahrt vom North Gate (Moremi) am Khwai entlang zum Mababe Gate nach Fertigstellung einer neuen Straße durchs Landesinnere nur noch Safari Guides erlaubt, die Selbstfahrer auf Durchfahrt müssen die neue „Umgehungsstraße" nehmen. In der Vergangenheit hat es zu viele wilde Camper gegeben. Allerdings kommt man jetzt schneller zum Gate, obwohl die Strecke am Khwai entlang während der Regenzeit sehr schwierig zu befahren ist. So war in den vergangenen Sommern die Strecke North Gate–Savute am Khwai sogar zeitweise wg. der ungewöhnlich starken Regenfälle gesperrt bzw. eine Durchfahrt nur mit vielen und tiefen Wasserdurchquerungen möglich.

Seit Neuestem erleichtern zwei Brücken die Gegend, die Khwai Stone Bridge von Khwai nach Savute und die Mababe Bridge von Maun in Richtung Khwai/Savute. Auch an der direkten Strecke von Maun über Sankuyo Village zum Gate wurde kräftig gebaut, sie ist zzt. bis Shorobe asphaltiert.

Zudem gibt es rege Bautätigkeit zwischen dem Ghoha Gate und Ngoma Bridge, wobei mittlerweile von Ngoma bis Kachikau geteert wurde. Gerüchten zufolge soll die Straße bis Maun ausgebaut werden, die Umsetzung steht allerdings in den Sternen. Daher wird die direkte Verbindung Moremi–Chobe zumindest in der nächsten Zeit noch relativ anstrengend bleiben.

*Gute Tierbeobachtungsmöglichkeiten entlang der Strecke*

Richtung Mababe Gate folgt man der Kante der Mababe Depression (Mababe Gate S 19°06´10 E 23°59´07). Etwa 10 km hinter dem Mababe Gate gabelt sich die Straße: Die westliche Spur nennt sich **Sandridge Road** und die östliche **Marsh Road**, die während der Regenzeit meist gesperrt ist. Im Verlauf der Sandridge Road kämpft man sich über etwa 2 km durch tiefen Sand – man sollte sie in der Trockenzeit zugunsten der abwechslungsreicheren Marsh Road meiden. Man schlängelt sich durch beinahe unberührte, herrliche Savannenebenen. Dann wird das Sichtfeld weiter, hier sind auch Geparde zu Hause.

*Straßenzustände*

Die Zustände der Wege ändern sich allerdings öfter, sodass man sich am besten am Gate über die beste Strecke erkundigt.

**Zur Reisezeit**

In der Regenzeit von Oktober bis April finden sich in der „nahrhaften" Savute Marsh und der Mababe Depression viele Herdentiere, insbesondere Zebras, ein. Wunderschön sind auch die Wildblumen. Auch für Ornithologen ist dies die beste Zeit. Allerdings kann es mit den Wegen Probleme geben – Wasserdurchfahrten sind auch mit einem 4x4 schwer zu meistern, vor allem wenn man keinen Schnorchel hat.

In der Trockenzeit – insbesondere September und Oktober – kommt es oft zu Buschbränden. Insbesondere die Elefanten scharen sich nervös um verbliebene Wasserquellen.

## Die Flusssysteme Kwando, Linyanti, Chobe und Savute

info

Die geografische Struktur der nördlichen Regionen Botswanas wird im Wesentlichen von der Kalahari, dem Okavango-Delta sowie den Flusssystemen von Kwando, Linyanti, Chobe und Savute bestimmt. Die letztgenannten vier Flussläufe stehen in einer sehr engen Beziehung zueinander. Der **Kwando**, etwa 100 km lang und aus Angola kommend, fließt südwärts und speist sowohl den Linyanti als auch den Savute. Der Linyanti fließt nordostwärts und geht später in den Chobe über, während der Savute südöstlich/östlich abfließt. In seinem weiteren Verlauf durchbricht er die Magwikhwe Sand Ridge und mündet schließlich in der Savute Marsh, die ca. 1 m tief in der Mababa Depression liegt und 2.400 km² bedeckt. Ein anderer Teil des Kwando zweigt westwärts ins Magwegquana-Schwemmland ab. Der Magwegquana, der einzige nördliche Nebenfluss des Okavango, fließt ca. 120 km ostwärts unter Schilf und Ried und folgt dabei einer geologischen Verwerfungszone (Magwegquana-Verwerfung). Nur wenn er sehr viel Wasser führt, gelangt er über den Linyanti bis zum Chobe. Damit stellt der Magwegquana eine letzte Verbindung zwischen dem Okavango- und dem Linyanti/Chobe/Savute-System dar.

Der **Linyanti** bildet analog zum Okavango ein großes Binnendelta mit Inseln, Wasserflächen und Seitenarmen. Wie im Okavango-Delta, so kommen auch im

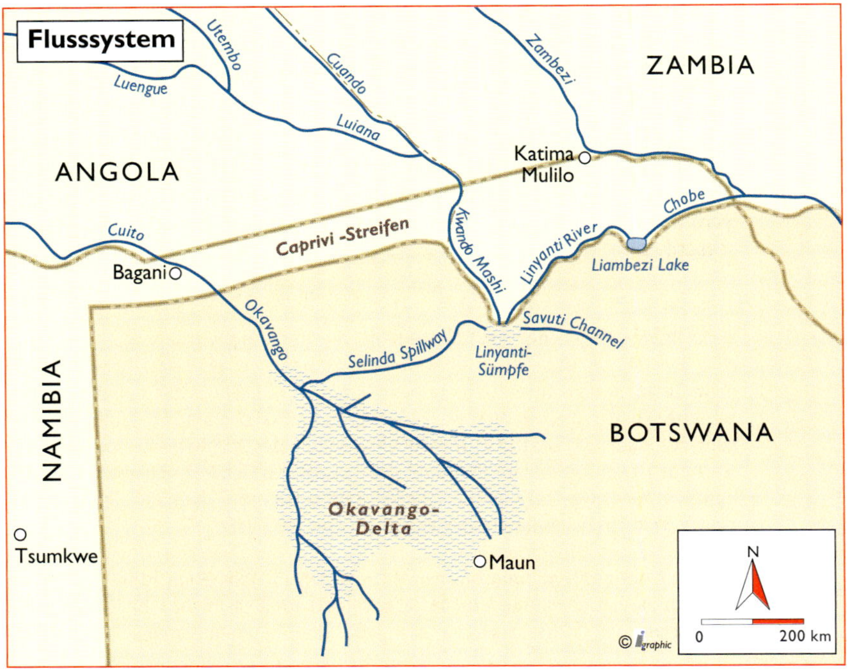

info

*Flusslandschaft bei Savute*

Linyanti-Delta die sommerlichen Regenfluten Angolas erst im Mai bis August an. Dies ist eine der allerletzten Wildnisse Afrikas, durch die keine Wege führen. Vom Flugzeug aus kann man heute noch hier die größten freilebenden Tierherden des Kontinents beobachten: Elefanten, Büffel, Gnus, Zebras, Lechwe-Antilopen, Impalas...

Nur selten führte der Savute über den **Savute Channel** Wasser bis zur **Savute Marsh**, der lange ein semiarides Savannengebiet war. Von 1850 bis 1880 soll der Savute regelmäßig Wasser geführt haben. Danach versiegte er, um erst 1957 wieder zu fließen. Man kann sich dieses Phänomen nicht endgültig erklären. Geologen vermuten, dass der Lauf durch tektonische Bewegungen immer wieder gestört wird – fast unabhängig vom Wasserstand des Linyanti-Chobe-Flusssystems.

Diese **Bewegungen der Erdkruste** hängen großräumig mit Bruchfalten zusammen, die bis zum Rift Valley und weiter zum Roten Meer reichen. Um kein Wasser mehr aus dem Linyanti-System zu beziehen, muss die Höhe der Mababe Depression um 9 m gehoben werden – der Untergrund muss sich also in ständiger Bewegung befinden. Das Gefälle vom nördlichen Beginn des Savute bis in den Süden beträgt nur 18 cm/Kilometer. Insgesamt also beträgt das Gefälle auf den etwa 100 km nur 18 m! Relativ geringe tektonische Bewegungen können demnach den Flusslauf stören, was offensichtlich in der Vergangenheit passierte.

**Nach 18 Jahren** und sehr starken Regenfällen im Jahr 2008 führt der Savute Channel bis heute Wasser, was im Januar 2010 auch erstmals wieder die Savute Marsh erreichte. Früher lagen hier nur kleine Senken, die in der Regenzeit und darüber hinaus mit Wasser gefüllt waren und Tiere anlockten. Am Ende der Trockenzeit (Juli–September) sorgten Bohrlöcher und Pumpen für genügend Trinkwasser für das Wild. An diesen Stellen konzentrierten sich entsprechend die Tiere. Die Landschaft hat sich in eine Oase verwandelt, in den Fluten des so lange ausgetrockneten Flussbettes tummeln sich wieder Elefanten, Flusspferde und Wasservögel. Das, was vorher ein einmaliges Erlebnis in Jahren war, ist nun zum dauerhaften Zustand geworden.

## Reisepraktische Informationen Savute-Region

s. Karte s. 210

### Übernachtung

***Camping***

**Savute Campsite**: *Das alte, legendäre Camp gibt es schon lange nicht mehr. Es wurde sehr oft von Elefanten besucht, selbst Elektrozäune halfen nichts. Schnell haben während der Trockenzeit die Elefanten entdeckt, dass es in den Toilettenräumen Wasser gab. Man kann sich vorstellen, was die Dickhäuter alles angestellt haben, um an das kostbare Nass zu kommen. Ebenso sind hier – wie woanders auch – die Elefanten scharf auf Obst, insbesondere auf Apfelsinen. Sie werden dann schier unbeugsam in ihrem Willen, an die Leckereien heranzukommen. Das neue Camp verfügt nun über schöne Campingplätze mit guten sanitären Anlagen, wirkt aber wegen der Elefantenumzäunung eher wie eine Festung. Aufgrund der Beliebtheit ist eine möglichst frühe Reservierung angerate.* **Buchung**: **SKL Group of Camps**, *s. Stichwort Camping in den Gelben Seiten.*

***Lodges***

**Savute Elephant Camp**
**$$$$$**, *Infos und Buchung: Orient-Express Safaris, P.O. Box 100, Maun, ☏ 686-0302, 🖷 686-0153, oder in der Zentrale in Südafrika, E-Mail: safaris@orient-express.com, www.savuteelephantcamp.com oder www.orient-express-safaris.com. US$ 545–1.215 p.P. mit Verpflegung und Aktivitäten.* **Lage:** *am Savute Channel gelegen, auf dem Land- und Luftwege (50 Min. Flug von Maun) erreichbar.* **Beschreibung:** *Hier gibt es 12 Luxuszelte, alle mit eigenem WC/Dusche sowie Aussichtsdeck.*

*Am Wasserloch in Savute (Savute Elephant Camp)*

*Campsite von Savute under Canvas*

*Schwimmbad (elefantengeschützt) vorhanden. Alles ist sehr gediegen und geschmackvoll eingerichtet. Wunderschöner Blick vom offenen, riedgedeckten Safari-Restaurant in die Landschaft. Morgens und nachmittags Safaris, Vogelbeobachtungen von einem „Versteck" aus.*

**Savute Safari Lodge** $$$$$, *Infos und Buchung: Desert and Delta Safaris, Sir Seretse Khama Road, Maun, ☏ 686-1243, 🖷 686-1791, E-Mail: info@desertdelta.com, www.desertdelta.com. Ca. US$ 454–800 p.P. im DZ mit Vollpension und Aktivitäten.* **Lage**: *am Savute Channel gelegen (an der Stelle des alten Savute South Camps).* **Beschreibung**: *Diese Lodge bietet 12 riedgedeckte Chalets (die man aufgrund ihrer Großzügigkeit „Safari Suites" nennt) mit eigener Dusche und WC. Toll: riesige Glasschiebetüren und hoch gelegene Aussichtsdecks mit Blick auf ein großes, gut frequentiertes Wasserloch. Kleines Schwimmbad vorhanden. Sehr schön: Die Lounge sowie die Bar sind mit Feuerstelle und haben Blick auf den Channel. Sehr professionelle Safaris. Hier ist „Safari Luxus" pur angesagt. Die Pirschfahrten führen durch die Savute Marsh und zu den Felsmalereien der San bei Gubatsa Hills. Die Gegend ist bekannt für ihre große Konzentration an Elefantenherden und Löwenrudeln.*

**Savute under Canvas** $$$$$, *Infos und Buchung: AndBeyond, Private Bag X 27, Benmore, Johannesburg, 2010, South Africa, ☏ (+27) 11 809 4300, 🖷 (+27) 11 809 4400, E-Mail: safaris@andbeyond.com, www.andbeyondafrica.com. US$ 415–520 p.P. mit allem inklusive, Mitte Sept. bis Ende Januar ist das Camp geschlossen.* **Lage**: *in der Savute-Region, nur mit dem Flugzeug zu erreichen über den Savute Airstrip. Von hier wird man abgeholt, ca. eine Stunde Fahrt zum Camp.* **Beschreibung**: *fünf komfortable, mobile Zelte mit Bad und WC, „Eimer"-Dusche (auf Wunsch auch mit warmem Wasser), persönliche Betreuung.*

# Abstecher von Savute zum Linyanti

**Tages-Kilometer**: pro Strecke 43 (hin und zurück ca. 3 Stunden)
**Tankstellen**: keine

Der Weg zum Linyanti führt über die Magwikhwe Sandridge, ein Vierrad-Antrieb ist unbedingt nötig. Man fährt ca. 4 km lang durch extrem tiefen Sand. Nach ca. 15 km schwerem Vorankommen wird der Weg besser, und es geht durch eine Landschaft, in der vor allem Mopane-Bäume dominieren.

**Hinweis: Alternativstrecke nach Linyanti**

Wer die Sand Ridge Road scheut, kann auch über das Ghoha Gate zum Linyanti Camp fahren. Die Strecke Savute – Ghoha Gate – Linyanti ist rund 70 km lang, die man in ca. drei Stunden schaffen kann. Zwar ist der Abschnitt nach dem Ghoha Gate auch sandig, aber nicht so sehr wie die Sand Ridge. Bei tiefem Sand daran denken, genügend Luft aus den Reifen zu lassen.

*Sandpisten*

Am Linyanti angekommen, erreicht man die Grenze zwischen dem Savannenland und den schilfbestandenen **Linyanti-Sümpfen**. Diese Region ist ein ehemaliger Teil des Okavango-Deltas. Im Fluss, der im späteren Verlauf in den Chobe übergeht, tummeln sich Flusspferde. Ebenso sieht man Elefanten, die im Schilf stehen und ein Wasserbad genießen. Am Ufer liegt unter hohen Bäumen ein schattiger Campingplatz. Hier gibt es Toiletten, Duschen und die Möglichkeit, Waschwasservorräte aufzufrischen. Da das Wasser aus dem sogenannten „Hippo-Pool" stammt, ist es als Trinkwasser nicht empfehlenswert. Von den Linyanti-Sümpfen führt in nord-/nordwestliche Richtung der Selinda Spillway (auch als Magwegquana Channel bezeichnet) ab. Dies ist eine Verbindung zwischen dem Okavango- und dem Linyanti-System. Je nachdem, in welchem Teil gerade Wasserüberfluss herrscht, findet über diesen Spillway ein Wasseraustausch statt.

*Auch die kleinen Bewohner sind einen Blick wert: Chamäleon bei der Straßenüberquerung*

## Weiterfahrt

**Westlich** der Linyanti-Sümpfe liegen die privaten Konzessionsgebiete wie das Selinda Reserve, in denen die teuren Luxus-Lodges zu finden sind (s.u.). Diese sind aber als Selbstfahrer meist nicht zu erreichen, und wildes Campen ist nicht erlaubt. Nicht

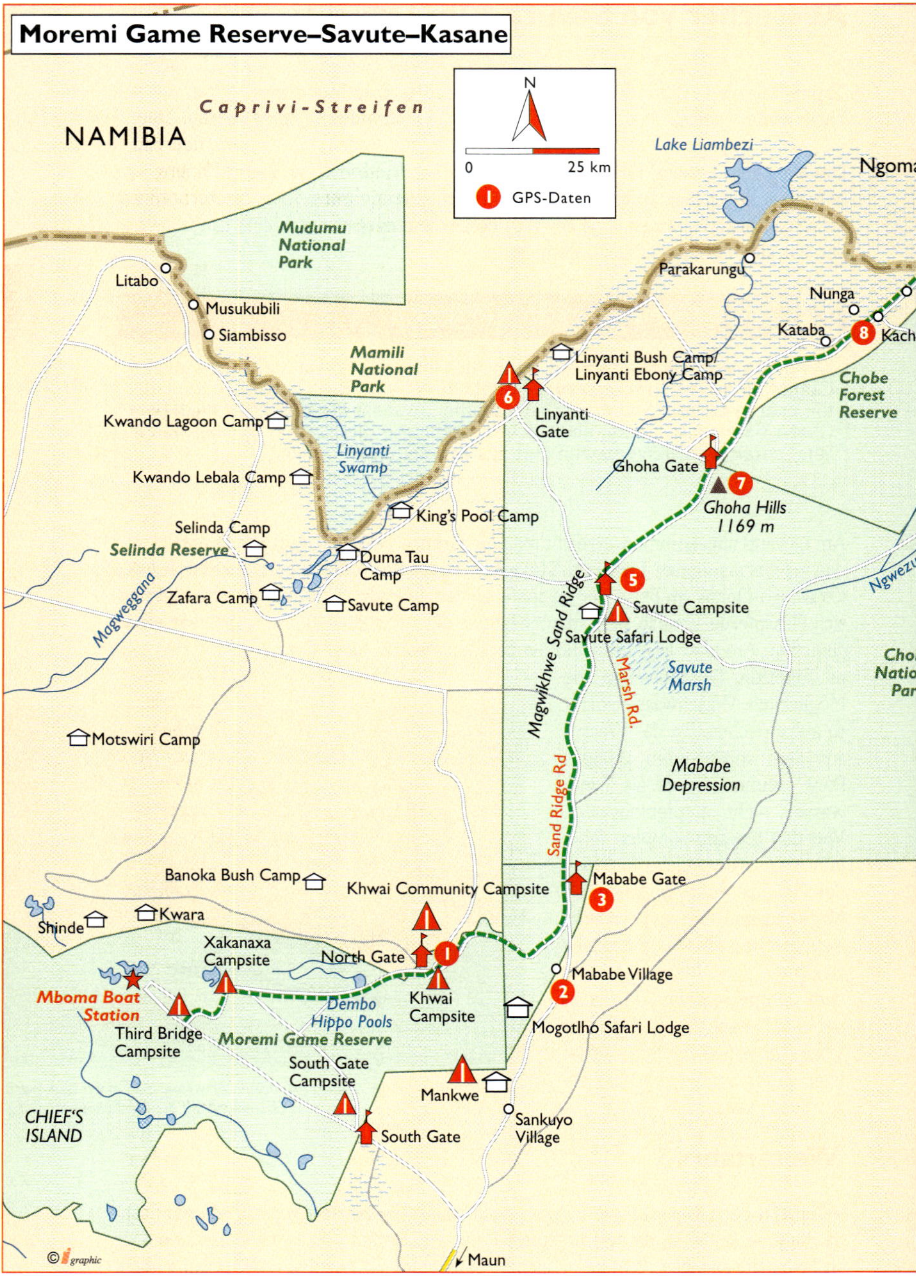
Moremi Game Reserve–Savute–Kasane
N
0
25 km
1 GPS-Daten
NAMIBIA
Caprivi-Streifen
Mudumu National Park
Litabo
Musukubili
Siambisso
Mamili National Park
Lake Liambezi
Ngoma
Parakarungu
Nunga
Kataba
Kach
Linyanti Bush Camp/ Linyanti Ebony Camp
Linyanti Gate
Chobe Forest Reserve
Kwando Lagoon Camp
Linyanti Swamp
Kwando Lebala Camp
Ghoha Gate
Ghoha Hills 1169 m
King's Pool Camp
Selinda Camp
Selinda Reserve
Duma Tau Camp
Magweggana
Zafara Camp
Savute Camp
Savute Campsite
Savute Safari Lodge
Magwikhwe Sand Ridge
Ngwezu
Marsh Rd.
Savute Marsh
Chobe Natio Par
Motswiri Camp
Mababe Depression
Sand Ridge Rd
Banoka Bush Camp
Khwai Community Campsite
Mababe Gate
Shinde
Kwara
Xakanaxa Campsite
North Gate
Mababe Village
Mboma Boat Station
Dembo Hippo Pools
Khwai Campsite
Mogotlho Safari Lodge
Third Bridge Campsite
Moremi Game Reserve
South Gate Campsite
Mankwe
CHIEF'S ISLAND
Sankuyo Village
South Gate
Maun
© graphic

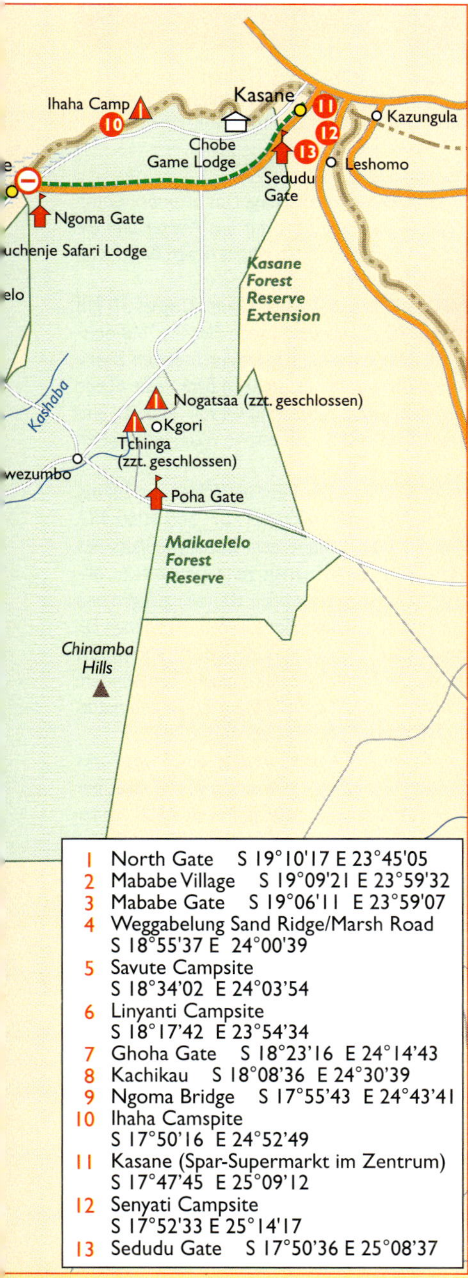


nur das macht eine Durchquerung nach Seronga am Pandhandle des Okavango-Deltas (s. S. 278) schwierig: Die Strecke ist extrem einsam und mühsam zu befahren. Durchquerungen sollten, wenn überhaupt, nur nach sorgfältiger Planung und mit mehreren Autos unternommen werden.

## Reisepraktische Informationen Linyanti-Region

### Camping

**Linyanti Campsite:** *Ein sehr schön gelegener, einsamer Campingplatz, der dank der großen Bäume schattig ist. Nach Norden ist das Gelände von Ried und Papyrus begrenzt. Elefantensichere Wasseranschlüsse, etwas in die Jahre gekommene Toiletten und Duschen in mäßig sauberem Zustand sind vorhanden, zudem gibt es einen Holzofen („donkey"), den man bei Bedarf für warmes Wasser verwenden kann. Nur drei Stellplätze. Tolle Elefantenbeobachtungen, sehr einsam und idyllisch! Einziger Nachteil: Das Wegenetz für die Pirschfahrten ist eher begrenzt: Im Westen liegen die privaten Konzenssionsgebiete, im Osten ist nach ein paar Kilometern das Gate erreicht; bleibt also nur die Möglichkeit Richtung Savute. Zum Entspannen und für Tiererlebnisse am Campingplatz aber allemal zu empfehlen.* **Buchung**: **SKL Group of Camps**, *s. Stichwort Camping in den Gelben Seiten.*

### Lodges

**Kwando Lagoon Camp**

$$$$, *Buchung und Info bei Kwando Safaris, Airport Road, Newtown, Maun, ☎ 686-1449, 🖷 686-1457, E-Mail: info@kwando.co.bw, reservations@kwando.co.bw, www.kwando.co.za., US$ 515–1.012.* **Lage**: *am Kwando*

**Hinweis**

Die privaten Lodges sind i.d.R. nicht als Selbstfahrer zu erreichen, sondern per Transfer mit dem Flugzeug oder Auto. Alle Preise verstehen sich inkl. Aktivitäten und Vollpension, allerdings ohne Anreise (Charterflug).

*River gelegen im Nordwesten des Linyanti Swamp.* **Beschreibung**: *Das luxuriöse Camp beherbergt max. 16 Gäste in geräumigen Safari-Zelten mit Blick auf das Wasser und die Hippos darin. Bei den morgendlichen und abendlichen Pirschfahrten gibt es riesige Büffel- und Elefantenherden zu entdecken, vor allem in der Trockenzeit.*

**Kwando Lebala Camp** $$$$, *Kontakt und Preise s. Lagoon Camp.* **Lage**: *30 km südlich vom Lagoon Camp.* **Beschreibung:** *Lebala bedeutet „weite Flächen" auf Setswana, und dort ist auch das Camp gelegen: inmitten der weiten, baumdurchsetzten Ebene bietet das Camp acht Zelte auf Teak-Plattformen, deren große Fenster den Blick in die Ebene erlauben. In den umgebenden Linyanti-Feuchtgebieten gibt es eine Vielzahl von Tieren zu entdecken, unter anderem Elefanten, Hippos, Kudus, Säbelantilopen, Tsessebe, Wildhunde, Löwen und Hyänen.*

**Duma Tau Camp** $$$$, *Buchung beim Reiseveranstalter, Infos bei Wilderness Safaris, P.O. Box 5219, Rivonia, 2128, South Africa, ☏ (+27) 11 8071800, 🖷 (+27) 860 5060 482, www.wilderness-safaris.com. US$ 683–1.099 p.P.* **Lage:** *nahe dem Zusammenfluss des Savute Channel und des Linyanti River gelegen.* **Beschreibung:** *zehn Doppelzelte, alle mit eigenem WC/Dusche, auf erhöhten Holzplattformen unter großen Bäumen gelegen und mit Blick auf die Lagune. Es gibt einen kleinen Pool, eine schöne Bar sowie einen offenen Dining Room. Es werden Tages- und Nachtpirschfahrten angeboten, ebenso Bootsfahrten (bei ausreichend Wasser) sowie Safari-Wanderungen. Die Tierwelt ist mannigfaltig, insbesondere gibt es in diesem Gebiet viele Elefanten, Litschi-Antilopen, Zebras, Giraffen, Büffel und natürlich auch Löwen, Geparde und Hyänen. Duma Tau bedeutet „das Gebrüll des Löwen".*

**Savute Camp** $$$$, *Kontakt und Preise s. Duma Tau.* **Lage**: *westlich des Chobe Parks in einem privaten Reservat direkt am Savute Channel und sehr nahe am Linyanti-Gebiet, per Charterflug und auf dem Landwege erreichbar. Der Savute Channel führt seit 2008 wieder dauerhaft Wasser, dies zog hunderte Vogelarten an und der Channel füllte sich mit Hippos.* **Beschreibung:** *sieben Luxuszelte mit eigenem WC/Dusche, kleiner Pool, separater Dining Room sowie Pub unter Rieddächern. Angeboten werden neben „normalen" Landrover-Safaris auch Nachtfahrten und Wanderungen (hier erlaubt, da außerhalb des staatlichen Chobe Nationalparks). Der dauerhafte Fluss des Savute Channel sorgt für hervorragende Tiebeobachtungsmöglichkeiten.*

**Kings Pool Camp** $$$$$, *Kontakt s. Duma Tau, US$ 1.149–1.799 – pro Nacht pro Person!* **Lage:** *privates Reserve im Linyanti-Gebiet direkt an der Westgrenze des Chobe National Parks, Anreise per Flugzeug oder auf dem Landwege.* **Beschreibung:** *Vom Camp überblickt man die King's Pool Lagoon und den Linyanti River. Das private Konzessionsgebiet bedeckt eine Fläche von 125.000 ha. Die Landschaft besteht aus teilweise offenem Grasland, Flusswäldern und Mopane-Savanne. Es gibt hier sehr große Elefantenherden, insbesondere in den Wintermonaten, sowie Krokodile und Flusspferde. Natürlich kann man aber auch alle Antilopenarten beobachten sowie natürlich Löwen, Leoparden und Geparde. Die Schilf- und Papyrusflächen sind ideale Gebiete für Vögel. Man ist hier in 10 sehr geschmackvoll eingerichteten Zelten (die auf ein Teakholzdeck gebaut sind) untergebracht, alle mit tollem Blick*

*Ein entspannter Nachmittag im Linyanti Ebony Camp*

*auf die Lagune (alle Unterkünfte mit gekacheltem Bad, das Dusche, WC und Waschbecken aufweist). Es gibt einen Swimmingpool, eine Bar und einen schönen Dining Room – alles unter Rieddächern. Es werden Safarifahrten im offenen Landrover angeboten, ebenso Nachtsafaris und Fahrten im „Doppeldecker"-Boot auf dem Linyanti.*

**Linyanti Bush Camp** $$$$, *Buchung und Infos: African Bush Camps, Zimbabwe, ☏ (+263) 9234-307, 🖷 (+263) 9230-582, E-Mail: info@africanbushcamps.com, www.africanbushcamps.com. Je nach Saison US$ 495–820 inkl. Vollverpflegung, zwei Aktivitäten am Tag, Transfer vom nächsten Airstrip etc.* **Lage**: *Am Ufer des Linyanti, in einer privaten Konzession westlich des Chobe NP. Koordinaten: S 18° 14.804' E 023° 57.514'.* **Beschreibung**: *Exklusives kleines Camp mit 12 Betten in sechs 40 m²-Zelten mit elegant-modernen Wohnbereichen, Bäder en-suite. Das Hauptgebäude mit Speisesaal steht erhöht und bietet einen tollen Blick über die Auen und Sümpfe, Pool vorhanden. Man befindet sich hier zzt. noch abseits von den touristischen Hauptrouten des Chobe. Game Drives, Fußsafaris und Nachtfahrten möglich, besonders Elefanten und Büffel sind hier zu sehen.*

**Linyanti Ebony Camp** $$$$, *Buchung und Preise s.o. Lage: Schwestercamp des Linyanti Bush Camp, liegt daneben. Die beiden Camps sind autark, können von größeren Gruppen aber zusammen gemietet werden. Beschreibung: Klein, luxuriös und frisch eröffnet (April 2011). Das Camp verfügt über vier Zelte für bis zu acht Personen. Eines der Zelte ist ein Familienzelt mit zwei Schlafzimmern ist, die voneinander abtrennbar sind – das Zelt hat als einziges über einen Holzsteg direkten Zugang zur Lounge und liegt getrennt von den anderen Zelten. Für Familien mit Kindern ab 7 Jahren ein Traum mit Pool und allen Möglichkeiten zur Wildbeobachtung mit den Kleinen.*

**Selinda Reserve**

*Das private Konzessionsgebiet an der Nordgrenze Botswanas ist ca. 130.000 ha groß und liegt am Selinda Spillway. Dieser Spillway ist eine Art „Überlauf" vom Okavango-Delta zum Linyanti-Chobe-Gebiet. War das Gebiet früher für Jäger ein beliebtes Ziel, wird nun auf das ökologische Gleichgewicht und einen behutsamen Umgang mit der Natur geachtet. In dem riesigen Gebiet liegen die folgenden Camps, die insgesamt nicht mehr als 32 Gäste auf einmal beherbergen.* **Infos:** *☏ (+ 267) 625-0505, E-Mail: info@greatplainsconservation.com; www.greatplainsconservation.com.*

*Von Mai bis Oktober werden* **Kanu-Safaris** *(Selinda Canoe Trail) angeboten, das ist nicht ganz günstig: US$ 1.760 p.P. für drei Tage. http://greatplainsconservation.com/canoe_trails/index.html.*

**Buchung** *der Camps Selinda und Zafara über Wilderness Safaris, E-Mail: enquiry@wilderness.co.za oder Great Expeditions, E-Mail: reservations@selindareserve.com. Buchung des Camps Motswiri über RAW – Ride and Walk Safaris, ☏ (+ 267) 686-0244, / (+ 267) 686-0242, E-Mail: kate@rawbotswana.co.bw; www.rawbotswana.com.*

**Selinda Camp** $$$$, *US$ 683–1.099 p.P. im DZ, 45 Min. mit dem Flugzeug von Maun. Neun geräumige Zelte, alle mit WC und Dusche eingerichtet, stehen zur Verfügung. Das „Esszimmer" ist riedgedeckt und bietet einen schönen Blick auf den Spillway sowie auf die Flutflächen. Es werden Safarifahrten im offenen Geländewagen (auch nachts) angeboten, ebenso Wanderungen. In der Nähe liegt die Zibadianja Lagoon, wo man u.a. die Möglichkeit hat, per Boot die Linyanti-Sümpfe zu erreichen.*

**Zafara Camp** $$$$$, *US$ 1.149–1.799. Gestaltet u.a. vom preisgekrönten Dokumentarfilmer-Ehepaar Dereck und Beverly Joubert als „das perfekte Safari-Camp", befindet es sich sehr einsam auf einer ruhigen Palmeninsel mit weitem Blick auf die offene Savanne.*

**Motswiri Camp** $$$$, *US$ 495–720. Die Zelte des Camps liegen unter schattigen Bäumen. Tages- und Nachtpirschfahrten, Kanufahrten und Wanderungen gehören zu den Aktivitäten.*

*Am Ufer des Linyanti*

## Savute – Kasane

Die Chobe-Region entlang dem Chobe River gehört zu den besten Stellen Afrikas, an denen man riesige Elefantenherden beobachten kann. Ebenso tummeln sich hier aber auch große Büffel-Herden. Für Vogelfreunde bieten sich fantastische Beobachtungsmöglichkeiten entlang des Wassers. Besonders reizvoll sind Sundowner-Fahrten auf dem Chobe River: Bilderbuch-Sonnenuntergänge und tolle Tierbeobachtungen sind garantiert.

*Wildwechsel*

## Zur Strecke

**Tages-km**: ca. 170
Savute–Ghoha Gate: 28 km (z.T. tiefer) Sand ca. 1 Stunde 30 Min.
Ghoha Gate–Kachikau: 42 km (z.T. tiefer) Sand, ca. 2 Stunden 10 Min.
Kachikau–Ngoma Bridge: 40 km Asphaltstraße, ca. 1 Stunde 10 Min
Ngoma Bridge–Kasane: 53 km Asphaltstraße, ca. 1 Stunde (die Ihaha Campsite liegt etwa auf halber Strecke)
**Tankstellen**: erst in Kasane

Die Strecke führt über die Sandridge und an den Gcoha Hills vorbei. Später passiert man die Dörfer Kataba, Kachekabwe, Kavimba, Mabele und Muchenje. Der Abschnitt von Ghoha nach Kachikau ist ebenfalls (tief-)sandig. Ab Kachikau ist die Straßenoberfläche geteert, und ab hier senkt sich das Land zum Chobe hin. Bald erreicht man die Ngoma Bridge, den Übergang über den Chobe in den Caprivi-Streifen von Namibia. Man sieht hier herrliche Baobab-Bäume. Von Ngoma nach Kasane ist die Straße eben-

*Vorbei an Dörfern*

### Hinweis Linyanti – Kasane

Kommt man von Linynati, verlässt man den Park am Linyanti Gate und biegt dann ca. 10 km vor dem Ghoha Gate links Richtung Kasane ab (Koordinaten des Abzweigs: S 18°21‘49, E 24°10’38). Nach ca. 20 km trifft die Strecke auf den Hauptweg nach Kachikau. Die Strecke ist recht gut, bis Kasane sind es etwa vier Stunden Fahrt. Natürlich kann man auch über das Ghoha Gate fahren (S 18°23’ 16 E 24°14’ 43).

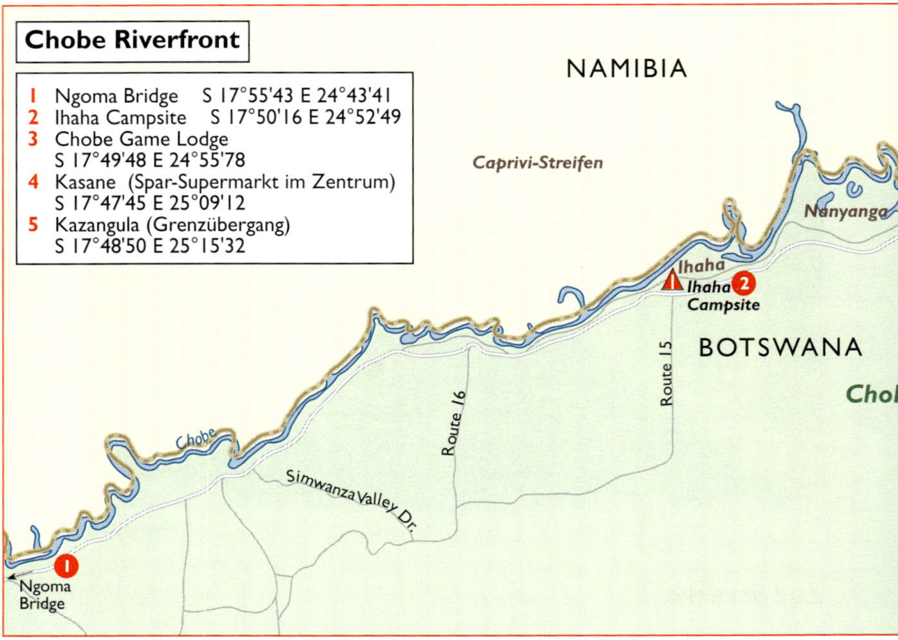


falls geteert. Selbst hier auf der Hauptverbindungsstraße hat man gute Tierbeobachtungsmöglichkeiten: Elefanten kreuzen häufig den Weg. **Achtung:** nicht zu schnell fahren, es wird häufig geblitzt!

**Unterkunftstipp am Ngoma Gate**

**Muchenje Safari Lodge** $$$$, *Private Bag K31, Kasane, Botswana, ☎/🖷 6200013/-14/-15, Mobilfunk: 71490747, E-Mail: info@muchenje.com; www.muchenje.com. Je nach Saison US$ 375–595 p.P.* **Lage**: *direkt an der Grenze bei Ngoma, die einzige Lodge im Westen des Parks (außerhalb gelegen).* **Beschreibung**: *Abseits des Trubels der Chobe Riverfront nahe der Ngoma Bridge an der Abbruchkante des Chobe mit traumhaftem Blick auf das Flussbett und den Caprivi. 10 Chalets, Haupthaus mit Lounge, Essbereich, Bar und Plattform am Wasserloch. Pirschfahrten im offenen Geländefahrzeugen im Chobe Park werden angeboten, zudem Nachtfahrten und Wanderungen im Chobe Forest Reserve. Ein Tswana-Dorf kann besucht werden. Super zur Erholung.*

Zum Erholen

## Alternativ-Strecke nach Kasane: Über Nogatsaa

ⓘ s. Karte S. 218/219

Es wird empfohlen, die Tour Savute – Nogatsaa – Serondela mit mindestens zwei Geländewagen durchzuführen, da es sich um einen sehr einsamen Streckenabschnitt

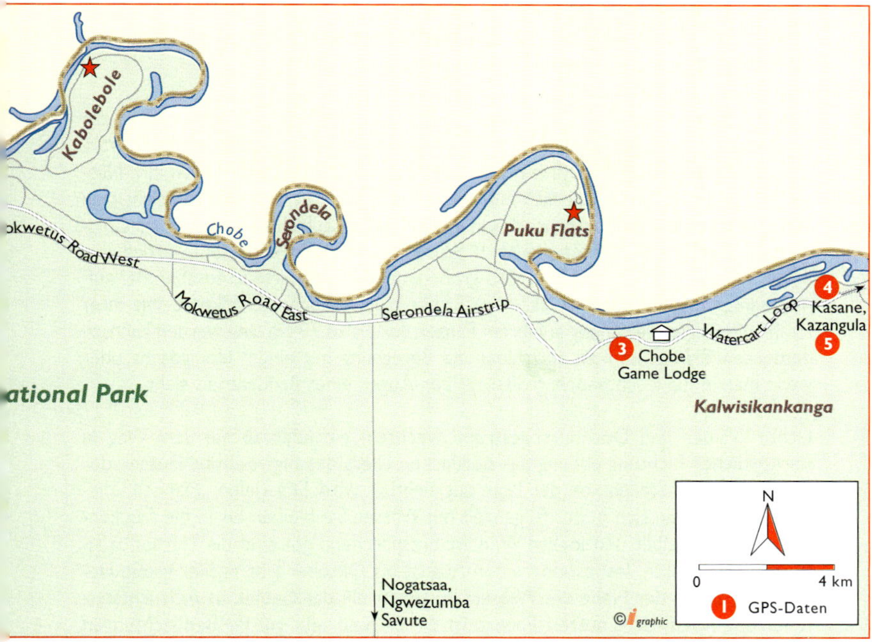


handelt. In der Regenzeit sollte man diese Strecke nicht benutzen! Ebenso ist es sinnlos, während absoluter Trockenheit in den Pfannen diese Strecke zu befahren, denn es gibt dann kein Wild zu sehen! Unterkunftsmöglichkeiten gibt es zzt. keine, von Savute bis Kasane muss man mindestens neun Stunden rechnen – wenn man gut durchkommt. Daher ist die Fahrt im Moment eigentlich nicht zu empfehlen. Gerüchten zufolge soll bei Nogatsaa eine Lodge gebaut werden, um die Gegend aufzuwerten. Bislang ist aber noch nichts passiert. Bereits Anfang der 1990er-Jahre errichtete man vier Bungalows, doch Elefanten zerstörten diesen menschlichen Eingriff in ihren Lebensraum.

*Bislang keine Unterkünfte*

**Reisezeit**
Auf keinen Fall sollte diese Gegend zum Höhepunkt der Regensaison (normalerweise Januar/Februar) besucht werden.

## Überblick über die Strecke Savute – Nogatsaa – Kasane

**Strecke**: 140 + 75 km
**Tankstelle/Versorgung**: erst in Kasane

Im Bereich der Zwei-Zwei-Pan kann der Weg während der Regenzeit extrem lehmig werden. Ca. 80 km von Savute entfernt, überquert man den meist ausgetrockneten

Ngwezumba-Fluss an der Gamtsa Pan und folgt seinem Lauf ca. 50 km. Der gebrochene Ngwezumba-Damm ist ein markanter Wegpunkt. Ca. 15 km vor dem alten Camp Nogatsaa verlässt die Straße den Flusslauf.

*Tierbeobachtungen unterwegs*

Das leuchtende Rot der „Lucky Bees", der Fruchtkapsel einer Windenart, ist ein belebender Farbklecks in dem dürren, unter Regenmangel schmachtenden Wald. Mahaliwebern scheint die Dürre nichts auszumachen. Sie flechten fröhlich ihre Nester. Der Tisch ist für sie reichlich mit reifen Samen gedeckt. Des Öfteren sieht man Steinböckchen, die sehr anspruchslos in ihrer Nahrungsaufnahme sind. Sogar die trockenen, abgefallenen Blätter, die noch Spuren von Protein enthalten, werden von ihnen aufgenommen. Schön sind ihre großen, deutlich geäderten Lauscher. Bei aufmerksamer Beobachtung ist es möglich, die große Leopardschildkröte mit ihrer strahlenförmigen Zeichnung auf ihrem Panzer, der bis zu 70 cm lang werden kann, zu entdecken. Erfreut ist man auch über die Begegnung mit einem Honigdachs oder wenn man in die leuchtenden, großen, gelben Augen eines Bändertriels sieht.

Lichte Wälder und Dornbuschgestrüpp wechseln einander ab auf dem Weg in nordöstlicher Richtung entlang des nördlichen Ufers des Ngwezumba-Flusses, der nur an wenigen Stellen von der Piste aus sichtbar wird. Die vielen „Pfannen" dieser Gegend füllen sich in der Regenzeit mit Wasser. Sie bleiben bis in die Trockenzeit teilweise gefüllt und locken Wild an. Entsprechend gut sind die Tierbeobachtungsmöglichkeiten. Insbesondere von August bis Oktober gibt es hier große Elefantenherden in der Nähe des Wassers zu sehen, die das Gebiet als Aufzuchtstätte für den Nachwuchs nutzen. Ebenso ist die Gegend sehr gut für Beobachtungen der Eland-Antilopen.

**! Achtung!**

*Schwierige Piste*

Auf keinen Fall sollte man versuchen, die 10 km entfernte Tjinga Pan zu erreichen. Elefanten haben den in der Regenzeit weichen und jetzt steinharten Tonboden des Weges dorthin so zertreten, dass er mit dem Wagen nur unter Gefahr eines Achs- oder Federbruches passierbar ist. Blumenkübelgroße, tiefe Fußsiegel der grauen Riesen machen den Weg per Auto zur Qual. Zu Fuß und unbewaffnet sollte man den Pfad wegen der Raubtiere nicht gehen.

Ab Nogatsaa fährt man auf z.T. sehr sandiger Piste durch Dornbuschsavanne mit hohem Gras, die dann in dichteren Savannen-Wald übergeht. Viele Wildwechsel von Elefanten und Büffeln kreuzen den Weg. Man überquert die Straße Kasane-Ngoma Bridge. Von hier sind es noch ca. 15 km zum Ihaha Campingplatz bzw. auf der Teerstraße 21 km nach Kasane.

## Kasane – Tor zum Chobe National Park

Kasane ist ein kleiner Ort, im Osten des Chobe National Parks gelegen. Viele Besucher machen von hier einen Abstecher zu den Victoria Falls. Ursprünglich war Kasane der Hauptsitz des Makololo-Stamms, der *Livingstone* den Weg nach Victoria Falls

*Romantisch: Sonnenuntergang am Chobe*

wies. Bei Kasane stoßen vier Staaten zusammen: Botswana, Zambia, Namibia und Zimbabwe, und der Chobe mündet östlich von Kasane in den Zambezi. Es gibt hier heute vor allem eine touristische Infrastruktur mit Hotels, Lodges, Flughafen, Tankstellen und entsprechenden Versorgungsgeschäften.

Im gesamten Gebiet entlang dem Chobe leben große Elefantenherden (s. S. 207f). Die grauen Riesen kehren am späten Nachmittag regelmäßig zum Fluss zurück, um zu baden und zu trinken: ein einzigartiges Spektakel! Als Highlight am Abend sollte man sich unbedingt eine Bootsfahrt auf dem Chobe gönnen, Krokodile, Hippos, Elefanten, Giraffen, Säbelantilopen, Kudus und viele farbenprächtige Vögel vom Wasser aus beobachten und die Reflektion der untergehenden Sonne auf dem Wasser genießen.

*Elefanten am Fluss*

Etwas östlich der Cresta Mowana Lodge verengt sich der Chobelauf aufgrund vieler Inseln, sodass der Fluss reißend wird. In Kazungula – 6 km weiter östlich gelegen – gibt es eine private **Crocodile Farm (18)**, die sich dem Nil-Krokodil verschrieben hat. In Führungen wird über diese besonderen Raubtiere informiert, als Besonderheit ist die Anschaffung von Albino-Krokodilen geplant. Mo-Fr 8–12 und 14–16 Uhr, Sa 8–12 Uhr, P 30 für Erwachsene. Gelegen neben der Kubu Lodge.

Politisch brisant war einst der Zankapfel **Sedudu Island**, eine kleine Insel im Chobe, zwischen Kasane und der Grenze zum Chobe National Park. In der deutschen Kolonialzeit wurde die Insel zumindest auf Karten dem damaligen Deutsch-Südwestafrika (heutiges Namibia) zugerechnet, während das englische Betschuanaland die Insel als ihren Besitz in Kartenwerken verzeichnete. Schon in der Vergangenheit wurden Rechtsexperten mit der Klärung dieser Streitfrage beauftragt. Sie kamen zu dem Ergebnis, dass Sedudu Island zu Botswana gehört, weil nördlich der Insel der tiefere Teil des Chobe fließt. Die Namibier gaben sich aber damit nicht zufrieden und betrachten Sedudu Island (sie bezeichnen diese Insel als Kasikile Island) als ihr Territorium. Nach mehreren „Zwischenfällen" einigte man sich, diesen Streitfall durch den Internationalen Gerichtshof klären zu lassen, der das Gebiet 1999 Botswana zusprach.

### Weiterfahrt

Von Kasane kann man entweder über Nata und die Makgadikgadi Pans/Nxai Pans (s. S. 295ff) oder alternativ über den Caprivi-Streifen und den Westrand des Okavango-Deltas (s. S. 279ff) zurück nach Maun fahren.

info

## Informationen über Affenbrotbäume (Baobabs)

Es gibt etwa zehn Arten von Affenbrotbäumen in Afrika, Madagaskar, Australien und Vorderindien. In den Trockensavannen Afrikas findet man insbesondere die Art „Adansonia digitata" vor. Im Volksmund sagt man, dass einst Götter im Zorn diesen Baum samt Wurzeln herausgerissen hätten, um ihn dann umgekehrt – mit himmelwärts ragenden Wurzeln – wieder einzupflanzen.

Der Stamm dieser laubabwerfenden Steppenbäume kann im Alter einen Durchmesser von bis zu 10 Metern erreichen. Die große Frucht ist gurkenähnlich, hat eine feste, holzige Schale und säuerliches Fruchtmark. Die Samen sind haselnussgroß, nierenförmig und fettreich. Das Samenfett ist goldgelb, wird nur selten ranzig und ist geeignet zur Herstellung von Speiseöl. Die Samen besitzen einen hohen Vitamin-C-Gehalt. Die jungen Blätter können als Gemüse dienen. Das Holz ist praktisch nicht verwertbar, doch können die Fasern der Rinde zu Fischnetzen und Kleidungsstücken verarbeitet werden.

Der Affenbrotbaum wurde 1454 in Europa durch den venezianischen Edelmann *Luigi Cadamosto* bekannt. Dieser bereiste im Auftrage des Prinzen *Heinrich der Seefahrer* die Westküste Afrikas und knüpfte Handelsbeziehungen zu den Eingeborenen. Für die Forschungsreisenden war der Baobab wichtig: Sie konnten Wasser aus dem Stamm abzapfen, indem sie in seine Rinde schnitten.

## Reisepraktische Informationen Kasane/Chobe National Park

### Informationen

*Das* **Department of Tourism** *– neben der Bank – bietet kaum brauchbare Informationen. Infos über den Chobe NP gibt es am Eingang zum NP – 3 km westlich des Ortes.*

### Unterkunft Kasane/Kazungula und Umgebung

**Water Lily Lodge $$ (5)**, *Plot 344, Kazungula Road. Buchung: Janala Tours & Safaris, ☏ 625-1775, 🖷 625-0759, E-Mail: janala@botsnet.bw; www.janalatours.com. DZ P 620, Frühstück P 80 (vorher angeben), Aktivitäten kosten extra, Game Drive z.B. P*

*295, Ausflug zu den Victoria Falls P 400 + Parkeintritt.* **Lage**: *in Kasane, direkt neben einem Supermarkt.* **Beschreibung**: *eine solide, sehr freundliche Unterkunft mit 10 Zimmern, Pool und Blick auf den Chobe.*

*Affenbrotbaum*

**Toro Safari Lodge** $$ **(10)**, *P.O. Box 511, Kasane, ☏ 625-2694, 🖷 625-2695, E-Mail: toro lodge@botsnet.bw, www.torolodge.co.bw. US$ 104–155 im Chalet oder Apartment, Camping US$ 14–17.* **Lage:** *direkt am Chobe westlich von Kazungula gelegen.* **Beschreibung**: *Bungalowanlage mit sauberem Campingplatz. Großes Grundstück, 2,7 ha mit Blick auf den Chobe und auf Mpalila Island.*

**Kubu Lodge** $$$ **(9)**, *P.O. Box 43, Kasane, ☏ 625-0312, 🖷 625-1092, E-Mail: kubu@botsnet.bw, www.kubulodge.net. US$ 310 pro Chalet (2 Personen) mit Frühstück, auch Triple Rooms (US$ 390). Lunch ca. US$ 25, Dinner US$ 45.* **Lage**: *ca. 12 km von der Grenze nach Zambia/Zimbabwe gelegen und damit nicht ganz so günstig zum Chobe Park positioniert – 1 km nördlich der Straße Kasane – Kazungula. Dafür ist es hier aber auch nicht so voll.* **Beschreibung**: *Es werden riedgedeckte Chalets angeboten. Die Gesamtanlage liegt direkt am Fluss und ist gepflegt, bietet einen Swimmingpool, viel Schatten sowie ein Restaurant. Im Garten turnen manchmal Meerkatzen und Antilopen herum. Bootsfahrten möglich (US$ 45). Empfehlenswert!*

**Chobe Safari Lodge** $$$ **(3)**, *P.O. Box 10, Kasane, ☏ 625-0336, 🖷 625-0437, E-Mail: reservations@chobesafarilodge.com, www.chobesafarilodge.com. Ab ca. US$ 161 pro Zimmer (nur Übernachtung), es gibt auch Familienzimmer (2 Doppelbetten, ca. US$ 175) – dies ist eine der preiswerteren Übernachtungsmöglichkeiten im Ort. Camping: US$ 14 (Erwachsene). Aktivitäten wie Game Drives etc. kosten allerdings extra (US$ 35 für drei Stunden ohne park fee). Es werden auch Tagestouren zu den Victoria-Fällen angeboten.* **Lage**: *zentral in Kasane gelegen, direkt am Chobe, 3 km vom Flughafen Kasane.* **Beschreibung**: *relativ preiswerte Anlage, die seit der Parkeröffnung 1961 besteht. Man übernachtet in Rondavels oder in normalen Zimmern; Swimmingpool, Bar und Restaurant vorhanden. Zelten erlaubt. Tipp: Buchen Sie die neueren Safari Rooms. Sehr gutes Preis-Leistungs-Verhältnis für diese Region!*

**Chobe Marina Lodge** $$$$ **(4)**, *☏ 625-2221/2 🖷 625-2224, E-Mail: res1 @chobe marinalodge.com, www.chobemarinalodge.com. Je nach Saison US$ 308–374 p.P. inkl. 3 Mahlzeiten und 2 Game Drives (exkl. Parkeintritt).* **Lage**: *in Kasane.* **Beschreibung**: *Die Lodge ist eher groß (60 Zimmer in Chalets) und gehört zur Kette der Tree Cities-Hotels. Luxuriös, aber doch ein wenig unpersönlich.*

**The Garden Lodge** $$$$ **(6)**, *☏ 625-0051, 🖷 625-0577, E-Mail: reservations @oshaughnessys.org, www.thegardenlodge.com. US$ 370 p.P. im DZ inkl. aller Mahlzeiten und Aktivitäten, im Familienzimmer US$ 335. Halbpension ohne Aktivitäten US$ 235.* **Lage**:

*wirklich in einem Garten in Kasane gelegen, am Flussufer!* **Beschreibung**: *sehr persönliche, kleine Lodge (4 Doppelzimmer und 4 Familienzimmer) unter deutscher Leitung, Lounge, Bar und Dining Room. An Aktivitäten werden Gamedrives, Wanderungen und Bootsfahrten angeboten.*

**Elephant Valley Lodge $$$$**, ☏ *(Südafrika) (+27) 11 781-1661,* 🖷 *(+27) 11 781-7129, E-Mail: sherryl@africananthology.co.za, www.evlodge.com. Je nach Zelt im Wald oder Tal US$ 315–455 p.P. im DZ inkl. aller Mahlzeiten, Parkeintritt und 2 Aktivitäten.* **Lage**: *Die Lodge liegt idyllisch im Lesoma Valley mitten im Kasane Forest Reserve, 20 Min. von Kasane entfernt, in der Nähe des Grenzübergangs Kazungula. Abholung ab Stadtbüro Kasane.* **Beschreibung**: *luxuriöses Zeltcamp im Schatten großer Akazienbäume mit eigenen sanitären Anlagen, vom Restaurant Blick auf ein Wasserloch, Swimmingpool.*

**Cresta Mowana Safari Lodge $$$$ (7)**, *Plot 2239, Chobe River Kasane, P.O. Box 266,* ☏ *625-0300,* 🖷 *625-0301, E-Mail: resmowana@cresta.co.bw, www.crestahotels.com.*

Game Drive im Chobe National Park

*Preis je nach Verpflegung: US$ 289 p.P. im DZ mit Frühstück, US$ 456 bei VP.* **Lage:** *nordwestlich von Kasane an der Flussbiegung des Chobe gelegen, ca. 2 km außerhalb des Ortes Kasane, 6 km vom Flughafen.* **Beschreibung:** *Die luxuriöse Safari Lodge liegt rund 8 km vom Chobe National Park entfernt. Nach Victoria Falls im Nachbarstaat Zimbabwe sind es nur etwa 80 km. Das Hotel wurde direkt an das Ufer des Chobe-Flusses gebaut. Den Namen hat es vom uralten Mowana-Baum, einem Baobab, erhalten. Die Architektur der Lodge fügt sich in die Umgebung ein, nicht zuletzt deswegen, weil Baumaterialien verwendet wurden, die den lokalen Traditionen entsprechen. Auch die komfortablen Zimmer sind, trotz aller modernen Annehmlichkeiten, stilvoll mit afrikanischem Ambiente eingerichtet. Jedes der insgesamt 107 Zimmer hat einen eigenen Balkon, von dem aus der Gast einen spektakulären Blick auf den Chobe genießen kann. Alle 112 Zimmer haben Aircondition, Bad/Dusche/WC, Minibar und Telefon. Das Hotel verfügt über ein ausgezeichnetes Restaurant, das Serondela Restaurant, während die Lounge und Savute Bar ein reiches Sortiment an Getränken aller Art bieten.*

**Chobe Chilwero $$$$$ (2)**, *Buchung und Infos: Sanctuary Retreats, ☏ (+27) 11 438 4650, 🖷 (+27) 11 787 7658, E-Mail: southernafrica@sanctuaryretreats.com, www.sanctuaryretreats.com/lodges. US$ 620–1.055 p.P.* **Lage:** *auf einem Hügel direkt am Chobe National Park, vom Kasane Airport sind es ca. 15 Min. mit dem Auto.* **Beschreibung:** *Luxuriös geht es hier zu: Nach den Aktivitäten wie Game Drives und Sundowner-Bootsfahrt kann man am Pool oder im Spa entspannen. Den Gästen stehen 15 tolle Chalets mit Innen- und Außendusche und kleinem Garten zur Verfügung. Sehr ruhig aufgrund der exponierten Lage. Wunderschöner Blick von der Lodge auf den Chobe und die Landschaft. Dem Preis angemessen im wahrsten Sinne exklusiv.*

**Chobe Game Lodge $$$$$ (1)**, *Buchung und Infos: Desert & Delta Safaris' Office, cnr Airport Avenue and Mathiba Road, Maun, ☏/🖷 686-1559, E-Mail: info@desertdelta.com, www.desertdelta.com; Lodge direkt ☏ 625-0340, 🖷 625-0280. Ab US$ 454–*

*Campingdusche deluxe im Chobe under Canvas Camp*

*800 (Special-Flatrate-Price) p.P. im DZ mit Vollpension und Aktivitäten.* **Lage**: *im Park gelegen. Zum Flughafen Kasane sind es 15 km, nach Kazungula 27 km und nach Victoria Falls 100 km.* **Beschreibung:** *Die legendäre Chobe Game Lodge ist die einzige fest errichtete Lodge im Chobe National Park und zählt noch immer zu den besten Adressen des Landes. Berühmteste Besucher waren wohl Liz Taylor und Richard Burton. Sie liegt am nordöstlichen Zipfel des Nationalparks direkt am Flussufer. Toll sind hier die Elefantenherden, die regelmäßig zum Trinken und Baden kommen. Die Lodge hat 50 Zimmer mit Balkonen und Blick auf den Chobe River und die weiten Caprivi-Überschwemmungsebenen. Klimaanlagen sorgen in der heißen Jahreszeit für angenehme Temperaturen. Der Eingangsbereich wurde im Herbst/Winter 2011 modernisiert. Die Gartenanlagen mit Swimmingpool grenzen an das Ufer des Chobe. Von hier aus werden Motorbootfahrten und Kanutrips angeboten.*

**Chobe under Canvas $$$$$**, *Buchung und Infos: AndBeyond, Private Bag X 27, Benmore, Johannesburg, 2010, South Africa, ☏ (+27) 11 809 4300, 🖷 (+27) 11 809 4400, E-Mail: safaris@andBeyond.com, www.andbeyondafrica.com. US$ 395–650 p.P. mit allem inklusive. Jährlich variierend in der Nebensaison geschlossen, bitte anfragen.* **Lage**: *im Chobe National Park, für Selbstfahrer nicht zu erreichen. Man wird in Kasane abgeholt (Fahrt ca. 1 Stunde mit Tierbeobachtungen en route.* **Beschreibung**: *fünf komfortable, mobile Zelte mit Bad und WC, „Eimer"-Dusche (auf Wunsch auch mit warmem Wasser), sehr persönliche Betreuung. Pirschfahrten und Bootstouren gehören zu den Aktivitäten.*

## Camping

**Ihaha Campingplatz:** *liegt ca. 30 km westlich von Kasane. Er löste den alten, heruntergekommenen Serondela-Platz ab. Die Duschen und Toiletten sind ordentlich. Buchung:* **Kwalate Safaris**, *s. Stichwort Camping in den Gelben Seiten.*

**Senyati Safari Camp**, *Kontakt: Louw, ☏ (mobil) 071-881306 oder Juanita, ☏ (mobil) 071-826709, E-Mail: senyatisafaricamp@gmail.com, www.senyatisafaricamp.com.* **Lage**: *An der Hauptstraße Nata – Kazungula, etwas außerhalb von Kasane im Lesoma Valley (ca. 19 km von Kasane, 8 km von Kazungula), ca. 2 km von der Straße nach Kazungula (Schild an der Hauptstraße, GPS-Koordinaten: S 17°52'331, E 5°17'14.167). Camping P 115–155 p.P, Chalets P 520 für 2 Pers., das Familienchalet (4 Pers.) kostet P 690.* **Beschreibung**: *schöner Campingplatz, jeder der neun Stellplätze hat eigene Sanitäranlagen und Grillplatz. Warmes und kaltes Wasser für die Duschen. Es gibt drei Selbstversorger-Chalets mit Kühlschrank und eingerichteter, kleiner Küche. Zudem gibt es eine Plattform mit Blick auf ein meist rege besuchtes, beleuchtetes Wasserloch. Empfehlenswert!*

*Rege besucht: Wasserloch des Senyati Camp*

**Chobe Safari Lodge**, *Kontakt und Preis s.o. Sauberer Platz mit ordentlichen Sanitäranlagen, allerdings eher laut. Mit einem Zaun wurden die zerstörerischen Elefantenbesuche beendet.*
**Toro Lodge**, *Kontakt und Preis s.o. Sauberer Platz.*
**Thebe River Campsite (8)**, ☏/🖷 *625-0314, E-Mail: thebe@chobenet.com, www.theberiversafaris.com. P 75. Zwischen Kasane und Kazungula gelegen, etwas staubig. Auch Safari- und Lodgeanbieter.*

## MPALILA ISLAND

### Grenzübergänge

Von Kasane aus erreicht man die Lodges auf der namibischen Seite von Mpalila Island nur per Boot. Hier erwartet Sie eine sagenhafte Idylle. Die Insel liegt regelrecht eingequetscht zwischen Botswana und Zambia. Am östlichen Ausläufer taucht die

**Tipp**

Das Mietfahrzeug lassen Sie derweil in Kasane stehen, die Betreiber der einzelnen Lodges werden Ihnen mitteilen, wo man sicher parken kann. Sollten Sie mehrere Tage auf Mpalila Island bleiben und nach Victoria Falls weiterreisen wollen, dann können Sie sich nach Absprache mit Ihrem Autovermieter die unnötige Automiete sparen und mit dem Bus nach Victoria Falls weiterfahren. Dort benötigen Sie keinen Wagen, wenn Sie eine Unterkunft im Ort buchen.

*Junger Wasserbock*

Kakumba-Sandbank auf, welche die westliche Grenze Zimbabwes berührt. Um Mpalila Island besuchen zu können, muss man vorher bei der Kasane Immigration, die im Ort am Ufer liegt, aus Botswana ausreisen. Die namibischen Lodges holen dann die Gäste per Boot entweder von der Mowani Safari Lodge oder von Wenella Harbour ab. Auf der Insel liegt dann die Namibia Immigration.

### Unterkunft

**Ichingo River Lodge $$$$$ (11)**, *Buchung und Infos: Ichobezi River Lodges, P.O. Box 68630, Bryanston, South Africa, 2021, ☏ (+27) 798-717603 (Louise Townsend), E-Mail: info@ichobezi.co.za, www.ichobezi.co.za. Je nach Saison US$ 325–450 p.P. inkl. Vollpension, Getränken und Aktivitäten.* **Lage**: *Südwestecke von Mpalila Island, nahe der Immigration. Von hier wird man mit einem Boot zur Lodge gebracht.* **Beschreibung**: *komfortabel eingerichtete Zelte mit schöner Aussicht auf den Chobe. Aktivitäten: Vogelbeobachtung, Tigerfisch-Angeln-Bootsausflüge, Mokoro-Trips, Kanu fahren und Wanderungen. Im Vergleich zur Impalila Island Lodge etwas einfacher.*

**Impalila Island Lodge (12)**, *Buchung und Infos: Islands in Africa Safaris, P.O. Box 40761, Ausspannplatz, Windhoek, ☏ (+264) 61-401-047, 🖷 (+264) 61-401-057, E-Mail: reservations@islandsinafrica.com, www.islandsinafrica.com/impalila-island-lodge. US$ 355–460 p.P./DZ inkl. Vollpension und Aktivitäten.* **Lage**: *Im Nordwestteil der Insel gegenüber den Mombova Rapids. Die Lodge liegt im Vier-Länder-Eck Namibia, Zimbabwe, Botswana und Zambia, wo die Flüsse Zambezi und Chobe aufeinandertreffen, 80 km von den Victoria-Fällen entfernt. Die Anreise erfolgt von der Kasane Immigration aus, die Gäste werden dort im Boot abgeholt.* **Beschreibung**: *tolle Aussicht auf die Stromschnellen. Um imposante Baobabs sind sehr geschmackvolle und geräumige Bungalows für maximal 16 Gäste gebaut. Die Gäste werden mit einer hervorragenden Küche verwöhnt. Insgesamt ein kleines Paradies zum Abschalten und Entspannen. Aktivitäten: Bootsfahrten, Mokoro-Ausflüge, Tigerfisch-Angeln, Fahrt im 4x4 zu namibischen Dörfern. Wagemutige sind eingeladen, einen Riesen-Baobab* *zu erklimmen, von dem aus man auf die 4 Länder hier im äußersten Nordosten Namibias schauen kann. Beste Insel-Lodge!*

**Ntwala Lodge (13)**, *Buchung und Infos: Islands in Africa Safaris, siehe Impalila. Je nach Saison US$ 480–750 p.P./DZ inkl. Vollpension und Aktivitäten.* **Lage**: *Die luxuriöse Unterkunft liegt auf einer Inselgruppe in den Mambova-Stromschnellen des Zambezi.* **Beschreibung**: *Mitten zwischen den wilden Gewässern des Zambezi und des Chobe und nur 80 km von den berühmten Victoria-Fällen entfernt liegt die luxuriöse Ntwala Lodge. Die vier Suiten lassen tatsächlich keine Wünsche offen: Jede hat einen eigenen, mit weißem Sand gesäumten Pool, ein Viewing-Deck sowie Innen- und Außendusche. Außerdem hat jede Suite ihren privaten Guide mit Boot. Die Touren über die verästelten Wasserwege sind ein einmaliges Naturerlebnis. Sie können auf einem Sunset Cruise die Tiere am Ufer beobachten oder sich auf die Suche nach dem berühmten Tigerfish machen. Auch Touren in den Chobe Nationalpark sind möglich. Ideal für einen romantischen Aufenthalt.*

**Chobe Savanna Lodge**, *Buchung und Infos: Desert & Delta Safaris, Cnr Airport Ave & Mathiba 1 Road, Maun, ☎ 686-1559, E-Mail: info@desertdelta.com, www.desertdelta.com. US$ 454–800 p.P/DZ inkl. Vollpension und Aktivitäten.* **Lage**: *Die Lodge liegt auf der namibischen Seite des Chobe, am südlichen Ende von Mpalila Island, nicht weit von der Chobe Game Lodge entfernt. Die Anreise erfolgt von der Kasane Immigration aus, die Gäste werden dort im Boot abgeholt; der Transfer dauert etwa 45 Min. Gäste, die vorher in der Chobe Game Lodge übernachtet haben und dahin zurückkehren, können ihr Auto auch dort stehenlassen. Für Gäste, die mit dem Flugzeug in Kasane landen, wird ein kostenloser Transfer vom 14 km entfernt liegenden Flughafen zur Lodge angeboten.* **Beschreibung**: *Die Lodge verfügt über eine große Gartenanlage, 12 geschmackvoll eingerichtete Chalets (twin und double beds) mit Klimaanlage und Minibar. Vom sehr schönen und riedgedeckten Aufenthalts- und Essbereich blickt man auf den Chobe und über die Puku Flats (Überschwemmungsebenen des Chobe); Boma. Am Pool gibt es einen weiteren Essbereich, Flitterwöchlern kann hier auf Wunsch in feierlicher Kerzenbeleuchtung von den anderen Gästen getrennt eine Mahlzeit serviert werden. Die Atmosphäre ist ausgesprochen persönlich. Folgende Aktivitäten werden angeboten: Bootstouren, Tour zu namibischen Dörfern, Wanderungen und Angeln.*

## Restaurants

*Die Chobe Safari Lodge sowie die Kubu Lodge in Kasane bieten in ihren Restaurants auch „Auswärtigen“ gutes, preiswertes Essen an. Mittlerweile kann man in fast allen Unterkünften Abend essen.*

**The Garden Lodge**: *Adresse siehe oben. Sehr gutes Essen, nettes Ambiente, engagiert. In Kasane gibt es außerdem im ICC Shopping Centre noch einen* **Pie Shop** *(Simple Simon Pieman) sowie das* **Tusker's Restaurant and Takeaway**.

## Internetcafé

*Bei* **Kasane Computers**, *im* **Audi Centre (17)** *gegenüber der Chobe Marina Lodge (☎ 625-2312, www.kasanecomputers.com), kann man ins Internet oder z.B. seine Bilder auf CD brennen.*

## Einkaufen

*Lebensmittel: Supermärkte: Im Ortzentrum findet sich ein* **SPAR**-*Markt, zudem gibt es einen in der* **Water Front Mall (14)** *neben der Chobe Safari Lodge. Neben-*

*an findet sich auch ein Laden für Alkoholika. Die Bäckerei „Hot Bread Shop" im* **Madiba Shopping Center (16)** *bietet relativ gute Backwaren an.*

### Bank & Geld

**Barclays Bank (15)**, *an der Hauptstraße von Kasane. Sehr starker Andrang wegen Lohnauszahlungen am Monatsende. Hier gibt es auch einen Geldautomaten, an dem man mit Kreditkarte Geld abheben kann. U.a. in der Water Front Mall und im Madiba Shopping Center gibt es Geldwechselstuben.*

### Medizinische Versorgung

**Chobe Dental Clinic**, *☎ 625-0212.*
**Chobe Medical Centre**, *☎ 625-0888.*
**Chobe Private Clinic**, *☎ 625-1555.*
**Pharma Africa Pharmacy**, *☎ 625-1502, im Spar Shopping Center.*

### Autovermietung

**AVIS** *ist in der Cresta Mowana Lodge vertreten (☎ 625-0144, 🖷 625-0145).*

### Autowerkstatt

**Chobe Nissan**, *Kazungula (an der Engen Tankstelle), ☎ 625-0673: Reparatur aller üblichen Automarken, die wohl beste Werkstatt.*
**Four-Ways Motor Repairs (19)**, *Kazungula, Kreuzung Natal/Vic Falls, ☎ 650-0206 (alle Automarken).*
**KD Engineering Breakdowns**, *☎ 625-1474.*

### Safari- und Tourenveranstalter

*Fast jede Lodge organisiert Tagesausflüge zu den Victoria Falls und Bootsfahrten oder kann an einen Veranstalter vermitteln. Ein paar Adressen:*
**Chobezi**, *Plot 1164, Phuduhudu Avenue P/Bag K33, Kasane, ☎ 625-0992 oder 625-1667, 🖷 625-1297, E-Mail: rex@chobezi.com, www.chobezi.com. Der kleine Safari-Veranstalter bietet ein- bis mehrtägige Abenteuer-Touren in den Chobe National Park an. Übernachtet wird in Zelten. Zudem werden Ausflüge zu den Victoria Falls angeboten.*
**Safari & Guide Services**, *P/Bag K39, Kasane, ☎ 625-1754 / 625-0259, 🖷 625-0259, E-Mail: reservations@sgsafrica.com, www.safariguidesbotswana.com. Angeboten werden Safaris in die Region in fünf verschiedenen „Komfort"-Stufen, von Luxus bis einfach.*
**Thebe River Safaris**, *☎/🖷 625-0314, E-Mail: thebe@chobenet.com, www.thebe riversafaris.com. Lodge und Campingplatz sowie Safari-Veranstalter mit Bootsfahrten und Touren in den Chobe.*
**Umpengu Tours & Safaris**, *Pitse Rd., Plot 10, Kazungula, ☎/🖷 625-0069, mobil 071-788014 oder 071-516924, E-Mail: info@umpengu.com, umpengu@yahoo.com, www.umpengu.com. Schräg gegenüber der Kubu Lodge gelegen. Es werden von/zu allen Lodges Transfers zu den Flughäfen und Orten der Umgebung angeboten (Katima Mulilo, Livingstone, Maun), zudem Bootsfahrten (Sunset Cruises), Pirschfahrten im Chobe und Tagesausflüge zu den Victoria-Fällen.*
**Wild Horizons**, *in der Chobe Marina Lodge, ☎/🖷 625-0500, 625-2270, E-Mail: botsreservations@bots.wildhorizons.co.zw, info@wildhorizons.co.zw, www.wildhorizons.co.za. Hier kann man alles buchen, was man in und um die Victoria Fälle machen kann: Ele-*

*fantensafaris, Rundflüge, Lion Encounter, Rafting, Kanu-Touren, Bootsfahrten auf dem Zambezi und Tagesausflüge in den Chobe National Park. Hier kann auch die Imbabala Zambezi Safari Lodge gebucht werden.*

## Verkehrsmittel

### Busse

*Busse zwischen Kasane und Victoria Falls (UTC) verkehren täglich. Sie fahren von den verschiedenen Hotels ab und brauchen bis Victoria Falls mindestens 2 Stunden inkl. Grenzformalitäten. Der Bus fährt frühmorgens von Victoria Falls nach Kasane.*
*Nach Francistown und Nata Abfahrt täglich 2-mal ab der Tankstelle.*

### Flüge

*Vom* **Kasane International Airport** *gibt es einige wenige Linienflüge mit Air Botswana nach Gaborone. Nach Johannesburg geht es über Victoria Falls oder Maun. Viele der Chartergesellschaften in Maun (s. S. 167) bieten ihren Service auch ab Kasane an.*

*Hippos unter sich…*

# 6. ABSTECHER ZU DEN VICTORIA FALLS

# Der Ort Victoria Falls (Zimbabwe)

Früher gehörte die kleine Ansiedlung zur jenseits der heutigen Grenze liegenden Stadt Livingstone in Zambia. Erst nach der Unabhängigkeit Zambias im Jahre 1964 entwickelte sich Victoria Falls zu einer eigenständigen Gemeinde mit heute über 18.000 Einwohnern, die zumeist vom Tourismus lebten. So ist auch die gesamte Infrastruktur auf den Fremdenverkehr ausgerichtet: Viele Hotels, Tankstellen, Safariunternehmen, Souvenirläden und Autovermieter bieten ihre Dienste an und hoffen nach der politischen Krise und dem damit einhergehenden Einbruch des Tourismus auf die Aussagen des Tourismusministers, der Ende 2010 mit einem Wachstum von 9 % rechnete. Laut seinen Aussagen soll der Fremdenverkehr 2015 25 % des zimbabwischen BIP erwirtschaften, und tatsächlich sind die Touristenzahlen in den letzten Jahren stetig angestiegen.

Eine 200 m lange Brücke, die **Victoria Falls Bridge**, führt in einer Höhe von 111 m über den Zambezi und stellt die Verbindung zwischen Zimbabwe und Zambia her. Sie wurde in Fertigteilen in England produziert und 1905 hier zusammengebaut. Am 25. August 1975 fand mitten auf der Brücke in einem Salonwagen die berühmte Victoria Falls Conference statt, in deren Verlauf der damalige südafrikanische Premier Vorster mit dem zambezischen Präsidenten Zambias, Kaunda, wegen einer Beendigung des Rhodesien-Konflikts verhandelte. Über diese Brücke kann man heute nach Zambia reisen (Visum notwendig).

*Sehenswertes*

Mitten in Victoria Falls liegt das **Victoria Falls Craft Village**, ein nachgebautes zimbabwisches Dorf, wo man landestypische Hütten sieht und traditionellen handwerklichen Tätigkeiten sowie folkloristischen Vorführungen folgen kann. Im Umfeld des Craft Village findet man eine Vielzahl von Andenkenläden (geöffnet 8–17 Uhr, tägliche Tanzvorführungen).

Außerdem veranstaltet African Spectacular in einem „Kraal" (am Victoria Falls Hotel) allabendlich sehenswerte Darstellungen afrikanischer Tänze (**Mkishi-Tänze**). Dies ist sicherlich die beste Vorführung in Victoria Falls, kostet allerdings auch um die US$ 50.

info

## Victoria Falls im Zeichen der Krise

Die politischen Ereignisse der vergangenen Jahre hatten große Auswirkungen auf das ganze Land, der Tourismus kam zeitweise zum Erliegen, nur Victoria Falls wurde noch relativ häufig besucht. Viele Menschen haben in Zeiten von Wirtschaftskrise und Hyperinflation ihren Job verloren, durch die soziale Lage kommt es häufiger zu Diebstählen und Überfällen, die tendenziell gewalttätiger werden. Gerade in Victoria Falls leben viele Einheimische vom Tourismus, daher können Souvenirverkäufer am Eingang zum Park und in der Stadt recht anstrengend sein. Alles in allem sind die Menschen trotz der krisenhaften Situation in der Mehrzahl aber sehr gastfreundlich und hilfsbereit.
Die Versorgung mit Diesel und Benzin hat sich nach den Wahlen von 2009 verbessert, es kommt allerdings weiterhin zu Engpässen. Ein Besuch der Victoria Falls sollte generell kein Problem sein, wobei es aufgrund der Formalitäten für Selbstfahrer am Grenzübergang allerdings immer noch weniger nervenaufreibend ist, eine Tour ab Kasane zu buchen. Die Agenturen bieten fast alle Unterkünfte an, und angesichts der zahlreichen permits, taxes und der schwankenden Laune der Grenzer – die teilweise auch noch Abzocke betreiben – ist eine organisierte Tour noch nicht einmal teurer. Grundsätzlich ist es aber möglich, selbst über die Grenze zu fahren.

Des Weiteren kann man der Krokodilranch **Zambezi Nature Sanctuary** einen Besuch abstatten. Die Farm liegt 5 km stromaufwärts von den Victoria-Fällen entfernt (Richtung A'Zambezi River Lodge). Auf der Krokodilfarm (Fütterung ist sehenswert)

leben über 5.000 Krokodile, jeweils bis zu einer Länge von 4,5 m, aber auch andere Tiere.

**Zambezi Nature Sanctuary**, *Parkway, 4 km nördlich des Ortszentrums. Öffnungszeiten tgl. 8–17 Uhr. Eintritt ca. US$ 10, auch organisierte Touren (s. Anbieter). Zweimal täglich „Vorführung" der Krokodile (10.15 und 15.45 Uhr).*

## Victoria Falls National Park

### Geologie

Der Zambezi entspringt im **Norden Zambias** in der Nähe des Kalene Hill. In diesem Gebiet hat auch einer der Seitenarme des Kongo seinen Ursprung. Der Zambezi fließt südwestwärts nach Angola und dann wieder nach Zambia, wo er seinen Lauf südwärts durch die Barotse Plain und dann durch die Caprivi-Sümpfe fortsetzt. Hier vereinigt er sich mit dem Chobe. Von diesem Punkt aus nimmt er seinen östlichen Verlauf und bildet die Grenze zwischen Zambia und Zimbabwe. Schließlich fließt er durch Mozambique dem Indischen Ozean zu. Er weist eine Gesamtlänge von **2.700 km** auf und ist damit Afrikas viertlängster Fluss. Der Zambezi durchfließt unterschiedliche geologische Regionen:

- Dort, wo er auf sehr **hartes Gestein** trifft, bildet er Stromschnellen und stürzt in Wasserfällen hinab.
- Dort, wo der **Untergrund gleichförmig** ist und die Erosion mithin gleichmäßig verläuft, fließt der Fluss ruhig daher, bildet ein breites Flussbett und lagert Sande und Kiese ab, die oft Inseln bilden. Wo der Fluss hartes Gestein freigelegt hat, verengt sich sein Lauf, er wird tief und durchschneidet dieses Gestein, wo dies am einfachsten möglich ist. Hier überwiegt die Erosion.

Im Bereich der Victoria-Fälle trifft man beide geologischen Bedingungen an. Ca. 12 km

### Redaktionstipps

- Ein „Flight of Angels" mit dem Helikopter ist zwar kein günstiges, dafür aber einmaliges Erlebnis, S. 252.
- Gut und günstig und bei hilfsbereiten Gastgebern übernachtet man in Victoria Falls im Amadeus Garden, S. 247. Einen Tee auf der Terrasse desVictoria Falls Hotels sollte man sich ebenfalls gönnen, S. 249.
- Ein Zambezi Sundowner Cruise ist ein Muss bei einem Besuch. Alternativ ist ein Spaziergang auf die Victoria-Falls-Brücke zu empfehlen, um den Bungee-Jumpern zuzusehen, s. Anbieter S. 252f.
- Eine echte afrikanische Dinner-Show mit interaktivem Programm und Mopane-Würmern als Snack gibt es im Boma Restaurant, S. 251f.
- Wem die Bootsfahrt auf dem Zambezi zu langweilig ist, findet in Livingstone und Victoria Falls eine reiche Auswahl an Alternativen: Bungee-Jumping, Rafting, Kanu fahren, Lion Encounter oder ein Ritt auf dem Elefanten – der Adrenalin-Kick ist garantiert, S. 252f und 258f.

*Die Menschen in Zimbabwe sind trotz Krise hilfsbereit und freundlich*

*Aus allen Perspektiven beeindruckend: das UNESCO-Welterbe Victoria Falls*

stromaufwärts, von den Fällen ausgehend, fließt der Zambezi ruhig dahin, lagert Sande ab und bildet Inseln (Kandahar und Long Island). 3 km von den Fällen entfernt, fließt er plötzlich südwärts, wird schneller, und nach einem kurzen Abschnitt von Stromschnellen stürzt er auf einer Breite von 1.700 m in eine 108 m tiefe Schlucht, die seinen Lauf in einem rechten Winkel kreuzt. Während der Regenzeit stürzen pro Minute fast 550 Millionen Liter Wasser hinunter!

*Rauch mit Donner*

*Dr. David Livingstone* sah die Fälle als erster Weißer im Jahre 1854. Die Einheimischen bezeichnen sie als „**Mosi oa Tunya**", was so viel wie „Rauch mit Donner" heißt. Mit „Rauch" meinen sie die Gischt, die man von weitem als eine Regennebelwand emporsteigen sieht. Danach folgt der Zambezi einem Zick-Zack-Lauf von ca. 8 km. Hier durchfließt er eine Reihe von steilen, engen Schluchten und gelangt schließlich in die **Batoka Gorge**, die in östlicher Richtung nach ca. 100 km das Gwembe Valley erreicht, wo der Fluss zum Lake Kariba aufgestaut wird.

## Stadien der geologischen Entwicklung

Zur Erklärung der Entstehung der Victoria-Fälle muss man in das geologische Zeitalter des Jura (vor 140–175 Millionen Jahren) zurückgehen. Damals gab es im südlichen Afrika **starke vulkanische Tätigkeiten**. Vulkane förderten hier große Mengen an Basalt. An manchen Stellen ist der Basalt über 300 m dick. Diese Formationen kann man heute an den Seiten der Schluchten der Victoria-Fälle sehen.

Die **Basaltlava** schrumpfte beim Erkalten zusammen. Dadurch entstanden im Basalt Risse und Spalten, die später durch Verwitterung ausgeweitet wurden. In der Gegend der Victoria-Fälle verlaufen diese Spalten in Ost-West-Richtung, nur kleinere Risse zeigen einen Nord-Süd-Verlauf. Nach einer langen Erosionsperiode bedeckte wahrscheinlich ein **See** die Gegend und lagerte Schichten von Kalk und Ton auf dem Basalt und in den Spalten ab.

*Lange Erosionsperiode*

Es folgte eine **Periode wüstenähnlichen Klimas** und der See trocknete aus. Die weichen Ablagerungen des Sees wurden wieder abgetragen (durch Wind und gelegentlichen Regen), doch in den Spalten blieben sie liegen und bildeten sich allmählich in Kalkstein um. In der Zwischenzeit wurden durch Wind auf der Oberfläche Kalahari-Sande abgelagert. Jetzt gab es Erdbewegungen, die eine Verbreiterung der Ost-West-Spalten verursachten. Das führte dazu, dass sich die hier eingelagerten Kalksteine lockerten, sodass dadurch eine spätere Erosionstätigkeit erleichtert wurde. Im Gegensatz zu diesem Prozess wurden die nord-süd-verlaufenden Spalten zusammengedrückt. Die hier eingelagerten Sedimente wurden dadurch widerstandsfähiger gegen Erosionstätigkeit.

Heute fließt der Zambezi von seiner Quelle aus **südwärts**, bis er die Gegend des Caprivi-Streifens erreicht, wo er Wasser vom Chobe erhält. Von hier aus fließt er ostwärts weiter. Man vermutet, dass der Zambezi ursprünglich nach Süden weiterfloss und sich mit dem Limpopo vereinigte. Ebenso nimmt man an, dass der gegenwärtig nordwärts fließende Matetsi die Quelle des unteren Zambezi war. Der Abschnitt vom heutigen Zambezi zwischen dem Chobe und dem Matetsi existierte nicht. Danach hob sich das Land südlich der Makgadikgadi-Senke, durch die der alte Fluss lief. Dadurch wurde der Fluss geteilt: in den südlich verlaufenden Limpopo, der in den Indischen Ozean entwässert, und in einen nordwärts fließenden Wasserlauf, der das Meer nicht erreichen konnte. Deshalb ergoss er sich im Inland, und davon zeugen noch heute die Gebiete der Okavango- und Chobe-Sümpfe wie auch die Makgadikgadi Salt Pan. Schließlich stieg der Wasserspiegel in diesen großen Sumpfgebieten so stark an, dass das Wasser über eine niedrige Landschwelle zwischen den Bergen nach Osten hin abfloss. Hier fand der neue Fluss seinen Weg über den sandbedeckten Basalt und stieß auf den alten Matetsi. Auf diese Weise entstand der uns heute bekannte Zambezi-Lauf. Bald schuf sich dieser neue Fluss ein eigenes Bett durch den weichen Sand, doch konnte er sich damals noch nicht in den harten Basalt hineinfressen. Beim Hineinfließen in den Matetsi bildete der neue Zambezi einen mächtigen Wasserfall: Er stürzte 250 m tief in das Matetsi Valley über die Basaltkante hinweg. So bildete er die ersten Victoria-Fälle, über 100 km flussabwärts von den heutigen Fällen gelegen.

*Alte Flussverläufe*

Da **Erosion** immer ein rückschreitender Vorgang ist, verlagerten sich die Fälle flussaufwärts. Schließlich erreichte der Fluss bei seiner rückschreitenden Erosion eine der ostwestlich verlaufenden und mit Kalkstein gefüllten Spalten. Hier fraßen sich seine Wassermassen tief hinein. Dies geschah im Gebiet der heutigen Batoka Gorge, ca. 8 km stromabwärts von den heutigen Fällen gelegen. Danach fraß sich der Fluss durch eine nordsüdlich verlaufende, mit Kalkstein gefüllte Spalte. Dieses Material konnte er schnell „abräumen", da es durch frühere tektonische Bewegungen gelockert war. Bald traf er bei seiner Erosion auf eine weitere, westöstlich verlaufende, mit Kalkstein gefüllte Spalte, und wieder entstand ein breiter Wasserfall. Dieser Vorgang wiederholte sich nordwärts 7-mal, und so entstand allmählich ein Zick-Zack-System von Schluchten. Ca. zwei Millionen Jahre dauerte es, bis er an der heutigen achten Spalte, die westöstlich verläuft, ankam: den Victoria-Fällen.

## Rundgang

*Forscher und Namensgeber: David Livingstone*

Vom Ort Victoria Falls kann man bequem den Eingang zu den Victoria-Fällen erreichen. Der Zambezi und Victoria Falls National Park bedeckt eine Fläche von 56.000 ha. Direkt am Eingang informiert eine kleine Ausstellung über die Geschichte und Geologie der Fälle. Links kann man den Rundgang entlang der Fälle am Livingstone-Denkmal beginnen.

Entlang des Weges, der von Westen nach Osten führt, gelangt man zu verschiedenen Aussichtspunkten, die einen Blick auf die Main Falls, die Rainbow Falls sowie den Eastern Cataract ermöglichen. An einigen Stellen geht es durch den „Rain Forest" (Regenwald), wo die aufsteigende Gischt für eine üppige tropische Vegetation sorgt. Für einen Besuch der Fälle empfiehlt sich daher die Mitnahme eines Regenschutzes, da man sonst unweigerlich nass wird (dieser wird auch am Eingang verkauft bzw. verliehen).

Die besten Zeiten, um von den Aussichtspunkten an der Livingstone-Statue und den Main Falls aus zu fotografieren, sind die Nachmittagsstunden. In den frühen Morgenstunden sollte man den östlichen Teil der Fälle besuchen. Der Eintritt in den Park kostet US$ 20, er ist von 6–18 Uhr geöffnet.

## White Water Rafting – eine Erfahrung besonderer Art

*Für Mutige*

Ein besonderer Tipp für Abenteuerlustige und Wildwasserfreunde ist das „White Water Rafting" am Zambezi. „White Water" meint das weiß-schäumende Wasser der vielen „rapids" (Stromschnellen), „Rafting" heißt nichts anderes als „Floßfahren". Auf riesigen Schlauchbooten geht die Fahrt durch die enge Schlucht. Wie nass und dramatisch es hier zugeht, vermag folgende Tatsache zu illustrieren: Die Wassermassen, die zuvor über die 1.700 m breiten Victoria-Fälle donnerten, werden nun durch zum Teil 15 m breite Felsengen gepresst.

Eine solche Fahrt ist sicherlich nicht für jedermann geeignet, und manchmal kommt es vor, dass die Boote trotz erfahrener Führer und einer sportlichen Mannschaft kentern. Nicht nur die Wellenberge, Strudel und Felsen sind dann eine Gefahr, sondern

*Keine Scheu vor Wasser sollte man bei einer Rafting-Tour haben*

auch die an den Ufern zu beobachtenden Krokodile. Die Teilnahme kostet ca. US$ 80 und dauert etwa von 8.30–16.30 Uhr, es gibt verschiedene Anbieter, unter anderem Shock Wave Rafting und Shearwater Adventures (s. S. 252f).

Einige Fakten sollte man wissen, bevor man sich ins Abenteuer stürzt:
- Der Abstieg in die Schlucht folgt einem steilen Pfad.
- Kinder unter 16 Jahren dürfen nicht teilnehmen.
- Man sollte geschlossene Turnschuhe, Shorts sowie ein T-Shirt tragen und sich gut mit Sonnenschutzmitteln eincremen.
- Zwischen den Stromschnellen fließt der Fluss relativ ruhig. Das Wasser ist mild.
- Es gibt spezielle wasserdichte Kamera-Boxen, die auf das Boot montiert werden können. Bei Bedarf bitte bei der Buchung angeben.
- Alle Bootsführer verfügen über gute Flusskenntnisse und sind in Erster Hilfe bei Kenter-Unfällen ausgebildet.

*Kamera wasserdicht einpacken*

Folgende Fahrten werden in der Regel angeboten:
**Batoka Gorge Trip bzw. High Water Run**: Diese Fahrt findet etwa zwischen dem 1. Juli und 15. August statt und manchmal auch in der zweiten Dezemberhälfte. Man bewältigt dabei die Rapids Nr. 11–19. Die Gesamtlänge beträgt 13 km und wird mit den Schwierigkeitsstufen 3–5 angegeben (es gibt insgesamt 6 Schwierigkeitsstufen, wobei Stufe 6 von Schlauchbooten nicht befahren werden kann).
**Victoria Falls Gorges bzw. Low Water Run**: Diese Fahrt findet ca. vom 15. August bis Mitte Dezember statt und führt über 22 km. Es werden die Schwierigkeitsstufen 3–5 bewältigt. Im Trip sind die Stromschnellen 6–19 enthalten. Um Rapid 9 werden die Boote getragen.

Wer sich traut: Spaziergang mit Löwen

## Weitere Aktivitäten

Neben den Victoria-Fällen bietet der Ort noch eine Reihe weiterer Aktivitäten, bei denen allerdings eine gewisse Furchtlosigkeit gegeben sein sollte: Elefantenreiten (auch in Livingstone möglich), Bungee Jumping und ein *Lion Encounter* zählen dazu (Anbieter s.u.). In jedem Fall beeindruckend ist, trotz stolzem Preis (ca. US$ 120), ein kurzer Helikopterflug über die Fälle. Die dauern meist nur ca. 15 Min., also die Kamera schussbereit halten. Den besten Blick hat man, wenn man sich nach vorne setzt.

### Lion Encounter

Für Furchtlose, mind. 1,50 m große und 15 Jahre alte Menschen wird ein Spaziergang mit Löwen(jungen) angeboten. Das Geld fließt an den ALERT (African Lion & Environmental Research Trust, Infos unter www.lionalert.org), der sich zum Ziel gesetzt hat, in Gefangenschaft geborene Löwen artgerecht auszuwildern. Das Ganze findet in der Nähe der Masuwe Lodge statt, im Preis sind der Transfer ab Victoria Falls sowie beim *morning walk* ein Frühstück, beim *afternoon walk* Snacks und Tee inbegriffen.

**Buchung**: Shop 8, Livingstone Way, Victoria Falls, ☏ (+263) 13-43513 o. -40178, E-Mail: visitvicfalls@lionencounter.com, www.lionencounter.com.

## Reisepraktische Informationen Victoria Falls

**Vorwahl Zimbabwe**: 00263
**Vorwahl Victoria Falls**: 013
**Währung**: *nach der Hyperinflation des Zimbabwe-Dollar wird in Devisen bezahlt, v.a. mit US-Dollar und Südafrikanischem Rand.*

### Entfernungen

**Vic Falls – Hwange**: 105 km
**Vic Falls – Harare**: 875 km
**Vic Falls – Bulawayo**: 440 km
**Vic Falls – Chobe National Park**: 80 km

### Unterkunft

*Die Hotel- und Restaurantszene in Victoria Falls ist, auch aufgrund der politischen Lage und schwankenden Touristenströme, sehr im Fluss, wobei betont werden muss, dass der*

## Einreise nach Zimbabwe von Botswana mit dem Auto

Auch wenn die Beamten in der Regel freundlich sind, kann die Einreise nach Zimbabwe doch ein wenig zum Geduldsspiel werden. Zudem ändern sich die Formalitäten mitunter, daher können folgende Angaben nur als Richtschnur aufgefasst werden. Aktuelle Details sagt Ihnen Ihr Autovermieter. Zunächst muss man die Immigration Forms ausfüllen, dann bezahlt man das Visum (US$ 30; zwei Einreisen US$ 45), bekommt den Pass gestempelt (zwei Seiten freihalten) und rückt weiter zum nächsten Schalter, dem Zoll (ZIMRA, www.zimra.co.zw). Hier wird das Temporary Import Permit ausgefüllt sowie die Carbon Tax bezahlt (je nach Hubraum, ab US$ 15, auch in Rand, Euro oder Pula zahlbar). Eine weitere Gebühr ist die Straßennutzungsgebühr (Road Access Fee, ca. US$ 10). Ein weiteres Formular plus Gebühr wird fällig für die Third Party Insurance (Teilkaskoversicherung, ca. US$ 30). Nachdem ein Zollbeamter noch mal alles notiert hat (auch eine Überprüfung des Wageninhalts kann vorkommen, früher musste Benzin in Kanistern verzollt werden), rückt man vor zum Gate, wo alle Unterlagen noch einmal geprüft werden.
**Achtung**: Leser berichteten, dass sie US$ 100 als „Kaution" zahlen mussten, das Geld würde ihnen gegen Vorlage der gestempelten Quittung im Büro ihres Autovermieters zurückbezahlt. Dies ist kein offizieller Vorgang und muss als Abzocke verstanden werden! Informieren Sie sich bei Ihrer Autovermietung, wie sie in einem solchen Fall reagieren sollten.

Nach allen Formalitäten ist man nun in Zimbabwe. Vom Grenzübertritt sind es ca. 70 km Asphaltstraße nach Victoria Falls. **Wichtig**: Wer vorhat, die Fälle auch von zambischer Seite zu besichtigen und die Victoria Falls Bridge zu überqueren, muss ein Visum für mehrere Einreisen kaufen (s.o.). Zudem sollte man genug Geld mitnehmen, mit Kreditkarte kann man nur gelegentlich zahlen, besonders die Tourenanbieter nehmen nur Bargeld (Dollar).

*Tourist hier, abgesehen von den üblichen Vorsichtsmaßnahmen,* **sicher** *reisen kann. Aber berücksichtigen Sie, dass vielleicht das eine oder andere Unternehmen aufgrund mangelnder Geschäfte geschlossen ist, und erkundigen Sie sich vor der Abreise nach der aktuellen Situation im Land (z.B. in Deutschland unter www.auswaertiges-amt.de). Das Wichtigste aber ist, dass die Einwohner Zimbabwes trotz allem sehr nett zu den Reisenden sind!*

**Victoria Falls Backpackers $ (9)**, *über Getaway Safaris, 357 Gibson Road, ☏ 42209, Mobilfunk: 0912-4433, E-Mail: info@getawaysafaris.com, www.victoriafallsbackpackers.com. US$ 20 p.P., Camping US$ 6.* **Lage**: *ca. 20 Min. zu Fuß außerhalb des Ortes.* **Beschreibung**: *Swimmingpool, schattige Gartenanlage, Frühstück und Gemeinschaftsküche. Fahrradverleih. Zudem werden von hier zahlreiche Aktivitäten und Ausflüge organisiert.*

**Shoestring Backpacker Lodge $**, *12 West Drive. Ca. US$ 30.* **Lage**: *direkt im Ort gelegen.* **Beschreibung**: *sehr einfach, aber sauber. Campingplatz im Garten vorhanden, zudem einfache Zimmer (mit Klimaanlage). Gemeinschaftsküche, Restaurant und Pool. Die Bar ist bei Overlandern und Einheimischen beliebt.*

**Amadeus Garden $$-$$$**, *538 Reynard Road, ☏ 42261, 🖷 44293, Mobilfunk 011-207-143, E-Mail: reservations@amadeusgarden.com, www.amadeusgarden.com. US$ 70 im DZ.* **Lage**: *2 km von den Fällen.* **Beschreibung**: *sehr nettes, inhabergeführtes Guesthouse unter deutscher Leitung mit 11 Zimmern mit solarbeheizter Dusche, schönem Garten und Pool, leckeres Frühstück. Ausflüge und Aktivitäten werden an der Rezeption organisiert und reserviert. Rundum empfehlenswert.*

**Gerties Lodge** $$-$$$, *Klaus & Peter Jänicke, 597 Nguhwuma Crescent, ☏/🖷 42002, E-Mail: jtsgerti@mweb.co.zw, www.gertieslodge.com. US$ 60 p.P. inkl. Frühstück, US$ 80 mit Halbpension.* **Lage**: *in einem Vorort von Vic Falls, ca. 3 km zu den Fällen, 2 km ins Stadtzentrum.* **Beschreibung**: *familiäre Lodge, bestehend aus 4 Einheiten mit je 2 Schlafzimmern, kleinem Wohnzimmer und Dusche/WC (für bis zu 6 Personen). Gutes Essen und, wer es vermisst: deutsches Fernsehen. Aktivitäten wie Whitewater Rafting, Rundflüge, Kanutouren, Bungee-Jumping oder Elefantenreiten können organisiert werden. Zudem werden Tagestouren nach Livingstone in Zambia, zum Chobe NP in Botswana und zum Hwange NP angeboten sowie mehrtägige Zeltsafaris und Angeltouren.*

**Sprayview Hotel** $$$ **(8)**, *P.O. Box 70, Victoria Falls, ☏ 4344, 🖷 4713.* **Lage**: *am Livingstone Way am Ortseingang auf dem Weg zum Flughafen, ca. 800 m vom Ortszentrum. Ca. US$ 100 für zwei Personen im DZ.* **Beschreibung**: *saubere, wenn auch einfache Zimmer, Swimmingpool, Bar und Disco. Die Qualität soll allerdings etwas abgenommen haben.*

**Rainbow Hotel** $$-$$$ **(6)**, *278 Parkway Drive, Selous Crescent. Buchung und Infos: Rainbow Tourism Group, Harare, ☏ 4 772587, 🖷 4 772593, www.rtgafrica.com. US$ 88 p.P. im Standard-DZ inkl. Frühstück.* **Lage**: *2 km von den Victoria Falls, 500 Meter zum Stadtzentrum.* **Beschreibung**: *ordentliches Hotel mit sauberen Zimmern und Pool, freundliches Personal.*

**A'Zambezi River Lodge** $$$$ **(5)**, *308 Parkway Drive, ☏ 44561-4, 🖷 45835, zentrale Reservierungs-E-Mail: reservations@azambezi.co.zw, www.azambezilodge.com. US$ 245 p.P. im DZ inkl. Frühstück.* **Lage**: *direkt am Zambezi gelegen, aber relativ weit von den Fällen entfernt (ca. 5,5 km).* **Beschreibung**: *großzügige, moderne Hotelanlage mit großem Swimmingpool, im Halbkreis zum Zambezi gebaut. Shuttlebus nach Victoria Falls. Sehr ruhige Lage. Abends Buffet an der Terrasse.*

**Elephant Hills Resort** $$$$ **(3)**, *300 Parkway Drive, ☏ 44793, E-Mail: pacro@africansunhotels.com, www.africansunhotels.com. Ab 105 US$ p.P. im Standard-DZ inkl. Frühstück.* **Lage**: *3 km außerhalb des Ortes am Parkway gelegen.* **Beschreibung**: *Das Hotel fällt auf wegen der nicht an die Landschaft angepassten Architektur, bietet dafür aber eine schöne Rundsicht. Hoteleigener Golfplatz (18 Löcher). Golfspielen kann durch Besuch von Löwen unterbrochen werden!*

**Lokuthula Lodges** $$$$, *☏ (Südafrika) (+27) 21 683 7063, 🖷 (+27) 21 683 9219, E-Mail: info@africaalbidatourism.com, www.lokuthulalodges.com. US$ 159–318 für 2- bis 3-Zimmer-Unterkunft.* **Lage**: *nahe der Victoria Falls Safari Lodge gelegen.* **Beschreibung**: *Sehr schön angelegte, riedgedeckte Lodges, die zu Africa Albida Tourism (AAT) gehören. Herrliche, ruhige Umgebung; 2–3 Schlafzimmer/Einheit, also 4–6 Personen, Selbstversorgung.*

**The Kingdom at Victoria Falls** $$$$ **(10)**, *1 Mallett Drive, ☏ 44275, E-Mail: pacro@africansunhotels.com, www.africansunhotels.com. Ab US$ 115 im Standard-DZ inkl. Frühstück .* **Lage**: *im Vic Falls National Park, direkt an den Fällen.* **Beschreibung**: *komfortables Resort Hotel mit 294 Zimmern und allen Annehmlichkeiten wie 4 Bars mit so klingenden Namen wie The Rapid Pool, The Wild Thing, 3 Pools, Kinderspielplatz, Casino und Spa. Die fantasievolle Architektur mit Türmchen und Brücken soll an das alte Königreich von Munhumutapa erinnern.*

**Ilala Lodge** $$$$ **(2)**, *P.O. Box 18, Victoria Falls, ☏ 44737-8 o. -9, zentrale Reservierung Südafrika (+27) 21-683-6576, E-Mail: info@ilalalodge.com, www.ilalalodge.com. US$ 157 p.P. im DZ mit Frühstück.* **Lage**: *nahe der Post im Ort gelegen.* **Beschreibung**: *nette Hotelanlage, überschaubar mit stilvollem Restaurant, 5 Minuten zu Fuß bis zu den Wasserfällen. Schöne Gartenanlage, umgrenzt vom Buschland. Allabendlich Aufmarsch von*

*Berühmt: der Nachmittagstee auf der Terrasse des Victoria Falls Hotels*

*Raftern zur Video-Show im angrenzenden Pub. Unbedingtes Muss für das Abendprogramm, Vorführung gegen 19 Uhr. Genauen Anfangsbeginn an der Rezeption erfragen. Dennoch ruhiges Wohnen in der Lodge möglich!*

**The Victoria Falls Hotel** $$$$ **(1)**, *2 Mallett Drive, ☎ 44751, E-Mail: pacro@africansunhotels.com, www.africansunhotels.com. US$ 168 p.P. im Standard-DZ mit Frühstück.* **Lage**: *ruhige Einzellage, nahe der Edwardian Railway Station.* **Beschreibung**: *bereits 1905 erbautes Traditionshaus im britischen Kolonialstil mit Swimmingpool und großzügigen Außenanlagen, Kinderspielplatz. Vom Hotel aus kurzer Fußweg zum Eingang der Wasserfälle, abends Mkishi-Tanzvorführung im Hotel. Wer Atmosphäre mag und das Geld dafür ausgeben will… sicherlich ein tolles Erlebnis. Man kann auch als Nicht-Gast auf der Terrasse frühstücken oder einen Nachmittagstee zu sich nehmen und dabei den Blick genießen auf „den Rauch, der donnert".*

**Victoria Falls Safari Lodge** $$$$$ **(4)**, *Squire Cummings Road, ☎ 43211-20, 🖷 432051/7, E-Mail: saflodge@saflodge.co.zw, www.victoria-falls-safari-lodge.com. Je nach Saison US$ 200–245 p.P. im Standard-DZ.* **Lage**: *2,5 km von der Stadt entfernt, Abzweig vom Parkway.* **Beschreibung**: *Sehr geschmackvoll konzipierte Lodge, von der Hauptanlage aus Sicht auf den oberen Zambezi und Sicht auf ein Wasserloch! Landestypische Bauweise, Boma Restaurant mit erstklassigem Service (s.u.), sehr zuvorkommendes Personal. Abends Tanzvorführungen. Sehr schön angelegter Garten. Es gibt einen Shuttle zu den Wasserfällen.*

**The Stanley and Livingston at Victoria Falls** $$$$$, *Infos und Buchung bei Rani Resorts in Südafrika, ☎ (+27) 11 658-0633, 🖷 (+27) 11 658-0632, E-Mail: enquiries@raniresorts.com, www.stanleyandlivingstone.com. Ab US$ 245 p.P. im DZ inkl. Früh-*

*Sehr empfehlenswert: eine Sundowner-Tour auf dem Zambezi*

*stück und Transfer zum Flughafen.* **Lage**: *im 6.000 ha großen Victoria Falls Private Game Reserve (angrenzend an den Zambezi National Park), ca. 10 Min. Fahrt von den Fällen entfernt.* **Beschreibung**: *Das luxuriöse Hotel bietet neben einem eigenen Wasserloch 16 Suiten mit allem, was das Herz begehrt, zum Beispiel ein Bad in viktorianischem Stil. Pool, Bar und schönes Restaurant vorhanden.*

**Außerhalb von Victoria Falls**

**Gorges Lodge $$$$**, *Buchung in Bulawayo: ☏ (+263) 9-245051, -243064 o. -242298, 🖷 (+263) 9-241748, E-Mail: gorges@gatorzw.com oder gorges.karen@coz.co.zw, www.gorgeslodge.co.zw. US$ 280 p.P. DZ mit Vollpension, US$ 120 B&B.* **Lage**: *20 Minuten östlich von Victoria Falls gelegen.* **Beschreibung**: *Von den Zimmerterrassen schaut man 250 m tief in die Batoka-Zambezi-Schlucht. Alle Zimmer sind sehr geschmackvoll eingerichtet, das Essen ist ausgezeichnet. Sehr ruhig gelegen, schöner Swimmingpool. Sehr schöne Gesamtanlage – ein Traum!*

**Imbabala Zambezi Safari Lodge $$$$**, *Buchung und Info: Wild Horizons, ☏ 44571, 44426, 42313 oder 42029, 🖷 44426, E-Mail: info@wildhorizons.co.zw, www.wildhorizons.co.za. US$ 250 p.P. inkl. Verpflegung und Safaris.* **Lage**: *ca. 80 km von Victoria Falls entfernt, direkt an den Ufern des Zambezi gelegen; nahe Kazungula.* **Beschreibung**: *2008 komplett renovierte und wiedereröffnete Unterkunft. Es gibt Übernachtungsmöglichkeiten für bis zu 18 Gäste in riedgedeckten Chalets aus Stein. Man unternimmt Safaris per Landrover, Boot oder zu Fuß. Bekannt ist die Gegend für große Elefantenherden.*

*Dieses Camp empfiehlt sich für alle, die nur die Victoria Falls besuchen, aber doch noch etwas vom Wildreichtum des Zambezi-Tals sehen möchten.*
**Masuwe Lodge** $$$$$, *Buchung und Infos: Landela African Experiences, Südafrika, ☏ (+27) 21 671-4181, 🖷 (+27) 86 601-3673, E-Mail: info@landela.co.za, www.landela.co.za/lodge_masuwe.html. Ca. US$ 550/DZ inkl. Verpflegung und Safaris.* **Lage**: *7 km außerhalb der Stadt am Masuwe River gelegen (westlich der Straße nach Bulawayo).* **Beschreibung**: *Die Lodge befindet sich in einem privaten Gamepark, angrenzend an den Zambezi National Park in der Nähe von Victoria Falls. Sie bietet erstklassige Zeltunterkünfte im Standard eines 4- oder 5-Sterne-Hotels. Die Zelt-Lodge befindet sich auf einer Teakholz-Plattform mit dadurch guter Aussicht auf den Busch. Vom Hauptgebäude aus sieht man auf ein (nachts beleuchtetes) Wasserloch. Luxuriöse Buschunterkunft abseits des Trubels von Victoria Falls.*
**The Elephant Camp** $$$$, *Buchung und Infos: Wild Horizons, ☏ 44571/2/3 o. 42313, 144426, E-Mail: res6@wildhorizons.co.zw, www.wildhorizons.co.za. US$ 350 p.P. im DZ, alles inklusive.* **Lage**: *10 km vom Ort entfernt. Zwischen dem Masuwe-Fluss und den Schluchten des Sambesi, mit beeindruckendem Blick auf die Schluchten zwischen Simbabwe und Sambia sowie die Gischt der Victoriafälle.* **Beschreibung**: *Exklusives Camp mit neun Luxuszelten für 18 Gäste, jedes mit Blick über die Schlucht und mit kleinem Pool, Badewanne und Innen- sowie Außendusche. Spa-Behandlungen gegen Aufpreis. Besonderheit: Ein enger Kontakt zu den Elefanten des eigenen Wildgeheges ist möglich.*

## Camping

**Victoria Falls Rest Camp** $, *Buchung und Infos über Südafrika: ☏ (+)27 21 683 6444, 🖷 (+27) 21 683 9219, E-Mail: info@vicfallsaccommodation.com, www.vicfallsrestcamp.com. Zelten US$ 10 p.P., Chalets US$ 34 für 2 Pers.* **Lage**: *Der Campingplatz liegt in Victoria Falls im Stadtzentrum, am Parkway Drive. Der Eingang liegt gegenüber der Kreuzung Parkway drive und West Drive, ca. 2 km von den Fällen entfernt.* **Beschreibung**: *Es gibt Zeltmöglichkeiten, Chalets und Cottages. Sicher und ordentlich. Swimmingpool.*
**Zambezi National Park**, *ca. 5 km von der Stadt entfernt, hier gibt es mehrere Plätze: die drei Fishing Camps Kandahar, Siansimba und Mpala Jena, direkt am Zambezi gelegen, bieten Toiletten, fließendes Wasser und Grillmöglichkeiten. Zudem gibt es vier naturbelassene Campingplätze im Park, nur mit Grill und Buschtoilette. Auch wenn man sich im Zweifel komplett selbst versorgen muss, ist die Lage der Plätze am Zambezi wohl einzigartig (www.zimparks.com). Vorher aber nachfragen, ob es sie noch gibt.*

## Restaurants

*Die Auswahl an selbstständigen Restaurants ist in Victoria Falls gering. Die besten Mahlzeiten können Sie auch als individuell Reisender in den Hotels des Ortes einnehmen.*

*Hier eine kleine Auswahl:*
**Livingstone Room**, *im Victoria Falls Hotel. Grandioser Speisesaal, bestes Essen. Ebenso kann man draußen (The Terrace) speisen und auf die Hotelgärten sowie die Brükke über den Zambezi schauen. Zudem gibt es im Hotel die Jungle Junction mit Frühstücks- und Dinnerbuffet.*
**Boma Restaurant** *in der Victoria Falls Safari Lodge (Squire Cummings Road), ☏ 43211-20, 1 43205/7, E-Mail: boma@saflodge.co.zw, www.thebomarestaurant.com. Ausgezeichnete, prämierte Küche. Außerhalb der Stadt gelegen, aber Shuttle-Service von allen*

*großen Hotels, Reservierung empfehlenswert. Mehr als ein Restaurant ist das Boma eine dreistündige Erlebnis-Dinner-Show (Beginn um 19 Uhr) – mit europäischen Preisen. Afrikanisches Flair verbreiten schon die Bauart mit Strohdach und die vielen Masken an den Wänden, der Parkplatzwächter ist als Häuptling verkleidet. Neben Zulu-Bier gibt es am afrikanischen Buffet so Ungewöhnliches wie Krokodilfleisch, Warzenschwein, Eland und, wer sich traut, Mopane-Würmer. Für die weniger experimentierfreudigen gibt es aber auch Lamm, Salate und eine Auswahl an Nachtischen. Dazu werden zahlreiche, z.T. interaktive Darbietungen präsentiert.*

**The Palm Restaurant**, *in der Ilala Lodge. Asiatische Gerichte sowie einige afrikanische Spezialitäten, man kann auch draußen sitzen und dem Rauschen der Fälle lauschen.*

**Panarotti's** *im Kingdom Hotel. Italienisches Restaurant, in dem Hotel gibt es noch zwei weitere Restaurants und vier Bars.*

**Mama Africa Eating House**, *Victoria Falls Road, Victoria Falls, ☏ 41725, afrikanische und internationale Küche, man kann auch auf der Veranda oder im Garten sitzen. Abends Live-Musik.*

**The Pizza Bistro**, *Soper's Arcade, Victoria Falls: sehr beliebte Pizzeria, die aber auch schon Frühstück serviert.*

**Naran's Restaurant**, *Soper's Arcade: gutes Frühstück, leckere Curries und Samosas, sehr preiswert.*

**The Pink Baobab Cafe**, *310 Parkway. Zimbabwe-Kaffee, Pancakes, Sandwiches, Quiche, Kebab. Preiswert und leger.*

**Explorers Pub & Restaurant**, *Parkway Drive. Beliebt bei Backpackern, die vor/nach Rafting oder Bungee Jumping hier auf ein paar Bier vorbeikommen. Entsprechender Geräuschpegel.*

## Aktivitäten und Touranbieter

*Den sportlichen und mehr oder weniger abenteuerlichen Aktivitäten sind in Victoria Falls kaum Grenzen gesetzt. Die beliebtesten sind Sunset-Touren auf dem Zambezi, Helikopter-Rundflüge, Rafting und Bungee-Jumping.*

*Zzt. ist die Auswahl an Anbietern in Zambia allerdings größer (s. S. 258f). Viele operieren auch auf beiden Seiten der Fälle. Der Helikopterflug „Flight of Angels" (ca. 10–15 Min.) bei Shearwater Adventures (s.u.), dem größten Outdoor-Anbieter Zimbabwes, kostet US$ 125 (Barzahlung). Dafür ist es aber auch ein einmaliges Erlebnis. Auf jeden Fall sollte man sich nach vorne setzen! Viele Aktivitäten kann man sich auch von seiner Unterkunft organisieren lassen.*

*Namhafte Anbieter, bei denen man alle möglichen Aktivitäten buchen kann, sind unter anderem:*

**Zambezi Safari & Travel Co**. *(vorher: Safaris par Excellence), ☏ 44424, E-Mail: info@zambezi.com (Kontakt GB), www.victoriafalls.net. Neben den o.g. genannten Aktivitäten wird hier auch Microlight Flying angeboten, das große afrikanische Flugabenteuer im motorbetriebenen Deltasegler. Außerdem Kanutouren, Jet Boating, Game Drives und vieles mehr.*

**Shearwater**, *Shop 9, 14 Sopers Arcade/Parkway Drive, Victoria Falls, ☏ 44471/-2/-3, 🖷 44341, E-Mail: webenquiries@shearwatervf.com, www.shearwatervictoriafalls.com. Das Unternehmen bietet alles an, was man in und um die Victoria Falls so machen kann: Elefantensafaris, Rundflüge, Lion Encounter, Rafting, Kanu-Touren, Bootsfahrten auf dem Zambezi* *und Tagesausflüge in den Chobe National Park. Alle 15 Min. Helikopterrundflüge.*

**Shockwave Rafting**, *Sopers Arcade, Parkway Drive, Shop No. 15, Victoria Falls, ☏ 43002 o. 42470, 🖷 43004, Mobilfunk 011-590719 o. 337643, E-Mail: info@shockrafting.com, www.shockwaverafting.com. Wie der Name bereits verrät: Es werden verschiedene Rafting-Touren angeboten, auch in Verbindung mit einer geführten Tour durch Vic Falls, einer Sunset-Cruise, einem Ausflug in den Hwange National Park, in den Chobe National Park oder dem Besuch einer Schule in der Umgebung. Auch Kajak-Touren werden veranstaltet.*

**Tourism Services Zimbabwe**, *Kontakt in der A'Zambezi River Lodge, Victoria Falls, ☏ 445614 o. 43538, 🖷 41211, E-Mail: gm@tourservzim.co.zw, www.tourservzim.com. Das Unternehmen bietet Unternehmungen in Victoria Falls, aber auch Harare, Bulawayo und Kariba an.*

**Wild Horizons**, *Sopers Arcade, ☏ 44571, 44426, 42313 o. 42029, 🖷 44426, E-Mail: info@wildhorizons.co.zw, www.wildhorizons.co.za. Ebenfalls alle Aktivitäten im Angebot. Hier kann auch die Imbabala Zambezi Safari Lodge gebucht werden.*

*Für Mutige: Bungee-Sprung von der Brücke*

## Flugverbindungen

**South African Airlines** *(www.flysaa.com) bedient Johannesburg – Victoria Falls – Johannesburg, sie verbindet Südafrika auch mit den beiden zimbabwischen Destinationen Harare und Bulawayo.*

**Air Namibia** *(www.airnamibia.com) fliegt von Victoria Falls nach Windhoek und zurück.*

**Air Zimbabwe** *(www.airzimbabwe.com) ist wegen Zahlungsschwierigkeiten zzt. nur online buchbar, Verbindungen siehe Website.*

*Die meisten Hotels bieten einen Transfer vom 18 km entfernten Flughafen an.*

# Livingstone (Zambia)

*Paradies für Outdoor-Aktivitäten*

Nach Zambia gelangt man mit der Kazungula-Fähre, dann sind es noch ca. 60 km bis Livingstone. In den Jahren der Krisen und Unruhen in Zimbabwe konnte Livingstone einen deutlichen Anstieg an Touristen verzeichnen. Zwar kamen schon immer Touristen über die Brücke, um die Fälle auch von zambischer Seite zu sehen, doch die meisten blieben in Victoria Falls – der Blick von dort ist einfach spektakulärer. Doch in der Hochwasserzeit ist auch der Blick auf die östlichen Fälle von Zambia aus interessant. Allerdings hängt das von den Niederschlägen ab.

*Namensgeber*

Der nach *David Livingstone* benannte Ort wurde nach seiner Gründung 1905 die Hauptstadt von Nordwestrhodesien, wenig später von Nordrhodesien, dem heutigen Zambia. Dabei handelt es sich um die zweite Siedlungsgründung, die erste erfolgte bereits 1898 bei Old Drift am Ufer des Zambezi. Noch heute kann man die Stelle und den alten Friedhof im heutigen Mosi-oa-Tunya National Park besuchen. Da die Mückenplage und damit Malaria besonders schlimm waren (man schätzt, dass 20 % der Bewohner daran starben), wurde die knapp 70 Einwohner zählende Siedlung an die Stelle des heutigen Livingstone verlegt.

Die Hauptstadt wurde 1935 nach Lusaka verlegt, doch Livingstone ist und bleibt das touristische Zentrum Zambias. Die Mosi-oa-Tunya Road, die älteste Straße der Stadt, ist die wichtigste Verkehrsachse, auf der man alles findet, was man als Reisender benötigt.

Neben den Fällen und zahlreichen Outdoor-Aktivitäten hat Livingstone dem Besucher ein paar Museen zu bieten. Sehenswert ist u.a. das **Livingstone Museum**, das über viele Originalhandschriften des Forschers verfügt. Daneben findet man eine Ausstellung über archäologische Funde der Region vor. Weitere Abteilungen des Museum beschäftigen sich mit Musikinstrumenten, der Natur Zambias und traditioneller Medizin. Am südlichen Ortsausgang liegt das **Railway Museum** mit teilweise über 100 Jahre alten Loks.

*Krokodil-Park*

Für Reptilienliebhaber gibt es den **Gwembe Castle Crocodile Park**, in dem wahre Monsterkrokodile leben. Er liegt wenige Kilometer außerhalb von Livingstone Richtung Fälle. ☏ *(+260) 213 321648, E-Mail: gwemsaf@zamnet.zm, www.gwembesafaris.com.*

Mehr über die Kultur Zambias und ihre Bewohner kann man im **Mukuni Village** erfahren. In dieser gar nicht mal so kleinen „Stadt“ regiert der Chief Mukuni der Victoria-Falls-Region. Alles wirkt afrikanisch-dörflich, allerdings etwas touristisch. Eine Führung führt in das Leben der Leya und in deren Schnitzkunst ein, zudem werden Souvenirs verkauft.

Hauptattraktion sind und bleiben natürlich die Victoria-Fälle. Auch wenn man nicht nach Zimbabwe hinüberläuft, ist der Besuch der Victoria Falls Bridge für einen Blick auf die östlichen Fälle und die Hauptschlucht zu empfehlen.

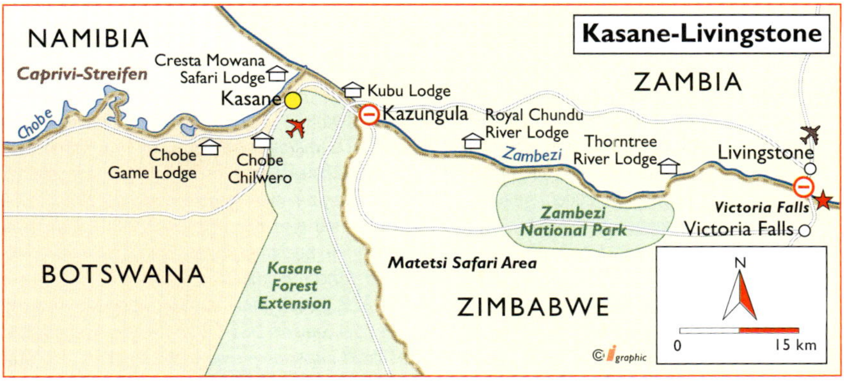


## Mosi-oa-Tunya National Park

Der Nationalpark bedeckt eine Fläche von 66 km² und ist der zambische Zugang zu den Victoria Falls. Hier kann man verschiedene Tiere wie z. B. Paviane beobachten. Etwa 10 km² sind eingezäunt, hier leben Giraffen, Impalas, Büffel, Nashörner und Warzenschweine. Der Eintritt kostet US$ 10.

## Reisepraktische Informationen Livingstone/Zambia

**Vorwahl Zambia**: *260*
**Vorwahl Livingstone**: *213*
**Währung**: *Zambischer Kwacha, 1 € = 6.727 Kwacha (November 2011)*

### Information

*www.zambiatourism.com*
*www.livingstonetourism.com*

### Einreise nach Zambia bei Kazungula

*Möchte man bei Kazungula nach Livingstone übersetzen, muss man ein wenig Geduld mitbringen – die Fähre verkehrt nicht immer zuverlässig (offizielle Öffnungszeiten 6–18 Uhr). In jedem Fall braucht man eine Einverständniserklärung des Vermieters, dass man nach Zambia mit dem Wagen einreisen darf. Hinzu kommen für das Visum US$ 50 (bar bezahlbar) und weitere Gebühren (u.a. Straßennutzungsgebühr (Road Permit) US$ 30, Carbon tax (nach Hubraum) ca. US$ 30, Cross Border Fee ca. US$ 4, Versicherungspolice (Third Party Insurance) ca. US$ 70–100). Die Fähre kostet US$ 21 für PKWs, größere Fahrzeuge sind entsprechend teurer. Außerdem sind ein Feuerlöscher und zwei rote Warndreiecke mitzuführen, zudem muss das Auto mit dem LH-Aufkleber („Left Hand Car") gekennzeichnet sein.*
*Wenn man im Caprivi (Namibia) unterwegs ist, kann man alternativ bei Sesheke Bridge (Katima Mulilo) nach Zambia einreisen.*

## Unterkunft

*Im Folgenden eine kleine Auswahl der zahlreichen Unterkünfte von Livingstone. Eine komplette Liste von Unterkünften, Restaurants, Tourveranstaltern etc. gibt es unter www.livingstonetourism.com.*

**Fawlty Towers** $, *216 Muosi-oa-Tunya Road, ☏ 323-432, E-Mail: ahorizon@zamnet.zm, www.adventure-africa.com. US$ 60 für DZ mit eigenem Bad, US$ 14 p.P. im Schlafsaal.* **Lage**: *im Zentrum von Livingstone.* **Beschreibung**: *Es ist Camping im schönen Garten möglich, zudem gibt es 2–6-Bett-Zimmer, z.T. mit eigenem Bad. Alle Zimmer mit Moskitonetz und Ventilator, es gibt einen Pool und eine Bar. Insgesamt sehr empfehlenswerte Budget-Unterkunft. Aktivitäten können im Buchungs-Center gebucht werden, die Unterkunft gehört zu dem Safari-Veranstalter African Horizons.*

**Jollyboys** $, *34 Kanyanta Road, ☏ 324-229, E-Mail: enquiries@backpackzambia.com, www.backpackzambia.com. Von US$ 10 im 16er-Saal bis US$ 60 im DZ mit eigenem Bad. Camping US$ 6 p.P., auch Chalets.* **Lage**: *direkt hinter dem Livingstone Museum und Civic Center.* **Beschreibung**: *typische Backpacker-Unterkunft, Camping, Mehrbett- sowie Doppelzimmer stehen zur Verfügung, Gemeinschaftsküche, Pool Restaurant. Hinter dem Royal Livingstone Golf Course gibt es das Jollyboys Camp. Auch hier können alle Aktivitäten der Umgebung gebucht werden.*

**ZigZag B&B** $$, *☏ 322-814, E-Mail info@zigzagzambia.com, www.zigzagzambia.com. DZ US$ 75, Familienzimmer für bis zu vier Personen US$ 110, inkl. full English breakfast.* **Lage**: *an der Hauptstraße nach Vic Falls.* **Beschreibung**: *zwölf Zimmer mit Klimaanlage, Bad und Moskitonetzen, Internetzugang. In einer ruhigen Gartenanlage gelegen, Pool und ein gutes Restaurant (ZigZag Coffee House) gehören ebenfalls dazu.*

**Green Tree Lodge** $$, *2015 Kombe Drive, ☏ 322-631, E-Mail: greentreelodge@livingstonezambia.com, www.greentreelodgezambia.com. Je nach Saison US$ 60–75 inkl. Frühstück.* **Lage**: *in einem Vorort, abzweigend von der Airport Road.* **Beschreibung**: *komfortable Chalets mit Kühlschrank, Klimaanlage und Internetzugang. Garten mit Pool, Bar und Restaurant.*

**Chanters Lodge** $$-$$$, *Lukulu Crescent, ☏ 323-412 oder 323-850, E-Mail: richard_chanter@yahoo.co.uk oder richardchanter@gmail.com, www.chanters-livingstone.com. Verschiedene Zimmertypen, Familienzimmer (4 Personen) US$ 110, DZ im Garten mit Blick auf den Pool US$ 99, inkl. Frühstück und Transfer zum Flughafen. Zudem gibt es im Main House DZ zu US$ 69.* **Lage**: *ruhige Lage in einem Vorort von Livingstone. An der Obote Ave. steht ein Schild am Abzweig.* **Beschreibung**: *Alle Zimmer sind komfortabel ausgestattet mit Klimaanlage, TV, Kühlschrank Tee-/Kaffeekocher, schöner Garten mit Pool.*

### Außerhalb von Livingstone

**The Zambezi Waterfront** $$$, *gehört zu Zambezi Safari & Travel, Büro Victoria Falls ☏ (+263) 13 44424, E-Mail: info@zambezi.com, http://victoriafalls.net/waterfront/index.htm. Familienzimmer (max. 4 Personen) US$ 220/Nacht, Standardzimmer US$ 85 p.P., jeweils inkl. Frühstück, Zelt im Adventure Village US$ 20, Camping US$ 10 p.P.* **Lage**: *gegenüber von Siloka Island, 4 km flussaufwärts von den Victoria Falls.* **Beschreibung**: *verschiedene Unterkunftsoptionen: Campingplatz für bis zu 90 Personen, ein „Adventure Island" mit Zelten oder in Chalets mit eigenem Bad (auch Familienzimmer). Vom Restaurant kann man den „Rauch" der Fälle sehen. Kleiner Pool, Internetcafé, Bar, Souvenirshop und ein Buchungs-Center von Safaris par excellence gehören ebenfalls zum Komplex.*

**Chundukwa River Lodge** $$$, *P.O. Box 61139, Livingstone, ☏ 327-452, Mobilfunk 097-7781215, E-Mail: chundukwa@zamnet.zm, www.chundukwariverlodge.com.*

*River Chalets (Hochsaison US$ 250 p.P.) oder Chundu Cottages (US$ 920/Nacht), inkl. Vollverpflegung und zwei Trips.* **Lage**: *am Zambezi gelegen, 25 km flussaufwärts von den Victoria Falls (30 Min. Fahrt).* **Beschreibung**: *Unterbringung der max. 16 Gäste in Chalets oder Familien-Cottages, von denen man einen tollen Blick auf den Zambezi hat und einige der 450 Vogelarten beobachten kann. Abends am Lagerfeuer kann man die Hippos grunzen hören.*

**Waterberry Zambezi Lodge** $$$, *P.O. Box 61294, Livingstone, ☏/🖷 327-455, E-Mail: reservations@waterberrylodge.com, www.waterberrylodge.com. US$ 250 p.P. mit allem inkl.* **Lage**: *von Livingstone die Straße Kazungula/Sesheke, nach 22 km links auf eine Schotterpiste (Schild). Nach weiteren 6 km ist man da.* **Beschreibung**: *neben den Ausflügen zu den Sehenswürdigkeiten der Umgebung kann man sich hier auf dem Sonnendeck erholen, sich im Pool abkühlen und abends das Barbecue unter Sternen genießen.*

**David Livingstone Safari Lodge & Spa** $$$$, *Riverside Drive (off Sichango Road), ☏ 324-601, 🖷 324-615, E-Mail: lodge@dlslandspa.com, www.dlslandspa.com. Ab US$ 249 p.P. im Standard-DZ mit Frühstück.* **Beschreibung**: *das noch recht neue Hotel am Ufer des Zambezi bietet 77 Zimmer, fast alle mit Blick auf den Fluss und mit Balkon; zudem Spa, Pool und ein eigenes Boot, die Lady Livingstone.*

**The Royal Chundu Zambezi River Lodge** $$$$$, *Plot 9003, Katambora, Nakatindi Road, Kazungula, ☏ (+27) 214389160, E-Mail: reservations@royalchundu.com, www.royalchundu.com. ca. US$ 580/DZ inkl. Verpflegung und Aktivitäten.* **Lage**: *ruhige Lage im Katambora Forest am Zambezi, in der Nähe von Kazungula, ca. 30 Min. von Victoria Falls.* **Beschreibung**: *die Anfang 2010 eröffnete, luxuriöse Lodge liegt sowohl am Flussufer als auch auf einer kleinen Insel mitten im Zambezi. Nachts kann man der afrikanischen Tierwelt lauschen, tagsüber sich im Spa verwöhnen lassen oder an einer der zahlreichen Aktivitäten teilnehmen.*

**Tongabezi Lodge** $$$$$, *Private Bag 31, Livingstone, ☏ 327-450, E-Mail: reservations@tongabezi.com, www.tongabezi.com. Je nach Unterkunftsart ab US$ 485 p.P. inkl. Aktivitäten und Vollpension.* **Lage**: *wenige Kilometer westliche von Livingstone am Zambezi gelegen.* **Beschreibung**: *luxuriöse und romantische Lodge, in der jeder Gast in seinem eigenen House/Cottage wohnt, in dem sich ein privater Concierge um alle Wünsche kümmert. Bootstouren, Kanu fahren, Picknick auf einer Insel im Zambezi, Candlelight Dinner, Game Drives und Besuche von Museen und Dörfern in der Umgebung gehören zu den Aktivitäten.*

**Thorntree River Lodge** $$$$$, *☏ 327-480, E-Mail: thorntree@safpar.com, www.thorntreelodge.net. US$ 333 p.P. im Standardzimmer inkl. Vollpension und einer Aktivität pro Tag (Game Drive, Sunset Cruise oder Tour nach Victoria Falls).* **Lage**: *im Mosi-oa-Tunya National Park 15 km von Victoria Falls.* **Beschreibung**: *max. 18 Gäste finden in der Lodge Platz, jedes der geräumigen Zimmer hat eine eigene Veranda. Guter Ausgangspunkt für Touren in den Mosi-oa-Tunya National Park.*

### Camping

*Camping ist unter anderem in den Backpacker-Unterkünften Fawlty Towers und Jollyboys möglich, ebenso im Zambezi Waterfront (Kontaktadressen s.o.).*

### Restaurants

*Die meisten Restaurants liegen entlang der Mosi-oa-Tunya Road, dort findet man vor allem viele günstige Lokale und Cafés.*

**Ngolide**, *110 Mosi-oa-Tunya Road, ☏ 3210912, www.ngolidelodge.com. In der Ngolide Lodge befindet sich ein gutes indisches Tandoori Restaurant, auch internationale Gerichte.*

*Wie in alten Zeiten: Fahrt mit dem Livingstone Express*

**Armadillo Oriental and Grills**, *Plot 48, Mosi-oa-Tunya Road, ☎ 324-781. Gutes, asiatisch angehauchtes Essen sowie Leckeres vom Grill.*
**Ngoma Zanga**, *Mosi-oa-Tunya Road (217 Area), ☎ 099-441441. Traditionelle afrikanische Küche in ebensolchem Ambiente, abends meist eine afrikanische Show.*
**Funky Monkey**, *214 Mosi-oa-Tunya Road (217 Area), ☎ 320-120. Pizza-Bistro, es gibt auch Frühstück und anderes Fast Food. Günstig.*
**Nongo Stew Restaurant**, *hinter 75 John Hunt Way, nahe der anglikanischen Kirche, ☎ 0976 507364, Mobilfunk 0967 507364, E-Mail: lacp@zamnet.zm. Das Besondere dieses Restaurants: Die Betreiberinnen sind eine Gruppe von Großmüttern, die ihre Enkelkinder damit unterstützen. Gekocht wird traditionell, es gibt jeweils nur ein Gericht. Nur Dienstag und Freitag geöffnet (13–17 Uhr) bzw. am besten vorher anrufen.*
**Olga's The Italian Corner**, *Nakatindi Road (neben der Kirche Ecke Mosi-oa-Tunia Road), ☎ 324-160, www.olgasproject.com. Hier gibt es nicht nur original-italienische Pizza, Nudeln und einen Craft Shop, sondern das Lokal arbeitet eng mit dem Youth Community Training Centre zusammen und unterstützt es bei der Ausbildung und dem Schulbesuch von Kindern. Schon länger soll ein Guest House eröffnet werden. Der Entwicklung des Projekts kann man unter http://olgasproject.blogspot.com/ folgen.*

### Einkaufen

**Kubu Crafts**, *133 Mosi-oa-Tunya Road, ☎ 320-230, www.kubucrafts.com. Große Auswahl von Kunsthandwerk.*
**Bookworld**, *Falls Park Shopping Mall, ☎ 321-414. Auch viele Tier- und Reisebücher.*
**Emmah's Wear**, *121 Mosi-oa-Tunya Road, nahe National Milling, ☎ 0977 311707, E-Mail: emmawear@zamnet.zm. Emmah schneidert traditionelle zambische Kleidung, zudem Hübsches für zu Hause wie Vorhänge, Kissenbezüge und Decken.*

### Aktivitäten und Veranstalter

*Livingstone hat zahlreiche Outdoor-Anbieter, die von Helikopterflügen über Rafting, Bungee-Jumping, Kanutrips, Spazieren mit Löwen oder Reiten auf Elefanten alles für den*

Pizzaausbildung vom Italiener im Olga's

gewünschten Adrenalin-Kick im Angebot haben. Hier eine Auswahl:

**Zambezi Elephant Trails**, ☏ Victoria Falls (+263) 13 44 424, E-Mail: info@zambezi. com, www.victoriafalls.net/elephant_back_safaris.htm. Nahe der Thorntree Lodge bietet Zambezi Elephant Trails die Möglichkeit, den Dickhäutern ganz nahe zu kommen. Nach einer kurzen Einführung wird man „seinem" Elefanten und dem Guide vorgestellt. Man spaziert mit den Elefanten durch den Busch, dabei erklärt der Guide viel Interessantes sowohl zu den Elefanten als auch über die Natur. Insgesamt dauert das Ganze etwa eine Stunde (ca. US$ 60). Auch eine Elephant Back Safari ist möglich (ca. US$ 160). Hier kann man auch alle anderen möglichen Aktivitäten buchen.

**Abseil Zambia**, ☏ 321-188, E-Mail: theswing@zamnet.zm, www.thezambeziswing.com. Wer nach Bungee und Rafting noch nicht genug hat, kann hier in freiem Fall über die Schluchten „fliegen" oder senkrecht die Felsen hinabwandern.

**Livingstone's Adventure**, ☏ 323-589, Mobilfunk 978 770175, I 324-071, E-Mail: reservations@livingstonesadventure.com, www.livingstonesadventure.com. Bietet Flüge mit dem Helikopter sowie Microlight-Flugzeugen, Quad Safaris, Kanu-Trips uvm.

**Royal Livingstone Express**, ☏ 323-232, E-Mail: info@bushtracksafrica.com, www.royal-livingstone-express.com. Man fährt in einem Eisenbahnwaggon von 1900, gezogen von einer aus dem Jahre 1922 stammenden Lokomotive. Los geht´s am Royal Livingstone Hotel um 17 Uhr, von dort wird man zum Startpunkt der Bahn gebracht. Es geht durch den Mosi-oa-Tunya National Park, wo man verschiedene Tiere beobachten kann. Nach Einbruch der Dunkelheit wird das 5-Gänge-Menü serviert. Das Ganze kostet US$ 175 p.P. inkl. Essen, Aperitif und Getränken (Wein, Bier und Softdrinks).

## Verkehrsmittel

### Bus

Es gibt verschiedene Verbindungen nach **Lusaka** (mehrmals tgl. zw. 6 und 14 Uhr, z.B. Mazhandu Family Bus, http://mazhandubuses.com). Der Intercape Mainliner verbindet Victoria Falls mit **Windhoek** dreimal in der Woche (www.intercape.co.za). Nach Bulawayo fahren ca. stündlich Busse, wobei dies auch von der Verfügbarkeit von Benzin in Zimbabwe abhängig ist.

### Flüge

Livingstone wird u.a. von South African Airlines angeflogen (tgl. von Johannesburg), zudem gibt es Verbindungen nach Lusaka.

### Charter-Gesellschaften

**Pro Flight Zambia**, Reservierungen unter ☏ 0211-845944 o. -945, E-Mail: reservations@proflight-zambia.com, www.proflight-zambia.com. Sowohl Charter als auch Linienflüge.

**United Air**, ☏ 323-095 o. -254, I 323-745, E-Mail: info@uaczam.com, www.uaczam.com. Rund- und Charterflüge, auch mit dem Helikopter.

# 7. IN DEN NORDEN: OKAVANGO-PANHANDLE UND CAPRIVI-STREIFEN

# Von Maun in den Panhandle und nach Shakawe

**Km**: 400
**Tankstellen**: Maun, Gumare, Etsha 6, Shakawe

Okavango-Panhandle und Caprivi-Streifen

Von Maun ist die Straße bis Shakawe asphaltiert und relativ gut zu befahren. Dabei durchquert man die wenig spektakulären Orte Toteng, Sehitwa (ca. 27 km nördlich das Setata Veterinary Fence Gate) und schließlich Tsao.
Kurz nach Tsao geht links eine Sandpiste ab zu den Drotsky´s Caves und den Aha Hills (s. S. 263f). Folgt man der Teerstraße weiter geradeaus, gelangt man über Gumare (kurze Zufahrt rechts) und Etsha, wo Versorgungsmöglichkeiten bestehen, nach Sepupa. Hier gibt es einige Unterkunftsmöglichkeiten und eine Bootsverbindung nach Seronga (s. S. 270).
Hinter Sepupa liegt bei dem Dorf Nxamaseri der Abzweig zu den Tsodilo Hills (s. S. 271). Weiter auf der Hauptstraße geht es an den rechts der Straße liegenden Shakawe Lodge und Drotsky´s Cabins vorbei bis nach Shakawe (s. S. 275f). Ohne Abstecher ist die Strecke in knapp fünf Stunden gut zu schaffen.

Informationen zu Ghanzi und Umgebung s. S. 317, zur Strecke nach Dobe s. S. 265 und von dort nach Windhoek s. S. 133ff.

## Lake Ngami

info

Der Lake Ngami, zwischen Toteng und Sehitwa gelegen, war schon immer einer der **sonderbarsten Seen Afrikas**. Seine Existenz als mit Wasser gefüllter See ist gänzlich abhängig von den Regenfällen in Angola und vom Durchfluss des Okavango-Wassers durch die Sümpfe. Der Thamalakane bringt in guten Jahren Wasser über den Nxhabe zum Lake Ngami. Doch kann man nie wissen, wann das der Fall ist, wann der See in einer Fläche von 65 x 16 km gefüllt ist. Wenn kein Wasser hierher gelangt, trocknet der See komplett aus, doch nach starkem Zufluss schwillt er zu einem riesigen Binnensee an. Aus diesem Grunde sind die Reiseberichte der alten Forscher so verschieden.

Wahrscheinlich bedeutet „Ngami" so viel wie „groß". Die San nannten ihn „Nxhabe", was „Ort der Giraffen" bedeutet; die Yei nannten ihn „Ncame" („Ort des Schil-

info

fes"). In Zeiten hohen Wasserstandes betrug seine Tiefe fast 2 m. Das klingt nicht viel, doch wenn man sich seine Gesamtfläche vorstellt und sich vergegenwärtigt, dass er von allen Seiten von der Kalahari umgeben ist, kann man ihn durchaus als ein kleines Naturwunder bezeichnen.

Deshalb zog der Lake Ngami seit jeher Menschen an. Es mag um 1750 gewesen sein, als baYei-Jäger ihn entdeckten. Und sie erzählten ihrem Stamm vom Fischreichtum und von Flusspferden. Von allen Seiten von der abweisenden Kalahari umgeben, regte er seit damals die Fantasie von Abenteurern an. Ab 1820 siedelte sich der Stamm der kämpferischen baTawana an. Sie stellten Besitzansprüche an das Land, und ihr Vieh fand am See genügend Wasser. Sie unterdrückten die friedlichen Stämme der baYei, baKgalagari und der San. Sie verlangten Fleisch, Felle, Pflanzen, kurz: Sie verhielten sich wie Unterdrücker.

Am 1. August 1849 erblickte **David Livingstone** als erster Weißer den legendären See. *Livingstone* war erstaunt, wie bevölkert die Ufer waren. In dem aus mehreren hundert Hütten bestehenden baTawana-Dorf regierte damals der 20jährige Häuptling *Letsholathebe*. Als *Livingstone* Ziegen und Ochsen kaufen wollte, um seine Fleischvorräte aufzufrischen, wies ihn der Häuptling ab und bot stattdessen Elefantenzähne an. Aus den Berichten *Livingstones* erfuhren Beutejäger damals, dass es hier in großen Mengen Elfenbein gab. Und in einem Zeitraum von nur drei Jahren wurden über 900 Elefanten in der Umgebung des Sees erlegt! *Livingstone* schätzte die Größe des Sees auf etwa 800 km². Alte Uferlinien lassen sogar eine prähistorische Größe von 1.800 km² vermuten.

Um die Mitte des 19. Jahrhunderts bahnte sich eine Naturkatastrophe an, die ihren Anfang im nördlichen Teil des Okavango nahm. Verlassene Papyrusboote trieben zusammen, schlugen Wurzeln und blockierten den Wasserabfluss. Der Fluss Thaoge, der den Lake Ngami speiste, trocknete allmählich aus. Zwischen dem Schilf blieben immer kleiner werdende Tümpel zurück, wo Stechmücken ideale Brutmöglichkeiten fanden. Viele Menschen wurden von Malaria befallen und fielen dem Tropenfieber zum Opfer. Durch die immer schlimmer werdende Dürre trockneten die Gräser, ihre Samen lockten wiederum große Schwärme von Blutschnabelwebern an. Im Jahre 1896 erstickte das Papyrusdickicht schließlich völlig den Thaoge, der Lake Ngami trocknete aus. Für die baTawanas aber sollte es noch schlimmer kommen. Eine Heuschreckenplage breitete sich in ihrem Gebiet aus, eine Rinderpest raffte den Viehreichtum dahin. Die Geier sollen damals so fett gefressen gewesen sein, dass sie nicht mehr fliegen konnten.

Die Umgebung des Sees wurde sogar einmal **Zufluchtstätte verfolgter Herero**. Im Jahre 1904 wurden die Herero endgültig von der Deutschen Schutztruppe am Waterberg geschlagen. Der größte Teil versuchte, durch das Sandveld ins heutige Botswana zu gelangen. Doch viele kamen wegen Hunger und Durst auf dem Treck durch die lebensfeindlichen Landschaften um. Die Überlebenden siedelten sich – in kleine Gruppen aufgesplittert – am Rande des Lake Ngami an.

Erst im Jahre 1953 füllte sich das Seebett wieder. Erste Vogelschwärme siedelten sich an, bald kamen Menschen mit ihren Rindern. Über 20.000 Tiere tranken an

info

dem ca. 120 km langen Ufer und ließen im Wasser ihren Kot zurück. Im warmen Wasser verteilte sich der Dung, Pflanzen verwesten. Somit war Nährboden für Plankton und Algen geschaffen. Mit der Flut aus dem klaren Okavango-Becken wurden Fische eingeschwemmt, die allerdings zumeist in dem sauerstoffarmen, trüben Wasser des Lake Ngami umkamen. Nur zwei Brassearten sowie eine Barbenart überlebten hier, vermehrten sich und bildeten für Vögel ideale Lebensbedingungen. In den folgenden Jahren trocknete der See mehrfach aus – und füllte sich wieder. Und damit wechselte der Zyklus des Kommens und Wegziehens der Tiere.

Obwohl der Lake Ngami seine Existenz dem Okavango verdankt, ist er doch so ganz anders:

- Er ist – wenn überhaupt – mit **trübem Wasser** gefüllt.
- Seine Ufer sind **nicht mit Schilf und Ried bestanden**.
- Es leben hier **keine Krokodile und Flusspferde.**
- Die **Besiedlung** war hier stets **beständig**.

Lange Zeit war der See trocken, und man konnte getrost von einem Besuch absehen. Touristische Infrastruktur gibt es in Sehitwa und Toteng auch heute noch nicht. Man muss sich also abseits der Hauptstraße in die Büsche schlagen, um zu campieren. Seit 2004 aber füllte er sich wieder relativ häufig mit Wasser, 2007 wurden immerhin 52 km² geflutet. Die größten Wassermassen aber kamen nach den stärksten Regenfällen seit Jahrzehnten im Jahr 2009, sie blieben bis heute und mit ihnen kamen wieder Tausende Vögel. Seit etwa 1971, wenn er sich recht entsinne, habe der See nicht mehr so viel Wasser gehabt, gab der **Chief Representative** des Dorfes Sehithwa, Mr *Kandu Kandu*, der lokalen Tageszeitung Ngami Times zu Protokoll. Doch niemand weiß, wie lange das Wasser bleibt.

# Abstecher Drotsky's Caves – Aha Hills

Die Strecke ist etwas für eher Unerschrockene und führt zu den mit am seltensten besuchten Zielen des Landes. Ein Besuch der Drotsky's Caves (Tropfsteinhöhlen) und Aha Hills, in der unendlichen Einsamkeit der kargen Kalahari gelegen, bedeutet eher etwas Mystisches. Hier kann man die Stille förmlich hören. Plant man einen Besuch auf der Strecke von Sehithwa nach Shakawe ein, muss man dann allerdings aus Zeitgründen zwischendurch irgendwo sein Lager aufschlagen.

*Einsamkeit und Stille*

## Zur Strecke

Die Aha Hills können von der Hauptstrecke Sehithwa – Shakawe aus erreicht werden. Die leichteste Route: 11 km nördlich von Tsao nach links abbiegen. Vom Abzweig folgt man der Strecke auf ca. 80 km. Teilweise wird es z.T. sehr sandig, da man alte Dünenkämme überquert, die das einst viel größere Okavango-Delta markierten. Landschaftlich insgesamt durchaus reizvoll. Nach dieser Strecke erreicht man einen Ausblick, von dem aus man im Nordwesten die Aha Hills ausmachen kann. Weiter unten kommt man dann an eine Weggabelung, die links zu den Drotsky's Caves führt.

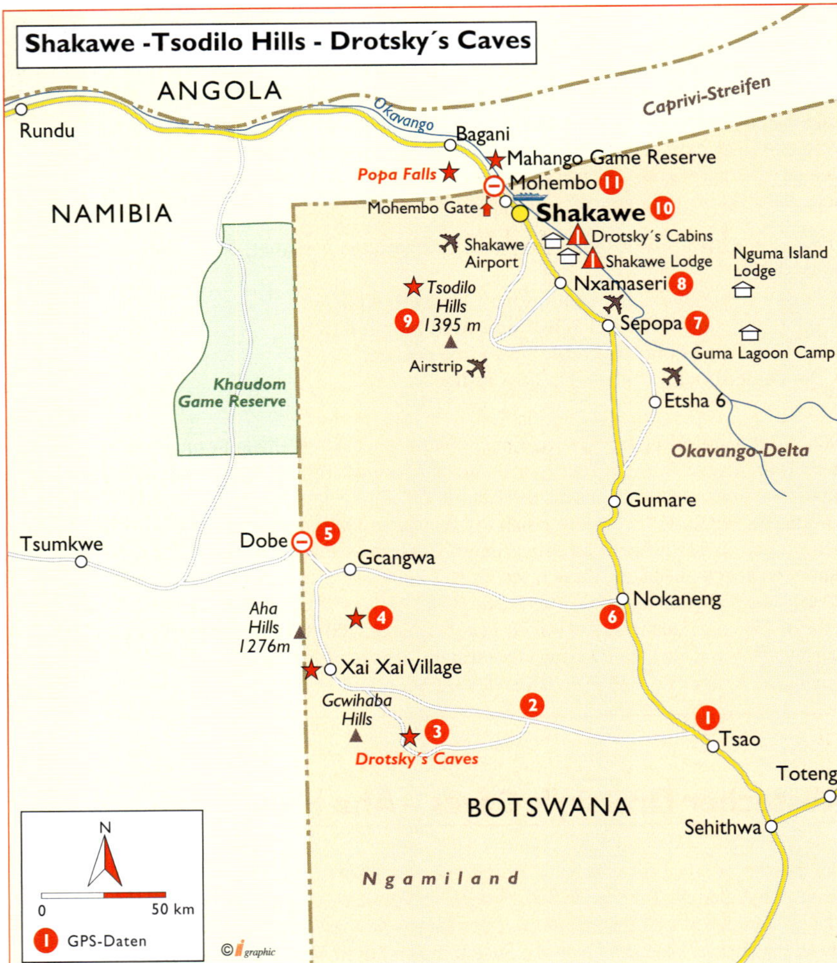


1 Abzweig Drotsky's Caves nördlich Tsao S 20°07'04 E 22°22'18
2 Abzweig links zu den Drotsky´s Caves S 19°57'58 E 21°41'53
3 Drotsky's Caves S 20°01'18 E 21°21'16
4 Aha Hills S 19°47'15 E 21°03'59
5 Abzweig Dobe zur namibischen Grenze S 19°34'47 E 21°04'23
6 Nokaneng/Abzweig Gcangwa S 19°39'34 E 22°11'01
7 Sepupa S 18°44'58 E 22°10'27
8 Nxamaseri (Abzweig zu Tsodilo Hills) S 18°35'49 E 21°59'59
9 Tsodilo Hills S 18°45'33 E 21°44'18
10 Shakawe S 18°22'04 E 21°50'10
11 Mohembo Grenzübergang S 18°15'42 E 21°45'47

Hier steht ein Schild. Nach etwa 27 km erreicht man die Höhle. Die nördliche Zufahrt von Nokaneng ist z.T. sandig, an den schlimmsten Passagen aber mittlerweile einigermaßen befestigt und mit 4x4 gut befahrbar.

Piste zu den Höhlen

Etwa 85 km von den Drotsky's Caves entfernt liegen die Aha Hills. Man gelangt zu ihnen, indem man noch ca. 27 km weiter fährt, bis man auf die Strecke aus Tsao trifft. Man biegt nach links ein und gelangt nach 9 km nach Xai Xai, einem kleinen Dorf. Von dort aus führt ein Track nach weiteren 15 km zu den Bergen. Wenn man nicht die gleiche Strecke zurückfahren möchte, geht es noch ein Stück Richtung Norden. Besonders sandig ist dieser Streckenabschnitt zwischen Xai Xai und Gcangwa.

Von den Aha Hills sind es ca. 25 km, bis links ein Abzweig zu dem Dorf Dobe kommt. Nach etwa 12 kommt man hier zum **Grenzübergang nach Namibia**, über den man nach **Tsumkwe** kommt (tgl. von ca. 8 bis mind. 16 Uhr geöffnet, allerdings sehr wenig frequentiert). Vor dem Übergang sind noch ein paar sandige Passagen zu meistern. Rechts gelangt man über das Dorf Gcangwa (auch Qangwa geschrieben) nach Nokaneng (insgesamt ca. 170 km von den Aha Hills entfernt). Die Strecke lässt sich recht gut befahren, man sollte ca. 5–6 Stunden rechnen bis Dobe. Nokaneng liegt direkt an der Strecke Shakawe – Maun.

Zur Strecke Windhoek – Dobe s. S. 133ff

## Drotsky's Caves (Gcwihaba Caverns)

Bewohner des Dorfes Xai Xai, in der Nähe der Höhlen gelegen

Diese Höhle, in der Nähe der namibischen Grenze gelegen, gehört einem Höhlensystem an, das die San 1934 *Martinus Drotsky* zeigten. Neben seinem Namen in Verbindung mit diesen Höhlen nennen die Einheimischen sie auch „Gcwihaba Caverns" (Lager der Hyänen). Diese Höhlen sind zwar größenmäßig nicht mit

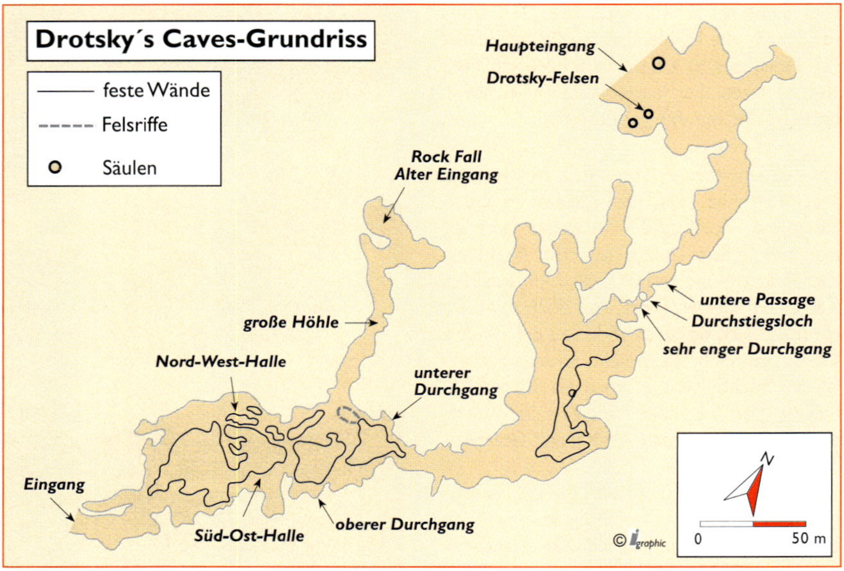


den viel bekannteren Cango Caves bei Oudtshoorn/Kapprovinz (Südafrika) zu vergleichen, doch sie sind touristisch noch fast unerschlossen und damit auch besonders interessant – allerdings auch nicht ohne Gefahr.

Die Höhle ist stockdunkel und wirkt deshalb unheimlich. Innen leben Fledermäuse – die rechte Szenerie für ein Gruselkabinett. Und wenn man sich dann noch vorstellt, dass *Hendrik van Zyl* (der Gründer von Ghanzi) hier einst Schätze verbarg – der Fantasie sind dann keine Grenzen mehr gesetzt!

*600 m Höhlensystem*

Das Alter der Höhlen ist unbekannt. In den Pluvialzeiten, etwa vor 17.000–14.000 Jahren, dürften sie durch die heftigen Regenfälle ihre jetzige Ausformung erhalten haben. Die letzten Ablagerungen, heute in Form von Stalaktiten und Stalagmiten (bis etwa 10 m groß) sichtbar, dürften in der Feuchtperiode vor etwa 2.000–1.500 Jahren entstanden sein. Das ganze Höhlensystem windet sich über 600 m, teilweise sind die Durchgänge zu Nachbarhöhlen sehr niedrig.

Es gibt zwei Zugänge zu der Höhle:
- Der Weg führt zunächst zu dem Eingang, der am niedrigeren Hügel rechterhand des Flussbettes liegt. Hier gibt es auch eine Informationstafel.
- Der zweite Eingang befindet sich etwa 200 m weiter und liegt im rechten Winkel zum nun etwas weiter entfernten Flussbett.

Man kann von hier aus das Dorf Xai Xai besuchen.

*Wer sich traut: Höhlensystem der Drotsky's Caves*

## Reisepraktische Informationen Drotsky's Caves

### Informationen und Führungen

*Alleine darf man offiziell nicht mehr in die Höhle, meistens kommen nach der Ankunft ein paar Bewohner vorbei, die einen in die Höhlen begleiten. Ansonsten im Ort Xai Xai nachfragen.* **Gehen Sie auf keinen Fall alleine in die Höhlen**. *Bei der Begehung sollte man möglichst mindestens zu zweit sein. Ebenso benötigt man mindestens zwei starke Lampen (eine als Reserve, falls man hinfällt bzw. eine Lampe ausfällt). Sollten Sie sich weiter vorwagen wollen, dann markieren Sie am besten alle Punkte, an denen Sie abbiegen, durch z. B. Toilettenpapier (bitte unbedingt wieder auf dem Rückweg mitnehmen!).*

### Anfahrt

*Für eine Fahrt zu den Aha Hills sollte man auf jeden Fall eine gute Karte und ein GPS-Gerät dabeihaben, es gibt z. T. verwirrend viele Fahrspuren. Zudem ausreichend Wasser und Benzin mitnehmen. Die Strecke ist nur mit einem Allradwagen machbar, stellenweise gibt es tiefsandige Passagen.*

### Camping

*Es gibt hier weder Wasser noch sonstige touristische Einrichtungen. Man kann auf den Community Campsites in der Nähe campieren, Anmeldung in Xai Xai.*

### Reisezeit

*Der Besuch der Umgebung der Drotsky's Caves sowie der Aha Hills ist am schönsten während der Zeit sommerlicher Regen. Dann blühen hier Wildblumen. Zudem sind die sandigen Pisten dann etwas besser zu befahren.*

## Aha Hills

*Karge Kalahari-Landschaft*

Dieses Gebiet liegt besonders einsam und ist deshalb vielleicht von besonderem Reiz. Die Berge (bis zu 1.250 m hoch) bestehen fast gänzlich aus Kalkstein, Dolomit und Marmor. Hier gibt es zwei sogenannte „sinkholes": Das sind eingebrochene alte Tropfsteinhöhlen (Dolinen). Die beiden Dolinen sind 55 und 35 m tief und natürlich unzugänglich, da sie steil abstürzen. Der Blick von den Bergen schweift über eine typische karge Kalahari-Landschaft, in der früher Buschmänner nomadisierend herumzogen. Heute lebt in dieser Gegend noch eine Reihe von San. Ihr ursprüngliches Siedlungsgebiet reichte bis in das heutige Namibia hinein.

# Weiterfahrt Richtung Norden

## Gumare

Wieder zurück auf der Hauptstraße, passiert man nach etwa 37 km zunächst den Abzweig nach **Gumare** (Tankstelle, kleinere Läden). Zudem lohnt ein Besuch wegen der schönen **Körbe**, die die Ngwao Boswa, eine Gemeinschaft von Korb-Produzentinnen, hier verkauft. Mittlerweile gibt es ein Training Center im Ort.

## Etsha

Wenig später gelangt man nach Etsha. Die Etshas sind Flüchtlingssiedlungen für die Mbukushu, die gegen Ende der 1960er Jahre aufgrund des Bürgerkriegs in Angola nach Süden flüchteten. Damals kamen insgesamt 13 Gruppen in diese Gegend, die

*Frisör in Gumare*

Beliebtes Souvernir: Körbe

sich dann zwischen Etsha 1 und Etsha 13 ansiedelten. Touristisch bedeutsam ist nur **Etsha 6** (33 km nach Gumare), da es hier eine Tankstelle gibt, ebenso einige Unterkünfte.

Kunsthandwerklich sind die Mbukushu-Frauen dafür bekannt, dass sie schöne Körbe herstellen. Im **Basket Shop** von Etsha 6 kann man neben den Körben auch Töpferwaren und Schnitzereien erwerben. Die Etsha Weavers Group besteht aus 26 Frauen, die damit maßgeblich zur Ernährung ihrer Familien beitragen (*geöffnet Mo–Sa 8–17 Uhr*). Auch zu beziehen über Botswana Craft, siehe www.botswanacraft.bw/gallery/index.html.

Herstellerinnen von Körben

Wer sich für die Kultur dieser Menschen interessiert, sollte im Museum **House of the River People** vorbeischauen. Hier werden Kultur und Lebensweise der San, baYei und Mbukushu näher erläutert (*geöffnet Mo–Sa 8.30–17 Uhr, Eintritt ca. P 20*).

## Reisepraktische Informationen Etsha

### Übernachtung

***Im Ort*: Etsha Guest House & Camping**, *in Etsha 6 gelegen, nahe dem Museums also mitten im Ort. Hier werden 4 riedgedeckte Hütten mit gemeinschaftlichen sanitären Anlagen angeboten. Sehr einfach – dafür nur etwa US$ 20/Person. Camping ist für US$ 7/Person möglich.*

***Außerhalb*: Guma Lagoon Camp $$**, *Buchung und Infos: Guy Lobjoit, P.O. Box HA 35 HAK, Maun, ☎/🖷 687-4626, E-Mail: info@guma-lagoon.com, www.guma-lagoon.com. Chalets und feste Zelte P 750 pro DZ (nur Übernachtung), Camping P 100 p.P.* **Lage**: *bei*

*Etsha 13 nach Osten abfahren, die Piste ist allerdings nicht besonders gut, hinter dem Dorf sogar tiefsandig. Ein Abholservice kann vereinbart werden (P 90 von Etsha 13 p.P./pro Strecke).* **Beschreibung**: *ein Selbstversorger-Camp, die Mahlzeiten können auf Wunsch aber auch zubereitet werden. Vier Meru-Zelte und zwei Chalets, je mit eigenem Bad und fließend Wasser. Außerdem stehen 6 schattige Campingplätze zur Verfügung, die Sanitäranlagen sind in Ordnung. Der Schwerpunkt liegt auf Aktivitäten auf dem Wasser wie Angeln und Mokoro-Fahrten (auch mit Übernachtung auf einer Insel). Schöner Blick auf die Lagune. Es werden auch Bootstransfers nach Seronga angeboten (P 1.100 hin und zurück im kleinen Boot mit bis zu 4 Pers.).*

**Nguma Island Lodge $$$**, *Buchung bei Nookie Randall: Private Bag 13, Maun, Botswana, ☏ 683-0159, 🖷 683-0158, E-Mail: nguma@dynabyte.bw, www.ngumalodge.com. Ca. P 2.280 p.P. im DZ inkl. Verpflegung und Aktivitäten, Ca. P 908 in den Selbstversorger-Einheiten, Camping P 140 (alle Preise inkl. Steuern). Bis auf die letzten 12 km ist die Lodge von Maun über geteerte Straßen zu erreichen, danach braucht man Allrad. Auf Anfrage kann das Auto abgestellt und ein Transfer zur Lodge organisiert werden.* **Beschreibung**: *toller Blick auf die größte Lagune des nordwestlichen Okavango, acht Meru-Zelte. Ideal für Ornithologen und Angler. Mokoro- und Bootstouren sowie Wanderungen werden angeboten. Auf den* **Delta Dawn Campsites** *nahe der Lodge kann man entweder sein eigenes Zelt aufschlagen oder in einem der fünf festen Zelte übernachten. Saubere Sanitäranlagen. Bar, Restaurant und Boma vorhanden.*

### Versorgung

*In Etsha 6 gibt es eine Tankstelle, eine Bäckerei (Mbamba Sister´s Bakery – es gibt neben Brot auch kleine Snacks, Stew sowie Pommes Frites zu kaufen), einen Bottlestore, eine Fleischerei sowie zwei Supermärkte für Grundnahrungsmittel und einiges Frischgemüse.*

## Sepupa

Nächster Ort auf der Strecke immer entlang des Okavango River nach Shakawe ist Sepupa, ein Ort der baYei, zu dem ein Abzweig rechts führt. Hier gibt es ein paar kleinere Läden und das hübsche Camp Sepupa Swamp Stop. Von hier werden Transfers nach **Seronga** angeboten (s. S. 278, auch vom Guma Lagoon Camp, s.o.).

### Unterkunft

**Sepupa Swamp Stop**, *am Fluss gelegen (Schild), ☏ (mobil) 071-379326, E-Mail: res@swampstop.co.bw.* **Beschreibung**: *12 schön gelegene Chalets mit Klimaanlage sowie Campsites mit Elektrizitätsanschluss. Restaurant und beliebte Bar vorhanden, viele jüngere Gäste und Overlander. Zahlreiche Aktivitäten wie Angeln, Boots- und Mokorofahrten, Ausflüge zu den Tsodilo Hills sowie mehrtägige Pakete werden angeboten.*

Angeltour mit dem Hausboot

**Okavango River Boats**, *Kontakt: ☏ (mobil) 072-991580 sowie in Südafrika (+27) 12 7435860, 1 686-3469, E-Mail: reservations@okavangoriverboats.com, www.okavangoriverboats.com. Autos können sicher am Sepupa Swamp Stop geparkt werden. Das ganze Boot kostet mit Crew, Verpflegung etc. P 5.000/Tag.* **Lage**: *das Boot Ngwesi liegt in Ikoga, 25 Min. mit dem Boot von der Sepupa Boat Station.* **Beschreibung**: *eine Tour mit dem Hausboot ist etwas für Angler und Ornithologen, die die Ruhe und Natur des nördlichen Deltas zu schätzen wissen.*

## Nxamaseri

### Unterkunft

**Nxamaseri Lodge**, *Private Bag 23, Maun, ☏ (mobil) 071-326619, E-Mail: info@nxamaseri.com, www.nxamaseri.com. US$ 475 p.P. im DZ inkl. Vollpension und Bootsnutzung in der Hauptsaison.* **Lage**: *Selbstfahrer werden im Dorf Nxamaseri abgeholt, die Fahrt dauert ca. 30 Min., in der Regenzeit erfolgt der Transfer mit dem Boot. Das Auto bleibt auf einem Parkplatz nahe der Hauptstraße. Zudem hat die Lodge eine kleine Landebahn.* **Beschreibung**: *Das Camp war eines der ersten im Delta, in den 1980er Jahren errichtet Es besteht aus sechs Chalets mit Bad/Dusche und Veranda mit Blick auf das Wasser. Über Holzstege gelangt man zu den Hauptgebäuden und zum Restaurant. Ganz besonders gut kann man hier angeln, Vögel beobachten oder einfach entspannen.*

Zum Angeln und Entspannen

## Abstecher zu den Tsodilo Hills

zur Anfahrt s. Karte S. 264

Bei dem Dorf Nxamaseri zweigt die am besten befahrbare, mittlere Strecke zu den Tsodilo Hills ab, wo es zahlreiche Felsmalereien gibt. Diese, 2001 von der UNESCO zum **Weltkulturerbe** erklärt, sind eines der beeindruckendsten Zeugnisse prähistorischer Kunst im südlichen Afrika. Im interessanten **Museum** am Visitor Center, das sich Kunst, Archäologie und Naturkunde der Gegend widmet, erfährt man mehr über die Bedeutung der Zeichnungen.

*Der Male Hill ist der markanteste Berg der Tsodilo Hills*

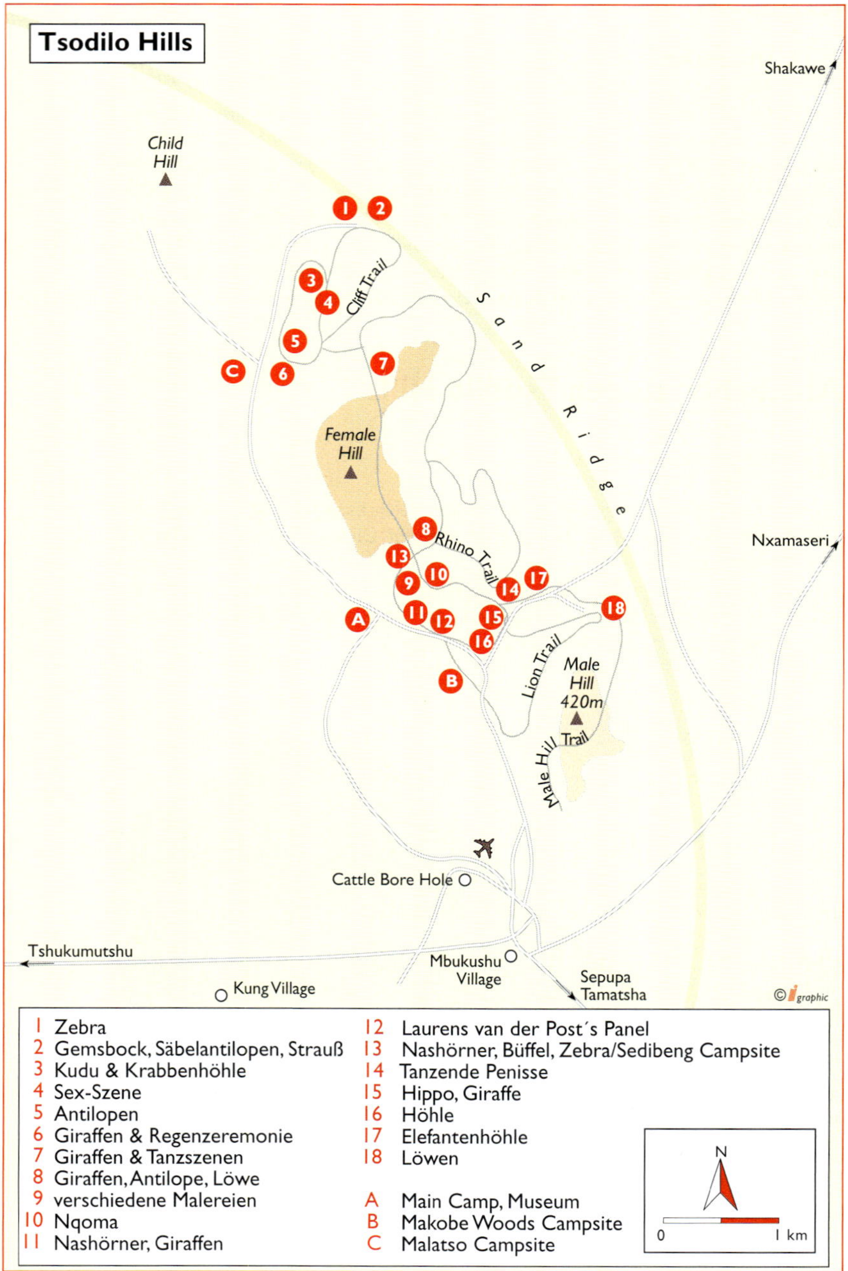
Tsodilo Hills
Shakawe
Child Hill
Cliff Trail
Sand Ridge
Female Hill
Rhino Trail
Nxamaseri
Lion Trail
Male Hill 420m
Male Hill Trail
Cattle Bore Hole
Tshukumutshu
Mbukushu Village
Kung Village
Sepupa Tamatsha
© graphic
1 Zebra
2 Gemsbock, Säbelantilopen, Strauß
3 Kudu & Krabbenhöhle
4 Sex-Szene
5 Antilopen
6 Giraffen & Regenzeremonie
7 Giraffen & Tanzszenen
8 Giraffen, Antilope, Löwe
9 verschiedene Malereien
10 Nqoma
11 Nashörner, Giraffen
12 Laurens van der Post´s Panel
13 Nashörner, Büffel, Zebra/Sedibeng Campsite
14 Tanzende Penisse
15 Hippo, Giraffe
16 Höhle
17 Elefantenhöhle
18 Löwen
A Main Camp, Museum
B Makobe Woods Campsite
C Malatso Campsite
N
0
1 km

Die San durchstreifen seit vielen Jahrtausenden die Weiten der Kalahari. In einer Umwelt, deren Natur lebensfeindlich erscheint, ist ihr Überleben umso bemerkenswerter. Im Gebiet der Tsodilo-Berge leben sie seit Jahrhunderten, da sie hier Quellen vorfinden.

Der Name „Tsodilo" stammt aus der Tswana-Sprache. Er wurde vom Mbukushu-Namen „Sorile" abgeleitet, was so viel wie „steil, jäh" bedeutet. Die San bezeichnen die Berge als Mann, Frau und Kind. Der höchste Berg liegt im Süden (420 m) und ist 700 m vom nächsten entfernt. Der als ‚Frau' gedeutete Hügel weist mehrere Gipfel sowie kleinere Sanddünen-Ablagerungen auf. Ca. 1 km nördlich des „Frauenhügels" liegt der hufeisenförmige „Kindhügel" mit einem felsigen Gipfel von 80 m Höhe. Die Hügel bestehen vorwiegend aus Granit und ragen wie Inseln aus der Ebene empor. Man vermutet, dass hier **schon in der Eisenzeit** einige Dörfer lagen. Darauf deuten Reste von Töpferwaren hin (es ist verboten, diese mitzunehmen). Für die Bewohner sind die Tsodilo Hills ein heiliger Ort für die Wiege der Menschheit.

*Heiliger Ort der San*

Bekannt sind die Tsodilo Hills durch ihre Felsmalereien. Wahrscheinlich stammen sie von den Vorfahren der heutigen !Kung.

### Buchtipp

„**Die verlorene Welt der Kalahari**" von Laurens van der Post. Kindheitserinnerungen und Geschichten der Eltern lassen den jungen van der Post planen, eine abgeschieden lebende Gruppe der San aufzuspüren. Als Erwachsener schließlich geht er, begleitet von einheimischen Helfern, in die südafrikanische Wüstensteppe der Kalahari (erschienen im Diogenes Verlag, ISBN 978-3-257-22804-5).

An ca. 250 Stellen in diesem Gebiet findet man etwa 4.000 Malereien, die man nach zwei Hauptkategorien unterscheidet:

- Malereien, die wahrscheinlich **von Stämmen aus dem Norden** gestaltet wurden: Einige davon sind mit weißer Farbe versehen. Es werden Menschen mit in die Seite gestemmten Armen dargestellt, ebenso Pferde, die geritten oder geführt werden, Ziegen, Schlangen und eine Reihe nicht deutbarer abstrakter Motive.
- Malereien, die **San** zugeschrieben werden: Die meisten dieser Malereien sind in roter Farbe angebracht, meist werden einzelne Gegebenheiten dargestellt, selten Szenen (z. B. Elefantenjagd, tanzende Menschen). Die meisten Zeichnungen stellen Tiere, seltener Menschen dar. Bei den Tiermotiven dominiert das Eland, gefolgt von Giraffen, Nashörnern, Gemsböcken und Zebras. Die Variantenbreite überrascht:
  Es gibt **zweibeinige Silhouetten** von Tieren in nur einer Farbe (das sind wahrscheinlich die frühesten Malereien).
  Es gibt **Malereien mit Umrissen**, die dann ausgefüllt wurden (vierbeinige Motive).
  Es gibt **schattierte und mehrfarbige Darstellungen** (in den meisten Fällen Vieh), die jüngeren Datums sind.

*4.000 Malereien*

Meist werden der Male und der Female Hill besucht. Hier gibt es besonders eindrucksvolle Zeichnungen zu sehen.

*Für die Bewohner der Umgebung sind die Hügel ein heiliger Ort*

Ausgrabungen in der Umgebung der Tsodilo Hills haben Tonwaren, Eisenwerkzeuge (vermutlich Speerspitzen) und Eisenringe hervorgebracht. Die Töpfereifunde zeigen hohe Ähnlichkeit mit Produkten der Bantus in Zambia.

*Pfeil und Bogen nur für Besucher*

3–4 km nördlich der Tsodilo Hills liegt ein kleines Mbukushu-Dorf. Die hier lebenden Mbukushu wohnen in 8–10 grasbedeckten Hütten. Noch immer ernähren sie sich von Feldfrüchten, in Fallen erlegten Perlhühnern und gejagten Antilopen. Trotzdem hat die Zivilisation schon längst Einzug gehalten: Nur noch für Besucher werden der Lendenschurz sowie Pfeil und Bogen angelegt. In der Nähe (südlich des höchsten Hügels) liegt eine 950 m lange Landepiste. *Willy Zingg* hat diese Piste in den 1970er Jahren hier angelegt, damit wurde es auch anderen Safariunternehmen möglich, Besucher hierherzubringen. Mittlerweile ist auch die Anfahrt mit dem Auto kein Problem mehr.

## Reisepraktische Informationen Tsodilo Hills

### i Information und Führungen

*San führen die Besucher zu den Felsmalereien, ein Erkunden ohne Führer ist nicht erlaubt. Nach der Ankunft wird man im Visitor Center registriert, hier gibt es auch Toiletten und Duschen. Eintritt: Am Game Scout Camp entrichtet man ca. US$ 10 für den Eintritt. Führungen: Kosten ca. US$ 13 pro Tag oder gegen entsprechende Mengen an Mehl, Zucker, Reis, vielleicht Schuhe und Kleidungsstücke.*

### Anreise

*Die Straße ab Nxamaseri (mittlere Strecke) ist zur Schotterpiste ausgebaut, die man ohne Probleme befahren kann. Alternativ bieten sich Tagesausflüge mit dem Flugzeug von Maun aus an (s. S. 167), eine kleine Landebahn ist vorhanden.*

### Camping

*Entweder in Shakawe oder einfach Zelten. Mehrere ausgewiesene* **Campsites** *stehen zur Verfügung: Man campiert vor allem auf der Malatso Campsite (nördlich des Female Hill) oder ca. 1 km weiter südöstlich an der Makoba Woods Camp Site. Daneben gibt es die Matsiareng Campsite (Lion Trail) sowie die Sedibeng Campsite (Female Hill). Toiletten und Duschen gibt es aber nur beim Visitor Center. Die sind allerdings nicht immer sauber. Es gibt hier keinerlei Versorgungsmöglichkeiten. Nächste Tankstelle: Etsha 6.*

*Die Besichtigung der Felsmalereien ist nur mit einem Führer möglich*

## Shakawe

**Shakawe** ist als größte Siedlung des oberen Ngami-Landes die „Hauptstadt" des Nordens Botswanas, die besonders nach der Asphaltierung der Straße nach Maun einen „Aufschwung" erlebte. Hier trifft man Hunderte riedgedeckter Hütten an. Frauen schöpfen in alter Tradition noch Fische mit Körben aus dem Fluss, angesichts der Krokodile und Hippos kein ungefährliches Unterfangen. An den Ufern des Okavango grasen Rinder. Herrliche Ausflüge auf dem Okavango ermöglichen die Beobachtung einer außerordentlich reichhaltigen Vogelwelt (z. B. Schreiseeadler) sowie vieler Flusspferde und Krokodile.

*Hauptstadt des Nordens*

Shakawe verfügt über eine kleine Shell-Tankstelle und einen Supermarkt. Im kleinen Dorf kann man hinter der Bäckerei das „Mokoro-Terminal" bewundern: Viele Mokoros und Boote liegen hier, während ihre Besitzer zum Einkaufen unterwegs sind.

In nahe liegenden Camps (Drotsky's Cabins, Shakawe Lodge, s. S. 276) werden die Gäste rundum versorgt – gut geeignet für ein paar erholsame Tage. Boote für Ausflüge werden vermietet und Exkursionen zu den Tsodilo Hills angeboten. Die Drotsky's Cabins erhalten von den Gästen besonders gute Rückmeldungen und können insbesondere für Tierfreunde sehr empfohlen werden.

*Empfehlenswerte Unterkünfte*

Hier im nördlichen Lauf des Okavango leben zahlreiche Tigerfische.

Reiche Vogelwelt (Gabelracke)

## Reisepraktische Informationen Shakawe

### Unterkunft

**Drotsky's Cabins** $$ **(8)**, *P.O. Box 115, Shakawe, ☏ 687-5035, 🖷 687-5043, E-Mail: drotskys@info.bw. P 1.150 für ein neues Chalet/Nacht, Mahlzeiten müssen dazu gebucht werden. Camping ca. P 300 für 2 Pers. auf einer Campsite.* **Lage**: *5 km südlich von Shakawe, an einem Nebenarm des Okavango gelegen, auch mit dem Pkw zu erreichen. Strecke ausgeschildert.* **Beschreibung**: *Hier geht es sehr familiär zu, Jan und Eileen Drotsky kümmern sich persönlich um die Gäste. Es werden Chalets und auch Hütten („A-frame") angeboten, Camping möglich. Seit Neuestem stehen die New Chalets, 10 luxuriöse Hütten plus Bad und Annehmlichkeiten wie Klimaanlage und Satelliten-TV, zur Verfügung. Das ganze Camp eignet sich toll für Vogelbeobachtungen, da es einen Flusswald und dichtes Ried sowie Papyrus gibt. Es wird ein umfangreiches Ausflugsprogramm angeboten, Bootsverleih. Die Inhaber betreiben zudem die* **Xaro Lodge**, *die auf einer Insel liegt und nur mit einem Boot zu erreichen ist, das Auto lässt man bei den Drotsky´s Cabins stehen. Dort gibt es acht Meru-Zelte mit Bad für P 525 p.P. ohne Mahlzeiten.*

**Shakawe Lodge** $$$ **(9)**, *Buchung und Infos: Okavango Fishing Safaris, P.O. Box 12, Shakawe, ☏ 686-0822 o. -0823, 🖷 686-0493, E-Mail: nicolac@travelwild.co.bw. Zelten: P 120 p.P., Unterbringung in den Hütten: ca. P 850 p.P. inkl. Vollverpension.* **Lage**: *Das Camp liegt 11 km südöstlich von Shakawe direkt am Okavango-Ufer und ist ein Mekka für Angler (insbesondere Tigerfisch!).* **Beschreibung**: *eigenes Restaurant. Unterbringung in Hütten oder Zelten, Swimmingpool, ansprechend angelegt. Bootsausflüge möglich, ebenso Ausflug zu den Tsodilo Hills.*

### Versorgung

*Im Ort gibt es den* **Wright's Trading Store**, *ein Selbstbedienungs-Supermarkt, und einen* Bottle Store. *Frische Backwaren erhält man in* Mama Haidongos Nice Bakery. *Auch Tanken ist möglich (Tankstelle liegt nicht direkt an der Durchgangsstraße, sondern im Ort).*

Wasserlilie auf dem Okavango

### Fähre

*Etwa 12 km nördlich von Shakawe gibt es die* **Mohembo-Fähre** *(2 Fahrzeuge können geladen werden), um über den Okavango nach Seronga zu kommen. Seronga selbst ist ein kleines Nest, ca. 105 km von der Fähre entfernt. Hier kann man mit dem Poler's Trust Mokoro-Safaris unternehmen (s. S. 278). Weiter geht's dann eher theoretisch – über Betsha, und knapp 38 km später folgt eine Abzweigung nach Südosten, die über den Selinda Spillway zur Piste Savuti – Maun führt. Diese Strecke ist aber eine der einsamsten (und unwegsamsten) des Landes, besonders nach sommerlichen Fluten ist der Selinda Spillway teilweise nicht zu passieren.*

### Kubu Queen: Angeltour mit dem Hausboot im Okavango-Delta

Die **Kubu Queen** ist ein tolles Hausboot für 4 Personen (+ Guide). Da das Boot immer nur exklusiv an eine Gruppe vermietet wird, können Sie hier Ruhe und Abgeschiedenheit in einer exklusiven Atmosphäre genießen. Es liegt in den Gewässern von Jedibe Island, da der Wasserstand hier ganzjährig hoch ist. Man hält sich in den größeren Lagunen auf, ebenso im kleineren Boro und Nqoga-Fluss. In diesem Teil des Okavango-Deltas gibt es keine Lodges. Hauptsächlich werden Angeltouren veranstaltet.

Mit der Kubu Queen kann man praktisch an jeder Stelle des Deltas übernachten, auf den größeren Inseln werden Wanderungen unternommen. Zwar steht nicht die Großtierwelt im Mittelpunkt dieser Safari, aber Sie werden sicherlich Flusspferde, Krokodile, Lechwe- und die sehr seltenen Sitatunga-Antilopen zu sehen bekommen. Das Wichtigste aber sind die Vogelbeobachtungen, Fischen sowie das Erleben von Ruhe und Abgeschiedenheit in der großartigen Okavango-Landschaft. Sie landen mit dem Flugzeug auf dem Jedibe-Flugfeld, von hier aus geht es dann mit einem kleineren Boot in etwa 1 Bootsstunde zum Hausboot. Die Kubu Queen ist ein Doppeldecker; die beiden Schlafräume befinden sich auf der unteren Etage, oben sind die Lounge und der Dining Room.

**Information**: Kate und Greg Thompson, Mobilfunk 0723 06822 oder 723-06821, E-Mail: oldafricasafaris@ngami.net, www.kubuqueen.com. Preis P 2.200 p.P./Nacht bei mind. 4 Pers. (Sept./Okt. 6 Pers.), inkl. Vollpension (ohne Getränke), Guide und Crew. Angel-Equipment ist an Bord vorhanden.

### Busverbindungen

Mahube Express Bus: *zwischen Maun und Shakawe 2–3-mal täglich (6–8 Stunden). Haltestationen sind in Maun: Wright's Trading Store und die Polizeistation.*

### Grenzübergang

*Der von Shakawe nächste Grenzübergang nach Namibia ist* **Mohembo** *(tgl. 8–18 Uhr), 16 km nördlich des Ortes gelegen. Durch den Mahango Game Park gelangt man in den Caprivi-Streifen, den man entweder Richtung Kasane (Osten) durchfahren oder nach Westen Richtung Rundu verlassen kann (nach Windhoek). Informationen zur Route* *s. S. 133ff.* *Der Grenzübergang ist in der Regel unproblematisch, kann aber manchmal seine Zeit dauern.*

## Abstecher nach Seronga – Mokoro-Tour mit dem Polers Trust

Nach Seronga gelangt man entweder durch die Umfahrung des Pandhandle, mit der Fähre von Mohembo oder per Boot, u.a. vom Sepupa Swamp Stop oder dem Guma Lagoon Camp (s. S. 269) – dann hat man allerdings kein Auto dabei, was aber auch kein Problem ist. Die Zeltausrüstung kann man mitnehmen oder dort leihen – allerdings sollte man daran denken, dass der Platz im Mokoro begrenzt ist. Schlafmatten, auf denen man im Mokoro auch sitzen kann, gibt es ebenfalls. Schon bei dem Transfer gibt es Vögel, Krokodile und Hippos zu beobachten. Der Preis berechnet sich pro Boot, nicht pro Person, deshalb ist es empfehlenswert, bei einer anderen Gruppe mitzufahren. Übernachten kann man auf dem Mbiroba Camp (2 km südlich von Seronga, S 18°49`561, E 022°25´974) des **Polers Trust**, ein Campingplatz, dazu gehört ein Restaurant (vorher anmelden).

*Auf Mokoro-Safari*

Die Mokoro-Touren dauern meist 3 Tage/2 Nächte, man kann aber auch mehr/weniger Nächte im Delta verbringen. Man bekommt einen guten Eindruck vom Delta, falls man es in Maun nicht besucht hat – und es ist um einiges günstiger. Allerdings gehen die Touren nicht mitten in die Wildnis, sondern am Rande des Deltas entlang.
**Infos und Buchung** beim Polers Trust, *P.O. Box 24, Seronga, ☏ 687-6861 o. -6937, 687-6939, E-Mail: okavangodelta@botsnet.bw, www.okavangodelta.co.bw. Camping kostet ca. P 60, ein Mokoro-Trip ca. P 600 pro Tag.*

### Unterkunft

**Okavango House Boats**, *Kontakt: Dries Krause, Private Bag 19, Maun, ☏ 686-0802, 🖷 686-0812, E-Mail: krause@info.bw, www.okavangohouseboats.com. Das ganze Boot (für bis zu 15 Pers.) kostet P 5.500 pro Tag (in 2012; ab 2013 P 6.000), mit Verpflegung P 360 p.P. zusätzlich, alternativ kann man sein eigenes Essen mitbringen, dass die Crew zubereitet. Die Boote Inyankuni und Inkwasi liegen in Seronga.*
**Gudigwa**, *Gudigwa Lodge Reservations, P.O. Box 25335, Gaborone, ☏ (mobil) 071-843657, 🖷 392-7770, E-Mail: enquiry@gudigwa.com, www.gudigwa.com.* **Lage**: *ganz im Norden des*

Am Ufer sonnen sich die Krokodile

*Deltas gelegen. Anreise: mit dem Flugzeug von Maun oder Kasane. Preis: US$ 360–500, Flug von Kasane ca. US$ 150, von Maun ca. US$ 180 (mind. 3 Pers.).* **Beschreibung**: *Unterbringung in Grashütten, deren Struktur an die lokalen Hütten angelehnt ist. Sechs Zimmer, je mit Solarlicht und Außenbad ausgestattet. Die Lodge legt eher einen kulturellen Schwerpunkt: Sie liegt 5 km vom Gudigwa, dem größten San-Ort in Botswana mit ca. 800 Einwohnern. Die San führen Wanderungen durch und erzählen dabei über Flora, Fauna und ihre Kultur. Ein Dolmetscher ist dabei.*

# Durch den Caprivi – Namibias langer Finger

*Topografisches Unikum*

Der **Caprivi-Streifen** ist sicherlich ein topografisches Unikum auf der Landkarte des südlichen Afrika. Er ist ungefähr 450 km lang und bis zu 50 km breit. Interessant ist seine politische Geschichte: Im **Helgoland-Sansibar-Vertrag** vom 1. Juli 1890 regelten Deutschland und England ihre kolonialen Verhältnisse in Ost-, Südwest- und Westafrika (Togo). Das Deutsche Reich erhielt Helgoland, was für die Verteidigung der Nordseeküste wichtig war. Im Gegenzug trat es in Ostafrika die Herrschaft über Witu ab und erhielt dafür den Zugang zum Zambezi in Deutsch-Südwestafrika. Benannt wurde das Gebiet nach dem Reichskanzler Graf von Caprivi. Gleichzeitig erkannte das Deutsche Reich die englische Schutzherrschaft über Zanzibar an.
Zwei große, majestätisch wirkende Flüsse durchqueren dieses Gebiet von Norden nach Süden: der **Okavango** und der **Kwando**.

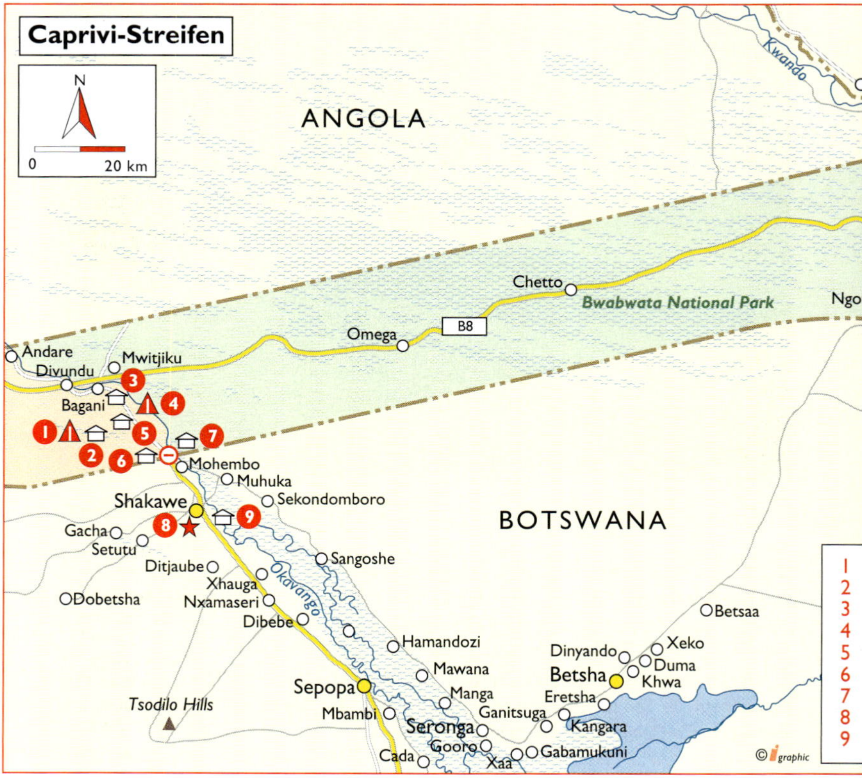


## Informationen zur Strecke: Der Trans-Caprivi-Highway

*Asphaltstraße*

Die Schnellstraße verbindet auf einer Strecke von über 505 km Rundu mit Katima Mulilo und wurde 1996 als Asphaltstraße fertiggestellt. Damit stellt sie eine schnelle Verbindung für den Personen- und Güterverkehr sicher. Der erste Abschnitt reicht von Rundu nach Divundu und ist 204 km lang. Man fährt an Bewässerungsfeldern entlang. Den Bwabwata Park erreicht man an der Brücke über den Okavango.

Von Shakawe und durch den Mahango Game Park kommend, stößt man hier auf den Highway. Der zweite Abschnitt geht über eine sehr gut asphaltierte Strecke über 191 km von Divundu nach Kongola und ist recht monoton. Wenn man den Kwando überquert, findet man den Anschluss an die D 3511, die nach Süden zu einer Reihe von Lodges führt (C 49). Der dritte Abschnitt reicht dann 110 km weit bis nach Katima Mulilo.

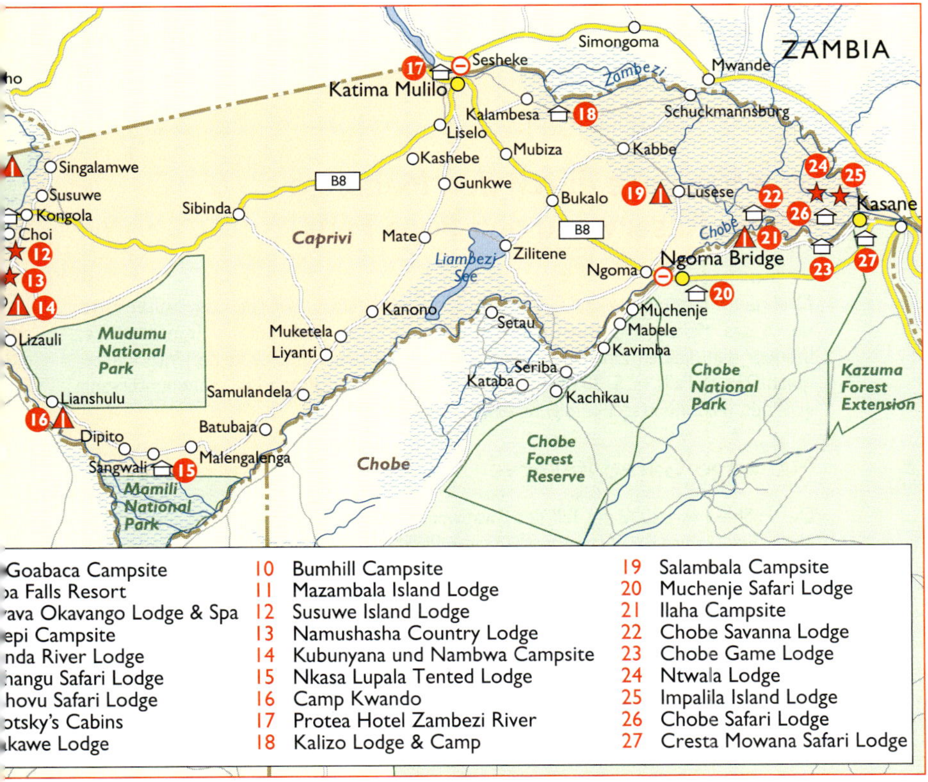


## Mögliche Abstecher unterwegs

Ein Abstecher zu den **Popa Falls** gehört unbedingt zum Caprivi-Erlebnis, auch wenn man hier eher Stromschnellen als Wasserfälle erwarten sollte. Das benachbarte **Mahango Game Reserve** als Teil des Bwabwata National Park lohnt dann einen Abstecher. Im weiteren Verlauf der Reise ist ein Besuch des **Mudumu National Park** (Bereich Kwando River) anzuraten (Flussfahrten, Wildbeobachtung). Der südlich gelegene **Mamili National Park** lohnt für versierte Allradfahrzeugfahrer, die vor allem in der Bewältigung der Wildnis ihr Erlebnis sehen.

*Nationalparks des Caprivi-Streifens*

**Katima Mulilo** eignet sich hervorragend für einen Zwischenstopp am Zambezi. Von hier aus erreichen Sie per Allradfahrzeug die herrlichen **Ngonye Falls** des Zambezi (Zambia).

*Tolle Unterkünfte*

**Mpalila Island** liegt auf der namibischen Seite des Chobe, von Kasane per Boot zu erreichen. In dieser sagenhaft schönen Wasserlandschaft erwarten Sie gepflegte Lodges mit afrikanischem Flair und vielen Aktivitäten (s. S. 234).

# Von Shakawe durch den Mahango Game Reserve zu den Popa Falls

Nach der Überquerung der Grenze bei Mohembo geht es auf gut ausgebauter Piste durch das Mahango Game Reserve. Nutzt man den Park nur als Transitstrecke, braucht man keinen Eintritt zu bezahlen. Im Park selbst gibt es keine Unterkünfte, nur bei Popa Falls (s. S. 283). Der Park ist von Sonnenaufgang bis Sonnenuntergang geöffnet, die Eintrittsgenehmigung erhält man vor Ort.

## Mahango Game Reserve

Der Park ist seit 2002 ein Teil des Bwabwata National Parks, zu dem außerdem das ehemalige Gebiet des West Caprivi Game Parks gehört. Der nicht eingezäunte Park umfasst nun etwa 5.000 km² und liegt zwischen dem Okavango und dem Kwando. Hier leben heute mehr als 5.000 Elefanten, Büffel, Flusspferde, Krokodile und natürlich auch Löwen, Leoparden und die savannentypischen Antilopenarten.

*Rundfahrt mit Allrad*

Zwar sind Teilstrecken je nach Jahreszeit mit einem normalen Pkw mittlerweile befahrbar, doch die 19 km lange Rundfahrt kann man nur mit einem Allradfahrzeug unternehmen. Diese Rundfahrt führt durch den Thinderevy-Omuramba, später über eine Dünenkette in den Mahango-Omuramba und entlang der Okavango-Flussaue zurück.

In der Trockenzeit ist die Chance gut, viele Elefanten anzutreffen, die aus Angola, Zambia und dem West-Caprivi kommen. Vor allem für Ornithologen ist das Gebiet sehr interessant. Die riesigen Baobab-Bäume im Ostteil sind ebenfalls sehenswert.

## Popa Falls

15 km nördlich des Mahango Game Reserve gelangt man zu den Popa Falls. Die Einheimischen nennen die Fälle Mpupo, was so viel wie „stürzendes Wasser" bedeutet. Sie sind ein idealer Stopp bei einer Durchquerung des Caprivi-Streifens. Es handelt sich hierbei weniger um einen Wasserfall als vielmehr um Stromschnellen. Der Okavango „stürzt" hier über felsigen Untergrund (dunkler Quarzit) etwa 3 m „tief". Während der Trockenzeit ist der Eindruck dieser Kaskaden imposanter als zu Zeiten hohen Wasserstandes, wo der Fluss leichter über die Felsklippen hinwegrauscht. Das Wasser ist herrlich klar, sodass man die Fälle auch manchmal als „White Water Falls" bezeichnet.

*Stromschnellen*

*An den Popa Falls*

## Reisepraktische Informationen Popa Falls und Umgebung

**Vorwahl Namibia**: 00264

s. Karte S. 280/281

### Unterkunft

**Popa Falls Resort** *(staatliches Rastlager an den Popa Falls)* **$–$$ (2)**, *Buchung über NWR (Namibia Wildlife Resorts), Private Bag 13378, Windhoek, ☏ 061-2857-200, 🖷 061-224-900, E-Mail: reservations@nwr.com.na, www.nwr.com.na. Camping N$ 100 p.P., Hütten ab N$ 250–500 p.P. in den River Cabins für 4 Personen.* **Lage**: *5 km südlich Divundu (Bagani), Anfahrt bei Bagani über D 3406 nach Botswana.* **Beschreibung**: *Das Camp liegt am Ufer des Okavango-Flusses an den letzten Stromschnellen, bevor der Fluss nach Botswana/ins Okavango-Delta fließt. Die hohen Bäume (u. a. Krokodilbäume sowie Ahnenbäume) spenden guten Schatten. Im Lager gibt es einen Laden, ein Restaurant (7–9 Uhr, 12–14 Uhr, 18–22 Uhr), Hütten (Selbstversorgung möglich) sowie Campingplätze. Es gibt gemeinschaftliche Toiletten, Waschräume sowie eine Feldküche.*

**Mahangu Safari Lodge $$$ (6)**, *☏ 066-259-037, 🖷 066-259-115, E-Mail: mahangulodge@iway.na, www.mahangu.com.na. Bungalow N$ 820, Luxus-Wohnzelt N$ 660 p.P. inkl. Frühstück, Camping N$ 80 p.P.* **Lage**: *22 km südlich Divundu, am westlichen Ufer des Okavango, nicht weit vom Mahango NP entfernt.* **Beschreibung**: *die Lodge bietet 4 Safariwohnzelte und 9 Strohdachbungalows, alle komfortabel und zweckmäßig eingerichtet mit Klimaanlage, 24h Strom, Tee- und Kaffeefazilitäten und gefiltertem Trinkwasser. Toller*

*Sattelstorch im Mahango Game Reserve*

*Blick auf den Okavango, am gegenüberliegenden Ufer sind meist Hippos, Elefanten und Büffel zu sehen, Boots- u. Angeltouren werden angeboten, besonders Vogelfreunde werden begeistert sein. Beim Sundowner sind Hippos garantiert. 6 Stellplätze für Camper direkt am Fluss (sehr sauber).*

**Nunda River Lodge** $$$ (5), *P.O. Box 5271, Divundu, ☏ 066-259093, 🖷 066-259094 oder -88610233 (Fax to E-Mail), E-Mail: bookings@nundaonline.com, www.nundaonline.com. Luxuszelte ca. N$ 750 p.P. mit Halbpension, Camping N$ 110 p.P.* **Lage**: *zwischen den Popa Falls und dem Ngepi Camp gelegen (GPS: S 18°07'032 E 21°35'905).* **Beschreibung**: *Die 2008 eröffnete sehr ansprechende Lodge bietet sieben luxuriös eingerichtete Zelte, die jeweils eine eigene Plattform mit tollem Blick auf den Okavango haben. Restaurant, Bar und Empfang werden von einem riesigen Rieddach geschützt, eine große Holzterrasse lädt zum Drink beim Sonnenuntergang ein. Großer Swimmingpool, Bootsfahrten, Angeln, Mokoro-Fahrten. Für Selbstfahrer gibt es 8 rasenbedeckte Campingplätze mit einer separaten Kochgelegenheit. Alle Campingplätze sind in der Nähe des Flusses und haben einen Grillbereich, Sitzplatz, Licht, Strom- und Wasseranschluss.*

**Ndhovu Safari Lodge** $$$$ (7), *Kontakt: Horst Kock, P.O. Box 5035, Divundu, ☏ 066-259901, 🖷 066-259153, E-Mail: ndhovu@iway.na, www.ndhovu.com; Buchungen: Reservation Destination, P. O. Box 11633, Klein Windhoek, ☏ 061-224712, 🖷 061-224217, E-Mail: reservations@resdes.com.na, www.resdest.com. Ab N$ 965 p.P. mit Halbpension, Zeltplatz ab N$ 135.* **Lage**: *Die Lodge liegt südlich der Fälle direkt am tropischen Ufer des Okavango, 2 km vom Mahango Game Reserve entfernt. Anfahrt über D 3403 Richtung Popa Falls, nach 20 km Abzweig zur Lodge, in der Regenzeit Allrad notwendig.* **Beschreibung**: *Die Unterkünfte bestehen aus Zelten mit eigenen sanitären Anlagen. Schwimmbad, Bar und Restaurant in einem Haupthaus, das an den Seiten vollkommen offen ist, vorhanden. Sehr gepflegte Anlage. Es werden Bootsfahrten auf dem Okavango angeboten, ebenso Angeltouren und Safaris im offenen Landrover (Elefanten- und Büffelbeobachtung). Sehr gute Möglichkeiten zum Vogelbeobachten (über 400 Arten).*

**Divava Okavango Lodge & Spa** $$$$$ (3), *☏ 066-259005, 🖷 066-259026, E-Mail: divava@leadinglodges.com, www.leadinglodges.com. Ab N$ 2.380 p.P./HP.* **Lage**: *Die Luxus-Lodge liegt am Ufer des Okavango, einige hundert Meter von den Popa-Fällen und 14 km vom Mahango Game Park entfernt.* **Beschreibung**: *wunderschöne Aussicht über den Okavango-Fluss und ausgezeichnete Vogelbeobachtungsmöglichkeiten. Die Lodge verfügt über 20 Luxus-Chalets, eine Bush Bar, ein Restaurant, einen Swimmingpool, Sauna und ein Aussichtsdeck. Neben Fahrten in das Mahango Game Reserve werden Bootsfahrten zu den Popa Falls angeboten, um Flusspferde und Krokodile zu beobachten.*

**Camping**

**N//Goabaca Campsite (1)**, *Buchung ☎ 061-255977, 🖷 061-222647, E-Mail: office.nacobta@iway.na. Camping ca. N$ 60 p.P.* **Lage**: *von der B 8 ca. 1 km östlich von Divundu in die Pad nach Süden einbiegen (4 km).* **Beschreibung**: *sehr schöne schattige Plätze für Camper mit Blick auf die Popa Falls. Einfache, saubere sanitäre Anlagen, Gemeinschaftsküche.*

**Ngepi Campsite (4)**, *☎ 066-259903, mobil 081-202-8200, 🖷 066-259906, E-Mail: bookings@ngepicamp.com, www.ngepicamp.com. Baumhaus N$ 480 und Hütte N$ 380 – beides p.P. und inkl. Frühst., Camping N$ 95 p.P.* **Lage**: *Dieser Campingplatz (mit PKW erreichbar, in der Regenzeit aber nur mit Allrad) liegt am Ostufer des Okavango. Von der B 8 über die D 3430 erreichbar (GPS: S 18°07'079 E 21°40'225).* **Beschreibung**: *Die Zeltplätze sind schattig. Es gibt Duschen und Toiletten. Man muss sich selbst versorgen, aber eine Gemeinschaftsküche ist vorhanden, ebenso Bar und Restaurant. Gruppen und Einzelreisende bekommen gesonderte Stellen zugewiesen. Bootsfahrten auf dem Okavango werden von den benachbarten Lodges angeboten. Toll: Baumhäuser à la Webervogel-Nester. Gut für junges Publikum – unkonventionell.*

**Popa Falls Resort**, s.o.

**Nunda River Lodge**, s.o.

## Von Popa Falls nach Katima Mulilo

Direkt hinter Divundu/Bagani fährt man ostwärts entlang der B 8 Richtung Katima Mulilo durch den ehemaligen Caprivi Game Park, heute Teil des Bwabwata National Park. Im Osten endet das Parkgebiet am Kwando. Beim Durchfahren dieses Gebiets hat man keine großen Chancen, Wild zu erspähen. Hinsichtlich der Vegetation und der Landschaft hinterlässt dieses Gebiet keinen nachhaltigen Eindruck. Man darf als Reisender die B 8 ohnehin nicht verlassen.

*Immer der B 8 entlang*

## Von Kongola zu den Nationalparks Mudumu und Mamili/Route D 3511 – C 49

Von Popa Falls/Rundu aus kommend, erreicht man bei Kongola den Kwando. In Kongola gibt es einen Supermarkt sowie eine manchmal geöffnete Tankstelle (im Herbst 2011 war sie offen). Hier zweigt die Straße D 3511/C 49 nach Süden zum **Mudumu National Park** und zum **Mamili National Park** ab. Bleibt man auf der Straße, so erreicht man nach ca. 120 km das Dorf Linyanti und nach weiteren ca. 70 km wieder kurz vor Katima Mulilo die B 8.

**Hinweis**

**Permits** für den Besuch des Mamili und Mudumu National Park gibt es an der Susuwe Ranger Station bei Kongola.

*Im Lizauli Traditional Village*

## Mudumu National Park

Dieser Nationalpark wurde 1990 eröffnet und ist etwa 1.000 km² groß. Zu erreichen ist er über die B 8, dann ca. ab Kongola die Pad D 3511 (C 49). Er ist ganzjährig zwischen Sonnenauf- und -untergang geöffnet. Der **Kwando** bildet über etwa 15 km hinweg die Westgrenze des Parkgebiets. An manchen Stellen kann der Fluss Flächen von 40 km Breite bedecken. Südlich von Lianshulu verzweigt sich der Kwando in ein **Gewirr von Wasserarmen**, die in die Linyanti-Sümpfe übergehen.

*Ideal für Ornithologen*

Entsprechend dem Wasserreichtum leben hier viele Tierarten, so u. a. Elefanten, Kudus, Impalas, Zebras, Büffel, Moorantilopen und Sitatungas. Natürlich tummeln sich im Wasser auch Krokodile und Flusspferde. Für Ornithologen ist das Gebiet ein Paradies!

## Lizauli Traditional Village

Dieses Community Project (38 km südlich Kongola an der D 3511) soll dazu beitragen, die in der Umgebung des Nationalparks lebenden Menschen am aufkommenden Tourismus teilhaben zu lassen. Von der einheimischen Bevölkerung Verständnis für den Naturschutz zu verlangen hat keinen Sinn, solange Elefanten und Hippos die Felder zertrampeln und Raubtiere Vieh schlagen.

So wurde ein „traditionelles Dorf“ aufgebaut, in dem Reisende die Lebensweise der Kavango erleben können. Hier erfährt man u. a. etwas über das Wirken eines Medizinmanns, man kann Frauen bei Flechtarbeiten zuschauen usw. Zudem kann man hier Souvenirs erstehen.

## Mamili (Nkasa Lupala) National Park

Der Mamili National Park zu erreichen von der B 8 ca. ab Kongola über die Pad C 49, ist das **größte namibische Sumpf- und Gewässergebiet**, das man seit 1990 zum Nationalpark erklärt hat. Mamili – das ist „Namibias Okavango-Delta“. Diese Region ist ca. 320 km² groß und befindet sich in der Südwestecke Ostcaprivis. In diesem Gebiet (80 % sind mehr oder weniger überflutet) gibt es zwei größere Inseln, und zwar Nkasa und Lupala, die man während der Trockenzeiten mit einem Allradfahrzeug erreichen kann. Die typischen Ausflüge im Mamili Park finden per Boot statt.

*Namibias „Okavango“*

Der Mamili hat besonders hohe Wasserstände im Juli – August. Dann sind die wenigen „Wege“ auch nicht mehr (gilt auch für die sommerliche Regenzeit) befahrbar. Auf jeden Fall sollte das Gebiet nur mit Führer, der die Gegend und die „festen und seichten“ Stellen kennt (und das kann schnell wechseln), befahren werden. Temporäre Überflutungen machen Umwege nötig… und die muss man kennen.

Bis zur Deklaration zum Nationalpark war dieser Raum bei Wilderern beliebt, sodass bestimmte Tierarten stark dezimiert wurden. In den Jahren 1980 bis 1986 ging die Anzahl der Moorantilopen von etwa 13.000 auf 3.000 Stück zurück, und von fast 300 Sumpfantilopen blieben knapp 30 übrig. Mittlerweile wurde der Wilderei Einhalt geboten und Naturschutzbeamte beaufsichtigen das Gebiet. Im Parkgebiet leben in den Flüssen Flusspferde, Krokodile und Otter. Verbreitet sind Wasserböcke, Sitatungas (Sumpfantilopen), aber auch Elefanten, Büffel, Giraffen und Warzenschweine. Das Sumpfland ist natürlich auch ein großartiges Vogelparadies: Fast 70 % aller in Namibia heimischen Vögel (430 Arten) können hier beobachtet werden.

*Bootsfahrt auf dem Kwando*

## Reisepraktische Informationen Mudumu und Mamili National Park

### Information
*www.met.gov.na*
**Eintritt**: *Erwachsene: N$ 40, Fahrzeuge: N$ 10*
**Streckenzustand und Fahrzeuge**: *Nur die Hauptstrecken sind normalwagentauglich (B 8, teilweise C 49) – sonst Allrad (Mamili). Man sollte stets mit zwei Fahrzeugen auf Safari gehen und über detailliertes Kartenmaterial verfügen. In den Parks gibt es keine Tankmöglichkeiten.*

### Unterkunft innerhalb der Parks
**Mudumu National Park**
**Namushasha Country Lodge** $$ **(13)**, *P.O. Box 6597, Windhoek, ☏ 061-374750, 🖷 061-256598, E-Mail: reservations@ncl.com.na, namushasha@ncl.com.na, www.namibialodges.com. Ca. N$ 770 p.P. im DZ inkl. Frühst., Camping N$ 80 p.P.* **Lage**: *Die Lodge (24 km südlich von Kongola) liegt direkt am Kwando, über D 3511 (19 km) erreichbar.* **Beschreibung**: *Man übernachtet in ansprechenden Bungalows (15 geschmackvoll eingerichtete Bungalows, 1 Familien-Bungalow mit 4 Betten) mit Dusche und WC. Schwimmbad und Restaurant vorhanden. Bootsfahrten und Angeln werden angeboten. Gästen gefällt die naturnahe Atmosphäre der Lodge.*
**Camp Kwando** $$$ **(16)**, *☏ 066-686021, 🖷 066-686023, E-Mail: reservations @campkwando.com, www.campkwando.com. Camping N$ 100 p.P., Insel-Chalets ab N$ 750 p.P. inkl. Halbpension, Baumhaus N$ 1.100, Bootstrips/Wildbeobachtungsfahrten N$ 280–350.* **Lage**: *ca. 20 km südlich von Kongola an der D 2511 direkt am Kwando.* **Beschreibung**: *6 Strohdachchalets, Baumhäuser und ein Campingplatz stehen den Gästen zur Verfügung. Restaurant, Bootstrips, Mountainbike-Trail. Rustikal mit „Afrika-Flair".*

**Mamili National Park**
*Hier gibt es die naturbelassenen Campingplätze Shibumu und Sishika im Westen und Lyadura und Nzalu im Osten.*

### Unterkunft in der Nähe der Parks
**Nkasa Lupala Tented Lodge** $$$$ **(15)**, *Wuapro conservancy, Caprivi, ☏ 081-1477798, E-Mail: info@nkasalupalalodge.com, www.nkasalupalalodge.com. N$ 1.400 p.P. inkl. Halbpension, Lunch möglich, ebenso verschiedene Aktivitäten (Game Drive inkl. Lunch im Mamili NP N$ 500).* **Lage**: *Die Lodge liegt an der Grenze des Mamili NP, 1 km von der Shisintze-Ranger Station sowie dem Parkeingang und 11 km von Sangwali entfernt. Flug über Katima Mulilo (125 km entfernt).* **Beschreibung**: *Am Ufer eines Kanals des Kwando-Linyanti-Systems. 10 luxuriöse Zelte auf Stelzen, von deren Dächern man die Wildtiere beobachten kann. Besonders für Vogelbeobachter ein Paradies (400 Arten!). Alle Zelte mit Bädern. Schöner Essbereich sowie Bar, ein Sprung in den Pool ist ebenfalls möglich.*
**Mazambala Island Lodge** $$ **(11)**, *P.O. Box 1935, Ngweze, Katima Mulilo, ☏ 066-686-041, mobil 081-219-4884, 🖷 066-686-042, E-Mail: mazambala@mweb. com.na, www.mazambala.com. N$ 650 p.P. im DZ mit Frühstück, Camping N$ 95.* **Lage**: *direkt am Kwando gelegen, 4 km südlich Kongola über D 3511 erreichbar.* **Beschreibung**: *11 riedgedeckte Bungalows stehen zur Verfügung, Gamedrives und Bootstouren werden ange-*

Sonnenuntergang am Kwando

*boten, Restaurant, traditionell eingerichtete Lapa mit gemütlicher Bar bietet tollen Blick auf den Kwando. Ein Campingplatz direkt am Ufer mit separaten Sanitäranlagen steht ebenfalls zur Verfügung, Camper können auch in der Lodge essen. Die Lage auf einer Insel in den Überschwemmungsgebieten am Kwando bedingt, dass die Lodge bei Hochwasser nur per Boot erreichbar ist. Aktivitäten: Boots- und Safarifahrten sowie Wanderungen.*

**Susuwe Island Lodge** $$$$$ **(12)**, *Buchung:* ☏ *061-401047,* 🖷 *061-401057, E-Mail: reservations@islandsinafrica.com, www.islandsinafrica.com. Je nach Saison US$ 402–522 p.P. im DZ mit Vollpension und Aktivitäten.* **Lage**: *Insel Birre im Kwando. Von Katima Mulilo entlang der Hauptstraße Richtung Rundu bis zur Kongola Bridge über dem Kwando (ca. 14 km). An der Brücke ist ein Police Check Point, hier erwartet Sie ein Mitarbeiter von Susuwe, der Sie zur Lodge bringt.* **Beschreibung**: *Das Hauptgebäude der Lodge und die sechs strohgedeckten Suiten (mit eigenem kleinen Privatpool) sind unter riesigen Bäumen erbaut, mit Blick auf das weite, meist grasbedeckte Überflutungsgebiet des Kwando. Die Möglichkeiten zur Wild- und Vogelbeobachtung auf Pirschfahrten per Boot und Geländefahrzeug sind sehr gut. Sehr schöne, luxuriöse Anlage, tolle Lage und jeglicher Komfort.*

### Camping

**Alle drei folgenden Camps buchbar bei** *NACOBTA, P.O. Box 86099, Windhoek,* ☏ *061-255977,* 🖷 *061-222647, E-Mail: office.nacobta@iwayna.*

**Bumhill Campsite** $ **(10)**, *ca. N$ 50 p.P., exklusive Site ca. N$ 80.* **Lage**: *Der Abzweig zu dieser Campsite liegt an der B 8 (Trans-Kalahari-Highway), etwa 300 m westlich des Osteingangs zum Bwabwata-Park.* **Beschreibung**: *Obwohl nicht weit vom Highway gelegen ruhig, da wenig Autoverkehr. Das Camp liegt an den westlichen Ufern des Kwando und ist per Normalfahrzeug erreichbar. Es gibt Standard-Campsites mit Grill- und Kochmöglichkeit und exklusive Campsites mit eigenen sanitären Anlagen und privater Grillmöglichkeit. Jede dieser Stellen hat eine eigene 3 m hohe Aussichtsplattform auf den Fluss (man kann oft viele Elefanten beobachten!).*

**Nambwa Campsite** $ **(14)**, *ca. N$ 70 p.P., direkt:* ☏ *066/259903, auch bei IRDNC in Katima Mulilo,* ☏ *066/252108,* 🖷 *252108.* **Lage**: *14 km südlich Kongola, der Weg*

*zweigt etwa 300 m westlich vom East Gate zum Bwabwata-Park ab, dann noch etwa 20 Minuten Allradstrecke!* **Beschreibung**: *4 Campingplätze mit gemeinschaftlichen sanitären Anlagen, Grillplätze, Küche, schöner Blick auf den Fluss, kein Strom!*
**Kubunyana Campsite** $ **(14)**, ☏ *066/252108, Camping im eigenen Zelt ca. N$ 55 p.P., im aufgestellten Zelt ca. N$ 75.* **Lage**: *In Kongola nach Süden auf die Pad D 3511 abbiegen – nach 7 km Hinweisschild, dann noch etwa 4 km – mit PKW befahrbar (sandige Abschnitte). Bei Hochwasser nur per Boot erreichbar.* **Beschreibung**: *3 große permanente Zelte unter Schattendächern, 4 individuelle schattige Campingplätze. Duschen mit heißem Wasser, Toilette, große überdachte Küche, eigenes Wasser muss mitgebracht werden, kein Strom.*

**Einkaufen**
**Mashi Crafts**: *An der Kreuzung B 8/Kongola liegt Mashi Crafts, ein Projekt von elf Gemeinschaften des Caprivi. Hier gibt es tolle Korbwaren, Holzschnitzereien und Schmuck zu kaufen, der in den umliegenden Dörfern hergestellt wird.*
**Sheshe Crafts**: *Bietet ähnliche lokale kunsthandwerkliche Produkte an und liegt weiter südlich 10 Minuten vom Mamili Park entfernt (nur per Allrad erreichbar!) an der D 3511.*

## Katima Mulilo

Katima Mulilo ist seit 1935 das **Verwaltungszentrum des Caprivi**. Die Stadt liegt direkt am Zambezi und ist einer der wenigen Orte Namibias, die früher regelmäßig von Elefanten besucht wurden. Die Dickhäuter genossen damals standesgemäß stets „Vorfahrt". Im Ort sowie der unmittelbaren Umgebung leben rund 40.000 Menschen. Nach Windhoek sind es gute 1.250 km. Und da man so weit östlich lebt, nimmt man im Alltagsleben an der Zeitumstellung im Winter nicht teil. Die Uhren richten sich nach den Nachbarländern Botswana, Zambia und Angola, wobei sich jedoch alle offiziellen Stellen (Grenzübergänge, Flughafen/Flugpläne) nach der offiziellen namibischen Zeit richten.

*Strategische Bedeutung*

Während des Unabhängigkeitskrieges von 1975–1989 nahm Katima Mulilo eine zentrale Bedeutung als militärischer Stützpunkt der Südafrikaner ein. Hier lebten Armeeangehörige, und die Südafrikaner brachten die Infrastruktur auf Vordermann, indem sie Hospitäler, Schulen und Straßen bauten. Im Gebiet des heutigen Bwabwata National Park gab es geheime Ausbildungslager.

Am Zambezi, der eine Art Lebensader ist, leben viele Flusspferde und Krokodile, also Vorsicht an den Ufern. In Katima Mulilo gibt es Tankstellen und verschiedene, gut sortierte Geschäfte. Im **Caprivi Art Centre**, dessen Leiter der Literat, Töpfer und Maler *Moses Nasilele* ist, kann man authentische Souvenirs aus Seifenstein und Holz kaufen. Der sehr lebendige **afrikanische Markt** im Ortszentrum bietet einen folkloristischen Einblick in das Leben, wie man ihn im eher weiß geprägten Namibia sonst nicht erleben kann. Über eine 2004 fertiggestellte Brücke erreicht man bequem Zambia.

## Reisepraktische Informationen Katima Mulilo

### Informationen

*Bei* **Tutwa Tourism and Travel**, *Hage Geingob Drive, ☎/🖷 066-252739, Mobil: 081-1246696, E-Mail: tutwasafaris@mweb.com.na, www.tutwa.com, auch Internet-café.*

### Grenzübergang Zambia

*Nordwestlich Katima Mulilo liegt der Grenzübergang nach Zambia bei Wanela/Sesheke, Fähre etwa US$ 25/Auto. Es kann auch die Zambezi-Brücke benutzt werden. Visazwang für Deutsche nach Zambia. Öffnungszeiten: 6–18 Uhr. Beachten Sie, dass Sie vom Autovermieter eine Erlaubnis für Zambia haben müssen (liegt außerhalb der südafrikanischen Zollunion). Die Verleiher müssen Ihnen eine schriftliche Genehmigung in Englisch erteilen (mit Vermerk des/der Fahrer, der Fahrgestell- und Motornummer). Der Internationale Führerschein ist zwingend vorgeschrieben. Weitere Infos zur Einreise nach Zambia* *s. S. 99.*

### Unterkunft

**Mukusi Cabins** $, *P.O. Box 1194 Ngweze, ☎ 066-253255, E-Mail: mukusi@mweb.com.na. Ca. N$ 260 p.P. im DZ (mit en-suite-Bad ca. N$ 400 p.P.).* **Lage**: *nahe Ortszentrum.* **Beschreibung**: *Es werden einfache Zimmer und Cabins vermietet. Restaurant mit gutem Essen und Bar. Angebote: Bootstouren (auch mehrtägig) mit Hausboot.*

**Caprivi Travellers Guest House** $, *P.O. Box 633, ☎ 066-252788, E-Mail: denuga@iway.na. Ca. N$ 200, kein Frühstück.* **Lage**: *nahe Ortszentrum.* **Beschreibung**: *einfache Unterkunft für Backpacker.*

**Protea Hotel Zambezi River** $$ **(17)**, *P.O. Box 2061, Ngoma Road, Katima Mulilo, ☎ 066-251500, 🖷 066-253631, E-Mail: res.zambezi@proteahotels.com.na, www.proteahotels.com. Ab ca. N$ 450 p.P. inkl. Frühstück, 30 Min. Wi-Fi-Voucher (WLAN) und 10 % günstigerem Dinner.* **Lage**: *am Rande Katima Mulilos am Zambezi.* **Beschreibung**: *Das Hotel (mit Restaurant) bietet 38 Standard- und vier Luxus-Zimmer und liegt direkt am Zambezi. Schöne Gartenanlage mit Swimmingpool und Bar (ab 12 Uhr geöffnet). Es werden auch Motorboot-Fahrten am Zambezi angeboten. Camping möglich auf einem Rasenplatz.*

**Kalizo Lodge & Camp** $$ **(18)**, *Upper Zambezi River, Katima Mulilo, ☎ 066-686802/3, 🖷 066-686804, E-Mail: info@kalizolodge.com, www.kalizolodge.com. Ca. N$ 640 p.P. Halbpension, Camping ca. N$ 70 p.P.* **Lage**: *Die Lodge liegt 46 km östlich von Katima Mulilo. Nach 12 km biegt man ab, dann in die D 3508 20 km Richtung Kalimbesia. Linker Hand dann ein Lodge-Schild und noch 5 km zur Lodge.* **Beschreibung**: *Kalizo bietet riedgedeckte Hütten (auch für Selbstversorger) sowie schattige Campingplätze mit allen sanitären Einrichtungen und Elektrizität. Restaurant, Bar, Swimmingpool und Shop vorhanden. Von hier aus werden u. a. auch Kanufahrten am Zambezi und Chobe sowie Angeltouren angeboten, ebenso werden Quadbikes verliehen. Unvergesslich sind die Sonnenuntergangs-Bootsfahrten. Wildreiche Gegend: Elefanten, Flusspferde, Krokodile.*

**Zambelozi Island Lodge** $$$$, *☎ 066-252739, Buchung: ☎ (+27) 21-6837826, E-Mail: german@jenman.travel, www.africanluxuryhideaways.com. Ab ca. US$ 400 p.P., Abholservice von Katima Mulilo.* **Lage**: *Die Lodge liegt ca. 30 Autominuten von Katima Mulilo entfernt auf einer Insel im Zambezi (bereits Zambia), nur per Boot er-*

*reichbar.* **Beschreibung**: *ein wirkliches „Robinson Crusoe"-Paradies für Afrika-Fans, belebt von afrikanischer Tierwelt (Hippos, Krokodile, Affen, Elefanten, 450 verschiedene Vogelarten). Aufgrund der Lage ein Eldorado für Fischer (15 km eigenes Ufer!). Zur Verfügung stehen Motorboote und Mokoros mit Führern. Luxuriöse Unterkünfte, ebenso das Ambiente!*

### Camping

**Salambala Campsite $ (19)**, *zu buchen über NACOBTA, P.O. Box 86099, Windhoek, ☏ 061-255977, 🖷 061-222647, E-Mail: office.nacobta@iway.na. Ca. N$ 50 p.P.*
**Lage**: *50 km südlich von Katima Mulilo, dann Hinweisschild an der linken Seite, wo man aber nach rechts abbiegt. Der Abzweig liegt kurz vor einem kleinen Shop. Nach ca. 5 km Fahrt durch den Mopane-Busch (Sand, in der Regenzeit Matsch) erreicht man das Camp.*
**Beschreibung**: *schön angelegte Campingplätze mit fließendem Wasser, Grillstellen, überdachte Küche, schattige Gesamtanlage, sanitäre Anlagen mit Duschen und Toilette. Hochsitze zur Tierbeobachtung, permanentes Wasserloch.*
**Kalizo Lodge & Camp**, *s.o.*

### Restaurants

*Gutes Essen gibt's in den* Mukusi Cabins *(s.o.). Sehr lebendig geht's zu bei* Mad Dog McGee's Restaurant, *☏ 252020, Tierkat St. (Sonntag geschlossen).*

### Einkaufen

**Caprivi Arts & Culture Association** *(CACA).* **Lage**: *im Ortszentrum zwischen Markt und Hospital. Hier offerieren lokale Kunsthandwerker ihre Ware, so z. B. geflochtene Körbe, Töpferei und Produkte aus Zambia und Zimbabwe. Dieses Projekt ermöglicht den Einheimischen aus näherer und fernerer Umgebung, ihre Erzeugnisse zu verkaufen.*

### Verkehrsverbindungen

**Flugverbindungen** *mit Air Namibia vom Mpacha Airport (18 km südwestlich des Ortes)*
**Bus**: *Intercape-Stopp auf der Route Windhoek – Victoria Falls*

## Ausflug zu den Ngonye Falls in Zambia

**Streckenhinweis**: Schlechte Piste, Zeitbedarf etwa 4 ½–5 ½ Stunden für ca. 125 km von Katima Mulilo aus

Diese beeindruckenden Wasserfälle (auch Sioma Falls genannt) sind über 1 km breit, allerdings nur 15 m hoch. Der Zambezi führt von Mai bis Juni Hochwasser. Etwa 3 km südlich der Fälle gibt es eine einfache Fähre (nicht für Autos). Am Ostufer muss man dann etwa 2,5–3 km wandern, um an einen Punkt zu kommen, von wo aus man eine tolle Aussicht auf die Fälle genießen kann. Da sich hierhin kaum Touristen verirren, erwarten den Besucher fast paradiesische Zustände.

*Kaum Touristen*

Für die Fahrstrecke benötigt man einen Allradwagen (prüfen, ob der Fahrzeugverleiher dies zulässt!).

## Reisepraktische Informationen Ngonye Falls

### Entfernungen
*Ca. 125 km von Katima Mulilo aus, ca. 4 ½–5 ½ Stunden Fahrzeit*

### Einreise
*Für Zambia benötigen deutsche Staatsangehörige ein* **Visum**, *das von der zambischen Botschaft in Berlin ausgestellt wird oder an der Grenze erhältlich ist (single entry US$ 40, multiple entry US$ 70). Genaue Informationen erhalten Sie bei der Botschaft der Republik Sambia (Axel-Springer-Straße 54a, 10117 Berlin, ☎ 030-2062940, 🖷 030-20629419, www.zambiaembassy.de).*
**Selbstfahrer**: *Beachten Sie, dass Sie vom Autovermieter eine Erlaubnis für Zambia haben (liegt außerhalb der südafrikanischen Zollunion). Die Verleiher müssen Ihnen eine schriftliche Genehmigung in Englisch erteilen (mit Vermerk des/der Fahrer, der Fahrgestell- und Motornummer). Der Internationale Führerschein ist zwingend vorgeschrieben!*

### Unterkunft
**Mutemwa Lodge** $$$$, *Buchung und Infos: Royal Barotse Safaris, ☎ (+264) 608043581, E-Mail: reservations@royalbarotsesafaris.com, www.mutemwa.co.za. US$ 250 p.P. inkl. Vollverpflegung und Aktivitäten. Auch Camping (ca. US$ 30 p.P.) möglich.* **Lage**: *etwa 50 km nördlich Katima Mulilo, Abzweig ausgeschildert. Transfer von Katima Mulilo möglich.* **Beschreibung**: *Die Lodge liegt am wunderschönen Ufer des Zambezi unter gigantischen Bäumen. Die 6 sehr geschmackvoll eingerichteten Safarizelte (eigene sanitäre Anlagen) stehen auf Teakholz-Plattformen, von denen man einen Blick auf den Fluss genießen kann. Es gibt eine Bar, einen Diningroom sowie Swimmingpool. Das Dinner wird normalerweise im Boma eingenommen, Frühstück und Lunch auf einem Deck, von dem aus man auf den Zambezi schauen kann. Bootsfahrten, Wanderungen, Vogelbeobachtungen.*

## Weiterfahrt von Katima Mulilo zum Chobe National Park

### Entfernungen (km)
**Divundu/Bagani – Kongola**: 191
**Divundu/Bagani – Katima Mulilo**: 103
**Katima Mulilo – Ngoma Bridge** (Grenzübertritt Botswana): 69
**Ngoma Bridge – Kasane – Victoria Falls**: 141
**Kazungula – Victoria Falls**: 80

*Weg zum Chobe*

Von Katima Mulilo kann man über eine geteerte Straße zum Grenzübergang **Ngoma Bridge** (Ngoma Gate, 6–18 Uhr) fahren. Von hier geht es dann entweder in den Chobe Richtung Savute (s. S. 223) oder über eine gute Teerstraße nach Kasane (s. S. 226). Hier gibt es eine Fährverbindung nach Zambia (Livingstone, ca. 80 km) und einen Grenzübergang an der Teerstraße nach Zimbabwe bei Kazungula (6–18 Uhr). Nächstgrößerer Ort: Victoria Falls.

# 8. NXAI PANS UND MAKGADIKGADI PANS NATIONAL PARK

# Überblick

Der Nxai Pan und der Makgadikgadi Pans National Park sind ein Muss für jeden Landschaftsfreund. Die Landschaft ist durchsetzt von z.T. unübersehbar großen Salz- und Lehmpfannen. Nirgendwo sonst im südlichen Afrika wird man mehr das Gefühl von Einsamkeit und Leere empfinden können als hier. Beide Gebiete sind Lebensräume großer Tierherden, die den Regenfällen folgen. Besonders eindrucksvoll ist die Szenerie an den Baines' Baobabs sowie in der Umgebung von Kubu Island mit einer majestätischen Baobab-Gruppe. Alte Markierungen in den Baumriesen beweisen, dass hier viele der ersten Forscher unterwegs waren und Rast einlegten. Für abenteuerlustige Allrad-Fahrer – ausgerüstet mit einem GPS – ist dieses Gebiet eine Herausforderung.

# Geschichte und Natur der Nxai und Makgadikgadi Pans

Diese beiden **fossilen See-Becken** liegen nördlich (Nxai Pan) sowie südlich (Makgadikgadi Pan) der Straße Maun – Nata. Nördlich der Straße liegt der 2.580 km² große Nxai Pan National Park, südlich davon ist ein Teil der Makgadikgadi Pan als „Makgadikgadi Pans National Park" (4.900 km²) geschützt.

Der Makgadikgadi Pans National Park sowie der Nxai Pan National Park wurden zu Beginn der 1970er-Jahre gegründet, um die großartige Natur zu schützen. 1992 wurde die Straße Nata – Maun geteert, der Nxai Pan National Park wurde daraufhin bis an die Straße erweitert und schließt seitdem auch die Baines' Baobabs mit ein. Beide Nationalparks werden gemeinsam verwaltet. Das Ineinandergehen der beiden Nationalparks – nur von der Teerstraße Nata – Maun unterbrochen – entspricht dem Migrationszyklus der Tiere. Neben einer artenreichen Vogelwelt werden riesige Herden von den natürlichen Weideflächen angezogen, insbesondere Springböcke, Zebras, Gnus und Gemsböcke, denen natürlich auch Raubtiere wie Löwen und Geparde begleitend folgen.

*Migration der Tiere*

## Redaktionstipps

- Ein Besuch auf **Kubu Island** in den Weiten der Makgadikgadi Pans ist ein ganz besonderes Erlebnis, S. 307f.
- Für die beiden Nationalparks und angrenzenden Pfannen sollte man in jedem Fall ein **GPS-Gerät** dabeihaben – hier kann man leicht die Orientierung verlieren.
- Im **Nata Bird Sanctuary** gibt es eine außergewöhnliche Vielfalt an Vögeln zu bewundern, S. 299.
- Einen entspannenden Zwischenstopp kann man, aus Maun kommend, auf der Dombo Farm einlegen (S. 312f), empfehlenswert sind zudem das Planet Baobab bei Gweta (S. 301) und die Nata Lodge (S. 299).

Mit dem Wechsel zur Regenzeit kann man hier die **Migration** großer Zebra- und Antilopenherden beobachten – ein beeindruckendes Spektakel.

Es handelt sich um Gebiete, die sich im besonderen Maße sowohl vom Landschaftscharakter als auch von der Tierwelt **Unberührtheit bewahren konnten**. Hier – in den stillen Weiten – finden große Tierherden einen idealen Lebensraum. Aufgrund der wechselnden Wasserverhältnisse sind sie zum Nomadisieren gezwungen. Im nördlichen und westlichen Teil der Ntwetwe Pan liegen gute Grassavannen, in denen vereinzelt oder in kleinen Gruppen die Hyphaene-Palme wächst.

Von Dezember bis März konzentriert sich die Tierwelt sowohl auf das Gebiet der **Nxai Pan**, die ursprünglich ein Binnensee war (Ost-West-Ausdehnung 14 km), als auch auf die benachbarten Grassavannenflächen sowie die Sowa Pan. Oryxantilopen, Giraffen, Impalas, Springböcke, Gnus und Zebras stellen den größten Anteil dar. Büffel und Elefanten ziehen nur in sehr feuchten Jahren in diese Regionen. Geparde, Löwen, Hyänen, Schakale und Füchse leben in der Tiergemeinschaft beständig mit. Am Ende der Regenzeit (etwa gegen Mai) wandern die Tiere südlich der Nxai Pan über die Hauptstraße nach Maun nach Süden zu den Makgadikgadi-Ebenen, wo sie sich besonders auf der Grasfläche am Rande der Ntwetwe Pan aufhalten. Die Nxai Pans liegen insgesamt höher als die Makgadikgadi Pans und sind deshalb – bis auf die Ausnahme der tiefer liegenden Kudiakam Pan – keine Gebiete, in denen sich Salz abgelagert hat, so wie das durchgängig im Makgadikgadi-Gebiet der Fall ist.

Wenn die kleineren Pfannen nach der Regenzeit austrocknen, zieht das Wild (meist in den Monaten März/April) weiter zum Fluss Boteti, der die Makgadikgadi-Ebene mit den Okavango-Sümpfen verbindet. Hier finden die Tiere während der trockenen Monate – und seit 2009 wieder dauerhaft – Wasser. Und wenn die Regenzeit beginnt – etwa im Dezember –, so zieht es die Herden wieder nach Norden: In der Nxai Pan kommen dann die Jungen zur Welt.

*Meist ausgetrocknete Salzpfanne*

Die Makgadikgadi Pan gilt als **größte Salzpfanne der Welt**. Wenn sie ausgetrocknet ist – was zumeist der Fall ist –, bedeckt sie eine Fläche von 6.500 km² salzdurchsetzten Sandes, weiß und völlig eben. Die Farben in der Pfanne changieren von grell-weiß über grau bis violett. Die Ebenen sind vegetationslos. Nur an den Ufern zeigt sich spärliche Vegetation. In der trockenen Jahreszeit ist das Gebiet ein absolut lebensfeindliches Gebiet.

Früher war es so: In guten Regenzeiten, wenn Wasser aus dem Okavango-System über den Boteti in die Pfanne floss, war die gesamte Region wenige Zentimeter hoch überflutet. Und das genügte, um Scharen von Wasservögeln anzulocken. Für Flamingos und

Elefanten in der Nxai Pan

Pelikane eröffnete sich hier für kurze Zeit ein wahres Paradies. Insbesondere das Gebiet der Sowa Pan im Nordosten zog dann vor allem Flamingos an. Heute führt der Boteti wieder Wasser und wird dies wohl noch Jahre und Jahrzehnte tun, die Wasservögel haben also nun einen dauerhaften Anflugpunkt.

In den vergangenen Jahren begann man sowohl in der Nxai als auch in der Makgadikgadi Pan mit dem Abbau von Salz, Sodaasche, Sodasulfat sowie Brom.

## Zur Strecke: Kasane – Nxai Pan National Park

**Tankstellen**: *Kasane, Nata, Gweta*

Kurz hinter Kasane beginnt eine Asphaltstraße bis Nata, die von ziemlich großen Schlaglöchern durchsetzt und deshalb sehr schlecht zu befahren ist, oft nur mit Höchstgeschwindigkeit 50 km/h. Zwar wird parallel eine neue Straße gebaut, allerdings muss die alte vielerorts noch benutzt werden (z.B. kurz nach Nata für etwa 60 km).
Ab Nata Richtung Maun ist die Hauptstraße ebenfalls asphaltiert und gut zu befahren.

*Durch die Weite Zentral-Botswanas*

Zunächst geht es durch Busch- und Baumsavannenland. Ab Nata (160 km bis zur Einfahrt des Nxai National Park) nähert man sich dem Rande der Makgadikgadi Pan, jenem zumeist ausgetrockneten Salzsee. Am Rande sieht man einzelne Palmen. Der abzweigende Weg zum Nxai Pan National Park ist reizvoll: Die sehr einsam wirkende Landschaft (Busch- und Grassavanne, durchsetzt von ausgetrockneten Salzpfannen) ist insbesondere in der Nähe der „Three Sisters" (Baines' Baobabs) ein Ausdruck der Weite Zentral-Botswanas.

**Vorsicht**: Während der Regenzeit verwandeln sich viele der Salz- und Lehmpfannen-Wege in glitschige Pisten, die unkalkulierbar sind.

**Anfahrt von Maun**: etwa 138 km auf guter Asphaltstrecke bis zur Eingangsstraße des Nxai Pan National Park, danach ca. 35 km tiefsandige Piste bis zum Scout Camp.

**Zum Jack's Camp**: Von Gweta fährt man in südliche Richtung ca. 42 km Richtung Mopipi, um dann nach rechts zum Jack's Camp abzuzweigen.

## Reisepraktische Informationen Pandamatanga

(zwischen Kasane und Nata)

### Unterkunft

**Kazuma Pan Lodge** $$, *Buchung und Infos: ☏ (+27) 072-9614611, E-Mail: mail@kazumapanlodge.com, http://kazumapanlodge.com/accommodation.html. Feste Zelte P 200 p.P. pro Nacht, Zeltplatz P 50.* **Lage**: *direkt östlich der A3, am Rand des Kazuma Forest Reserve.* **Beschreibung**: *Es stehen feste Zelte mit Bad sowie Campingplätze und sanitäre Anlagen zu Verfügung.*

**Touch of Africa Safari Lodge** $$$, *Private Bag K 73, Kasane, ☏ 716-56340, E-Mail: touchofafrica@botsnet.bw, www.touchofafrica.tv. Chalet mit Bad für bis zu 3 Pers. P 574.* **Lage**: *günstige Stop-Over Location, 223 km nördlich von Nata und 100 km südlich von Kasane, direkt an der A3. Orientieren kann man sich an den großen Getreidesilos, die neben der Straße stehen.* **Beschreibung**: *Die Lodge liegt in einem landwirtschaftlich genutzten Gebiet. An Aktivitäten werden unter anderem Game Drives (3 Std. P 150) und Bush Walks (2 Std. P 180) angeboten. Die Grenzstation nach Zimbabwe liegt direkt in der Nähe des Ortes, von hier sind es noch ca. 50 km zum Robins Camp im Hwange Park.*

### Camping

**Panda Rest Camp**, *☏ 716-22268, E-Mail: pandarest@botsnet.bw.* **Lage**: *nahe Pandamatanga, GPS: S18°32'180 E 025°37'789.* **Beschreibung**: *angenehme Campsite mit großen Stellplätzen, ruhig, sanitäre Anlagen mit warmen Duschen, freundliche Besitzer, Grillmöglichkeit, Bar.*

# Nata

Nata ist ein Verkehrsknotenpunkt der Straßen nach Kasane (300 km), nach Maun (305 km) sowie nach Francistown (190 km). Nach langer Fahrt ist dieser kleine Ort also eine Versorgungsoase (Tankstellen, einfache Läden für den Grundbedarf).

## Nata Bird Sanctuary

Dieses 230 km² große Naturschutzgebiet liegt im Mündungsgebiet des Nata River in die Sowa Pan und wurde 1992 eröffnet. Die Idee dazu wurde bereits 1988 von Seiten des Nata Conservation Committee geboren. Mit Hilfe der Kalahari Conservation Society und mit Unterstützung anderer nationaler und internationaler Organisationen konnte das Projekt realisiert werden. Voraussetzung dafür war die Bereitschaft der Bevölkerung, etwa 3.500 Stück Vieh „umzusiedeln". Die Einnahmen des Nata Bird Sanctuary fließen direkt an die beteiligten Gemeinden zurück.

*Erfolgreiches Community-Project*

45 % der Gesamtfläche liegen auf dem Gebiet der Salzpfannen. Elektrische Leitungen sind unterirdisch verlegt worden, ebenso wurde ein Wegenetz angelegt.

Das Gebiet eignet sich sehr gut für Vogelbeobachtungen, denn über 160 verschiedene Arten wurden hier gesichtet. In der Regenzeit, wenn der Nata River Wasser führt, wird der nördliche Teil der Sowa Pan überflutet. In diesem flachen Gewässer finden sich dann Scharen von Flamingos und Pelikanen ein. Daneben sind an Raubvögeln Bussarde, Habichte, Adler und – seltener – Falken zu beobachten. Verschiedene Storch- und Reiherarten lieben diesen Teil der Pfannen sehr. Von einem Beobachtungsstand kann man sehr gut die Vogelwelt erforschen. An „Großtieren" können Sie hier Stein- und Springböcke, Zebras und Kudus sehen. Auch Schakale sind verbreitet.
**Nata Bird Sanctuary**, *Lage: 20 km südlich von Nata an der Straße nach Francistown (Private Bag F 198), ☏ 267-71544342 (Manager), http://natavillage.typepad.com. Geöffnet tgl. von 7-19 Uhr, Eintritt P 25.*

## Reisepraktische Informationen Nata

### Unterkunft

**Northgate Lodge $$** *(ehemals Sua Pan Lodge), P.O. Box 252, Nata, ☏ 621-1156, 🖷 621-1154, E-Mail: northgatelodge@bbi.co.bw, www.northgate.co.bw. Ca. P 400.* **Lage**: *in Nata an der Straße Richtung Maun gelegen.* **Beschreibung**: *24 Zimmer (auch Familienzimmer) mit Klimaanlage und TV, zudem gibt es einen Pool und einen bewachten Parkplatz. Es gab aber Klagen über Lärm nachts und laute Barbesucher.*

**Nata Lodge $$$**, *P.O. Box 10, Nata, ☏ 620-0070/2/3 🖷 620-0071, E-Mail: reservations @natalodge.com, www.natalodge.com. 2-Bett-Chalet P 695, Luxus-Safarizelt P 550, Camping P 60 p.P. (Erwachsene), Frühstück ab P 60, Abendessen P 140.* **Lage**: *10 km südöstlich von Nata an der Straße nach Francistown.* **Beschreibung**: *Die 2008 abgebrannte und umgehend wieder aufgebaute Lodge bietet saubere, riedgedeckte Chalets und eingerichtete Zelte – alles unter schattenspendenden Bäumen; Swimmingpool, nettes Restaurant. Es werden auch Aktivitäten angeboten, z. B. eine Fahrt in die Bird Sanctuary. In Nata auf jeden Fall die empfehlenswertere Alternative.*

**Elephant Sands Lodge $$$**, *Kontakt mobil: 73-536473 (Ben Moller) o. 73-445162 (Jako van Wyk), E-Mail: bookings@elephantsandsbotswana.com, www.elephantsands.com. Twin Chalet P 480, Camping P 55.* **Lage**: *53 km nördlich von Nata Richtung Pandamatenga.*

*Ein echtes Erlebnis: mit dem Quad Bike durch die Pfanne*

**Beschreibung**: *In einer 23.000 ha großen privaten Private Conservancy gelegen, komfortable, riedgedeckte Chalets. Camping mit Open-air-Sanitäranlagen.*

### Camping

**Nata Bird Sanctuary Community Campsite**, ☏ *s.o., http://natavillage.typepad.com.* **Lage**: *etwa 20 km südöstlich von Nata gelegen, beim Nata Bird Sanctuary.* **Beschreibung**: *Hier gibt es einen einfachen Campingplatz mit sanitären Anlagen und Grillmöglichkeit. P 30 p.P., Eintritt in den Park P 25.*

**Nata Lodge** *(s.o.)*

**Elephant Sands Lodge** *(s.o.)*

### Busse

*Es gibt mehrere tägliche Verbindungen nach Kasane/Kazungula, Maun und Francistown.*

## Gweta

*Einziger Zwischenstopp*

Gweta, ein kleines Örtchen mit vielen Palmen, liegt 100 km westlich von Nata und ist praktisch der einzig mögliche Zwischenstopp zwischen Nata und Maun (das Dorf liegt etwa 5 km südlich der Straße). In Gweta gibt es eine Tankstelle, Läden und ein kleines Postamt. Der Ort bezeichnet sich als „Gateway to the Makgadikgadi Pans". Der Ortsname leitet sich von den lauten Geräuschen ab, welche die hier lebenden Wüstenfrösche verursachen: In der Trockenzeit vergraben sich diese Frösche (bullfrogs) im Sand, um nach dem Regen herauszukriechen.

## Reisepraktische Informationen Gweta

**Unterkunft**

**Gweta Lodge** $$-$$$, ☏ *621-2220, 1 621-2458, E-Mail: gwetalodge@botsnet.com, www.gwetalodge.com. Familienzimmer (4 Pers.) P 795, DZ P 525, Safari-Zelt für 2 Pers. P 350, ein Ausflug mit Übernachtung in die Ntwetwe Pan P 1.200 p.P.* **Lage**: *direkt südlich des Dorfes.* **Beschreibung**: *Bei der Unterkunft kann man wählen zwischen Doppelzimmern, Familienzimmern, Rondavels oder Camping (mit sanitären Anlagen). Zudem gibt es Pool, Bar und Lounge, Restaurant, eine Küche unter freiem Himmel und einen Souvenir-Shop.*

**Planet Baobab** $$$, ☏ *723-38344, E-Mail: res2@unchartedafrica.com, www.unchartedafrica.com. Man kann hier im eigenen Zelt campieren (ca. US$ 15 p.P.) oder Hütten mieten (ab US$ 65 für 2 Pers., Familienhütte für 4 Pers. ab US$ 60, alles Preise Regenzeit).* **Lage**: *5 km östlich von Gweta gelegen bei acht großen Baobab-Bäumen.* **Beschreibung**: *Toiletten, Dusche etc. sind vorhanden, ebenfalls ein Swimmingpool, eine Gemeinschaftsküche sowie ein kleiner Laden. Auf Wunsch erhält man Mahlzeiten zubereitet (engl. Frühst. in Hütten inkl.). Die Stellplätze sind allerdings relativ eng. Von hier werden auch zahlreiche Ausflüge angeboten bzw. man kann einen Guide anheuern und z.B. in den Pfannen unter freiem Himmel übernachten.*

*Für ausführliche Kontaktdaten von Uncharted Africa siehe Unterkünfte im Makgadikgadi Pans National Park.*

# Nxai Pan National Park

*Prähistorischer Binnensee*

Dieser nördlich der Straße Maun – Nata liegende Nationalpark befindet sich am historischen Mpandamatenga Trail. Dieser Trail verband eine Linie von Wasser-Bohrlöchern, auf der 1963 Rinder vom Ngamiland nach Kazungula getrieben wurden. Noch immer sollen entlang dieser Route Bohrlöcher Wasser enthalten. Die Hauptpfannen sind die Nxai Pan sowie die Kudiakam Pan. Beide gehören zu dem prähistorischen Binnensee, der die Kalahari einst auf einer Fläche von über 80.000 km² bedeckte und zu dem natürlich auch die südlich gelegene Makgadikgadi Pan mit der Ntwetwe und Sowa Pan gehören.

Die Nxai Pan liegt relativ hoch, sodass hier stets Wasser abfließen konnte und sich – im Gegensatz zur südlichen Kudiakam Pan – keine Salze ablagerten. Salze lagern sich stets in abflusslosen Senken ab, wo Wasser nur verdunsten oder versickern kann.

*Berühmte Baobabs*

In der Nxai Pan wachsen Schirmakazien, wobei sich in der Trockenzeit die Tierwelt vom **künstlichen Wasserloch** nahe dem Campingplatz angezogen fühlt. In der Regenzeit von Dezember bis April lieben große Tierherden von Zebras, Gnus, Giraffen, Gemsböcken und Springböcken das gute Gras. Im östlichen Teil liegt die Kgama Kgama Pan, wo einst König *Khama III.* Vieh weidete. Markanter Punkt im Nxai National Park sind die Three Sisters (Baines' Baobabs). Diese **Baobab-Bäume** malte *Thomas Baines* am 22. Mai 1862. Man verglich sein Bild mit Fotos, die 1967 aufgenommen wurden, und stellte fest, dass kaum Veränderungen auszumachen waren. Lediglich ein Zweig war abgefallen.

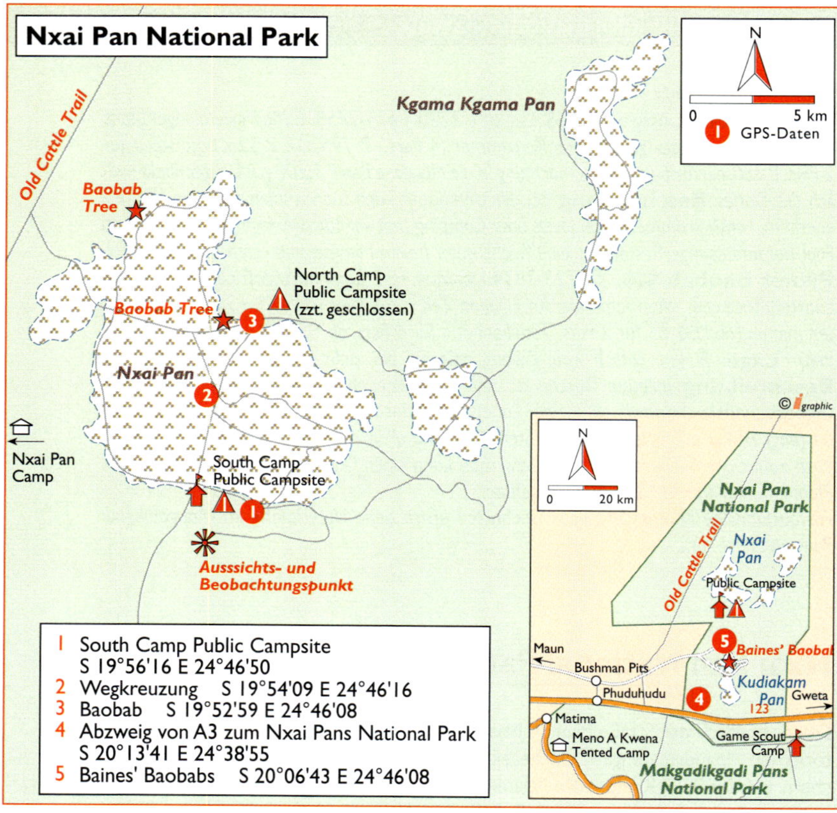


## Thomas Baines – Forscher und Maler

*Thomas Baines* ist einer der frühesten Forscher, die den Spuren von *Livingstone* folgten. Wahrscheinlich wurde er durch seine Bilder von den Victoria Falls sowie deren Umgebung bekannt.

Er wurde 1820 in Kings Lynn geboren. 1842 kam er – durch die Liebe seines Vaters zur Seefahrt – nach Kapstadt. Hier lebte er vom Verkauf von Bildern des Kap-Landes. 1855 beschloss er, wieder zu reisen und schloss sich einer von *A.C. Gregory* geführten Expedition nach Nord-Australien an. Hier erforschte er vor allem die Umgebung des Victoria-Flusses. 1857 kehrte er nach Südafrika zurück und nahm *Livingstones* Einladung an, sich einer Forschungsreise zum Zambezi anzuschließen. Doch nach Streitigkeiten mit *Livingstone* kehrte er zum Kap zurück. Später schloss er sich *James Chapman*, einem Jäger und Händler, an, der

*Die Baines´ Baobabs*

info

eine Reise zu den Victoria Falls plante. 1861 segelten beide von Kapstadt nach Walvis Bay, von wo aus sie auf eine sehr abenteuerliche Reise zu den Wasserfällen starteten, die sie am 23. Juli 1862 erreichten. Später setzten sie die Reise sogar bis zum Indischen Ozean fort.

In der Gegend um Daka erkrankte *Baines* und musste nach Südafrika zurückkehren. Von hier fuhr er 1865 nach England und kehrte drei Jahre später wieder nach Südafrika zurück. Hier schloss er sich einer Goldsuchergesellschaft an. Er wurde von ihr ins Matabele-Land geschickt, um vom König der Matabele, *Lobengula*, Schürfrechte zu erhalten. Doch da er nichts erreichen konnte, wurde er entlassen.

Am 8. Mai 1875 verstarb er. Während seines Lebens schuf er etwa 400 Ölgemälde.

## Bushman Pits

Westlich des Nxai Pan National Park liegen die Bushman Pits. Man nimmt an, dass in der Vergangenheit San diese Löcher aushoben, um sich bei der Jagd besser verstecken zu können, denn die Tiere liebten das nahegelegene Wasserloch. Mit vergifteten Pfeilen erlegten sie dann die Beute.

## Zur Strecke

Allrad-Fahrzeug notwendig

Von der Strecke Nata- Maun zweigt man nach nördlich (65 km von Gweta, 136 km von Maun) in den Nxai Pan National Park ab. Ein neues Gate wurde direkt an der Teerstraße errichtet. Dahinter folgen rund 37 sehr sandige und nicht zu unterschätzende Kilometer in den Park Richtung South Campsite. Auch zu den **Baines‘ Baobabs** ist unbedingt ein Allradfahrzeug nötig. Vorsicht: Etwa 19 km nördlich des Gates

*Elefanten am Wasserloch der Nxai Campsite*

biegt man nach rechts ein. Nach ca. 1 km gabelt sich die Straße: Während der Regenzeit nutzen Sie die längere linke (nördliche) Spur, die einen Bogen um die Pfannen macht und dann später südwärts zu den Baines' Baobabs führt. Die südliche Strecke ist nur in der Trockenzeit befahrbar.

## Reisezeit

Während der Trockenzeit von Mai bis Oktober kann es hier über 40 °C heiß werden. In dieser Zeit werden die Tiere von den künstlichen Bohrlöchern angelockt. Dann ist auch das Fahren kein Problem. In der Regenzeit von Oktober bis März verwandelt sich die Landschaft in ein grünes Paradies, das viele Tiere anlockt. Schön sind auch die dann blühenden Wildblumen. Allerdings kann es in der Zeit, vor allem im Januar und Februar, sehr lehmig und glitschig werden.

## Reisepraktische Informationen Nxai Pan National Park

### Eintritt

*P 120 p.P. pro Tag, zudem P 50 pro Auto, bis 11 Uhr muss man den Park wieder verlassen haben.*

### Versorgungsmöglichkeiten

*Benzin und Nahrungsmittel sind in Gweta erhältlich, einige Basis-Lebensmittel gibt es auch in Khumaga.*

## Übernachtungsmöglichkeiten

**Nxai Pan Camp** $$$$, *Kwando Safaris, P.O. Box 550, Airport Rd., Newtown, Maun, ☏ 686-1449, 🖷 686-1457, E-Mail: info@kwando.co.za, www.kwando.co.za. Ab ca. US$ 500 p.P. pro Nacht.* **Lage**: *inmitten des Nationalparks. Das Camp ist entweder mit Allradfahrzeugen erreichbar oder mit dem Flugzeug, z.B. ab Maun (ca. 35 min.).* **Beschreibung**: *Das 2009 eröffnete Camp besteht aus acht speziell an die klimatischen Bedingungen angepassten, riedgedeckten Chalets (max. 18 Gäste). Jedes Chalet hat ein Aussichtsdeck und Ventilatoren, die von Solarenergie angetrieben werden. Das Hauptgebäude besteht aus einem Speiseraum, Lounge mit Bibliothek und Bar, Aussichtsdeck mit Blick auf das permanente Wasserloch, Pool und Shop. Zu den Aktivitäten gehören zwei tägliche Wildbeobachtungsfahrten in offenen Allradfahrzeugen sowie geführte Buschwanderungen.*

## Camping

*Es gibt zwei kleine Campingplätze in der Nähe des Gates. Alle Besucher müssen sich selbst versorgen, die nächste Tankstelle ist in Gweta.*

**Nxai Pan South Campsite**: *nahe am südlichen Eingang gelegen (ca. 2 km). Es stehen etwa 12 schattige Campingplätze zur Verfügung mit Grillstellen und einem Häuschen, in dem Toiletten, Duschen und Waschbecken vorhanden sind. Ebenso kann man seine Wasservorräte hier auffüllen. Dieses Camp ist die beste Wahl, da relativ schattig und nahe zu einem Beobachtungsversteck gelegen. Feuerholz ist hier schwierig zu besorgen, also evtl. den Gaskocher nutzen oder Holz mitbringen. P 226 p.P.*

*Das Nxai Pan Camp*

**Baines' Baobabs**: *Direkt an den Bäumen darf man nicht mehr campen, da diese als National Monument erklärt wurden, etwa 900 m davon entfernt sind ein paar Plätze ausgewiesen, allerdings komplett ohne Ausstattung und nicht leicht zu finden. P 226 p.P.*
**Vorausbuchung (!) der Camps**: **Xomae Group**, *P.O. Box 20975, Maun, ☏ 686-2221 o.-2970, 🖷 686-2262, E-Mail: xomaesites@botsnet.bw, www.xomaesites.com. Für weitere Informationen s. Stichwort Camping in den Gelben Seiten und http://www.mewt.gov.bw/DWNP/index.php.*

**Tanken**
*Nur in Gweta möglich (ca. 100 km)*

## Makgadikgadi Pans National Park sowie die Makgadikgadi Pans (Ntwetwe und Sowa Pan)

Dieser Park, der eine Einheit mit dem Nxai National Park bildet, liegt südlich der Straße Nata – Maun. Der Eingang befindet sich 160 km östlich von Maun und 45 km westlich von Gweta (es soll seit 2010 ein neues Gate geben, ca. 60 km westlich vom alten Mokolwane Gate, 50 km von Khumaga, von Gweta aus kommend kurz hinter dem Gate zu den Nxai Pans). Im Gegensatz zum Nxai Pan National Park wurde das Gebiet touristisch erst in den letzten Jahren entdeckt. Die Makgadikgadi Pans sind

*Steinböckchen im Buschland*

das Überbleibsel des riesigen Binnensees, der einst große Teile des südlichen Afrika bedeckte und vor Tausenden von Jahren ausgetrocknet ist. Aber nach guten Regenfällen bildet sich auch heute noch ein flacher See, in dem eine Vielzahl von Vögeln brütet, vor allem Flamingos und Pelikane.

Zum größten Teil besteht das Gebiet aus Grassavannen und im südlichen Teil aus Salzpfannen, die aber nur ein Fünftel des Parkgebiets ausmachen. Seitdem der Park nicht mehr eingezäunt ist, kann das Wild den natürlichen Migrationsrouten folgen. In der Trockenzeit suchen die Tierherden am westlichen Boteti River (Parkgrenze) Wasser, während sie in der Regenzeit teilweise in den Nxai National Park hinüberwandern, teilweise aber auch zu Tausenden das fruchtbare Grasland in den Monaten Oktober bis April bevorzugen. Das Gesamtgebiet der Makgadikgadi Pans besteht aus der westlichen Ntwetwe Pan und der östlichen Sowa Pan.

*Vogelmigration nach der Regenzeit*

## Zur Strecke

Von der Teerstraße geht es ca. 8 km über eine Schotterstraße zum Gate. Alle Straßen im Park sind verhältnismäßig schwer zu fahren, ein Allradwagen ist unbedingt notwendig. In jedem Fall sollte man ausreichend Wasser dabeihaben. Es gibt zwei Campingmöglichkeiten im Park, bei Njuca Hills (zzt. geschlossen) und bei Khumaga (s.u.).

### Hinweis zur Strecke

Seit 2009 fließt erstmals seit Jahrzehnten wieder dauerhaft Wasser im Boteti, eine Durchfahrt ist von Westen so nicht möglich. Man muss, um nach Khumaga zu gelangen, eine kleine Fähre nutzen (einmalige Überfahrt P 100; ein Abenteuer für sich!) oder bei dem Dorf Motopi über die Brücke fahren, das Gate im Norden des Parks nutzen und dann die ganze Pfanne durchqueren. Für die Zeitplanung sollte man sich also immer vor Ort nach dem aktuellen Zustand der Strecken erkundigen.

## Kubu Island/Sowa Pan

In der südwestlichen Ecke der Sowa Pan erhebt sich diese „Insel" etwa 20 m über den Pfannenboden. Auf Kubu Island wachsen gigantische Baobab-Bäume, und zusammen mit den umliegenden weißen Salzflächen befindet man sich inmitten einer unwirklichen Landschaftsszenerie. Man nimmt an, dass vor etwa 500–1.500 Jahren dieses Gebiet besiedelt war. Zeugnis davon legen legendäre aufgeschichtete Steinmauern ab, Steinwerkzeuge und bearbeitete Straußeneierschalen. Die Steinmauern erinnern an die Legenden einer alten „Lost City" und ähneln im Aufbau den Steinwällen der Great Zimbabwe Ruins.

*Eindrucksvolle Landschaft*

Kubu Island ist ein beispielloses Erlebnis. Unwirklich schön sind die Sonnenuntergänge und Vollmondnächte, die glauben machen, dass es geschneit hat. Toll, dann im Mondschein zu wandern.

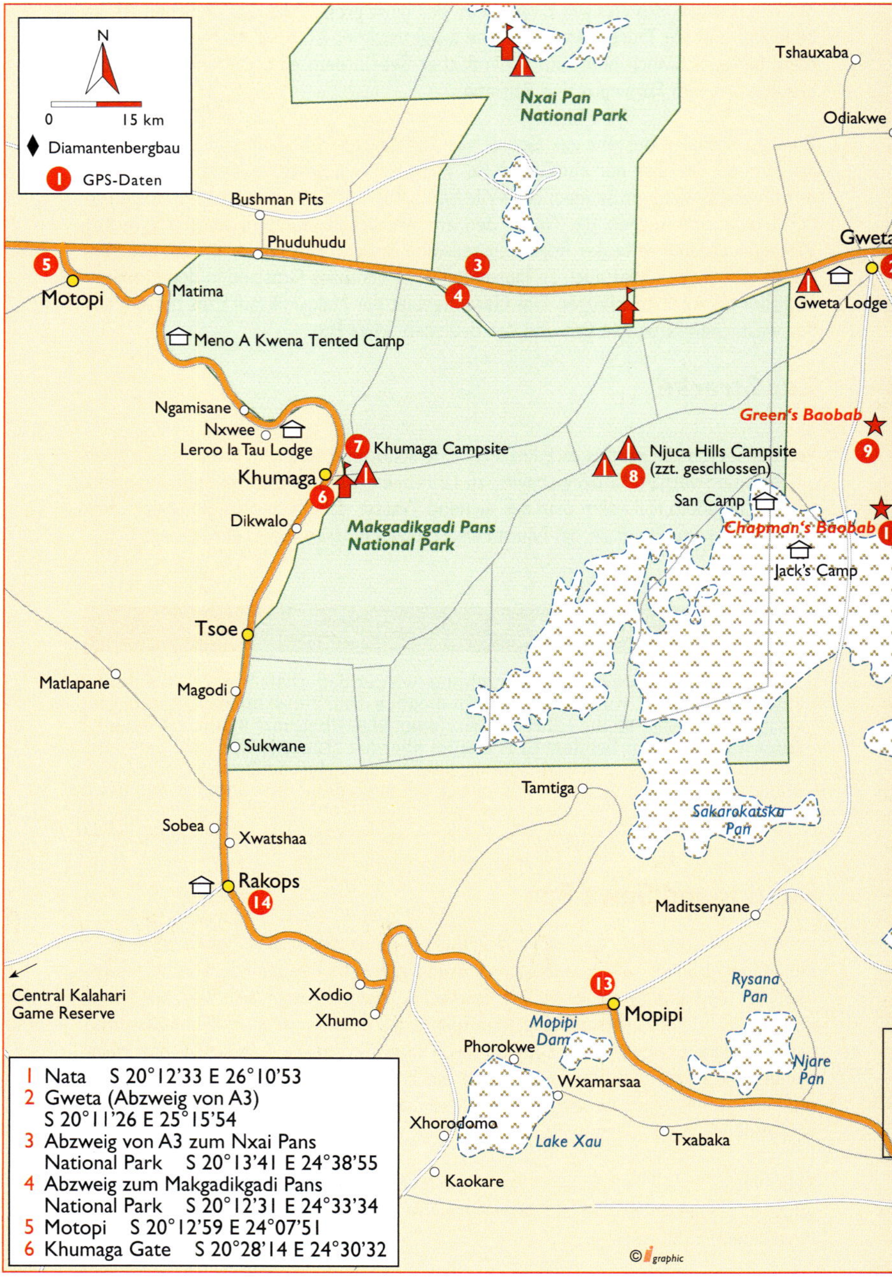
N
0
15 km
Diamantenbergbau
1 GPS-Daten
Nxai Pan National Park
Tshauxaba
Odiakwe
Bushman Pits
Phuduhudu
Gweta
Gweta Lodge
Motopi
Matima
Meno A Kwena Tented Camp
Ngamisane
Nxwee
Leroo la Tau Lodge
Khumaga
Khumaga Campsite
Njuca Hills Campsite (zzt. geschlossen)
Green's Baobab
San Camp
Chapman's Baobab
Jack's Camp
Dikwalo
Makgadikgadi Pans National Park
Tsoe
Matlapane
Magodi
Sukwane
Tamtiga
Sakarokatska Pan
Sobea
Xwatshaa
Rakops
Maditsenyane
Central Kalahari Game Reserve
Xodio
Xhumo
Mopipi
Rysana Pan
Mopipi Dam
Phorokwe
Wxamarsaa
Njare Pan
Xhorodomo
Lake Xau
Txabaka
Kaokare
1 Nata S 20°12'33 E 26°10'53
2 Gweta (Abzweig von A3) S 20°11'26 E 25°15'54
3 Abzweig von A3 zum Nxai Pans National Park S 20°13'41 E 24°38'55
4 Abzweig zum Makgadikgadi Pans National Park S 20°12'31 E 24°33'34
5 Motopi S 20°12'59 E 24°07'51
6 Khumaga Gate S 20°28'14 E 24°30'32
© graphic

| | | |
|---|---|---|
| 7 | Khumaga Campsite | S20°27'19 E 24°30'58 |
| 8 | Njuca Hills Campsite | S 20°25'80 E 24°52'39 |
| 9 | Green´s Baobab | S 20°25'30 E 25°13'52 |
| 10 | Chapman´s Baobab | S 20°29'24 E 25°14'59 |
| 11 | Kubu Island | S 20°53'44 E 25°49'26 |
| 12 | Letlhakane | S 21°25'26 E 25°35'31 |
| 13 | Mopipi | S 21°12'14 E 24°51'46 |
| 14 | Rakops | S 21°01'47 E 24°24'09 |

*Unwirkliche Szenerie auf Kubu Island*

## Zur Strecke

**Anfahrt**: 26 km östlich von Nata auf der Straße nach Maun biegt man links in Richtung Kubu Island ein. Der Weg führt weitere 82 km in südliche Richtung bis zum Tswagong Veterinary Gate. Von hier aus ca. 17 km in südöstliche Richtung nach Kubu Island. Die Anfahrt von Nata ist aber wenig spektakulär.

*Anfahrtsmöglichkeiten*

**Von Norden**: Von Gweta über die Ntwetwe Pan nach Tswagong (88 km). Vorsicht: Während der Regenzeit können Sie diesen Weg auf keinen Fall fahren, besonders nicht allein. Allrad ganzjährig erforderlich! Toll ist die Überquerung der Ntwetwe Pan: Etwa 10 km fahren Sie schnurgerade, nichts stört den Blick!

**Weiterfahrt von Kubu Island**: Sie fahren ca. 18 km nach Südwesten (nur wenn die Pfannen trocken sind!!!) und biegen links in die Straße nach Mmatshumo Village (weitere 29 km) ab. Von hier aus geht es 42 km in östliche Richtung, wo Sie Mosu Village erreichen. Dies ist ein sehr schönes, authentisches Dorf – doch besonders imposant ist der Blick vom Aussichtspunkt („View of Sua Pan") auf die Pfanne. Das Ufer hier ist 40 m hoch – sehr viel für ein so flaches Land wie Botswana. Weiterfahrt von Mosu nach Tlalamabele (27 km), wo Sie die Straße nach Francistown erreichen. Alternativ können Sie von hier aus nach Westen über Letlhakane (Tankstelle), Mopipi, Rakops (Tankstelle geschlossen), Motopi und weiter nach Maun fahren (Maun – Tlalamabele ca. 450 km).

### Camping

**Kubu Island Lekhubu**, *Gaing-O-Community Trust, P.O. Box 54, Mmatshumo, ☏/🖷 297-9612, E-Mail: kubu.island@botsnet.bw, www.kubuisland.com. Gebühren für 2 Pers. + Auto ca. P 225 pro Nacht. (GPS: S 20°53'50" E 25°49'41, es gibt mehrere Plätze, bei Buchung/Anfahrt nochmal genau nachfragen!)* **Beschreibung**: *Der Campingplatz mit Buschtoilette und Grillmöglichkeit (aber ohne Wasser) wird von o. g. Trust betrieben. Die Anfahrt von Gweta ist nicht leicht, also unbedingt GPS benutzen. Feuerholz wird auf Wunsch verkauft. Im Dorf kann man auch einen Guide mitnehmen, der einen zum Campingplatz führt. Hier kann man sich auch vorab über die Straßenzustände informieren, besonders während/nach der Regenzeit.* Community-Camp

## Mmakhama Ruins/Sowa Pan

Bei Mosu (etwa 4 km außerhalb des Ortes gelegen in Richtung Mmatshumo) liegen die **Mmakhama Ruins**. Ein unscheinbarer Weg führt das Steilufer hinauf und nach etwa 2 km erreicht man Mauern aus aufgeschichteten Steinen. Von hier aus hat man einen tollen Blick auf die Salzpfanne.

## Kokonje Island

Diese Insel liegt im Osten der Sowa Pan und ist über die Wege östlich der Sowa Pan zu erreichen. Versuchen Sie selbst in der Trockenzeit nicht, von Westen quer über die Sowa Pan die Insel zu erreichen – dies ist zu gefährlich! Die Insel ist eine Zeremonienstätte für Regenmacher. Buschcamping ist möglich.

## Green's Baobab und Chapman's Baobabs/Ntwetwe Pan

Der Green's Baobab liegt ca. 30 km südlich von Gweta auf dem Wege Richtung Mopipi. Zu seinem Schutze ist dieser Baumriese umzäunt. Dieser Baobab erzählt wahrlich Geschichte. Hier haben sich die Gebrüder *Green* während ihrer Expedition 1852 eingeschrieben und ebenso der Gründer des Ortes Ghanzi, *Hendrik van Zyl*. Nur weitere 15 km südlich liegen die Chapman's Baobabs mit einem Stammumfang von 25 m. Da der Baum aus 7 Stämmen besteht, wird er auch als „Seven Sisters" bezeichnet. Mehr Baobabs

Auch in diesen Baum ist Geschichte geschrieben worden, wie viele Namenseinritzungen beweisen, u.a. die von *Baines* und *Chapman*. Dieser Baum diente den frühen Reisenden als Landmarke und in einem hohlen Stamm wurden Nachrichten hinterlegt.

## Weiterfahrt

Dieses Reisegebiet lässt sich gut verknüpfen mit einer Weiterfahrt nach Maun und von hier aus zurück nach Windhoek (s. S. 133ff). Ebenso kann man über Maun entweder den Westrand des Okavango-Deltas besuchen (S. 261ff). Über Rakops kann man ebenfalls leicht das Central Kalahari Game Reserve (S. 327ff) erreichen.

*Elefantenbesuch bei Kaffee und Kuchen auf der Dombo Farm*

## Reisepraktische Informationen Makgadikgadi Pans National Park

### Eintritt

*P 120 p.P. pro Tag, zudem P 50 pro Auto, bis 11 Uhr muss man den Park wieder verlassen haben.*

### Versorgungsmöglichkeiten

*Benzin und Nahrungsmittel sind in Gweta erhältlich, einige Basis-Lebensmittel gibt es auch in Khumaga.*

### Unterkunft **(außerhalb des Parks)**

**Dombo Farm** $$, *Ulrich & Heike Gisela Oehl, P.O. Box 21857, Boseja, Maun, ☏ (Mobilfunk) 72-923355 oder 74-121332, E-Mail: info@dombofarm.com, www.dombofarm.com. € 104 p.P., 2 Nächte Mindestaufenthalt, günstiger ab 6 Nächte. Im Preis inbegriffen: Alle Mahlzeiten, Kaffee/Tee und eine Sundowner-Farmrundfahrt. Transfer von/nach Maun und Ausflüge auf Anfrage.* **Lage**: *30 km nördlich des Abzweigs zum Dorf Motopi an der Straße Maun–Nata (ca. 2 Stunden von Maun). Bei Buchung genaue Anfahrtsbeschreibung erfragen.* **Beschreibung**: *Die kleine Unterkunft, auf einer 4.150 ha großen Wildfarm gelegen, wird vom aus Deutschland eingewanderten Ehepaar Oehl geführt und hat Ende 2008 ihren Betrieb aufgenommen. Es gibt zwei schöne, mit Liebe zum Detail eingerichtete Gästebungalows mit Dusche/WC und einer Veranda mit Blick auf ein Wasserloch.*

*Zudem gibt es im Haupthaus eine Leseecke und ebenfalls eine große Veranda mit Blick auf die Wasserstelle. Abends gibt es am Lagerfeuer einen kühlen Drink. Die Farm ist ideal, um in absoluter Ruhe ein paar Tage zu relaxen. Tagesausflüge in den Nxai und Makgadikgadi Pans National Park sind von hier aus möglich.*

**Meno a Kwena Tented Camp** $$$$, *Private Bag 053, Maun, ☏ 686-0981 o.-1634, E-Mail: kkreservations@ngami.net, kksafari@ngami.net, www.menoakwena.com. Je nach Saison US$ 350–600 p.P.* **Lage**: *am Boteti an der westlichen Grenze des Makgadikgadi National Park, mit dem Auto zu erreichen über Rakops (14 km vom Dorf Moreomaoto).* **Beschreibung**: *klassisches Zeltcamp bestehend aus begehbaren Zelten mit „Eimerdusche". Zudem gibt es ein Hauptzelt mit Lounge-Bereich und einer offenen Küche, in der die Mahlzeiten zubereitet werden. Der Name des Camps bedeutet „Zahn des Krokodils", benannt nach einem Flussgebiet, das einst von Krokodilen bewohnt war. Das Camp liegt am früher staubtrockenen Boteti, der nach über 20 Jahren seit 2009/2010 wieder dauerhaft Wasser führt. Vom Camp hat man einen guten Blick auf das Flussbett. Safaris werden durchgeführt in die Makgadikgadi und Nxai Pans sowie in das Central Kalahari Game Reserve.*

**Leroo La Tau Lodge** $$$$, *Buchung und Infos: Desert & Delta Safaris, Cnr Airport Ave & Mathiba I Road, Maun, ☏/🖷 686-1559, E-Mail: info@desertdelta.com, www.desertdelta.com. Je nach Saison US$ 454–800 p.P.* **Lage**: *innerhalb des Parks gelegen, etwas nördlich von Khumaga.* **Beschreibung**: *Die 12 riedgedeckten Chalets verfügen über Bad, das Hauptgebäude besteht aus Esszimmer, einem Lesezimmer und einer Bar sowie riesigen Holzterrassen. Kleiner Pool vorhanden. Schöne Feuerstelle mit Blick auf den Fluss, wo man den Tag ausklingen lassen kann. Tagsüber sind von einem versteckten Aussichtspunkt Tierbeobachtungen am Fluss möglich.*

*Beeindruckend: Wildbeobachtung nahe der Leroo La Tau Lodge*

*Alle folgenden Camps außer der Gweta Lodge sind buchbar über* **Uncharted Africa Safari Co., Südafrika**, *Private Bag X31, Saxonwold, 2132 Johannesburg, ☏ +27 11 447 1605, 🖷 +27 11 447 6905, E-Mail: reservations@unchartedafrica.com, www.uncharted africa.com. Alle Camps sind äußerst luxuriös und dementsprechend teuer, besonders Jack's und San Camp.*

**Camp Kalahari**: *Das Camp besteht aus 10 Meru-Zelten mit Bad und Dusche, die in klassischem Safari-Stil eingerichtet sind. Zudem gibt es einen schönen Essbereich, Lounge und Bibliothek. Je nach Saison US$ 360–506 p.P.*

**Jack's Camp**: *Das Camp liegt an der Ostgrenze des Makgadikgadi Pans National Park, auf einer mit Bäumen und Palmen bewachsenen Insel mit Blick in die weite, goldgelbe Savanne. Jack Bousfield hatte das Camp bereits in den 1960er Jahren aufgebaut und lebte dort bis zu seinem Tode durch einen Flugzeugabsturz. Das heutige Camp entspricht dem Stil der ostafrikanischen Safari-Camps der 1940er-Jahre. Es gibt 10 Luxuszelte in großem Abstand, Pirschfahrten, Wanderungen mit Infos über das Leben der San. Da normale Allradfahrzeuge auf der fragilen Lehmkruste bleibende Spuren hinterlassen, die selbst nach Jahrzehnten noch zu sehen sind, unternimmt man auf der trockenen Pfanne Fahrten mit sog. „Quadbikes". So kann man unerforschte Gebiete erreichen. Toll sind die angebotenen 5-tägigen Safaris per Quadbike nach Kubu Island. Dort wird dann ein Wüstencamp errichtet. Und einmalig ist Jack's berühmtes Teezelt mit Perserteppichen, Schachbrett, Gesellschaftsspielen und Grammophon. Luxus pur in der Kalahari … Das hat seinen Preis: ab US$ 1.275 p.P., in der Regenzeit ab US$ 735.*

**San Camp**: *Das Camp liegt einsam in einer grasbedeckten Bucht mit Ausblick auf den endlos weißen Salzsee des ausgetrockneten Makgadikgadi-„Supermeeres" an der Ostgrenze des Nationalparks. Das Camp ist von April bis Oktober geöffnet, es besteht aus sechs Segeltuchzelten mit Buschdusche, Toilette, Holzwaschbecken, kupfernen Wasserkrügen und Petroleumlampen. Auch hier gibt es ein Speisezelt mit traditioneller Safari-Einrichtung, eine Bar sowie einen guten Landkartenvorrat. Die Mahlzeiten werden unter einem Akazienbaum eingenommen. US$ 1.000 p.P.*

**Planet Baobab**, *s. S. 301.*

**Gweta Lodge**, *www.gwetalodge.com, weitere Kontaktdaten s. S. 301.*

## Camping

**Khumaga Campsite**: *48 km südwestlich des Haupteingangs, ebenfalls an der Westgrenze am Boteti River gelegen, mit 5 Stellplätzen, Toilette und Duschen – alles ist sauber und schattig! Blick auf den Boteti, der 2009 wieder zu fließen begann. Es gibt ein paar permanente Wasserstellen im Fluss, in denen Flusspferde leben. Ein paar Lebensmittel gibt es im Khumaga Village. Trinkwasser bitte mitbringen, da das Wasser aus dem Bohrloch starken Nebengeschmack hat (Schwefel). P 200/US$ 30 p. P.*

**Njuca Hills Campsite** *(Zzt. wg. unklaren Besitzverhältnissen* **geschlossen**!*): Das kleine Camp (26 km südlich des Haupteingangs) liegt sehr einsam in der Mitte des nördlichen Parkteils, die Anfahrt ist ziemlich schlecht. Während der Trockenzeit verlieren die Bäume ihre Blätter, so dass es keinen Schatten gibt. Nur Buschtoilette, kein Wasser. Toller Blick auf die Ebene. P 200/US$ 30 p. P.*

**Vorausbuchung (!) der Camps**: **SKL Group of Camps**, *P.O. Box 1860, Maun, ☏ (+267) 686-5365/6, 🖷 (+267) 686-5367, E-Mail: reservations@sklcamps.co.bw, sklcamps@botsnet.bw, www.sklcamps.com.*

*Gut gegähnt Löwe…*

## Anreise von Süden: Letlhakane und Rakops

Von Gaborone oder Südafrika über Serowe kommend ist eine Anreise auch von Süden möglich. Wenn man es nicht bis auf einen der Campingplätze in den Pfannen schafft, bietet sich eine Übernachtung in Letlhakane an, wo eine der berühmtesten Diamantenminen Botswanas liegt. Ganz in der Nähe findet sich auch die Mine von Orapa (s. S. 30, 40).

**Tankstellen** *auf der Weiterfahrt ins* **Central Kalahari Game Reserve**: *Die Tankstelle in Rakops ist nach langer Schließung wieder offen. Benzin ist verfügbar, Diesel eher selten. Besser vorher bei Bailey anrufen:* ☏ *297-5182.*

## Reisepraktische Informationen Letlhakane

### Unterkunft

**Boteti Hotel** $$, *an der Straße Serowe–Orapa gelegen, Nkosho Ward,* ☏ *297-8289,* 🖷 *297-8251. Einfaches Motel mit 17 Zimmern, Bar und Restaurant.*
**Granny's Lodge & Kitchen** $$, *Lot 83, Steilberg Road,* ☏ *297-824, mobil 713-05126,* 🖷 *297-8479, E-Mail: grannys@botsnet.bw, http://grannyslodge.com. 11 Betten, ein recht gutes Restaurant ist angeschlossen.*
*Zudem gibt es noch die Letlhakane Campsite.*

### Einkaufen

*Es gibt im Ort einen gut ausgestatteten* **Spar-Supermarkt** *und einen Bottle Store.*

# 9. ZENTRAL- UND WEST-BOTSWANA: IN DIE KALAHARI

# Der Nordwesten

Wer von Namibia über Buitepos nach Botswana einreist (zur Strecke s. S. 135ff), gelangt auf dem Trans-Kalahari-Highway nach Ghanzi. Diese Strecke dient eher der Eingewöhnung, denn Botswana empfängt den Reisenden hier sicherlich nicht von der eindrucksvollsten Seite: Busch- und „Cattle-Country" sind angesagt, ebenso wie der „Wildwest-Ort" Ghanzi, ein Vorposten der Zivilisation. Ebenes Savannenland, um die 1.000 m über dem Meeresspiegel gelegen, Weite und Einsamkeit, zwischendurch von kleinen Ansiedlungen unterbrochen – das ist der Nordwesten Botswanas. Die Straße ist gut, für die rund 200 km braucht man etwa 2 Stunden.

## Ghanzi – Wildweststadt inmitten des „Rinderlandes"

Der Name Ghanzi leitet sich von der San-Bezeichnung für ein einsaitiges Instrument mit einem Kalebassen-Resonator ab. Ursprünglich war diese Gegend von San besiedelt, die vermutlich große Herdenbesitzer waren. Sie hinterließen in dieser Region große Brunnen. Etwa gegen 1850 „regierte" in diesem Gebiet der Khoi-Führer *Dukuri*. Er bekriegte seine Nachbarstämme und handelte mit dem bei Weißen heiß begehrten Elfenbein. Schon im Ankunftsjahr soll er Hunderte von Elefanten getötet haben.

Die ersten weißen Siedler kamen 1874 hierher und fanden die Gegend von San besiedelt, obwohl die Tswana das Gebiet für sich beanspruchten. *Hendrik van Zyl*, ein ehemaliges Mitglied des südafrikanischen Parlaments, führte die sechs Siedlerfamilien an. *Van Zyl* hatte ein doppelstöckiges Haus gebaut, das er mit französischen Möbeln ausstattete. Er verhielt sich gastfreundlich gegenüber den Trekkern, meist Buren, die auf der Suche nach neuem Land unterwegs waren. Er wurde wahrscheinlich um 1880 von San getötet, nachdem er sich zu sehr auf ihrem Land ausgebreitet hatte. Nach dem Tod an einem burischen Siedler hatte er nicht gezögert, über 30 San als „Wiedergutmachung" zu töten.

*Grausame erste Siedler*

Die Ruinen des Hauses von *van Zyl* können noch heute auf der Dick Eaton Farm besichtigt werden. Im Kalahari Arms Hotel kann ein Besuch der Farm arrangiert wer-

## Redaktionstipps

- Die Weiten der Kalahari erleben – ein Besuch im Central Kalahari Game Reserve erfordert zwar gute Planung und ein GPS-Gerät, ist aber ein faszinierendes Naturerlebnis (S. 327).
- Schlafen wie im Himmel: Bei Ghanzi empfiehlt sich eine Übernachtung im Seventh Heaven (S. 320).
- Eine Fahrt auf dem Wilderness Trail auf der botswanischen Seite des Kgalagadi Transfrontier Park ist eine Herausforderung für Mensch und Material (S. 346, 348).

den. 1875 erreichten die „Dorsland Trekker" Ghanzi, verließen den Flecken aber bald, um nach Namibia und Angola weiterzuziehen.

Als Botswana zum Protektorat erklärt wurde, erkannte *Cecil Rhodes* die Chancen einer weißen Siedlung in der Ghanzi-Region. Nur so konnte seiner Meinung nach einer möglichen deutschen Expansion Einhalt geboten werden. Deshalb ließ *Major Panzera* hier ab 1898 37 weiße Familien ansiedeln, die 3.000 Morgen große Farmen erhielten (s. S. 21). 1930 wurde Ghanzi Verwaltungszentrum. Seit den frühen 1960er Jahren gibt es hier ein Hotel, eine Tankstelle und eine Metzgerei, einen Supermarkt, eine Bäckerei sowie einen Bottle Store. Damit stellt sich Ghanzi heute als Mittelpunkt einer weitflächigen prosperierenden Farmgegend dar, in der vor allem Rinder gezüchtet werden. Außer als Versorgungsstation auf dem Weg in die Nationalparks des Nordens oder der Kalahari hat Ghanzi aber nicht viel zu bieten, am besten nutzt man eine der zahlreichen Übernachtungsmöglichkeiten in der Umgebung.

### Tipp

Besuchenswert ist in Ghanzi die Kunsthandwerks-Einrichtung **Ghanzi Craft Cooperative** (zwischen Kalahari Arms Hotel und Post gelegen). Hier wird traditionelles Kunsthandwerk der San angeboten. Die Kooperative ist eine Non-Profit-Organisation, wobei 90 % der Einnahmen an die herstellenden San zurückfließen. Entsprechend günstig sind die angebotenen Waren: Die Preise liegen hier 25–50 % niedriger als später in Maun – für die gleiche Ware. Besonders beliebt sind Halsketten aus Straußeneierschalen, Pfeil und Bogen oder Produkte aus Springbockleder.

## Reisepraktische Informationen Ghanzi und Umgebung

### Bank

**Barclays Bank**, *geöffnet Mo–Fr 8.30–15 Uhr, Mi und Sa 8–12 Uhr.*

### Unterkunft

**In Ghanzi**

**Kalahari Arms Hotel** $$, *P.O. Box 29, Ghanzi, ☎ 659-6298 o. -6532, 🖷 659-6311, www.kalahariarmshotel.com. Chalet für 2 Pers. ca. P 510, Camping ca. P 50 p.P.* **Lage**: *zentral in Ghanzi.* **Beschreibung**: *einfaches Hotel mit einfachem Restaurant und manchmal lauter Bar (besonders an Wochenenden). Camping beim Hotel möglich.*

*Hauptstraße von Ghanzi*

### Außerhalb von Ghanzi

**Tautona Lodge** $$$, *P.O. Box 888, Ghanzi, ☎ 659-7499, 🖷 659-7500, www.tautonalodge.com. Ab P 650 im Standard-DZ, außerdem Mini- und Familien-Chalets. Camping P 75.* **Lage**: *Die Lodge liegt 5 km nordöstlich von Ghanzi.* **Beschreibung**: *Zur Verfügung stehen 19 geschmackvoll eingerichtete Zimmer im Haupthaus sowie 9 ebenfalls in afrikanischem Stil eingerichtete, geräumige Bungalows (twin, double und family) sowie ein Pool. Das sehr hübsche Restaurant ist empfehlenswert. Insgesamt ist die Atmosphäre persönlich, mit sehr freundlichem Personal. Campingplatz einige hundert Meter von der Anlage entfernt, mit Beobachtungsmöglichkeit von Tieren an einem Wasserloch.*

**Khawa Lodge** $$$, *P.O. Box 52, Ghanzi, ☎ 659-7691/3, 🖷 659-7690, www.khawalodge.co.bw. Ab P 370 p.P., auch Familienzimmer. Camping P 30.* **Lage**: *etwa 3½ km südlich von Ghanzi am Trans-Kalahari-Highway.* **Beschreibung**: *Anlage mit einfachem Campingplatz, Swimmingpool und Restaurant.*

Unterkunft mit Aussicht: Das Seventh Heaven

**Motswiri Lodge** $$$$, *Vicky und Gavin Richards, P.O. Box 962, Ghanzi, ☏ 072-118811 oder 71-300954, E-Mail: gavin@kanana.info, reservations@kanana.info, www.kanana.info. Unterkunft im Zelt P 1.050 p.P. pro Nacht inkl. Frühstück, für das Seventh Heaven wird ein Zuschlag von P 285 berechnet, Camping P 120. Der Transfer ab Ghanzi, wenn man nicht mit dem eigenen Auto fährt, kostet P 400.* **Lage**: *etwa 30 km westlich von Ghanzi.* **Beschreibung**: *Die luxuriöse Unterkunft liegt im 33.000 ha großen Kanana Wilderness Private Game Reserve und besteht aus 4 komfortablen Safarizelten mit Bad und Dusche, von der Veranda aus kann man die Tiere beobachten. Im Haupthaus gibt es Lounge und Bar. Zu den Aktivitäten zählen Game Drives, Vogelbeobachtungen, Rhino Traking und Reiten. Auch ein Kultur-Ausflug zu den San ist möglich. Zudem bestehen Campingmöglichkeiten. Insgesamt sehr empfehlenswert, persönliche Betreuung.*

**Seventh Heaven** $$$$, *Kontakt s. Motswiri Lodge. Die originelle Unterkunft liegt an einem einsamen Wasserloch ca. 25 km von der Lodge entfernt und besteht aus einem Häuschen auf Stelzen, sodass man ca. 6 m über dem Boden schläft und vom 9 m hohen Aussichtsdeck einen schönen Blick in die Umgebung hat – ideal für ein romantisches Dinner. Die anderen Mahlzeiten nimmt man in der Lodge ein. Bad und open-Air-Dusche mit heißem Wasser vorhanden.*

**Grassland Safari Lodge** $$$$$, *Neeltjie de Graaff-Bower, P.O. Box 19, Ghanzi, ☏ 721-04270 o. 721-11506, 🖷 728-04270, E-Mail: neeltjie@grasslandlodge.com.de, graaff@it.bw, www.grasslandlodge.com. US$ 390–500 p.P. inkl. Vollpension und Aktivitäten. Ein Transfer von Ghanzi kostet US$ 30 p.P.* **Lage**: *80 km nordöstlich von Ghanzi.* **Beschreibung**:

*acht Chalets mit allem Komfort, zudem gibt einen großen Pool und ein rege besuchtes Wasserloch. Das Abendessen kann unter den Sternen oder im Dining Room eingenommen werden. Es besteht die Möglichkeit, ein Raubtier-Schutzprogramm zu besuchen, zudem werden kulturelle Aktivitäten bei den San, Ausflüge zu Pferd und Game Drives angeboten.*

**Edo's Camp** $$$$$, ☏ *721-20399, mobil 72-11940,* 🖷 *Italien (+39) 0332-701755, E-Mail: info@edoscamp.com. www.edosccamp.com. US$ 364 p.P. im DZ inkl. Vollpension und Aktivitäten.* **Lage**: *in einem privaten Wildreservat in der Kalahari nahe Ghanzi, ca. 6 km von Dkar.* **Beschreibung**: *großes Wasserloch am Camp, 4 geräumige Luxuszelte auf Decks unter alten Bäumen mit Blick auf die Lagune, Bush Walks und Pirschfahrten, Besuch in einem San-Dorf.*

### Camping

**El Fari**, *P.O. Box 111, Ghanzi,* ☏ *721-20800,* 🖷 *715-91968, www.elfari.co.za. P 50 p.P.* **Lage**: *ca. 63 km hinter Ghanzi, Richtung Maun, ca. 2 km von der Teerstraße entfernt, ruhig (GPS: S 21°21'2630 E 22°08'505).* **Beschreibung**: *Die Campingplätze liegen schattig unter Bäumen, die sanitären Anlagen sind sehr sauber. Jeder Platz hat eine Grillstelle und Wasser, zudem gibt es überdachte Spülen. Auf Wunsch gibt es für ca. P 15 Feuerholz.*

**Thakadu Bush Camp**, ☏ *72120695,* 🖷 *659-7959, E-Mail: info@thakadubushcamp.com, www.thakadubushcamp.com. Camping ca. P 70, es gibt auch feste Meru-Zelte mit*

*Beeindruckend: Blick auf das Wasserloch am Edo's Camp*

*Besuch im Camp: Warzenschwein im Dqãe Qare Game Reserve*

*Bad (ca. P 600) und ohne Bad (ca. P 300).* **Lage**: *ca. 6 km südlich von Ghanzi, Anfahrt über den Trans-Kalahari-Highway.* **Beschreibung**: *sauberer Campingplatz, ruhig, warme Duschen, Restaurant, Bar.*

**Dqãe Qare**, *P.O. Box 219, Ghanzi, ☏ 725-27321 oder 725-27321, E-Mail: dqae qare@gmail.com, www.dqae.org. Parkeintritt P 25, Übernachtung im Guesthouse mit Halbpension P 475, in Bushman-Hütten P 418 mit Halbpension, Camping P 50.* **Lage**: *24 km von Ghanzi.* **Beschreibung**: *Das Camp liegt im 7.500 ha großen Dqãe Qare Game Reserve und ist ein Community-Projekt der Ncoakhoe aus dem Dorf D'Kar. Neben einem einfachen Campingplatz kann man auch in dem alten Farmhaus übernachten (einige Zimmer mit Bad, dafür nur mit Kerzenlicht, drei Zimmer sind an den Generator angeschlossen), zudem werden zahlreiche Aktivitäten angeboten, wie Bush Walks, Game Drives traditionelle Tänze. Infos zu weiteren Projekten unter www.kuru.co.bw.*

**Khurtum Khwe Traditional Camp**, *Kalahari Sunset Safaris, P.O Box 651, Ghanzi, ☏ 721-55259, E-Mail: ada.hardbattle@gmail.com, www.kalaharisunset.com. Es gibt Übernachtungen in traditionellen Bushman-Hütten (ca. P 150) und einen einfachen Campingplatz (ca. P 75, max. 2 Nächte Aufenthalt).* **Lage**: *auf der Buitsivango Farm. 22 km westlich von Ghanzi biegt die Zufahrt Richtung Norden ab, nach weiteren 22 km ist man am Ziel.* **Beschreibung**: *Das Unternehmen wird von Andrea Hardbattle betrieben, Tochter einer San und eines Engländers, die die Kultur der San den Besuchern näher bringen möchte. Angeboten werden neben der Unterkunft mehrtägige Ausflüge, z.B. eine zweitägige Survival Experience (ca. P 1.650 p.P.), während der man bei dem Giant Tortoise Clan des Nharo-Volkes wohnt und das traditionelle Leben der San führt, von ihren Geschichten und Gebräuchen erfährt.*

**Ghanzi Trail Blazers**, *Zone 74, Ghanzi, ☏ 659-7525, 72-120791, 🖷 659-7525, E-Mail: traiblazers@botsnet.bw.* **Lage**: *10 km südlich von Ghanzi auf der westlichen Seite*

Einfache Unterkunft: Community Camps

*der Straße.* **Beschreibung**: *Es gibt einfache Campingmöglichkeiten und Bushman-Hütten, gemeinschaftliche sanitäre Anlagen. Das Ziel eines Aufenthalts hier ist, wie beim Khurtum Camp, die Begegnung mit den San. Zudem werden Bush Walks angeboten.*

*Außerdem gibt es das* **Chobokwane Community Camp** *(Tshobokwane in Naro), 135 km hinter der Grenze von Namibia kommend (GPS: S 22°15′1942, E 21°20′6001).*

### Restaurants

*Das einzige Restaurant ist das des* **Kalahari Arms Hotels** (s.o.), *das allerdings nicht besonders empfehlenswert ist (Selbstversorger haben es besser!). Bei* **Tasty Chicken** *gegenüber der Tankstelle gibt es wenigstens genießbare Hähnchen. Sonst Restaurants in den o. a. Lodges.*

## Informationen über die Kalahari

info

**Allgemeiner Überblick**

Die Kalahari bedeckt insgesamt ca. eine Million km² des südlichen Afrika. Sie liegt 800–1.300 m über NN und ist durch flache Schwellen in einzelne Becken gegliedert. An einigen Stellen ragen alte Gebirge heraus (z.B. Tsodilo Hills). Die physiologische Urgestalt ist durch Sedimente (Kalke, Sandsteine, ziegelroten Kalahari-Sand) verdeckt. In der Tiefe zeugen alte Flussbetten, die bis zu 6 km breit und 30 m tief sind, von regenreichen Vorzeiten.

info

Die Kalahari ist von ihrem Erscheinungsbild her keine Wüste im klassischen Sinne, wenn man mit dem Begriff „Wüste" Vegetationslosigkeit und Sanddünen verbindet. Ihr Erscheinungsbild ist vielseitig:

- Im Süden, wo auch äußerste Wasserarmut vorherrscht, gibt es Flugsanddünen.
- Im Norden versiegt und verdunstet das vom Okavango herangeführte Wasser im riesigen Sumpfgebiet des Okavango-Deltas.
- Die geringen Niederschläge und periodischen Wasserläufe (also Flüsse, die nur unregelmäßig Wasser führen) versickern und verdunsten in großen und kleinen Salzpfannen (z.B. im Makgadikgadi-Becken).
- Entsprechend der von Südwesten nach Nordosten zunehmenden Niederschläge folgen unterschiedliche Vegetationsformen aufeinander. Im Süden findet man Zwergsträucher, Sukkulenten und schütteren Graswuchs vor, dann folgt eine breite Zone der Akazien-Savanne (hier vor allem Kameldorn-Akazien), und schließlich folgt der Bereich der Dorn- und Breitlaubsavannen (z.B. Mopane-Bäume).

Die Besiedlung der Kalahari ist sehr dünn. Der Wildreichtum wird in Tierreservaten geschützt (Kgalagadi Transfrontier National Park, Moremi Game Reserve, Nxai Pan and Makgadikgadi National Park). Der größte Teil der Kalahari gehört zu Botswana, der Westen teilweise zu Namibia, der Süden zur nördlichen Kap-Provinz der Republik Südafrika.

## Wasserhaushalt

Wie schon erwähnt, entspricht die Kalahari zumeist nicht den Vorstellungen von Wüste. Trotzdem weist sie kaum Oberflächenwasser auf. In der geologischen Vergangenheit, als es in Europa die Kaltzeiten gab, war hier das Klima durch hohe

*Wildreichtum in der Wüste*

Niederschläge geprägt. In diesen sog. „Pluvialzeiten", die vor ca. 10.000 Jahren endeten, gab es Dauerquellen und -flüsse. In den vergangenen 100 Jahren wurden die natürlichen Wasservorräte durch Besiedlungsdruck und Überweidung arg strapaziert.

Die Kalahari wird in großen Teilen von sog. äolischen Sanden bedeckt (Flugsande). Diese Sande sind wenig fruchtbar und leicht sauer. Selbst bei Bewässerung würden sich deshalb große Regionen nicht zum Anbau eignen. Überall dort, wo wir auf losen Sand treffen, kann die Vegetation kaum Fuß fassen: Die hier vorherrschende große Hitze, gepaart mit hoher Verdunstung, erlaubt es den Böden nicht, Wasser zu speichern. Nur dort, wo die Sande eine Mächtigkeit von 6 m und mehr erreichen, kann im Untergrund Feuchtigkeit gespeichert werden. Hier gedeihen dann Gräser und Büsche. Durch Überweidung und Buschfeuer, die von Blitzen ausgelöst werden, sind die Wasservorräte für Vieh und Wild immer knapper geworden. Früher, als man noch an die natürlichen Wassertümpel und Quellen gebunden war, wurde kaum überweidet. Durch die Anlegung künstlicher Brunnen überwand man zwar die naturgegebene Wasserbegrenzung, verstärkte aber dadurch die Viehkonzentration. Der früher traditionelle Zug von einer Wasserstelle zur nächsten unterblieb, da die künstliche Wasserstelle stets Wasser förderte. Das führte dazu, dass um die künstlichen Brunnen herum das Weideland überstrapaziert wurde.

Das heute geförderte Wasser entstammt nicht aktuellen Regenfällen, sondern ist jahrhunderte- bis jahrtausendealtes Wasser aus regenreicheren Klimaperioden („fossiles Wasser"). Dieses Wasser findet man vor allem in geologischen Brüchen und Falten. Das fossile Grundwasser ist – je tiefer sein Vorkommen – umso reichhaltiger an gelösten Mineralien. Deshalb eignet sich dieses Wasser kaum für Bewässerungszwecke. Wichtig zu vermerken ist, dass heute mehr Grundwasser gefördert als durch Regenfälle ersetzt wird.

Die Bestimmung wasserführender Schichten fand früher – mit erstaunlicher Sicherheit! – mittels Wünschelruten statt. Zusätzlich dienten Ameisenhaufen sowie bestimmte Pflanzen der Ortung. Heute bedient man sich zunächst spezieller Luftaufnahmen und nimmt Testbohrungen vor, bevor man neues Weideland erschließt.

**Wirtschaftliche Nutzung**

Die Kalahari bedeckt ca. 80 % Botswanas, doch auf ihrer Fläche leben lediglich 10 % der Landesbewohner. Trotzdem findet man in der Kalahari 60 % des nationalen Viehbestandes. Viele große Viehbesitzer leben jedoch nicht selbst in der Kalahari, sondern in den Dörfern des Ostens, während ihre Herden von Arbeitern beaufsichtigt werden.

Die meisten Bewohner der Kalahari nutzen natürliche Nahrungsreserven, indem sie jagen und Früchte sammeln. Während die San einst völlig vom Sammeln und Jagen lebten, besitzen die reicheren Farmer Gewehre und erlegen Wild, dessen Felle und Fleisch sie verkaufen. Doch die jüngeren Männer verlassen zunehmend die einsamen Kalahari-Regionen, um in den Minen des Landes oder Südafrikas zu arbeiten.

info

Die Regierung bemüht sich, mit Hilfe von Entwicklungsprogrammen das Landleben attraktiver zu gestalten:

- Sie hilft kleinen Viehbesitzern, ihre **Herde aufzubauen**.
- Sie versucht, **der Überweidung** Herr zu werden, indem eine Dezentralisierung des Viehbestandes vorangetrieben wird.

Inmitten der Weiten der Kalahari liegen die Diamantenlager, deren Nutzung dem Land viele Devisen einbringt (Orapa, Letlhakane, Jwaneng, S. 40f).

**Wildreichtum**

Einst gab es sehr viel Wild in der Kalahari. Die verschiedenen Tierarten sind an dieses aride Gebiet und seine Lebensbedingungen angepasst. Auch heute noch sind Hartebeest, Gems- und Springböcke in großen Herden anzutreffen. Die wanderfreudigsten Savannentiere sind Wildebeest und Hartebeest: Während regenreicher Perioden bilden sie Herden von bis zu 40.000 Tieren! Die abflusslosen Pfannen mit ihrem Reichtum an abgelagerten Mineralien begünstigen den Wuchs süßer Gräser und bieten darüber hinaus wichtige Nährstoffe für die Tiere, welche die sandigen Böden nicht enthalten. Die tatsächlichen Zahlen hängen stark von Faktoren wie Trockenheit, menschliche Eingriffe in den Naturhaushalt (Veterinärzäune!) sowie Fluktuation anderer Tierarten (ökologisches Gleichgewicht!) ab.

Studien machten deutlich, dass der Naturraum Kalahari durch die Veterinärzäune im Norden und Osten sowie durch die vordringende Besiedlung immer mehr gefährdet wird. Die Lebensmöglichkeiten des Wildes werden dadurch erheblich eingeschränkt. Nicht nur die Wanderung zu nötigen Wasserstellen, sondern auch zu geeigneten Weidegründen wird dem Wild so zum großen Teil verwehrt.

*Tierkadaver ziehen sofort die Geier an*

info

Bemerkenswert ist die Tatsache, dass das Wild der Kalahari überleben kann, ohne dass stetiges Oberflächenwasser vorhanden ist. Auf vier Wegen versorgen sich die Tiere mit Wasser:

- Nach **Regenfällen** trinken sie Wasser aus Pfützen, Teichen und Seen.
- Sie fressen **nachts**, wenn die Pflanzen ihre am Tage verlorene Feuchtigkeit wiedergewinnen (dies geschieht über ihr Wurzelsystem bzw. durch die feuchtere Nachtluft).
- Sie ernähren sich von **flüssigkeitsspeichernden Sukkulenten**.
- Sie wandern in die Regionen **frischen Graswuchses**.

Zusätzlich sind die Tiere in der Zeit der größten Tageshitze inaktiv und suchen schattige Plätze auf.

All dies zeigt, dass das Wild in seinem derzeitigen Bestand nur überleben kann, wenn die ganze Kalahari als Lebensraum erhalten bleibt.

# Zentral-Botswana: Central Kalahari Game Reserve und Khutse Game Reserve

*Herausforderung für Selbstfahrer*

Das Central Kalahari Game Reserve und das südlich davon gelegene, kleinere Khutse Game Reserve sind zweifelsohne d i e größte Herausforderung für den Selbstfahrer mit Allradfahrzeug. Dafür wird jeder Hunger nach unendlicher Landschaft, abenteuerlichen Wegen und Stille uneingeschränkt befriedigt. Das durch die Forschungen des Ehepaars *Owens* bekannt gewordene Deception Valley ist sicherlich ein Hauptmagnet dieses Gebietes. Insbesondere während der Regenzeit sind diese Landschaften wegen der verschiedenen Grün-Tönungen, wildblühenden Blumen sowie der faszinierenden Wolkenbilder ein Eldorado für den Naturfreund.

*Unvergleichliche Weite*

Das Central Kalahari Game Reserve bedeckt eine Fläche von 52.800 km² und ist damit das größte unter Naturschutz stehende Gebiet Afrikas. Im Norden verläuft der Kuke Fence, im Süden grenzt der Park an das Khutse Game Reserve. Das insgesamt sehr flache Gebiet vermittelt dem Besucher den Eindruck einer unendlichen Weite und Stille. Hier lebten vielleicht über 30.000 Jahre lang San und Bakgalagadi-Stämme ihr Leben als Jäger und Sammler bis zum Beginn des 20. Jahrhunderts. Heute leben etwa 500 Menschen in diesem Gebiet – vorwiegend um Xade herum.

Im nördlichen Teil des Parks gibt es flache und normalerweise trockene Pfannen, in denen Gras wächst. Manche dieser flachen Senken sind Salzpfannen. Es gibt eine Reihe von künstlichen Bohrlöchern, deren Wasser die Tiere magisch anzieht. Vier Flusssysteme – allesamt ständig trocken und in früheren regenreicheren Perioden

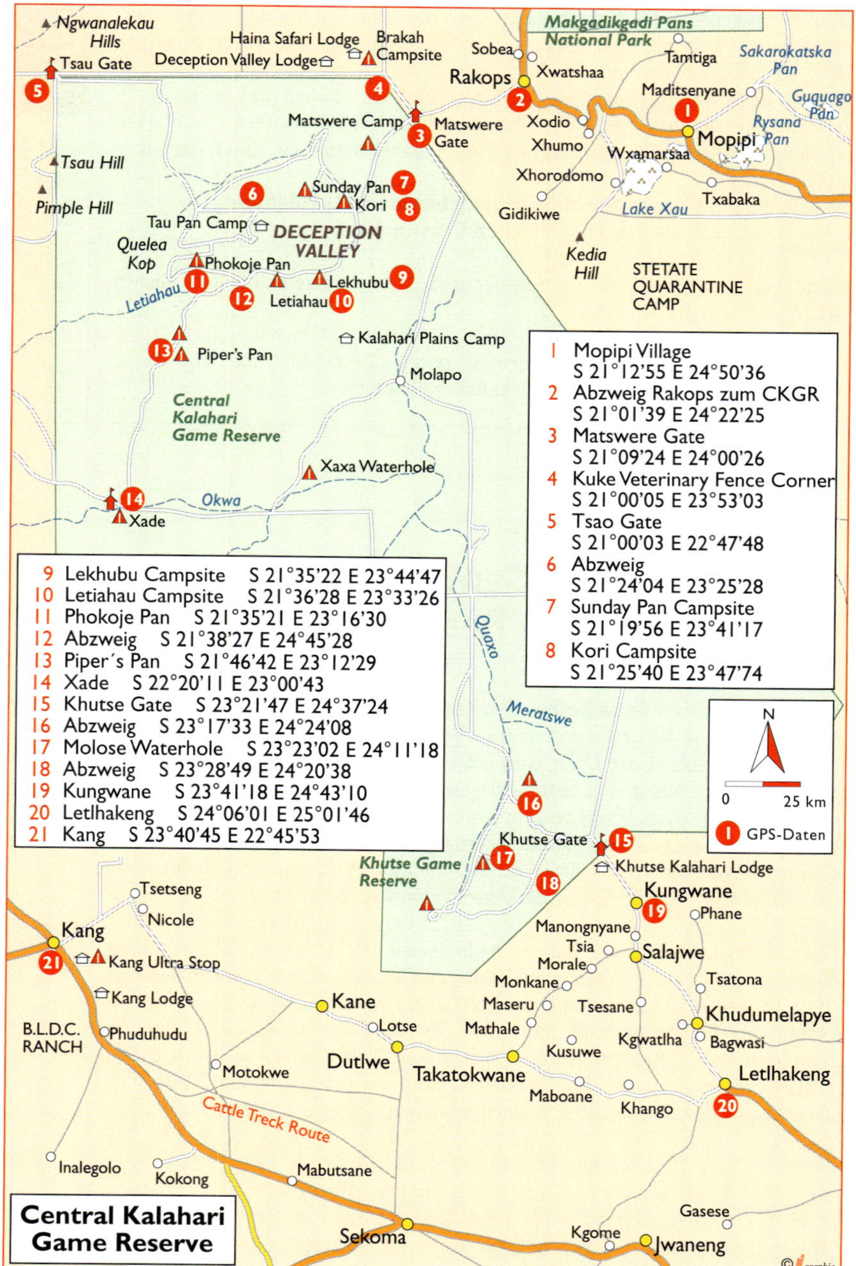
Ngwanalekau Hills
Haina Safari Lodge
Brakah Campsite
Tsau Gate
Deception Valley Lodge
Makgadikgadi Pans National Park
Sobea
Rakops
Xwatshaa
Tamtiga
Sakarokatska Pan
Maditsenyane
Guguago Pan
Matswere Camp
Matswere Gate
Xodio
Xhumo
Mopipi
Rysana Pan
Wxamarsaa
Tsau Hill
Pimple Hill
Sunday Pan
Kori
Xhorodomo
Txabaka
Gidikiwe
Lake Xau
Tau Pan Camp
DECEPTION VALLEY
Quelea Kop
Phokoje Pan
Kedia Hill
STETATE QUARANTINE CAMP
Lekhubu
Letiahau
Kalahari Plains Camp
Piper's Pan
Molapo
Central Kalahari Game Reserve
Xaxa Waterhole
Okwa
Xade
1 Mopipi Village S 21°12'55 E 24°50'36
2 Abzweig Rakops zum CKGR S 21°01'39 E 24°22'25
3 Matswere Gate S 21°09'24 E 24°00'26
4 Kuke Veterinary Fence Corner S 21°00'05 E 23°53'03
5 Tsao Gate S 21°00'03 E 22°47'48
6 Abzweig S 21°24'04 E 23°25'28
7 Sunday Pan Campsite S 21°19'56 E 23°41'17
8 Kori Campsite S 21°25'40 E 23°47'74
9 Lekhubu Campsite S 21°35'22 E 23°44'47
10 Letiahau Campsite S 21°36'28 E 23°33'26
11 Phokoje Pan S 21°35'21 E 23°16'30
12 Abzweig S 21°38'27 E 24°45'28
13 Piper´s Pan S 21°46'42 E 23°12'29
14 Xade S 22°20'11 E 23°00'43
15 Khutse Gate S 23°21'47 E 24°37'24
16 Abzweig S 23°17'33 E 24°24'08
17 Molose Waterhole S 23°23'02 E 24°11'18
18 Abzweig S 23°28'49 E 24°20'38
19 Kungwane S 23°41'18 E 24°43'10
20 Letlhakeng S 24°06'01 E 25°01'46
21 Kang S 23°40'45 E 22°45'53
Quaxo
Meratswe
N
0 25 km
GPS-Daten
Khutse Gate
Khutse Game Reserve
Khutse Kalahari Lodge
Kungwane
Phane
Tsetseng
Nicole
Kang
Kang Ultra Stop
Manongnyane
Tsia
Salajwe
Morale
Monkane
Tsatona
Kang Lodge
Kane
Maseru
Tsesane
B.L.D.C. RANCH
Phuduhudu
Lotse
Mathale
Khudumelapye
Kgwatlha
Bagwasi
Kusuwe
Motokwe
Dutlwe
Takatokwane
Letlhakeng
Maboane
Khango
Cattle Treck Route
Inalegolo
Kokong
Mabutsane
Gasese
Central Kalahari Game Reserve
Sekoma
Kgome
Jwaneng
© graphic

*Landschaft im Deception Valley*

entstanden und zuletzt vor mehr als 15.000 Jahren Wasser führend – durchbrechen die sonst sehr monoton wirkende Flachheit der Landschaft:

1. das Deception Valley im Nordosten
2. das Passarge Valley – nördlich des Deception Valley
3. das Okwa Valley in der Höhe von Xade
4. das Quoxo Valley (oder Meratswe Valley) im südlichen Teil.

Die Vegetation ist typisch für das Gebiet der Dornbuschsavanne (fälschlicherweise stellt man sich die Kalahari als „blanke" Sandwüste vor!).

*Naturschutz vs. traditioneller Lebensraum*

Das Central Kalahari Game Reserve wurde 1961 mit dem Ziel gegründet, den San einen Lebensraum zu sichern, in dem sie ihrer traditionellen Lebensweise folgen können. Folgerichtig war das Gebiet damals nicht zugänglich und die San konnten es als Jagdgebiet nutzen. Zu Beginn der 1980er-Jahre versuchte man, stärker den Naturschutz in den Vordergrund zu rücken, und ermunterte die San, in andere Gebiete zu ziehen, um der Tierwelt das Gesamtgebiet zu überlassen. Doch ein großer Teil der San blieb hier, bis die Regierung ihnen das Jagen verbot. 2006 sprach ihnen ein Gericht in einem aufsehenerregenden Urteil ein Anrecht auf ihren angestammten Lebensraum zu. Die Situation hat sich seitdem aber kaum geändert.

**Hinweis**

Zur Problematik des Lebensraums der San im Central Kalahari Game Reserve zwischen Tradition und wirtschaftlichen Interessen s. Infokasten auf S. 63ff.

*Einst zum Schutz des Lebensraums der San geschafften: das Central Kalahari Game Reserve*

## Zur Strecke

Auf jeden Fall ist ein Allradfahrzeug nötig, um in das raue Gebiet wirklich vorzudringen.

### Anfahrtsmöglichkeiten

Es gibt drei Wege in den Park: durch das westliche Gate bei Xade, im Nordosten durch das Tsao Gate oder im Nordosten bei Matswere.

*Am Veterinärzaun entlang*

**Von Maun**: Etwa 53 km nach Südosten entlang der Teerstraße Richtung Nata fahren, dann weitere 21 km nach Makalamabedi. Von hier aus überquert man nach weiteren 8 km den Boteti und folgt über 77 km der Piste – parallel zum Veterinärzaun – zum Kuke Corner Veterinary Gate. Später – nach 22 km – erreicht man das Matswere Gate (offizieller Eingang des Kalahari Game Reserve. Hier bitte anmelden).

**Von Rakops**: Man folgt der Straße etwa 3 km nach Norden und biegt dann nach Westen (ausgeschildert) zum Kalahari Game Reserve ab. 13 km nach dem Abzweig steigt das Gelände an: Es handelt sich um die alte Uferlinie des alten Makgadikgadi-Sees. Sandig im Bereich Gedikiwe Sand Ridge. Nach weiteren 44 km erreicht man das Matswere Gate.

*Die **Tankstelle** in Rakops ist nach langer Schließung wieder offen. Benzin ist verfügbar, Diesel eher selten. Besser vorher bei Bailey anrufen: ☏ 297-5182 Trotzdem besser Kanister mitnehmen – auch wg. des schwankenden Angebots!*

**Von Ghanzi (von Namibia kommend):** Sie fahren 9 km südlich von Ghanzi auf die Straße Richtung Tswaane, von der Sie nach 27 km Richtung Xade nach Osten abbiegen; weitere 160 km sandige Strecke folgen. Dabei kommt man an einer San-Siedlung vorbei. Von hier aus kann man entweder zum Deception Valley (nach Nordosten, ca. 160 km) fahren oder Richtung Khutse Game Reserve (sehr sandige Passagen – extreme Vorsicht ist geboten – bitte unbedingt mit zwei Wagen fahren!).

Alternativ kann man, abzweigend von der Straße Ghanzi – Maun, über das Tsao Gate am Kuke Veterinary Fence im Nordwesten einreisen (ca. 120 von Ghanzi, 140 km nördlich vom Xade Gate). Dabei zweigt man am Vet Gate nach rechts ab und hält sich auf der südlichen Seite des Zauns, da man ansonsten den Umweg über das Matswere Gate machen muss. Schwierige Sandpiste.

*Über das Tsao Gate im Nordwesten*

**Von Süden aus kommend (von Richtung Letlhakeng):** Der Weg über das Khutse Game Reserve in das Central Kalahari Game Reserve ist extrem einsam und führt z.T. über sehr sandige Wege. Vom Khutse Game Scout Camp bis Xade sind es 282 km, weitere 159 km von Xade zum Deception Valley. Das bedeutet: Mitnahme von Benzin für knappe 1.000 km (denn zwischen Letlhakeng und Rakops (unsicher) bzw. Maun gibt es keine Tankstelle!). Eine solche Strecke sollten sich nur best ausgerüstete Teams mit mindestens zwei Fahrzeugen vornehmen; 2 GPS-Geräte, Kompass, Benzinreserve für 500 km, Wasserreserve für eine Woche (im Pannenfall) sowie Satelliten-Telefon wären die beste, sichere Ausstattung.

*Bewohner der Kalahari: der Gelbschnabel-Toko*

## Streckenbeschaffenheit

**Eingang bis zum Deception Valley**: harte Schotterpiste, zweispurig

**Deception Valley – Pipers Pan**: sehr gut – fast wie Asphaltstraße – während der Trockenzeit. In der Regenzeit kann es Schlammlöcher und schwere Streckenabschnitte geben.

**Vom Nordeingang bis nach Molapo:** die ersten 35 km entlang dem Veterinärzaun harte Oberfläche, die weiteren 75 km nach Molapo ebenso (man durchquert Pfannen und ein trockenes Flussbett). Landschaftlich – insbesondere in der Regenzeit – eine sehr schöne Strecke. Nachteil im Sommer: Wenn das Gras zwischen den Spuren hoch ist, setzen sich Grassamen im Kühler fest. Man sollte daher zwei Lagen Gaze vor den Kühler spannen und alle 5–10 km entsprechend säubern. Ein weiteres Problem ist, dass Gras unterhalb des Fahrzeugs im Auspuffbereich einen Brand verursachen kann. Auch hier sollte man laufend unter das Auto schauen, um mit entsprechendem Werkzeug Grasknäuel zu entfernen.

*Vorsicht bei hohem Gras*

**Molopo–Xaka–Xade–Khutse-Verbindung:** Die ersten 30 km von Molapo aus nach Südwesten folgt man einem Flussbett mit gutem Fahruntergrund. In der Regenzeit kann es allerdings auch hier sehr lehmig werden. Danach erklimmt man eine hohe, sehr sandige Düne. Wenn man dann nach weiteren 30 km hinabfährt, erreicht man das ehemalige Forschungscamp Xaka. Linker Hand führt ein Umgehungsweg durch das Tal, wo es Zeltmöglichkeiten gibt. Bis zur Straße Xade – Khutse bleibt der Weg sandig.

**Xade – Khutse Game Reserve:** Die ersten 100 km sind extrem sandig – sehr langsames Vorankommen. Danach wird der Weg besser, doch erst im Bereich der Khankhe Pan gut.

**Entfernungen**
Letlhakeng – Khutse über Molapo nach Rakops (über Xade): ca. 800 km! Etwa 1/3 der Strecke ist extrem sandig!

## Tierwelt

Im Central Kalahari Game Reserve gibt es vor allem eine Vielzahl von Antilopen (Spring-, Spieß- und Steinböcke, Gnus und Kudus). Und natürlich gibt es hier die be-

*Springböcke im Deception Valley*

rühmten „Braunen Hyänen“ (auch: Schabrackenhyänen), Kalahari-Löwen sowie Geparde. Auch Stachelschweine, Erdmännchen und Schlangen finden hier gute Lebensbedingungen. Etwa 260 verschiedene Vogelarten wurden in diesem Gebiet beobachtet, insbesondere Frankoline, Perlhühner, Webervögel, Sekretärvögel sowie Trappen.

## Deception Valley – das Tal der Owens

*Spärliche Vegetation*

Das sicherlich wichtigste und am meisten besuchte Gebiet ist das **Deception Valley**. Es handelt sich hierbei um ein pluviales Talsystem, dessen Konturen noch immer klar zu erkennen sind und dessen Verlauf von Tierherden genutzt wird. Einst floss hier der Letiahau River. Große Herden von Springböcken, Zebras und Gnus haben dieses Gebiet als Lebensraum gewählt. Natürlich gibt es hier aber auch Löwen. Da die Vegetation relativ spärlich ist, leben hier keine Elefanten, Nashörner oder Giraffen. Allerdings ändert sich das Vegetationsbild in der Regenzeit schlagartig: Dann wogt hier eine üppige Savanne.

In westlicher Richtung – vom Deception Valley aus gesehen – kann man die **Sunday** und **Passarge Pan** besuchen. Hier gibt es in der Trockenzeit künstliche Wasserstellen, die Tiere anziehen. Weiter südlich liegt die **Piper‘s Pan**, wo auch eine künstliche Wasserstelle Tiere magisch anzieht.

info

## Die Kalahari-Jahre von Mark und Delia Owens

1974 beschlossen die beiden College-Absolventen *Mark* und *Delia Owens*, nicht erst zu warten, bis sie beruflich finanzielle Sicherheit erreicht hatten, sondern sofort mit ihrer Karriere als Feld-Zoologen zu beginnen. Sie waren so mutig, ihre gesamte Habe zu verkaufen, kauften sich ein One-way-Ticket nach Afrika, packten ihre Rucksäcke und zogen mit ihren restlichen 6.000 US$ in die Kalahari, um ihre Forschungsarbeit zu beginnen. Von ihrem mehr als mageren finanziellen Fundus kauften sie einen Landrover aus dritter Hand, eine Basis-Campingausrüstung und Grundvorräte. Dann starteten sie in die Wildnis der Zentral-Kalahari, wo es keine Straßen, keine Städte oder sonstigen zivilisatorischen Einrichtungen gab. Das Gebiet war damals nur von wenigen San bewohnt. Nach einer strapaziösen, oft gefährlichen Erkundung der Landschaften beschlossen sie, sich an einer Bauminsel im Deception Valley niederzulassen – mehr als 8 Fahrstunden zum nächsten zivilisatorischen Kontakt entfernt.

Wie schon oben erwähnt, war die Kalahari in der geologischen Vergangenheit ein Gebiet, das von vielen Flüssen durchzogen war. Aus dieser Zeit stammen die heute trockenen Flussläufe und Täler, die von flachen Dünen begleitet werden. Das Deception Valley liegt in einem dieser alten Flusstäler.

Sieben Jahre lang lebten *Delia* und *Mark* in ihren Zelten und studierten die unberührte Wildnis mit ihren Lebewesen. Insbesondere widmeten sie sich der Erforschung der Verhaltensweisen der Kalahari-Löwen sowie der Braunen Hyänen. Sie überlebten heftige Gewitter, Buschbrände und Hitzewellen mit fast 50 Grad Celsius. Ihr Leben in der Kalahari war sehr lehrreich, doch oft auch gefährlich. Zum Schluss gaben sie auf: Ende der siebziger, Anfang der achtziger Jahre wurde das südliche Afrika von einer extremen Dürrezeit heimgesucht, sodass sie das Deception Valley verlassen mussten. *Mark*, der in den Jahren das Fliegen erlernt hatte, konnte von der Luft aus die wohl größten jemals beobachteten Gnu-Herden verfolgen, die nach Norden zum permanenten Wasser des Okavango zogen, wo es ja seit Tausenden von Jahren auch während extremer Trockenzeiten genug Wasser gab. Doch sie konnten ihre rettenden Wasserressourcen nicht erreichen, weil ihnen der Weg durch den Veterinärzaun blockiert war, der die „wilden" von den domestizierten Tieren (meist Rinder) trennte. Die Regierung glaubte damals irrtümlich, dass das Wild das Vieh der Menschen mit der Maul- und Klauenseuche infizieren könnte.

Mittlerweile weiß man, dass sich das natürliche Wild niemals mit dieser Krankheit anstecken kann. Doch damals starben mehr als 250.000 Gnus entlang der Zäune.

*Mark* und *Delia Owens* versuchten, die staatlichen Stellen Botswanas von diesem Irrtum abzubringen, und forderten in zahlreichen internationalen Publikationen den Abriss der Veterinärzäune. Aufgrund dieser Kontroverse forderte Botswana die beiden auf, das Land zu verlassen. Später sahen die offiziellen Stellen in Botswana ein, dass die beiden Forscher Recht gehabt hatten, und folgten ihren Empfehlungen, die zentrale Kalahari als Game Reserve zu schützen.

### Buchtipp

Mark und Delia **Owens**: **„Der Ruf der Kalahari". Sieben Jahre unter Wildtieren im Herzen Afrikas**, München 1987: Eine spannende Lektüre zum Leben in der Zentral-Kalahari mit ihrer so faszinierenden Tierwelt. Nur im Antiquariat erhältlich.

## Reisepraktische Informationen Central Kalahari Game Reserve

### Information

**Department of Wildlife and National Parks**, *P.O. Box 131, Gaborone, ☏ 318-0774 o. 397-1405, 🖷 318-0775, E-Mail: dwnp.parrogabs@gov.bw, dwnp@gov.bw; www.mewt.gov.bw/DWNP/index.php. Physische Adresse: Im Kgale Millenium Park, gegenüber der Game City Hall.*

*Der* **Eintritt** *kostet wie in allen Parks P 120 p.P. pro Tag, dazu kommen P 50 für das Auto. Die Gebühren für die Campingplätze variieren je nach Anbieter (s.u.).*

### Wichtig

Eine Trans-Kalahari-Fahrt zwischen dem südlichen Khutse Game Reserve im Süden und dem nördlichen Teil des Central Kalahari Game Reserve im Norden ist nur mit mindestens 2 Allradfahrzeugen erlaubt (2 Tage Fahrzeit). GPS-Ausstattung im Südteil des Parks notwendig.

### Anfahrt

*ab Maun: etwa 3–4 Fahrstunden, ab Ghanzi nach Xade etwa 5 Stunden.*

### Touren

*Eine Vielzahl von Safariunternehmen bietet Safaris in das Deception Valley an. Normalerweise fliegt man hin und landet auf der ehemaligen Piste des Owens Camp. Das* **Audi Camp** *in Maun bietet z.B. eine 4-Tage-Camping-Safari ab/bis Maun für P 8520/Person an (Preis bei 6 Pers./Gruppe, bei weniger Teilnehmern entsprechend teurer, siehe www.okavango camp.com/kalahari.html).*

### Reisezeit

*In den Sommermonaten November–April bietet dieses Gebiet die besten Wildbeobachtungsmöglichkeiten Botswanas!*

### Versorgung

*Es gibt keinerlei Läden, Tankstellen oder sonstige Einrichtungen. Nächste Tankmöglichkeiten zzt. in Rakops und Ghanzi. In Mopipi gibt es eine Engen-Tankstelle.*

*Nahrung und Trinkwasser (pro Person 5–10 Liter/Tag) müssen mitgebracht werden. Lebensmittel gibt es in Ghanzi und Rakops. Berücksichtigen Sie, dass der Verbrauch auf manchen Strecken extrem steigen kann und man mit einem Liter Benzin dann nur 2,5–3 km schafft!*

*Die Tau Pan von oben*

## Unterkunft im Park

### Lodges

**Kwando Tau Pan Camp** $$$$$, *Infos und Buchung bei Kwando Safaris, ☏ 686-1449, 🖷 686-1457, E-Mail: info@kwando.co.bw, www.kwando.co.bw. Je nach Saison US$ 440–520 p.P. pro Nacht mit allem inklusive.* **Lage**: *innerhalb des Nationalparks.* **Beschreibung**: *Das 2009 neu eröffnete Camp bietet Unterkunft in acht riedgedeckten Chalets (max. 18 Gäste) mit Dusche/Bad, deren Strom durch Solarenergie gewonnen wird. Im Hauptgebäude kann man in der Lounge das permanente Wasserloch beobachten, zudem gibt es eine kleine Bibliothek, Pool und Souvenirshop. An Aktivitäten werden zweimal täglich Wildbeobachtungsfahrten sowie Bush Walks mit erfahrenen Fährtenlesern angeboten. Ideal für Naturliebhaber, die die Weite der Wüste, faszinierende Farbspiele zur Regenzeit und einen endlosen Sternenhimmel genießen möchten.*

**Kalahari Plains Camp** $$$$$, *Wilderness Safaris, ☏ Südafrika (+27) 11 807 1800, 🖷 (+27) 860 5060 482, E-Mail: enquiry@wilderness.co.za, www.wilderness-safaris.com. Je nach Saison US$ 489–592 p.P. mit allem inklusive.* **Lage**: *mitten im nördlichen Teil des Central Kalahari Game Reserve, 20 km vom Deception Valley entfernt.* **Beschreibung**: *Man übernachtet in 10 komfortablen Chalets mit Veranda, wer möchte, kann auch auf dem Dach schlafen und den Sternenhimmel bewundern. Zudem gibt es Pool, Lounge, Bar und Essbereich. Alle Gebäude sind etwas erhöht errichtet, Strom wird aus Solarkraft gewonnen. Besonders Ende November bis April erwacht die Wüste durch den Regen zu Leben – und tausende Tiere halten Einzug. Neben Game Drives werden auch Begegnungen mit den San angeboten.*

## Camping

*Die meisten Plätze verfügen über keinerlei Einrichtungen. Trinkwasser muss mitgebracht werden! Wasser zum Waschen bzw. Abkochen gibt es im Game Scouts Camp in Matsware und Xade.*

**Im nördlichen Teil** *gibt es folgende Campingstellen:*
**Deception Valley** *(einige Akazien spenden Schatten): 6 Zeltplätze – schön gelegen, Toiletten*
**Kori**: *4 Zeltplätze, Toiletten*
**Lekhubu**: *2 Zeltplätze – keine Eichrichtungen*
**Letiahau**: *1 Zeltplatz – keine Eichrichtungen*
**Sunday Pan**: *4 Zeltplätze – keine Eichrichtungen*
**Lengau (Leopard Pan)**: *1 Zeltplatz*
**Piper's Pan** *(hier gibt es bizarre „Geisterbäume"): 2 Zeltplätze – schön gelegen, keine Eichrichtungen*
**Passarge Valley**: *3 Zeltplätze – keine Eichrichtungen*
**Phokoje Pan**: *1 Zeltplatz, Toilette*
**Tau Pan**: *1 Zeltplatz, Toilette*
**Motopi**: *noch nicht fertig*

**Im Südteil:**
**Xade, Xaxa** *(jeweils 1 Zeltplatz)*

**Buchung**
*Lekhubu, Letiahau, Piper Pan, Sunday Pan und Passarge Valley über* **Big Foot Safaris**, *P.O Box 45324, Riverwalk, Gaborone, ☎ 395-3360 oder mobil 73-5555-73, E-Mail: bigfoot@gbs.co.bw, www.bigfoottours.co.bw.; P 150 p. P. (ab 1. April 2012 P 200). Maximal sechs Personen und drei Fahrzeuge pro Stellplatz.*

*Das* **DWNP Gaborone** *verwaltet die restlichen Plätze. Kontakt: ☎ 318-0774 o. 397-1405, 🖷 318-0775, E-Mail: dwnp.parrogabs@gov.bw, dwnp@gov.bw, www.mewt.gov.bw/DWNP/index.php.*
*P 30 p.P./Tag.*

*Begegnung in der Kalahari*

**Unterkunft außerhalb des Parks**

**Haina Kalahari Lodge** $$$$, ☏ *mobil Südafrika (+27) 879400554,* 🖷 *686-1241, E-Mail: reservations@hainakalaharilodge.com, haina@hainakalaharilodge.com, www.hainasafarilodge.com. Je nach Saison und Zeltausstattung US$ 320–513 p.P. inkl. Vollpension und Aktivitäten, Camping US$ 20 p.P. und US$ 7 für das Auto.* **Lage**: *am nördlichen Rand des Nationalparks, die einfachste Anfahrt ist von Süden via Rakops, ca. 23 km nach dem Rakops-Tower liegt der Abzweig zur Lodge (Schild, nicht verwechseln mit dem Abzweig zum Park). Nach ca. 75 km, hinter dem Kuke-Veterinärzaun, gelangt man zur Lodge.* **Beschreibung**: *sechs Luxuszelte mit Bad/Dusche und eigener Veranda, dazu gibt es drei Zelte mit riedgedecktem Dach und größeren Bädern. Pool, Bar, Lounge und ein Sonnen- und Aussichtsdeck laden zum Verweilen ein. Campingmöglichkeit:* **Brakah Campsite** *(GPS: S 20°59.310' E 023°41.905'), ca. 3 km von der Lodge entfernt, 5 Stellplätze, sanitäre Anlagen, keine Elektrizität oder Trinkwasser. Feuerholz und Wasser kann man an der Lodge kaufen. Es werden auch mehrtägige Mobile Safaris in den Park angeboten.*

**Deception Valley Lodge** $$$$$, *P.O. Box HA 58 HAK, Maun, E-Mail: res@dvl.co.za, www.dvl.co.za. Ab ca. US$ 450 p.P. inkl. Vollpension und Aktivitäten.* **Lage**: *Nordostgrenze des Reservats, etwa 120 km von Maun entfernt.* **Beschreibung**: *harmonisch an die Landschaft angepasst, fünf Hütten mit Außendusche und Terrasse, alles in warmen Naturfarben mit Möbeln im Kolonialstil ausgestattet, Pirschfahrten und Bush Walks mit Einblick in die Lebensweise der San. Die Lodge bietet auch ein Privatcamp an, das* **Kalahari Manor**. *Für vier Personen kostet der Luxus in der Nebensaison US$ 3.000, in der Hauptsaison US$ 4.000 (www.kalaharimanor.co.za).*

## Khutse Game Reserve

*Zweites Game Reserve auf dem Land der San*

Das Gebiet bedeckt eine Fläche von 2.590 km² typischer Zentral-Kalahari-Landschaft: Es gibt hier (fast immer) ausgetrocknete Pfannen, alte Täler und mit Büschen bestandene Dünenkämme. Khutse bedeutet „wo man sich hinkniet, um zu trinken". Das Gebiet ist seit 1971 ein Naturreservat, das vor allem von den Hauptstädtern (es sind nur 215 km nach Gaborone) besucht wird. Ebenso kommen oft Südafrikaner hierher. Neben Moremi ist dieses Game Reserve das zweite in Botswana, das auf Stammesland errichtet wurde. Zuvor streiften die San des Kgalagadi-Volkes frei umher. Sie leben heute in kleinen Dörfern an der Peripherie des Reservats.

Das Gebiet ist ganzjährig für den Tourismus geöffnet. In der Trockenzeit von Juni bis August können nachts die Temperaturen unter den Gefrierpunkt sinken, wobei es tagsüber klar ist und angenehm warm wird. Besonders eindrucksvoll sind die Sommermonate, wenn es Gewitter gibt und grandiose Wolkenformationen für dramatische Landschaftsbilder sorgen.

Die Vegetation ist die der typischen Trocken- und Dornsavannenlandschaft mit isoliert stehenden Bauminseln (zumeist Akazienarten und Gelbholz-Bäume). Die Tierwelt ist hier vor allem durch Kudus, Strauße, Gnus, Springböcke, Elenantilopen, Steinböcke, Löwen, Geparde, Leoparde, Wildhunde sowie Hyänen vertreten. Über 140 verschiedene Vogelarten sind hier heimisch. In den vergangenen Jahren wurde das

Gebiet von einer sehr lang andauernden Dürre heimgesucht, so dass das Wild zeitweise fast völlig verschwand. Die beste Zeit für Tierbeobachtungen ist daher die sommerliche Regenzeit, wenn Tiere aus Norden kommend das Gebiet aufsuchen. In der Trockenzeit versorgen zwei künstliche Wasserlöcher (Moklose Waterhole sowie Moreswe Pan) die verbleibenden Tiere mit Wasser.

*Künstliche Wasserlöcher*

Einige Besucher kommen nach Khutse, um in Kontakt mit den San zu treten. Hilfreich ist bei einem solchen Vorhaben sicherlich ein Führer, der am Lager zur Verfügung steht. Am Eingang zum Wildschutzgebiet gibt es ein Dorf, das man aber auf keinen Fall selbst anfahren sollte. Sie sollten in einiger Entfernung bleiben und warten, bis jemand kommt. Vielleicht wird man Sie zu einem Besuch einladen. Als Gastgeschenk sollten Sie etwas von ihren Essensvorräten abgeben.

## Bedrohte Jäger: Leoparden- und Löwenprojekte in der Kalahari

info

Jetzt muss es schnell gehen. Ein Leopardenweibchen ist in die Falle gegangen. Drei Wochen Geduld haben sich endlich ausgezahlt. Mit dem Satellitentelefon ruft die Zoologin *Monika Schiess* den Tierarzt an und gibt ihm die Koordinaten des Standortes in der weiten Wüste der Kalahari durch. Mit Hilfe seines GPS-Geräts und nach vier Stunden Fahrt über sandige Pisten von Gaborone aus hat er es geschafft. Der erste Schuss mit dem Betäubungsgewehr sitzt und wird mit einem wütenden Fauchen des Tieres kommentiert. Nun dauert es nur noch ein paar Minuten, bis die Großkatze schläft. Dann verliert das Team keine Zeit. Jeder Handgriff sitzt. Das Weibchen wird vermessen und gewogen, Blut- und Gewebeproben werden genommen und das ungefähre Alter wird bestimmt. Zuletzt versieht man das Weib-

*Stehen mittlerweile unter Schutz: Löwen*

info

*Mit moderner Technik werden die Wege der Leoparden und Löwen geortet*

chen mit einem speziellen Halsband. Über Satellit ist es so später möglich, seinen täglichen Standort zu ermitteln und dadurch mehr über sein Verhalten und sein Streifgebiet zu erfahren.

Endlose Ebenen, freie Sicht bis zum Horizont – in den Weiten der Kalahari haben alle ausreichend Platz, könnte man meinen. Doch der Lebensraum der Raubkatzen im Süden Botswanas ist bedroht, wobei das Land eines der wenigen ist, in denen Raubtierpopulationen noch als gesund gelten. Doch die wachsende Bevölkerung braucht mehr Platz, Rinder sind ein wichtiges Exportgut – und Leoparden dürfen im Gegensatz zu Löwen erschossen werden, wenn sie Nutztiere angreifen.

Seit dem Jahr 2000 setzt sich das Projekt Leopard Ecology & Conservation für den Schutz von Leoparden und Löwen im Süden von Botswana ein. Eines der Hauptziele des Projektes ist es, die Konflikte zwischen Raubkatzen und ansässigen Nutztierbesitzern zu vermindern. Dies geschieht in Zusammenarbeit mit den Bauern vor Ort, der botswanischen Regierung und der Verhaltensbiologie der Universität Zürich. Es werden z.B. Herdenschutzstrategien erarbeitet, wie die Verstärkung der herkömmlichen Zäune, die Errichtung von Muttertier- Koppeln und die Einführung von Koppeltüren, die sich nur nach innen öffnen lassen. Denn die Zusammenarbeit mit der lokalen Bevölkerung ist extrem wichtig, wenn nicht sogar entscheidend für den Erfolg des Projekts. Nur mit ihrer Unterstützung kann langfristig ein nachhaltiger Lebensraum für alle Bewohner der Kalahari geschaffen werden.

Die Initiatorin des Projekts, *Monika Schiess-Meier*, hängte ihren Job in der Schweiz an den Nagel und zog in die südliche Kalahari. Zunächst war das Arbeitsgebiet der Khutse National Park, doch mittlerweile hat es sich auf die umliegenden Gebiete ausgedehnt. Viele Monate im Jahr lebt sie hier, Schwerpunkt der Arbeit liegt im Gewinnen von ökologischen und verhaltensbiologischen Daten. Und das ist nicht einfach: Das Revier eines Leoparden in der Kalahari ist ca. 700 km² groß; ein männlicher Löwe durchstreift ein Gebiet von bis zu 1.750 km². Um den Tieren zu folgen, werden zwei hoch spezialisierte Methoden genutzt: moderne Satelliten-Technik und das jahrtausendealte Wissen der San über das Lesen von Spuren im Sand. „Ich staune immer wieder über die Fähigkeit der San-Mitarbeiter. Sie können mir fast bei jedem Pfotenabdruck sagen, wann das Tier die Stelle passiert hat, welches Geschlecht es hat und wie alt es ist. Meistens sehen sie auch, was es gemacht hat."

Und es gibt Erfolge zu vermelden: Die jährliche Abschussrate von Leoparden ist halbiert worden und seit November 2007 steht der Löwe unter absolutem Schutz. Das Ziel des ausschließlich aus Spenden finanzierten Projektes ist das langfristige Überleben der Großkatzen. Aktuelle Infos und Kontaktdaten auf der Homepage der **Leopard Ecology & Conservation**, www.leopard.ch.

Text: Maja Weilenmann

info

## Anfahrt zum Khutse Gate

Es gibt nur einen Eingang im Osten des Parks.

**Von Westen**: entweder über Kang/Takatokwane (mitunter kein Sprit)/Salajwe (Sandpiste), hier endet die Piste und trifft auf die gut ausgebaute Strecke von Letlhakeng. Die Strecke von Letlhakeng nach Dutlwe ist asphaltiert (evtl. schon weiter Richtung Trans-Kalahari-Highway).

**Von Osten**: von Gaborone über Molepolole und Letlhakeng, gute Asphaltstraße, ab Letlhakeng relativ befahrbare Piste bis zum Parkeingang.

## Reisepraktische Informationen Khutse Game Reserve

### Information

**Department of Wildlife and National Parks**, *P.O. Box 131, Gaborone, ☏ 318-0774 o. 397-1405, 🖷 318-0775, E-Mail: dwnp.parrogabs@gov.bw, dwnp@gov.bw; www.mewt.gov.bw/DWNP/index.php. Physische Adresse: Im Kgale Millenium Park, gegenüber der Game City Hall.*

*Der* **Eintritt** *kostet wie in allen Parks P 120 p.P. pro Tag, dazu kommen P 50 für das Auto.*

### Fahrzeug

*Unbedingt „hochbeiniges" Allradfahrzeug erforderlich, da es viele tiefsandige Strecken gibt!*

### Reisezeit

*Innerhalb des Game Reserve sind die Wege relativ gut. Während der Trockenzeit ziehen die künstlichen Wasserstellen Tiere an. In der Regenzeit ist natürlich der landschaftliche Eindruck besser: Alles ist grün und es blühen Wildblumen. Sandige Passagen sind dann besser zu befahren. Tolle Wolkenformationen!*

### Versorgung

*Tankmöglichkeiten und Versorgung nur in Letlhakeng.*

### Unterkunft

*Folgende* **Campingplätze** *sind vorhanden:*
**Khutse Pan**: *10 Zeltplätze mit einfachen Buschtoiletten*
**Mahurushele Pan**: *2 Zeltplätze – keine Einrichtungen*
**Khankhe Pan**: *4 Zeltplätze an einer Düne, von wo aus man die Pfanne beobachten kann – keine Einrichtungen*
**Molose**: *4 Zeltplätze mit Buschtoilette*
**Moreswe-Pan**: *4 Campingplätze mit Buschtoilette (jeweils 2 Campingplätze im Abstand von ca. 3 km)*
**Sekusuwe**: *1 Zeltplatz – keine Einrichtungen*

*Buchung über* **Big Foot Safaris**, *P.O. Box 45324, Riverwalk, Gaborone, ☏ 395-3360 oder mobil 73-5555-73, E-Mail: bigfoot@gbs.co.bw, www.bigfoottours.co.bw.; P 150 p. P. (ab 1. April 2012 P 200). Maximal sechs Personen und drei Fahrzeuge pro Stellplatz.*

**Außerhalb des Parks**
**Khutse Kalahari Lodge $$$$,** *P/Bag BR282, Gaborone, ☏ 318-7163 oder Lodge direkt 719-72900 bzw. 733-61112, 🖷 390-8501, E-Mail: reservations@khutsekalaharilodge.com, www.khutsekalaharilodge.com. Ca. US$ 200 p.P.* **Lage**: *ca. 10 km vor dem Gate, nur mit Allrad-Wagen erreichbar.* **Beschreibung**: *24 riedgedeckte Chalets und zwei Familien-Rondavels. Vom etwas höher gelegenen Hauptgebäude hat man einen tollen Blick auf die Umgebung. Pool vorhanden.*

# Der Südwesten: Kgalagadi Transfrontier National Park

*Grenzübergreifender Nationalpark*

Dieses riesige Gebiet ist noch heute weitestgehend ohne menschlichen Einfluss. Die Zusammenlegung des botswanischen Gemsbok National Park und des südafrikanischen Kalahari Gemsbok National Park zum ersten grenzübergreifenden Naturschutzgebiet im südlichen Afrika – unter dem Namen „Kgalagadi Transfrontier National Park" – setzte Zeichen im internationalen „Naturmanagement". Auf botswanischer Seite stehen nur einfachste Campingplätze zur Verfügung, auf südafrikanischem Terrain erwarten den Besucher gut eingerichtete Camps. Zwei Wilderness-Trails im nordwestlichen Gebiet erschließen auf der botswanischen Seite Teile der unberührten Wildnis.

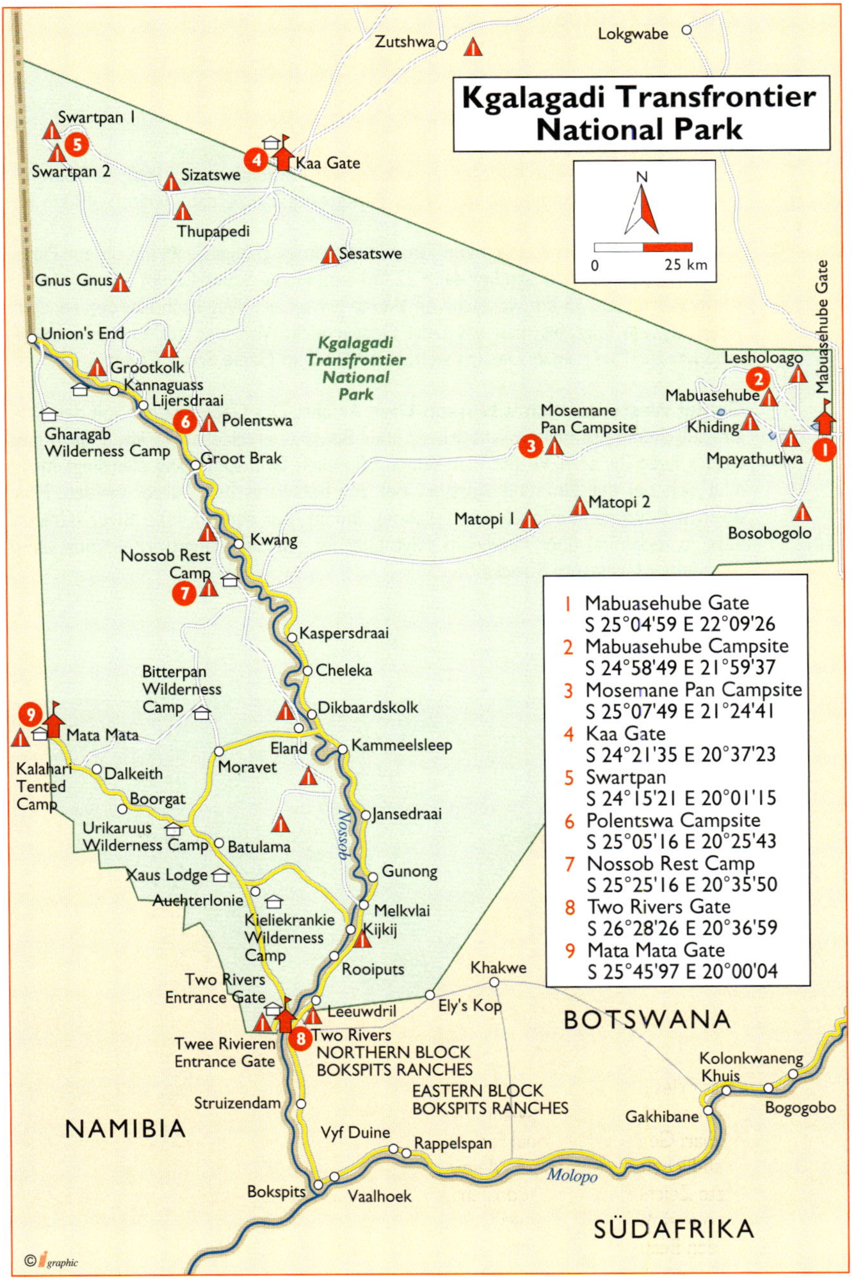
Kgalagadi Transfrontier National Park
N
0
25 km
1 Mabuasehube Gate
S 25°04'59 E 22°09'26
2 Mabuasehube Campsite
S 24°58'49 E 21°59'37
3 Mosemane Pan Campsite
S 25°07'49 E 21°24'41
4 Kaa Gate
S 24°21'35 E 20°37'23
5 Swartpan
S 24°15'21 E 20°01'15
6 Polentswa Campsite
S 25°05'16 E 20°25'43
7 Nossob Rest Camp
S 25°25'16 E 20°35'50
8 Two Rivers Gate
S 26°28'26 E 20°36'59
9 Mata Mata Gate
S 25°45'97 E 20°00'04
Zutshwa
Lokgwabe
Swartpan 1
Swartpan 2
Kaa Gate
Sizatswe
Thupapedi
Sesatswe
Gnus Gnus
Union's End
Grootkolk
Kannaguass
Lijersdraai
Polentswa
Gharagab Wilderness Camp
Groot Brak
Kgalagadi Transfrontier National Park
Mabuasehube Gate
Lesholoago
Mabuasehube
Mosemane Pan Campsite
Khiding
Mpayathutlwa
Matopi 1
Matopi 2
Bosobogolo
Kwang
Nossob Rest Camp
Kaspersdraai
Cheleka
Bitterpan Wilderness Camp
Dikbaardskolk
Mata Mata
Eland
Kammeelsleep
Kalahari Tented Camp
Dalkeith
Moravet
Boorgat
Nossob
Jansedraai
Urikaruus Wilderness Camp
Batulama
Xaus Lodge
Gunong
Auchterlonie
Melkvlai
Kieliekrankie Wilderness Camp
Kijkij
Rooiputs
Khakwe
Two Rivers Entrance Gate
Ely's Kop
Leeuwdril
BOTSWANA
Twee Rivieren Entrance Gate
Two Rivers
NORTHERN BLOCK BOKSPITS RANCHES
EASTERN BLOCK BOKSPITS RANCHES
Kolonkwaneng
Khuis
Struizendam
Gakhibane
Bogogobo
NAMIBIA
Vyf Duine
Rappelspan
Molopo
Bokspits
Vaalhoek
SÜDAFRIKA
© graphic

# Zur Strecke

## Anfahrtmöglichkeiten

*Der botswanische Teil ist nur mit Allrad zu befahren*

**In den botswanischen Teil:**
**Gebiet Mabuasehube**. Anfahrt nur mit hohem Allradfahrzeug. Mögliche Routen:
- von Tshabong im Süden: 82 km bis zur Parkgrenze, sandig; dann weitere 48 km bis zum Game Scout Camp;
- von Hukuntsi: 7 km westlich von Tshane im Norden gelegen – 99 km bis zur Parkgrenze (zum Teil sehr sandig); dann 22 km zum Game Scout Camp.
- von Werda aus: 35 km westlich von Werda zweigt ein Weg nach Norden ab, dem man 27 km folgt, bis man das Dorf Goa erreicht. Von hier aus sind es weitere 96 km zur Parkgrenze. Danach weitere 17 km zum Game Scout Camp.

**Gebiet Westen/östliches Nossob-Ufer**. Anfahrt: Das Gebiet ist nur von der südafrikanischen Seite des Nossob Rivier über Bokspits erreichbar, 53 km südlich des Lagers Twee Rivieren. Es gibt hier keinen offiziellen Grenzübergang, allerdings muss man sich bei der Ein- und Ausfahrt bei der botswanischen Polizei melden. Man erreicht Bokspits aber auch von Tshabong, indem man dem Molopo River (Grenzfluss zu Südafrika) über Middlepits folgt. Dies ist eine sehr lange, ermüdende, aber trotzdem interessante Strecke.

*Majestätisch: der Kalahari-Löwe*

**In den südafrikanischen Teil:**
**Anfahrt:** Von Upington in Südafrika (Northern Cape Province) führt die R 360 nach ca. 270 km (teilweise asphaltiert; im letzten Teil gute Schotterpiste) zum Parkeingang.

**Beste Reisezeit**
Dieses Gebiet ist am besten nach der Regenzeit, also zwischen März und Mai, zu besuchen. Man kann Springböcke, Elandantilopen und Gnus beobachten. Beste Safarizeit sind hier die regenreicheren Monate November bis Mai. Im März und April gibt es nach heftigen Regenfällen noch eventuell Pfützen im Nossob Rivier, das die Tiere anzieht.

## Zusammenschluss zum Kgalagadi Transfrontier National Park

*Planung weiterer grenzüberschreitender Parks*

Im April 1999 wurden nach 10-jährigen Verhandlungen der botswanische Gemsbok National Park und der direkt angrenzende südafrikanische Kalahari Gemsbok National Park zum ersten grenzüberschreitenden Naturschutzpark Afrikas, dem **Kgalagadi Transfrontier National Park**, zusammengeschlossen, der eine Gesamtfläche von 38.000 km² umfasst. Die Zusammenarbeit der Regierungen von Botswana und Südafrika gibt damit eine Garantie für einen langfristig angelegten Naturschutz und die nahtlose Integration in das ökologische Gesamtsystem der Kalahari.

Dieser Zusammenschluss stand im Kontext der Bemühungen der „**Peace Park Foundation**". Man wird sich in Zukunft vermehrt bemühen, gerade im Bereich des südlichen Afrika noch mehr grenzüberschreitende Parkfusionen zu realisieren. Dies ist sicherlich der neue Trend im Naturschutz: 2011 wurde die riesige **Kavango-Zambezi Transfrontier Conservation Area** (**KAZA**), die Nationalparks in Angola, Botswana, Namibia, Zambia und Zimbabwe umfasst, ausgerufen (siehe dazu: www.kavangozambezi.org).

## Bereich Botswana-Seite

*Rote Dünen der Kalahari*

Dieser Teil des Kgalagadi Transfrontier National Park – im äußersten Südwesten Botswanas gelegen – bedeckt eine Gesamtfläche von 28.400 km². Er entstand 1967 durch die Zusammenlegung des früheren Gemsbok National Park sowie des Mabuasehube Game Reserve. Im Westen grenzt er an den südafrikanischen Teil des Nationalparks, mit dem er gemeinsam eine der größten und unberührtesten Wildnisse der Welt darstellt. In diesem Gebiet kann man die berühmten roten Sanddünen der Kalahari sehen, die eigentlich nur für diesen Teil der Kalahari typisch sind und nicht für deren Gesamtgebiet. Zwischen diesen Gebieten konnte das Wild stets ungehindert wandern, wobei das Flusstal des Nossob die Grenze zwischen Südafrika und Botswana markiert.

> Tipp
>
> **Der Wilderness Trail – ein Leckerbissen für Offroad-Fahrer**
> Bei Polentswa beginnt ein 240 Kilometer langer Trail, der nur mit Allradfahrzeugen befahren werden kann. Dieser Weg führt über viele Pfannen im nordwestlichen Teil des Parks und erschließt damit besonders abgelegene Gebiete. Der Trail ist gekennzeichnet, man muss sich aber vorher anmelden und im Konvoi mit 2–4 Fahrzeugen fahren. Nur eine einzige Fahrzeuggruppe darf pro Tag diesen Trail befahren.

*Viele Pfannen*

Das östliche Gebiet nennt sich „Mabuasehube". In der San-Sprache bedeutet dies „rote Erde". Dieses Teilgebiet umfasst 1.800 km² und weist viele Pfannen auf, deren Ränder von herrlichen roten Dünen gesäumt sind. Die größte Pfanne ist die Mabuasehube Pan, deren Salzboden die Tiere als Mineralquelle zum Lecken nutzen. Im Süden liegt die Bosobogolo Pan, die über gutes Savannengras verfügt und deshalb Antilopen (vor allem Springböcke) anlockt. Natürlich kann man hier auch Löwen, Geparde, die Braunen Hyänen sowie Wildhunde beobachten.

Die beste Besuchszeit sind die Monate August bis November. Dann nämlich ziehen Herden von Oryx- und Elenantilopen durch dieses Gebiet.

## Bereich Südafrika-Seite

Dieser auf südafrikanischem Boden liegende Teil des Kgalagadi Transfrontier National Park ist touristisch wesentlich besser erschlossen als die botswanische Seite. Damit das Wild bei seinen Wanderungen nicht behindert wird, ist die Grenze offen: Lediglich Grenzsteine im Nossob Rivier weisen den Reisenden darauf hin, ob er sich gerade auf südafrikanischem oder botswanischem Gebiet befindet.

*Touristisch wesentlich besser erschlossen*

Die Wege, entlang derer man das Wild beobachtet, folgen den beiden Flüssen Auob und Nossob. Doch nur selten fließt hier Wasser. Die beiden Flusstäler unterscheiden sich landschaftlich. Während der Auob Rivier (Rivier = Bezeichnung für Flusstäler) enger, grasreich und mit vielen Bäumen bestanden ist (vor allem mit Kameldorn-Bäumen, einer Akazienart), liegt der Nossob Rivier breit und weit vor dem Besucher. Im Gebiet des Nationalparks tummeln sich große Herden von Springböcken, Oryxantilopen, Blaugnus und Straußen. Oft kann man auch Löwen und Geparde beobachten.

Der Nationalpark wurde 1931 errichtet. Vorher diente das Gebiet als Farmland für weiße, später für farbige Siedler. Da es jedoch sehr mühsam war, lohnend Landwirtschaft zu betreiben, gab man die Region als Wirtschaftsland auf.

Insbesondere in der sommerlichen Regenzeit erwarten den Besucher unbeschreiblich schöne Farbspiele: Rötliche Dünen, grüne Akazien, ein tiefblauer Himmel und zum Greifen nahe Haufenwolken sichern ein grandioses Naturerlebnis.

*Grandioses Naturerlebnis*

## Reisepraktische Informationen Kgalagadi Transfrontier National Park

### Information

**South African National Parks**, *P.O. Box 787, Pretoria 0001, Südafrika; ☏ im Park (+27) 054-561-2000 (Twee Rivieren), 🖷 (+27) 054-561-2005, www.sanparks.org/parks/kgalagadi. Buchungen über die Central Reservation der SANParks (s. Hinweiskasten u.).*

### Hinweis

Buchungsanfragen sind an die Parkbüros im jeweiligen Land zu richten. Man kann in den Park von einem Land einreisen und in ein anderes Land wieder verlassen (Namibia, Südafrika oder Botswana), muss aber im Park übernachten und darf die Strecke nicht nur als Durchgangsroute benutzen. Es gibt insgesamt fünf Gates: **Mata Mata** (Namibia), **Twee Rivieren** (Südafrika) und **Two Rivers, Mabuasehube** und **Kaa** (Botswana). Verlässt man den Park in ein anderes Land, muss man seinen Pass dabeihaben.

**Department of Wildlife and National Parks**, *P.O. Box 131, Gaborone, ☏ 318-0774 o. 397-1405, 🖷 318-0775, E-Mail: dwnp.parrogabs@gov.bw, dwnp@gov.bw; www.mewt. gov.bw/DWNP/index.php.*

### Eintritt

*Erwachsene P 20 p.P./Tag, Fahrzeug P 4, Camping P 25 (Einreise bei* **Polentswa, Rooiputs, Two Rivers** *und* **Mabuasehube***).*
*Für die* **Wilderness Trails** *gilt: min. 2, max. 5 Fahrzeuge, es kommen Gebühren hinzu (bitte anfragen).*
**Mabuasehube Wilderness Trail** *(150 km) von Mabuhasehube Gate nach Nossob mit Übernachtung bei Mosomane.*
**Gemsbok Wilderness Trail** *(395 km) von Polentswa nach Nossob mit Camping bei Setsatswe und Long Rambuka. Ein- und Auschecken in Two Rivers.*

### Versorgung

*Brauchwasser gibt es im Game Scout Camp am Eingang. Nächste Möglichkeit zum Tanken und Lebensmitteleinkauf ist Tshabong.*

### Straßen

*Alle Straßen im Park sind unasphaltierte Pisten, die in der Regenzeit z.T. überflutet sind. Die Verbindungsstraße zwischen Auob und Nossob Rivier führt über die Kalahari-Dünen und ist deshalb mit Schotter bedeckt. Insgesamt ist der Park für Pkw geeignet. Seit Herbst 2007 ist auch der Grenzübergang zwischen Namibia und Südafrika bei* **Mata Mata** *wieder geöffnet.*

## BEREICH SÜDWESTEN/WESTEN/NORDEN (BOTSWANA)

### Unterkunft

*Es gibt keine „festen" Unterkünfte, sondern nur folgende ausgewiesenen Campingplätze:*
**Two Rivers Game Scout Camp**: *4 Campingplätze mit Toiletten, warmen Duschen und Grillstellen gegenüber dem südafrikanischen Camp Twee Rivieren*
**Rooiputs**: *25 km nördlich vom Eingangsgate gelegen, 6 Campingplätze, Toiletten vorhanden*
**Polentswa Pan**: *60 km nördlich des südafrikanischen Nossob-Camp auf der botswanischen Seite gelegen, 3 Campingplätze*
**Swart Pan**: *30 km südlich Unions End, 3 Campingplätze – keine Einrichtungen*
**Kaa Gate** *(im Norden): einfaches Camp – keine Einrichtungen*

### Versorgung

*Brauchwasser und Feuerholz sind im Game Scout Camp am Eingang erhältlich. Benzin, Diesel und Grundnahrungsmittel gibt es im südafrikanischen Twee Rivieren Camp.*

## BEREICH IM OSTEN/BEREICH MABUASEHUBE (BOTSWANA)

### Unterkunft

*Es gibt keine „festen" Unterkünfte, sondern nur ausgewiesene Campingplätze:*
**Mabuasehube Pan**: *4 Zeltplätze, Buschtoilette, kleine Wasserstelle – von der Lage her die schönste Stelle!*

**Mpayathutlwa Pan**: *2 Zeltplätze mit Buschtoilette, kleines Wasserloch, gute Sicht*
**Khiding Pan**: *2 Zeltplätze mit Buschtoiletten, kein Wasserloch*
**Lesholoago Pan**: *2 Zeltplätze, eine Buschtoilette, kleines künstliches Wasserloch*
**Monamodi Pan**: *2 Zeltplätze – keine Einrichtungen*
**Bosobogolo Pan**: *2 Zeltplätze – keine Einrichtungen*

**Buchung beim DWNP in Gaborone**, *P.O. Box 131, Gaborone, ☏ 318-0774 o. 397-1405, 🖷 318-0775, E-Mail: dwnp.parrogabs@gov.bw, dwnp@gov.bw; www.mewt.gov.bw/DWNP/index.php.*

## BEREICH SÜDAFRIKA

**Hinweis**

**Buchung aller folgenden Camps bei South African National Parks**, ☏ 012-428-9111, 🖷 012-426-5500, E-Mail: reservations@sanparks.org, www.sanparks.org. Campingplätze müssen nur während der südafrikanischen Schulferien oder an langen Wochenenden vorausgebucht werden. In allen Restcamps gibt es kleine Läden für Selbstversorger, wobei es hier nur die allernötigsten Lebensmittel gibt. Feuerholz wird überall verkauft, ebenso alle Arten von Getränken. Alle Camps sind sehr gepflegt. Ebenso ist in allen Camps eine Tankstelle vorhanden. Daneben gibt es urige, nur mit Allrad zu erreichende, abgelegene Camps wie das Bitterpan-Camp, Grootkolk Camp und Kalahari Tented Camp.

**Vorwahl Südafrika**: 0027

### Unterkunft
**Rest Camps**

**Mata-Mata Camp** $, *Chalets für 2 Pers. ab ZAR 615.* **Lage**: *am Ufer des Auob-Trockenflusses 2 ½ Stunden nordwestlich von Twee Rivieren entfernt, direkt an der namibischen Grenze.* **Beschreibung**: *Camp mit unterschiedlichen Chalets (eingerichtete Küche, Grillstelle), Campingplätze mit Grillmöglichkeit und sauberen Toiletten/Duschen (kein Stromanschluss!).*

**Twee Rivieren Camp** $, *Cottage für 2 Pers. ab ZAR 820.* **Lage**: *direkt im Süden am Nossob-Fluss (Trocken-Flussbett).* **Beschreibung**: *das größte Camp des Parks, gleichzeitig Hauptquartier der Parkverwaltung mit kleinen Geschäften, auch Lebensmittel, Restaurant, Tankstelle, Swimmingpool. Es gibt unterschiedlich große Chalets (immer mit eingerichteter Küche, Außengrill) und schöne Campingplätze mit sauberen Toiletten/Duschen und Grillmöglichkeit.*

**Nossob Camp** $, *Chalets für 2 Pers. ab ZAR 630.* **Lage**: *etwa 3 ½ Stunden nördlich von Twee Rivieren entfernt, direkt am Trockenfluss Nossob.* **Beschreibung**: *Chalets in verschiedener Größe (alle mit eingerichteter Küche, Außengrill). Campingplätze mit Grillmöglichkeit, aber kein Stromanschluss. Tankstelle, kleiner Laden. Nachtsafaris werden durch Ranger angeboten, ebenso Tages-Fußsafaris.*

**Wilderness Camps**
*In den Wilderness Camps von SANParks können max. 8 Personen übernachten, damit Ruhe und Naturerlebnis nicht gestört werden. I.d.R. sind die Camps nicht umzäunt:*

**Bitterpan Wilderness Camp** $, *Cabin für 2 Pers. ab ZAR 945.* **Lage**: *zwischen Nossob und dem Mata Mata Camp gelegen, lediglich Allrad-Wagen sind erlaubt, Fahrtrichtung nur Ost – West.* **Beschreibung**: *einfaches, kreatives Design, die Zelte stehen auf Stelzen, sodass eine Unterlüftung (= Kühlung) gegeben ist. Küche für Selbstversorger vorhanden. Herrliche Lage am Allrad-Trail, umgeben von roten Sanddünen.*
**Gharagab Wilderness Camp** $, *Cabin für 2 Pers. ab ZAR 965, mit Dusche/WC und Kochmöglichkeiten. Feuerholz und Trinkwasser müssen mitgebracht werden.* **Lage**: *südlich des Grootkolk-Camps gelegen.* **Beschreibung**: *inmitten der Dünenlandschaft mit Ausblicken auf die Dornbusch-Savanne.*
**Kalahari Tented Camp** $-$$, *eingerichtetes Zelt für 2 Pers. ab ZAR 790, auch ein Honeymoon Desert Tent steht zur ZAR 1.215 Verfügung, WC/Dusche.* **Lage**: *5 km südwestlich des Mata Mata Camps.* **Beschreibung**: *das 2002 eröffnete Campliegt auf einer Düne. Es stehen einfache eingerichtete Zelte zur Verfügung. Koch- und Grillmöglichkeiten.*
**Grootkolk Wilderness Camp** $-$$, *Desert Cabin für 2 Pers. ab ZAR 1.050, Selbstversorgung (Gemeinschaftsküche, in der Cabin Kühlschrank, Geschirr, Grillbesteck), WC/Dusche; Feuerholz und Wasser müssen mitgebracht werden.* **Lage**: *im äußersten Nordwesten des Parks gelegen, 20 km südlich von Unions End. Fahrtrichtung mit Allrad nur von Norden nach Süden, später Osten. Nicht mit normalen Pkws erreichbar.* **Beschreibung**: *idyllisch in Dünen gelegen mit Blick auf ein Wasserloch, rustikal.*
**Kieliekrankie Wilderness Camp** $-$$, *Dune Cabin für 2 Pers. ZAR 1.050, WC und Dusche vorhanden, Trinkwasser und Feuerholz müssen mitgebracht werden.* **Lage**: *südliche Verbindungsstraße zwischen Auob- und Nossob-Tal, ab Twee Rivieren 50 km.* **Beschreibung**: *inmitten der schönen Kalahari-Dünenlandschaft gelegen, sehr einsam, mit normalem Pkw erreichbar.*

**Luxus**

**Xaus Lodge** $$$$$, *Reservierungen bei Marichen Uys, ☏ 021-701-7860 oder mobil 079-771-1418, E-Mail: enquiry@xauslodge.co.za, www.xauslodge.co.za. Zzt. ZAR 2.850 inkl. Mahlzeiten und Aktivitäten (z.B. Game Drives).* **Lage**: *Die Lodge liegt im südafrikanischen Teil des Kgalagadi Transfrontier National Park. Man gelangt über die Auob River Road dorthin, die Mata Mata und Twee Rivieren verbindet. 60 km von Mata Mata sowie von Twee Rivieren entfernt liegt das Rooibrak Waterhole. Von hier aus geht es durch Sand zur Lodge (ca. 35 km nach Südwesten). Meeting Point auch für Fahrer mit eigenem Allradwagen: Kamqua picnic site (5 km nordwestlich Rooibrak). Auch Selbstfahrer oder Besucher mit einem Pkw werden hier abgeholt (im Preis s.o. enthalten). Selbstfahrer dürfen mit ihrem Wagen einfach dem Fahrer folgen. Von hier geht es auf weichem Sand durch die Dünen zur Lodge.*
**Beschreibung**: *Das Camp – 12 Doppelzimmer (mit WC/Dusche) in urigen Chalets auf Stelzen und mit Grasdächern – liegt an einer Salzpfanne, umgeben von einer malerischen Dünenlandschaft. Jedes Zimmer hat ein eigenes Aussichtsdeck. Keine Klimaanlagen… dafür sorgt eine naturbewusste Bauweise (Stelzenbauweise, Schattendächer) auch während heißer Tage für erträgliche Temperaturen. Es gibt einen kleinen Pool sowie eine Lounge und Dining Area – alles sehr schön, einfach und deshalb authentisch hergerichtet. Die Anlage wird von San bewirtschaftet. Das Besondere: Man erfährt hier viel über die Rituale, Traditionen und die Kultur der ersten Siedler des südlichen Afrika. Das Essen lehnt sich zum Teil an Traditionen der San an, wird aber durch die südafrikanische Küche maßgeblich ergänzt. Wiederholungsbesucher Südafrikas bzw. Namibias dürfen hier ein besonders authentisches Safari- und Kulturerlebnis erwarten.*

**Alternative Unterkünfte außerhalb des Parks**

**Molopo Kalahari Lodge** $, ☏ *054-511-0008, 1 054-511-0009, E-Mail: namrod13 @lantic.net, www.molopolodge.co.za. ZAR 290 p.P. im Chalet.* **Lage**: *ca. 60 km südlich von Twee Rivieren gelegen.* **Beschreibung**: *einfache Lodge, die in den letzten Jahren renoviert wurde, mit Schwimmbad, Restaurant. Von der Lodge aus werden Ausflüge – z.T. mehrtägig – in die Kalahari angeboten.*

**Kalahari Trails** $, *P.O. Box 77, Uppington 8800,* ☏ *054-902-916341, www.kalahari-trails.co.za. Unterkunft ab ca. ZAR 170.* **Lage**: *ca. 35 km südlich von Twee Rivieren gelegen.* **Beschreibung**: *sehr saubere Lodge, Self Catering ohne Restaurant, 3.500 ha großes Naturschutzgebiet. Es werden hier insbesondere Wanderungen angeboten, unterwegs wird in Außencamps übernachtet. Toll: Übernachtung in einem Zelt-Buschcamp.*

**Augrabies Falls National Park Camp** $$, *Reservierungen über SANParks (s.o.). Informationen: Park* ☏ *054-452-9200,* 🖷 *054-451-5003, E-Mail: augrabiesres@sanparks.org. Chalet für 2 Pers. ab ZAR 700, Camping ZAR 155.* **Beschreibung**: *Augrabies ist ein sehr schön gelegenes Camp in der Nähe der Augrabies-Fälle und der majestätischen Schlucht, einem der Naturwunder Südafrikas. Es gibt Chalets für 2, 3 oder 4 Personen und Campingplätze in Selbstversorgung. Die Chalets verfügen über Kochmöglichkeit, Bad mit Dusche/WC, Kühlschrank und z.T. Braaiplatz auf der Terrasse. Im Park kann man verschiedene Vogelarten, Reptilien, Spring- und Gemsböcke beobachten. Eine geführte Tour kann vor Ort gebucht werden, um die seltenen Schwarzen Nashörner zu sehen. Im Restaurant des Camps werden Frühstück, Mittag- und Abendessen angeboten. Zudem gibt es Tankstelle, Bar, Shop und Pool. Pirschfahrten mit dem eigenen Fahrzeug sind möglich und es bieten sich großartige Wanderungen an.*

*Romantisch: Fahrt in den Abendstunden bei Sonnenuntergang*

# 10. DER OSTEN

# Francistown – Gaborone

Der Osten Botswanas hinterlässt auf den ersten Blick einen ganz anderen Eindruck als der Rest des Landes. Weit entfernt scheinen die trockenen Weiten der Kalahari. Hier leben aufgrund der natürlichen Gegebenheiten, insbesondere aufgrund ausreichenden Grundwassers und fruchtbarer Böden, etwa 80 % der Bevölkerung des Landes. Vor allem mit dem Bau von *Cecil Rhodes'* Eisenbahn, die das Kap mit den nördlichen Kolonien verband, entstanden zahlreiche kleine Siedlungen entlang der Strecke, unter anderem Francistown.

## Francistown

Francistown im Nordosten Botswanas, die „Hauptstadt des Nordens" und zweitgrößte Stadt des Landes (ca. 90.000 Einwohner), liegt strategisch günstig: Alle Hauptstraßen aus Gaborone, Maun, Kasane und Zimbabwe treffen hier zusammen. Sie ist zudem eine der ältesten Siedlungen der Region. Funde weisen darauf hin, dass das Gebiet schon vor über 80.000 Jahren besiedelt war. Anfang des 19. Jahrhunderts kamen die Ndebele durch das Kalanga-Gebiet, um sich schließlich in Bulawayo im heutigen Zimbabwe niederzulassen. Der erste Europäer in der Region war der Missionar *Robert Moffat* (s. S. 16), der nach Nyangabgwe gelangte, ein Dorf in der Nähe der heutigen Stadt. Nach ihm kam der deutsche Forscher *Karl Mauch* (s. S. 17f), der 1867 das erste Gold Botswanas am Tati River fand (s. S. 18) und so den ersten Goldrausch im südlichen Afrika auslöste. Die Schürfrechte besorgte sich schließlich *Daniel Francis*, Namensgeber der Stadt. Zahlreiche Glücksritter machten sich auf den Weg, unter anderem *Sam Anderson*, der vor seiner Ankunft in Botswana als Erster die westaustralische Wüste durchwandert haben soll. Er soll immer eine Jeansjacke getragen haben – nach ihm ist heute noch die Hauptstraße der Stadt benannt: Blue Jacket Street. Längst hat Francistown den Staub (und auch den Charme) einer ehemaligen Goldgräberstadt abgeschüttelt und präsentiert sich dem Besucher als aufstrebende, moderne Stadt mit Einkaufszentren, Casino, einem großen Krankenhaus, Hotels und Restaurants. Auf dem Weg nach Norden in die Natio-

### Redaktionstipps

- Ein Ausflug in das Khama Rhino Sanctuary lohnt sich, um einige der wenigen Nashörner Botwanas zu besuchen. Zudem gute Campingmöglichkeit (S. 358f).
- Ein Abstecher in den Tuli Block, z.B. auf dem Weg von oder nach Johannesburg, belohnt mit ungewöhnlichen Landschaften und vielen Tieren (S. 359ff).
- Botswanas Hauptstadt Gaborone bietet touristisch wenig Interessantes – dafür kann man nach Wochen im Busch hier wieder Stadtluft schnuppern (S. 363ff).

nalparks hat man hier eine gute Gelegenheit, die Vorräte aufzufüllen. An touristischen Sehenswürdigkeiten ist Francistown allerdings nicht reich. Einzig das **Supa-Ngwao Museum** macht da eine Ausnahme. Es bietet eine interessante Ausstellung über die Geschichte des Ortes sowie das Volk der Kalanga, das hier hauptsächlich beheimatet ist. Hier gibt es auch ein kleines Informationszentrum.

info

## Das Domboshaba Festival of Culture and History

Das Gebiet um Francistown ist traditionell die Heimat der Bakalanga. Doch die Sprache dieser Volksgruppe ist in Gefahr – immer mehr junge Menschen sprechen nur Tswana und Englisch und interessieren sich weniger für die Kultur ihrer Vorfahren. Um diesem entgegenzuwirken und das kulturelle Erbe nicht untergehen zu lassen, haben Schriftsteller aus Francistown die *Mukani Action Campaign* (MAC) ins Leben gerufen, die seit 2000 das Domboshaba Festival of Culture and History organisiert. Später kam die *Society for the Promotion of Ikalanga Language* (SPIL) dazu, seit 2008 ist der *Domboshaba Cultural Trust* der Organisator und das Festival eines der größten Kulturfestivals des Landes.
Seit 2000 haben sich die Besucherzahlen stetig vergrößert. Abgehalten wird das Ganze nahe den Domboshaba Ruins, Zeugnisse der alten Kalanga-Kultur. Archäologischen Studien zufolge war Domboshaba um das Jahr 1400 ein wichtiger Handelsposten. Die Herrschaft der Bakalanga neigte sich um 1800 ihrem Ende zu, als die Swazi und wenig später die Ndebele in die Gegend zogen. Im Oktober 2010 feiert das Festival sein zehnjähriges Bestehen und bietet neben traditionellen Tänzen Musik, Gedichtvorträge, Erzählungen und natürlich traditionelles Essen.

## Reisepraktische Informationen Francistown

### Unterkunft

**Domboshaba Lodge** $$, *P.O. Box 21090, Monarch, ☏ 240-3093, 🖷 241-7313, E-Mail: motlhaba@msda.co.bw, motlhabap@yahoo.co.uk. Ca. P 400/DZ, Camping P 100.* **Lage**: *15 km von Masunga Village, nahe den Domboshaba Ruins.* **Beschreibung**: *Die Lodge bietet 8 riedgedeckte Chalets, zudem werden Ausflüge in die Umgebung angeboten. In der Nähe liegen die Domboshaba Ruins (Kalakamati Village).*

**Dumela Lodge** $$, *P.O. Box 21090, Monarch, Francistown, ☏ 240-3093, 🖷 241-7313, E-Mail: reservations@dumelalodge.com, travel@dumelalodge.co.bw, www.dumelalodge.com. P 248 p.P. im Chalet, Camping P 55.* **Lage**: *im Nordosten der Stadt.* **Beschreibung**: *Es gibt 7 Chalets mit Bad/Dusche.*

**Woodlands 4x4 Stopover** $$-$$$, *Mike und Anne West, P.O. Box 11193, Tati Town, Francistown, ☏ 244-0131, 🖷 244-0132, E-Mail: anneandmike@woodlandscampingbots.com, riverbend@botsnet.bw, www.woodlandscampingbots.com. Woodland Cottage (ein Raum) P 850, Chalet ca. P 430, Camping P 75 p.P.* **Beschreibung**: *nette, saubere Chalets unterschiedlicher Ausstattung, zudem gibt es Riverview Rooms. Schöner gepflegter Campingplatz, Swimmingpool.*

**Tati River Lodge** $$$, *Old Gaborone Road, Plot 16076, Block 6, ☏ 240-6000, 🖷 240-6080, E-Mail: res@trl.co.bw, www.trl.co.bw. Ab P 630/DZ mit Frühstück, Camping P 40 p.P.* **Lage**: *am westlichen Ufer des Tati River, etwa 5 ½ km außerhalb der Stadt.* **Beschreibung**: *riedgedeckt, schöne Anlage, Swimmingpool, gutes Restaurant, schöne Campingmöglichkeit.*
**Cresta Marang Gardens** $$$, *P.O. Box 807, ☏ 241-3991, 🖷 241-2130, E-Mail: resmarang@cresta.co.bw, www.crestahotels.com.com. P 1.100/DZ.* **Lage**: *5 km außerhalb der Stadt am Tati-Fluss.* **Beschreibung**: *105 Zimmer. Schönste Lage aller Unterkünfte, riedgedeckte Häuser (normale Zimmer und Chalets), Swimmingpool, Restaurant, Campingmöglichkeit.*
**Cresta Thapama** $$$-$$$$, *Blue Jacket Street, P.O. Box 31, ☏ 241-3872, 🖷 241-3766 o. -8690, E-Mail: resthapama@cresta.co.bw, www.crestahotels.com. P 1.380/DZ mit Frühstück.* **Lage**: *im Zentrum, 5 km zum Flughafen.* **Beschreibung**: *96 klimatisierte, saubere Zimmer mit Telefon, Radio und Kaffee-/Tee-Zubereitung, Pool, Kasino, Restaurant.*

### Camping
**Tati River Lodge**, s.o.
**Woodlands 4x4 Stopover**, s.o.
**Dumela Lodge**, s.o.

### Banken
*Alle großen Banken sind auf der Blue Jacket Street mit Geldautomat vertreten, u.a.*
**Barclays**, *Plot 6142, Blue Jacket St.*
**Stanbic Bank Botswana**, *Ltd Francistown Mall*
**Standard Chartered**, *Plot 687/88 Blue Jacket St.*

### Verkehrsmittel
*Francistown ist gut angebunden:* **Air Botswana** *fliegt täglich nach Gaborone (www.airbotswana.co.bw), und es gibt Busverbindungen nach Maun, Kasane und Gaborone, u.a. mit* **Seabelo's Express** *(www.seabelo.bw).*
**Autovermietung**: s. S. 105

## Selibe-Phikwe

88 km südwestlich von Francistown, allerdings 50 km abseits der Hauptstraße Richtung Gaborone, gelangt man zu der Minenstadt Selibe-Phikwe. Obwohl sie ca. 58.000 Einwohner hat, ist sie kaum bekannt, bietet allerdings bislang auch nichts touristisch Interessantes. Reist man von Johannesburg in Südafrika ein (Martin's-Drift-Grenzübergang, s. S. 152), kann die Stadt aber als Zwischenstopp auf dem Weg nach Norden genutzt werden. Die einstigen Dörfer Selibe und Phikwe begannen ihren Boom in den 1960er Jahren, als man große Kupfer- und Nickelfunde in der Nähe machte. Derzeit gibt es unter anderem von der EU-finanzierte Studien, den Ort Mmadinare am Letsibogo Dam und den dazugehörigen Stausee für den Tourismus zu erschließen, u.a. für Angler.

*Touristisch bislang wenig interessant*

### Unterkunft
**Phokoje Bush Lodge** $$, *P.O. Box 414, Mmadinare T Junction, ☏ 260-1596, 🖷 260-1586, E-Mail: info@phokojebushlodge.com, http://phokojebushlodge.com. Ca. P 420/ DZ, Camping ca.P 100 p.P.* **Lage**: *nahe Selibe-Phikwe (GPS-Daten: S 21°58.46*

BOTSWANA
ZIM
Francistown
Woodland 4x4 Stopover
Tlhalogang
Sebino
Mafungo
Siviya
Lephashe
Taujenao
Mosope
Mosope
Mea
Malakano
Pijani
Khalaphuduhudu
Samsongwe
Shashe-Mooke
Mmandunyane
Tati-Siding
Matsiloje
Signal Hill
Letlhakane
Tlalamabele
Shashe
Gamgoree
Tati
Shashe
Xlalajena
Maralane
Motloutse
Molomololapodi
Saasane
Thamane
Foley
Motloutse
Kobe
Sese
Makobaese
Letsibogo Dam
Mmadinare
Mmashoro
Khairi
Serule
Selibe-Phikwe
Marukuru
Mmurie
Moreomabele
Tshimoyapula
Khama Rhino Sanctuary
Maila
Taupye
Sefophe
Paje
Maope
Serowe Hills
Letshana
Mogapi
Loale
Serowe
Tamasane
Kgagodi
Kabula-Bopedi Hill
Dikabeya
Tlhabala
Motshegaletau
Mmailtsokwane
Palapye
Tswapong Hills
Moiyabana
Old Kutswa
Mokoro
Limpopo
Mokgware Hills
A1
Matlhakola
Ratholo
Lerala
R572
Mosolotsane
Kalamare
Lose
Sherwood
Shoshong
Shoshong Hills
Martin's Drift
Mahalapye
Sefare
Kwa Nokeng Lodge
Tom Burke
Tautswe
Machaneng
N11
Ikongwe Hills
Mahalapye
Malwate
Bonwapitse
Bonw
© igraphic

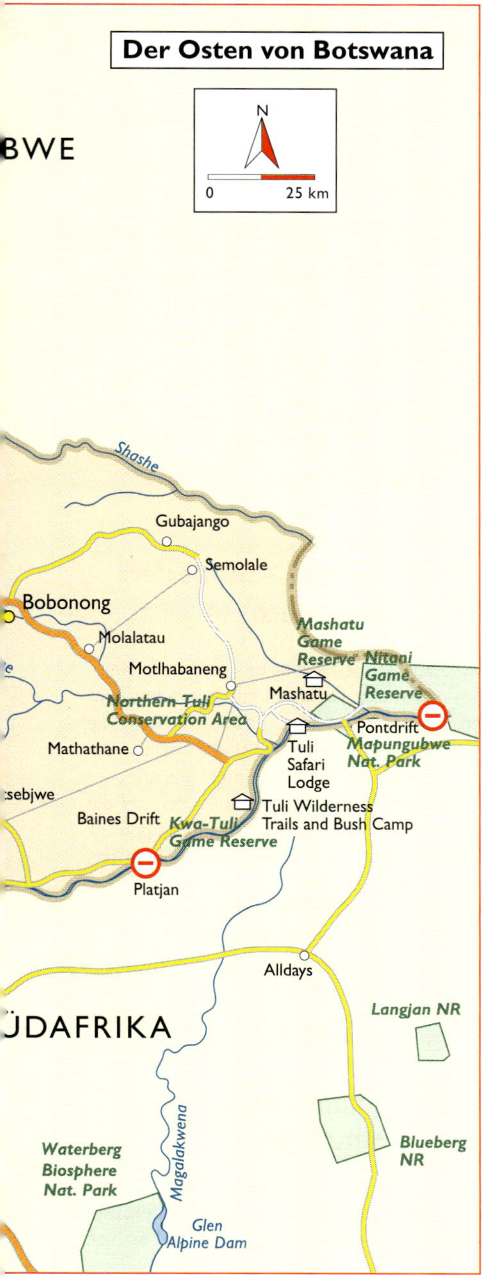


E 027°46.67). **Beschreibung**: *11 riedgedeckte Chalets und 12 Standardzimmer, je mit Bad/Dusche. Alle Zimmer mit Klimaanlage. Etwas abseits gelegener Campingplatz mit sanitären Anlagen und Grillmöglichkeit.*
**Cresta Bosele** $$-$$$, *Independence Road, ☏ 261-0675, 🖷 261-1083, E-Mail: resbosele@cres ta.co.bw, www.crestahotels.com. P 1.250/ DZ mit Frühstück.* **Lage**: *in der Stadt.* **Beschreibung**: *50 Zimmer mit Klimaanlage, TV und Bad, Pool, Internetzugang, Restaurant und Bar vorhanden. Eignet sich als Ausgangspunkt für einen Besuch des Tuli Block.*

## Palapye

Die etwa 170 km von Francistown entfernte Stadt hat rund 30.000 Einwohner und mit der Morupule Power Station das größte Elektrizitätswerk Botswanas. In der Nähe liegen die aus verschiedenen Steinarten bestehenden Tswapong Hills (40 km südlich), die ein besonderes Klima aufweisen. Hier regnet es mehr als in den umliegenden Gebieten, und es bilden sich Wasserfälle wie z. B. der Moremi Gorge nahe dem Moremi Village. Neben zahlreichen Vogel- und Schmetterlingsarten lebt hier auch eine kleine Kolonie von Kapgeiern (am Gootau Village). Wenn man diese abgelegene Region besuchen möchte, sollte man sich bei dem Chief eines der umliegenden Dörfer melden und um Erlaubnis fragen. Verschiedene Community-Projekte sind in Planung.

Von Palapye geht es über Mahalapye, Dibete und Mochudi auf guter Teerstraße nach Gaborone.

## Reisepraktische Informationen Palapye

### Unterkunft

**Camp Itumela $-$$,** *Judith de Beer, P.O. Box 319, ☏ mobil 718-06771, 🖷 492-0228, E-Mail: campitumela@gmail.com, www.campitumela.com. Camping P 75 p.P., Chalets P 384/DZ, Safari-Zelt P 254/DZ.* **Lage**: *von Francistown aus kommend im Zentrum der Stadt nach links in die Palapye Main Road abbiegen, dann an der Polizei rechts und nach Überquerung der Schienen wieder rechts abbiegen. Eine Stunde von Martin´s Drift (GPS-Daten: S 22°33'58 E 027° 07'65).* **Beschreibung**: *empfehlenswerte Unterkunft mit einfachen Chalets und Safari-Zelten sowie schattigen Campingplätzen mit sauberen sanitären Anlagen, Grill- und Kochmöglichkeit, Internet-Café, Bar, kleiner Pool, auf Wunsch wird Abendessen gekocht. Allerdings legen hier auch viele Overlander einen Stopp ein, dann kann es etwas lauter werden.*

**Cresta Botsalo Hotel $$-$$$,** *☏ 492-0245, 🖷 492-0587, E-Mail: resbotsalo @cresta.co.bw, www.crestahotels.com. P 1.1015/DZ.* **Lage**: *an der A1 (Hauptstraße), die von Francistown nach Gaborone führt, nahe der Eisenbahnlinie.* **Beschreibung**: *51 Zimmer mit Klimaanlage, TV, Pool, Restaurant und Bar.*

*Eingang des Khama Museum in Serowe*

## Serowe – Stadt der Bangwato

Die Stadt ist die Heimat des Bangwato-Stammes und wurde vor allem durch ihre berühmten Bewohner bekannt. *Khama III.* hatte die Hauptstadt um 1900 von Palapye hierhin verlegt. Er war es, der zusammen mit anderen Führern Botswana gegen *Cecil Rhodes* und die Südafrikanische Union verteidigt hatte (s. S. 20, 22), sein Enkel *Sir Seretse Khama* führte das Land friedlich in die Unabhängigkeit. Im Khama III Memorial Museum sind die Geschichte und die Traditionen der Bangwato dargestellt sowie ihre prominentesten Vertreter. Zudem werden Siedlungsstrukturen aufgezeigt. Auf einem Hügel hinter der Stadt liegen die Gräber der königlichen Familie.

## Khama Rhino Sanctuary

Etwa 20 km von Serowe entfernt liegt das Khama Rhino Sanctuary, in den 1990er-Jahren zum Schutz des in Botswana beinahe ausgerotteten Nashorns geschaffen. Der Park wird von einem Community Trust betrieben, neben Game Drives gibt es hier

Im Khama Rhino Sanctuary

einen empfehlenswerten Campingplatz. In dem 4.300 ha großen Gebiet leben ca. 30 Nashörner, zudem zahlreiche Antilopenarten, Giraffen und Zebras.
**Khama Rhino Sanctuary Trust**, *P.O. Box 10, Serowe, ☏ 463-0713, 460-0204, 739-65655, 🖷 463-5808, E-Mail: krst@khamarhinosanctuary.org.bw, krst@netspread.co.bw, www.khamarhinosanctuary.com. Geöffnet tgl. 8–19 Uhr. Eintritt P 46, Auto P 56 (unter 5 t), Camping P 60 p.P., Chalets ab P 415.*

## Abstecher zum Tuli Block/Game Reserves

Der als Tuli Block bezeichnete Landstreifen – 350 km lang und bis zu 20 km breit – verläuft parallel zum Limpopo, von Buffels Drift im Südwesten bis Pontdrift im Nordosten, wo die Grenzen von Botswana, Zimbabwe und Südafrika zusammenlaufen.

In diesem Zipfel liegen das Tuli Nature Reserve und das Mashatu Game Reserve. Im 19. Jahrhundert erwarben die Briten dieses Gebiet vom Ngwatostamm, da sie hier eine Eisenbahnlinie nach Bulawayo bauen wollten. Nach dem Kauf stellte man jedoch fest, dass ein solcher Bau unrentabel war: Aufgrund der vielen Flüsse in diesem Gebiet wären zahlreiche Brücken nötig gewesen – dies hätte die Erschließung enorm verteuert. Die Strecke wurde letztendlich weiter westlich auf der Linie Mahalapye – Francistown realisiert. Aus dem „Bahnland" wurde Farmland, das an weiße Siedler weiterverkauft wurde. Obwohl sich das Gebiet prinzipiell für den Ackerbau eignete, nutzte man es als Rinderfarmland, da Blutschnabelweber-Vögel immer wieder die Saat auffraßen.

*Kein Eisenbahnbau möglich*

*Reiches Tierleben im Mashatu Game Reserve*

## Mashatu Game Reserve

Der äußerste Nordosten des Tuli Block ist heute das North East Tuli Game Reserve, etwa 90.000 ha groß und damit das größte private Reservat im südlichen Afrika. Den größten Teil nimmt das **Mashutu Game Reserve** mit 30.000 ha ein, das Tuli Game Reserve umfasst 7.500 ha und ist enklavenartig im Mashatu Game Reserve eingebettet. Die Landschaft hier ist bergig und die rötlichen Felsen wirken z.T. sehr imposant. Neben seiner Tiervielfalt (große Leopardenpopulation) ist Tuli Block für seine ungewöhnliche Topografie bekannt: Solomon's Wall z. B. sind 30 m hohe Basaltklippen. Die vielen Affenbrotbäume (*Baobabs*) trugen der Gegend den Beinamen *Land of the Giants* ein.

*Viele Leoparden*

Große Elefantenherden mit über 1.000 Tieren leben in diesem Gebiet, zudem gibt es respektable Bestände an Löwen und Geparden. Auch die übrigen Tierarten sind zahlreich vertreten. Speziell Zebras, Giraffen, Weißschwanzgnus, Leoparden und verschiedenste Vogelarten (über 350) können gesehen werden. Beliebt sind die sogenannten „Game Hides", von denen aus man ungestört Tiere beobachten kann.

Auf dem riesigen Gelände befinden sich auch einige archäologisch interessante Funde. Die **Motloutsi-Ruinen** zum Beispiel werden regelmäßig von Archäologen besucht. Man sagt, dass diese Bauwerke vom gleichen Volk erbaut wurden wie Great Zimbabwe Ruins. Geografisch gesehen bildet dieses Gebiet mit seinen tropischen Flusstälern, den offenen Steppen und den Buschlandschaften einen großen Kontrast zu den übrigen Safari-Gebieten Botswanas.

*Archäologische Funde*

### Anfahrtsalternativen

**Von Francistown aus**: Gesamtstrecke: 435 km

Man fährt von Francistown nach Serule (159 km), dann weiter über Selibe-Phikwe (61 km) nach Sefophe (26 km), danach nach Bobonong (82 km) und weiter bis Pontdrift (107 km). Die gesamte Strecke ist bis auf das letzte Stück – 22 km – geteert. **Tankstellen** gibt es in Francistown, Serule, Selibe-Phikwe, Bobonong.

**Von Johannesburg aus**: Gesamtstrecke: 550 km Über Pretoria nach Pietersburg (N 1), danach genau nach Norden über die R 521 über Dendron, Alldays nach Pontdrift (Grenzübergang, Tuli Nature Reserve). Wenn der Limpopo trocken ist, kann man mit einem Allradfahrzeug das Flussbett überqueren. Führt der Fluss Wasser, so geht es via Mashatu Cableway über den Fluss. **Tankstellen** gibt es in allen größeren Orten.

## Tuli Game Reserve

Hier liegt die Tuli Lodge wie eine grüne Oase am Ufer des Limpopo. Die Unterkünfte sind deutlich einfacher als die von Mashatu. 2 km von der Main Lodge entfernt liegen Chalets, die Selbstversorgung erlauben. Hier steht ein riesiger Masatu-Baum, der wohl über 1.000 Jahre alt sein dürfte.

## Reisepraktische Informationen Tuli Block-Region

### Unterkunft

**Mashatu Game Reserve**, *P.O. Box 55514, Northlands, Johannesburg, ☏ (+27) 11-442-2267, 🖷 (+27) 11-442-2318, E-Mail: mashatu@malamala.com, www.mashatu.com.* **Lage**: *im äußersten Nordosten des Tuli Block.* **Beschreibung**: *Es gibt zwei Camps: Das* **Mashatu Main Camp $$$$$** *(US$ 415 p.P.) ist sehr rustikal-afrikanisch und bietet maximal 34 Gästen Unterkunft. Von der Veranda und Bar aus kann man am nahegelegenen Wasserloch gut Tiere beobachten. Das Abendessen wird – bei guter Witterung – im offenen „Boma" am Feuer serviert. Das „Schwestercamp"* **Mashatu Tent Camp $$$$** *(US$ 300 p.P.) liegt ca. 20 Minuten vom Hauptcamp entfernt. Es bietet in sieben luxuriösen Safarizelten Platz für maximal 14 Gäste. Neben „normalen" Pirschfahrten gibt es „Ivory Drives" mit Elefantenspezialisten und „Predator Drives" auf den Spuren von Löwen und Leoparden. Wer mehr über die Ökologie des Gebietes erfahren möchte, sollte sich einer geführten Wanderung anschließen. Wem das noch nicht abenteuerlich genug ist: Für Aktivurlauber sind z. T. Mountainbike-Touren auf alten Elefantenpfaden möglich, und unter dem Motto „Take a ride on the wild side" werden auch Reitsafaris angeboten (siehe Website).*

**Tuli Game Reserve/Tuli Safari Lodge $$$-$$$$**, *☏ 264-5303/43, 🖷 264-5344, E-Mail: info@tulilodge.com, www.tulilodge.com. Je nach Suite und Saison P 1.130–2.030.* **Lage**: *direkt am Limpopo. Zu erreichen über Platjan, Martins Drift und Gaborone sowie von Norden über Selibe-Phikwe (GPS-Daten: S 22° 12`842 E 29°05`687).*

*Nichts für schwache Nerven: Fahrradausflug auf alten Elefantenpfaden*

**Beschreibung**: *sehr schöne Anlage mit Rondavels sowie gutem Restaurant, persönlich, Bar und Swimmingpool vorhanden, Gamedrives und Busch-Wanderungen. Zudem liegen in dem Gebiet die Bush Camps* **Nokalodi Tented Camp** *(direkt an der Grenze nach Südafrika (Pontdrift) und* **Molema Bush Camp** *(nahe Platjan-Grenzübergang). Diese Selbstversorgerunterkünfte bieten komfortable Zelte bzw. Chalets und Campingmöglichkeiten. Beide werden von der Tuli Safari Lodge gemanagt.*

**Weitere Unterkünfte in privaten Konzessionsgebieten** (Auswahl)

**Tuli Wilderness Trails and Bush Camps/Serolo Safari Camp** $$$, *Stuart und Annelien Quinn, ☎ Südafrika (+27) 78-2911-460, mobil Botswana (+267) 741-94495, E-Mail: info@tulitrails.com, www.tulitrails.com. P 750 bei Selbstversorgung, inkl. 2 Aktivitäten.* **Lage**: *nahe der südafrikanischen Grenze, zwischen Platjen und Pontdrift.* **Beschreibung**: *5 Safari-Zelte mit Dusche/Bad, voll ausgestattete Gemeinschaftsküche, Wasserloch direkt am Camp. Vollpension auf Anfrage möglich.*

**Kwa-Tuli Private Game Reserve/Island Camp** $$$, *Wild at Tuli-Safaris, ☎ 721-13688, E-Mail: booking@wildattilu.com, www.wildattilu.com. P 540 p.P. bei Selbstversorgung, Vollpension möglich* **Lage**: *21 km vom Platjan-Grenzübergang.* **Beschreibung**: *vier komfortable Zelte, die auf einer Insel im Limpopo River stehen, eingerichtet im Kolonial-Stil, mit Bad und Open-Air-Dusche. Von der Veranda kann man die Tierwelt im und am Fluss beobachten. Für Selbstversorger sind Küche und Essraum vorhanden, zudem eine Boma mit Lagerfeuer.*

**Nitani Game Reserve/Nitani Lodge** $$$$$, *Reservierungen: ☎ (+27) 31-764-2346, 🖷 (+27) 31-764-2179, E-Mail: reservations@nitani.co.za, www.nitani.co.za. Ca. US$ 660 p.P.* **Lage**: *im Nordwesten des Tuli Game Reserve.* **Beschreibung**: *5 luxuriöse Suiten mit Whirlpool im Bad und privatem Steinpool, zahlreiche Spa-Anwendungen werden angeboten.*

# Die Hauptstadt Gaborone

Gaborone (ca. 200.000–250.000 Einwohner), die Hauptstadt Botswanas, liegt in der südöstlichen Ecke des Landes. Die so wenig zentrale Lage ist sowohl geschichtlich als auch geografisch bedingt:

*Wenig zentrale Lage*

- **geschichtlich**: Bei der Suche nach dem Standort einer Hauptstadt des unabhängigen Botswana fiel die eilige Wahl auf Gaborone.
- **geografisch**: Gaborone liegt im fruchtbaren, am dichtesten besiedelten Teil des sonst so leeren und wüstenhaften Landes.

Ein kurzer Blick in die **Geschichte** Gaborones:

Ein kleiner Teil des Tlokwa-Stammes, der heute zum größten Teil in Südafrika lebt, bewegte sich westwärts in Richtung der Sandwüste. Nach jahrelanger Wanderung ließ sich die Gruppe an einem Ort nieder, der während der 1890er Jahre Mosaweng genannt wurde. Ihr Führer hieß *Gaborone*, ein Mann, der von seinem Vater erst im Alter von 60 Jahren die Herrschaft übernahm, dann aber bis zu seinem Tode im Jahre 1932 ein sehr beliebter Herrscher war.

Durch den Bau der Eisenbahn von Vryburg (Südafrika) nach Bulawayo (Zimbabwe) in den Jahren 1896/97 wurde Gaborone erstmals auf einer Landkarte erwähnt. Hier entstand ein Knotenpunkt für Züge. Die Eisenbahnstrecke mit ihrer Gesamtlänge von 645 km wurde damals in der Rekordzeit von 400 Tagen gebaut, die Einrichtung von Stationen wurde aufgeschoben.

Der Grund und Boden, auf dem die Eisenbahn von Norden nach Süden erbaut wurde, wurde von den verschiedenen Häuptlingen der Baugesellschaft von *Cecil Rhodes* übertragen. *Gaborone* und seine Leute, die dort mit Zustimmung der Kwena-Häuptlinge lebten, fanden sich über Nacht als Siedler an einem Eisenbahnreservat wieder! Sie blieben dort bis 1905, dann wurde die Gegend der British South Africa Company übergeben. Von den Tlokwa nahm man an, dass sie weiterziehen würden, doch stattdessen zahlten sie der Gesellschaft eine Pacht von 150 Pfund pro Jahr und durften so bleiben.

*Einwohner mussten Pacht zahlen*

1933, nach dem Tode von *Gaborone*, wurde das Gebiet des kleinen Stammes als Batlokwa Native Reserve ausgerufen, das zwar klein und dicht besiedelt war, aber doch den Tlokwa die Möglichkeit bot, sich als kleinster Volksstamm in Botswana seine Identität zu bewahren.

Während der britischen Schutzherrschaft war Botswana in nur zwei Distrikte aufgeteilt: Nord- und Süd-Botswana. Palapye wurde zum Verwaltungszentrum des nördlichen Distrikts gewählt, und die Stelle, die später Gaborone genannt wurde, wurde Zentrum der südlichen Region. *William Surmon* war dort als Assistant Commissioner stationiert, der dem Resident Commissioner in Mafeking verantwortlich war. In Gaborone wurde ein Camp mit einem kleinen Fort eingerichtet, das als Polizei- und Regierungsbüro diente. Man arbeitete unter einfachen Bedingungen, vom Busch umgeben. Ein Brunnen wurde angelegt und einige Hütten wurden errichtet.

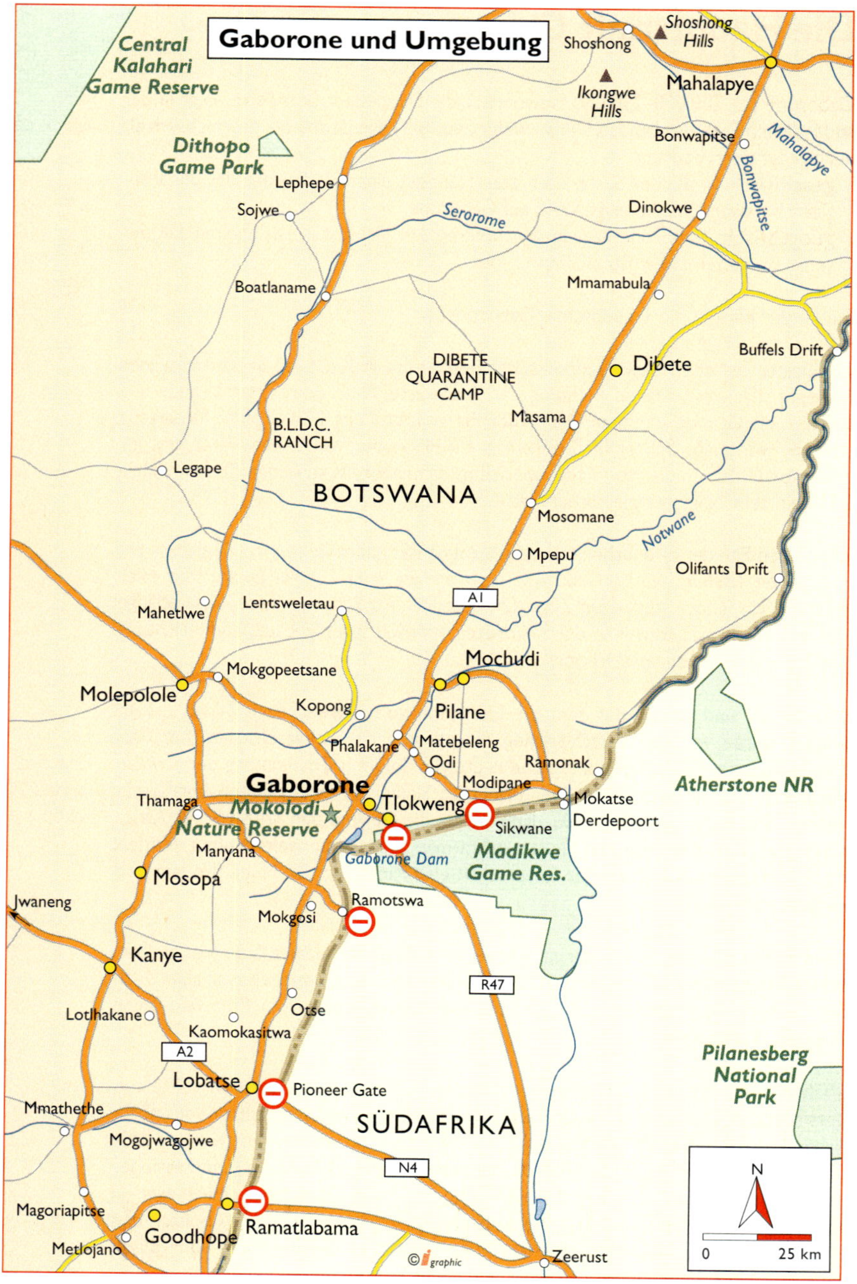
Gaborone und Umgebung
Central Kalahari Game Reserve
Dithopo Game Park
Shoshong
Shoshong Hills
Ikongwe Hills
Mahalapye
Bonwapitse
Mahalapye
Bonwapitse
Lephepe
Sojwe
Serorome
Dinokwe
Boatlaname
Mmamabula
Buffels Drift
DIBETE QUARANTINE CAMP
Dibete
Masama
B.L.D.C. RANCH
Legape
BOTSWANA
Mosomane
Notwane
Mpepu
Olifants Drift
A1
Mahetlwe
Lentsweletau
Mochudi
Mokgopeetsane
Molepolole
Kopong
Pilane
Phalakane
Matebeleng
Odi
Ramonak
Atherstone NR
Gaborone
Modipane
Thamaga
Mokolodi Nature Reserve
Tlokweng
Mokatse
Derdepoort
Sikwane
Manyana
Gaborone Dam
Madikwe Game Res.
Mosopa
Jwaneng
Ramotswa
Mokgosi
Kanye
R47
Lotlhakane
Otse
Kaomokasitwa
A2
Pilanesberg National Park
Lobatse
Pioneer Gate
Mmathethe
SÜDAFRIKA
Mogojwagojwe
N4
N
Magoriapitse
Goodhope
Ramatlabama
Metlojano
0
25 km
Zeerust
© i graphic

*Riverwalk Mall in Gaborone*

*Während der Burenkriege verlassen*

Das Ende dieser administrativen Einrichtungen wurde mit dem Ausbruch des Burenkrieges eingeläutet. Der Polizei und den anderen offiziellen Stellen wurde angeordnet, sich nordwärts nach Mahalapye zurückzuziehen und Gaborone zu zerstören. Alles Wertvolle wurde mitgenommen, einschließlich eines kleinen Safes, der mühsam nach Bulawayo befördert wurde und in dem man nach dem Öffnen nicht mehr als ein paar kleine Münzen im Wert von 45 Cent vorfand. Ein anderer Safe, der viel zu schwer für den Transport war, wurde zurückgelassen. Als die Buren den Ort eroberten, fanden sie diesen Safe, öffneten ihn und fanden im Inneren nur ein Stück Papier mit den Worten „sold again". Am Ende des Krieges wurde das Verwaltungslager in Gaborone wieder aufgebaut, einige Händler ließen sich nieder.

Die große Veränderung kam 1965, als das Land unabhängig wurde. Bis dahin wurde Botswana von Mafeking (in Südafrika) aus verwaltet. Alles war für den Unabhängigkeitstag vorbereitet – Nationalhymne, Nationalfarben, Verfassung etc. –, als man sich über Nacht bewusst wurde, dass man das Land nur in die Unabhängigkeit entlassen könne, wenn auch eine Hauptstadt existierte – innerhalb des Landes natürlich! Man wählte Gaborone aus.

Westlich des alten Gaborone, das an der Eisenbahnlinie lag, wurde eine völlig neue Stadt geplant, die großzügig angelegt werden konnte, da das Gelände eben war. Als Zentrum plante man eine Fußgängerzone, an der nun verschiedene Geschäfte liegen. Am Ende dieser schattigen Promenade befindet sich das Regierungsgelände.

# Orientierung

Treffpunkt Mall

Gaborone verfügt über kein eigentliches Stadtzentrum, wobei das Gebiet östlich der Bahnstrecke und westlich der Independence Avenue das Regierungsviertel und Sitz einiger Botschaften ist. Doch vielmehr spielt sich „das Leben" in den und um die Shopping Malls ab. Das größte dieser Shopping Centers ist The Mall, südlich davon liegt die einfachere African Mall. Im Ortsteil Broadhurst dominiert die etwas höherpreisige Broadhurst North Mall. Im Osten des Stadtgebiets liegt die Riverwalk Mall, Gaborone West hat seine Gaborone West Mall.
Gaborone ist sicherlich kein touristisches Reiseziel, sondern eher eine Durchreise-Stadt. In der relativ jungen Hauptstadt Botswanas ist Zweckmäßigkeit angesagt.

## Sehenswertes

### Nationalmuseum

Besuchenswert ist vor allem das **Nationalmuseum** (Independence Avenue, nordöstlich von The Mall). Es wurde im September 1968 eröffnet. Historische und naturkundliche Themen Botswanas werden sehr anschaulich vorgestellt. *Öffnungszeiten: Di–Fr 9–18 Uhr, Sa/So 9–17 Uhr. Bald verfügbar: http://www.botswana-museum.gov.bw..*

### Art Gallery

An das Nationalmuseum ist die **Art Gallery** angegliedert. Hier gibt es traditionelle und zeitgenössische Werke aus dem Raum Afrika südlich der Sahara zu besichtigen, ebenso europäische Kunstwerke. Auch die San-Kunst ist hier vertreten. *Öffnungszeiten und Website wie das Nationalmuseum.*

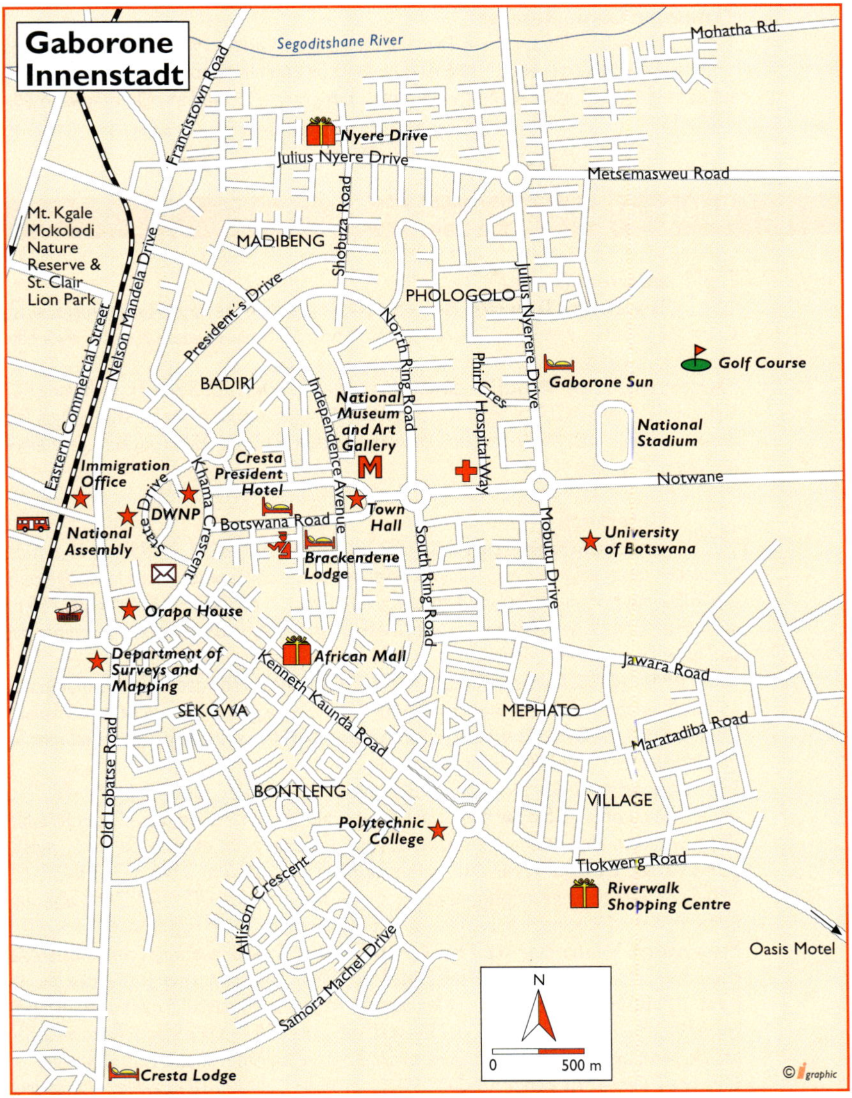


## Orapa House

Das „Fort Knox" Botswanas gehört zur Diamantengesellschaft Debswana und liegt am südlichen Ende des Khama Crescent. Hier werden Diamanten gesichtet, gelagert und von hier aus exportiert. Man kann sich zu Besichtigungen in kleinen Gruppen anmelden: ☏ 351-131, 🖷 352-491.

### Gaborone Game Reserve

Nur 1 km östlich des Ortsteils Broadhurst gelegen, wurde 1988 ein kleines, 500 ha umfassendes Naturreservat eröffnet. Die Städter können seitdem hier Zebras, Warzenschweine, Springböcke, Nashörner etc. „besichtigen". *Öffnungszeiten: täglich 6.30–18.30 Uhr.*

## Reisepraktische Informationen Gaborone

### Informationen

**Botswana Tourism Board**, *Main Mall, Cresta President Hotel (Erdgeschoss), Gaborone, ☎ 395-9455, 🖷 318-1373, E-Mail: board@botswanatourism.co.bw, www.botswanatourism.co.bw.*

**Department of Wildlife and National Parks**, *P.O. Box 131, Gaborone, ☎ 318-0774 o. 397-1405, 🖷 318-0775, E-Mail: dwnp.parrogabs@gov.bw, dwnp@gov.bw; www.mewt.gov.bw/DWNP/index.php. Physische Adresse: Im Kgale Millenium Park, gegenüber der Game City Hall.*

### Unterkunft

**Brackendene Lodge** $$, *☎ 391-2886 o. 390-6651, 🖷 390-6246, E-Mail: brackendenelodge@yahoo.com, info@brackendenelodge.com, www.brackendenelodge.com. P 430/DZ mit Bad und Frühstück.* **Lage**: *Tati Road, ganz in der Nähe der Mall, etwa 250 m südlich des Fremdenverkehrsamts.* **Beschreibung**: *sauber und ansprechend, Zimmer mit und ohne Bad, familienfreundlich.*

**Oasis Motel** $$, *Tlokweng Road, ☎ 392-8568, E-Mail: reservations@oasis-motel.com, www.oasis-motel.com. Je nach Saison P 600–700/DZ.* **Lage**: *6 km südöstlich im Vorort Tlokweng gelegen.* **Beschreibung**: *Klimaanlage, TV, Video, Swimming-Pool, Restaurants u. Bars, Spielplatz, kostenloser Flughafen-Shuttle.*

**Planet Lodge 2** $$-$$$, *Plot 27280/1 (65877), Bokaa Rd., Block 3. P 518–784/DZ (je nach Ausstattung).* **Lage**: *östlich der Innenstadt.* **Beschreibung**: *19 komfortable Zimmer, zudem Pool, Restaurant, Internetzugang. Außerdem gibt es noch die etwas günstigere* **Planet Lodge 1**, *Plot 514, Southring Rd., Ext. 4, ☎ 390-3295 o. 393-0452, 🖷 390-3229, E-Mail: planetlodge@mega.bw, www.planetlodges.com. P 530/DZ mit eigenem Bad, P 425 mit Gemeinschaftsbad).*

**Peermont Walmont at The Grand Palm** $$$, *Bonnington Farm, Molepolole Road, ☎ 363-7777, 🖷 391-2989, E-Mail: info@grandpalm.bw, www.grandpalm.bw. Ab P 785/DZ.* **Lage**: *Molepolole Rd., 24 km vom Sir Khama International Airport, zwischen Gaborone West und Mogoditshane gelegen.* **Beschreibung**: *188 Zimmer. Squash, Restaurant, Bar, Lounge, Swimming-Pool, Flutlichttennisanlage und Kasino; kostenloses Shuttle zum Flughafen.*

**Cresta President Hotel** $$$-$$$$, *☎ 395-3631, 🖷 395-1840, E-Mail: respresident@cresta.co.bw, www.crestahotels.com. P 1.248/DZ.* **Lage**: *gegenüber dem Taxistand von Gaborone inmitten der Mall, Botswana Rd., im Zentrum.* **Beschreibung**: *Zimmer mit Klimaanlage, TV, Restaurants, Cocktail-Lounge, kostenloser Shuttle zum Flughafen.*

**Cresta Lodge** $$$-$$$$, *Old Lobatse/Ecke Machel Drive, ☎ 397-5375, 🖷 (+267) 390-0635, E-Mail: reslodge@cresta.co.bw, www.crestahotels.com. P 1.278/DZ.* **Lage**: *Samora Machel/Old Lobatse Road, etwa 3 km südlich der Mall gelegen.* **Beschreibung**:

*Hotel mit 80 Zimmern (ausgestattet mit Kaffeemaschinen), Schwimmbad, Wanderwege zum nahegelegenen Staudamm, kostenloser Shuttle zum Flughafen.*
**Gaborone Sun Hotel & Casino $$$$**, *Chuma Drive, P.O. Box 0016, ☏ 361-6000, 🖷 261-3484, E-Mail , www.suninternational.com. Ab ca. P 1.500 /DZ.* **Lage**: *2 km vom Stadtzentrum am Chuma Drive.* **Beschreibung**: *luxuriöse Zimmer im Neubau, Standard-Räume im ursprünglichen Teil. Alle Zimmer mit Klimaanlage, TV, Video, Bad/Dusche. Zwei gute Restaurants, Pool-Bar, Sauna, Tennisplatz, Golfplatz, Geschäfte, Casino, Bank.*

### Restaurants

**Chatters**, *in der Cresta Lodge (s.o.). Hier kann jeder Fleischliebhaber schwelgen – Grillen bis zum Abwinken!*
**Mahagony's Restaurant**, *im Gaborone Sun Hotel (s.o.). Sehr gutes Buffet und à la carte. Teuer!*
**Bull & Bush**, *Private Bag BR 27, Broadhurst, ☏ 397-5071, E-Mail: bushbull@global.bw, www.bullandbush.net. Abzweig vom Mandela Drive, Legolo Road, folgen Sie dem Wegweiser „Police". „Englisches" Pub, Steaks, Salat, Grillen am Wochenende, Gartentische.*
**The Moghul**, *☏ 397-5246, hinter dem Nyerere Shopping Centre. Indische und pakistanische Gerichte, preiswert und gut.*
**Primi Piatti**, *Riverwalk Mall, ☏ 370-0068, guter Italiener.*
**250 East**, *Riverwalk Mall, gutes thailändisches Essen.*

### Krankenhäuser

**Life Private Hospital**, *☏ 368-5600 o. 390-5765*
**Bokamoso Private Hospital**, *☏ 369-4000*
**Princess Marina Hospital**, *☏ 395-3221*

## Umgebung von Gaborone

### Odi

*(18 km nördlich)*
Man fährt auf der Straße nach Francistown in nördliche Richtung. Nach etwa 18 km gibt es rechterhand ein Hinweisschild zu den Lentswe-la-Odi Weavers. Diese Kooperative, 1973 als Entwicklungsprojekt von den Schweden *Ulla* und *Peder Gowenius* gegründet, dient dazu, den Menschen der umliegenden Dörfer von Odi, Matebeleng und Modipane Arbeit zu verschaffen. In Handarbeit werden farbenfrohe Jacken, Bettdecken, Tischtücher, Handtaschen etc. gefertigt. Beeindruckend sind die schönen Wandteppiche, die nach Größe verkauft werden. Die Wolle wird hier eigenständig gefärbt und gesponnen. *Öffnungszeiten: wochentags 8–16.30 Uhr und am Wochenende 10.30–16 Uhr.*

*Weber-Kooperation*

### Mochudi

*(42 km nördlich – Straße nach Francistown, in Pilane abbiegen)*
Mochudi ist einer der interessantesten Orte im Südosten Botswanas. Die Siedlung wurde im 16. Jahrhundert von den Kwena gegründet, später – 1871 – vom Stamm

der Kgatla ausgebaut, die von den nordwärts drängenden Buren vertrieben wurden. Im Ort gibt es das Phuthadikobo Museum, 1976 im kapholländischen Stil errichtet. Es widmet sich der Geschichte des Ortes sowie des Kgatla-Stamms. *Öffnungszeiten: Mo–Fr 8–17 Uhr, am Wochenende 14–17 Uhr.*

### Kgale Hill

*(7 km südlich)*

Dieser knapp 1.300 m hohe Berg liegt 7 km südlich von Gaborone. Man kann hinauf wandern und eine gute Sicht über Gaborone genießen.

### Mokolodi Nature Reserve

*(12 km südlich)*

Stadtnah

Dieses Gebiet – nur 12 km südlich der Stadt gelegen – umfasst 3.000 ha und wurde erst 1994 gegründet. Es dient vor allem dazu, der Stadtbevölkerung Fauna und Flora des südöstlichen Botswana zu näherzubringen. Landschaftlich sehr schön gelegen, kann man Zebras, Baboons, Flusspferde, verschiedene Antilopenarten (Gemsböcke, Kudus, Impalas, Steinböcke, Wasserböcke) und Warzenschweine beobachten. Es gibt hier „zahme" Elefanten, die täglich zwischen 12.30 und 15.30 Uhr zum Baden ausgeführt werden und tagsüber frei herumlaufen, um zu fressen. Nachts allerdings kehren sie in Käfige zurück. Toll sind die einfachen, aber sauberen Unterkünfte direkt am Stausee sowie ein preiswertes Restaurant. Ebenso werden Gamedrives und Wanderungen angeboten.

Auf dem Gelände gibt es 1.500 Jahre alte „Leadwood-Trees". Deren hartes Holz – extrem widerstandsfähig gegen Verrottung und Termitenfraß – wurde vor über hundert Jahren für die Schwellen der Eisenbahn benutzt.

## Reisepraktische Informationen Mokolodi

### Unterkunft

**Mokolodi Backpackers** $$, *Plot 86, Mokolodi, ☏ 74-111165, 🖷 74-111164, E-Mail: info@backpackers.co.bw, www.backpackers.co.bw.* **Achtung**: *Das bekannte, einfache und saubere Hostel (1 km vom Mokolodi Game Reserve, 10 km von Gaborone, nahe der Hauptstraße nach Lobatse) war im Herbst 2011* **geschlossen**. *Man verhandelt über eine neue Lizenz. Für aktuelle Entwicklungen siehe Website.*

**Mokolodi Nature Reserve/Alexander McCall Smith Traditional Rest Camp** $$$, *☏ 316-1955/6, 🖷 316-5488, E-Mail: information@mokolodi.com, www.mokolodi.com. Chalet (2 Erwachsene/1 Kind) P 565 an Wochentagen, Wochenende und Feiertage P 755. Camping P 100 p.P. Im Rest Camp ohne Verpflegung P 150 an Wochentagen.* **Lage**: *12 km südlich vom Zentrum.* **Beschreibung**: *ruhige Lage in der Natur, einfache, aber saubere Chalets und Campingplätze, Restaurant. Das Rest Camp ist benannt nach dem britisch-simbabwischen Autor, der die Bücher um Mma. Ramotswe schrieb* *(s. S. 69)*.

### St. Clair Lion Park

*(18 km südlich)*
Bestimmt eine kleine Attraktion für Einheimische, die Löwen in Gehegen bewundern zu können. Nach einer Safari in Botswana ist dies sicherlich überflüssig. Für manche mag der Campingplatz eine gute Alternative zur Stadt sein.

### Manyana

*(ca. 40 km südwestlich)*
Etwa 500 m nördlich des kleinen Dorfes, an der Straße westlich des Flusses, gibt es – für den Südosten Botswanas selten – an einem Felsen Zeichnungen zu sehen, die von der Art her an die Rock Paintings in Zimbabwe erinnern. Dargestellt sind drei Giraffen, Elefanten und einige Antilopen.

## Kanye

Der Ort liegt auf einem Hügel knapp 100 km südwestlich der Hauptstadt. Er ist der Hauptort der Bagwaketse und erfüllt mit seinen Geschäften und Verwaltungseinrichtungen die Funktion eines zentralen Ortes, wobei es für den Reisenden keine besonderen Sehenswürdigkeiten gibt. Idealer Zwischenstopp: 4–5 Stunden Fahrzeit nach Johannesburg, 6 Stunden zu namibischen Grenze über den Trans-Kalahari-Highway und 8 Stunden nach Maun.

*Zwischenstopp*

### Unterkunft

**Motse Lodge and Cultural Village** $$, *Private Bag MK 24, Kanye, ☏ 548-0363 o. -0369, E-Mail: motselodge@botsnet.bw, www.motselodge.com. P 590/Standard-DZ, Chalet für 4 Pers. P 650, Camping P 110 p.P.* **Lage**: *im Ort, von Lobatse kommend nach der BP Tankstelle rechts abbiegen.* **Beschreibung**: *Die Anlage verfügt über strohgedeckte Chalets sowie klimatisierte Räume im Hauptgebäude. Pool, Restaurant und saubere Campingplätze.*

## Jwaneng

Die Stadt ist bekannt durch die Diamantenfunde (s. S. 40). Mittlerweile ist der Ort die größte Schmuckdiamantenfundstelle der Welt und konnte Orapa überflügeln. Das „Big Hole" von Kimberley in Südafrika wurde hier ebenfalls längst übertroffen: Die Tagebaumine hat eine große Wunde in die Landschaft gerissen. Während Orapa eine abgeriegelte Minenstadt ist, präsentiert sich Jwaneng offen für den Besucher. Der Minenkomplex selbst ist aber streng bewacht.

# 11. ANHANG

# Tierlexikon und Tipps zur Tierbeobachtung

## Häufige Tiere in Botswanas Nationalparks

Im Folgenden werden kurz die Eigenarten der häufigsten Tiere beschrieben. Dabei lehnen sich die Beschreibungen insbesondere an die Darstellungen aus dem Buch von Th. Haltenorth / H. Diller an.

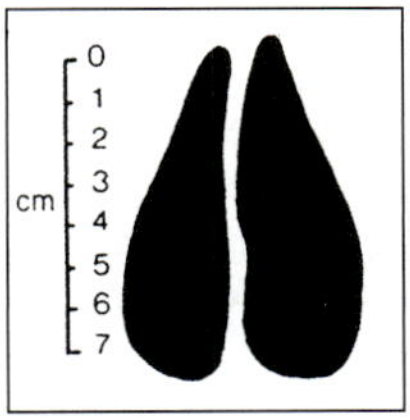


### Blau-Gnu / Blue Wildebeest

Blau-Gnus leben in offener Gras- und Buschsteppe in Ebene und Hügelland, zuweilen auch auf lichten Plätzen dichterer Buschwälder. Bei genügend Futter und Wasser beschränken sie sich auf ein Territorium, das dann oft über Jahre gehalten und durch Harnen, Koten, Liegen und auch durch Wache-Stehen markiert wird. Die Territoriums-Besitzer bedrohen, bekämpfen und verjagen Nebenbuhler. Benachbarte Territoriums-Besitzer üben regelmäßig ein Herausforderungs-Zeremoniell zur Grenzbestätigung aus. Das Äsen findet zumeist morgens und nachmittags statt; in der Mittagszeit wird geruht, wenn möglich im Schatten. Sie fressen Kurzgräser bis 10 cm; das Trinken wird morgens und abends erledigt; Wasser kann bis zu fünf Tagen entbehrt werden. Die Streifengnus bilden – besonders in der Regenzeit – Rudel bis zu 1.000 Tieren. Zu ihren Feinden zählen Löwe, Gepard, Leopard und Fleckenhyäne.

Die Tragezeit beträgt ca. achteinhalb Monate, ein Laufjunges wird geboren. Die erste Festnahrung kann schon nach zehn Tagen aufgenommen werden; gesäugt wird bis zum Alter von einem Jahr. In freier Natur können Blau-Gnus bis zu 18 Jahre alt werden. Männliche Tiere werden bis zu 250 kg, weibliche bis zu 180 kg schwer.

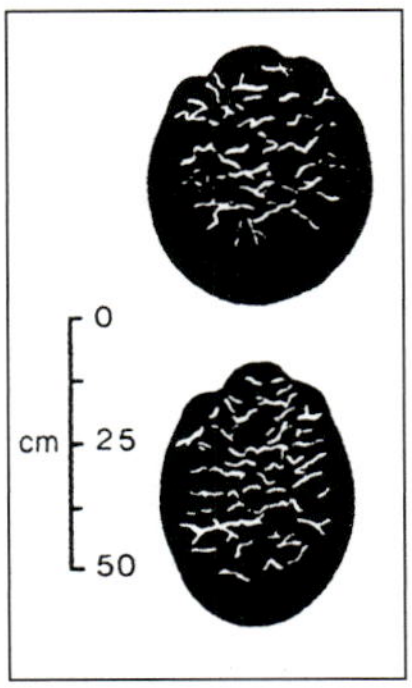


### Elefant / Elephant

Er ist das größte Landtier. Es gibt zwei Arten: den Afrikanischen und den Indischen Elefanten. Beim Afrikanischen Elefanten sind Ohren und Rüssel größer und die Stirn niedriger als beim Indischen Elefanten.

Der Afrikanische Elefant wird bis zu 4 m hoch und 6.000 kg schwer. Alleine seine Haut wiegt 10 Zentner, das Hirn 5 bis 6 kg, das Herz 25 kg. Pro Tag säuft er ca. 350 l Wasser und frisst 500 kg „Grünzeug". Mit dem Rüssel führt der Elefant Nahrung und Wasser ins Maul, beim Baden verspritzt er Wasser über den Körper oder beim Staubbad auch Staub. Er besitzt nur vier Zähne, je zwei im Ober- und Unterkiefer.

Der Afrikanische Elefant kommt in den meisten Gebieten südlich der Sahara vor. Er lebt in Herden aus Kühen und Jungtieren. Die Bullen sind Einzelgänger, nur zur Paarung kommen sie mit den Kühen zusammen.

Elefanten treiben intensive Hautpflege. Sie tauchen beim Bad fast völlig unter und bespritzen sich mit Hilfe des Rüssels mit Wasser. Sie lieben auch Staubbäder, und bei Wassermangel suhlen sie sich im Schlamm. Auch in Trockenzeiten beherrscht der Elefant die Kunst, Wasser zu finden: Er bohrt Löcher, indem er seinen Rüssel als Ahle benutzt. In der Mittagszeit sucht der afrikanische Elefant Schatten auf. Er sorgt für Abkühlung, indem er mit seinen Ohren fächert. Aufgrund der riesigen Oberfläche seiner Ohren verliert er so viel an Körperwärme.
Auch Elefanten brauchen natürlich Schlaf. Sie können sowohl im Stehen als auch im Liegen schlafen. Beim stehenden Schlaf atmet er in der normalen Atemfrequenz, beim Liegen nur halb so oft. Gewöhnlich schläft ein Elefant fünf Stunden, die meiste Zeit im Liegen.

Dort, wo Elefanten geschützt aufwachsen, kommt es oft zur Überbevölkerung (z.B. im Kruger National Park). Da ein Elefant aber viel frisst, gefährdet er beim zu starken Anwachsen seiner Population das ökologische Gleichgewicht und muss in seinem Bestand dezimiert werden. Bei natürlichen Voraussetzungen ziehen Elefanten von einem Gebiet zum anderen und können so dem Reifestand der Vegetation folgen, die sich während ihrer Abwesenheit wieder erholen kann. Dabei legen sie oft große Entfernungen zurück.

Die Backenzähne des Elefanten weisen breite Mahlflächen auf, die dem Zerkauen von Pflanzenfasern dienen. Der Verschleiß an Zähnen ist beträchtlich. Der Elefant (der bis zu 70 Jahre alt werden kann) verbraucht in seinem Leben auf jeder Seite im Ober- und Unterkiefer je 7 Zähne, insgesamt also 28. Wenn ein Zahn abgenutzt ist, wächst ein anderer nach. Sind die letzten Zähne verbraucht, muss der Elefant verhungern.

Die Tragezeit beträgt bei Elefanten ca. 22 Monate. Das Junge ist etwa 90 cm hoch und wiegt 90 kg. Es kann bald nach der Geburt (nach zwei Tagen) in der Herde mitlaufen.

In ihrem Gesamtverhalten sind Elefanten furchtlos: Sie kennen keine Feinde und brauchen beim Anzug auf ein Wasserloch keine Vorsichtsmaßnahmen zu treffen. Bei Gefahr für die Herde „trompeten“ Elefanten. Das Sozialverhalten in der Herde ist stark ausgeprägt. Gefährlich werden Elefantenkühe, die Kälber führen.

### Die „Sprache“ der Elefanten

Das Sozialleben der Elefanten ist äußerst stark ausgeprägt. Der Familie steht die Leitkuh vor. Um die Elefantenkinder kümmern sich neben der Mutter alle weiblichen Verwandten gleichermaßen. Die Jungbullen verlassen mit der Geschlechtsreife die Herde und bilden mit Gleichaltrigen eine eigene Gemeinschaft. Die Rangordnungen sind klar festgelegt: Die älteren Elefanten werden von den jüngeren sehr respektiert. Sichtbares Zeichen dafür ist z.B. das Hineinschieben der Rüsselspitze in das Maul des Älteren. Gleichrangige werden z.B. mit dem Umschlingen der Rüssel oder Anstubsen begrüßt, alles begleitet von ruhigen, dunklen Lauten. Die Jungen werden abgöttisch geliebt und umsorgt: Man hilft ihnen bei der Wanderung, indem man auf mögliche Hindernisse und Gefahren hinweist. Kranke Elefanten werden von der Herde insofern umsorgt, als dass Feinde (vor allem Löwen) auf Abstand gehalten werden. Selbstfahrer sollten Elefanten immer ernst nehmen. Die deutlichste Verwarnung ist Kopfschütteln und Ohren-Klatschen. Scheinangriffe mit gesenktem Kopf zeigen

Kampfbereitschaft. Und ganz gefährlich wird es, wenn man bei Elefanten an der Schläfe „Tränen“ sieht – spätestens dann sind totaler Rückzug und Ruhe angesagt – auf keinen Fall irgendetwas tun, was den mächtigen grauen Riesen reizen könnte!

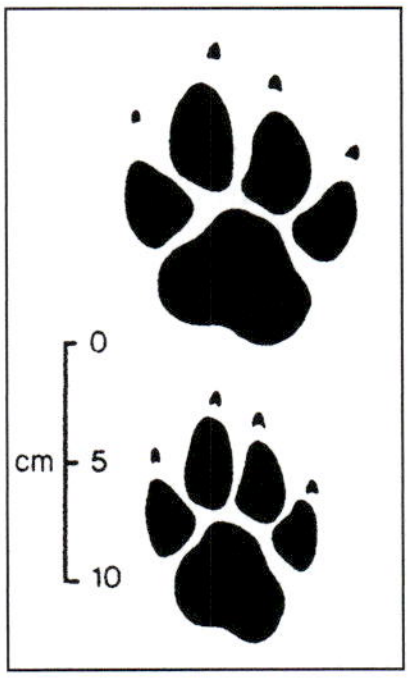


## Fleckenhyäne / Spotted Hyena

Hyänen leben meist in Halbwüsten bis Trockensavannen, nicht in dichten Wäldern. Sie sind im Allgemeinen ortstreu und leben in einem mehrere Quadratkilometer großen Territorium. Dieses wird markiert, und zwar durch Harnen, Koten, Absetzen von Afterdrüsensekreten an Grashalmen und durch Bodenkratzen mit den Vorderpfoten. Diese Gebiete sind festgelegt, werden regelmäßig patrouilliert, und Rudelfremde werden verjagt. Rudelangehörige erkennen sich am Geruch. Hyänen jagen vorwiegend in der Dämmerung und bei Nacht; Seh-, Hör- und Riechvermögen sind sehr gut ausgeprägt. Tagsüber ruhen sie in Erdhöhlen, in hohem Gras oder dichtem Busch.

Löwen und Hyänenhunde gefährden Jung- und Einzeltiere. Jungwelpen werden durch rudelfremde Artgenossen gefährdet, daher rührt ein starker Schutztrieb des Weibchens. Selten sind Fleckenhyänen einzeln anzutreffen, häufiger paarweise oder in Trupps. Im Rudel haben die Weibchen die Vormachtstellung. Die Hauptnahrung der Hyänen ist Aas, oft in Form von Löwenbeuteresten. Kadaver werden mit Haut und Haaren, ja selbst mit großen Röhrenknochen, die zerbissen werden, gefressen. Auch im Kampf getötete Artgenossen werden nicht verschmäht. Manchmal werden im Rudel Gazellen, Zebras und Antilopen gejagt. Die Opfer werden bei lebendigem Leibe zerrissen. Es werden auch durch das Opfer motivierte andere Tiere wie Löwe, Leopard, Gepard und Hyänenhund vom Rudel vertrieben. Auch einzelne Menschen sind durch Rudel nachts gefährdet.

Die Tragezeit beträgt bei Hyänen 99 bis 130 Tage, meistens werden ein bis zwei Welpen geworfen. Schon eine Woche nach der Geburt können die Welpen gut laufen; ihre Säugezeit beträgt ein bis eineinhalb Jahre. Die Geschlechtsreife ist bei Weibchen mit zwei, bei Männchen mit drei Jahren erreicht. In Gefangenschaft können Hyänen bis zu 40 Jahre alt werden.

## Flusspferd / Hippopotamus

Das Flusspferd kann eine Länge von 4,20 m, eine Schulterhöhe von 1,45 m und ein Gewicht von 1.500 kg erreichen. Es ist südlich der Sahara verbreitet (Sudan), in Ost- und Südafrika. Es lebt zumeist im Wasser, kommt aber zum Äsen an Land, besonders nachts. Es kann bis zu vier Minuten tauchen. Tagsüber sonnt es sich träge auf Sand-

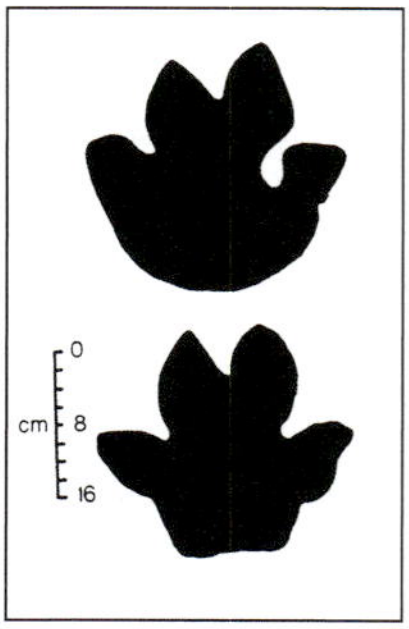


bänken oder liegt faul im Wasser. Wo Flusspferde stark verfolgt werden, halten sie sich in Rudeln auf. Die aus 20 bis 100 Tieren bestehenden Rudel leben in Territorien: in der Mitte die von den Kühen und jungen Kälbern bewohnte Krippe mit besonderen Zufluchtsgebieten, darum herum das von einem erwachsenen Bullen bewohnte Gebiet. Die Krippe befindet sich auf einer Sandbank mitten im Fluss oder an einer erhöhten Stelle an Fluss- oder Seeufern. Von den Territorien der Bullen führen Wechsel zu den Weiden, jeder Wechsel ist mit Kot markiert. Die Kühe haben eigene Wechsel. Die Einrichtung der Territorien wird durch bestimmte Verhaltensregeln aufrechterhalten, die in gewisser Weise „Vereinssatzungen" ähneln. Außerhalb der Paarungszeit darf die Kuh den Bullen kurz besuchen, und dieser darf den Besuch erwidern. Er darf beim Betreten der Krippe keinerlei Aggression zeigen. Sollte sich eine Kuh erheben, so muss er sich hinlegen. Erst wenn sie sich niederlegt, darf er wieder aufstehen. Wenn ein Bulle diese Regeln nicht beachtet, wird er von den erwachsenen Kühen, die ihn alle gemeinsam angreifen, hinausgetrieben.

Lange Zeit hatte man angenommen, die Gruppen der Flusspferde würden von älteren Bullen angeführt. In Wirklichkeit handelt es sich um ein Matriarchat. Verlässt z.B. ein junger Bulle die Krippe, muss er außerhalb des Umkreises der Krippe eine neue Zufluchtsstätte suchen und sich dann – um sich mit einer Kuh paaren zu können – den Zugang zum inneren Ring erkämpfen. Sollte er von einem älteren Bullen besiegt werden, darf er sich unter dem vereinten Schutz der Kühe in die Krippe zurückziehen, um hier Zuflucht zu suchen.

Das charakteristische „Gähnen" der Flusspferde hat nichts mit dem Schlaf zu tun, es ist eine feindliche Geste, eine Herausforderung zum Kampf. Die Kämpfe sind heftig, die Rivalen erheben sich aus dem Wasser, die riesigen Mäuler sind breit geöffnet; sie versuchen, sich mit den Stoßzähnen zu beißen. Es gibt dabei fürchterliche Wunden, das verletzte Tier fällt brüllend vor Schmerz ins Wasser zurück. Ziel des Kampfes ist es, dem Gegner die Vorderfüße zu brechen. Das ist tödlich, denn dann kann das Tier nicht mehr an Land äsen.

Gewöhnlich wagen sich die Tiere nicht weit vom Wasser weg; sie können sich aber auch bis zu 30 km entfernen und dabei Geschwindigkeiten bis zu 45 km pro Stunde erreichen. Zur Paarungszeit begibt sich die Kuh aus ihrem Territorium und sucht einen Bullen, der ihr mit „Ehrerbietung“ in ihr Gebiet folgen muss. Das 90 cm lange, knapp 30 kg schwere Kleine wird nach 210 bis 265 Tagen geboren. Es kann fünf Minuten nach der Geburt schon schwimmen und laufen. Außerhalb der Krippe wird die Ordnung der Herde durch Kämpfe geregelt. Die Kühe erziehen die Jungen daher entsprechend.

Das ist einer der seltenen Fälle planmäßiger Erziehung im Tierreich. Kurz nach der Geburt wird das Kleine mit an Land genommen. Der Nachwuchs muss auf gleicher Höhe mit der Kuh gehen, vermutlich, damit sie ihn besser beobachten kann. Wenn die Kuh schneller läuft, dann muss er mitziehen, wenn sie anhält, muss auch er anhalten. An Land ist die Kuh beweglicher als der Bulle (da leichter) und kann deshalb das Junge besser beschützen. Im Wasser ist der Bulle mit seinen längeren Stoßzähnen im Vorteil. Da der Nachwuchs mehrere Jahre bei der Mutter bleibt, kommt es vor, dass mehrere Junge mit ihr sind. Sie gehen dann dem Alter nach hintereinander her, die älteren ziehen die jüngeren mit auf.
Die Jungen müssen unbedingt gehorchen, sonst werden sie von der Mutter gestoßen, unter Umständen bringt sie ihnen sogar Verletzungen bei. Sie straft so lange, bis sie sich unterordnen, um sie dann abzulecken und zu liebkosen. Babysitting war bei Flusspferden schon immer üblich. Wenn eine Kuh zum Fressen oder zur Paarung die Krippe verlässt, gibt sie ihr Kleines einer anderen Kuh, die vielleicht schon einige andere beaufsichtigt, in Obhut. Das wird dadurch erleichtert, dass Kühe mit etwa gleichaltrigem Nachwuchs in der Krippe beieinander bleiben.

Der wichtigste Feind der Flusspferde ist der Mensch! An Land springt gelegentlich ein Löwe das Flusspferd von hinten an und zerreißt ihm mit seinen Klauen das Hinterteil, doch das kommt sehr selten vor.

## Gelbschnabeltoko / Yellow-billed Hornbill

Der Gelbschnabeltoko ähnelt dem Rotschnabeltoko (siehe dort) sehr, ist jedoch etwas größer und hat einen stärkeren, gelben Schnabel. Sein Lebensraum ist die trockene Busch- und Baumsavanne, wo er sich von Früchten und Beeren sowie Insekten ernährt. Seine Lebensweise ist der des Rotschnabeltokos ähnlich.

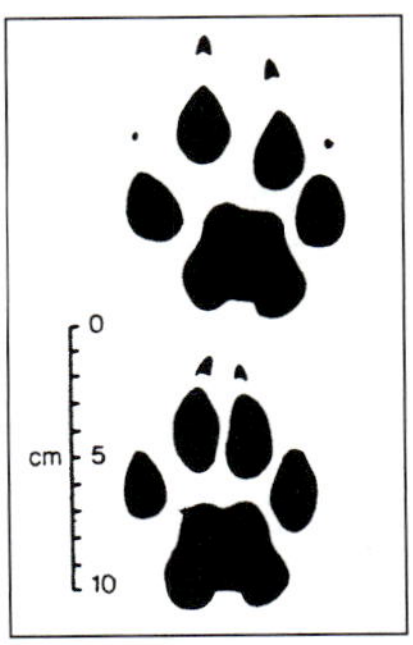


## Gepard / Cheetah

Er lebt hauptsächlich in offenen Landschaften von der Wüste bis zur Trockensavanne, kommt aber auch im offenen Buschland, bis zum Rande der Feuchtsavanne und bis zu Höhen von 2.000 m vor. Sein Revier markiert das Männchen mit Harnspritzern, diese Markierung hält 24 Stunden an. Andere Tiere erkennen dann daraus die Wanderrichtung und meiden die Gegend. Auch bei Sichtbegegnung mit anderen Geparden kommt es nicht zum Kampf, sondern lediglich zum Ausweichen. Der Gepard ist Sichtjäger; d.h., dass er besonders morgens und am späten Nachmittag jagt, manchmal aber auch in mondhellen Nächten. Er ernährt sich von Hasen, Schakalen, Stachelschweinen, verschiedenen Antilopenarten, Warzenschweinen, Trappen, Frankolinen und jungen Straußen. Zuerst schleicht sich der Gepard an die Beute heran. Erst die letzten 100 m werden in Höchstgeschwindigkeit gerannt. Bei der Verfolgung seiner Opfer kann er bis zu 500 m mit einer Geschwindigkeit von 80 km pro Stunde rennen und macht dabei 7 m lange Sprünge! Manche Geparde rennen bis zu 110 km pro Stunde! Mehrere erwachsene Geparde greifen auch manchmal Großantilopen und Zebras an. Vor der Jagd bezieht der Gepard oft als Aussichtspunkt einen Termitenhügel oder einen Baum. Er kehrt zum Riss nicht zurück, da er kein Aasfresser ist. Sein Wasserbedarf ist gering; oft trinkt er den Harn der Beutetiere oder frisst Wüstenmelonen.

Seine Hauptfeinde sind Löwen, Leoparden und Fleckenhyänen; aber meistens werden Geparde in jungem Alter von ihren Feinden erlegt. Der Gepard ist von Natur aus friedlich, kein Kämpfertyp und daher leicht zähmbar.

Die Tragezeit bei Geparden beträgt 91 bis 95 Tage. Die Geschlechtsreife tritt bei Männchen nach 9 bis 10 Monaten ein, bei Weibchen erst nach 14 Monaten. Die Jungen werden lange Zeit geführt, um die Jagdweise zu erlernen; so wird die Mutter erst nach ca. eineinhalb Jahren verlassen. Das Gewicht eines ausgewachsenen Gepards beträgt 40 bis 60 kg. In Gefangenschaft können sie bis zu 16 Jahre alt werden.

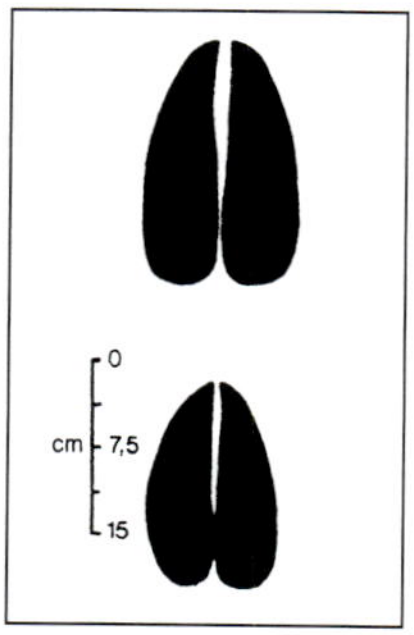


## Giraffe / Giraffe

Die Giraffe ist das höchste Tier der Erde. Sie kann bis zu 5,40 m hoch werden, wobei die Kühe kleiner sind. Die Giraffe ist in den trockenen Buschsteppen und Savannen südlich der Sahara verbreitet, besonders im Sudan, Ost- und Südafrika. Früher war sie wesentlich stärker verbreitet, wurde jedoch in vielen Gebieten wegen ihres Felles ausgerottet.

Giraffen leben in Herden mit relativ lockerer Sozialstruktur. Die Bullen bilden Gruppen und leben offenbar lieber in bewaldeten Gebieten, ältere Bullen sind Einzelgänger. Um die Rangordnung festzusetzen, stehen zwei Bullen nebeneinander und bekämpfen sich gegenseitig mit ihren Köpfen. Kühe und Kälber halten sich mehr in Savannen auf. Die Bullen besuchen diese Rudel zur Paarung.
Giraffen sind gemütliche Tiere und bewegen sich nur langsam. Durch ihre Höhe fressen sie das Blattwerk oben an den Bäumen und Sträuchern, wobei die Akazie ihre Lieblingsspeise ist. Ihr langer Hals ermöglicht ihnen eine gute Rundumsicht. Wenn Wasser verfügbar ist, trinken Giraffen regelmäßig; sie können aber auch lange ohne zu trinken auskommen. Beim Trinken spreizen sie die Vorderbeine kräftig, um mit dem Kopf herunterzukommen, oder aber sie beugen die Knie und spreizen die Beine nur leicht.

Giraffen fressen an Bäumen und Sträuchern, wobei die Akazie ihre Lieblingsspeise ist.

Lange hat man am Kopfblutdruck der Giraffe herumgerätselt. Einige Zoologen haben behauptet, dass die Giraffe den Kopf langsam heben und senken müsse, damit das Blut nicht plötzlich in den Kopf strömt. Die Blutgefäße haben jedoch Klappen. Im Kopf befinden sich zusätzliche Gefäße, dadurch gibt es beim Heben und Senken des Kopfes, ganz gleich, wie schnell dies geschieht, keinen Blutandrang. Giraffen paaren sich anscheinend das ganze Jahr über. Dabei dürfte es je nach Wohngebiet Unterschiede geben. Die Tragezeit beträgt 420 bis 468 Tage. Es wird nur ein Kalb geboren, das 1,80 m hoch ist und 55 kg wiegt. Schon eine Stunde nach der Geburt kann es laufen. Giraffenmilch ist sehr fettreich; die Jungen wachsen schnell. Sicher ist, dass zwischen Mutter und Kind nur lockere Beziehungen bestehen. Giraffen können bis zu 20 Jahre alt werden.

Giraffen haben nur wenige Feinde. Ein Löwe kann ein Kalb nehmen, oder mehrere Löwen können ein erwachsenes Tier reißen. Das kommt jedoch nur selten vor, denn die Schläge mit den langen Beinen und schweren Hufen können tödlich wirken.

## Graulärmvogel / Grey Loerie

Der Graulärmvogel gehört zur Familie der Kuckucksvögel. Es ist ein taubengroßer Vogel mit langem Schwanz und grauem Gefieder. Er lebt in kleinen Trupps in trockenen Busch- und Baumsavannen, wo er von Zweig zu Zweig fliegt. In den Bäumen oder höheren Büschen legt er auch sein Nest an, in das er 2–3 weißbläulich schimmernde Eier legt. Die jungen Vögel verlassen das Nest sehr früh, klettern im Gezweig umher und werden dort auch von ihren Eltern gefüttert, bis sie nach etwa 6 Wochen flugfähig geworden sind.

Die Nahrung besteht vorwiegend aus pflanzlicher Kost, daneben werden aber auch Insekten und andere Kleintiere gefressen.

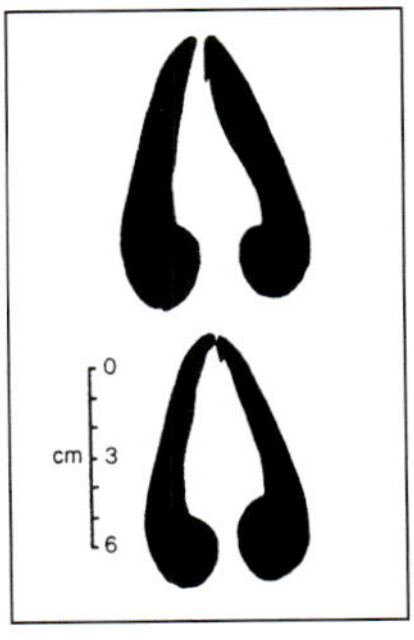


## Halbmondantilope / Tsessebe

Halbmond- (auch Leier-)antilopen leben in offener sowie busch- und baumbestandener Steppe. Überschwemmungsgebiete als auch trockene Halbwüsten stellen ihren Lebensraum dar. Bei ausreichender Nahrung sind Leierantilopen standorttreu. Sie äsen hauptsächlich morgens und abends und ruhen mittags im Schatten. Als Nahrungsgrundlage bevorzugen sie Gräser und Kräuter, kaum Laub. Sie trinken normalerweise morgens und abends, doch können sie in Notzeiten tage- bis monatelang ohne Wasser auskommen. Seh- und Hörvermögen sind sehr gut ausgeprägt, das Riechvermögen ist gut.

Als Feinde gelten vor allem Leopard, Löwe, Gepard, Hyäne und Riesenschlangen. Die Setzzeit der Jungen liegt in Botswana in den Monaten November/Dezember. Die durchschnittliche Lebenserwartung beträgt 12–15 Jahre.

## Heiliger Ibis / Hadeda

Der Ibis wurde schon vor 5.000 Jahren in Ägypten als heiliger Vogel verehrt. Er war das Symbol des Mondgottes *Thot*, des Gottes der Weisheit und der Schrift. Der mittelgroße Stelzvogel hat einen sichelartig gebogenen Schnabel und lebt an flachen Binnengewässern, in Sumpfgeländen und in überfluteten Gebieten, wo er sich watend seine Nahrung sucht. Dabei bevorzugt er Wasserinsekten, Würmer, Frösche und kleine Reptilien.

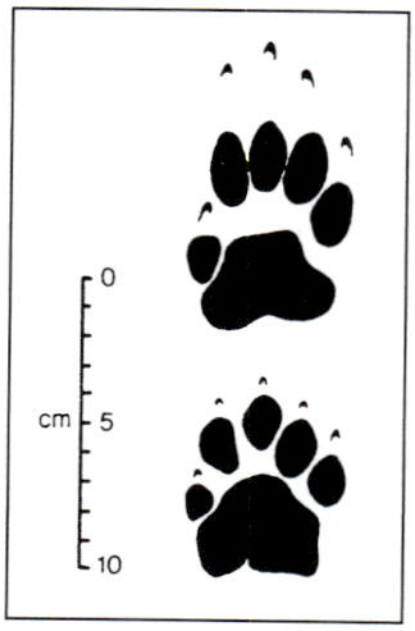


## Honigdachs / Honey Badger

Kennzeichnend für den Honigdachs, der mit dem europäischen Dachs nahe verwandt ist, sind der silbergraue Pelz auf Kopf und Rücken und die langen Krallen an den Vorderbeinen, mit denen er sehr schnell graben und sich auch gegen Feinde wehren kann.

Der Honigdachs ist ein Dämmerungs- und Nachttier, das allein lebt und nur in der Paarungszeit nach einem Partner sucht. Die Paare graben sich einen Bau, der aus einem Gang besteht und in einer etwa 50 cm langen Kammer endet. Der Bau ist mit trockenen Gräsern gut ausgepolstert; dort werden die Jungen etwa 6 Wochen aufgezogen. Während dieser Zeit säugt die Mutter ihre Jungen, danach bekommen sie zunehmend andere Nahrung, denn die Honigdachse sind Allesfresser. Sie ernähren sich von Insekten, Fröschen, kleinen Nagetieren, Vögeln und Schlangen, aber sie fressen auch Wurzeln, Knollen und Früchte. Seinen Namen trägt der Honigdachs, weil er mit Vorliebe den Honig und die Bewohner der wilden Bienenstöcke frisst. Die Bienen- und Wespennester spürt der Honigdachs mit Hilfe eines kleinen Vogels – dem Honiganzeiger – auf. Dieser kann sich nicht aus eigener Kraft mit Bienen und Wachs versorgen und macht deshalb den Honigdachs durch lautes Rufen auf das Nest eines wilden Bienenschwarmes aufmerksam. Der Dachs vergrößert mit seinen langen Krallen den Eingang zum Bau der Insekten und sättigt sich an den Larven, Puppen und dem Honig. Dabei fällt für den kleinen Vogel genügend Nahrung ab. Die Tragezeit beträgt etwa 180 Tage und es werden 1–4 Tiere geboren – übrigens zu jeder Jahreszeit.

Die Ibisvögel brüten meistens in Kolonien; dabei werden die Nester sowohl am Boden, in Papyrusdickichten oder auch in Büschen und Bäumen angelegt. In 21–26 Tagen werden die 3–4 Eier ausgebrütet. Bei der Fütterung fasst der Jungvogel nach dem Schnabel der Eltern. Diese würgen den Schlundinhalt unter ruckartigen Schüttelbewegungen in den Schnabel der Jungen. Nach 5–6 Wochen sind die Jungvögel flügge.

## Impala / Impala

Die Impalas gehören zu den anmutigsten Antilopen. Sie haben 75 bis 100 cm Rückenhöhe, wiegen 65 bis 75 kg und sind kastanienbraun. Der Bock hat 50 bis 75 cm lange Hörner, das Weibchen ist nicht gehörnt.

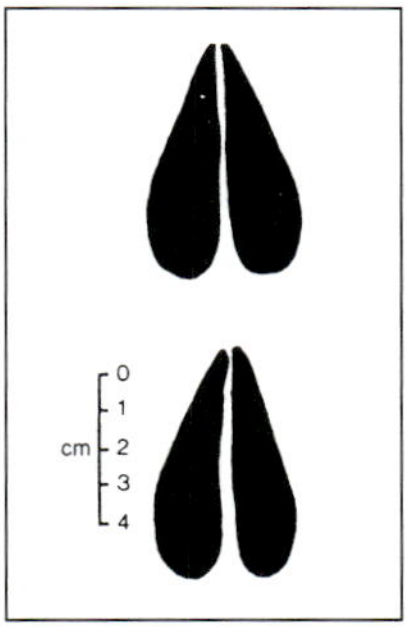


Die Impalas bewohnen große Gebiete Ost- und Südafrikas. Sie lieben die Nähe des Wassers und meiden offene Landschaften. Sie sind vor allem in Busch- und Dornbuschsteppen anzutreffen, weniger in Gebieten mit geschlossener Vegetationsdecke. Je nach den Verhältnissen kann die Bevölkerungsdichte einige wenige bis 80 Exemplare pro qkm betragen. In der Trockenzeit leben sie zumeist in der Nähe der Wasserstellen, in feuchteren Jahreszeiten mehr verstreut – bis zu 25 km vom Wasserloch entfernt.

Impalaböcke werden in der Brunft recht aggressiv, besonders, wenn sie ihre Territorien abstecken. Sie liefern sich dann Kämpfe und jagen sich. Wenn sie ihre Territorien begründet haben, begeben sie sich an die Wasserlöcher, die als Niemandsland gelten. Das Auffälligste an den Impalas ist ihr Verhalten bei Gefahr. Die ganze Gruppe vollführt dann so etwas wie ein Schauspringen: Sie springen geradeaus oder plötzlich zur Seite, bis zu 3 m hoch, rund herum und in alle Richtungen. Sinn dieses Verhaltens ist es, den Angreifer, z.B. eine Großkatze, zu verwirren, der versucht, aus der Herde ein bestimmtes Tier zu reißen. Die durcheinander springenden Impalas haben damit anscheinend Erfolg, der Angreifer hat Schwierigkeiten, ein bestimmtes Tier zu fixieren. Auch eine Anzahl anderer Tiere verhält sich ähnlich: Anstatt den Abstand zum Angreifer zu vergrößern, schlagen sie Haken, um ihn irre zu machen. Hauptfeind der Impalas ist der Leopard.

Paarungszeit ist der Beginn der Trockenzeit. Nach 180 bis 210 Tagen wird das Junge geboren, und zwar zum Zeitpunkt der Regenzeit, wenn es am meisten zu fressen gibt. Die Jungen wachsen schnell auf, sodass sie vor der nächsten Brunftzeit entwöhnt sind. In der Brunft sind rund 97 % der Weibchen trächtig. Die Weibchen leben das ganze Jahr in Herden zusammen; gegen Ende der Geburtszeit der Jungen haben die Herden eine Größe von 100 Tieren. Die Herden sind meist gemischt, nur während der Geburtszeit setzen sich die Weibchen ab.

## Büffel / Buffalo

Büffel leben mit Vorliebe in Geländen, die ihnen außer offenem Weideland auch Schutz in Dickichten und Waldungen bieten und in denen Wasser vorhanden ist. Den Büffel zeichnet eine hohe Anpassungsfähigkeit an die jeweiligen Lebensbedingungen aus; nur Wasser zum Trinken und Suhlen benötigt er.

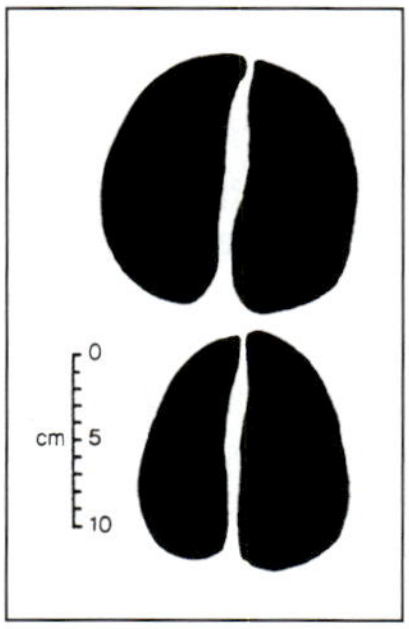


Die Tiere der Savannenlandschaft leben in Herden von 30–60 Tieren, während die in Wäldern lebenden Büffel meist nur in kleinen Trupps, paarweise oder sogar allein nach Nahrung suchen, die hauptsächlich aus Kräutern und Gräsern besteht. Die Jungtiere fressen in den ersten Tagen den Kot der Mutter, um Darmflora und Einzeller aufzunehmen. Büffel können Wasser höchstens drei Tage entbehren, notfalls trinken sie auch salz- oder sodahaltiges Wasser. Sie verbringen den Tag wiederkäuend im Wald oder Dickicht und brechen erst mit Beginn der Dämmerung zur Äsung auf.

Die Größe der Herden ist abhängig vom Nahrungsangebot und der Zahl der Wasserstellen. Während der Trockenzeit schließen sich mehrere Rudel häufig zu Großherden zusammen. Dabei gibt es keinen eigentlichen Anführer der Herde, sondern jeweils das Tier, dessen Wohngebiet die Herde gerade durchwandert, bestimmt den Weg.

*Büffel*

Die Paarungszeit ist gebietsweise unterschiedlich. Die Tragezeit beträgt etwa 340 Tage, die Kälbchen wiegen bei Geburt ungefähr schon 40 kg. Die meisten Kälber werden in der warmen, feuchten Jahreszeit geboren.

## Kudu / Kudu

Die Hörner sind beim Männchen locker geschraubt (zweieinhalb Windungen um die Längsachse). Das Fell ist kurz und glatt, die Fellfarbe braungrau. Jungtiere sind mehr rötlich grau bis hellbraun. Der Kudu bevorzugt steiniges, locker mit Buschwald bedecktes Hügel- und Bergland, doch auch Flachland mit gleichem Bewuchs. Wasserstellen sind nicht lebenswichtig, dagegen aber größere Dickichte für den ruhigen Tageseinstand. Der Kudu äst am späten Nachmittag. Er ist in hohem Maße standorttreu, solange die Lebensbedingungen günstig sind. Zu über 80 % ernährt sich der Kudu von Baum- und Strauchlaub, nebenher auch von Gräsern und Kräutern. Hauptfutterpflanze ist vor allem die Akazie (Kameldornbaum). Sein Geruch und Gehör sind sehr gut ausgebildet, dagegen ist die Sehstärke eher schwach.

Tagsüber steht der Kudu bevorzugt im dichten Gebüsch, spätnachmittags zieht er aus zum Äsen. Er äst manchmal auch vor- und nachmittags, außer in der heißen Mittagszeit. Bei Bejagung entwickelt er sich zum heimlichen Nachttier.

Man findet der Kudu vor allem in kleinen Trupps aus mehreren Weibchen mit ihren Jungen, denen sich zeitweise ältere Bullen zugesellen. Meistens sind 6 bis 12 Tiere

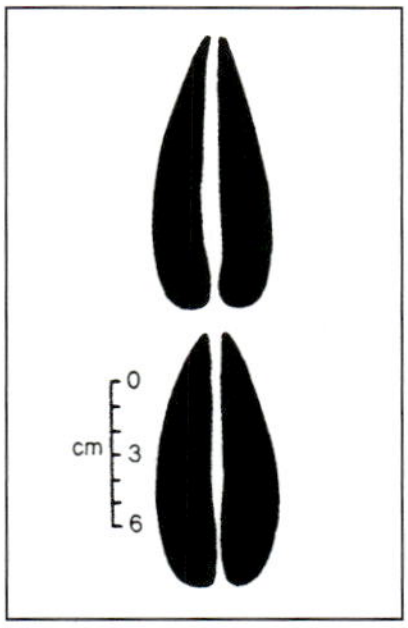


zusammen, seltener bis zu 30. Nur während der Trockenzeit kann die Truppstärke durch Ansammlung an günstigen Futterplätzen steigen (bis zu 100 Tiere). Männchen bilden z.T. eigene Trupps. Im Erwachsenenalter beträgt das Verhältnis Männchen zu Weibchen 1:5.

Die Hauptfeinde sind vor allem der Leopard, die Hyäne, der Gepard und der Löwe. Die Rettung vor Feinden geschieht durch Flucht. Auch Altmännchen verteidigen sich nur selten, selbst wenn sie in die Enge getrieben wurden. Bis 2,50 m hohe Zäune können übersprungen werden.

*Kudu*

Die Tragezeit beträgt beim Kudu ca. 7 Monate, die Geburtszeit liegt zwischen Februar und März. Das Neugeborene wiegt ca. 15 kg (ein ausgewachsener Kudu wiegt 200 bis 250 kg). Die Säugezeit erstreckt sich über ein halbes Jahr, die erste feste Nahrung erhält das Junge nach einem Monat. Bei Männchen tritt die Geschlechtsreife nach eindreiviertel bis zwei Jahren ein, bei Weibchen mit eineinviertel bis eindreiviertel Jahren. Die erste Hornwindung sieht man bei Männchen im Alter von zwei Jahren, die volle Ausbildung bis zweieinhalb Windungen nach etwas mehr als sechs Jahren. In Freiheit wird der Kudu etwa sieben bis acht Jahre alt.

## Leopard / Leopard

Der Leopard lebt in allen Landschaften von der Wüste bis zum Urwald. Wo er ungestört ist, ist er tags und nachts unterwegs. Wo er verfolgt wird, entwickelt er sich zum heimlichen Nachttier. Er sonnt sich gerne auf Bäumen oder Felsen. Seine Kletter- und Schwimmfähigkeiten sind gut. Meistens schlafen Leoparden auf Bäumen, in einem Erdbau, in Felsspalten, im Gebüschhorst etc.; ihr Hörvermögen ist außerordentlich gut (15.000 bis 45.000 Hertz); sie verfügen aber auch über ein sehr gutes Seh- und ein gutes Riechvermögen.

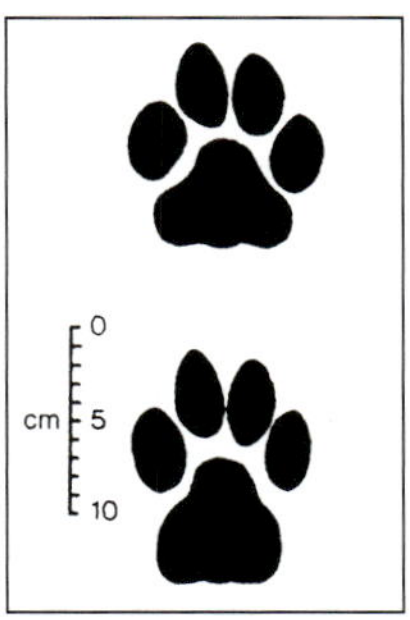


Feinde des Leoparden sind gelegentlich Löwe, Hyänenhund und Fleckenhyäne. Löwe und Fleckenhyäne vertreiben den Leoparden manchmal von seiner Beute. Als Nahrung dienen dem Leoparden alle Säugetiere (auch Raubtiere), manchmal sogar Großantilopen, Löwenjunge und Men-

schenaffen, Schlangen etc., auch Haustiere. Aas wird auch gefressen. Gelegentlich wird eine größere Beute nach und nach verzehrt und dabei gern als Schutz vor Mitfressern auf Bäume geschleppt. Manchmal können Leoparden monatelang ohne Wasser auskommen, aber wenn sie die Möglichkeit haben, trinken sie regelmäßig. Leoparden sind Einzelgänger.

Die Tragezeit beträgt 90 bis 112 Tage; es werden zwischen ein und sechs Jungtiere geworfen. Nach einer Woche können die Jungen die Augen öffnen. Die Säugezeit beläuft sich auf drei Monate; mit eineinhalb bis zwei Jahren wird die Mutter verlassen. Die Geschlechtsreife wird mit zweieinhalb bis drei Jahren erreicht. In Gefangenschaft ist ein Alter bis 21 Jahre nachgewiesen.

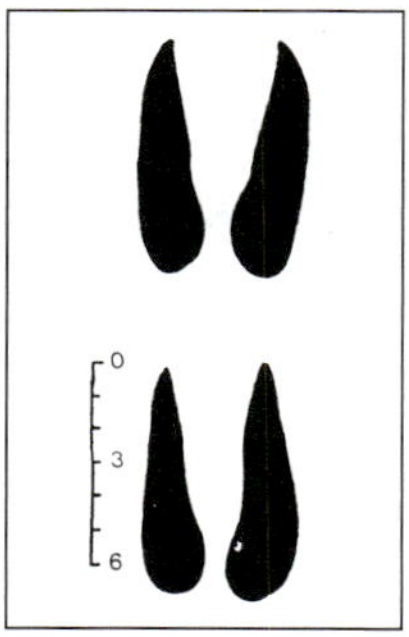


## Litschi-Antilope / Lechwe

Die etwa rehgroßen, gelbbraunen Litschi-Antilopen leben in den Überflutungsmarschen von Flüssen, Seen und Sümpfen. Von den 4 Unterarten trifft man am Okavango und im Okavango-Delta sowie am Chobe auf die Sambesi- oder Rote Litschi-Antilope. Kennzeichnend für diese Tiere ist ihre starke Gebundenheit an Wasser- und Sumpfgelände; die Wasserböcke stehen an den überfluteten oder sumpfigen Gewässerrändern und suchen dort die überwiegend aus Gräsern und Kräutern bestehende Nahrung. Dabei folgen sie stets dem Wasserstand. Wenn weites Land überschwemmt ist, zerstreuen sie sich über das sumpfige Gelände, bei sinkendem Wasserstand treffen sie in den Senken wieder zusammen.

Das Wasser ist auch der Rückzugsort in Gefahrensituationen. Hierhin fliehen die Litschis vor ihren Feinden, zu denen Löwen, Leoparden, Geparde, Hyänen und für Jungtiere auch Adler zählen. Dabei laufen die Litschis mit vorgestrecktem Hals und Kopf in schnellem Galopp und überwinden Hindernisse durch hohe Sprünge. Sie sind auch gute und ausdauernde Schwimmer. Die Litschis leben in

Großherden von mehreren hundert Tieren, die sich in Untertrupps gliedern, in denen jeweils Männchen, Weibchen und Junge zusammen sind.

Die Fortpflanzung ist nicht jahreszeitlich gebunden, jedoch fällt die Hauptpaarungszeit in die Monate Oktober bis Januar. Nach einer Tragezeit von 7–8 Monaten bringen die Weibchen auf trockenem Gelände ein Junges zur Welt, das sie 3–4 Monate morgens und abends säugen. Die Sterblichkeit der Jungtiere ist während des ersten Lebensjahres sehr hoch, da sie stark von Dasselfliegen befallen werden. In den letzten Jahrzehnten wurden die Bestände durch die Menschen stark vermindert. Da die Litschis standorttreu sind und keine neuen Gebiete beziehen, kommt es zur gebietsweisen Ausrottung.

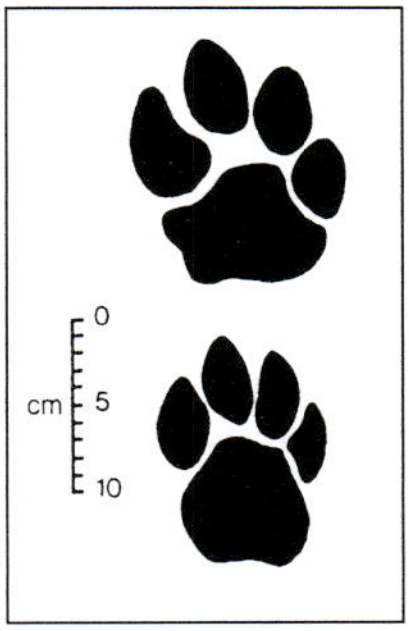


## Löwe / Lion

Löwen waren früher im südlichen Europa, im südlichen Asien und in ganz Afrika verbreitet. Bereits seit 80 bis 100 n. Chr. ist der Löwe in Europa ausgestorben. In Südafrika sind Löwen bis auf das Vorkommen im Kruger National Park ausgerottet. Ihre Körperlänge beträgt ca. 2,80 m, ihre Höhe ca. 1,10 m, ihr Gewicht bis zu 250 kg. Löwen sind in offener Landschaft mit Buschwerk und Baumgruppen anzutreffen. Als einzige Katzen bilden sie Rudel bis zu 20 bis 30 Mitgliedern. Diese Gruppen bestehen aus einem oder mehreren älteren Männchen und einer Anzahl von Löwinnen mit Jungtieren. Die Angehörigen eines Rudels arbeiten beim Auflauern und Beschleichen der Beute zusammen, sie verteidigen sich auch gemeinsam. Jagende Löwen brüllen in der Regel nicht, um nicht entdeckt zu werden. Sie können Geschwindigkeiten bis 60 km in der Stunde erreichen, jedoch nur kurz aufrecht erhalten. Aus dem Stand können Löwen gut springen: bis zu 3,50 m hoch und 12 m weit. Selten klettern Löwen auf Bäume; sie tun es z.B. dann, um die in einer Astgabel von einem Leoparden versteckte Beute zu erreichen.

Obwohl Löwen in erster Linie Fleischfresser sind, nehmen sie auch hin und wieder Früchte zu sich. Normalerweise beziehen Löwen neben Eiweiß, Fett, Kohlehydraten und Mineralsalzen die notwendigen Vitamine aus den Eingeweiden ihrer pflanzenfressenden Beutetiere. Es ist deshalb typisch, dass Löwen zuerst die Eingeweide fressen und sich vom Hinterteil her in Richtung Kopf des Opfers vorarbeiten. Die Löwin schlägt zwar oft die Beute, aber der Löwe beginnt die Mahlzeit und nimmt sich den größten Teil („Löwenanteil"). Erst dann folgt die Löwin, zuletzt die Jungen. Antilopen und Zebras sind die bevorzugten Beutetiere. Ein Überblick aus dem Kruger National Park zeigt, dass sich die Beute wie folgt zusammensetzt: Gnu, Impala, Zebra, Wasserbock, Kudu, Giraffe, Büffel. Ältere oder verletzte Löwen wenden sich kleineren Beutetieren zu, z.B. Stachelschwein, Schaf und Ziege. Sie können sogar zum Menschenfresser ausarten, greifen dann aber bevorzugt Frauen und Kinder an.

Löwen jagen ganz leise, und zwar ist es meist das Weibchen, das das Beutetier erlegt. Dieses wird gewöhnlich angesprungen, sein Genick wird mit den Vorderpranken gebrochen; oder der Löwe packt es mit seinen Zähnen an der Kehle oder erdrosselt es mit den Vorderpranken. Eine andere Methode ist, das Opfer von hinten anzuspringen und niederzureißen. Löwen töten Flusspferde, indem sie ihnen das Fleisch mit den Klauen zerfetzen. Sie töten und fressen auch Krokodile.

Löwen haben kaum natürliche Feinde. Von Unfällen können besonders junge, unerfahrene Tiere getroffen werden. Dabei können ihnen Zähne ausgeschlagen werden, sodass sie sich mit Kleintieren begnügen müssen. Büffelherden können Löwen zu Tode trampeln; Antilopen können sie unter Umständen mit ihren Hörnern aufspießen.

Die Fortpflanzung ist bei Löwen ab dem zweiten Lebensjahr möglich. Die Tragezeit beträgt 105 bis 112 Tage; ein Wurf besteht aus zwei bis fünf Jungen. Die Zahl der Jungen hängt stark vom Ernährungszustand der Mutter ab. Je schlechter er ist, desto weniger Junge werden geboren (Sicherung der Nahrungsgrundlagen!). Bei ihrer Geburt sind die Jungen blind, ihre Augen öffnen sich erst nach zwei bis drei Wochen. Sie werden nach drei Monaten entwöhnt, dann lernen sie jagen und können mit einem Jahr selbstständig Beute fangen.

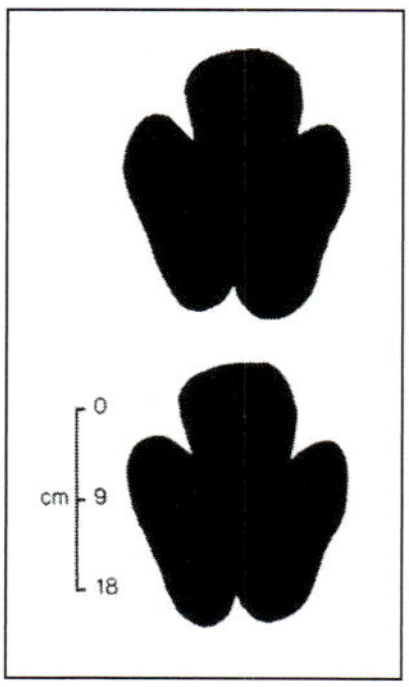


## Nashorn / Rhinoceros

Es gibt zwei Arten von Nashörnern:

- das **Spitzmaulnashorn / Black rhinoceros**
- **das Breitmaulnashorn / White rhinoceros**

Das **Spitzmaulnashorn** bevorzugt meist trockenes, mit Büschen bestandenes Grasland, ebenso trifft man es aber auch auf offenen Savannenflächen mit wenig Deckung an. Es ist hauptsächlich morgens und abends unterwegs und gönnt sich sechs bis sieben Stunden täglich Ruhe. Während der Tageshitze ruht oder schläft es im Schatten. Eine Lieblingstätigkeit ist das oft stundenlange Schlammsuhlen. In Trockenzeiten wälzt es sich im Sand.

Ein Nashorn riecht über viele Kilometer hinweg, auch das Hörvermögen ist sehr gut ausgeprägt, während dagegen das Sehen schlecht ist. Kaum ein anderes Tier kann dem Spitzmaulnashorn gefährlich werden. Löwen und Fleckenhyänen machen sich schon manchmal an ein Kalb heran, doch die Nashorn-Mütter haben keine Angst vor Löwen, Hyänen, ja gar Elefanten. Im Galopp bringen sie es auf 50 km in der Stunde. Vor dem Angriff senken sie den Kopf, schnauben und bremsen oft vor dem Ziel plötzlich ab, wobei es vorkommt, dass sie dann umdrehen und flüchten.

Spitzmaulnashörner fressen vorwiegend Blätter und Zweigenden von Büschen und Bäumen. Sie verdauen auch schadlos Pflanzen, die für Menschen hochgiftig sind. Gerne fressen sie salzhaltige Erde und trinken täglich.

Spitzmaulnashörner sind typische Einzelgänger, nur durch Mutter-Kind-Beziehungen bilden sie kleine Gruppen. Diese „Urtiere“ können bis zu 40 Jahre alt werden.

Breitmaulnashörner bevorzugen Buschland mit Dickichten zur Deckung, Bäume als Schattenspender, Grasflächen zum Äsen und Wasserstellen zum Saufen. Sie äsen und ruhen im Abstand von wenigen Stunden nachts, morgens, spätnachmittags und abends. Der Tageshitze weichen sie unter schattenspendende Bäumen aus. Außer den Menschen haben sie keine Feinde. Sie fressen nur Gras und trinken täglich (in Trockenzeiten alle zwei bis drei Tage). Sie leben z.T. in kleinen Trupps zusammen.

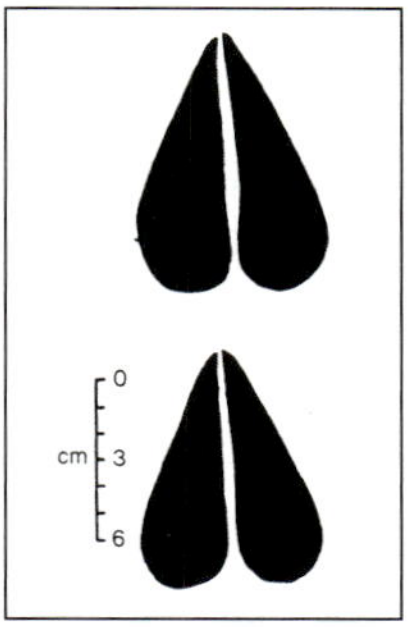


## Oryx / Oryx

Sie leben in offenen Landschaften in Ebene und Hügelland außerhalb geschlossenen Waldes und großer Sümpfe. Die Oryxantilope (auch Gemsbock genannt) lebt auch in Halbwüsten und Wüsten. Sie markieren kein Territorium, sind aber als Steppen- und Savannenbewohner ziemlich standorttreu. Halbwüsten- und Wüstenbewohner ziehen den Regenfällen nach.

Sie äsen am frühen oder späten Nachmittag und sind auch in hellen Mondnächten rege. Sie ernähren sich von Gräsern und Kräutern, auch von Blättern und Knospen von Büschen und Bäumen. Ist Wasser vorhanden, trinken sie täglich, notfalls ergraben sie es. Ihr Geruchs-, Seh- und Hörsinn sind gut entwickelt. Löwe, Leopard und Hyänenhund gehören zu ihren Feinden. Angegriffene und erwachsene Tiere wehren sich gegen Großraubtiere, Hunde und Menschen forkeln sie evtl. zu Tode. Zäune werden nicht übersprungen, sondern unterkrochen.

Sie leben paarweise oder in kleineren Trupps, die aus einem halben bis drei Dutzend Tieren bestehen; in Halbwüsten kommen Herden mit bis zu 300 Tieren vor. Die Tragezeit beträgt 8½ bis 10 Monate; meistens wird nur ein Laufjunges geboren. Die Säugezeit dauert bis zu vier Monate. Die Geschlechtsreife tritt nach 1½ bis 2 Jahren ein. In Gefangenschaft sind Lebensalter von 18–22 Jahren nachgewiesen.

## Pavian / Baboon

Paviane schlafen nachts auf Bäumen oder Felsen. Morgens ziehen sie mit der Horde auf Nahrungssuche. Mittags ruhen sie im Schatten, um nachmittags wieder zum Fressen aufzubrechen. Paviane sind sehr laut, können bellen, grunzen, schmatzen und laut schreien. Seh- und Hörvermögen sind sehr gut.

Die Hauptfeinde sind (vor allem für Jungtiere) Leoparden, manchmal auch Löwen und Hyänen. Paviane sind Allesfresser, wobei Gras den Hauptteil der pflanzlichen Nahrung bildet. Gelegentlich wird auch von Kannibalismus berichtet: Alte Paviane sollen schon Jungtiere der eigenen Horde gefressen haben. In Transvaal (Südafrika) gab es

*Pavian*

bereits mehrere Fälle, wo kleine Menschenkinder geraubt und getötet wurden. Doch zur „Normalnahrung" gehören diese Exzesse nicht. Paviane fressen gerne Bienenwaben, Würmer, Skorpione und Eidechsen.

Sie leben in Horden von 10 bis 150 Tieren. In Gefangenschaft werden sie 30 Jahre alt und mehr. Die Tragezeit beträgt 180 Tage; die Jungen werden rund ums Jahr geboren.

## Perlhuhn / Guinea-fowl

Es handelt sich hier um ein vorwiegend schwarzes Huhn, das über den ganzen Körper gepunktet ist. Es lebt außerhalb der Wälder, bewohnt busch- und baumbestandene Savannenlandschaften, Steppen und Halbwüsten sowie Grasland.

*Perlhuhn*

Perlhühner leben paarweise, in größeren Familientrupps oder in noch größeren Scharen zusammen. Es flüchtet meistens, ohne aufzufliegen, und übernachtet in Bäumen. Perlhühner sind Allesfresser, Samen, Getreide, Wurzeln und Insekten werden bevorzugt.

## Rotbauchwürger / Crimson-breasted Shrike

Das Gefieder des Rotbauchwürgers ist durch die leuchtend rote Unterseite, die schwarze Oberseite und die Flügel mit einem auffälligen weißen Streifen gekennzeichnet. Er lebt in trockenen Dornbuschsavannen, wo er sich vorwiegend von Insekten ernährt, die er in Buschweite und auf dem Boden sucht.

Die Vögel leben meist paarweise zusammen; zur Brutzeit bauen sie ihre Nester in den Astgabeln des Dornbusches. Der Ruf des Rotbauchwürgers ist ein knarrendes „tarr", im Duett mit dem Weibchen lässt der Rotbauchwürger melodische Pfeiflaute ertönen.

## Rotschnabeltoko / Red-billed Hornbill

Der Rotschnabeltoko lebt in Baum- und Buschsavannen, in Akazien- und Mopanewäldern. Es ist ein an der Unterseite weiß, an der Oberseite bräunlich schwarz und weiß gemusterter Vogel, dessen hervorstechendes Merkmal der kräftige, auffallend rot gefärbte Schnabel ist. Die Tokos suchen häufig auch auf dem Erdboden nach Nahrung, dabei nehmen sie pflanzliche und tierische Kost zu sich. Besonders bevorzugt sind Termiten und Heuschrecken, die sie meist paarweise oder in kleinen Trupps jagen.

*Rotschnabeltoko*

Als Brutstätte dienen den Rotschnabeltokos Baumhöhlen, in denen Gelege mit 3–6 weißen Eiern untergebracht werden. Für die Dauer der Brutzeit mauert sich das Weibchen in der Höhle ein und wird durch ein Loch am Höhleneingang vom Männchen gefüttert. Wenn nach 21–24 Tagen die Vogeljungen ausgeschlüpft sind, bringt das Männchen unermüdlich (bis zu 20mal in einer halben Stunde) Futter. Erst wenn die Jungvögel 3–4 Wochen alt sind, verlässt das Weibchen die Baumhöhle. Die Jungen mauern den Eingang von innen wieder zu und erhalten nur durch ein kleines Loch ihre Nahrung. Etwa 3 Wochen später sind sie zum Ausfliegen bereit und brechen dazu die Mauer der Bruthöhle auf.

*Schreiseeadler*

## Schreiseeadler / Fish Eagle

Der auffällig schwarzbraun und weiß gefiederte Adler lebt in der Nähe größerer Gewässer; seinen weithin sichtbaren Reisighorst baut er auf Bäumen in Wassernähe. Im Gelege befinden sich in der Regel 2 Eier, die das Weibchen in 48 Tagen ausbrütet.

Der Schreiseeadler ernährt sich vorwiegend von Fischen, Wasservögeln und Kleinsäugern. Er erbeutet seine Nahrung durch schnelle Vorstöße ins Wasser und greift dabei nicht nur kranke oder geschwächte, sondern auch gesunde Tiere an. Der Ruf des Schreiseeadlers gehört zu den auffallendsten Vogelstimmen Afrikas; es ist ein wohlklingendes „kjia-kjia-kjia“.

## Schwalbenschwanzspint / Swallowtailed Bee-eater

Der Schwalbenschwanzspint gehört zur Familie der Bienenfresser oder Spinte, deren Vertreter in Baumsavannen, lichten Wäldern und Halbwüsten mit Trockenbüschen anzutreffen sind. Ihn erkennt man am langen, tief gegabelten Schwanz. Sein Gefieder ist überwiegend grün, der Schwanz blassblau, die gelbe Kehle wird durch ein blaues Brustband begrenzt.

## Sitatunga / Sitatunga

Die Sitatunga ist eine Sumpfantilope, die in ihren typischen afrikanischen Lebensräumen (Gambia, Sierra Leone, Guinea, Elfenbeinküste) durch Wilderei und Sumpftrockenlegungen bedroht ist. Im Norden Botswanas findet sie im Okavango-Delta ideale Bedingungen vor: Sumpfwälder, sumpfige Flussbuchten, Waldinseln mit Sumpf und Papyrusdickichte. Die Sitatunga ist standortreu. Tagsüber ruht sie im Röhrichtschatten, oft tief eingesunken. Morgens und abends, ab und zu auch nachts, geht sie auf Nahrungssuche. In der Dunkelheit verlässt sie manchmal den Sumpf und äst auf festem Land. Wenn sie Gefahr wittert, flüchtet sie stets sumpf- und wasserwärts und verharrt eingetaucht bis zur Nasenspitze. Ihre ungewöhnlich langen Schalen an den Füßen – eine Anpassung an das Leben im Sumpf – verhindern das Einsinken im morastigen Untergrund.

Ohr und Nase sind die am besten ausgeprägten Sinnesorgane. Als Feinde gelten vor allem Krokodile, Leoparden, manchmal auch Löwen.

Ihre Nahrung finden die Sumpfantilopen in Wasser- und Sumpfpflanzen, im Junggras angrenzender Wiesen sowie in Feldfrüchten sumpfnaher Äcker.

## Springbock / Springbuck

Sie leben in Gebieten mit offenen, trockenen und steinigen Böden mit leichtem Bewuchs (spärliche Sträucher). Hohes Gras und reine Wüste werden gleichermaßen gemieden. Hauptsächlich frühmorgens und spätnachmittags bis abends wird geäst, bei Mondschein auch nachts.

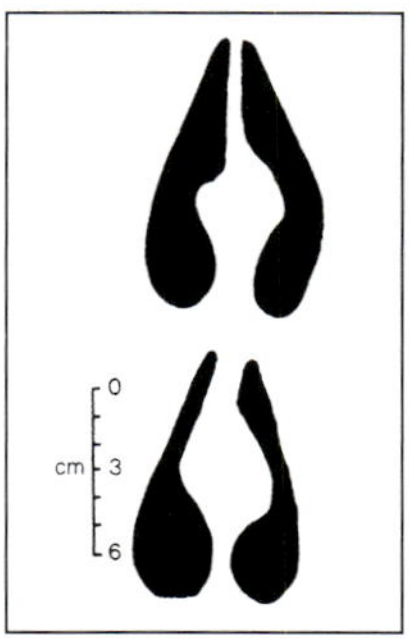


Seh-, Hör- und Riechvermögen sind sehr hoch entwickelt. Springböcke fressen Gräser und Kräuter oder Strauchlaub, Wurzeln und Knollen. Sie trinken regelmäßig Wasser, können es aber auch längere Zeit entbehren; sie trinken auch Salzwasser und fressen mineralhaltige Erde. Diese Tiere leben in Großherden, oft zusammen mit Antilopen, Spießböcken und Straußen.

Die Feinde der Springböcke sind Löwe, Leopard und Gepard. Bei ihrer Flucht können sie bis zu 90 km in der Stunde laufen und bis zu 15 m weite Sprünge machen!

Die Tragezeit dauert 167 bis 171 Tage. Meist wird ein Laufjunges geboren, zwei Geburten pro Jahr sind möglich. Weibchen sind mit sechs bis sieben Monaten geschlechtsreif, die Männchen mit einem Jahr. Die Lebensdauer beträgt etwa zehn Jahre.

## Steppenzebra / Burchell's Zebra

Von Pferden und Eseln unterscheiden sich Zebras durch ihre Streifenzeichnung, den Schädelbau und die Zähne. Es gibt drei Zebraarten. Das verbreitetste ist das Steppenzebra. Es kommt vom Zulu-Land im Südosten und der Etosha-Pfanne in Namibia bis zum südlichen Somali-Land und südlichen Sudan vor. Die Steppenzebras sind sehr gesellig, sie leben in Herden. Gruppen von ein bis sechs Stuten mit ihren Fohlen bil-

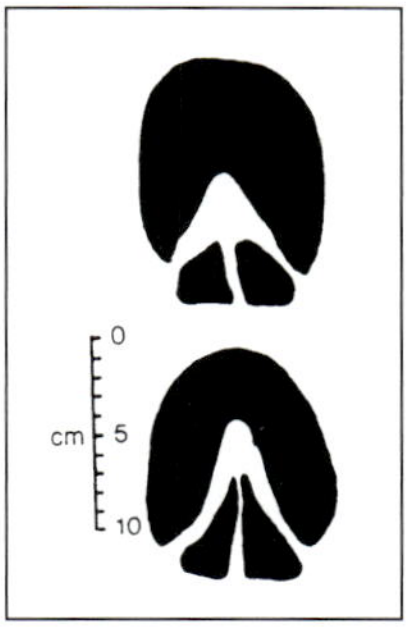


den eine Gemeinschaft unter der Führerschaft eines Hengstes, der sie beschützt und andere Hengste abwehrt. Manchmal verschwindet das männliche Tier einfach, und ein anderes nimmt seine Stelle ein. Die überzähligen Hengste leben in größeren Junggesellenrudeln. Steppenzebras sind ziemlich zahm. Sie leben oft in Gemeinschaft mit Gnus. Gemeinsam mit ihnen sind sie auch bevorzugtes Beutetier der Löwen. Da das Zebra gefährlich werden kann, muss das Löwenrudel die Beute schlagartig töten. Es kann durchaus vorkommen, dass ein Zebrahengst einen Löwen im Kampf tötet.

Die Tragezeit beträgt ca. 370 Tage. Das Neugeborene wiegt 30 bis 34 kg und ist etwa 90 cm hoch. Normalerweise bekommt eine Stute alle drei Jahre ein Junges.

Junge männliche Tiere verlassen die Gruppe nach ein bis drei Jahren und schließen sich dem Junggesellenrudel an. Mit fünf bis sechs Jahren versuchen sie, junge weibliche Tiere zu treiben. Wenn es ihnen gelingt, dann bilden sie eine neue Gruppe.

## Strauß / Ostrich

Der Strauß ist der größte heute lebende Vogel. Aufgrund seiner außergewöhnlichen, auffälligen Erscheinung ist er zugleich einer der bekanntesten. Große Männchen können bis zu 2,60 m hoch werden, wobei der Hals fast die Hälfte der Körpergröße ausmacht. Das Gefieder des Männchens ist schwarz, ausgenommen die weißen Schmuckfedern an den Flügeln und am Schwanz. Wegen dieser Schmuckfedern ist der Bestand an Straußen zunächst stark vermindert worden, erst später wurden Straußenfarmen gegründet.

Das Gefieder des Weibchens ist braun, die Federn werden zur Spitze hin heller. Der Kopf, der größte Teil des Halses und die Beine sind nackt, aber die Augenlider haben lange, schwarze Wimpern. Jeder Fuß hat zwei starke Zehen, die längere ist mit einer stärkeren Klaue versehen.

Strauße sind außerordentlich wachsam. Ihr langer Hals gestattet ihnen, schon in großer Entfernung Feinde festzustellen. Deshalb ist es ziemlich schwierig, Strauße in der Wildnis zu beobachten. Sie leben in sehr trockenen Gebieten und durchstreifen auf der Nahrungssuche das offene Land oftmals in starken Trupps. Während feuchter Perioden teilt sich die Gruppe in Familien, bestehend aus einem Paar mit Küken und Jungtieren. Ein Hahn oder eine Henne führt den Trupp und entscheidet, ob das Revier gewechselt wird. Wenn die Gruppe vertrautes Gebiet verlässt oder an eine Wasserstelle kommt, wo keine anderen Tiere trinken, treibt das Leittier die Jungtiere vor sich her, um einen eventuellen Angreifer aus der Deckung zu locken. Etwas Erstaunliches: Strauße können zur Not auch schwimmen.

Strauße fressen nahezu alles. Vorgezogen werden Pflanzen, Früchte, Samen und Blätter. Sie fressen auch kleine Tiere, manchmal sogar Eidechsen und Schildkröten. Sie stehen in dem Ruf, wirklich Allesfresser zu sein. Selbst Metallstücke werden geschluckt. Sie fressen auch beträchtliche Mengen an Sand und Steinen, um ihre Verdauung zu fördern. Durch die Aufnahme so harter Materialien zerkleinern sie die Nahrung im Magen. Man sagt, aus der Art der Sandkörner und Kiesel könne man bei einer Obduktion genau die vom Strauß zurückgelegte Strecke verfolgen.

Noch bis vor kurzer Zeit rätselte man, ob Strauße polygam oder monogam veranlagt seien. Man weiß heute, dass Strauße monogam sein können, aber in der Regel polygam sind. Die gesellschaftliche Ordnung der Strauße ist recht anpassungsfähig, und es kann sein, dass ein Männchen, das ein Weibchen mit Küken begleitet, durchaus nicht der Vater der Küken zu sein braucht.

Jede Henne legt 6 bis 8 etwa 15 cm lange und bis zu 1,5 kg schwere Eier. Die Hennen eines Harems legen alle in das gleiche Nest, das aus einer Bodenvertiefung von etwa 3 m Durchmesser besteht. Es kann drei Wochen dauern, bis alle Eier gelegt sind, dann treibt die Haupthenne die anderen weg, und das Nest wird von ihr und dem Hahn bebrütet.

Das Brüten besteht mehr darin, das Nest zu beschatten als es warm zu halten. Interessant ist, dass die Männchen bei Nacht über den Eiern brüten, die Weibchen bei Tage. Gegen Ende der sechswöchigen Brutzeit werden die am meisten entwickelten Eier am Rand des Nestes zusammengebracht. Die Küken können kurz nach dem Schlüpfen laufen und einen Monat später schon eine Geschwindigkeit von 50 km pro Stunde erreichen. Im Alter von vier bis fünf Jahren werden sie fortpflanzungsfähig. Strauße können bis zu 40 Jahre alt werden.

Erwachsene Strauße fürchten sich kaum vor Feinden. Sie sind sehr wachsam und können bis zu 65 km pro Stunde laufen. Eier und Küken können jedoch Schakalen und sonstigen Räubern zum Opfer fallen. Die Erwachsenen führen ihre Küken aus den Gefahrenzonen hinaus.

## Termite / Termite

Termiten sind wärmeliebende, lichtscheue Tiere, die zumeist in tropischen und subtropischen Ländern vorkommen. Sie sind soziale Insekten, die in einem Staat mit Kastengliederung leben. Man unterscheidet: Geschlechtstiere (Männchen oder König, Weibchen oder Königin) sowie nicht fortpflanzungsfähige Arbeiter und Soldaten.

Termiten sind weiß oder farblos; ihre Flügel haben 14–34 Glieder; die Mundteile sind kauend. Flügel haben nur die Geschlechtstiere. Die verschiedenen Termiten-Arten sind zwischen 2 und 20 mm groß, doch werden die Weibchen einiger Arten wesentlich größer.

Sobald in einem älteren Termitenbau viele Geschlechtstiere reif sind, verlassen diese das Nest. Da der Vorgang bei vielen Bauten eines Gebiets gleichzeitig vor sich geht, bilden die aufsteigenden Termiten-Schwärme rauchsäulenähnliche Wolken. Nach kurzem Hochzeitsflug suchen die einzelnen Paare einen geeigneten Platz zur Anlage des Nestes. Dort wird eine Hochzeitskammer angelegt, erst danach findet die Paarung statt. König und Königin leben vielfach bis zu zehn Jahren in Dauerehe. In ihrem

Leben legt die Königin viele Millionen Eier. Die erste Brut wird von dem Paar aufgezogen, später übernehmen die älteren Larven sowie Arbeiter die Aufzucht und den Nestbau, die Soldaten den Schutz gegen Feinde.

*Imposanter Termitenhügel*

Das Nestgebäude ist oft sehr kompliziert angelegt. Luftschächte und Isolationsschichten bewirken ein gleichmäßiges Klima und stets eine hohe Luftfeuchtigkeit, sodass immer geeignete Kammern für Eier und Junglarven sowie für die weniger anspruchsvollen älteren Tiere vorhanden sind. In der Mitte des Baus liegt die Königszelle. Für den Nestbau werden Erde, Holz und zerkautes pflanzliches Material verwendet, als Bindemittel dienen Kot und Speichel. Deshalb können Termitenhügel betonartig fest sein. Bis zu 4 m Basisdurchmesser und 7 m Höhe sind anzutreffen.
Feinde der Termiten sind Reptilien, Vögel und Erdferkel.

Termiten greifen durch ihre Ernährungsweise eingebautes Holz aller Art an, Eisenbahnschwellen, Papier und Verpackungsmaterial, ja sogar lebende Bäume sind vor ihnen nicht sicher. Schützen kann man sich nur durch das Bauen ohne die Nutzung von Holz, durch Verwendung imprägnierter Hölzer sowie Bodenbehandlung mit Insektiziden.

Natürlich können Termiten auch nützlich sein. Sie lockern den Boden auf, sodass eine gute Durchlüftung erreicht wird. Humusbildend wirkt die Umsetzung pflanzlicher Substanz und ihr Kot. Es überwiegt allerdings der Schaden, den sie im Allgemeinen anrichten.

## Tsessebe

siehe Halbmondantilope

## Waffenkiebitz / Blacksmith Plover

Der Waffenkiebitz ist leicht an seinem auffälligen Federkleid zu erkennen: Der Rücken ist hell mit zwei großen schwarzen Flecken, während Kopf, Hals und Brust bis auf einen weißen Scheitel schwarz sind. Der Waffenkiebitz lebt in unmittelbarer Nähe von Seen oder Flüssen. Er hält sich auf Schlamm- und Sandbänken auf, wo er auch sein Nest baut. Zur Brutzeit legt er 2–4 graue Eier in die flache Nestmulde, die er zuvor mit groben Materialien ausgefüllt hat. Er ernährt sich von Insekten, Würmern und Mollusken.

Seinen Namen erhielt der Waffenkiebitz aufgrund seines hohen, metallisch klingenden „tink-tink"-Rufes, der an die Geräusche in einer Schmiede oder an den Klang von Waffen erinnert.

*Warzenschwein*

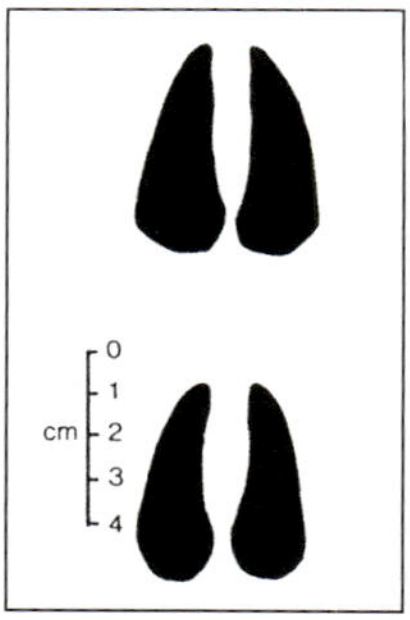


## Warzenschwein / Wart Hog

Warzenschweine bevorzugen baum- und straucharme Grasflächen, während Wälder gemieden werden. Nachts und mittags ruhen sie in einer Wohnhöhle, vor- und nachmittags suhlen sie sich und weiden oder trinken. Als Feinde gelten Löwen und Leoparden, aber auch Geparde reißen manchmal Frischlinge. Das Hauptfutter besteht aus Gras und frischer Rinde, bei Wassermangel graben sie nach Zwiebeln, Knollen und Wurzeln. Sie leben in Familiengruppen zusammen und erreichen ein Alter bis zu 18 Jahren.

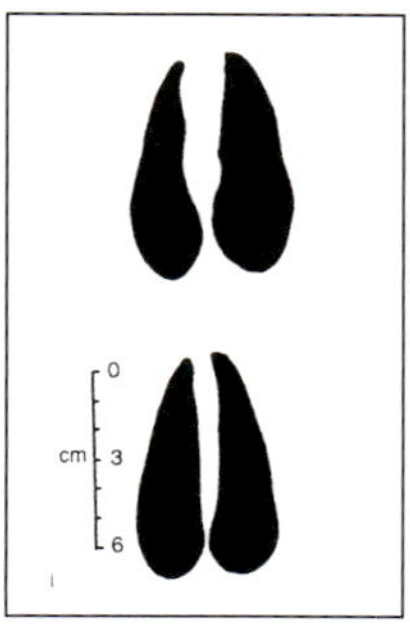


## Wasserbock / Waterbuck

Wasserböcke lieben Grasland und Gebüsch und benötigen die Nähe zu einem Gewässer, da sie täglich trinken. Sie äsen morgens und nachmittags bis abends, während sie tagsüber ruhen. Als Hauptfeinde gelten Löwen, Leoparden und Hyänenhunde, wobei Leoparden und Hyänen Kälber reißen. Doch die Feinde mögen Wasserböcke nur, wenn kein anderes Wild vorhanden ist, denn ihr Fleisch schmeckt ab dem Alter von 3 Monaten zäh und ranzig.

Bis zu 90 % besteht die Nahrung der Wasserböcke aus Gräsern, der Rest aus Laub. Wasserböcke leben in kleinen Trupps und können in Gefangenschaft bis zu 17 Jahre alt werden.

## Zebra

siehe Steppenzebra

# Tipps zur Tierbeobachtung und Sicherheit im Gelände

Die Natur der Nationalparks in Afrika unterscheidet sich von unseren europäischen Wäldern unter anderem dadurch, dass dort potenziell gefährliche Tiere und Pflanzen vorkommen. Aber genau deswegen fährt man ja schließlich dorthin... Im Allgemeinen gilt: **keine übertriebene Angst!** Bereits recht wenige Verhaltensweisen sorgen für die nötige Sicherheit. Als Wildnisneuling sollte man allerdings zunächst die Nationalparks aufsuchen, in denen man die Tierwelt gut vom Auto aus sehen kann. Aus dem Fahrzeug heraus kann meist viel ungestörter beobachtet werden, weil Wildtiere das Auto nicht als Feind betrachten. Auf jeden Fall sollte man seine ersten Walking-Safaris mit einem erfahrenen Guide machen. Dafür sprechen nicht nur Sicherheitsgründe. Man erfährt auf diese Art auch mehr über die Natur, als man selbst je erkennen könnte.

Grundsätzlich: Kranke, verwundete und ab und zu auch alte Tiere sind besonders gefährlich und in ihrem Verhalten nicht einzuschätzen. Niemals sollte man zwischen die Mitglieder einer Herde geraten, insbesondere nie zwischen Muttertiere und Jungtiere. Niemals sollte man bei Tieren, die sich im Wasser sicherer fühlen (wie etwa Flusspferde) zwischen diese und das Wasser geraten. Niemals sollte man Fluchtwege abschneiden, dann können auch Arten, die sonst völlig friedlich sind, zu wahren Furien werden.

In der Regel gilt, dass man mit Panikreaktionen rechnen muss, wenn man vom Wild plötzlich und aus unmittelbarer Nähe entdeckt wird. Bei Fluchttieren kann das bedeuten, dass es zu (vom Wild unbeabsichtigten) Unfällen kommt, weil man schlicht überrannt wird. Bei wehrhaften Arten kann es zu spontanen und sehr heftigen Angriffen kommen. Das Anschleichen in unmittelbare Nähe ermöglicht zwar die beeindruckenderen Fotos, sollte aber unbedingt dem sehr Erfahrenen vorbehalten bleiben oder in Begleitung eines Guide erfolgen.

Alte männliche **Paviane** sind leicht reizbar und in ihrem Verhalten nicht einzuschätzen. Mit ihren Zähnen können sie erhebliche Verletzungen verursachen. Abstand und ein handlicher, dicker Knüppel für den Notfall (hemmungsloser Einsatz im Falle der Notwehr!) sollten für die nötige Sicherheit sorgen. Wenn sie auf entschlossenen Widerstand stoßen, sind Paviane unserer Erfahrung nach eher feige und ziehen sich zurück. Besonders in den Camps von Moremi gibt es mitunter Probleme mit Pavianen.

**Büffel** sind meist wenig aggressiv und meiden eine Konfrontation. Sie sind jedoch leicht zu erschrecken und eine dadurch ausgelöste, in ihrer Richtung nicht vorhersagbare Stampede (unkontrolliertes Weglaufen der gesamten Herde) ist extrem gefährlich. Auch können Kühe mit Kälbern, alte Einzelgänger, gereizte, überraschte und aktuell oder früher verwundete Tiere ohne Warnzeichen angreifen. Vorsicht vor Überraschungen im dichten Gebüsch oder Schilf! Büffel und Flusspferde sind (abgesehen vom Menschen) für die meisten tödlichen Angriffe weltweit verantwortlich, nicht etwa Schlangen oder Raubkatzen!

**Honigdachse** sind normalerweise scheue Gesellen. Allerdings können sie aus dem Nichts heraus unglaublich aggressiv werden – und genauso schnell wieder friedlich. Mit ihren Zähnen und Krallen und ihrem legendären Mut sind sie gefürchtete Gegner, die sogar viel größere Tiere, wie z.B. Gnus, Wasserböcke und Pythonschlangen, töten können. Am besten meidet man Honigdachse, wenn man zu Fuß unterwegs ist.

**Hyänen** meiden Menschen normalerweise. Es gibt allerdings viele Berichte darüber, dass sie nachts in Camps eingefallen sind und Menschen verletzt haben. Niemals ist dies bislang geschehen, solange noch jemand wach (außerhalb der Zelte sichtbar) war. Auch sind Hyänen in Zelte eingebrochen, wenn die Bewohner darin Essbares gelagert hatten. Hyänen rennen normalerweise sofort davon, wenn man Lärm macht. Nicht außerhalb des Zeltes schlafen, Zelt schließen, keine Nahrungsmittel mit hinein nehmen!

**Geparde** sind in freier Wildbahn normalerweise ungefährlich. Sehr scheu, nehmen sie vom Besucher nur kurz Notiz und rennen davon. Dies gilt meistens auch für die fast immer „unsichtbaren", weil sehr scheuen, **Leoparden**. Reizt man sie allerdings, treibt man sie in die Enge oder wenn sie verwundet sind, sind Leoparden jedoch extrem gefährlich, dies gilt auch für Weibchen mit Nachwuchs. Es gibt zahlreiche Berichte, dass Leoparden einen Wanderer passieren lassen, solange man sie nicht ansieht (sie sich also unentdeckt fühlen) und man natürlich nicht direkt auf sie zugeht. Steht man plötzlich einem Leoparden gegenüber oder droht das Tier durch seitlich abgewinkelte Ohren und Zeigen der Zähne, durch Knurren und/oder Brüllen, weicht man langsam nach schräg hinten aus. Das Tier weder direkt ansehen noch reizen, keinesfalls füttern, Steine oder Stöcke in seine Richtung werfen! Wenn ein Leopard tatsächlich angreift, was sehr selten ist, geschieht dies extrem schnell. Er ist dann nur noch durch einen unmittelbar tödlichen Schuss zu stoppen – für den „normalen" Wanderer unmöglich. Die Überlebenschance eines Angriffs ist für den Menschen praktisch Null, also gibt es nichts mehr zu verlieren: Es gibt belegte Berichte, dass sich Personen mit einem Stock, Messer oder der Faust (heftiger Schlag auf die Nase) erfolgreich verteidigt haben.

**Löwen** ziehen normalerweise von dannen, wenn Menschen sich nähern. Die größte Gefahr ist eigentlich, gegen den Wind zu gehen und in ein schlafendes Rudel hineinzustolpern – Löwen schlafen oder dösen etwa 20 Stunden am Tag. Gestrüpp und dichtes hohes Gras sollten gemieden werden, insbesondere in der Nähe von Wasserlöchern. Die Nacht ist für Löwen Jagdzeit, also Vorsicht. Fressenden Löwen sollte man sich zu Fuß keinesfalls nähern, vor allem weil man leicht zwischen im Gebüsch dösende Mitglieder des Rudels geraten kann. Jungtiere werden, solange sie klein sind, oft nahe an Wasserlöchern im Dickicht versteckt. Am ehesten bemerkt man dies durch den Ruf der Mutter, einem dumpfen, weichen „umpf" und die katzenähnliche Antwort („miau") des Nachwuchses. Die Verstecke sind zu gut, als dass man die Jungtiere rechtzeitig genug sieht! Es ist übrigens wesentlich gefährlicher, wenn man in der Nähe von Löwen aus dem Auto aussteigt, als wenn man ihnen im Busch begegnet. Der Verlauf eines für beide Seiten überraschenden Aufeinandertreffens ist unvorhersagbar. Löwen greifen – wie übrigens die meisten Katzen – fliehende Tiere instinktiv an, also weicht man ruhig und mit dem Wind zurück. Wenn die Bewegung das Tier nervös macht, bleibt man einen Augenblick ruhig stehen. Solange der Schwanz hin-

und herschwingt, die Ohren aber noch aufgerichtet sind, ist das Tier aufmerksam oder nervös. Liegen die Ohren an, brummt es mehrfach und schlägt mit dem Schwanz auffallend schnell von einer Seite auf die andere, so ist es aggressiv. Bei einem Angriff hat sich folgendes Verhalten der San bewährt: Nerven behalten, stehen bleiben und dem Angreifer direkt in die Augen sehen. In vielen Fällen wird der Löwe in wenigen Metern Entfernung stoppen und entnervend brummen und brüllen. Das Schauspiel dauert nur wenige Sekunden. Schafft er es nicht, dass man die Nerven verliert, zieht er sich zurück. Das klingt abenteuerlich, aber eine andere Chance hat man sowieso nicht. Die Notlage wird – wenn überhaupt – mental gelöst. Im blitzschnell eintretenden Notfall hat man keinerlei Zeit mehr zum Nachdenken.

**Elefanten** sind friedlich, es sei denn, man kommt ihnen allzu nahe. Dies gilt insbesondere, wenn Jungtiere oder verletzte Tiere zur Herde gehören. Die Sozialstruktur einer Herde ist extrem hoch entwickelt, bedürftige Mitglieder werden heftig verteidigt. (Ehemals) Verwundete Tiere oder solche ohne Stoßzähne gelten als besonders aggressiv. Wegen der beschränkten Sehfähigkeit, jedoch guten Geruchssinns und Gehörs entfernt man sich am besten langsam und still mit dem Wind.
Ein Scheinangriff findet meist mit aufgestellten Ohren und lautem Trompeten statt. Er endet einige Meter vor dem Eindringling. Wegrennen kann in dieser Situation tödlich sein. Man zieht sich wie beschrieben langsam zurück, sobald das Tier steht (notfalls springt man im letzten Moment zur Seite). Bei einem „echten" Angriff schlagen die Ohren an den Körper, und der Rüssel ist hoch erhoben. Hier rennt man um sein Leben, vorzugsweise mit dem Wind. Ein scharfer Richtungswechsel („Hasensprung") kann einen aus der unmittelbaren Angriffsrichtung und auch aus dem beschränkten Sichtfeld des Angreifers bringen. Das Ersteigen von Bäumen ist zwecklos: Entweder reicht der Rüssel bis hinauf (die Reichweite in die Höhe beträgt über 6 m!), oder der Baum wird umgeworfen.

*Steht man ihnen nicht im Weg, sind auch Elefantenfamilien in der Regel friedlich*

**Nashörner** reagieren unterschiedlich. Während das riesige Breitmaulnashorn normalerweise ein eher ruhiger Geselle ist, der sich zurückzieht, ist das nur wenig kleinere Spitzmaulnashorn temperamentvoll, nervös, leicht reizbar, unberechenbar, blitzschnell und dadurch extrem gefährlich. Des Öfteren ist ein scheinbarer Angriff allerdings nur ein Lauf mit dem Ziel, den Eindringling auszukundschaften – was man allerdings erst nachher weiß. Gehör und Geruchssinn sind extrem gut entwickelt, die Sehfähigkeit ist dagegen begrenzt. Leises Verhalten und geschicktes Ausnutzen des Windes schaffen Sicherheit. So zieht man sich seitwärts zurück. Sicherheitshalber hält man dabei nach einem Baum Ausschau. Kann man ihn nicht schnell genug ersteigen, so stellt man sich hinter den Stamm und erstarrt dort. Ist kein Baum erreichbar, kann man einem angreifenden Nashorn irgendein Kleidungsstück entgegen werfen (Geruch!) und sich im letzten Moment zur Seite werfen, wo man absolut still liegen bleibt. Der Angreifer läuft ins Leere und zieht sich (hoffentlich) zurück.

**Flusspferde** (Hippos) sind friedlich – aber sehr schnell und gefährlich, wenn sie gereizt werden oder wenn es sich um Einzelgänger oder Kühe mit Kälbern handelt. Warnzeichen ist das demonstrative Aufreißen des großen Maules. Ein aufgeschrecktes Hippo trampelt alles nieder, was zwischen ihm und dem Wasser liegt! Vorsicht im Dickicht am Ufer. Achtung auf den oft tief eingetretenen Pfaden und Vorsicht bei Camps nahe an Ufern, denn Flusspferde werden offensichtlich von Licht angelockt.

Ein Zusammentreffen mit **Krokodilen** kann man am besten vermeiden, wenn man sich einem Gewässer, in dem sie möglicherweise leben, allenfalls bis auf fünf bis sechs Meter nähert. Krokodile sind berüchtigt dafür, dass sie im flachen Gewässer watende Menschen angreifen. Ohne Schusswaffe besteht dann die einzige Hoffnung darin, mit einem Messer oder notfalls den Fingern in das Auge zu stechen, aber die Chancen stehen schlecht. Es ist dagegen nie bekannt geworden, dass Krokodile auf dem Flussufer einige Meter vom Wasser entfernt liegende Camps angreifen. Man kann in seinem Zelt diesbezüglich also ruhig schlafen.

Die normalerweise enorm auf Distanz bedachten **Strauße** greifen nur dann an, wenn man sich ihrem Nest allzu sehr nähert. Als bester Schutz gegen die heftigen Tritte mit krallenbewehrtem Fuß gilt ein stabiler, dorniger Akazienast. Wenn dieser nicht zur Verfügung steht, muss man vor allem auf Kopfschutz achten. Die meisten tödlichen Verletzungen hat es gegeben, weil Strauße ihre Angriffe auch dann fortsetzen, wenn das Opfer bereits am Boden liegt und dort nicht ausreichend seinen Kopf schützt, z.B. mit den Armen.

Nur eine einzige Spinne hat ein potenziell gefährliches Gift: die **Schwarze Witwe**. Etwa 5 % der Opfer, vorzugsweise Kinder und ältere Menschen, sterben an Atem- oder Kreislaufstillstand – völlig überflüssig, wenn die Begleiter Erste Hilfe und Wiederbelebungsmaßnahmen beherrschen! Die meisten Unfälle passieren, wenn man Gegenstände vom Boden aufhebt, unter denen eine Spinne sitzt. Es empfiehlt sich, die Gegenstände zuerst mit dem Fuß zu verschieben oder umzudrehen (festes Schuhwerk tragen!), wobei man den Gegenstand vorzugsweise auf sich zu rollt (Fluchtweg öffnet sich in die andere Richtung!). Manchmal stellen sich Schwarze Witwen tot und rollen sich zu einer Kugel zusammen. Nicht darauf hereinfallen! Wenn man die Kugel aufsammelt, wird man gebissen. **Vogelspinnen** sind zwar auch giftig, werden in ihrer Gefährlichkeit jedoch meist überschätzt. Natürlich lässt man auch sie am besten in Ruhe.

Die meisten gefährlichen Zwischenfälle mit **Skorpionen** passieren mit Angehörigen der Familie Buthidae, insbesondere Parabuthus und Buthotus, die man an den relativ kleinen Scheren und dem plumpen, dicken Schwanz erkennt (bei den weniger gefährlichen Arten der Familie Scorpionidae ist es umgekehrt). Das Nervengift kann zum Tod durch Atemlähmung oder Herzstillstand führen. Bei guter Erster Hilfe hat das Opfer dagegen gute Überlebenschancen. Einzelne Arten von Parabuthus können ihr Gift ähnlich der Speikobra über eine Entfernung von etwa 1 m spritzen (Vorsicht Augen!). Feste, knöchelhohe Schuhe sind der beste Skorpionschutz, natürlich greift man nie in Löcher, die man nicht vollständig einsehen kann. Ähnlich wie Spinnen stellen sich Skorpione gerne tot. Das Zelt bleibt immer, auch für kurze Momente, vollständig geschlossen (zumindest das Moskitonetz), Schlafsäcke und Liegematte werden genau untersucht, bevor man hineinschlüpft. Die Schuhe werden (möglichst im Zelt) aufrecht hingestellt und ebenso wie die Kleidung am nächsten Morgen kräftig ausgeschüttelt, bevor man hinein schlüpft. Niemals geht man nachts barfuss nach draußen! Wer in der Winterzeit unterwegs ist, wird kaum ein Problem mit Skorpionen haben, denn sie vergraben sich in diesen Monaten tief im Boden.

Das Risiko durch **Schlangen** wird gewöhnlich überschätzt. Wichtig ist zunächst, dass man die wenigen potenziell gefährlichen Schlangenarten erkennen kann. Im südlichen Afrika sind dies zunächst verschiedene Kobraarten (Kapkobra, Waldkobra, Speikobra (Naja nigricollis und Naja mossambica)), Ottern (Puffotter, Gabunotter), Mambas (Schwarze Mamba, Grüne Mamba) sowie die Korallenschlange, Rinkhals, Baumschlange, die Vogelschlange und nicht zuletzt die Felsenpython. Letztere ist allerdings keine Giftschlange, sondern eine sehr kräftige Würgeschlange. Schlangen sind enorm gut getarnt! Wer sie nie „live“ gesehen hat, wird sie im Gelände kaum entdecken. Daher wird an dieser Stelle bewusst auf eine Beschreibung der einzelnen Arten verzichtet. Man sollte sie sich unbedingt in einem Zoo genau ansehen.

Wie die meisten anderen Tiere flüchten Schlangen normalerweise. Da sie auf Erschütterungen reagieren, haben sie in den meisten Fällen den Menschen viel früher bemerkt als umgekehrt. Nur im Falle eines überraschenden Zusammentreffens kann es zu Angriffen kommen (Ausnahme ist die Puffotter, die faul liegen bleibt und auf ihre fast perfekte Tarnung vertraut, bis man darauf getreten ist). Die meisten Bisse erfolgen in den unteren Teil des Unterschenkels bzw. in den Fuß. Feste, hohe Schuhe und lockere lange Hosen bieten einen guten Schutz. Gebüsch, hohes Gras und Bereiche, die schwer einsehbar sind, sollten gemieden werden. Lager sollten nur auf freiem Boden errichtet werden. Wie im Zusammenhang mit Skorpionen gesagt, bleiben die Zelte strikt geschlossen. Nahrungsmittel könnten Nagetiere und damit indirekt auch Schlangen anlocken, also abseits (oder noch besser im Auto) lagern.

Trifft man auf eine Schlange, bleibt man bewegungslos stehen und wartet, bis sie sich zurückgezogen hat. Geschieht dies nicht, so weicht man sehr langsam zurück. Schnelle Bewegungen können einen Biss provozieren! Wenn sich die Schlange aufrichtet, sollte man unbedingt seine Augen schützen (Speikobra?). Eine Brille bietet einen gewissen Schutz. Schlangen stellen sich auch manchmal tot, also Vorsicht! Die meisten Todesfälle durch Schlangen hätten verhindert werden können! Die Erste Hilfe beinhaltet ein Stauen des Blutrückflusses zum Herzen (z.B. mit fest gewickelter elastischer Binde. Nicht abbinden! Der Pulsschlag muss peripher von der Staustelle, also an den Hand- oder Fußgelenken, tastbar bleiben!), körperliche Ruhe für das Opfer, ein baldmöglicher Transport zum nächsten Arzt (Gegengiftgabe) und ggf. Herz-Lungen-Wiederbelebung.

Das Stauen sollte unterbleiben, wenn man in der Schlange eine Otter erkannt hat, denn das Gift führt hier sonst zu umfangreichen Gewebezerstörungen, und man hat genug Zeit, ärztliche Behandlung zu erreichen (Eintritt gefährlicher Giftwirkung nach 12–48 Stunden). Hat eine Speikobra das Auge getroffen, keinesfalls reiben, sondern Augenlider mit den Fingern so weit wie möglich offen halten und mit Wasser von innen (Nase) nach außen spülen (so schwemmt man das Gift nicht auch noch in das andere Auge).

# Literatur

## Allgemeine Reiseliteratur

*Hupe, Ilona:* **Reisen in Botswana**, ISBN 978-3-932084-48-5, 10. Auflage 2011, deutsch. Ausführlicher, persönlich geschriebener Reiseführer ausschließlich für Botswana. Die landeskundlichen Informationen sind umfangreich, dazu Informationen zu den Nationalparks, mit GPS-Daten und Allradrouten. Man merkt dem Buch eine enge Beziehung der Autorin zum Reisegebiet an.

*Küpper, Claire u. Thomas:* **Reise-Handbuch Namibia Naturschutzgebiete,** Dormagen, 2. Auflage 2003, ISBN 3-923975-60-0, deutsch. Dieses Buch widmet sich schwerpunktmäßig der Natur Namibias, bietet aber ausweitend hervorragende Infos, z.B. zum Caprivistreifen und dem Kaudom Park. Die Beschreibung von Flora und Fauna ist didaktisch hervorragend und ermöglicht leicht den Transfer auf den Naturraum Botswanas.

*Roodt, V.:* **The Shell Tourist Map of Botswana 1:750.000**, Gaborone 2008, ISBN 978-3-936858-18-1. Eine bewährte Übersichtskarte mit hoher Informationsdichte und zahlreichen Nebenkarten und GPS-Daten. Sie erhalten mit den insgesamt fünf verfügbaren Shell-Karten für Botswana gute und verlässliche Produkte.

*Roodt, V.:* **The Shell Tourist Map of Chobe National Park**, Gaborone 2008, ISBN 978-3-936858-10-5.

*Roodt, V.:* **The Shell Tourist Map of Kgalagadi Transfrontier Park**, 2008, ISBN 978-3-936858-12-9.

*Roodt, V.:* **The Shell Tourist Map of Moremi Game Reserve**, 2008, ISBN 978-3-936858-13-6.

*Roodt, V.:* **The Shell Tourist Map of Okavango Delta and Linyanti**, 2008, ISBN 978-3-936858-11-2.

*Schifferdecker, M.:* **Afrikanisches Reisetagebuch. Mit dem Geländewagen durch Namibia und Botswana**. Frieling 2006, ISBN 978-3-8280-2446-5, Auf ihren sorgfältig ausgearbeiteten Reiserouten lernt die Autorin abgelegene afrikanische

Dörfer, romantische Camps und europäisch anmutende Farmen kennen und gibt hier neue, interessante Aspekte über die bereisten Regionen und viele praktische Anregungen.

## Spezielle Literatur zur Naturbeobachtung

*Carruthers, V.:* **Fauna und Flora im südlichen Afrika**, Struik 2007, ISBN 978-3-936858-17-4. Beliebtes Handbuch über 2.000 Spezies der Tier- und Pflanzenwelt. Anspruchsvolle Naturfreunde finden Illustrationen und Beschreibungen von Niedrigen Wirbellosen, Spinnen, Spinnentieren, Insekten, Süßwasserfischen, Fröschen, Reptilien, Vögeln, Säugetieren, Gräsern, Seggen, Farne, Pilze, Wildblumen und Bäumen.
*Engelhardt, W.:* **Okavangodelta. Naturparadies im Süden Afrikas,** Naturerbe 2005, ISBN 978-3-931173-17-3, Reisetipps, Kurzbeschreibung der Nationalparks, Naturschutzgebiete und der Tier- und Pflanzenwelt.
*Conradie, F.:* **Einführung in den südlichen Sternenhimmel,** Windhoek 2004, ISBN 978-3-936858-59-4, leicht verständlich beschrieben, erschließen sich die Sehenswürdigkeiten des spektakulären Sternenhimmels südlich des Äquators. Mit vielen Praxis-Tipps, Illustrationen und Suchmethoden.
*Cillie; Burger:* **Säugetiere des südlichen Afrika**, Briza 2009, ISBN 978-3-941602-35-9. Sehr gutes Handbuch des kleinen, aber feinen Briza-Verlages in Pretoria. Dies ist eine überarbeitete Neuauflage.
*Cillie; Oberprieler:* **Ein Taschenführer für Vögel im Südlichen Afrika**, Sunbird Publ. 2009, ISBN 978-3-941602-36-6, ein kompakter, gut fotografierter und gegliederter Führer für 400 Spezies.
*Newman, Kenneth:* **Newman's Birds of Southern Africa**, Random House Struik, Cape Town 2010, ISBN 978-1-77007-876-5. Der bewährte und umfassende Vogelführer für das südliche Afrika ist 2010 in der neunten Auflage erschienen.
*Stuart, Tilde* und *Chris:* **Field Guide to the Larger Mammals of Southern Africa**, Struik Publishers 2007, ISBN 978-1-77007-393-7. Gut gestalteter, hochwertiger Fotoführer, u. a. mit Spurenlexikon.

## Animierende Literatur/Bildbände

*Ross, Karen:* **Okavango. Jewel of the Kalahari,** Cape Town 1995, ISBN 978-1868727292, englisch. Sehr vielseitiger Bildband über das Ökosystem Okavango mit kompetentem, umfangreichem Textteil.
*el Obeid, S.:* **Okavango River – The Flow of a Lifeline,** Struik 2004, ISBN 978-1868729630, englisch. Ein umfangreicher Bildband mit schön fotografierten Bildern und ordentlichem Textteil.
*Bailey, A.:* **Okavango – A Journey**, Struik 2006, ISBN 978-1-77007-271-8, englisch. Ein fotografisches Schmuckstück, das die besonderen, teils dramatischen Stimmungen der Okavango-Region sehr schön wiedergibt.
*Main, Mike:* **Picturesque Botswana**, Random House Struik 2009, ISBN: 978-1-77007-795-9. Dies ist ein ansprechend gemachter, handlicher Bildband in Deutsch, Englisch und Französisch.

# Stichwortverzeichnis

# IWANOWSKI'S

## BOTSWANA – Autorentipps

**Michael Iwanowski** bereist seit über 30 Jahren regelmäßig das südliche Afrika. 1983 veröffentlichte der studierte Geograf den ersten deutschsprachigen Reiseführer über Namibia. Das Reisehandbuch Südafrika wurde erstmals 1985 aufgelegt, es folgten Reisebücher zu Botswana und Zimbabwe.
Sein erfolgreicher Verlag sowie sein renommiertes Reiseunternehmen „Iwanowski's Individuelles Reisen" entwickelten sich zu Marktführern für Individualreisen in das südliche Afrika. Durch den ständigen Kontakt zum Land ist es möglich, die Informationen auf hohem und aktuellem Niveau zu halten.

**Der Autor und Verleger Michael Iwanowski gibt Ihnen hier nützliche Tipps und individuelle Empfehlungen:**

**1. TIPP**

Für Abenteuerlustige: Besuch der Nationalparks Botswanas mit einem Allradwagen und Dachzelt auf eigene Faust. **Seite 103**

**2. TIPP**

Für Explorer: Fahrt durch den Caprivi-Streifen und Besuch des Mamili National Parks, dem größten Sumpf- und Gewässergebiet Namibias. **Seite 287**

**3. TOP-TIPP**

Für Genießer: Einmal sollte man sich einen Aufenthalt in einer der zahlreichen Luxusunterkünfte gönnen, z.B. im Linyanti Bush Camp im Chobe National Park – hier übernachtet man noch abseits der touristischen Hauptrouten. Ganz neu ist das Schwestercamp Linyanti Ebony – für Familien besonders geeignet. **Seite 221**